듀이철학 기반
교육중심사회와 교육

The Main Enterprise of the World

Philip Kitcher 저 | 김희봉 · 이지헌 공역

학지사

역자 서문

이 역서는 뉴욕 컬럼비아 대학의 명예교수(John Dewey Professor of Philosophy, Emeritus)인 필립 키처(Philip Kitcher)의 『The Main Enterprise of the World: Rethinking Education』(2022)을 옮긴 것이다. 이 원서의 뒤표지에는 미국의 저명한 정치철학자 마사 누스바움(Martha Nussbaum)의 서평이 들어 있다. 키처의 이 저서를 가리켜서 누스바움은 '존 듀이, 존 스튜어트 밀, 라빈드라나드 타고르의 고전적 저술에 견줄 만한 기념비적 작품'이라고 찬사를 보내고 있다. 어떤 책이기에 이런 칭송을 받을 수 있을까?

우리는 그동안 인류가 경험하지 못했던 새로운 길을 가고 있다. 제4차 산업혁명, AI, IoT, 포스트휴먼, 기후 위기, 팬데믹 등 메가트렌드의 시대에 살고 있다. 이에 따른 미래의 불확실성과 불안감은 과거처럼 예측 가능한 안정된 사회가 이제는 요원한 것처럼 느껴지게 한다. 이런 시대일수록 교육에 대한 요구와 기대는 크기만 하다. 앞으로 교육은 어떤 역할을 해야 할 것인가? 인류 전체가 당면하고 있는 이런 문제뿐만 아니라 우리 사회가 당면하고 있는 시급한 문제들도 많다. 출생률 급감에 따른 인구 감소, 인구의 노령화, 경제성장률 둔화, 경제적 양극화의 심화, 정치 갈등 및 혐오와 대립 문화 등 수많은 난제들을 안고 있다. 전 지구적 차원이든 우리 국가적 차원이든 이런 문제들에 대처하기 위한 교육의 적극적 역할이 어느 때보다 강조되고 있다. 게다가 우리 사회는 특유의 대학입시 과열이 불러온 경쟁체제가 모든 학교 교육을 왜곡시키고 대부분의 학생들과 학부모들을 불행하게 만들고 있다는 데 공감하면서 이제는 달라져야 한다는 생각이 사회 저변에 깔려 있지만 아직 뚜렷한 해법을 찾지 못하고 있다. 우리 교육(철)학자들은 미래를 위해 어떤 해법과 대안을 제시할 수 있을까?

우리는 어떤 문제를 외부자 시각에서 볼 때, 문제의 진단과 해결책을 더 명쾌하게 제시하는 경우가 종종 있다. 익숙한 내부자의 시각으로 보지 못한 것들이 보이고, 의외로 간단한 해법까지 보이는 것이다. 마치 장기판의 훈수꾼처럼, 자신이 선수일 때는 보지 못하는 것을 다소 거리를 두고 여유 있게 지켜보는 훈수꾼의 눈에는 말의 길이 환히 보이게 된다. 이런 점에서 외부자 시각, 문제와 거리 두기, 중립적으로 살펴보기 등은 분명 의미 있는 변화와 결과를 가져올 때가 많다. 교육을 전문적으로 연구하는 교육(철)학자들은 어떤 의미에서 교육 관련 모든 상황에 너무 익숙해져 있는지 모른다. 사용하는 개념, 용어, 논리에 익숙하다 보면, 그것들에서 벗어나 새로운 시각으로 교육을 바라보려는 노력은 상대적으로 미흡할 수밖에 없다. 인간의 삶에서 그야말로 '중대사'인 교육은 사실 교육학자들의 전유물일 수만은 없다. 어떤 인간도 교육과 무관하게 살아갈 수 없고, 한 번쯤은 교육에 대해 고민하지 않을 수 없다. 철학자들도 마찬가지일 것이다. 편의상 철학자들도 전공 영역을 나누지만, 인간과 삶의 본질, 그리고 개인과 사회 및 국가의 관계에 대해 성찰하는 철학자들이 교육의 문제를 핵심 연구 주제로 설정하고 분투하는 것이 그리 이상한 일은 아니다. 플라톤, 아리스토텔레스는 물론이고 칸트나 듀이도 이런 연구의 사례를 잘 보여 주었다. 어찌 이들뿐이겠는가?

전문 교육철학자는 아니지만 (일반) 철학자들이 최근 연구에서 교육에 관한 주목할 만한 연구를 보여 주는 경우가 종종 있다. 대표적으로 마사 누스바움은『사랑의 지식』『인간성 수업』『학교는 시장이 아니다』『역량의 창조』등 교육과 관련된 수많은 저서를 발표하였고, 그중 다수가 우리나라에서도 번역되어 상당한 독자층을 형성하고 있다. 누스바움의 시민교육, 교양교육, 교육이 인간의 삶에 미치는 영향에 대한 성찰은 탁월한 성과와 중요한 시사점을 주고 있다. 이번에 역자들이 번역한 이 책의 저자인 필립 키처 교수도 엄밀하게 보자면 교육철학자는 아니다. 과학철학과 실용주의 철학에서 탁월한 업적을 보이고 있는 석학이다. 듀이철학에 정통한 그가 최근에 매우 심혈을 기울여 쓴 저서가 바로『듀이철학 기반 교육중심사회와 교육』이다. 그가 이 책을 쓰게 된 과정과 어떤 내용을 다루고 있는지는 저자 서문과 서론에 상세하면서도 친절하게 소개되고 있다. 사회 문제를 거시적으로 바라보면서도 '교육을 사회의 중심에 두어야 한다.'는 키처 교수의 주장은 다소 과격해 보이지만 충분한 논변을 통해 큰 울림을 주고 있다.

모두 11개의 장으로 구성된 이 책은 저자 자신이 주장하고자 하는 핵심 논변을 제1부인 1~6장을 통해 펼치면서 교육적 틀을 입론하고 있다. 저자는 교육의 핵심 목적을 자기 유지, 민주 시민 양성, 개인적 만족의 함양으로 보면서도, 현실에서는 이 세 가지가 조화를 이루지 못하고 있음을 지적한다. 저자는 세 가지 교육목적을 정당화하고 조화를 강조하기 위해서 개인, 만족스러움, 시민, 도덕 발달, 종교의 역할에 대한 깊은 논의를 전개하여 자신의 핵심 논변인 '교육-중심 사회'의 이론적 틀을 정립한다. 그런 다음 제2부에서는 이런 틀이 학생들의 일반적 교육과정으로 다듬어지고 있다. 7~9장에서 자연과학, 예술, 자기 이해(인문학과 사회과학)를 논의하면서 현행 학교 교육과정의 한계를 지적하고 그 대안적 관점을 제시하고 있다. 저자는 마지막 제3부인 10~11장에서 자신의 핵심 논변이 너무 이상적이라는 반론에 대한 대응으로 사회변화가 구체적으로 어떻게 이루어져야 할지를 논의한 후, 이런 주장이 결코 실현 불가능한 이상적인 것이 아님을 논의하고 있다. 듀이주의자인 저자는 경제-중심 사회가 교육-중심 사회로 변화됨으로써 얻을 수 있는 이점을 충분히 보여 주면서, 결국 세상의 가장 중요한 일은 '인간을 길러내는 일'임을 강조하고 있다.

  이 역서가 주는 의의 및 주요 시사점을 몇 가지만 언급해 보고자 한다. 우선, 저자의 핵심 주장은 교육-중심 사회다. 저자 자신도 밝히고 있지만, 이 책에서는 매우 급진적이고 과격하기까지 한 주장을 펼치고 있다. 사회의 모든 시스템이 교육을 중심으로 재편되어야 하고 그것이 시급하다는 것이다. 교육-중심 사회는 경제-중심 사회와 대비된다. 지구상 대부분의 국가가 경제-중심 사회로 움직여지고 있다. 경제성장률, 경기변동 추이, 물가와 금리, 주가 변동과 부동산 시세 등이 정책결정자나 시민들의 초미의 관심사다. 모든 국가정책이 경제를 중심으로 이루어지고 있다고 해도 과언이 아니다. 그러나 그것이 시민들의 행복하고 안정된 삶을 담보하지는 못한다. 경제적 측면에서 뒤처지지 않으려는 국가, 기업, 개인 차원의 피나는 노력은 과부하, 과로, 소진, 낙담 등의 부작용을 낳게 된다. 이대로는 안 된다는 저자의 지적은 암암리에 우리 모두가 하고 싶은 말이기도 하다. 정말 사회가 이대로는 안 되고 달라져야 한다는 생각까지는 많이 할 수 있지만, 어떻게 달라져야 하는지를 차분하게 논의하면서 설득력 있는 대안을 제시하기는 쉽지 않은 일이다. 저자는 이 일을 하고 있으며, 역자들이 보기에 비교적 성공적으로 해내고 있다. 물론 교육 분야에서 이런 변화를 주장하는 학자들의 목소리도 꾸준히 들리고 있다. 앞에서 언급한 누스바움 외에도 넬 나딩스(Nel Noddings), 존 화이트(John White) 등은 현행 학교 체제의 변화 필요성을 강하게 제기한다. 이들은 교과 지식, 수월성 추구, 상호 경쟁이 강조되는 학교 시스템 속에서는 학생들이 자신의 가능성을 충분히 펼쳐나가기 어려울 뿐만 아니라 인간으로서 누려야 할 존엄성, 행복, 만족감, 잘삶 등이 훼손되고 있다고 강하게 비판한다.

  그렇다면 변화의 뚜렷한 방향으로 키처 교수가 제시하고 있는 교육-중심 사회는 어떤 사회인가? 저자는 듀이의 사상을 기반으로 이를 설명한다. 이상적인 사회상은 듀이식 사회(Deweyan Society)로 민주주의를 실현하고 시민들 간의 상호작용인 숙의가 충분히 이루어지는 교육-중심 사회다. 저자는 이런 사회의 특징을 일곱 가지로 제시하고 있다. 1) 인간의 삶의 향상에 공헌하는 모든 형태의 노동이 옳은 것으로 인정받는다. 2) 평등한 존중이 이루어진다. 3) 교육기관의 불평등을 줄이기 위해서 계속 노력한다. 4) 기회의 평등을 위해 편견과 고정관념을 근절시킬 프로그램을 충실하게 지원한다. 5) 성인들의 주기적 휴가를 보장하고 그들이 가정과 학교에서 양육과 교육에 활발하게 참여할 수 있도록 권장한다. 6) 미취업자에 대한 지원과 구직 활동을 체계적으로 돕는다. 7) 직업상의 위계를 무너뜨리기 위한 지속적인 노력을 한다.

교육-중심 사회는 학교의 교사들만 교육활동에 종사하는 것이 아니라 지역사회의 모든 시민들이 다양한 방식으로 교육에 공헌할 기회를 가지며 또 그렇게 해야 하는 사회다. 이를 위해 성인들에게 다양한 형태의 휴가제도가 보장되어야 한다고 저자는 주장한다. 경제적 생산성이 우선순위가 아니라 그 사회의 아이들을 교육하는 일에 온 사회가 우선순위를 두는 쪽으로 변화되어야 하는데, 그렇게 한다고 해서 경제적 생산성과 효율성이 반드시 떨어지는 것은 아니라고 저자는 강조한다. 또한 이런 사회가 결코 불가능한 것도 아니라고 주장하고 있다.

저자는 교육의 핵심 목적을 세 가지로 보고 있다. 학생들이 장차 (직업생활 등을 통한) 자기 유지를 잘 하도록 만드는 것, 좋은 시민의 양성, 개인적으로 만족스러운 삶을 살도록 돕는 것이다. 경제-중심 사회에서는 교육이 자기 유지에 너무 치중함으로써 시민공동체 형성이나 개인적 만족을 뒷전으로 밀려나게 하는 경향이 있다고 저자는 지적한다. 특히 개인적 만족이 결핍될 때, 그런 사회는 결국 위기가 찾아오기 마련이다. 개인들이 만족스러운 삶을 영위하는 것은 결코 자신만의 이익을 추구한다는 의미가 아니다. 다른 사람들과 함께 더불어 살아가는 방식을 통해서 비로소 만족스러움을 느낄 수 있다는 것이 듀이의 생각이고 이에 기반한 저자의 주장이기도 하다. 사실 이 책에서 저자가 사용하고 있는 만족스러움(fulfillment)이란 용어는 나딩스의 행복, 화이트의 잘삶(well-being)이란 용어들과 유사한 의미를 지니고 있다. 이 용어들은 그리스어 *eudaimonia*에 뿌리를 둔 개념들로 인간의 삶의 목적이자 교육의 궁극적 목적이기도 하다. 나딩스의 『행복과 교육』, 화이트의 『잘삶의 탐색』에서는 행복 혹은 잘삶을 교육목적으로 설정하고 이를 위해 어떤 교육적 노력을 해야 하는지를 상세하게 논의하고 있듯이, 키처 교수도 개인의 만족스러움을 위해서 사회와 교육이 무엇을 해야 하는지를 설득력 있게 논의하고 있다. 이들의 논의는 우리 교육의 미흡한 점이 무엇인지 구체적으로 발견할 수 있게 해 주고, 대안적 방향의 모색에도 중요한 시사점을 주고 있다.

키처 교수는 교육에서 예술 및 인문학의 가치를 재조명하고 있다. 학교 교육에서 예술은 주변적 교과로 취급되는 경우가 많지만, 이는 인간 및 삶에 대한 이해 부족 때문이라고 지적한다. 예술은 인간의 삶에 특별한 활기를 주고, 지속적이고 심오한 영향을 미치며, 다양한 가르침을 제공한다. 인문학은 인간의 삶의 의미와 가치를 일반적, 개별적으로 밝혀주는 다양한 정보와 관점들을 제공하고 있다. 예술과 인문학은 인간의 삶을 풍요롭고 의미 있게 만들어 주는 것이 틀림없지만, 경제-중심 사회에서는 이것들이 경제에 직접적인 도움이 안 된다는 논리로 홀대 및 배제하려는 경향이 강하다. 우리 교육 현장도 별반 다르지 않다. 학생 시절에 예술과 인문학 교육을 충분히 받지 못한 학생들은 학창 시절에도 행복하지 못할 뿐만 아니라 이들이 사회의 주축으로 성장했을 때 우리 사회의 문화적 수준과 개인적 삶의 만족도는 우려할 수밖에 없을 것이다. 저자뿐만 아니라 앞에서 언급한 누스바움, 나딩스, 화이트 등도 학교 교육과 교양교육에서 예술 및 인문학이 중시되는 방향으로 변화되어야 한다는 점을 강조하는 공통점을 보이고 있다.

우리들은 학교 교육이 달라져야 한다는 말을 참 많이 한다. 그러나 어떻게 달라져야 할까라는 구체적 질문에는 명쾌한 답을 하기 쉽지 않다. 이 역서는 우리 교육의 변화에 목마른 사람이라면 충분히 정독해 볼 만한 가치가 있는 책이다. 사실 역자들은 이런 저서를 접할 때마다 늘 안타깝고 아쉬운 마음이 든다. 역자들을 비롯하여 우리 교육(철)학계에서는 왜 이런 의미 있는 저서가 나오지 못할까라는 자조감 때문이다. 이제는 우리 학계에서 내부자 시각으로 우리 사회의 문제 진단과 해법을 명쾌하게 제시하는 저서가 이 역서에 버금가는 아니 이를 뛰어넘는 탁월한 성과물로 발표되기를 기대해 본다.

이 번역서를 내면서 감사할 분들이 많다. 우리가 이 책을 처음 접하게 된 계기는 존 화이트 교수를 통해서였다. 저자도 서문에서 화이트 교수의 도움을 받았다고 언급하고 있지만, 화이트 교수는 역자 중 한 사람인 이지헌 교수에게 이 책을 소개하고 리뷰를 요청한 것이 계기가 되어 번역에 이르게 되었다. 키처 교수는 한국어판 서문을 따로 써서 보내 주는 등 이 책이 한국에서 출판되는 것에 많은 관심과 애정을 보여 주었다. 이 자리를 빌려 화이트 교수님과 키처 교수님에게 감사를 표한다.

사실 이 번역서에는 역자의 은사님이기도 한 이지헌 교수님의 수고가 훨씬 많이 담겨 있다. 은퇴하신 후에도 교육철학 학문공동체와 후학들에게 학문적 도움을 주시고자 계속해서 연구하시는 모습을 보여 주고 계신 것은 그 자체로 큰 가르침이다. 이번에도 적극적으로 번역을 이끌어 주셔서 적지 않은 볼륨의 책이지만 마칠 수 있었다. 선생님께 머리 숙여 감사의 말씀을 드리고 싶다. 또한 작업하는 제게 늘 옆에서 격려하고 관심을 가져 주신 국립목포대학교 교육학과 동료 교수님들께 감사를 드린다. 최근 어려운 출판업계 사정에도 불구하고 시장성이 그리 보장되지 않는 번역서 출판을 흔쾌히 허락해 주신 학지사 김진환 사장님께도 감사의 말씀을 드린다. 큰 수술 후 힘든 시간을 보내면서도 늘 기도하며 옆을 지켜 준 아내 명신과 사랑하는 딸 하빈에게도 고마움을 전한다. 늘 내 삶의 주인 되시고 선히 이끌어 주시는 주님께 모든 영광을 돌린다. Soli Deo Gloria!

2024년
역자를 대표하여
김희봉

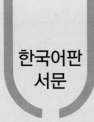

　나의 교육관은 내가 교육의 실제를 가장 잘 아는 국가, 특히 미국과 영국에 관한 성찰에서 주로 생겨난 것이지만, 그런 아이디어가 다른 많은 국가에서 정책을 재고찰하는 일과 연관될 수 있기를 바라면서 이 책을 썼다. 특히 이 책을 쓰면서 나는 교육에 대한 헌신적 노력으로 최근의 경제발전이 불타오른 모든 사회에 이 책이 특별히 중요할 것이라는 생각도 들었다. 한국은 경이로운 사례에 속한다. 이 책에서 제시하는 아이디어 및 논변과 특히 관련 깊은 나라가 한국이라고 나는 생각한다.

　『듀이철학 기반 교육중심사회와 교육』은 독자에게 차세대 시민을 교육하는 일이 우리 시대의 가장 중요한 과업이 될 가능성을 고찰해 보자고 요청한다. (종종 시대의 암울한 증거와는 반대로) 인간의 삶이 현재보다 더 나아지기를 희망하는 사람은 아이들이 부모보다 더 꽃피는 미래를 위해 준비되기를 원해야 한다. 우리는 후속 세대의 삶의 여건을 향상시키기 위해 각 세대가 할 수 있는 바를 제공하는 거대한 인간 프로젝트를 위해서 가능한 한 최선을 다해 공헌하겠다고 스스로 생각해야 한다.

　많은 사람이 가난하거나 혹은 가난에서 벗어나려고 하는 사회는 생존의 기본 필수품을 생산하는 활동을 아무래도 강조할 것이다. 그런 사회는 경제성장을 위한 교육정책을 선택할 것이다. 그런 사회는 지구 시장이 요구하는 기술을 길러내는 공부에 초점을 둘 것이다. 생산력의 증대를 위해서 교육을 설계한다.

　이런 일이 벌어질 때, 아이들은 일차원적인 학생이 되고 만다. 미래 시민은 안중에 없다. 독특한 개인도 없어진다. 오늘날 전 지구적 경쟁이 치열해지면서, 젊은이를 국가의 부의 증진을 위한 수단으로 전락하게 만드는 일은 발전을 열망하는 국가들에서 혹은 과거의 빈곤 기억이 생생하게 남아 있는 지역에서, 그리고 세계 곳곳에서 더욱 강화되고 있다. 심지어 가장 부유한 국가들도 그 질병에 걸려 있다.

　전 세계적으로 철학적 전통에서 플라톤, 루소, 밀, 듀보이스, 듀이, 타고르 등과 같은 가장 위대한 교육이론가의 여러 가지 이상은 무시되고 있다. 정부는 학교와 대학을 아이의 특수한 재능을 끌어내고, 개성을 촉진하고, 시민 능력이나 도덕적 탐구 능력을 길러주는 곳으로 여기지 않는다. 모든 것이 경제의 명령에 복속되고 만다.

이 책은 이런 상황을 바로잡는 일에 몰두한다. 이 책에서 나는 우리 시대가 상실해 버린 이상들을 탐색하고 다듬어 갈 것이다. 교육이 세상의 중대사인 이유는 인간의 삶, 그것도 유일한 삶을 형성하는 일이기 때문이다. 우리는 예산, 생산성, 결과에 치중하기보다는 어떻게 하면 인간의 삶이 더 나아지도록 만들 수 있고, 우리의 사회가 더 나아지도록 만들 수 있는지를 고찰해야 한다. 경제적 제약을 가정하면서 출발하지 않아야 한다. 그 대신 다차원적 인간 프로젝트를 가지고 출발하자. 인간 실존을 더 만족스러운 것으로 만들고, 우리의 삶이 함께 더 순조로워지도록 만들기 위해서 무엇이 필요할 것인가 하는 점에서 시작하자. 그다음에 그런 성찰의 결론을 활용해서 우리의 사회가 어떻게 개혁되어야 하고, 우리의 경제체제가 어떻게 개편되어야 하는가를 질문하자. 소비재를 최소 가격으로 공급하기 위해 만들어진 경제체제는 사람들이 각자의 삶에서 원하는 모든 것을 제공해 주는가?

나는 이런 성찰과 질문이 한국 독자들의 걱정거리에 대해서 직접적으로 말해 주는 바가 있기를 희망한다. 부유한 국가 클럽의 회원으로 한국이 급격하게 성장한 것은 경제에 집중하는 교육 시스템을 만들면서 촉발된 것이었다. 고등교육은 고도로 서열화되어 있고, 상위 대학에 입학하려는 극심한 경쟁을 낳고 있다. 여러 해를 거치면서 십대는 그 압력을 느끼고 살아간다. 그들은 정규 학교 수업을 보충하기 위해서 과외공부를 밤늦게까지 계속하는 경우가 많다. 그들의 입시 준비가 잘 되고 있는지, 시험 당일에 최고 실력을 발휘할 수 있을지, 미래의 인생이 걸린 시험을 제대로 치를 것인지를 근심하고 걱정한다. 시험 불안, 우울, 자살에 관한 통계는 이미 잘 알려져 있다. 이는 경제적으로 경이로운 성공 이야기의 암울한 이면을 보여 준다.

한국 교육에 관해서 영어로 작성된 자료들을 보면 그 비용이 인지되고 있음을 알려준다. 분명히 젊은이를 배려하는 학부모, 조부모, 타인들은 그런 교육 시스템이 개혁될 필요가 있지 않은가 하고 의혹을 갖기 시작했다. 나는 한국인의 그런 성찰에 도움이 될 만한 생각이 이 책에 일부라도 들어 있기를 희망한다. 전적으로 다른 접근을 향한 처방이 아니라 어쩌면 한국인이 필요하다고 느끼는 변화를 이끌어 줄 몇 가지 아이디어가 들어 있기를 희망한다.

우리 아이들의 삶은 단 한 번뿐이다. 그들에게 우리가 베풀어 줄 수 있는 최선의 교육을 제공해야 할 의무가 우리에게 있다.

뉴욕에서
2023년 11월
필립 키처

1

나는 20년 전쯤에 존 듀이의 저술을 진지하게 연구하기 시작했다. 듀이가 『민주주의와 교육』의 끝부분에서 언급한 철학의 성격은 나에게 깊은 인상을 주었다. 그는 말하기를 "만일 우리가 교육을 자연과 동료 인간을 향한 지적, 정서적 근본 성향이 형성되는 과정으로 생각하고자 한다면, 철학은 교육의 일반 이론이라고 정의할 수 있다." 철학과의 학생으로서 훈련을 받았던 나의 관점에서 혹은 오늘날 영미의 철학 전공자의 지배적 관점에서 본다면, 그것은 특이한 주장이다. 교육철학은 협소한, 응용적인 하위 영역이고, 또 단조롭고 정교하지 못한 영역으로 간주된다. 철학의 중심에 놓인 '핵심 문제들'을 탐구할 수 있는 사람이 만일 교육철학으로 전향한다면, 이는 초라하게 보인다.

듀이의 주장에 흥미가 끌렸던 나는 초라한 영역으로 간주했었던 교육을 여러 해에 걸쳐서 탐구했다. 그러면서 나는 정통 전문가들의 판단이 지극히 불공정했음을 깨닫게 되었다. 오늘날 영어 사용권 국가에서 꽤 많은 학자가 교육철학 분야에서 활동하면서 최상의 전문가 수준을 보여 준다. 이들은 글을 명쾌하게 쓰고, 철학적 전통의 주요 부분을 끌어들이고, 새로운 결론을 제시하고, 이를 엄밀한 논증으로 옹호하고, 그리고 교만한 일부 동료들과 다르게 시급한 문제를 다룬다. 나는 교육철학 분야에서 공헌한 여러 학자의 저술로부터 많은 것을 배웠다. 모두 열거할 수는 없겠지만 해리 브릭하우스(Harry Brighouse), 이몬 켈런(Eamonn Callan), 랜들 커렌(Randall Curren), 캐서린 엘긴(Catherine Elgin), 에이미 굿맨(Amy Gutmann), 메이라 레빈슨(Meira Levinson), 마사 누스바움(Martha Nussbaum), 이스라엘 셰플러(Israel Scheffler), 하비 시겔(Harvey Siegel), 존 화이트(John White)가 그런 분들이다.

게다가 교육철학의 분야에 몰입한 이후, 존 듀이의 터무니없어 보이는 주장의 이면에 감추어진 통찰이 더욱 선명하게 드러났다. 내가 믿기에, 듀이는 에머슨(Ralph Waldo Emerson)의 유명한 「미국 학자」에 나오는 한 문장에 반응하고 있었던 셈이다. 그 문장에서 끌어와 적절하게 고친 후, 나는 이 책의 제목으로 삼았다. 인간의 모든 세대가 후속 세대의 발달을 증진하고, 이를 위해 더 나은 세계를 만들려고 노력한다고 생각했던 듀이는 (그리고 내 생각으로는 에머슨도) 교육(젊은이를 '길러내는' 일)에 관한 일반적 이해야말로 철학의 중심 과제라고 보았다. 이런 과제의 수행은 철학에서 가장 오래되고, 가장 자주 등장하는 몇몇 문제를 던지고 또 답하는 일이다. 이는 가장 중요한 가치를 탐구하고 그리고 이들 가치를 주어진 상황 및 당대의 지식 속에서 어떻게 하면 가장 잘 증진할 수 있는지를 이해하려고 애쓰는 일이다.

이 관점에 도달하는 과정에서 나는 깨달은 바가 있었다. 나는 역사적 과정과 진화적 시스템에 관해서 오랫동안 관심을 쏟았는데, 이렇게 하면서 형성된 어떤 방식에 따라서 앞서 지적한 문제들을 내가 꾸준히 탐구했었다는 것을 깨달았다. 에머슨이 우리에게 밝혀준 '교육이라는 프로젝트'는 인류의 역사를 통해서 이해해야 하는 것이었다. 그 프로젝트가 우리와 함께 있었는데, 이는 수십만 년은 아닐지라도 수만 년은 된다. 과거에 시도되었던 해결 방안의 일부가 현재 상황으로 넘겨진다. 교육의 접근 방식은 그것에 적응하고 재-적응하는 경우가 많다. 그러나 때로는 더 체계적으로 생각해 보고, 더 장기적이고 추상적인 견해를 세워 보고, 그리고 확정된 사항으로 간주하는 점이 과연 그런 것인지를 의심해 보는 것도 현명한 일이다. 바로 이런 정신에서 이 책을 쓰게 되었다.

이 책의 제1부는 구체적인 교육 문제를 고찰하기 전에 먼저 일반적인 틀을 만들어 볼 것이다. 제2부는 이런 틀에 비추어서, 오늘날 젊은이에게 무엇을 어떻게 가르쳐야 하는지를 살펴볼 것이다. 제3부는 내가 제안하는 교육개혁의 실행에 필요한 광범위한 사회변화가 어떤 것인지, 그리고 내가 제언하는 방향으로 진지하게 나아갈 수 있는지를 논의해 볼 것이다.

2

이 책을 쓰게 된 직접적인 계기는 케이스 웨스턴 리저브 대학(Case Western Reserve University)에서 스트라우스 강의(Straus Lectures)를 해달라는 피터 녹스(Peter Knox)의 초청이었다. 나는 나의 듀이식 실용주의(Dewyan pragmatism)를 다듬어 내는 일을 목표로 삼아서 세 권의 책을 구상했는데 그 두 번째 책으로 '교육과 민주주의'에 관한 책을 써볼 생각이 들었다.[1] 내 강의 주제로 그것이 어떻겠냐는 나의 제안에 피터 녹스가 동의해 주었고, 나는 방대한 원고를 쓰기 시작했다. 그 이후로 실제 원고는 더 늘어났다.

내가 클리블랜드(Cleveland)에서 벌였던 토론, 그리고 거기서 청중이 던져준 깊고 날카로운 많은 질문은 나에게 각 강의를 어떻게 확충할 필요가 있는지, 그리고 내가 (언급하지 않거나) 암시하기만 했던 소재들을 어떻게 다룰지를 파악하는 데에 도움을 주었다. 최초로 완성된 원고가 옥스퍼드 대학 출판부에서 심사받을 때, 심사 관계자들은 원고를 더 보완하겠다는 나의 계획에 공감했다. (그들이 이 결과물을 보고 그렇게 느끼기를 잘했다고 여길 것으로 기대해 본다.) 옥스퍼드 대학 출판부의 뉴욕 지점에서 근무하는 탁월한 철학 분야 편집자 피터 올린(Peter Ohlin)은 강의 원고를 보완하는 방안에 동의해 주었고, 언제나 수준 높은 조언을 제공해 주었다.

피터 녹스의 강의 초청, 케이스 웨스턴 인문학 센터에서 그의 동료들이 베풀어 주었던 환대, 그리고 클리블랜드에서 나누었던 즐겁고 자극적인 대화에 진심으로 감사한다. (제2부의 어느 장은 오직 피터 녹스의 덕분에 생겼다.) 또한 컬럼비아에서 나누었던 크리스 호프(Chris Haufe)와의 흥겨운 토론에 감사한다.

이 책의 내용은 지난 십 년 동안 많은 곳에서 여러 사람과 주고받은 대화에 깊은 뿌리를 두고 있다. 내 생각은 아주 다양한 영역의 수많은 너그러운 학자들의 아이디어와 반응으로부터 영향을 받았으므로, 그들의 이름을 일일이 열거하기가 거의 불가능해서 이를 송구스럽게 생각한다. 베를린 고등연구소(Wissenschaftskolleg)에서 연구원으로 1년(2011~2012)을 보냈을 때, 나는 여러 동료에게서 많은 것을 배웠다. 이들은 제레미 아들러(Jeremy Adler), 모니크 보거호프 물더(Monique Borgerhoff Mulder), 알프렛 브렌델(Alfred Brendel), 에이스 부그라(Ayse Bugra), 홀리스 테일러(Hollis Taylor), 마크 비니(Mark Viney), 로렌 다스턴(Lorraine Daston), 게르드 기게렌저(Gerd Gigerenzer), 수산 네이만(Sussan Neiman), 아드리엔 피퍼(Adrian Piper) 등이다. 2015년에 다시 베를린의 아메리칸 아카데미에서 한 학기 머물렀을 때, 모이시 포스톤(Moische Postone)과의 대화는 방법론적 개인주의에 기울어져 있었던 내

---

1) 역주: 이 책에 가장 큰 영향을 미친 철학은 듀이의 실용주의다. 필립 키처의 관점에서 '듀이의 실용주의 철학이 반영된, 적용된, 연관된' 의미의 'Deweyan'이 pragmatism, democracy, society, citizen, meliorism, suggestion, proposal, ideal, education, thought, insight, virtue, approach, program, direction, world, lines, turn, production, days 등 20개의 개념에 붙여져 이 책에서 사용된다. 이들 개념이 등장하는 문맥에 맞추어 듀이식 실용주의, 듀이식 제안, 듀이식 프로그램 … 혹은 듀이식 민주주의, 듀이의 미덕, 듀이의 통찰 … 혹은 듀이식 사회, 듀이식 사상, 듀이식 세계 등으로 옮긴다. Deweyan은 듀이 옹호론자, Deweyanism은 듀이주의로 옮긴 경우도 있다.

성향을 억누르는 데에 도움을 주었다. 나의 뮌헨 강의(윤리학)에 참석했던 청중들이 던져준 질문들은 이 책의 수정에 도움을 주었다. 그 강의의 논평자였던 세 분에게 정말 감사한다. 라헬 제기(Rahel Jaeggi), 수산 네이만(Susan Neiman), 에미아 스린니바산(Amia Srinivasan)이 그 강연 내용(나의 3부작 중 첫 번째 책, 『도덕적 진보』의 원고)에 대해 보여 주었던 갖가지 독창적인 반응은 이 책의 수정된 부분에 고스란히 남아 있다.

이와 비슷한 실용주의적인 주제를 여러 곳에서 발표했는데, 질문자들의 질의와 반론으로부터 나는 많은 것을 배웠다. 헬싱키에서 북유럽 실용주의에 관한 내 강의를 들었던 청중, 또 루벵 대학교, 델프트의 테크니컬 대학교, 유트레히트 인문학 대학교, 로테르담 에라스무스 대학교에서 내 강의(Chaire Mercier)를 들었던 청중, 그리고 빌레펠트 대학교에서 나의 2014년도 펜테코스트 강의를 들었던 청중에게 정말 감사를 표한다. 인디애나 대학교-인디애나폴리스 퍼듀 대학교에서 행한 강의에서 나는 이 책의 제6장의 일부 아이디어를 언급했었고, 제7장과 제8장의 일부 자료는 미네소타 대학교, 템플 대학교, 로체스터 대학교에서, CUNY의 조너선 아들러 기념 강의에서, 그리고 버클리 캘리포니아 대학교의 호이슨 강의에서 발표했었다. 여기저기서 내가 들었던 수많은 귀중한 논평에 특히 감사한다.

나는 수브라마니안 랑간(Subrahamian Rangan)의 창의적 산물인 〈진보학회(Society for Progress)〉의 모임에 참여했었고, 이 책과 관련된 내용에서 큰 영향을 받았다. 경제학자, 기업지도자, 철학자 사이에 벌어졌던 생생한 토론의 흔적이 내가 제2장에서 제언하는 강조점의 변화에서부터 제10장과 제11장의 탐구와 논변에 이르기까지 이 책 전반에 남아 있다. 데이빗 오터(David Autor), 줄리 바틸라나(Julie Batillana), 로버트 프랭크(Robert Frank), 아마르티아 센(Amartia Sen)은 경제 문제에 관한 내 생각을 일깨워 주었다. 엘리자베스 앤더슨(Elizabeth Anderson), 앤소니 아피아(Anthony Appiah), 마이클 푸에르스타인(Michael Fuerstein), 수잔 네이먼(Susan Neiman), 발레리 티베리우스(Valerie Tiberius)는 이 책에서 탐구하는 여러 문제에 관해서 나의 견해가 다듬어지도록 도움을 주었다. 모든 분에게 감사한다.

미국 실용주의자들의 공동체는 신참자에 속하는 내가 익숙해질 수 있도록 관대한 도움을 주었다. 컬럼비아 대학교의 두 분 동료, (故) 아이작 레비(Issac Levi)와 시드니 모르겐베서(Sidney Morgenbesser)는 내가 나의 철학적 생애에 걸쳐서 조르데인(M. Jourdain)의 방식과 유사하게 실용주의를 말해 왔다는 사실을 나에게 지적해 주었다. 리차드 번스타인(Richard Bernstein)은 실용주의적 전통에 대한 그의 통찰을 내가 일부분 공유할 수 있도록 특별히 허락해 주었다. 캐서린 엘긴(Catherin Elgin), 스티븐 페스마이어(Steven Fesmier), 체릴 미삭(Cheryl Misak)은 훌륭한 질문자였고 나는 많은 것을 배웠다.

컬럼비아 철학부에서 친한 동료 교수들과 나누었던 많은 대화에서 나는 큰 도움을 얻었다. 지난 몇 년에 걸쳐서 밥 구딩–윌리엄스(Bob Gooding-Williams), 미첼 무디–에덤스(Michele Moody-Adams), 프래드 노이하우서(Fred Neuhauser), 크리스토퍼 피콕(Christopher Peacocke), 웨인 프라우드풋(Wayne Proudfoot)은 내가 여기서 제시하려고 애를 썼던 아이디어와 논변에 대해 여러 가지 방향에서 영향을 미쳤다. 듀이의 실용주의에 관한 나의 접근이 비판이론에 대한 악셀 호네트(Axel Honneth)의 접근과 유사하다는 점이 밝혀졌는데 이는 호네트와 나에게 굉장한 사항이었다. 라헬 제기(Rahel Jaeggi)와 비슷하게 호네트는 내가 오래된 전제조건의 한계로부터 나 자신이 어떻게 (아직 부분적이지만) 해방될 수 있는지를 파악하도록 도와주었다.

이 책이 탄생하게 된 지적 여정에서 정말 훌륭한 대학원생들이 동행했었다. 10년 전의 일인데, 마이클 푸에르타인(Michael Fuertein)과 나누었던 대화를 통해서 나는 (내 생각에는 마이클도) 인식론/과학철학/사회철학/정치철학이 모두 관련된 질문들을 더 종합적으로 다룰 수 있는 길을 찾게 되었다. 최근에 아눅 아루드프라가삼(Anuk Arudpra-gasam), 맥스 칸 헤이워드(Max Kahn Hayward), 로비 쿠발라(Robbie Kubala)와 나누었던 대화를 통해서 듀이의 주제에 대한 새로운 관점이 열렸었고, 그리고 나의 처음(다음, 그다음) 생각을 자주 가다듬고 바로잡을 수 있었다.

그렇지만 이 책의 아이디어를 구축하는 데에 도움을 준 나의 학생에게 영예를 (혹은 책임을) 돌려야겠다. 내가 2015년 말 베를린에서 돌아왔을 때, 대학원 입학생이었던 알렉산더(Nathalia Rogach Alexander)가 내게 물었다: 교육에 관한 철학적 문제를 탐구하려고 하는데 지도 교수가 되어줄 수 있습니까? 우리는 2016년도 가을부터 컬럼비아의 학기 중에 거의 매주 두 시간 정도 만났었고, 주요 텍스트를 읽고 와서 핵심 주제를 논의했다. 이 대화에서 그리고 그녀의 훌륭한 학위 준비 연구에서 내가 배운 것은 엄청났다. 나는 정말 그녀에게 감사한다.

알렉산더와 내가 서로 보완적인 프로젝트를 각기 진행했을 때, 그동안 교육철학에 대부분의 생애를 바친 자상했던 선배 학자들로부터 도움을 받았다. 하비 시겔(Harvey Siegel)은 『옥스퍼드 교육철학 핸드북』에 기고하도록 나를 초대함으로써, 교육철학 분야의 글을 쓰도록 자극을 주었다. 그 이후로 시겔은 귀중한 제언을 나에게 많이 해 주었고, 이 책의 원고 전체에 대해서도 상세한 논평을 해 주었다. 그의 세심하고 식견 있는 독해 덕분에 많은 변화가 있었다. 제1장~제4장에 대한 메이라 레빈슨(Meira Levinson)의 날카로운 질문과 제언은 여러 사항을 명료하게 만들었고, 독자에게 더 친절한 안내의 필요성을 내가 깨닫도록 도와주었다. 엘렌 위너(Ellen Winner)와의 대화, 그리고 제8장에 대한 그의 논평은 예술교육에 대한 나의 접근에서 다듬어야 할 부분이 파악되도록 자극을 주었다. 해리 브릭하우스(Harry

Brighouse)는 제5장과 제6장을 명료하고 날카롭게 읽어줌으로써 내가 틀릴 수 있었던 진술을 바로잡고, 또 좀 더 명확한 진술로 고치도록 도와주었다. 지난 몇 년간 랜디 커렌(Randy Curren)은 격려, 지원, (부드러우나 까다로운) 비판을 베풀어 주었다. 제1장~제5장에 대한 그의 폭넓은 제언은 수많은 개선이 이루어지도록 도와주었다.

초고를 읽어준 두 분에게 특별히 감사한다. 탁월한 경제학자 로널드 핀들리(Ronald Findley), 그리고 최근에는 댄 오플래허티(Dan O'Flaherty)와 함께 지난 이십 년 동안 함께 가르쳤는데 이 일은 나에게 기쁨을 주었다. 오플래허티는 이 책의 최종 원고를 모두 읽어주었다. 더 신중해야 할 부분들을 알려주었고, 어느 부분은 다듬고 또 다른 부분은 고치도록 조언해 주었다. 우리의 의견 교환이, 나에게도 그에게도, 모두 가치 있었기를 바란다.

마사 누스바움(Martha Nussbaum)은 이 책의 원고를 보고 모든 장에 걸쳐 질문과 제언을 해 주었다. 일부는 일반적이고 일부는 특수한 언급인데 모두 놀라운 통찰이었다. 누스바움의 논평 덕분에 새로운 논의가 포함되었고, 다른 논의로 확대되었으며, 그리고 내 논변에서 뒤엉키거나 뒤바뀐 부분이 훨씬 더 명료하게 밝혀졌다. 누스바움의 관심 사항이 모두 적절히 다루어졌는지 모르겠으나, 아무튼 도움 덕분에 최종 원고가 더 나아졌다는 점에 동의해 줄 것으로 믿는다. 누스바움에게 마음 깊이 감사한다.

끝으로 내 가족에게 고마움을 전한다. 이제 3세대가 함께하는 가족이 되었다. 내가 이 책의 아이디어로 고심한 시간은 그들의 사랑과 지지가 있어서 풍성했다. 그들은 아동의 발달에 관해서 내게 많은 것을 가르쳐 주었다. 이 책이 주장하는 교육에 가까워지는 진보가 곧 이루어지고, 아이들도 그 덕을 볼 수 있기를 바란다. 그렇게 될지는 모르겠으나, 아무튼 아이들이 받는 부모의 사랑이야말로 그들에게는 올바른 출발점이라고 나는 믿는다.

약어
목록

자주 인용되는 문헌은 다음과 같은 약어로 표시한다.

E   Jean-Jacques Rousseau, *Emile*, trans. Allan Bloom (New York: Basic Books, 1979).

LW   *The Later Works of John Dewey*, 17 vols. (Carbondale: University of Southern Illinois Press); 참고문헌은 권과 쪽의 숫자로 표시됨.

MW   *The Middle Works of John Dewey*. 15 vols. (Carbondale: University of Southern Illinois Press); 참고문헌은 권과 쪽의 숫자로 표시됨.

OL   John Stuart Mill, *On Liberty and Other Essays*, ed. John Gray, Oxford World's Classics (Oxford: Oxford University Press, 2008)

PPE   John Stuart Mill, *Principles of Political Economy*, vols, 2 and 3 of *Collected Works of John Stuart Mill*, selected from the University of Toronto edition of the full set of Mill's works (Indianapolis: Liberty Fund, 2005); 두 권의 쪽 번호가 연속되어 있음.

R   Plato, *Republic*, in *Plato: Complete Works*, ed., John M. Cooper (Indianapolis: Hackett, 1997), 971−1223.

SMC   Steven M. Cahn, ed., *Philosophy of Education: The Essential Texts* (New York: Routledge, 2009).

WN   Adam Smith, *The Wealth of Nations* (New York: Modern Library, 2000).

차례

제1부

서론

1

300만 년 전부터 200만 년 전 사이에 인류의 조상은 석기를 만들기 시작했다. 175만 년 전쯤 그 기술은 진보했고, 흔히 '선사시대의 스위스군 나이프'라고 말하는 손도끼를 만들기 시작했다. 인류의 조상은 계속해서 기술이 향상되었는데, 현생 인류에 속하는 **호모 사피엔스**가 출현하기 훨씬 이전까지 축적되었던 기술은 현재 남아 있는 도구에도 들어 있다.

박물관에 보관된 여러 유물 속에는 수천 년의 교육이 담겨 있다. 먼 과거에서 현재까지를 살펴보면, 우리는 나중에 나타난 도구가 더 기능적이라고 볼 수밖에 없다. 날은 더 예리해지고 바늘은 더 뾰쪽해진다. 오래된 성취는 사라지지 않았고 후속 세대가 더 쌓아갈 수 있는 기반이 되었다. 무엇인가를 배웠고, 배웠던 것은 간직되었다. 뭔가를 가르쳤다는 뜻이기도 하다.

그렇다면 교육이라는 실천은 지극히 오래된 일이다. 교육이 실제로 행해진 것은 문자의 발명보다 먼저고, 동물의 가축화보다 앞서며, 심지어 현생 인류의 기원보다 빠르다. 작은 무리의 유인원들은 흔히 혹독했던 환경의 도전에 맞서 몸부림을 쳤으며, 쓸모 있는 기술이 없어지지 않게 할 방법을 짜냈다. 지난 수만 년 동안, 최소한 5만 년 전부터 지금까지 그런 일은 더욱 복잡해졌다. 아이들은 집단생활에서 확인된 규칙과 방식을 배워야 했고 인간이 사회생활을 더 무리 없이 하도록 만들어 주는 기존의 성취를 흡수해야만 했다. 한 무리가 계속해서 살아남을 것인가의 여부는 그들의 실천적 전문성과 사회적 식견을 후속 세대에게 전수하는 능력에 따라 판가름이 나는 경우가 많았다. 실천적 기능과 사회생활의 진보는 다른 측면의 변화, 즉 현재 필요한 것들을 충족시켜 줄 전승 시스템의 적응 여부에 따라서 판가름이 났었다. 이것이 교육적 진보다.

그러나 과거의 장애를 극복할 때는 잘 통용되었던 것이 현재의 과제를 다루는 기반이 되기는 해도 미래의 진보를 위험에 빠뜨릴 수 있다. 다른 유형의 진화에서도 그렇듯이 당면 문제를 성공적으로 해결했던 방식이 유지된다면 나중에 새로운 문제를 처리할 가능성을 가로막을 수도 있다. 과거의 난관을 극복할 때 도입되기 시작했던 전통에 사로잡히게 되면 후속 세대는 새로운 난관에 직면하고 혼란을 겪게 된다. 어쩌다가 겨우 성공하게 되면 기존의 것에다 약간 서투른 어떤 것이 덧붙여진다. 이런 결과는 오랫동안 여러 세대를 거치면서 완벽한 기능을 발휘하기도 어려운 덜컹거리는 장치와 비슷한 것이 되어버릴 수 있다. 어느 시점에선가 사람들에게 새로운 방향을 시도할 필요가 생겨날 것이다. 그들은 손도끼를 버리고, 석기를 포기하고, 다른 유형의 기술을 찾는다. 때때로 그들은 여러 세대를 거쳐 전승되었던 지식의 전달 방식까지도 다시 생각할 필요를 느낀다.

그런데 교육철학에 있어서 탁월한 저술들은 대체로 **현 상태**의 주요 틀을 그대로 두면서 논의를 전개한다. 어떤 문제가 선정되고 기존의 틀에 맞는 해결책이 제시된다. 이런 종류의 작업이 상당히 많은데 그 가치는 확실한 것이어야 한다. 제시된 개선책은 (정책결정자들이 경청할 것이라고 가정한다면!) 곧바로 채택될 수 있어야 하고 아이들의 교육이 즉각 개선될 수 있어야 한다. 오늘날 전문적인 철학자들 사이에서 교육철학에 대한 거부 반응이 흔히 나타나지만, 이런 반응에 반발할 만한 아주 강력한 한 가지 이유는 교육철학 분야의 가장 뛰어난 연구는 사회적으로 상당히 좋은 일을 한다는 사실에 있다.

그런데 내 책에서는 이런 흐름의 철학을 시도하지 않는다. 내 책이 보여 주는 제안들은 더 광범하고 더 급진적이다. 이 책의 모든 장에서 주장하는 (홍보하는?) 점은 우리의 교육정책과 제도를 폭넓게 뜯어고치고 오늘날 교육이 해야 할 기능에 맞추어 사회도 뜯어고치자는 것이다. 나의 제언이 신속하게 개혁으로 실행되어야 한다는 생각이 독자들에겐 당연히 무리한 것으로 보일 것이다.

그렇다면 이 두꺼운 책을 왜 읽어야 하는가? 왜냐면 때때로 근본적 재검토가 필요하기 때문이다. 아이들을 교육하는 우리의 여러 방식에는 (내가 지적했듯이) 오랜 역사가 깃들어 있다. 이런 역사에서 **어쩌다** 기이한 장치가 생길 수 있으며, 이는 요즈음 세상에서 인간의 필요를 충족시키는 데에 필요한 진보를 가로막을 정도로 역기능적일 수 있다. 이런 점을 살펴보는 것도 가치가 있지 않겠는가? 이를 살펴보려면 현대 교육이 마땅히 해야 할 일에 관해서 고민해 볼 필요가 있지 않겠는가? 인간의 삶을 행복하게 만드는 것이 무엇이고, 또 인간 사회를 건강하게 만드는 것이 무엇인지에 관한 거창한 (그리고 난해한) 철학적 문제를 성찰하는 일을 과연 피할 수 있을 것인가?

이렇게 살펴보면, 역사적으로 발전되어 온 교육의 주요 특성들에 관한 확신이 지지받을 것이다. 우리는 학교와 대학을 혹은 이들이 속한 일반 사회를 대규모로 뜯어고칠 필요가 어째서 부재했는지를 알 것이다. 역사를 살펴봄으로써 우리의 교육기관들의 제반 측면에 관해서 차별적 평가가 생겨서 도움이 될 것이다. 우리는 무엇이 잘 되고 있는지를 인지하고, 이런 측면들과 덜 성공적인 다른 측면들을 구별하게 될 것이다. 이런 차이에 관한 이해는 교육 시스템을 개선하는 세밀한 작업에 도움이 될 것이다.

만일 내 생각이 옳다면, 결코 안일한 옹호론에 빠지는 탐구가 되어서는 안 된다. 오히려 전면적인 변화를 요구하는 탐구가 되어야 한다. 물론 나의 진단과 논변에서 결함을 찾아낼 사람들이 있겠지만 이런 결함도 **현 상태** 속에서 사람들이 확인하는 장점들을 더 분명히 파악하는 데에 도움이 될 것이다. 나의 진단과 논변은 자극을 줌으로써 역사가 우리에게 남겨준 것이 **왜** 우리 시대를 위해 아직도 유익한 것으로 남아 있는가를 사람들이 이해하도록 이끌어 주어야 한다. 이런 종류의 이해는 교육적 진보를 더욱 추구해야 할 때 도움이 된다. 이런 이해는 무엇을 고칠 수 있으며 무엇을 그대로 두어야 하는가를 사람들이 파악하도록 이끌어 줄 수 있다.

그런데 이제까지 나는 진화하는 과정이 나중에 발생할 문제점들을 강제하고 임시방편적 해결책을 낳게 하는 일반적인 경향을 암시하기만 했다. 이런 추상적인 사항을 뛰어넘어 우리의 교육적 유산에 대한 성찰을 자극하는 구체적인 사항들이 있다. 우리는 서기(書記)를 길러내기 위해 학교를 도입했거나 혹은 교회의 직무를 맡길 젊은이를 대학이 길러냈던 세계로부터 아득하게 멀리 떨어진 시대에 살고 있다. 우리는 산업혁명 시대의 요구 혹은 과학연구의 중요성을 명확히 인지했던 세계대전 이후의 시대적 요구로부터도 멀리 떨어진 시대에 살고 있다. 현대의 여러 사회에는 다양한 문화의 출신자들이 뒤섞여 산다. 게다가 전 인류는 오늘날 전 지구적 상호조정을 요구하는 도전에 직면해 있다. 만일 국가 간의 경계 그리고 사회경제적 구역을 뛰어넘는 광범한 협력을 끌어내지 못한다면 지구 온난화 문제에 대한 우리의 대응은 부실해지고 말 것이다. 우리가 후손들에게 거의 확실하게 물려주게 될 유산은 우리가 (혹은 우리 부모가) 살았던 시기보다 훨씬 더 열악한 환경이다. 내가 이 책을 수정하고 있을 무렵, 팬데믹이 지구를 휩쓸었고 그 심각성은 엄청났다. 만일 전 세계의 아이들이 전 인류적 협력을 가치 있게 여기고 그것을 목적으로 삼아야 한다고 그 이전부터 배웠다면 그 심각성은 훨씬 덜 했을지 모른다.

진화하는 시스템의 추상적 특성만으로는 안 된다. 우리 역사와 현재의 구체적인 특성들이 시사해 주는 것은 현행 교육이 실제로 서로 잘 들어맞지 않는 조각들의 더미에 둘러싸여 있을 현실적 가능성이다. 그런데 앞 절의 이야기는 너무 암시적이었다. 다음에서 더 정밀한 진단을 토대로 (적절한) 이야기를 펼쳐 보자.

2

제1장은 교육정책의 한 가지 문제, 즉 과부하(overload) 문제를 다룬다. 이는 우리가 한발 물러서서 특정 교육기관(초등학교, 중등학교, 대학)은 학생(혹은 그 희생자들?)에게 무엇을 제 공해야 하는가를 물을 때마다 떠오르는 문제이다. 영국인들 사이에서 가장 훌륭한 교육을 받은 지성인으로 흔히 거명되는 존 스튜어트 밀(John Stuart Mill)이 좋은 동기에서 제안했던 필수 주제들의 목록을 기반으로 삼아 나의 이야기를 펼치려고 한다. 밀은 세인트앤드루스 대학 총장 취임 연설에서 당시의 시대가 요청한다고 생각했던 대학 교육과정을 제시했다. 그의 연설은 길었고, 그리고 그 교육과정은 지나치다 싶을 만큼 야심적인 것으로 보인다. 나는 그것이 우연이 아니라고 주장한다. 그것은 밀의 잘못이 아니다.

미국 학교의 역사도 똑같은 경향을 드러낸다. 미국의 교육적 성찰은 중요한 모든 것을 소 화 불가능한 덩어리를 만드는 것이 아니라 겉보기에 합당한 어떤 목표를 지향하여 나아가 다가 이와 비슷한 다른 옹호 가능한 목표로 바뀌는 것이다. 현대 세계에서도 19/20세기의 세계에서 그랬듯이 젊은이를 어떻게 교육할 것인가에 관한 결정은 과부하의 위협에 압도당 한다. 이는 두 가지로 나타난다. 하나는 (Mill의 경우처럼) 우스꽝스러운 거창한 결합물이고, 다른 하나는 (20세기의 미국 학교처럼) 이렇게 저렇게 우선순위가 뒤바뀌는 것이다.

그런 문제를 이해한 다음에 비로소 문제를 다룰 전략이 분명히 나타날 것이다. 교육과정 의 목표 혹은 사회적 목표를 세부적으로 살펴보는 것보다는 오히려 젊은이가 요즘 세상을 살아가자면 어떤 준비가 필요한지를 생각하면서 더 일반적인 목적을 확인하려고 시도하는 것이 더 좋다. 크게 보아서 세 가지 능력이 필요할 것이다. 첫째, 자기-유지 능력이다. 이는 노동환경에 대비하는 준비성을 가장 분명하게 추구한다. 둘째, 시민으로서 역할을 이행하 는 능력이다. 여기서 나는 사회적으로 또 정치적으로 민주적 삶에 참여하는 일에 초점을 둔 다. 셋째, 개인들이 만족스러운 삶을 추구할 수 있도록 기반을 마련해 주는 것이다. 이처럼 하나가 아닌 세 가지 능력을 확인하는 것은 분명히 모험이 되는 일이다. 아마 요즈음 사람 들의 삶의 상황을 살펴보면 광범한 목적들 사이에 긴장이 생길 것이고, 이를 모두 실현하기 가 여러 가지로 어려울 것이다.

실제로 목적들을 서로 조화시키는 문제는 내가 이제까지 인정했던 것보다 더 난감한 것으로 밝혀진다. 우리는 개인을 위해서 교육은 무엇을 (해야) 하는가라고 묻는 대신에 지역사회, 문화 전통, 국가와 같은 집단 이익에 제대로 봉사하기 위해서 교육은 무엇을 제공해야 하는가를 질문할 수 있다. 이런 질문이 가장 첨예하게 제기되는 것은 여러 나라가 경제적 경쟁에서 성공하기 위해 필요한 노동자들의 모습을 찾고자 할 때다. 만일 사회적 필요의 우선성을 주장한다면 이는 개인의 능력들 사이에서 원만한 균형을 모색하려는 시도를 왜곡하기가 쉽다. 개인의 만족을 증진하려는 활동이 주변으로 밀려날 수 있고, 임금이 너무 낮아져서 생계유지마저 힘들어질 수 있다. 시장의 압력 때문에 시민공동체를 발전시키는 일은 희생될 수 있다.

제1장은 과부하 문제를 제기하고, 가장 중요한 일반적 교육목적을 소개하고, 그리고 이 목적들을 서로 조화시키는 과정에서 생기는 주요 난점을 확인한다. 제2장은 긴장의 특수한 원천, 즉 노동 시장의 요구를 살펴본다. 경제 이론이 처음 등장할 때 애덤 스미스(Adam Smith)와 그의 후학들의 저술에서는 노동 현장의 진화와 노동자의 발달 간의 잠재적 갈등이 분명히 인지되고 있다. 이런 위험성의 위력을 파악하려면 그 점을 최초로 인식했을 때로 되돌아갈 필요가 있다. 이를 분명히 파악한 후에 우리는 현대적 맥락으로 돌아와서 지구화와 자동화의 위협을 직시하고 이 위협에 대한 대응으로서 전형적으로 제안되는 조치가 이미-너무-친숙한 패턴과 어떻게 부합되는지를 인식할 수 있다. 경제적 제약이 우선적인 사항이다. 노동자는 적응해야 하고, 그렇지 못한다면 노동자와 국가는 쇠약해지고 기울어질 수밖에 없다.

그와 달리 나는 경제적 제약이라고 가정하는 것을 의문시하는 다른 전략을 제시한다. 그리고 지구화와 자동화의 시대에 시민성과 개인적 만족이라는 목적을 우선시하는 방향을 생각해 보자. 기계가 공장 노동자를 대체하는 현상을 한탄하지 않고, 다시 말해서 사람들에게 '하찮은' 서비스 일을 강요한다고 생각하지 않고 그것을 의미 있는 고용이라는 개념을 재검토할 기회로 생각하자. 만일 로봇이 노동자들을 조립-라인에서 해방되게 만든다면, 특히 두 가지 형태의 의미 있는 노동, 즉 노인 돌봄과 아동 양육이 일반적으로 나타난다. 현재 여건에서는 노인 돌봄과 아동 양육에 종사하는 사람들의 보수가 빈약하고 무시당하는 경우가 많지만, 이런 부문의 일들은 보람 있는 것으로 널리 알려져 있다. 만일 불명예의 딱지를 떼어내고 이 중요한 노동에 적절한 보상을 제공한다면 많은 사람이 훨씬 더 만족스러운 삶을 살 것이라고 나는 제언한다.

제2장은 명확한 제안을 몇 가지 제시한다. 이것은 앞으로 여러 장에서 나타나는 특징이다. 때때로 나의 제언은 현행의 실천을 비교적 간단하게 개혁하는 것을 가리킨다. 다른 경우는 더 특수한 실험을 시도해 볼 수 있는 방향도 가리킨다. 제2장에서 가장 중요한 제언은

교육이 일하는 삶의 중심을 차지하게 만들자는 것이다. 아이들의 발달을 이끌어 주는 사람들의 규모가, 다시 말해서 유아기부터 여러 단계에 걸쳐서 적절한 급여를 받고 일하는 교사들이 크게 많아져야 하고, 이와 동시에 모든 시민이 후속 세대를 길러내는 일에서 일정한 역할을 맡게 되어야 한다. 이런 견해에 따르면 '사람을 길러내는 일'은 우리의 모든 삶에서 중심을 차지하게 된다.

이는 너무 오만한 생각일까? 경제적 요구사항을 이처럼 간단히 거부할 수 있을까? 이는 심각한 질문이며, 이 책의 제3부(제10장과 제11장)에서 다룰 것이다. 이를 당분간 미루어 두는 데에는 간단한 이유가 있다. 왜냐면 개혁 방안의 실행 가능성에 관한 문제는 개혁의 전체 범위와 그 성격이 밝혀진 후에야 제대로 다루어질 것이기 때문이다. 이를 밝히는 일은 제1부와 제2부에서 아홉 개의 장에 걸쳐 이루어질 것이다. 이런 지점에서 나의 교육-중심적 입장을 채택하려면 일반적으로 어떤 사회변화가 필요한지를 물을 수 있고, 그리고 이 첫 번째 질문의 대답이 나온 후에(제10장에서) 일련의 제안들이 유토피아적 환상일 것인지를 탐색할 수 있게 된다. 즉, 경제적 제약을 제대로 다룬 후에 과연 그 제안이 정말 실행-불가능한지를 밝혀볼 수 있다(제11장).

제2장은 교육을 첫째로 놓고 이에 맞추어 사회적, 경제적 삶을 이끌어 가야 한다고 주장했는데, 이 논의는 제3장에서 더 다듬어진다. 여기서 나는 개인의 만족(individual fulfillment)이라는 개념을 더 명확히 밝힐 것이다. 이는 서구의 철학적 전통에서 소크라테스가 '어떻게 살 것인가?'라고 물으면서 제기했던 가장 오래되고 핵심적인 질문을 놓고 고심할 것을 요구한다. 여기에 두 가지 문제가 들어 있다: '**나는** 어떻게 살아야 하는가?' 그리고 '**우리는** 어떻게 함께 살아야 하는가?' 영어권의 사상가들은 흔히 독특한 재능, 성향, 흥미를 갖는 개별 인간을 주변 사회로부터 확연히 구별함으로써 이 두 가지 질문의 차이를 강조한다. 나는 자아가 삶의 첫 순간부터 타인과의 관계를 통해서 어떻게 형성되는지를 인식함으로써 두 질문을 더 밀접하게 연결해 볼 것이다.

실제로 나는 다양한 방향에서 소크라테스의 질문을 수정해 보고 싶다. 첫째, 그 질문을 던지는 다양한 방식들이 인류 역사의 여러 단계와 어떻게 연관되는지를 이해하려고 한다. 우리는 무엇이 행복한, 좋은, 인간다운, 의미 있는 만족스러운 삶을 만드는가를 물을 수 있는데, 이 모든 형용사가 어떤 사람이 놓인 곤경과 모두 부합되지는 못할 것이다. 첫째 사항의 이해는 다음 둘째 사항에 관한 길을 열어준다. 둘째, 소크라테스의 질문은 비교론적으로 제기하는 것이 더 좋다. 어떤 사람이 처한 상황이 있을 것인데, '이런 여건에서 어떻게 하면 삶이 더 나아질 수 있는가? 그 삶이 흔히 그런 것보다 더 나아지려면 어떻게 해야 하는가?'라고 우리는 물어야 한다. 합당한 일은 완전의 추구가 아닌 진보의 모색이다.

'어떻게 살아야 하는가?'라는 원초적 질문에 대해서 위대한 자유주의적 전통은 (여기서 존 스튜어트 밀의 역할이 중요한데) 자율성의 강조에서 출발한다. 네 삶은 네 자신의 것이 되어야 한다. 어떤 삶의 패턴이 당신에게 부과되면 안 된다. 따라서 자유주의자들은 만족스러운 삶의 두 가지 조건을 인정한다. 첫째, 당신은 당신 자신의 '인생 계획'을 택해야 한다(물론 네 선택은 도덕적 원칙을 따라야 한다). 둘째, 그것을 추구하는 데에서 의미 있는 성공을 거두어야 한다. 뛰어난 자유주의자들을 비롯한 수많은 사람이 두 가지 조건으로는 불충분하다고 보았다. 해롭지는 않으나 사소한 '인생 계획'을 제거하려면 무언가 또 다른 조건이 필요하다.

자유주의의 더 나은 버전에서는 다음 조건을 추가할 것이다: 네 계획을 추구하는 일이 타인의 삶에 긍정적으로 공헌해야 한다. 그런데 이 조건을 추가 사항으로, 즉 원래의 제안에서 난점들이 인지된 후에야 적용되는 어떤 것으로 보면 안 된다. (자유주의적 접근의 핵심인) 개인의 자유로운 선택 자체가 특정한 사회적 환경 속에서 타인들과의 상호작용을 통해서 형성된다고 보는 것이 더 낫다. 만족스러운 삶은 네 자신의 것이어야 하지만, 여기서 '네 자신의 것'이라는 말은 네가 태어날 때부터 있는 자아라는 작은 핵심에 따르고 다듬어지는 어떤 것이 아니다. 우리가 우리 자신이 된다는 것은 성장하는 인간이 더 큰 사회집단으로부터 배우고 또 되돌려주는 대화를 통해서 이루어진다. 자유주의자들이 중시하는 자율성은 정도의 문제일 뿐이다. 우리의 선택의 자유가 개선될 경우는 대화의 양편이 상대방에 대해서 감수성을 보여 줄 경우, 인간을 형성하는 사회적 상호작용이 형성 중인 개인에게 관심을 쏟을 경우, 생겨나는 자아가 자신의 발달을 돌봐주는 사람들에게도 관심을 보여 줄 경우에서다. 그 대화가 잘못된 방향으로 빠질 경우는 대화 상대자들이 강요하는 경우, 그리고 마찬가지로 개인의 계획이 타인들의 필요와 열망에 대해서 둔감할 경우다.

이렇게 보면, 제2장의 제안을 옹호할 수 있는 근거가 강해진다. 교육은 개인이 형성되는 장이며, 따라서 당연히 중심을 차지해야 한다. 대화가 제대로 이루어지려면 개인의 성향들이 인지되어야 한다. 이럴 기회가 늘어나려면 다양한 관점을 가진 사람이 더 많이 참여해야 한다. 그뿐만 아니라 개별적 자아보다 더 큰 (그리고 더 오래 지속되는) 어떤 것에 대한 공헌을 통해서 만족함을 이해한다면 이는 만족함을 위한 능력과 시민적 능력이 서로 연관되는 데에 도움이 될 것이다.

이런 연관성은 제4장에서 더 다듬어진다. 나는 민주주의에 대한 고찰과 민주주의의 문제점에 관한 현대인들의 지각으로부터 시작한다. 나는 민주주의가 다양한 수준에서 그리고 다양한 규모에서 나타난다고 지적한다. 얄팍한 민주주의는 그저 선거와 투표에만 초점을 둔다. 즉, 민주주의는 정례적인 선거, 후보자의 선택, 그리고 모든 성인이 투표할 기회가 있을 때만 작동되곤 한다. 더 심도 있는 수준의 민주주의는 자유롭고 열린 토론의 중요성을 인정하고, 따라서 시민들이 어떻게 하여야 자신의 투표가 자신의 이익 증진에 가장 잘 반영될 것인가를 이해할 기회가 생긴다. 이보다 더 심도 있는 수준은 듀이의 민주주의 개념 즉 '더불어 살아가는 방식'이며, 여기서 시민들 간의 정기적인 상호작용은 상호학습과 상호적응을 드높여준다.

오늘날 일부 평론가들은 (예컨대, 선거구 획정 방식에 의문을 제기하면서) 투표와 관련된 결함을 걱정하기도 하지만, 이것이 현행 민주주의의 건강성에 관한 가장 근본적인 관심사는 아니다. 많은 평론가가 지적하는 것은 공적 토론의 여건이 존 스튜어트 밀 혹은 자유 언론과 자유 토론을 옹호하는 수많은 사람이 예상했던 열린 공간에서 멀어졌다는 점이다. 평론가들은 이런 일탈이야말로 (예컨대, 기후 변화의 위협을 무시/조롱하는 후보자들에게 투표하는) 유권자들이 잘못된 정보에 빠짐으로써 널리 공유된 관심사와 연관된 정책을 제대로 인지하지 못하게 만드는 분명한 원인이라고 지적한다. 이런 우려는 선거에 관한 염려보다 더 심각하지만 충분할 정도로 철저하지는 않다. 내 주장에 따르면, 듀이의 민주주의 개념에서 핵심적인 조건들이 회복되지 못한다면, 비교적 피상적인 수준에 있는 문제들도 제대로 다루어질 수 없다. 듀이의 민주주의는 시민들 간의 교육적 상호작용, 즉 다양한 관점을 가진 사람들이 함께 숙의할 기회를 요구한다.

나는 민주주의의 핵심이 포용, 식견, 상호관여의 세 가지 미덕이 발현되는 대화라고 주장한다. 당면 문제로 영향을 받게 될 사람들의 입장이 더 많이 대표될 때 숙의는 더 포용적이다. 더 나은 식견은 참여자들이 바르게 밝혀진 사실들에 기반을 두면서 공헌하고, 인지된 허위나 오보에 호소하는 것을 차단할 장벽이 있어야 나타나게 된다. 상호관여는 대화하는 사람들이 타인들의 관점을 이해하고, 그리고 관련 당사자가 모두 수용할 수 있는 결과를 모색하려고 헌신할수록 더 깊어진다.

이런 식의 숙의가 민주주의 사회에 (다시) 도입될 수 있는 정도만큼 우리는 자주 뒤집히는 정책으로 생기는 불안정으로 모든 사람이 피해를 겪는 일이 없어지고 양극화와 분열도 축소될 것이라고 기대할 수 있다. 민주주의는 때때로 소규모로, 가정에서 혹은 지역 공동체에서 나타난다. 이를 모형으로 삼아서 거대한 다문화 국가의 (그리고 궁극적으로는 국경을 뛰어넘는) 정치적 삶에서 민주적 숙의를 진전시킬 방도를 찾아내는 것이 우리가 도전할 과제이다. 이런 도전에 부응하는 일은 부분적으로는 사회제도의 구축이겠으나, 그러나 그것은 특수한 종류의 시민성을 길러낼 것을 확실히 요구한다. 만일 젊은이들이 아주 어릴 때부터 점점 더 크고 더 다양한 집단들 속에서 함께 계획하는 습관에 익숙해진다면, 이런 기능과 미덕을 듀이식 민주주의를 실현하는 데에 적용할 수 있는 성인으로 자랄 가능성이 더 커질 것이다.

제4장은 그렇게 할 수 있는 교육 프로그램의 윤곽을 제시하게 될 것이다. (그런데 여기서 나의 제안들은 실험적인 것들이다). 듀이식의 시민들이 만일 믿을 만하게 길러진다면, 최근의 민주주의 사회에서 나타나는 어떤 병리 현상들을 극복할 뿐만 아니라 제3장에서 개인적 만족의 핵심으로 가리켰던 타인들에 대한 감수성도 배울 것이다. 따라서 교육의 큰 목적 중 하나(좋은 시민)를 실현하는 데에 적합한 접근 방식은 또 다른 하나(개인적 만족)에도 공헌한다. 두 가지의 서로 갈등할 수 있는 목적들은 더 긴밀히 연결되고, (제1장에서 밝힌) 상호조정이라는 문제에도 도움을 줄 것이다.

제5장은 또 다른 방향으로 이어진다. 전통적으로 중요한 교육의 한 부분은 넓게 이해해서 도덕적 발달의 증진이다. 물론 이 증진이 정확히 요구하는 바가 무엇이고, 이 일을 가정과 (학교와 같은) 공적 기관 간에 어떻게 분담해야 하는가에 관해서 의문들이 생긴다. 내가 앞서 출간한 저술에서 이미 제시했던[1] 도덕관을 여기서 다듬어볼 것이며, 그리고 학교는 어린아이들의 도덕적 진보를 위해서 중요한 역할을 갖는다는 점을 밝힐 것이다.

우리가 도덕적 삶의 오랜 역사를 수만 년 이전부터 성찰해 보든지 혹은 놀라운 도덕적 진보를 일으킨 사건들을 (노예제도의 폐지, 여성 기회의 확대, 동성애의 수용과 같은 내가 제시한 세 가지 패러다임을) 고찰하든지 간에 도덕에서 집단적 숙의의 중요성은 분명하다. 사람들이 특정 문제로 영향을 받는 모든 관련 당사자들과 함께 식견 있고 또 공감하는 방식으로 관여할 경우에 진보가 이루어진다. 특정 관점을 가진 집단들이 토론에서 배제되거나 혹은 참여자들의 일부 정보가 틀리거나 혹은 타인들의 관점에서는 세상이 어떻게 보이고 느껴지는지를 이해하려는 진지한 노력이 없는 경우에는 진보가 지체된다. 나는 도덕을 집단적인 일로 설명하고 싶다. 한 개인이 최종 권위자가 될 수는 없다. 종교적 혹은 철학적 텍스트들은 어떤 쟁점을 생각하는 데에 유익한 아이디어, 도구, 이야기를 제공해 줄 것이다. 그러나 결국, 도덕적 진보는 이상적인 대화의 형태에 근접하는 사회가 됨으로써 이루어진다. 이상적인 대화란 모든 '이해 당사자'가 포함되고, 참여자가 가능한 한 최선의 정보를 이용하고, 참여자가 타인들에게 공감하면서 경청하는, 다시 말해서 만일 다양한 대안들이 생길 경우 타인들의 삶이 어떤 영향을 받게 될지를 파악하려고 시도하고 모든 사람이 받아들이고 살아갈 수 있는 해결책을 추구하려는 형태의 것이다. 개인들은 이런 형태의 토론에 공헌하고, 자신들의 결정을 내려야 할 때 자신들을 자극해 주는 그런 능력들을 습득해 둘 필요가 있다.

따라서 도덕 발달의 함양은 좋은 시민의 양성과 긴밀하게 서로 연결된다. 두 경우 모두에서 우리는 타인에게 관여하는 능력이 필요하다. 게다가 이런 종류의 능력들은 앞서 내가 만족에 관한 논의에서 밝히려고 했듯이 개인이 만족스러운 삶의 길을 스스로 찾도록 도와준다는 점에서도 중요하다. 제3장, 제4장, 제5장이 결합하면 하나의 틀이 생길 것이고, 이 틀

안에서 (과부하 문제를 다루었던 제1장에서 확인했던) 세 가지 주요 교육목적 중 두 가지가 적절하게 조화된다. 더 나아가 제2장에서 말했던 노동 시장에 대한 교육-우선적 접근이 실행 가능한 것임이 밝혀진다면, 완전한 조화를 약속해 주는 어떤 틀에 우리는 도달하게 된다.

제2부는 어떻게 하면 그런 틀이 현대의 젊은이를 위한 일반적 교육과정으로 다듬어질지를 밝힐 것이다. 그러나 이보다 먼저 중요한 관심사를 한 가지 다루어야 한다. 종교는 제1~5장에서 논의하는 과정에서 일부가 간헐적으로 언급되었는데, 종교에 부여된 지위는 다양한 신앙의 독실한 신자들이 애호하는 것과는 다르다. 내 입장은 단연코 인본주의이긴 하지만, 종교를 쓰레기통에 폐기하려는 적대적인 무신론이 아니다. 그리고 만족스러운 삶을 이해하거나, 시민성의 특성을 밝히거나, 도덕의 원천을 고려하거나 할 때 종교를 최상에 놓는 것도 아니다. 제5장은 일부 독자에게는 부작위의 죄(sin of omission)를 아주 분명히 범하는 것으로 확실히 느껴질 것이다. 종교를 공식적인 교육에 포함시켜야 하지 않겠는가? 그렇다면 종교에 어떤 지위와 역할을 부여해야 하는가?

이는 중요한 질문이다. 이를 다루지 않으면, 내 개혁 방안은 얄팍하게 느껴질 것이다. 제6장은 그 해답을 제시하는데, 내 입장을 제시하고 옹호하기 위해서 최근의 논란을 활용할 것이다. 두 가지의 상반된 견해가 현대 세계를 지배하고 있다. 첫째, 다양한 형식으로 옹호되는 것으로 특정 종교의 경전 혹은 전통은 권위 있는 도덕적 지침을 제공한다는 주장이다: 그것이 모든 진정한 도덕의 원천이다. 둘째, 모든 종교적 교리를 거짓으로 보는 것으로 종교는 지구상에서 가능한 한 빨리 깨끗이 쓸어버려야 한다는 주장이다. 내가 보기에, 이 두 가지 입장이 결합한 것은 사회에서 그리고 젊은이의 발달에서 종교가 차지하는 위치에 관한 우리의 생각을 비뚤어지게 만든다.

선호하는 경전이 도덕 문제를 해결한다는 결론은 도덕적 삶, 그리고 좋은 시민에 관한 나의 그림에서는 재앙과 같은 것이다. 어떤 경전에 담겨 있는 말에 혹은 어떤 종교적 인물의 지시에 발을 동동 구르면서 호소하는 것 때문에 대화가 멈춰서는 안 된다. 2천 년 이전에 플라톤은 도덕 문제의 궁극적 권위는 종교라는 생각에 반대했으며, 이를 최근에 더 심화시킨 칸트를 따르는 논의를 나는 전개한다. 우리는 무엇을 해야 하는가의 지침으로서 어떤 것(경전 혹은 현대 종교의 교주)을 받아들일지를 판단하기 전에, 이런 잠정적 원천에 대해서 어떤 평가, 즉 **도덕적** 평가를 먼저 내려야 한다. 어떤 권위의 힘을 단순히 가정해 놓고 이것을 가리키는 것만으로 통하지 않는다. 왜냐면 그것은 악행에 가담했던 20세기의 무수한 직무수행자들이 도덕적 잘못을 저지르는 일이었기 때문이다. 상관이 나에게 그렇게 하라고 명령했다는 사실을 가리키는 것이 곤혹한 처지에 빠진 당신을 구해 주지는 못한다.

일단 이를 충분히 이해하면, 여러 종류의 종교들 간의 중대한 차이를 파악하기가 쉽다. 제

6장은 개략적인 구분을 제시하고 나서 이를 활용하여 종교적 진보에 관한 개략적인 설명을 제시한다. 첫째 단계의 (신들이 도덕의 원천으로 여겨지고, 독실한 신자들이 신의 군대처럼 행동하는) 종족적 종교는 가장 원시적인 형태다. 둘째 단계에서 세계교회주의(ecumenicism)가 일부 나타난다. 여기서는 도덕과 신의 의지 간의 연결은 유지되지만, 신자가 신을 대신해서 아무나 '죽이는' 일은 결코 요구되지 못한다. 이보다 더 철저하게 세계교회주의적인 종교는 칸트의 통찰을 확고하게 받아들일 때 생긴다. 종교를 믿지 않는 사람 중에도 선한 사람들이 있다. 도덕은 종교로부터 독립된 것이다. 그리고 도덕은 경전들을 독립적으로 평가하는 데에 적절하게 활용된다. 셋째 단계는 이런 통찰이 특정 신앙의 교리와 실천은 나름대로 올바르다는 생각과 연결된다. 종교를 믿지 않는 사람들은 (참된 신을 인정하지 않고, 심지어 신을 전혀 인정하지 않는 등) 우주의 중요한 측면들을 오해할 수 있을지라도 이와 별개로 독실한 신자와 마찬가지로 올바른 행동을 할 수 있다. 마지막 넷째 단계는 자기만이 옳다는 가정을 버릴 때 종교는 전적으로 세계교회주의적이 된다. 세련된 종교라면, 종교 경전을 우주의 초월적 측면에 대한 은유적 (비유적, 시적) 설명으로 받아들인다. 종교 경전을 글자 그대로의 의미가 아니라 세계 종교가 지향하는 바를 가리키는 설명으로 받아들인다.

만일 칸트의 통찰이 확고하게 수용된다면, 세계교회주의의 첫 번째 단계와 두 번째 단계 사이에 중대한 차이가 나타난다고 나는 주장할 것이다. 따라서 내가 구상하는 교육적 틀과 사회 구조에서는 종교가 양분된다. 대화를 중단시키는 종교에서는 그 추종자들이 어떤 경전의 권위에 호소함으로써 도덕적 주장을 정당화하는 실천을 따른다. 그런 종교에서는 공적인 도덕적, 사회적, 정치적 숙의에서 그런 실천을 추구하는 것이 허용되지 않는다. 왜 그것이 그래야 하는지를 교육의 어느 단계에선가 젊은이들에게 알려주어야 한다. 학교 교육에는 다양한 종교에 대한 비교론적 이해가 포함되어야 하고, 그리고 (최선의 경우) 종교가 제공하는 중요한 이득이 인지되어야 한다. 또한 아이들은 칸트의 통찰이 중요함을 이해해야 한다.

제6장은 종교교육을 위한 몇몇 구체적 제안을 결론으로 맺는다. 이들 제안은 방금 언급했던 방향의 (제6장에서 훨씬 더 자세히 제시되는) 논변에서 자연스럽게 생겨난 것이다. 이로써 '틀'을 제시하려는 나의 시도는 마무리된다. 이 틀은 (제1장의) 상호 갈등하는 주요 목적들을 서로 조화시킬 수 있고, 그리고 교육을 인간의 삶의 중심에 놓을 수 있다. 그다음으로 (제2부에서는) 그것이 학교 활동을 위해서 무슨 의미가 있는지를 더 자세히 설명하고, (제3부에서는) 그것은 환상일 뿐이라는 비난에 맞서서 반론을 펼칠 것이다.

3

제7~9장은 제1부에서 짜놓은 틀에 집어넣을 것으로, 모든 학생에게 적절하게 공통으로 적용될 수 있는 일반적인 대학 이전의 교육 내용을 살펴볼 것이다. 제7장은 자연과학부터 논하기 시작한다. 과학(단수로서의 '과학') 제도 혹은 다양한 과학들에 관한 공적 논의는 흔히 잘못된 일반적 견해 때문에 왜곡되는데, 이를 바로잡으려는 시도가 제7장의 앞부분에서 제시된다. 나는 과학은 다양하고 개별 과학들은 불가피하게 선택적이라고 주장한다. 인간의 탐구는 자연에 관한 완벽한 진리에는 턱없이 부족한, 근사치 이상의 것에 도달할 수 없다. 그리고 탐구자들이 인간의 필요를 충족시키고 인간의 열망을 만족시키는 질문들에 대한 해답을 추구하는 것은 옳은 일이다. 따라서 과학연구는 사회적으로 연루된(embedded) 활동, 즉 과학이 봉사하고자 하는 사람들과 대화를 유지해야 하는 활동이다.

교육적 함의가 뒤따른다. 일반 대중은 그런 대화에서 자기 몫을 다하고, 자신들의 이익에 관한 현실적인 분명한 그림을 연구자 공동체에 제시하고, 그리고 제대로 수행된 연구의 성과에 의존할 준비가 되어야 한다. 학교와 대학은 과학 공동체를 쇄신할 수 있는, 즉 능력이 떨어진 전문가를 대체할 수 있는 신진 전문가들을 배출해야 하는 과제를 갖는다. 그뿐만 아니라 새로운 탐구 방향을 설정하도록 도와줄 수 있고, 과학 발견이 공공정책과 어떻게 연관되는지도 평가할 수 있는 시민들을 길러내야 한다. 전 세계적으로 두 가지 필요 중 한 가지만, 즉 차세대 과학자를 훈련할 필요성만 널리 인정되고 있다. 이에 따라 많은 국가에서는 과학–기반 기술을 통한 경제발전에 관심을 쏟았고 신진연구자들의 유입을 장려하는 (가속화하는) 프로그램들을 개발하였다.

과학자가 될 수 있는 잠재적인 인력을 놓치지 않으려는 총체적 시도는 과학 교육의 두 번째 목표, 즉 과학적 문해력을 갖춘 일반 대중을 길러내는 일과 맞부딪친다. 만일 모든 학생이 마치 과학연구와 과학응용 분야에서 진로를 찾아야 할 운명인 것으로 여기고 억지로 끌어간다면, 그 길이 자신의 바람직한 진로가 아님을 어릴 때부터 일찍 깨달은 아이들을 소외시킬 것이다. 전공 용어를 암기하게 만들고, 시시한 문제로 (성공하지도 못하고) 고생하게 만드는 수업에 지쳐버린 아이들은 학년 초반의 호기심을 상실하게 되고, 과학을 무미건조하고 지루하고 이해할 수 없는 것으로 배척해 버린다. 그들은 나중에 성인으로서 또 유권자로서 정책 문제의 기반이 될 전문적인 내용을 이해하는 데에 필요한 준비를 충분하게 해두지 못한다. 심지어는 기후 변화와 같은 정책 문제가 자신, 자기 자녀, 그리고 손자의 삶에 결정적일 때에도 그러하다.

　제7장에서는 한 가지 처방을 내린다. 여기서 일반적 과학 교육과 (연구 활동 혹은 기존의 연구성과를 활용하는 활동 등과 같은 과학 관련 진로가 자신에게 현실적인 길이라고 보는 아이들에게 적합한) 엄밀한 형태의 훈련이 서로 구분된다. 나는 놀라운 느낌이 살아나도록 유지하는 데에, 그리고 과학 발전을 계속 뒤따라갈 능력을 길러내는 데에 초점을 두면서 과학 분야의 일반적인 교육을 재편할 구체적인 방향을 몇 가지 제시한다. 이런 식으로 수정된 교육과정은 모든 학생을 마치 미래 연구자가 될 것처럼 취급함으로써 그들의 기를 꺾어버리는 좋지 않은 결과가 나올 수 있음을 지각하면서 어설픈 지식인이 양산되지 않도록 하는 것을 목표로 삼는다. 과학적 문해력은 모두에게 가능하고 실제로 가능해야 한다.

　흔히 중등교육 수준에서 과학 교육이 너무 강조되어서 앞서 지적한 것처럼 왜곡되기도 하듯이, 예술교육은 대체로 사치의 일종으로 여겨지고, 현대 경쟁 세계에서는 없어도 될 것처럼 간주한다. 제8장은 이런 상황에 대응하여 (넓은 의미의) 예술교육이 몇몇 영역(들)에서 계속되어야 함을 주장한다. 정말로 나는 예술이 최소한 내가 그동안 살아왔던 시기에 혹은 지난 몇 세기의 모든 시기에 이루어졌던 것보다 훨씬 더 큰 자리를 교육과정에서 차지해야 한다고 주장한다.

　나의 주장은 신화를 무너뜨리는 일에서 출발한다. 많은 사람이 자연과학의 진보는 굳게 믿는 반면에 예술의 진보는 부정한다. 그들의 판단은 잘못된 비교 때문에 생긴 것이다. 그들은 특정 장르에서 어느 시기에 창조된 예술작품이 후대의 것과 비교해서 어째서 더 우월한가를 매우 옳게 인지한다. 아마도 풍경화는 황금 시기(17세기)의 네덜란드 거장들이 달성한 높은 수준에 도달한 적이 없었을 것이다. 이와 비슷한 사실, 즉 과학적 창의성이 불균등하게 분출한다는 점은 그냥 지나치기가 쉽다. 뉴턴의 『기적의 해(annus mirabilis)』(1665)는 적절한 책 이름이다. 자연과학은 후속 세대가 활용할 수 있는 (진술, 방정식, 그래프, 데이터, 도구 등의) 자원을 축적하면서 진보한다. 예술도 마찬가지다. 우리가 존 컨스터블,[1] 윌리엄 터너[2], 반 고흐(Van Gogh)와 같은 화가를 얻을 때, 반 라위스달[3], 마인데르트 호베마[4], 요하네스 페르메이르[5]와 같은 화가를 잃지는 않는다.

　그렇다면 예술과 과학의 차이는 과학적 연구의 실천적 응용에서 드러나는 것일까? 생물학의 발전은 환경의 보존과 개선에 도움을 주(겠)지만, 풍경화는 (영감의 원천이 될지언정) 그

---

1) 역주: John Constable(1776∼1837) 낭만주의 전통의 영국 풍경화가
2) 역주: Joseph Mallord William Turner(1775∼1851) 낭만주의 전통의 영국 화가
3) 역주: van Ruisdael(1628∼1682) 네덜란드의 화가
4) 역주: Meindert Hobbema(1638∼1709) 네덜란드의 풍경화가
5) 역주: Johannes Vermeer(1632∼1675) 네덜란드의 바로크 시대 화가

런 점이 없다. 과학자가 아닌 사람들은 흔히 자연 세계를 탐구하는 일의 중요성은 그것이 제공해 주는 실천적 이득 즉 농업 향상, 편리한 생활 도구, 그리고 특히 의술 향상, 약품, 치료, 백신 등에 있다고 본다. 이렇게 보면 과학적 진보가 더 중요하다고 할 만한 이유는 있다. 그런데 전형적으로 과학자들은 과학 활동의 독특한 중요성의 근거를 기술에서 찾지는 않는다. 오히려 과학자들은 자연에 대한 더 깊고 풍부한 이해라는 내재적 이점을 지적한다. 만일 이런 점을 비교의 영역으로 삼는다면, 나는 일상적 판단이 뒤바뀌어야 한다고 본다. 예술이 이긴다.

만일 시각예술, 음악, 문학, 연극, 무용, 영화 등의 역사를 인간의 삶을 향상시키는 자원의 축적물이라고 본다면, 바로 이러하다고 가정되는 그런 자원들이 인간을 위해서 하는 일은 무엇인지를 묻는 것이 중요하다. 나의 대답은 세 가지다. 첫째, 예술과의 만남은 특별한 활기를 얻을 수 있다. 이는 우리가 아주 생생하게 살아 있는 순간들이다. 둘째, 우리가 사랑하는 예술작품을 만나는 효과는 일시적인 것이 아니라, 우리의 후속 경험의 과정에 가끔 심오한 영향을 미치는 것이다. 셋째, 예술은 우리에게 가르침을 준다. 이는 정보를 직접 제공함으로써가 아니고 이전에 결정하고 추론할 때 끌어들였던 개념과 관점을 수정할 필요성을 우리에게 보여 줌으로써 가능하다. 예술은 우리의 삶, 경험, 타인과 상호작용이 이루어지는 그 틀을 수정해 줄 수 있다. 예술이 촉발시키는 근본적인 수정 속에서 과학 이해의 진전이 주는 효과보다 훨씬 더 강력한 효과가 사람들에게 자주 나타난다.

제8장은 이제까지 그려낸 추론의 방향을 세부적으로 옹호하려고 시도한다. 이를 기반으로 삼아서 나는 학생들의 예술교육이 나아가야 할 방향을 탐색한다. 여기서 세 가지 사항이 중요하다. 첫째, 예술의 수용과 창작 능력의 개발을 결합하는 것이 중요하다. 사람들이 각자 이끌리는 예술의 장르에서 작업하는 것을 즐기고, 그리고 그 장르에서 타인들이 성취해 놓은 것을 이해하고 참여하는 데에 충분한 기능들을 길러주는 프로젝트를 진지하게 다루어야 한다. 둘째, 취향의 다양성을 인정해야 한다. 여기서 나는 소박한 평등주의를 옹호한다. 거의 모든 사람에게는 앞서 말한 세 가지 종류의 중요한 이득을 얻을 수 있는 미적 경험이 가능하다. 그런데 이런 이득을 얻을 수 있는 장르와 작품은 굉장히 다양하다. 성장하는 아이들에게 깊은 이야기를 해 줄 수 있는 예술로 인도하는 것은 중요한 교육적 과제에 속한다. 셋째, 예술교육에 관하여 생각할 때 흔히 염두에 두고 있는 예술의 목록은 (앞 구절의 처음에서 내가 포함시킨 것은) 너무 협소하다. 일부 사람들의 경우, 예술적 창의성과 만족을 정원 설계, 바느질, 요리 등에서 찾는다. 다른 장들에서 그랬듯이 이 장에서도 나는 나의 결론들을 모아서 예술교육을 어떻게 해야 하는가에 관한 구체적인 방안들로 제시할 것이다.

제9장은 이제까지 전개된 사유의 방향을 이어가는데 주로 인문학과 사회과학에 초점을

둔다. 제1부의 틀에 맞추어서 나는 만족스러운 삶과 시민적 능력을 어떻게 길러낼 것인가를 계속 탐구한다. (자기-유지, 즉 취업 기회에 관한 관심은 이 장의 끝에 나온다). 예술의 중요성을 옹호하는 논변을 기반으로 삼아서 나는 (학생들이 자신의 독특한 재능을 찾도록 도와주고, 또 타인들의 관점과 삶으로 들어가게 하는) 자기-이해를 심화시키는 비판적/역사적인 공부의 힘을 옹호한다. 이 목표들의 성취는 인문학과 사회과학이 결합할 때 풍부해진다. 지리학과 인류학은 저학년 때부터 중요한 역할을 할 수 있다. 중등학교에서는 그 밖에 심리학, 사회학, 정치이론, 경제학 등의 접근방법, 방법론, 발견 사실로 학생들을 이끌어 줌으로써 보완될 것이다.

이런저런 교과 영역들의 다소 불균형한 결합은 자기 이해, 즉 인간이 된다는 것이 무엇이고 또 특별한 개인적 존재가 된다는 것이 무엇인지에 대해서 배우는 일과 관련된다는 생각은 다른 교육적 접근을 가리킨다. 제9장에서 전반적으로 나는 앞서 언급한 여러 학문 간의 **상호작용**에 관심을 둔다. 그 초점은 늘 이런 종류의 공부가 두 가지의 주요 목표를 어떻게 증진할 수 있는가에 있다. 이 논변을 전개하는 과정에서 나는 제1부에서 성취하겠다고 주장했던 조화를 강조한다. 우리는 만족을 증진시키는 교육은 좋은 시민성과 도덕 발달에 어떻게 공헌하는지를 구체적으로 살펴본다.

또한 제9장은 자연과학에 관한 나의 논의 위에서 전개된다. 앞선 제7장에서는 일반적인 과학 교육의 목표를 과학적 문해력의 함양에서 찾았다. 인문학과 사회과학은 이와 비슷한 형태의 문해력을 요구한다. 인문학과 사회과학은 (아마도 엄청난) **중요한 지식**의 체계 속으로 학생들을 입문시키는 영역이라고 생각하지 않고 오히려 특정 종류의 표현물들을 읽어내는 능력을 제공한다고 보아야 한다. 따라서 인문학과 사회과학은 인간의 삶을 일반적으로 또 개별적으로 밝혀주기 위해 서로 묶여질 수 있는 다양한 종류의 정보와 관점으로 들어갈 문을 열어준다. 성공적인 교육은 학생들이 살아가는 과정에서 부딪치게 될 상황에 적응할 기능들을 제공해 준다.

이런 교육을 어떻게 이끌어 갈 것인지에 관한 구체적인 제언, 즉 어떤 종류의 역사를 강조하고, 어떤 부분은 무시할 것인가를 논하고, 외국어 수업의 가치를 살펴보고, 내 전공인 (철학)이 어떤 역할을 할 수 있는지를 성찰하는 식으로 제공하겠지만 그 대부분은 사례로 예시하는 것들이다. 따라서 제9장의 끝부분에 나오는 제안들은 특수한 사례들로부터 한걸음 물러서서 인문학과 사회과학의 교육과정을 위한 틀을 제공한다. 이는 제1부의 추상적 제안이 더 구체적인 단계로 한 걸음 더 나아가는 것이지만, 더 다듬어야 할 세부적인 사항도 많다.

그런데 이런 식으로 제2부의 결론을 내리는 가운데, 나는 내 시도의 순진한 이상주의에 관한 관심을 강화시키는 것처럼 보일지도 모른다. 자기 이해는 만족스러움 및 시민성과 조화를 이루면서 중심 무대를 차지한다. 나의 제안대로 교육을 받은 아이들이 '현실 세계'에서 살아남을 수 없을 것이라는 우려를 누그러뜨릴 만한 이야기는 별로 없다. 제9장을 마무리하기 전에 나는 그런 회의론자들을 달래줄 수 있는 몇 마디를 덧붙인다. 이는 제조업이 거의 자동화되고 서비스 고용이 늘어나는 노동 시장의 변화에 관한 제2장의 전망을 다시 가리킨다. 이것은 세 가지의 독창적인 거대한 목표들 가운데에서 두 가지에 내가 초점을 두는 것을 지지하기에 충분한가? 젊은이들이 자신들과 타인들을 더 잘 이해하게 만드는 교육은 노동 시장에서, 다시 말해서 지배적일 것이라고 가정하는 서비스직뿐만 아니라 불가피하게 남아 있을 여러 '실천적' 직무에서도 적절한 수행을 보여 줄 것인가?

이런 식의 회의론적 의문들은 훨씬 더 큰 우려를 야기하게 된다. 만일 제1부와 제2부에서 그려본 교육이 성공하려면, 사회는 어떻게 달라져야 하는가? 그리고 이런 개혁은 경제적 파멸로 빠질 것인가? 제3부에서는 이런 의문에 대한 대답을 찾아볼 것이다.

4

맨 먼저 제10장은 핵심 사항을 인정하면서 시작한다. 만일 교육개혁의 변화가 오직 교육 영역에서만 나타나고 그저 학교와 교육과정을 수정하는 일에 그친다면, 그것이 의도하는 목적은 달성될 수 없다. 현대사회의 특성들은 곧바로 인지할 수 있는 온갖 종류의 문제를 일으킨다. 교사들은 심각할 정도로 낮은 보수를 받는 경우가 많다. 학교들은 파손되고 위험한 경우가 많다. 아이들은 빈곤 속에서 살아가는 경우가 많고, 어떤 아이는 아침에 나와서 오후에 돌아갈 안전한 가정이 없다. 부모들의 형편은 너무 다양하다. 사회적, 경제적 여건은 학생들이 한정된 기회를 놓고 서로 경쟁하도록 강제한다. 이 경쟁은 아이가 커갈수록 격렬해진다. 고정관념과 편향성이 어디에나 퍼져 있다.

만일 이런 요인들을 그대로 놔둔다면, 나의 교육적 제안은 기껏해야 농담으로 보일 것이다. 제10장은 가장 단순한 문제에서 출발하여 점점 더 골치 아픈 난점으로 나아가면서 교육개혁 프로그램의 성공에 필요한 사회변화를 모색한다. (여기서 나는 제2장에서 도입한 '교육-우선적' 입장을 분명히 취한다). 이런 탐색에서 나타나는 것은 우리가 추구해야 할 다른 사회의 모습, 곧 **듀이식 사회**의 모습이다. 이 사회의 독특한 특성은 제10장의 끝에서 요약된다.

그 특성은 다음 일곱 가지다. 첫째, 인간의 삶의 향상에 공헌하는 모든 형태의 노동은 옳은 것으로 인정받는다. 여기서 나는 정치경제학의 ('생산적' 노동 대 '비생산적' 노동)이라는 고전적 구분을 제1부의 논의에서 밝힌 더 근본적 구분으로 바꾼다. 어떤 재화는 그것이 그저 지위를 과시해 주는 것이기 때문에 생산/소비되고 (그런 서비스가 제공/보상받고) 있다. 이런 (부패한) 사치가 사라지면 더 좋겠다. 다른 유형의 모든 고용은, 즉 타인의 만족을 증진하는 일들은 대체로 평등하게 존중받아야 한다.

둘째 특성은 평등한 존중이 글자 그대로의 의미에서 요구된다. 임금과 봉급에서 얼마간의 차이가 있을 수 있겠지만, 불평등은 크게 줄어든다. 올바른 형태의 온갖 노동에 대한 보상은 일정한 범위 안에서 제공되어야 한다. 그 범위는 제4장과 제5장에서 정치적, 도덕적 삶의 중심으로 인정받는 민주적 토론을 통해서 결정된다. 이와 비슷하게 (세 번째 특성으로) 듀이식 사회는 교육기관에서 발생하는 불평등을 줄이기 위해서 끊임없이 노력한다. 학교, 대학, 성인교육 센터는 모든 사람에게 자유롭게 열린 곳이며, 두 가지의 주요 교육목적의 증진이라는 측면에서 덜 성공적인 사람들을 돕기 위해 정기적인 투자가 이루어진다.

넷째, 진정한 기회의 평등에 대한 헌신의 일부로서 편견과 고정관념을 근절시킬 프로그램을 충실하게 지원해 준다. 특히 평생 교육을 통한 그런 프로그램은 사람들이 이질적 집단 속에서 함께 만나고, 계획하고, 숙의하도록 재정을 지원한다. 공동 의사결정은 초등학교 저학년에서 시작되고, 또 성인이 되어서도 지속된다. (다섯째 특성은) 성인들이 새로운 교육을 받기 위해서 정규직장에서 주기적으로 휴가를 얻도록 장려받는다. 또한 성인들은 가정에서 혹은 인근 학교에서 후속 세대의 양육에 참여할 것으로 기대된다. 휴가에는 충분한 재정적 지원이 이루어진다.

여섯째, 일자리를 찾지 못한 성인들은 허용 가능한 소득의 범위 내에서 최저액으로 지원된다. 그런 성인은 중앙인력센터에 접속하여 일자리를 구할 수 있게 된다. 마지막으로, 다양한 직업에서 지위상의 위계질서를 재도입하려는 온갖 시도는 확실하게 금지된다.

듀이식 사회의 이들 특성 중 어떤 것은 직접 경비가 전혀 들지 않는다. 일부 다른 특성은 시민들의 삶을 위해서 정부의 투자가 요구되는 점은 아주 분명하다. 가장 분명한 경제적 이슈는 그런 사회가 생긴다고 할지라도 지속될 수 있는가 하는 점이다. 그러나 이 문제에 대한 해답은 아직 불충분하다. 회의론자들은 현 상태에서 듀이식 사회로의 이행이 경제적으로 실행 가능한가 하는 의문도 가져야 한다.

제11장은 그 두 문제를 다룬다. 먼저, 내가 언급한 일곱 가지 특성을 갖춘 사회가 붕괴할 수밖에 없다고 주장하는 암울한 판단부터 살펴볼 것이다. 일곱 가지 특성은 시스템의 변화에 달려 있다: 어느 사회가 경제적으로 안정 단계에 도달했을 때, 생산성의 지속적 증대로 몰아가지 않고 오히려 직장 밖에서 보내는 시간을 확대할 수 있다. 듀이식 사회를 만들어 내는 핵심 조치는 더 이상 이대로는 안 된다는 선언을 하는 것이다.

따라서 나의 제안의 경제적 실행 가능성은 인간은 무슨 일이 있어도 경제성장을 추구해야 할 운명인가에 달려 있다. 현대의 풍요로운 사회들은 성장에 대한 우려에 익숙하다. 언론은 분기마다 변동하는 GDP의 향방을 보도하고, 그 향방에 따라 평론가들은 들뜨고 탄식한다. 이는 단순한 맹목적 숭배가 아닐까? 식견 있는 시민들이 타당한 이유도 없이 그저 사로잡혀 있는 것은 아닐까?

타당한 이유는 없다. 오늘날 세계가 돌아가는 사정을 보면, 성장을 계속 추구하는 일은 전적으로 의미가 있다. 경제학자들은 성장이 경기순환의 상태를 알려주는 지표라고 본다. 성장의 하락이 기간마다 계속되면 경기 하락이 멀지 않았음을 알려주는 것이고, 실업과 고통이 뒤따르게 될 것이다. 듀이식 사회는 이와 다르게 조직된다. 수많은 공공 재화와 서비스를 제공하고 시민들의 생활 조건을 유지해 준다. 이런 제도는 충분하다고 할만한 것들을 공급하는 능력이 흔들리지 않는 한 존속될 것이다. 어째서 하락하는 성장률 혹은 제로 성장의 상태가 그런 상황을 가리키는 것이어야 하는가?

제11장은 우려의 주요 원천으로 세 가지를 살펴본다. 과거에는 충분했었던 것도 만일 인구 증가 때문에 생산성이 늘어날 필요의 충족에 실패한다면, 혹은 만일 그런 필요가 기술 진보를 통해서 달라지고 해당 사회가 감당할 만한 가격으로 충족될 수 없게 된다면, 혹은 만일 교역 파트너와 비교해서 상대적으로 성장이 부실해진다면, 오히려 부족한 것이 되어버려서 이전에 실행 가능했던 수준의 생산은 더 이상 지속되지도 못한다. 이 세 가지 위협을 분석해 보면, 낙관론의 근거가 밝혀진다. 어떤 형태의 도전은 즉시 논박될 수 있다. 다른 형태의 도전은 어떻게 국가들이 자국의 경제적 틈새를 찾을 수 있는지, 그리고 어떻게 국가들이 주당 노동 시간의 의미 있는 축소에도 불구하고 번영할 수 있는지를 보여 주는 자료와 충돌한다. 듀이식 사회가 붕괴할 운명이라고 생각할 근거는 아직은 '입증된 것이 아니다.'

회의론자들은 더 일반적인 의문을 던질 것이다. 그들은 현재나 가까운 미래의 생산성은 듀이식 사회를 지원하는 데에 충분하다는 점을 부정할 것이다. 그들은 '자유시장'의 장점을 칭송하는 익숙한 찬가를 부르면서, 경제적 규제에 대해 의문을 제기할 것이다. 나는 우리의 현실이 방치하고 있는 거대한 낭비를 인지함으로써 첫째 주장에 대응한다. 둘째 주장은 널리 퍼져 있는 신화, 즉 불가능한 것을 (규제가 전혀 없는 시장을) 끌어들이거나 혹은 소위 '최소 규제'라는 특정 스타일을 옹호하는 신화에 의존하고 있음을 밝혀볼 것이다. 최소 규제의 선택은 소비재의 가격을 낮추는 일과 잘 들어맞는다. 그러나 현명한 경제학자들이 정기적으로 지적해 주듯이, 시장의 규제는 우리가 성취하려는 목표에 따라서 이루어져야 한다. 가능한 최저 가격이 **최고선**이며 이를 위해 우리가 가치 있게 여기는 온갖 것들을 희생시켜야 한다는 것은 결코 명백한 사실이 아니다.

제11장은 듀이식 사회로 나아갈 길을 보여 줄 상세한 지도를 제공하는 것이 어려운 일임을 인정하면서 결론을 맺는다. 여기서 나는 실용적인 해답을 제시한다. 제10장의 끝부분에서 밝혀진 조건들은 우리가 나아갈 방향을 알려준다. 이 방향으로 고개를 들고 나아가고, 그러면서 우리의 계획을 조정해 가고, 그리고 우리가 어디까지 도달할 수 있는가를 살펴보자.

5

제1장은 밀에서 시작했으니 제11장에서는 그에게로 되돌아가야 할 것이다. 경제적 이슈에 대한 밀의 독특한 접근은 '정상 상태'를 관용하려는 그의 의지, 다시 말해서, 부의 축적을 향한 끈질긴 시도에 맞서서 인간적 삶의 다면성을 옹호하려는 그의 의지다. 이런 태도는 다른 사람들도 공유한다. 서양과 전혀 다른 전통에 속하는 라빈드라나트 타고르(Rabindranath Tagore) 그리고 존 듀이가 그 대표적인 사례다. 사회문제에 관한 현대의 많은 사상은 소위 경제적 속박이 지배하고 있지만, 밀의 그런 태도는 오늘날에도 사회적 관심이 깊은 철학자들의 연구에서 여전히 살아 있다. 때로는 교육에 특별한 관심을 쏟는 연구에서, 때로는 우리 문화의 다른 측면들에 관한 연구에서도 그렇다.[2]

대세를 뒤집으려는 소망이 가장 분명하고 또 가장 강력하게 표출된 것이 「미국인 학자」의 한 구절일 것이다. 나는 이것을 약간 고쳐서 내 책의 제목으로 삼았다. 에머슨의 말을 내가 해석한 것이므로 그의 의도와 다를지 모르겠다.[3] 에머슨의 초월론은 창조의 **목적**이 먼 신성에서 벗어나 인간성으로 바뀌는 경향을 보여 준다. 에머슨은 결국, 어색한 라마르크주의자로서, 다음과 같이 쓸 수 있었다.

> 그리고, 인간이 되기 위해서, 그 벌레는
> 모든 형상의 뾰쪽한 꼭대기를 뚫고 솟아난다.[4]

에머슨은 완전한 사람('인간')의 생성이야말로 우주의 혹은 그 일부인 유기체들의 목적이라고 생각했을 것이다. 에머슨의 말을 나는 다음과 같이 다른 뜻으로 사용한다. 우리가 인간으로 살아가면서 할 수 있는 최선의 일은 지구에서 똑같이 살아갈 감성적 존재들을 기르고 보호하는 것이다. 이 일을 할 수 있는 가장 놀랍고 효과적인 길은 자라나는 인간들의 삶을 북돋아 주는 것이다. 이런 활동 속에서 우리는 우리의 개별적 자아보다 더 큰 어떤 것, 즉 여러 세대에 걸쳐 있는 그리고 인류에게 주어진 (유한할 수밖에 없는) 시간에 우리의 도움이나 행운으로 꾸준히 펼쳐지는 인간 프로젝트에 공헌한다.

이런 의미에서 '세상의 중대사는 인간을 길러내는 일이다.'

후주 🕑 **서론**

1 『The Ethical Project』(Cambridge MA: Harvard University Press, 2011), 그리고 『Moral Progress』(New York: Oxford University Press, 2021).

2 그것은, 헤리 브릭하우스(Harry Brighouse), 랜달 커렌(Randall Curren), 메이라 레빈슨(Meira Levinson), 하비 시겔(Harvey Siegel)의 주요 저술 및 마사 누스바움(Martha Nussbaum)의 인상 깊은 저술에 널리 퍼져 있다. 또한 그것은 콰메 앤서니 아피아(Kwame Anthony Appiah)의 중요한 책, 『The Lies That Bind』(New York: W.W. Norton, 2018)에서도 분명히 확인할 수 있다. 특히 177-79쪽을 참조.

3 'the upbuilding of a human being'에서 에머슨은 'upbuilding'이라는 낯선 단어를 사용한다. 이는 영어 'education'에 상응하는 독일어 'Bildung'을 모방하려는 시도였거나, 심지어 신조어로 강조했을지 모른다. auf(up)를 앞에 붙인 Aufbildung도 교육을 가리킨다고 볼 수 있으나 이런 단어는 독일어에 없다. Ausbildung이라는 단어는 독일어에 있다.

4 『The Complete Writings of Ralph Waldo Emerson』(New York: W. M. Wise), 913에 있는 'Nature'.

제1부

제1장
과부하

1

세인트앤드루스 대학교의 학생들이 존 스튜어트 밀을 총장으로 선출한 2년 후인 1867년에 그는 의회 의원의 임무를 마치고 취임 강연을 하기 위해서 스코틀랜드를 향해 북쪽으로 여행을 떠났다. 거기서 밀은 그런 기회를 활용했던 관습대로 자유교육이라는 주제에 대한 '몇 가지 생각'을 제시하면서 강연을 시작했다.[1] 그는 "교육은 더 넓은 의미에서 볼 때 온갖 주제 중에서 가장 무궁무진한 주제이다."[2]라고 말하면서 다소 무겁게 강연을 이어갔다. 그의 강연은 그의 명성에 부응이라도 하려는 듯 빠르게 말했음에도 세 시간을 훌쩍 넘겼다.[3] 나는 청중의 반응을 모르겠으나 학부생들은 별로 흥미가 없었을 것이 분명하다. 백 년 후에 그들의 후배가 총장으로 선출한 영국의 희극 배우이며 바보 걸음마로 유명했던 존 클리즈(John Cleese)의 강연을 듣는 것이 차라리 더 즐거웠을 것이다.

밀의 강연 텍스트는 톱시(Topsy)처럼 늘어난 것이 아니었을까 하는 의문을 불러일으킬 만하다. 강연의 첫머리에서 그는 몇몇 종류의 교육은 그가 염두에 두는 범위가 아님을 밝혔다. 전문가의 훈련은 그의 안중에 없었다. 확실히 법학부, 의학부, 공학부는 반드시 있어야 하겠지만, 그것은 대학이 헌신해야 할 일반 교육(general education) 프로젝트에 속하지 않는다.[4] 밀은 그때도 지금도 논란거리인 인문학과 과학이 일반 교육에서 차지하는 상대적 역할은 무엇인가라는 문제에서 출발했다. 그는 고전적인 것과 근대적인 것, 즉 고전 학습의 수호자와 자연과학의 옹호자 간의 싸움을 해결하기 위해서 양쪽에 상을 주자고 제안했다.[5] 고대 그리스어와 라틴어로 쓴 고대의 저술은 굉장한 의의가 담겨 있다.[6] 이런 공부를 축소함으로써[7] 수리적이고 실험적인 것, 곧 수학과 자연과학에 철저히 몰두할 수 있게 해야 한다. 게다가 천문학, 물리학, 화학의 주요 특성에 관한 이해는 증거에서 결론을 도출하는 과학의 일반적인 방식에 대한 인식에 따라 보완되어야 한다. 연역 논리의 규칙, 그리고 비-연역적 추론의 규칙을 공부하고 소화해야 한다.[8]

이 지점에서 밀은 그 모든 것이 도대체 어떻게 운영될 수 있는지를 약간 더 언급한 후에 강연을 마칠 수도 있었다. 그러나 그렇게 하지 않았다. 분명히 그의 의원 활동 경험은 위생 정책에 관한 대중적 이해의 필요성을 그에게 각인시켜 주었을 것이다. 그의 다음 단계는 생리학 공부를 포함하기 위해서 과학 교육과정을 확대하자는 것이었다. 밀은 말하기를, 대다수 사람은 '위생 문제에 대해 의견을 갖거나 행동을 해야 할' 것이다.[9] 게다가 '유기체와 동물의 생명 법칙에 관한 과학'은 더욱더 중요한 공부로 통하는 다리가 된다. 그는 교황을 따라 '인류의 올바른 공부'는 '인간'이라는 입장이다.[10]

일반 교육의 요구사항은 더 늘어난다. 심리학과의 만남은 필수이고, 그리고 여기서 밀은 '지적 기관'을 '예리하게'[11] 만드는 철학, 특히 인식론의 힘을 추가한다. 무엇보다도 학생들은 '도덕적, 사회적 존재로서 인간의 위대한 관심사에 관한 사고의 연습'[12]을 다루는 수업이 필요하다. 이제 교과들이 밀려든다. 역사학은 일반적으로 (혹은 '철학적으로') 볼 때, '진보의 원인과 법칙에 관한 생각의 어떤 시발점'[13]을 제공해 주어야 한다. 정치학은 청년들이 자국과 타국의 '시민적, 정치적 제도'에 친숙해지게 만들어야 한다.[14] 정치경제학은 선의의 정책에 대한 경제적 제약을 이해하는 데에 중요하다.[15] 법학도 '마찬가지로 중요하며' '국제법'[16]에 관한 약간의 공부가 보충되어야 한다. 그런데 윤리학에 진지한 관심을 쏟지 않는다면, 그토록 중요한 교육 영역에서 적절한 결실을 이룰 것으로 기대할 수 없다. 밀의 이상적인 교육과정은 '도덕 철학의 원리 체계'의 전반에 관한 철저하고 공정한 탐구, 그리고 세계의 주요 종교에 관한 비교학적이고 역사학적인 탐구가 보충될 것을 요구한다.[17]

(강연이 두 시간을 넘긴) 시점에서 밀이 자신의 강연에서 거론하기 시작했던 쟁점에 관한 이야기를 마쳤음을 알렸을 때,[18] 청중의 희망은 부풀어 올랐을 것이다. 그러나 그는 멈추려고 하지 않았다. 그는 예술의 옹호론을 덧붙였다.[19] 순수 예술은 '고양된 감정'[20]을 일으킴으로써 사람들을 '소인배 수준 이상으로'[21] 높이고, '사업이나 전문직의 세부 사항보다 더 큰, 훨씬 더 고상한 주제에 대한 통찰을'[22] 제공해 준다. 예술에 대한 깊은 몰입은 교육의 다른 부분들을 보완해 주고, 그럼으로써 사람들이 인간으로서의 근본 의무를 이행하도록 도와준다. 우리는 누구나 '자신의 동료인 인간들이 그의 지성을 어떻게 활용할 것인가에 관해서 그가 아는 것보다 약간 더 나은 상태에 오르게 해야 한다.'[23] 교육은 삶에 대한 '더 깊고, 더 다양한 관심'을 제공할 것을 약속한다.[24] 다른 보상과는 달리, 우리가 타인들의 삶에 공헌하는 의미는 우리의 나이가 들어간다고 해서 '그 가치가 떨어지지' 않을 것이다. 오히려 '그것은

지속될 뿐만 아니라 커질 것이다.'[25] 격앙된 목소리로 밀은 마침내 끝냈다.

빅토리아 시대의 흥미로운 병리현상이었을까? 세 살 때부터 희랍어를 아들에게 가르쳤던 그의 아버지가 강요했던 지식인의 너무 진지한 환상이었을까? 성년 초기에 찾아온 신경 쇠약 때문에 우울하게 보내다가 우연히 워즈워스의 시를 읽고 나서야 자신의 총명함을 겨우 회복하게 되었던 한 인간의 변명이었을까?[26] 밀의 터무니없는 강연이 요구했던 사항들은 설명이 필요하다. 그 요구의 일부는 과거 사회적 조건의 산물이고, 다른 부분은 유난하게 명석한 엘리트 계급의 일원의 특이한 사항이다. 최소한 우리는 이렇게 생각할 수 있다.

만일 여러분이 이렇게 생각한다면 이는 잘못이라고 나는 확신한다. 밀의 장시간 연설의 이면에는 복합적인 힘들이 깔려 있으며, 한 세기 반이 지난 이런 힘들은 오히려 오늘날 더 강해졌다. 교육의 가능성에 대한 밀의 폭넓은 이해는 우리가 믿기 어려울 정도로 그 요구사항들을 확장하도록 만들었다. 밀은 '넓은 의미'의 교육이 개인을 위해서 그리고 개인이 속한 사회를 위해서 성취할 수 있는 사항들에 관한 좋은 생각에 따라서 움직였다.[27] 교육의 적절한 목적이 무엇인지를 물음으로써 교육의 현실을 이해하고 또 이를 바로잡으려고 애쓰는 사람이라면, 밀이 다루려고 했던 그 영역을 넘나들지 않을 수 없다. 그 문제를 더 철저하고 종합적으로 성찰할수록 요구사항은 그만큼 더 많아질 것이다. 그 최종 결과는 '과부하'이다.

2

베이스 바리톤에 속하는 성악가들이 애호하는 어느 아리아의 앞부분에서 르포렐로(Leporello)는 슬픔에 빠진 돈나 엘비라(Donna Elvira)에게 그녀는 돈 조반니(Don Giovanni)에게 사로잡힌 '첫 번째 여성도 마지막 여성도' 아닐 것이라고 말해 준다. 이와 비슷하게 밀이 보여 준 과부하의 사례에서도 선구자들과 후계자들이 있다. 르포렐로와 달리 나는 온갖 예시에 순번을 매기는 목록 작성에 사로잡히지 않았다. 그러나 몇 가지 주된 사항은 지적할 가치가 있다.

플라톤의 『국가』는 형이상학과 정치철학의 기본서일 뿐만 아니라 교육 문제를 최초로 다룬 위대한 책으로도 인정받는다. 그의 이상 사회의 시민들은 세 계급으로 구분된다: 도시에 필요한 물질적 자원을 공급하는 다수, 침략에 대비/방어하는 더 적은 무리,[28] 그리고 통치하는 엘리트. 플라톤은 『국가』에서 지배 엘리트의 교육에 가장 큰 관심을 쏟는다. 그 결과 이 책의 중간 부분은 밀의 강연과 유사한 형태로 적절한 지배자의 조건들을 나열하고 이를 제대로 길러낼 프로그램을 진술한다. 마지막으로 제7권의 끝부분에서 소크라테스는 도시를 통치할 사람들의 교육에 필요한 시간을 덧붙이게 된다. 그는 질문자들에게 설명하기를 '오십의 나이가 되어 그런 시험들에서 살아남은 사람들은' 준비가 되었을 것이다.[29]

루소가 언급하듯이 플라톤의 교육관은 공적 영역을 향하고 있다.[30] 당대의 교육 실제가 개인을 타락시키는 것을 물리치는 일에 관심을 쏟았던 루소는 자신의 시선을 내면으로 돌렸다. 에밀의 헌신적인 (과부하된?) 가정교사가 시행했던 상세한 프로그램에서는 인간발달을 형성하는 세 가지 요인의 조화가 그 목적이다.[31] 이에 필요한 것들을 세밀하게 처방하고, 이를 열심히 추구한 후의 에밀은 '지상의 행복'에 가장 가까워질 것이다.[32] 아마 탈진했을 것 같은 가정교사는 만족스러운 은퇴를 즐길 것으로 기대했겠지만, 이는 허용되지 않는다. 오히려 부모라는 새 역할을 맡아서 에밀과 소피를 지도하고 조언하도록 고용된다.

과부하는 밀보다 앞서서 교육 목적을 탐구했던 위대한 두 철학자에게서 뚜렷이 나타난다. 만일 19세기 후반, 20세기, 그리고 21세기의 저술에서 과부하가 뚜렷하지 않다면, 이는 루소처럼 당대에 지각된 결함들에 대항하는 저술이 많은[33] 후대 학자들이 보기에 소홀히 다루어졌던 교육 목적들을 강조하기 때문이다. 과도한 전문화와 '특수한 추구를 애호하는' 교육과정을 걱정했던 존 헨리 뉴먼(John Henry Newman)은 대학 교육의 목적이 '인격의 형성'[34]에 있다고 말했다. '자유교육은 기독교인이나 가톨릭 신자가 아닌 신사(gentalman)를 만드는 것이다.'[35] 뉴먼이 선택한 단어들은 역사에 나타난 주요 교육론의 초점이 협소했음을 더욱더 생생하게 보여 준다. 뉴먼은 플라톤이나 밀과 다르고, 심지어 에밀의 배필로서 소피를 마지막에 가서야 등장시킴으로써 여성(혹은 '숙녀?')을 경시했던 루소와도 다르다. 그러나 네 명이 집중하는 것은 지배자, 부유층, 대학에 입학할 극소수와 같은 특권층의 교육이다.[36] 대중이 필요한 것들에 대해서는 관심이 부족하거나 아예 관심조차 없다.[37]

20세기 초부터 그것은 변화한다. 이미 1901년에 듀보이스(W.E.B. DuBois)는 미국 흑인에게 적합한 것으로 여겼던 교육의 유형(산업 교육)에 대해서 의문을 품었다.[38] 일 년 후에 그가 확실하게 헌신했던 일은 최소한 일부 '흑인 민중'[39], 즉 흑인 중에서 '재능있는 10%'가 19세기 철학자들이 애호했었던 일반적인 종류의 대학 교육을 받도록 확보하는 것이었다. '내가 셰익스피어에게 다가가도 그는 싫어하지 않는다'고 듀보이스는 천명했고, 그 이후(1930년에) 뉴먼의 신조에서 사회계급적 제약을 벗겨버렸다. '교육의 목적은 인간을 목수로 만드는 것이 아니라 목수를 인간으로 만드는 것이다.'[40]

교육은 가능한 한 더 폭넓게 제공되어야 하며, 특히 일부 집단이 그동안 주변으로 밀려났기에 새로운 과제도 떠맡아야 한다는 관심은 최근 수십 년 동안 매우 중요한 교육학 서적들에서 표출되었다. 메이라 레빈슨(Meira Levinson)은 미국의 가장 가난한 아이들 즉 전형적으로 낙인찍혔던 소수자들에게도 가능한 교육 기회를 날카롭게 밝혀낸 연구에서 이런 아이들이 능동적 시민이 되고, 자신들이 살아갈 민주주의 사회에 공헌하고, 이런 사회를 만들어 갈 기회가 부족함을 강조한다. 레빈슨은 '시민적 역량의 격차'를 설득력 있게 지적하기 위해서 우선 그런 격차가 존재함을 밝히고 이를 극복할 방법을 모색한다.[41] 이와 마찬가지로 해리 브릭하우스(Harry Brighouse)는 앞서 살았던 듀보이스처럼 미국과 영국의 다수 학생이 처한 곤경 속에 왜곡된 교육이 자리잡고 있음을 밝혀낸다. 브릭하우스가 보기에, 그런 아이들이 육체적인 일을 하도록 훈련되기 때문에 그런 것이 아니라 '너무 많은 아이들이 평생토록 무비판적인 물질주의'[42]에 빠지게 만드는 대중문화의 편협한 영향에 대항하고 극복할 수 있는 자원을 제공하는 데에 현행 학교가 실패하기 때문이다.

다른 학자들은 다른 결함으로 고심했다. 닐(A.S. Neill)은 교사와 삶에 대해서 아이들이 갖는 두려움을 무너뜨리는 데 헌신하는 학교를 세웠다. 이는 표준적인 교육 체제가 군사 훈련을 모델로 삼아 만들어졌다고 보기 때문이다.[43] 오우크쇼트(Michael Oakeshott)는 이런 종류의 교육적 비전을 단호히 거부했고, 학교의 목적을 안정된 전통과 인습을 가진 사회에서 살아가고 또 공헌하도록 젊은이를 준비시키는 데에서 찾았다. 교육은 '새로 태어난 아이를 그동안 전해 내려온 것으로 입문시키고, 또 그것에 참여할 수 있게 하는 일'[44]이다. 앤드류 델반코(Andrew Delbanco)와 마사 누스바움(Martha Nussbaum)은 미국 교육의 썩어빠진 상태를 걱정한다. 델반코는 대학생들에게 공동체 정신과 '측면적 학습'이 중요함을 강조하고, 누스바움은 현대 교육에서 인문학의 지속적 중요성을 웅변적으로 요약해 주었다.[45] 캘런(Eamonn Callan)은 교육기관들의 주된 결함을 '시민적 덕'[46]을 발달시키는 데 실패한 점에서 찾는다.

덧붙이고 다듬을 사항이 너무 많다! 나는 치밀한 교육사상가들의 아이디어를 제대로 다루지 못하고 간단히 열거한다. 그러나 이것이 밀이 제시한 '교육이 할 일'의 엄청난 나열을 뛰어넘어서 또 다른 매력적인 이상들과 목적들이 어떻게 남아 있는 것인지를 보여 줄 것으로 희망한다. 다음과 같은 교육에 누가 시비를 걸겠는가? 모든 인간에게 교육을 확대함으로써 수많은 아이들이 자라나고 있는 환경의 결함을 (심지어 야만성을) 시정하려고 애쓰고, 자유가 억눌리지 않고 펼쳐지게 노력하고, 젊은이들이 살아갈 그 시대와 장소의 사회와 문화를 헤쳐가도록 준비시켜 주고, 젊은이들의 시민적 역량을 강화하여 그들의 사회적 정치적 삶에서 건설적 역할을 하는 데에 필요한 미덕을 함양하고, 학습자들의 공동체를 형성하고, 그리고 강인한 개인적 성격들을 발달시키도록 하자. 우리가 사는 이 세계에서 과부하는 불가피해 보인다. 과부하는 교육이라는 게임의 명칭이 되고 말았다.

3

그런데 그것은 우연이 아니다. 그것은 우리 인류 문화의 진화에서 예상할 수 있었던 결과다. 미국의 (내 생각에는 현대의 대다수 국가의) 최근 교육 역사는 과부하 문제에 제대로 대처하지 못함으로써 기존의 교육적 노력의 결함을 바로잡기 위해서 설계된 이런저런 정책들 사이에서 불안하게 갈팡질팡하는 일이 어떻게 해서 발생하게 되었는지를 보여 준다. 오늘날에 핵심적으로 필요한 것들은 특정 방향으로 나아가도록 촉구한다. 종합적인 비전의 안내가 없으면 또 다른 중요한 목적을 간과하는 결과가 나타난다. 그러다가 내일은 새로운 개혁가들이 나타나서 바로잡을 필요가 있는 또 다른 특성들을 인지하게 될 것이다.

그레엄(Patricia Albjerg Graham)은 미국학교의 역사를 명쾌하고 폭넓게 밝혀내면서 단편적으로 대응하기만 했던 과정을 구체적으로 보여 준다. 처음에 그녀는 소용돌이에 관한 이야기를 꺼내는데, 그렇게 된 이유와 그 발전 과정이 250쪽에 걸쳐서 상세하게 밝혀진다.

> 미국의 학교는 그 긴 역사를 거쳐오면서 온갖 북소리에 맞추어 춤추었다. 때로는 모든 프로그램에서 엄격함을 요구하는 북소리가 들렸다. 때로는 오직 소수에게만 학문적 학습을 허용하라는 북소리가 들렸다. 때로는 아이들에게 사실을 가르치지 말고 창의성의 발현을 장려하라는 북소리가 들렸다. 때로는 어른도 다룰 수 없는 인종차별과 같은 사회문제를 아이들이 해결하기를 바라는 북소리가 들렸다. 때로는 학교가 수업 시설이 아니라 공공 수용시설임을 암암리에 지지하는 북소리가 들렸다. 때로는 사회적으로 빈부 격차가 심각한 상황에서, 학교가 평등을 만드는 곳이 되어야 한다는 북소리가 들렸다. 때로는 학교의 주요 목표가 민주사회에 적합한 시민성을 가르치고 노동 습관을 발달시키는 것처럼 보였다가, 어느새 똑같은 노동 습관뿐만 아니라 어떤 학문적 기능도 필요한 취업 준비로 바뀌는 것처럼 보이는 경우가 있었다. 오늘날 들리는 북소리는 모든 아이가 학문적으로 높은 수준에 도달하고 그 결과를 시험으로 측정할 것을 요구한다.[47]

새로운 시민의 동화, 인종차별 문제의 처리, 기회균등의 확대, 민주적 가치의 함양, 창의성의 증진, 기본 기능의 제공, 학습장애 아동의 배려, 치열한 지구 경제적 경쟁의 준비 등 이런 **모든** 과제가 어떻게 해서 중요한 것으로 보일 수 있으며, 그리고 어떻게 해서 시기가 달라지면서 그중 하나가 특별히 긴급한 과제로 보이게 되는지를 이해하기란 어렵지 않다. 현재의 지배적 분위기에 관한 그레엄의 이야기는 '국가 위기'에 관한 끊임없는 우려가—여러 국가의 학생 성적을 정기적으로 서열화하는 '성적순위표'에 대한 불안이 깊어지면서—어떤 목표에 집중하도록 장려하고, 다른 목표는 희생할 수밖에 없게 만드는 과정을 보여 준다.[48]

역사의 우연한 발차기가 한쪽으로 기울어진 교육 전략을 다른 쪽으로 기울게 만드는 경우는 많다. 인공위성(스푸트니크)의 발사는 적대 국가들을 놀라게 만들고 '과학에 대해 신중해지도록'[49] 자극한다. 그런데 이런 변동은 외부 요인, 다른 제도의 변화 혹은 새로운 기술 진보로부터 자극을 받은 것인데, 최근 몇 세기에만 나타난 것이 아니다. 사회체제의 기존 틀을 당연시함으로써, 그리고 이런 틀에 맞추어 학교와 대학의 개혁 방안을 찾음으로써 교육 목적을 생각하는 방식은 너무 많은 것들을 미리 전제한다. 왜냐면 그런 생각은 다음과 같은 점들을 가정하기 때문이다. 현대 세계의 교육은 학교와 대학을 존속시킴으로써 올바르게 추구된다. 전통적인 형태의 교육이 주위환경과 어딘가에서 어긋난다면, 이는 학교와 대학의 잘못이다. 필요한 변화는 교육 현장에서 일어나야 하고 해당 사회의 병리 현상에서 찾으려고 하면 안 된다. 우리는 대학이념에 관한 뉴먼의 질문을 다루기 전에 잠깐 대학이 왜 존재하는지를 생각하는 것도 가치가 있다. 학교가 근대 세계의 요구사항에 대해서 어떻게 반응해야 하는가를 묻기 전에 우리는 세계가 부과하는 압력들이 해로운 것은 아닌지 또는 이런 압력을 완화시키는 것이 오히려 더 현명한 길은 아닌지를 생각해 볼 것이다.

교육에 관한 논의는 너무 늦게 시작되는 경우가 많다. 근본 문제를 탐색하지 못한 채 지나쳐 버린다. 그레엄의 교육 역사는 과부하를 밝혀주고 더 넓게 더 깊이 생각하도록 깨우쳐 준다. 그레엄이 아주 생생하게 진술하는 그런 행위들의 주인공들은 복잡한 문제를 가지고 다중의 제약을 받으면서 씨름하지만 이들 제약의 **존재 이유**에 대해서는 단편적인 관점을 가질 뿐이다. 그레엄의 한 세기에 걸친 이야기는 훨씬 더 긴 기간에 걸쳐 있는 더욱더 폭넓은 범위의 문화적 맥락에 관한 탐구를 촉구할 것이다. 어떻게, 그리고 어째서 미국(영국, 프랑스, 독일, 일본, 한국, 브라질, 핀란드, 이집트, 케냐, 인도, 인도네시아, 중국, 사우디아라비아) 학교의 특정 비전들이 생겨났는가? 계보학(genealogy)은 현대의 교육적 사고방식을 사로잡고 있는 그림에서 그것이 해방되게 만들 수 있다.[50]

4

현대사회에서 실제로 행해지는 공식적인 교육은 최근의 발명품으로 수만 년 전부터 이어진 활동에서 생겨난 것이다.[51] 모든 인간 사회는 그리고 아마도 수많은 유인원 사회는 젊은 세대가 공동체 생활을 지속해 갈 수 있는 절차를 만들었다. 아이들이 물리적/사회적 환경을 극복하려면 어른들이 요구하는 능력과 성향을 습득해야 한다. 그들은 오우크쇼트(Oakeshott)가 핵심으로 보았던 과제를 완수해야 한다. 그들은 적응하는 방법과 전진하는 방법을 알 필요가 있다.

만일 선사시대에 살았던 우리 조상의 존재 방식과 가장 비슷하게 살아가는 사람들의 특성을 통해 추정해 본다면, 인류 역사를 대체로 지배했던 교육적 실천의 간단한 비전이 드러난다.[52] 이를 **기초 훈련**이라고 하자. 유아기가 지난 아이들에게 가르칠 것은 음식과 물을 찾고, 거처할 곳을 만들어 유지하고, (인간을 비롯한) 동물의 공격을 막아내는 기초적인 과제다. 그들은 부족의 행위 규칙을 따르고, 또 복종의 중요성을 배운다. 그들의 열망은 자신과 집단의 생존을 확보하는 긴급한 과제를 뛰어넘어 그 집단으로부터 인정받는 구성원이 되기에 집중될 것이다. 아마도 공통된 아픔을 치유하고 공동의 행복을 확장하려는 열망을 향하는 것도 합당한 일이다.[53]

그렇다면 우리는 거기서 여기까지 어떻게 오게 되었는가? 인간의 문화적 진화에서 중요한 부분은 약 2만 년 전부터 시작되었고 이는 사람들이 더 큰 집단으로 결집한 데에 있었다. 구석기 시대의 조그만 무리들이 서로 교역하고, 주기적으로 연합하고, 그러다가 마침내 합치기 시작했다.[54] 8천 년 전쯤 근동에서는 약 천 명의 거주자가 모여 살았던 최초의 도시들이 생겨났다.[55] 그로부터 3천 년이 지난 후 우리에게 현재 남아 있는 가장 오래된 문서가 분명히 보여 주듯이 이집트와 메소포타미아의 도시 중심부에서 의미 있는 분업이 나타났고, 이는 일련의 복잡한 윤리적 법적 규칙들을 요구했다.[56]

성인 시민들이 수행했던 다양한 기능들은 젊은이들에게 특수한 형태의 훈련을 요구했다. 전체 인구의 대부분에게 필수적인 기능은 오래된 방식으로 길러질 수 있었기에 공식적인 기관은 필요하지 않았다. 그러나 '쓰기'의 발전은 무언가 특별한 것을 요구했다. 서기(필기사)는 기록 보관법을 배울 필요가 있었고, 이로써 복잡한 규칙에 따른 도시 운영에 필요한 정보가 기록되었다.[57] 그런 사람들에게 필요한 것은 가정과 일터의 사적 영역에서 벗어나 중앙집중적인 사회적 통제로 들어가는 특수한 교육이었다. 그래서 학교가 생겼다.

이어지는 수많은 사회에서 쓰기는 흔히 읽기보다 앞서는 더 중요한 것으로 여겨졌는데 소수집단의 영역에 속했다.[58] 수많은 복잡한 과제들, 예컨대 경작지로 물을 끌어들일 수로를 만들고 유지하는 일, 사원을 설계하고 장식하는 일, 죽은 자의 장례를 치르는 일은 장기간의 도제 교육을 통해 전해졌다. 이런 기능들의 터득은 흔히 문해력이 없어도 습득될 수 있었다. 스파르타와 같은 일부 사회에서는 군사 훈련, 강건한 신체와 무술의 연마, 고통에 무뎌지는 것을 강조했다.[59] 다른 사회에서는 쓰기를 중시했는데, 이는 기록 보관과 행정이라는 통상적 과제뿐만 아니라 일차적으로 개별 시민들과 그들의 집단 문화의 최상위 목표를 달성하기 위해서였다. 읽기와 쓰기를 가르친 것은 신의 메시지를 철저하게 이해하고 적절하게 알리도록 하기 위해서였다.

여러 문화와 여러 시대를 살펴본다면, 교육의 제도화, 공사 영역의 구분, 사회가 제공하는 형식들, 특정 유형의 훈련을 받을 사람들의 세부적인 규칙, 교육을 시작하고 끝내는 나이 등 모든 것이 아주 다양하게 나타난다. 학교들은 지각된 사회적 필요(혹은 정도는 약하나 아이들의 건강한 발달에 관한 견해들)에 따라서 도입되고 또 적응해 간다.[60] 부족들과 국가들이 때로는 평화로운 교역을 통해서 때로는 전쟁과 정복을 통해서 상호작용하는 가운데 한 문화의 독특한 특성은 다른 문화의 전통들과 결합한다. 역사의 우연은 곳곳에서 나타난다.

교육의 진화의 우연한 특성은 예를 들면 서구 대학의 출현에서도 뚜렷하다. 12세기까지 특정 도시들은 의학, 법학, 신학이라는 세 가지의 탁월한 학습 체계에 관심을 가진 학자 집단들을 끌어모았다. 볼로냐, 파리, 그리고 옥스퍼드에서 그런 학자들과 그들의 학생들이 소속된 길드로부터 최초의 대학이 생겼다.[61] 역설적으로 최초의 동력은 (밀의 긴 강연에서 처음부터 한쪽으로 밀려났던) 전문직에 헌신했던 집단에서 나왔다. 법학, 의학, 신학의 학부들이 대학에서 최초로 나타났다. 그 뒤에 생겨난 **일반 연구**(studium generale)는 전문적 연구라는 중요한 일의 예비적 과정으로 생각되었다. 헨리 2세와 토머스 베켓(Thomas a Becket) 대주교[62]의 충돌 이후에 분출한 민족주의에 따라서 옥스퍼드는 다양한 집단의 잉글랜드 학자들을 끌어들였다. (신학 중심의) 파리 혹은 (법학 중심의) 볼로냐와 달리, 옥스퍼드 그리고 케임브리지로 떨어져 나간 집단은 세 가지 전문직의 대표자들을 끌어모았다. **일반 연구**에 대한 공동의 헌신은 아마도 잉글랜드인들 사이에 전문적 연구를 준비시킬 훈련의 필요성이 높아지면서 고조되었고 이에 따라 일반 연구가 강조되었다. 따라서 밀의 대학관과 더 비슷한 것이 생겨났다.

그 이후의 성장에서도 외부적 사건들의 영향이 똑같이 나타났다. 교육과정의 개발이 촉발되었는데 이는 종전에 모르고 있었던 텍스트들이 발견되었기 때문이다. 이슬람 세계와 접촉함으로써 아리스토텔레스의 저작물이 흡수되기 시작했는데, 여러 학문을 가로지르는 귀중한 종합을 제공하는 것으로 여겨졌다. **만약** 십자군이 너무 거친 젊은 남자들의 에너지를 분출하려는 욕구에서 촉발되었고 그들을 먼 지역에서 (매력적인 신학적 목표와 함께) 폭력적 충동을 표출하라고 보냈다면, 그리고 거기서 서구 학자들에게는 낯선 원고들을 갖고 왔다고 본다면 우리는 밀이 알던 대학에서 고전 연구가 발흥했던 원인을 중세 프랑스에서 토지를 소유하지 못한 젊은 귀족들의 무례한 행동에서, 그리고 심지어 장자 상속 시스템의 도입으로 그들을 무산자로 만들었던 그 이전의 어려운 상황에서 찾을 수 있다.

이렇게 간략한 역사적 상상은 핵심적인 여러 교육기관의 기원과 발달에 관한 진지한 탐구가 되기에는 까마득한 이야기다. 내가 알고 있는 한, 교육 실제의 핵심 특성들의 계보학이 아직은 없는 것 같다. 그러나 아주 간단하고 논란이 적은 역사가 보여 주는 것은 생물학의 진화와 문화적 진화의 친숙한 측면이다. 유기체이건 사회제도이건 간에 앞서간 것의 특성은 뒤따르는 것에 남게 된다. 이런 특성들은 그 당시의 환경에 잘 적응하지 못하거나 심지어 부적응할지라도 전해지고 살아남는다.

그렇게 살아남은 것이 과부하 문제를 가진 산물이다. 분업이 치밀해진 복잡한 사회가 출현하게 되면 매력적인 교육의 목적들을 모두 검토하려는 종합적 시도는 비상식적인 (혹은 다루기 어려운 혹은 힘겨운 혹은 유토피아적인) 것을 만들어 내면서 선택의 전략을 강요하게 된다. 그런 사회의 교육 실천에 대한 요구 사항들이 너무 많아져서 가장 삐걱거리는 문에는 기름이 칠해진다. 한발 물러서서 광범한 중요한 목적들이 어떻게 통합될 것인지를 고찰하려는 시도는 비현실적으로 보이고 그 시기의 문제들의 절박성에 맞지 않는 시간 낭비로 보인다.

그럼에도 불구하고 더 추상적으로 '철학적' 입장에 서보는 것도 가치가 있겠다. 논리적 전제조건들을 드러내어 살펴보고, 목적들 사이의 긴장 관계를 그려낸다면 여기서 개혁의 지침이 나올 수 있다. 앞서 내가 지적한 간단한 역사도 교육 토론에서 당면 문제들의 신속한 해결책이 나오기를 바라고 이를 기존 구조를 땜질하는 것으로 생각하는 사람들에게 중요한 사항을 깨우쳐 준다. 새로운 사회구성원들의 삶을 준비시키는 일은 흔히 교육이론을 통해 공식적으로 연구하는 기관들이 없을지라도 쉽게 시행되고 제대로 수행될 수 있다. 학교와 대학이 존재할 때 새로운 세대의 준비는 교육기관과 다른 영역들 사이에 어떻게 분담될 것인가라는 질문이 생긴다. 기초 훈련은 어디까지 나아갈 수 있는가? 만일 교육 문제를 다루려고 노력하면서 오직 공식적인 교육기관을 고려한다면 잠재적 선택지들이 제한된다. 따라서 나는 첫 번째 방법론적 지침을 제시한다.

 A. 교육 문제를 해결할 때, 공식적인 교육 시스템의 외부에서 나타날 사회변화의 가능성, 그리고 교육적 노력을 분산시키는 다양한 방식들을 고찰하자.

오랜 역사의 틀 속에서 당대의 교육 실제가 기초 훈련과 연속되는 것이라고 본다면, 중요한 교육은 공식적인 교육 시스템에 들어가기 전부터 이루어지는 것을 우리는 깨닫게 된다. 이와 마찬가지로 이런 교육 작용은 원칙적으로 공식적인 교육이 끝난 후에도 한 인간의 삶 전체에서 늘 행해질 것이다. 평생 교육은 글자 그대로 진지하게 받아들여질 것이다.

      B. 당대의 교육적 결함을 극복하려는 시도는 인간의 삶 전반에 분포되어 있는 학습의 에피소드를 다시 생각할 것이다.

두 가지의 방법론적 지침은 교육이론의 선택지를 넓히려고 시도할 것이다.

5

이런 선택지들을 탐색하려면 한발 물러서서 역사적 사건들에 대한 맥락-특수적 반응에는 어떤 일반적 패턴이 있는지를 물어야 한다. 교육의 방향을 바꾸려는 모든 특수한 목적들에 어떤 공통된 특성들이 있는가? 젊은이들에게 제공되어야 할 교육 실천에 대한 공통된 기대들이 있는가?

많은 사람은 이런 질문들에 대한 분명한 대답에서 출발할 것이다. 이들은 밀이 의식적으로 남겨놓은 준비, 즉 일하는 세계를 위한 훈련을 강조할 것이다. 생계유지에 필요한 기능, 그리고 (그의 설명에 빠진 점들을 특징짓는 용어인) 전문직 진입이라는 용어를 그가 빠뜨린 것은 그의 시대건 우리 시대건 간에 대다수 사람이 겪는 곤경에 대한 그의 엘리트주의적 무감각의 징표로 보인다. 우리의 공식적인 교육 시스템은 학교 그리고 (덜 그렇지만) 대학을 거치는 학생들에게 생계유지 역량을 갖춰주어야 한다. 교육의 공통 목표는 **자기-유지 역량**(capacity for self-maintenance)을 길러주는 일이 될 것이다.

두 번째의 분명한 목표는 학교에 다니는 사람들이 주변 사회 속에서 타인과 더불어 살아갈 수 있게 하는 것이다. 교육은 노동자만이 아니라 시민을 길러내는 일이기도 하다. 일부 사회들의 관점에서 보면, 시민의 핵심 능력은 법과 제도라는 기존 틀에 대한 이해, 그리고 그것을 준수하려는 강한 성향이다.[63] 다른 사회들에서, 예컨대 오늘날처럼 풍요한 민주주의 사회라든가 혹은 밀이 분명히 염두에 둔 국가에서, 교육은 진보의 가능성을 인정해야 하며 젊은이들이 **현 상황**을 개선해 갈 정책을 구상하고 실행하는 데에 있어서 자신의 몫을 다하도록 준비시켜야 한다.[64] 시민에게는 **시민 생활에 진보적으로 참여하는** 능력이 필요하다.

두 가지 목표의 성취로 충분한가? 밀은 또 다른 목적을 확인한다. 그의 열띤 강연의 후반에서, 교육은 **개인의 만족스러움**(personal fufillment)을 지향하는 것이라고 본다.[65] 학교 그리고 대학은 아마도 더욱더 개별 인간들이 인간다운 삶에 독특하게 공헌할 수 있는 특정한 길을 찾도록 자원들을 제공해 주어야 한다. 여기서 간단히 언급하고 나중에 더 다듬어갈 것이다.[66]

교육에 대한 모든 진지한 탐구는 서양철학에서 가장 오래된 문제인 소크라테스의 문제, 즉 인간이 잘 산다는 것은 무엇인가를 다루어야 한다. 가장 영향력 있는 현대의 대답은 밀과 그의 선구자들, 계몽 사상가인 칸트와 빌헬름 폰 훔볼트(Wilhelm von Humbolt)에 의해서 다듬어졌다. 그리고 최근에는 존 롤즈(John Rawls), 버나드 윌리엄스(Bernard Williams), 수전 볼프(Susan Wolf) 등이 이어받았다.[67] 그것은 내가 말하는 **자유주의적 접근**(liberal approach)을 제공한다. 자유주의자들의 가정에 따르면, 잘-삶의 패턴이 외부에서 부과되어서는 안 된다. 밀이 유명하게 밝혀놓은 것처럼 '이름값에 맞는 유일한 자유'는 자기 자신의 선을 선택하고 이를 자기 방식대로 추구하는 것이다.[68] 잘-삶을 영위하는 사람들은 자신의 인생 계획, 즉 무엇을 목적으로 삼을 것인지를 탐색한다. 이는 명시적으로 표현되거나 혹은 일상적 선택에서 암시될 것이다. 만일 이런 계획을 상당히 성공적으로 추구한다면, 우리는 그들이 잘-삶을 영위하는 것으로 본다. 꼭 어떤 거창한 것, 예컨대 시대를 뛰어넘는 징표가 될 어떤 것을 성취해야 하는 것은 아니다. 가정이나 공동체를 이루고 지키는 일에 헌신하고, 그리고 대체로 노력한 만큼의 보상을 받은 사람들은 좋은 삶을 산 것이다.[69]

그러나 오래된 계획이 모두 통하는 것은 아니다. 누구보다 자유롭게, 먼 곳에 가서, 사람들과의 모든 접촉을 포기하고, 거기서 풀잎을 세고, 이를 반복하는 일에 헌신하기로 선택한 사람을 상상해 보자.[70] 그가 정확하게 풀잎을 세고 또 기록하는 데에 아주 성공적이라고 하자. 그렇더라도 그의 프로젝트는 병리적인 것처럼 보이고, 그것을 추구하는 일은 안타깝게 보인다. '어떻게 살 것인가?'라는 질문에 대해 아무도 몰랐던 답을 그가 찾아낸 것은 결코 아니다.

무엇이 틀렸는가? 밀은 자기희생을 거론하면서 중요한 단서를 제시한다. 밀의 설명에 따르면, 타인에게 좋은 일을 하려고 인간적 만족을 포기한다면 이는 당연히 칭찬받아야 한다. 그러나 다른 목적을 위해 그렇게 한다면 '굴뚝 위로 올라간 기독교 고행자'의 행위보다 더 칭찬할 것도 없다.[71] 잘-삶이란 우리가 타인들의 삶과 연결된 활동에 몰두하고 많은 사람의 처지를 개선하는 삶이며, 이들 중 일부는 우리가 죽은 후에도 살아갈 것이다. 풀잎을 세는 사람의 사례를 돌이켜보면서 롤즈는 말한다.

자기와 타인을 존중하는 사람들에게 요구되는 조건들은 그들의 공통된 계획이 합리적이고 또 상보적이어야 한다는 점일 것이다. 그 조건들은 교육받은 재능을 요구하고, 각자 숙달의 감각을 갖게 한다. 그리고 그 조건들이 맞아서 모두가 이해하고 즐길 수 있는 하나의 계획으로 모아진다.[72]

이 제안을 롤즈가 거부할지도 모르는 방향으로 나는 해석하려고 한다. 즉, **맞다**(fit)를 더 큰 인간사를 위한 협동적 공헌을 의미하는 것이라고 받아들인다. 그것은 여러 세대에 걸쳐 있고, 우리 인류의 구성원이면 누구나 나름 공헌할 것으로 우리가 예상할 수 있는 어떤 것이다.[73]

자유주의적 접근의 가장 좋은 버전은 (핵심 프로젝트를 자유롭게 선택한다는) **자율성 조건**, (핵심 프로젝트가 가리키는 목표들을 충분히 달성한다는) **성공 조건**, 그리고 (가치 있는 삶의 핵심 프로젝트는 타인들의 삶에 긍정적 영향을 미치려는 것이어야 한다는) **공동체 조건**에서 출발한다. 핵심 프로젝트의 선택에는 그 선택자가 타인들과 형성하고 사는 공동체에 관한 명시적 혹은 최소한 암시적 인식이 들어 있다. 공동체는 다양한 방식으로 나타날 것이다. 타인들이 어려운 복잡한 상황에 빠져 있을 때 지원이나 조언을 제공할 수도 있고 혹은 공동의 노력에 참여하기도 하고 혹은 공동체가 귀중하게 여기는 것들을 보전하고 전수할 수도 있다. 인간의 공동체들을 한데 묶어주는 관계에는 수많은 유형이 있다.

인간 프로젝트에 공헌하는 잘-삶이라는 비전은 듀이의 철학에서 핵심이다. 여기에는 그의 영향력 있는 교육론이 포함된다.[74] 이 비전은 종교와 휴머니즘에 관한 그의 강연의 말미에서 특이한 웅변으로 밝혀진다.

현재 살아 있는 우리는 머나먼 과거로 뻗어 있는 인류, 자연과 상호작용했던 인류의 부분들이다. 문명 속에서 우리가 고귀하게 여기는 것들이 우리 자신의 것은 아니다. 그것들은 우리가 서로 연결되게 해 주는 지속적인 인간 공동체의 활동과 고통 덕분에 존재한다. 우리가 이어받았던 가치 있는 유산을 보존하고 전수하고 교정하고 확충함으로써 우리의 뒤를 이어갈 사람들이 그것을 우리가 이어받았던 것보다 더 확고하고 안정되게, 폭넓은 접근이 가능하게, 그리고 더 포용적으로 공유되게 이어받게 할 책임은 우리에게 있다.[75]

자아의 만족스러움은 타인 지향적인 집단적 차원을 갖는다.[76]

조금만 성찰해 보면 교육의 목적들이 왜 그처럼 자주 논란을 일으키는지, 포괄적 제안들이 왜 그처럼 터무니없게 야심적으로 보이는지, 그리고 청중의 시간을 그처럼 많이 빼앗았던 밀이 왜 옳았는지가 마침내 분명하게 드러난다. 교육받는 개인의 관점에서 교육을 (잠깐만) 생각한다면, 세 가지의 일반적 목적은 다양한 방향으로 더 구체적으로 논의될 수 있다. 개별 인간은 자기-유지, 시민 생활, 자아의 만족스러움을 위한 역량을 개발해야 한다. 세 가지 목적들은 서로 (혹은 사회적 목적들과) 어떻게 균형을 잡아야 하는가? 세 가지 목적을 강조할 때, 각각을 어떻게 강조하는 것이 가장 적절한가? 우리는 밀이 제언하는 것처럼 각각의 역량을 최대한 발달시키려고 노력해야 하는가? 이 제언은 세 가지 능력이 모두 정도의 문제라는 사실 앞에서 무너지고 만다. 교육 시스템이 자기-유지를 위해, 시민성 함양을 위해, 혹은 자아의 만족스러움을 위해 준비시키면서 제아무리 많은 것을 제공하게 될지라도 그것은 언제나 그 이상이 요구될 수 있다. 게다가 자아의 만족스러움의 구성요소들은 그 자체가 정도의 개념이다. 서로 다른 사회적 조건에서 살아가는 사람들이 향유하는 자율성을 비교하기는 쉬운 일이다. 역사 시대를 통해 그리고 현대의 여러 사회에서 여성들의 선택 능력이 다른 점들을 생각해 보자. 그러나 **완전한** 자율성은 우리가 이해할 수 있는 개념인가?[77] 이와 비슷하게 우리들 중에서 어떤 사람은 다른 사람에 비해 목적의 추구에 있어서 더 성공하기도 한다. 성취는 전형적으로 우리가 추구할 새로운 목적을 낳게 된다는 점에서 볼 때, 무엇이 **완전한** 성공인지가 분명하지 않다. 공동체는 더 복잡한 개념이다. 왜냐면 많고 다양한 차원들이 포함되기 때문이다. 어느 것이건 한 가지 차원에서 **최대한의** 타인-지향성이 이해될 수 있다면, 그만큼 차원들마다 서로 비교하는 문제가 남는다. 이런 난점에 익숙해져야 한다. 상담자, 간호사, 치유사, 건축사, 판사, 교사, 그리고 또 부모, 형제, 친구는 타인 지향성의 여러 유형을 보여 준다. 우리는 각자의 삶에서 여러 가지 역할을 수행한다. 우리가 수행하는 여러 가지 타인-지향적 역할들이 다양한 차원들로 우리를 끌어당길 때, 이들 간에 균형을 잡으려고 우리는 자주 분투한다. 그리고 마지막으로 뒤틀리는 것을 든다면, 자율성 조건과 공동체 조건이 서로 긴장 관계에 있다는 점이다. 가장 풍부한 행태의 공동체들을 허용하는 사회들은 전형적으로 자기 구성원들이 추구하는 프로젝트를 더 잘 지원해 주지만 선택의 폭을 제한시키는 경향이 있다.[78]

내가 언급했듯이 이제까지는 복잡한 개념적 지평을 처음으로 묘사했을 뿐이다. 그렇더라도 밀의 장시간 강연에서 조짐을 드러냈던 그 조건들을 진단하는 데 충분할 정도로 이야기가 되었기를 희망한다. 내가 확인한 교육목적들은 가치 있고 중요한 것이다. 그것이 모두 실현되는 유토피아는 없다. 교육정책이 추구해야 할 특수한 목적들의 체계적인 통일성을 탐색하는 과정에서도 과부하의 문제는 여전히 발생한다.

6

〰〰

그런데 과부하는 더 나빠진다. 이제까지 나는 교육이 개인을 위해 무엇을 제공할 것인가에 초점을 두었다. 이보다 국가는 교육 시스템을 통해 무엇을 달성하기를 기대하는가에서 시작할 수도 있었다.

그에 대한 분명한 답은 개인적 관점에서 논의할 때와 비슷하다. 사회는 시민의 활동을 통해 지속된다. 교육의 첫 번째 목적은 집단생활을 유지하는 데에 필요한 온갖 것을 생산하는 노동력의 개발이다. 사회는 최소한 어느 정도의 내적 조화가 필요하다. 교육의 두 번째 목적은 함께 살아갈 시민들의 육성이다. 마지막으로 현대의 사회들은 이미 역사적으로 알려진 과거 사회들처럼 그 제도와 전통에 뿌리를 둔 독특한 정체성을 갖는다. 사회들은 자체의 독특한 문화를 보존하고 (때때로 최소한) 풍요롭게 만들려고 한다. 교육 시스템은 시민들이 이런 과제를 수행하도록 준비시켜야 한다.

개인적 관점과 사회적 관점은 병행한다. 여기서 만족스러운 조화가 나오는가? 꼭 그렇지는 않다. 예컨대, 국가의 번영을 위한 충분한 생산이라는 과제를 살펴보자. 번영이 무엇인지에 관해서 폭넓은 생각을 찾기 위해 역사를 깊이 파고들 필요는 없다. 영국의 운명은 언젠가 대양을 지배하는 것이었고, 독일은 발트해 연안의 항구가 필요했고, 오늘날 미국은 (겉보기에) 다시 강성해질 필요가 있다. 야심적 목표들이 정해지면, 이를 달성하도록 노동력이 재편되어야 한다.[79] 그런 노선을 따르는 교육개혁은 때때로 만족스러운 결과를 낳는다. 예컨대, 나는 특별한 수학 교육을 받았는데 이는 새뮤얼 페피스(Samuel Pepys), 아이작 뉴턴(Isaac Newton) 및 17세기의 다른 선각자들 덕택이었다. 이들은 왕립수학 학교를 설립하자고 결정했고, 이에 따라 기독병원 기숙학교에 다니던 가난한 집 아이들은 영국 해군 함선의 운항에 필요한 기능을 습득할 수 있었다. 그러나 때때로 국가 생산성의 강조는 일부 개인들의 열망과 충돌한다. 지난 수십 년 동안 남한의 아이들은 국제 교육평가에서 특히 수학과 과학에서 최고 수준을 꾸준히 유지했다. 한국의 대표적 고등교육기관이라는 서울대학교에서 자연과학에 할당한 공간을 공학에 할당한 공간과 비교할 수 있는데, 여러 응용과학 분야의 수많은 연구소를 제외할지라도 두 분야가 차지하는 공간에 비해 인문학과 사회과학이 들어가는 건물은 왜소하다.[80] 남한의 십대 청소년들은 강도 높은 교육적 요구를 견디며 산다. 이들의 학교 공부는 밤까지 이어지고, 학생들 중에서 '학원' 교육 시스템에 등록하는 사람도 많고, 각자가 다음에 어디로 갈 것인지를 결정해 주는 (하루만 치르는) 대학 입학을 위해 전국적으로 (하루 내내) 치르는 시험을 준비한다. 그 효과는 익히 알려졌다. 수많은 한국 젊은이는 그런 도전에서 살아남고, 특히 과학 분야에서 극도의 훈련을 받는다.[81] 그렇지만 그런 압력으로 인한 취약점도 많다. 조사된 40개 나라 중 유일하게 남한의 십대 중에는 자신이 아주 행복하다고 응답한 사람보다 아주 불행하다고 응답한 사람이 더 많다.[82] 한국 청소년의 자살률은 가장 발전된 국가들보다 대체로 더 높은 편이다.[83]

시민성과 문화에서 나타나는 개인적 목적과 사회적 목적 간의 충돌은 처음에는 별로 없을 것처럼 보인다. 그러나 그런 충돌은 공정한 정치적 방식의 성격에 대해서 혹은 바람직한 국민 문화의 발전 방향에 대해서 견해 차이가 있을 때마다 발생하고 만다. 때때로 그런 충돌은 학생집단의 구성을 놓고도 발생한다. 예컨대, 보수주의자들이 인종이나 종족 집단 간의 강제 통합을 거부할 때, 그리고 진보주의자들이 정치적 건강의 핵심은 통합이라고 주장할 때 그렇다. 흔히 그런 충돌은 교육과정에 무엇을 넣어야 하고 무엇을 빼야 하는지를 두고 발생한다. 종교와 진화론을 가르치거나 민족 역사의 다양한 해석을 가르치는 문제를 두고 벌어지는 논란이 그것이다. 이런 논란에 참여하는 이들은 전형적으로 젊은이의 지적, 도덕적, 사회적, 문화적 발달에 대한 사회적 간섭을 상대방이 조장한다고 생각한다. 이런 생각에서 양편이 전적으로 틀릴 수 있다고 보기는 어렵다. 결과적으로 최소한 어느 한쪽의 정당에서 모종의 간섭을 제언하게 되어 있고, 승리하는 정당이 생길 때마다 개인적 관점과 사회적 관점은 충돌한다.

나는 개략적인 검토를 통해, 교육목적들의 확인에서 생기는 난점의 두 가지 원천에 주목했다. 첫째는 그럴듯한 이상을 서로 결합하기가 어렵기 때문이고, 둘째는 널리 옹호되는 이상들을 어떻게 이해할 것인가를 정해야 하기 때문이다. 사회의 번영, 시민의 삶, 문화의 유지라는 세 가지 아이디어를 어떻게 이해해야 적절할 것인가? 나는 이제 첫 번째 문제를 다룰 실용적 전략을 제안하고 그다음에 이를 확대하여 두 번째 문제를 밝히려고 한다.

7

철학자들은 이상을 제시하는 경우가 많다. 그들은 완전한 정의가 무엇인지를 말하거나 혹은 잘-삶의 필요조건을 진술하려고 시도한다. 철학자가 아닌 사람들은 이런 시도를 우습게 보는 경우가 많다. 이들이 제대로 지적했듯이, 특정 제안이 한 세대에서는 널리 수용되어도 다음 세대가 되면 폐기되는 경우가 많다. 그렇지만 조롱하고 싶은 경향을 억제하려면 몇몇 철학자들의 노력의 참된 가치를 이해해야 한다.

이런 이해는 이상이 하는 적절한 역할을 인식하는 데에서 시작될 것이다. 이상은 실현할 혹은 최소한 근접할 특정 목표를 선정하지 않는다. 이상은 현재의 문제점과 그 극복 방향을 확인하기 위한 진단 도구다.[84] 이미 살펴보았듯이, 밀이 교육 시스템에 부여했던 온갖 목적들을 하나의 목적으로 통합할 수는 없다. 그의 다양한 목적들은 충돌한다. 그의 취임 연설에 대한 다음과 같은 반응은 전적으로 합당하다. '그 모든 일을 교육 시스템이 할 수 있다는 상상은 얼마나 터무니없는 일인가!'

그러나 밀이 상세하게 열거한 세부 항목들이란 그 당시의 교육 실제에서 부족한 점들을 지적했던 것이라고 이해한다면 엉뚱하지는 않다. 야심찬 목적들을 되돌아보자. 교육은 교육받는 개인들에게 자기를 유지하는 역량, 시민 생활에 진보적으로 참여하는 역량, 그리고 개인적인 자아의 만족스러움을 추구하는 역량을 제공해 주어야 한다. 교육은 해당 사회를 유지할 수 있는 노동력, 조화롭게 공생할 수 있는 시민집단, 그리고 해당 사회의 문화를 보존하고 향상시킬 인물들을 사회에 배출해야 한다. 최근에 미국이나 세계의 거의 모든 지역에서 벌어지는 교육을 살펴보면서[85] 이런 교육이 그 세 가지 차원에서 얼마나 잘되고 있는지를 질문할 수 있다. 그 대답은 섬뜩하다. 학교, 심지어 대학을 갓 졸업한 수많은 젊은이가 쓸 만한 직업 기술도 제대로 갖추지 못한다. 현대의 주된 공공 문제를 성찰하거나, 혹은 진보적 사회변화를 위해 노력하거나 할 준비가 제대로 안 되어 있는 졸업생들이 많다. 상당한 수의 젊은이들에게 '인생 계획'의 '자율적 선택'이라는 이야기는 난감하고 역겨운 농담으로 들릴 것이다. 마찬가지로, 수많은 젊은이는 자신이 선택한 목표 추구에 필요한 경제적 사회적 지원을 받지 못하고 있다. 갈수록 경쟁적이고 갈등하는 사회 속에서 타인과 더불어 참된 공동체를 만들어 갈 기회는 드물다. 시민들은 분열되어 있고, 적개심에서 타오른 논쟁은 '자유롭고 개방적 토론'을 통한 민주적 의사결정을 조롱거리로 만들고 있다. 양극화는 문화영역으로, 그리고 우리 전통에서 어떤 점을 보존하고 수정해야 하는가에 관한 열띤 논변으로까지 점점 더 퍼져간다. 마침내 배출된 노동력은 미국의 경우에 지구 경제에서 미국의 최상 지위를 강화하고 유지하는 데에 부적합하다고 널리 알려졌다.

교육목적에 관한 치밀한 성찰을 할 필요도 없이 이 마지막 결함은 공적으로 확인된 것이다. 그래서 제시된 한 가지 해결책이 미국을 위한 과학, 기술, 공학, 수학(STEM)이다![86] 과학, 기술, 공학, 수학이 더 강화된 프로그램은 긴급 현안에 대한 유망한 해결책이 **될 수** 있다. 그러나 이런 일은 지금 미국의 교육 현실에서 분명히 나타나는 여러 가지 결함 중 **하나에만** 초점을 두면서, 결정되어서는 안 된다. 제안된 치유책들은 아이들이 강제로 다니는 학교에서 주변으로 처지고 소외되는 학생들의 수만 늘어나게 할지 모르고, 자신에게 안 맞는 진로를 따르도록 다른 학생들을 강요함으로써 인생 프로젝트의 자율적 선택이라는 아이디어를 더 조롱거리로 만들 수 있고, 교육뿐 아니라 사회생활까지 경쟁을 부추김으로써 민주주의와 공동체의 전망을 더 어둡게 만들 것이다. 여기서 나는 부정적 효과가 **될 만한 것들**을 언급하고 있다. STEM에 대한 확신도, 그리고 그것의 교육적 역효과에 대한 거부도 아직은 입증된 것이 아니다. 교육의 목적들, 이것들 간의 상호관계, 이것들과 우리가 살아가는 현 세계의 구조적 특성 간의 관계 등에 관한 체계적 탐구를 해 보지도 않고, 현재 미국의 과학과 수학 교육에 결함이 있는 것인지 혹은 이런 교과를 더 강조하는 것이 전체적으로 좋은 일인지 말할 수는 없다.

이런 사례는 내가 교육철학의 주요 과제로 여기는 것들이다. 이상의 정립은 밀의 강연과 같은 모험이 암시적/명시적으로 그렇듯이 교육 문제들의 상대적 긴급성, 그리고 그런 문제들을 풀어갈 잠재적 방안에 관해서 분명한 견해를 제시할 의도를 가지고 현행 교육 실천의 결함을 진단하고, 그 구조와 원인을 탐구하는 데에 그 이상을 활용하기 위한 서곡이다. 내가 보기에 교육철학은 종합적인 상황점검을 포함하며 이는 교육 실천의 진화에서 한 단계에 관한 이해를 통해서 그 실천을 개선하려는 것이다.[87] 여기에 덧붙여서 철학은 일반적으로 그처럼 종합적 성격을 가져야 한다. 인간의 사회 문화적 진화의 현 상태에서 나타나는 주요 특성에 초점을 둠으로써 우리의 진보가 과거의 역사보다 더 체계적이고 더 '지성적'이 되도록 해야 한다.[88]

이상의 체계적 탐색은 내가 옹호하는 실용주의의 핵심이다. 듀이처럼 나는 개량주의자이지 완벽주의자는 아니다. 인간의 과제는 가치 있는 것이 더 확대되고 안정되도록 만드는 일이지 유토피아를 창조하는 일이 아니다. 그리고 듀이처럼 나는 교육을 인간 제도의 핵심이라고 본다. 만일 철학이 '몇몇 사람을 위한 감상적 탐닉'이 되지 않으려면 철학은 '과거 경험의 검토와 철학 프로그램의 가치는 행위에서 효과로 나타나야 하고' 특히 자연과 타인을 향한 '근본 성향들'의 형성에서 나타나야 하며, 이것이 가장 넓은 의미의 교육을 구성한다.[89]

따라서 교육철학 프로젝트는 과부하 문제에 대한 끈질긴 대립으로 보이게 된다. 사회는 밀이 세인트앤드루스 대학교의 학문 공동체 앞에서 보여 주었던 긴 검토가 **필요하다**. 그보다 더 필요하다. 왜냐면 밀은 대다수 사람을 배제하였고, 자기-유지라는 차원을 의도적으로 도외시했기 때문이다. 밀은 더 길게 이야기할 필요가 있었는데, 만일 그랬다면 더 우스꽝스럽게 보였을 것이다. 그러나 그가 제공해 주었을 수도 있었던 더 충실한 버전은 유토피아의 상세화라기보다는 진단적 시도의 첫 단계로 봐야 할 것이다. 그래야만 그 중요성이 이해될 수 있다. 교육적 이상들의 전 범위를 밝혀내는 일은 불가능한 어떤 미래의 계획이 아니다. 그 일은 가장 크고 가장 가까운 결함에만 반응하면서 이를 다루느라 다른 중요한 목적들에 어떤 영향을 미칠지를 간과하는 근시안적 관점에 대한 반격이다. 전체적 비전은 우리가 아끼는 모든 목적과 가치에 충분히 반응하는 실천적 정책을 찾아내는 일의 서곡이 되어야 한다. 철학적 상황점검이 없으면, '실용적' 개혁이라는 것도 이런저런 문제로 옮겨 다니는 일에 빠지고 말 것이다.

8

우리 시대에 가장 긴급한 문제는 어떤 것일까? 이는 어떻게 해결되거나 혹은 최소한 완화될 것인가? 어떻게 해야 우리는 후손들이 안타깝게 여길 방향으로 다른 가치들을 희생시키는 것을 피할 것인가?

이에 답하기가 어려운데, 그 이유는 두 가지 때문이다.

첫째, 다면적인 현대사회에는 다양한 집단이 있고 문제들의 비중을 제각기 다르게 볼 것이다. 예컨대, 경제적 안정에 관해서 지각된 위협에 관심이 쏠리는 사람들은 수준 높은 과학 탐구에 열의를 갖지 못하는 젊은이들의 경향을 골치 아프게 생각하는 경우가 많다. 또 시설이 허름해서 위험하고, 교사진이 계속 바뀌고, 그리고 가장 기본적인 장비조차 부족한 학교에 자녀를 보내는 학부모들은 많은 학생이 느끼는 소외에 무관심한 것 같은 시스템 자체를 바꾸기를 더 바랄 것이다. 또 다른 학부모들은, 사회경제적 지위가 어떻건 간에 자기 자녀가 당면하는 틀에 갇힌 경쟁 위주의 삶과 거기에 담긴 편협된 비전을 안타깝게 생각할 것이다. 학교 교육의 시작과 함께 '교도소의 어둠'이 실제로 '성장하는 소년을 (그리고 소녀를) 에워싸는' 것처럼 보일 것이다.

여러 가지로 합당한 우선순위들을 이해하고 조화시키는 일은 민주적 대화의 과제다. 우리의 현실 정치에는 슬프게도 이것이 부족하다. 철학의 한 가지 주요 과제는 그런 대화의 촉진이며, 이는 개별적인 관점들을 그리고 이를 유발하는 고려사항들을 분명히 밝힘으로써 가능하다. 이에 관해 곧 더 많은 이야기를 할 것이다.[90]

둘째, 확인된 문제들을 다루기가 어려운 것은 개혁 작업을 이끌어 줄 체계적 이론이 부족하기 때문이다. 사회적 진보를 시도할 때마다 복잡한 인간 현상의 여러 원인에 관해서 우리의 무지가 어느 정도인지를 잊어서는 안 된다. 그렇지만 희망이 없는 상황도 아니다. 사회심리학자, 사회학자, 경제학자, 교육학자의 연구 덕분에 상당한 것들이 알려졌다. 예컨대, 아이들의 발달을 위한 상상적 연극의 역할, 사회경제적 계급 차이에 따른 아이들의 태도 차이, 그리고 초기 개입이 나중의 삶에 미치는 효과 등이 (세 가지 사례만 보아도) 그렇다.[91] 유용한 정보는 어쩌면 그동안 여러 사회에서 시도했던 것보다 훨씬 더 광범한 규모의 교육적 실험을 통해서 보완될 수 있다. 교육정책 담당자들은 과거의 실험을 조사해 봄으로써 기존 연구를 기반으로 삼아 정책 수립을 시도할 수 있다.

나의 듀이식 개량주의에는 진보 가능성에 대한 믿음이 깔려 있다. 그러나 이것은 밀의 장시간 강연이 암시했던 종류의 진보, 다시 말해서 야심적이고 확실히 유토피아적인 목표를 달성하려고 하는 진보는 아니다. 목적론은 실용주의에 양보한다.[92] 실용주의는 비틀거리는 역사에서 내가 끌어낸 이상들을 밝히고, 이들 이상을 활용하여 우리의 교육적 난관에 숨겨진 난점들의 깊이를 파악하고, 그리고 이들 난관을 극복할 수 있는 실험을 몇 가지 밝혀보려는 도전이다. 이 도전은 앞으로 여러 장에 걸쳐서 다룰 것이다. 논란의 여지가 없는 결론을 도출하려는 것이 아니고 우리 세계가 그토록 절박하게 요청하는 민주적 대화에서 토론할 몇 가지 제안을 제시하려는 것이다.

후주 ⏱ 제1장

1 SMC 321.

2 SMC 321.

3 다음을 참조. https://news.st-andrews.ac.uk/archive/the-liberal-university-and-its-enemies/.

4 SMC 322.

5 SMC 324. 이것이 늘 그의 입장은 아니었다. 그의 초기 저술의 일부(예컨대, 'On Genius'[1832] 그리고 'Civilization-Signs of the Times'[1836])는 고전 공부의 독특한 장점을 주장한다. 1867년에 이르러 그는 근대 외국어와 문학의 공헌에 대해 더 긍정적인 방향으로 변했다.

6 SMC 328-33. 고대의 특수한 성격은, 당대 생활과 당대 사회를 이해하는 데에 돋보이는 것으로서, 밀이 제시하는 이유에서 두드러지는 특성이다. 고대 희랍인과 로마인은 다른 근대 유럽인보다 (영국의) 학생들과 더 다르겠지만 전적으로 다른 것이 아니다('동양인들'처럼; SMC 329). 따라서 고전 언어/문학/철학/역사는 의도하는 '다문화적' 요건으로서 도움이 되는 것이다. 밀이 생각하는 청중의 사회계급은, 그의 생각에서, 즉 근대의 언어/문화에 대한 친숙성은 타국에 여행하고 거주하는 시간에 따라서 가장 잘 길러진다는 그의 생각에서 분명히 드러난다.

7 SMC 325. 여기서 밀은 언어 수업에 적합하다고 생각하는 방법을 묘사한다. 나중에(SMC 333-34) 밀은 중요한 목표는 그 언어를 읽고 아는 것이라고 지적하면서, 희랍어와 라틴어로 시를 쓰는 연습을 강조하는 것에 대해서 혹평한다.

8 SMC 338-40.

9 SMC 340.

10 SMC 340-41.

11 SMC 341, 342.

12 SMC 343.

13 SMC 343.

14 SMC 344.

15 SMC 344. 여기서 밀은 타인에 대한 불감증/무감각을 유도한다는 비난에 맞서서 '경제학(dismal science)'을 옹호하려고 애쓴다. 여기서 드러나는 이탈의 중요성은 그가 나중에 정서의 함양으로서 예술에 관심을 쏟았던 점에 비추어보면 더 분명해진다.

16 SMC 344, 345.

17 SMC 346-49.

18 SMC 349.

19 SMC 349-53.

20 SMC 351.

21 SMC 352.

22 SMC 353.

23 SMC 353. 나중에 볼 것인데, 듀이는 이 주제를 발전시킨다.

24 SMC 354.

25 SMC 354.

26 밀의 『자서전』에는 그의 아버지 제임스 밀이 아들을 위해 구상했던 교육과정의 상세한 설명이 들어 있으며, 그리고 그의 신경 쇠약과 그 회복에 관한 통절한 설명이 담겨 있다. 제임스 밀은 벤담의 절친한 친구였고, 그리고 자신의 장남이 벤담의 후속 세대에서 공리주의의 사도가 되어야 한다는 뜻을 가졌다. 흔히들 밀을 가리켜서 벤담으로부터 그다지 벗어나지 않은 공리주의자라고 해석하는데, 밀의 저술을, 예를 들어 「벤담」과 「콜러리지」라는 논설, 그리고 『정치경제학 원리』, 『대의정부론』, 사회주의에 관한 사후 장들, 『자서전』, 시에 관한 문학적 논설, 그리고 「취임 강연」 등을 포함해서 더 폭넓게 읽어본 철학자라면 달라질 것이다. 『John Stuart Mill and the Art of Living』 (ed. Ben Eggleston, Dale Miller, and David Weinstein, New York: Oxford University Press, 2011, 192-211)에 들어 있는 'Mill, Education, and the Good Life'에서; 그리고 『The Routledge Companion to Nineteenth-Century Thought』 (ed. Dean Moyar, London: Routledge, 2010, 633-57)에 들어 있는 'Mill's Consequentialism'에서 나는 그런 점을 바로잡으려고 노력했다.

27 이런 생각은 밀이 일찍이 교육받은 인간을 '전체에 관한 지도를 제공하는 광범한 일반적 지식 안에서 자리를 잡은 특수한 전문성을 갖춘 사람'으로 특성화하는 데에서, 그리고 '인간성에 대한 공헌을 통해 가치가 ('열 배') 증가하는 인간의 삶'에 대한 마지막 묘사에서 나타난다(SMC 353-54).

28 플라톤이 생각하는 군사력은 방어력에 한정되지 않는다. 이는 때때로 분명하게 '우리의 이웃 나라의 일부 땅을 장악할' 필요가 있음을 증명한다(373d; R 1012). 나중에 『법률』에서 분명해지듯, 이상적 조건에서, 군사 계급은 필요 없을 것이다. (이 점을 지적해 준 Randy Curren에게 감사한다).

29 540, R 1154.

30 '공교육의 아이디어를 얻고 싶은가? 플라톤의 국가를 읽어라 … 이제까지 쓰인 교육론 중에서 가장 멋진 것이다.' E 40.

31 E 38. 아동이 저마다 배워야 할 세 '지도자'는 '자연, 인간, 사물'이다. 루소는 여기서, 교육을 받는 과정에서 발달은 우리 자신의 개인적 생물학적 성향, 주변 환경, 그리고 우리 실존의 물질적 조건에 따라서 이루어진다는 점을 주장하는 것으로 나는 해석한다.

32 E 480.

33 그러나 모두 그렇지는 않다. 교육의 목적을 특성화하려는 체계적 시도는 20세기의 저술에서 때때로 나타났다. 예를 들어, A, N, Whitehead, 『The Aims of Education』(New York: Free Press, 1929) 그리고 John White, 『The Aims of Education Restated』(London: Routledge and Kegan Paul, 1982). 주목할 만한 점으로, 화이트헤드가 '과부하' 문제를 인식하고, 그 문제가 당시의 교육 체제에 미치는 불행한 효과라고 그가 여겼던 점에 대해 반응했다는 점이다. '너무 많은 주제를 가르치지 말라'는 그의 교육적 '명언' 중 하나에 속한다(Whitehead, 2).

34 J. H. Newman, 『The Idea of a University』(New Haven: Yale University Press, 1996), 77, 85.

35 Ibid., 89.

36 다시, 플라톤의 『법률』은 다른 관점을 보여 준다. 여기서 플라톤은 모든 시민의 교육적 필요를 고려한다.

37 다른 영역의 문제에 관한 20세기 이전의 논의는 노동자 교육에 관한 문제를 때때로 촉발한다. 『국부론』의 뒷부분에서, 시장 거래에 필요한 배경 조건에 관한 애덤 스미스의 탐구는 '과연 공교육이 모두에게 제공되어야 하는가'를 고찰하도록 그를 이끌었다. 18세기의 자유교육을 가리켜서 쓸모없는 것이라고 반대하는 애덤 스미스는, 분업을 실행하는 사람들에게 '읽고, 쓰고, 셈하는' 능력을 제공하고, 그리고 '기하와 역학의 기초 부분'을 어느 정도 알게 할 것을 옹호한다(WN 842, 843). 따라서 스미스는 뉴먼이 반대하는 교육 스타일을 바로 뉴먼이 반대하는 근거에서 오히려 옹호한다. 이 책에서 계속되는 다른 장에서 우리가 보게 되듯, 스미스의 제안에 대한 그 자신의 성찰은 그의 계승자들(Marx, Dewey)뿐 아니라 자신에게도 의문을 일으킨다.

38 'Of Mr. Booker T. Washington and Others,' 『The Souls of Black Folk』, Norton Critical Edition(New York: W. W. Norton, 1999, 34-45)의 제3장.

39 후기 저술에서 고등교육의 잠재적 청중은 상당히 확대된다. '언젠가 모든 인간이 대학 훈련을 받게 될 것이다.' 하워드 대학교에서 발표한 '교육과 노동'에서. 『The Education of Black People』(New York: Monthly Review Press, 2001) 106.

40 Ibid., 88.

41 Meira Levinson, 『No Citizen Left Behind』(Cambridge, MA: Harvard University Press, 2014). 격차라는 아이디어는 33쪽을 참조.

42 Harry Brighouse, 『On Education』(Abingdon: Routledge, 2006, 23). 이 책에는 인간적 발달 그리고 자율성 함양이라는 주제가 관통한다. 브릭하우스의 다른 중요한 교육론도 마찬가지다. 특히 다음 책을 참조. Brighouse, Helen F. Ladd, Susanna Loeb, & Adam Swift, 『Educational Goods』(Chicago: University of Chicago Press, 2018).

43 A. S. Neill, 『Summerhill School: A New View of Childhood』, rev. ed. (New York: St. Martin's, 1992). 이와 비슷하게, 타고르(Rabindranath Tagore)는 (혹시 윌리엄 워즈워드의 유명한 '불멸의 흔적'이라는 송가에서 감명을 받았을까?) 표준 학교를 형벌 기관으로, '민감한 젊은이들이 맹인의 멍한 응시로 [그들을] 주시하는 직선의 벽'에 둘러싸인 형벌 기관으로 간주했다. Amiya Chakravarty, ed., 『A Tagore Reader』(New York: Mamillan, 1961, 218). 타고르의 교육사상에 관한 명쾌한 진술은 다음 글을 참조. 『The Oxford Handbook of Philosophy of Education』, ed., Harvey Siegel (New York: Ofxord University Press, 2009, 52-64)에 들어 있는 Martha Nussabaum, 'Tagore, Dewey, and the Imminent Demise of Liberal Education.'

44 Timothy Fuller, ed., 『Michael Oakeshott on Education』(New Haven:Yale University Press, 1989, 65). 과거 시제('was')의 사용은 의미 있는 것으로 보인다. 이 책의 73쪽에서 '독방과 같은 교실에서 죄

수와 같은 존재로 저주받은 아이들이라고 믿는 척하는' 사람들에 대한 비판을 참조. 우리는 오우크쇼트의 견해를 가리켜서 '포이에르바하에 대한 마르크스의 유명한 명제'의 반대라고 해석할 수 있다. 교육의 핵심은 아동이 세계를 변화시키는 것이 아니라, 세계를 해석하도록 도와주는 데에 있다.

45 Andrew Delbanco, 『College: What It Is, Was, and Should Be』(Princeton :Princeton University Press, 2012). Martha Nussbaum, 『Cultivating Humanity』(Cambridge, MA: Harvard University Press, 2011). 그리고 특히 『Not for Profit』(Princeton, NJ: Princeton University Press, 2011).

46 Eamon Callan, 『Creating Citizens』(Oxford: Oxford University Press, 1997).

47 Patricia Albjerg Graham, 『Schooling America: How the Public Schools Meet the Nation's Changing Needs』(New York: Oxford University Press, 2020).

48 로널드 레이건(Ronald Reagan)이 위탁한 보고서(A Nation at Risk, 1983)에는 그 이후로 나타나는 신경과민을 위한 논조가 정해져 있다. 그레엄(Graham)의 제4장은 '표준' 지배로의 비약, 그리고 그 결과로 나타난 개혁을 설명해 준다. 이 장과 그다음 글은 다이엔 래비치(Diane Ravitch)의 냉정한 설명, 즉 미국 학생들을 경쟁력을 더 높일 필요가 있다는 느낌이 어떻게 해서 시험에 대한 강조, 그리고 중요한 교육적 가치의 희생을 낳게 되었는가에 관한 설명과 함께 읽어야 한다. 다음을 참조. 『The Death and Life of the Great American School System』, rev. and expanded ed. (New York: Basic Books, 2016).

49 다음 책은 그런 이야기를 간략하고 정확하게 말해 준다. Graham, 『Schooling America』, 106-7.

50 내가 니체와 푸코를 읽은 바에 따르면, 그들은 계보학을 해방적 목적을 추구하는 수단이라고 본다. 어떤 제도 혹은 어떤 사회적 실천이 생겨나는 과정을 탐색함으로써, 우리는 그것이 공헌하고자 의도했던 목적에 대한, 그리고 그 목적을 성취하려는 노력이 적대적 목표의 달성을 가로막았던 과정에 대한 통찰을 얻게 된다. 그것은 제도를 재설계하거나 혹은 실천을 재구상하기 위한 기초로 활용될 수 있다. 니체는 이런 견해를 그의 『도덕 계보학(The Genealogy of Morality)』에서 분명하게 옹호한다. 푸코의 그런 견해에 관한 내 생각은 다음 책에 담겨있는 견해와 연관되는 것이다. Gary Gutting, 『Michel Foucault' Archeology of Scientific Reason』(Cambridge UK: Cambridge University Press, 1989). 그리고 그에 관한 나 자신의 옹호론은 1982년 가을에, 푸코가 버몬트 대학을 방문했을 때, 그와 내가 나누었던 긴 대화에서 생긴 것이다. 물론 푸코는 다른 경우에 그의 프로젝트의 다른 설명을 제공해 주는 것으로 유명하다.

51 듀이의 교육에 대한 주저, 『민주주의와 교육』은 교육을 젊은이의 사회화, 그리고 그에 따른 사회 혁신이라는 일반적 맥락 안에서 교육을 바라보면서 올바르게 시작한다. 형식적 교육 구조는 이처럼 훨씬 더 일반적이고 그리고 훨씬 더 오래된 프로젝트 안에서 성장한다. 다음을 참조. MW 9: 8-12.

52 현대의 수렵채취인에 관한 연구에서 확보된 증거를 기반으로 삼아 구석기 시대의 교육에 관한 결론을 내린다면 이는, 과거의 실천을 오해하게 될 것이 뻔하다. 그렇지만 이는 고고학에서 얻기가 힘든 사회적 통찰을 보완할 수 있는 최선의 길이다. 이 전략은 선사시대의 교육에 관해서 내가 알고 있는 매우 광범한 논의에서 분명히 옹호되고 있다. 다음을 참조. Frederick Eby and Charles Flinn Arrowood, 『The History and Philosophy of Education, Ancient and Medieval』(New York: Prentice Hall, 1940), 3.
　내가 말할 수 있는 것은, 교육의 거대한 역사를 밝히려는 프로젝트가 최근의 유행이 아니기 때문에, 나는 이 오래된 자료(HPE)에 의지할 수밖에 없다는 점이다. 이 책의 문제점은 저자들이 무의식적으로 사용한 용어에서도 나타난다. 그들은 '원시적 인간들'이라고, 그리고 현대의 수렵채취인을 가리켜 '문화적으로 지체된'이라고 말한다. 따라서 나는 아주 단순하고 아주 기본적인 역사적 사항들에 한해서만 그들의 논의에 의존하려고 노력했다.

수렵채취인의 삶을 밝혀주는 연구로는 다음을 참조. Christoph Boehm, 『Hierarchy in the Forest』 (Cambridge MA: Harvard University Press, 1999); Raymond Firth, 『We the Tikopia』 (Boston: Beacon, 1961); Richard Lee, 『The !Kung San』 (Cambridge UK: Cambridge University Press, 1979); Marjorie Shostak, 『Nisa』 (Cambridge MA: Harvard University Press, 1981).

53 따라서 나는 밀의 『논리 체계』의 마지막에 나오는 그의 판단을 옹호한다. 인간의 역사는 '쾌락과 고통으로부터의 자유라고 하는 비교적 소박한 의미에서 인간의 삶을 행복하게 만들려는' 벤담식 충동이 지배했다. 나중에 알겠지만, 밀은 이런 '사소하고 무의미한' 조건을 넘어서, '고도로 발달한 인간 존재가 갖고 싶어 할 수 있는' 삶의 형식으로 더 나아가려고 한다. 다음을 참조. Collected Works, condensed edition (Indianapolis : Liberty Fund, 2006), Volume 8, 952.

54 다음을 참조. Colin Renfrew and Stephen Shennan, 『Ranking, Resource, and Exchange』 (Cambridge, UK: Cambridge University Press, 1982). 아프리카의 무역이 그 이전에 굉장히 발달했다는 가설은 다음을 참조. Sally McBrearty and Andrea Brooks 'The Revolution That Wasn't: A New Interpretation of the Evolution of Modern Human Behavior,' Journal of Human Evolution 39 (2000, 453-563). 세부적인 것은 후기 구석기 시대의 안개 속에 영원히 묻혀 있다.

55 이들 중 가장 유명한 지역은 Jericho and Catal Hueyuek이다. 이런 정착지들을 도시라고 불러야 할지, 혹은 단순히 확장된 마을이라고 불러야 할지에 대해 중요한 논란이 있었다. Ian Hodder라고 하는 Catal Hueyuek에 관한 권위자에 따르면, 그런 정착촌이 어떻게 기능했는가에 관한 탐구를 위해서 그런 문제를 포기하는 것이 최선이다. 현재로서 얻을 수 있는 증거에 따르면, 주택 간에 약간의 분화 (따라서 비교적 평등한 사회), 그리고 제한된 농사가 암시된다. 예컨대, 다음을 참조. Hodder, 'Catal Hueyuek: The Leopard Changes Its Spots. A Summary of Recent Work,' Anatolian Studies, 64(2014), 1-22, 특히 5.

56 다음을 참조. James B. Prichard, 『Ancient Near-Eastern Texts』 (Princeton, NJ: Princeton University Press, 1969). 리피트-이쉬타르 법 중에서 남아 있는 부분들과 같은 문서는 (그리고 그 이후의 더 유명한 함무라비법은) 더 체계적으로 축적된 도덕적, 법적 규칙의 간략하고 보충되는 부록이다. 그것은 수십만 년 동안 축적된 것이라는 점은 틀림없다. 다음도 마찬가지다. 『The Egyptian Book of the Dead』 (New York: Dover, 1967).

57 HPE 63-64.

58 HPE 72-73, 78-79.

59 HPE 205-18.

60 일단 학교가 세워지고, 학교에 다니는 것이 특권적 지위로 향하는 통로로 인식된다면, 그런 학교의 계속적 진화는 두 가지 힘에 이끌리게 된다. 그런 학교는 국가의 지각된 필요에 대응할 뿐만 아니라, (자신이나 자녀를 위해) 경쟁적 이점을 노리는 개인들의 전략에도 적응한다. 이 사항을 알려준 커렌 (Randy Curren)에게 감사한다.

61 HPE 762-66.

62 HPE 781.

63 이는 그동안 존재했던 대부분의 인간 사회에 적용될 것이다. 한 사회가 생존하려고 몸부림치는 혹독한 환경 속에서, 과거에 작동했던 제도/역할을 수리하는 일은 위험하게 혹은 기껏해야 사치로 보일 것이다. 오우크쇼트(Oakeshott)는 이런 취약성이 현재까지 지속된다고 암시하는 것으로 볼 수 있다.

64 SMC 340. 듀이는 이 아이디어를 훨씬 더 상세하게 밝힌다. 『Experience and Nature』 (LW Volume 1),

Chapter 6.

65 SMC 353-54. 밀의 이런 주제는 브릭하우스(『On Education』, chapter 1)가, 그리고 누스바움(『Not for Profit』)이 분명하게 이어간다. 이들이 그 주제를 다루는 방식은 몇 가지 점에서 밀의 그것과 다르고, 또 나중에 제시할 내 설명과도 다르다. 그렇지만 이들과 나를 포함한 네 사람에게는 폭넓은 합의점이 있다.

66 주로 제3장의 아래에서.

67 John Rawls, 『A Theory of Justice』, rev.ed. (Cambridge, MA: Harvard University Press 1999), Bernard Williams, 'Person, Character, and Morality,' in 『Moral Luck』 (Cambridge, UK: Cambridge University Press, 1981), Susan Wolf, 『Meaning in Life and Why It Matters』 (Princeton, NJ: Princeton University Press, 2010).

68 Mill OL 17.

69 이에 대한 설명과 옹호는 다음을 참조. Philip Kitcher, 『Life after Faith』 (New Haven: Yale University Press, 2014), 105-16.

70 이 사례는, 이와 연관된 것들이 많긴 하지만, 좋은 삶에 관한 논의에서 표준이 되었다. 이에 호소하는 사람들은 쾌락주의에 반대하는 오랜 전통을 이어간다. 결과적으로 그들은 청교도주의라는 비난을 초래한다. 나는 쾌락주의를 더 좋은 방향으로 다루는 쪽을 선호하면서, (공통된 쾌락을 확대하고, 그리고 공통된 고통을 완화하는 일에 초점을 두는) 공동체적 쾌락주의(communal hedonism)가 자유주의적 접근으로 녹아들 수 있음을 인정한다.

71 OL 147.

72 『A Theory of Justice』 (rev.ed.) 387.

73 인용 구절에서 '부합하다(fit)'라는 용어는 공시적인(synchronic) 뜻으로 보인다. 그것을 초-시간적 인간 프로젝트와 연결하면 통시적 조건이 도입된다.

74 예컨대, 『민주주의와 교육』에 널리 퍼져 있는 아이디어, 즉 '사회적으로 구성된' 자아에 관한 듀이의 논의를 참조. 특히 인상 깊은 구절에서 그는 '모든 사람이 다른 사람들의 삶을 더 낫게 만드는 어떤 일에 종사하게 될 사회'를 그려낸다(MW 9, 326).

75 『A Common Faith』 (LW 9), 57-58.

76 제3장에서 보게 될 점인데, 듀이가 옹호하는 설명에서, 그리고 내가 듀이로부터 끌어낸 버전에서 핵심은 '사회적으로 구성된' 개인이라는 생각이다. 이 생각은 자유주의적 전통과의 단절을 가리키며, 그리고 거기에 들어 있는 자율성이라는 개념과도 단절된다. 브릭하우스(『On Education』, 19)도 또한 이런 방향에서 고전적 자유주의로부터 멀어진 것처럼 보인다.

77 이런 생각의 난점은 앞으로 제3장에서 밝혀질 것이다.

78 어떤 공동체에서 개인이 타인의 삶에 긍정적 영향을 미칠 수 있는 상호작용에 참여할 기회를 더 많이 제공한다면, 태도와 행위에 있어서 통일성을 기대하게 될 경향성은 더 강해진다. 개인주의가 가치로서 강조될 때는, 사람들이 타인의 간섭을 받지 않고 자신의 계획을 추구할 수 있는 별도의 영역들이 만들어지는 경향이 있다. 이럴 경우, 행위자가 타인에게 이득을 가져다줄 수 있는 통로는 그만큼 줄어든다. 이런 점을 분명히 파악하도록 격려해 준 랜디 커런(Randy Curren)에게 감사한다.

79 노동력의 의미 있는 형성은 사회의 멸망을 막는 데에도 필요한 것이 사실이다. 이에 관한 더 많은 이야기는 제2장에서 전지구적인 경제적 압력에 관한 논의를 참조.

80 다음을 참조. http://www.useoul.edu/campus/maps.

81 댄 오플래허티(Dan O'Flaherty)가 나에게 알려준 것처럼, 일부는 음악에서 탁월하고, 동아시아 대중문화를 지배하고는 있다.

82 OECD 국가 학생들의 잘-삶에 관한 PISA 보고서에 담겨 있는 그림 III.1.1.을 참조. 이는 oecd.org에서 구할 수 있다.

83 다음을 참조. Chin-Yun Yi, ed., 『The Psychological Well-being of East Asian Youth』, Vol. 2 (Dordrecht and New York: Springer, 2013, 272).

84 따라서 우리의 현 상황의 개선을 시도하는 우리에게, 서로 부합될 수 없는 이상들은 가치 있는 것이다. 내 집 주위의 칙칙한 풍경이 싫은 나에게, 나의 고민거리에 집중하는 몇 가지의 서로 갈등하는 이상들이 떠오를 것이다. 내가 원하는 것들을 몇 가지 보자. i) 일 년 내내 꽃과 관목이 조화를 이루고 색상도 멋있는 모습, ii) 장기간 집을 비워도 돈도 안 들고 쉽게 유지할 수 있는 화단, iii) 일년생과 다년생의 혼합, iv) 나의 유년기가 생각나게 해 주는 식물들. 이 프로젝트를 내가 생각하기 시작할 때는, 이런 점들을 어떻게 결합할지, 어느 것을 먼저 해야 할지에 관한 생각은 뚜렷하지 않다. 최종 목표라는 상태에 관한 생각이 없다. 어쨌든 현재보다 더 나아졌으면 나의 이상에 들어 있는 몇 가지 사항이 개선되었으면 하는 희망뿐이다. 해결 방안을 찾고자 할 때 몇 가지 이상이 타협된다면 충분히 좋게 볼 것이다. 화단이 다양한 방식으로 모습을 드러낼지라도 나는 만족하게 될 것이다. 그렇다면 나는 실용적(비-목적론적) 진보를 거둔 셈이다. 이 개념에 관한 훨씬 많은 논의는 다음을 참조. 'On Progress' (in Subramanian Rangan, ed., 『Performance and Progress』, Oxford: Oxford University Press, 2015, 115-133); Moral Progress; 'Social Progress,' 『Social Philosophy and Policy』 34(2) (2017, 46-65); 『Homo Quaerens: Progress, Truth and Values』 (출간 예정).

85 내가 가장 잘 아는 사회, 즉 미국을 교육 시스템의 특징적 문제의 사례 국가로 자주 가리킬 것이지만 내 진단의 많은 부분이 훨씬 더 넓게 적용될 것이라고 생각한다.

86 더 많은 과학 교육을 위해 북소리가 울리는 곳은 미국만이 아니다. 아시아의 여러 국가는, 가장 확실하게 중국, 인도, 한국은 과학 공부의 가속화를 강조할 뿐 아니라, 잘 훈련된 젊은이들을 상당히 많이 양산하는 일에 성공했다. 미국의 구호가 생겨난 것은 이런 인구를 경제적 위협으로 보았기 때문이다.

87 다른 사람들은 '교육철학의 목적은 이해하는 것이다'라는 마지막 절을 질타하는 대안적 관점을 제시할 것이다. 이런 대안에는 탐구 목표에 관한 논의에서 (특히 자연과학에서) 자주 나타나는 태도를 반영한다. 이는 지식 '그 자체'의 가치를 칭송하는 태도다. 그런 지식의 가치를 의심하고 싶지는 않지만, 나의 주장에 따르면, 우리에게 생기는 문제들은 실천적 노력이 주된 역할을 했었던 오랜 역사에서 형성된 것이다. 과거의 실용적 프로그램은 (지식이 있음으로써 가능해지는 개입과는 아무 관계 없이 독립된 가치를 가질 수 있다고 보는) '순수 지식'의 이면에 놓여있다. 이 주장을 옹호하는 글은 다음을 참조. 'Scientific Progress and the Search for Truth,' 그리고 『Homo Quaerens』. 이 부분에서 내 견해를 분명히 밝히도록 도와준 하비 시겔(Harvey Siegel)에게 감사한다.

88 이 접근을 나는 다른 곳에서 발전시켰다. 특히 'Social Progress' 그리고 『Moral Progress』를 참조.

89 Dewey, 『Democracy and Education』 (MW 9, 338).

90 특히 제4장과 제5장을 참조.

91 다음을 참조. Paul Harris, 『The Work of Imagination』 (Oxford: Blackwell, 2000); Annette Larean, 『Unequal Childhoods』 (Berkeley: University of California Press, 2011); James J. Heckman and Ganesh Karapakula, 'Intergenerational and Intragenerational Externalities of the Perry PreSchool Project' (NBER Working Paper No. 25889, https://www.nber.org/papers/w25889).

92 듀이의 특성을 갖는 실질적 실용주의는 이상, 체계적 철학 성찰, 실험 필요성의 진단적 중요성을 인정한다. 나는 진보의 목적론적 관념을 제시하기 위해서 밀의 강연을 선택했는데, 그것은 밀의 의도가 아닐 수도 있다. 밀을 '참된 실용주의자'라고 이해해도 아주 좋다.

제2장
개인

1

내 부모님은 교육을 조금밖에 받지 못했다. 아버지는 12세, 어머니는 14세에 학교 교육을 마쳤다. 두 분의 인생에서 그 시기에 습득했던 기능은 그들과 성별/사회계급이 비슷한 사람들에게 적합한 것이었다. 지방 제재소의 심부름꾼으로 들어간 내 아버지가 주로 한 일은 가늘고 긴 종이 묶음을 근처의 (불법) 경마장에 갖다주는 것이었다. 내 어머니는 사진관 보조로 들어가서 흑백사진 ('인화하는 일')을 배우다가 1920년대 초 '청소년' (1형) 당뇨 진단을 받고 나서 그만두었다. 아무튼 어머니의 예술적인 재능 발달은 결혼 전까지는 그저 가난을 극복하기 위한 것이었고 결혼 후 가정 밖의 일은 포기할 것으로 미리 정해져 있었다.

나는 십 대 중반에, 그 당시 영국의 교육 시스템 안에서 수학이나 물리학 쪽으로 가야 할지, 외국어나 문학 쪽으로 가야 할지를 놓고 (시험 준비를 앞두고) 망설였다. 그때 부모님은 도대체 결정할 것이 뭐가 있겠냐면서 이해하기가 힘들다고 하였다. 수학, 과학 쪽이 '현실적'이었다. 즉, 부모님이 살았던 세상과는 전혀 다른 삶을 준비해서, 그들이 접근할 수 없었던 지위에서 일하고, 그들이 고생하여 벌었던 푼돈보다 훨씬 많은 봉급을 받을 수 있었다. 내가 현실적인 길을 택하자 부모는 안심했다. 그러다가 18세가 된 나에게 똑같은 문제가 생겼다. 부모는 내가 왜 케임브리지에 가려고 하는지, 왜 3년을 더 공부하느라 허송세월하려는지를 이해하지 못했다. 내 시험 결과만 있어도 '좋은 일자리를 구할' 수 있고 보험 통계사/회계사가 될 수 있었다. 따라서 내가 지원을 받으려고 했던 지방의회 장학금 신청서에 부모의 사인을 받아내기까지는 상당한 설득이 필요했었다. (정말 당시의 영국 고등교육은 무상이어서 입학생은 납부금을 낼 필요가 없었고, 필요한 경우, 지역교육청의 재정지원도 있었다.)

나는 **특이하게** 운이 좋았다. 세상에는 나보다 훨씬 어렵게 살았던 수백만 명의 사연들로 가득했기 때문이다. 교육정책은 대다수 청년에게 어떻게 살아갈 것인지를 정해 주었다. 직업은 카스트, 계급, 인종에 따라 할당되었다. 나처럼 운 좋은 사람으로 미국에 듀보이스(DuBois)라는 흑인이 있었다. 듀보이스가 부커 T. 워싱턴(Booker T. Washington)에게 가했던 비판을 보면, 자기 스스로 탈출할 수 없는 사람들이 느꼈던 절실함에 공감한다. 그보다 앞서서 혹은 그보다 나중에, 그의 동료 흑인 중에도 '산업 교육(industrial education)'을 거치는 암담한 길 외에는 자기가 선택할 여지가 전혀 없었던 사람이 얼마나 많았는가? (혹은 아무것도 할 수 없었던 사람들도) 얼마나 많은 공장, 광산, 즉석식 가게에서 일하던 사람들이 토마스 그레이(Thomas Gray)가 또 다른 삶을 상상했던 시골교회 묘지에 묻혀 있는 사람들과 똑같은가?

아마도 버려진 이 자리에
한때 하늘의 불을 품었던 어느 가슴이 묻혀 있겠지;
손들고 제국의 막대를 흔들었거나
살아 있는 수금을 황홀경에 빠뜨리려고 깨어났겠지.

그러나 그들 눈앞의 지식은 엄청난 페이지
시간의 전리품으로 가득했지만 펼쳐지지 못했고;
싸늘한 빈곤이 그들의 고귀한 분노를 억눌렀고,
영혼의 온화한 흐름이 얼어붙도록 만들었지.

아주 순수하게 빛나는 숱한 보석으로 가득 찬,
바다 곰의 어두운 까마득한 동굴;
그 많은 꽃은 가득 피어나 눈에 띄지 않게 붉고,
사막의 허공에 그 향기를 내버리지.

햄든이라는 어느 마을, 겁 없는 가슴으로
그 들판의 작은 폭군을 견뎌낸 곳,
명예도 잃고 말도 하지 못하는 어느 밀턴이 여기 쉬고 있을까,
조국의 유혈에 아무 죄도 없는 어느 크롬웰도.[1]

여기서 토마스 그레이는 세상의 무대에서 당당하게 행동할 기회가 없는 것에 대해 탄식한다. 무수히 많은 더 작은 상실도 사무치게 하는 점에서는 마찬가지다. 밀이 말했듯이 '자기 나름의 방식으로 자기 자신의 선을 추구할' 기회가 아예 없는 사람들은 극히 중요한 것을 빼앗긴 셈이나 다름없다. 몰아가고, 쥐어짜고, 뒤틀어버리는 어떤 처방된 틀에 의해서 강제되는 만큼 인간의 삶은 억눌리고 쪼그라든다.

그러나 부커 T. 워싱턴은 **무엇**인가를 약속했고 제공해 주었다. 오늘날 많은 나라에서 많은 아동을 지배하는 교육의 형태는 그만도 못하다. 공식적으로 이런 교육은 '시장에 필요한' 기능을 길러준다. 그러나 이런 교육은 어떤 집단, 즉 어떤 사회계급, 어떤 인종에 속하는 사람들이 여러 세대에 걸쳐서 최하층의 유쾌하지 못한 보상도 형편없는 삶을 꾸려나가는 길이 아닌 다른 길을 추구할 능력을 길러주는 데에 실패한다. 지역사회, 국가, 세계에 필요한 노동자들을 공급하는 일에서 학교가 실패한다는 이야기는 많이 등장했다. 이런 학교가 안타까운 까닭은 사회가 속고 있기 때문인지 아니면 졸업생이 생존 투쟁하기 때문인지는 불확실한 경우가 많다. 이 장에서는 다른 문제에 집중할 것이다. 부커 T. 워싱턴과 내 부모가 공유했던 태도는 여전히 남아 있다. 심지어 20세기 미국의 가장 지각 있고 뛰어난 대통령이라는 버락 오바마도 비슷한 말을 했다: 교육정책은 현실적이어야 한다. 교육정책은 노동자들이 각자의 기능이나 재능을 가지고 진입하게 될 시장의 현재 상황을 인지해야 한다. 미국을 위해서는 STEM(과학, 기술, 공학, 수학)을!

모든 사람을 한 가지로 통일해야 하는가? 모든 흑인 아동, 모든 소수집단 아동, 모든 가난한 아동, 모든 소녀, 아니 모든 아동을 한 가지로? 물론 아니다. 우리는 모두 최소한 공식적으로 아니다에 동의한다. 그러나 실제로는 현실적일 필요성을 우리가 인정한다. 젊은이들에게는 기본 훈련이 필요하다. 일자리를 제공하는 사람들의 요구에 맞게 그들을 어쩔 수 없이 적응시킨다는 뜻이다. 교육정책은 경제적 요인에 의해 제약되지 않을 수 없다.

'그것이 정말 그런가?'라는 질문에서 교육의 재고찰이 시작될 것이다.[2]

2

교육은 노동 현장의 요구에 따라야 한다는 생각은 근대 경제학의 시초부터 등장한다.[3] 이 생각의 일부는 아주 친숙한 (훨씬 오래된) 것이다.[4] 만일 어떤 일을 수행하는 데에 어떤 능력이 요구된다면, 이런 능력은 자기 노동으로 생계를 유지할 필요가 있는 모든 사람에게 갖추어져야 한다. 그런데 이보다 더 암담한 제언은 노동 시장에 유용할 것만을 가르쳐야 한다는 것이다. 이런 제언을 강력하고 명확하게 발전시킨 사람이 애덤 스미스이기 때문에, 앞으로 이를 가리켜 **스미스 원칙**이라고 부르겠다.

이 장은 교육을 스미스 원칙의 횡포에서 벗어나게 하려는 시도이다. 나는 스미스의 원래 진술 및 그 원칙의 옹호론을 재검토하기 시작할 것이다. 곧 알게 되겠지만 스미스 원칙의 비판자와 옹호자는 이 원칙의 채택에 뒤따를 치명적 효과를 모두 걱정했다. 이런 우려에 대해 다소 안타깝게도 스미스 원칙에 안 따르면 그 결과는 심각하다는 주장이 나타났다. 더 거창한 교육 프로그램에 헌신하는 국가들은 경쟁적인 지구 경제에서 패퇴할 것이다. 그 시민들은 임금 삭감으로 혹은 어쩌면 심각한 실업으로 고통을 겪게 될 것이다.

자유교육 옹호자들은 경제적 효율성에 호소하느라 고려하지 못했던 요인들을 지적함으로써 그런 비관적 사고방식에 대항하고 싶을 것이다. 그들은 노동 시장의 구조가 자주 변하고, 새로운 기회가 생기고, 또 새로운 능력/기능이 요청된다는 것을 지적할 것이다. 그들의 폭넓은 교육관은 이런 변동에 대비하여 시민들을 준비시키고, 그럼으로써 시민들에게 필요한 유연성을 제공해 줄 것으로 보일 것이다. 따라서 스미스 원칙을 옹호하는 경제적 논변은 경제적 차원에서만 충족될 것이다.

이윽고 알게 되는데, 이런 대응을 자세히 살펴보면 그것은 실패다. 노동 기회의 변화에 적응할 어떤 능력을 길러낼 자유교육의 방안을 확인하기가 불가능하다. 그렇지만 현대의 지구 경제에서 압력이 생기는 방식을 더 신중히 고찰한다면, 스미스 원칙을 포기하는 교육개혁의 길이 드러난다. 스미스 원칙을 어기는 국가가 당면하는 위협은 두 가지다: 값싸고 질 좋은 노동력이 풍부한 어느 지역으로 (예컨대, 제조업 분야에서의) 현재의 일자리가 옮겨갈 것이다. 다른 일자리는 (로봇 및 다른 형태의 인공지능에 의한) 자동화의 확대로 인하여 없어질 것이다. 이럴 가능성도 있지만 어떤 유형의 고용은 그렇게 취약하지는 않을 수 있다. 다양하고 광범한 서비스가 지역적으로 제공되어야 하기 때문이다.

서비스 노동의 지속 가능성 때문에, 노동 시장의 변화는 손실이 아닌 기회로 볼 수 있다. 서비스직에 붙어 있는 낙인이 사라지고 또 합당한 보수가 제공된다면, 이런 유형의 기회는 만족할 만한 것으로 밝혀지게 된다. 앞 장에서 살펴보았던 (그리고 다음 장에서 더 발전시킬) 만족스러움에 대한 접근방식에 따르면 그것은 결코 놀랄 일이 아니다. 만족스러움은 개인이 타인들의 삶에 공헌하는 것을 포함한다. 특히 나의 제언에 따르면 사라지고 있는 어떤 형태의 고용에 대해서 사회가 대응할 길은 두 영역의 서비스 부문, 즉 노인을 돌보는 일, 그리고 특히 아이들의 교육을 풍요롭게 만드는 일을 확대하는 것이다. 후자의 확대는 이 책에서 집중할 점인데, 두 가지 이득을 낳을 것이다. 첫째, 교육의 확충을 위해 충원되는 사람들에게는 만족할 만한 일이 제공된다. 둘째, 어릴 때부터 도움을 받는 가운데 형성되는 아이들의 삶에서는 만족의 기회가 확대된다.

제2장은 교육의 풍부함이 나타날 방향에 대한 몇 가지 제안으로 결론을 맺을 것이다. 그런 제안은 제1부의 나머지 장과 제2부에서 보완되고, 확대되고, 옹호될 것이다. 그런 제안에 담긴 개혁이 경제적 재앙을 일으킬 것이라는 우려에 대한 대응은 제3부에서 다루어질 것이다.

다음에 이어질 논변에 대한 개괄적 설명은 이 정도로 충분할 것이다. 이제 세세한 사항으로 들어가 보자.

3

현대사회의 특징은 모두를 하나에 맞추려는 정책을 추구하는 것이라는 말을 과장된 것으로 여기기 쉽다. 근대 세계의 세밀한 분업은 여러 가지 능력의 다양한 결합을 요청하는 노동 환경을 광범하게 만들어 낸다. 만일 어떤 기능이 **온갖** 부류의 직무에서 요청된다면, 이런 기능을 길러내지 않는다면 분명히 무책임할 것이다. 어찌 보면 그렇게 할 수 없거나 혹은 다른 근거에서 그것이 바람직하지 못한 젊은이도 없지 않다. 그렇지만 대체로 노동 세계가 교실의 활동을 제약하는 것은 특히 자기-유지에 필요한 온갖 형태의 것들을 가르치도록 요구하는 것은 옳은 일이다.

그런 제약은 얼마나 강해야 하는가? 모든 학생이 읽고 쓰는 법, 일상적 교환에 필요한 초보적 수학의 사용법, 그리고 요즈음에는 컴퓨터를 사용하는 방법을 배울 필요가 있는데 기본 훈련의 현대적 버전은 학교 교육과정을 얼마나 지배해야 하는가? 그 밖의 모든 것은 '비생산적인 노동'을 위한 준비로 단정하고 몰아내야 하는가? 플라톤의 『국가』로 거슬러 올라가는 오랜 전통에서 사회화는 역할과 업무를 할당하고 또 새 구성원들 각자에게 적합한 기능을 제공하는 일이라고 생각했다. 그 이상은 아니다.

이런 교육관을 평가하려면, 대중 교육에 관한 초창기의 논의에서 시작하는 것이 좋다. 이런 논의는 계몽주의 사상가 애덤 스미스가 제시한 것으로 (다양하게 이해되거나 오해받으면서) 근대의 사회경제적 생활 조건들이 형성되도록 만들었다. 스미스는 분업을 예찬했고 비-생산적 노동이라는 개념을 우리에게 제시했다. 『국부론』의 끝에서 그가 제안하는 시장 메커니즘의 작동에 필요한 배경 조건을 성찰하고 있다.[5] 스미스는 국가가 국방, 정의 시스템, 그리고 (생산물을 생산지에서 먼 곳까지 이송할 수 있는 도로와 운하와 같은) 다양한 공공선을 제공해야 한다고 주장할 뿐만 아니라 '젊은이의 교육'에 대해서 성찰한다.

상류 계급의 구성원들에게 제공되는 교육에 대해 불만족스러웠던 스미스는 개혁 방안을 제시한다. 그는 설명하기를 대학은 원래부터 아주 구체적인 목표를 가지고 세워진 것이다. 대학은 '성직자를 교육하는 양성소'였다.[6] 따라서 그 교육과정은 죽은 언어의 문해력, 그리고 ('존재론이라는 거미줄 과학'과 같은 주제들을 강조하는) 고대 철학 텍스트에 집중하였다.[7] 스미스는 관련성이 사라진 후에도 오래 남아 있던 교육적 전략들이 우연한 역사적 사건들에 의해 도입될 수 있었던 방식들을 암암리에 인지한다.[8] 고객이 바뀌었는데, 다시 말해서 대학들이 '거의 모든 신사와 재산가들'[9]을 받아들이게 되었는데도, '근대에 철학의 몇몇 영역에서 이루어졌던 개선 사항들'은 별로 받아들이지 않았다.[10] 따라서 상류 계급 교육은 그 적절한 과업을 수행하지 못한다.

> 유아기 그리고 인생의 한 시기, 즉 남자가 세상의 실질적인 일, 살아가면서 골몰해야 할 일에 성실하게 적응하기 시작하는 시기 사이의 오랜 기간을 아무튼 유익하게 보내는 데에 더 나은 방법은 생길 수 없을 것 같다. 학교와 대학에서 가르치는 것의 대부분은 아무튼 그런 일을 위해서 가장 적절한 준비인 것 같지 않다.[11]

상업 세계를 이끌어 갈 사람들의 교육을 위해서 스미스가 제시한 치유 방안은 그 인센티브제를 바꾸는 것이다. 가르치는 사람의 보수는 그의 강의실에 몰려드는 (혹은 끌어들이지 못하는) 학생들 수에 비례하도록 하자는 것이다. 그 결과 모든 '쓸모없고 현학적인 궤변이나 몰상식의 축적이라고 모두가 생각하는 과학'은 교육과정에서 없어질 것이다.[12]

스미스가 마침내 도달한 원칙, 즉 교육은 아이들이 장차 하게 될 업무의 요구에 맞추어져야 한다는 원칙은 교육 논의에서 흔히 배제되는, 그러나 잠재적인 거대한 두 집단의 학생들에게도 적용된다. 첫째 집단에 속하는 여성들은, 스미스의 주장에 따르면, 기존의 여건에 적합한 훈련을 받는다.

> 그들에겐 그들이 배울 필요가 있거나 부모 혹은 보호자가 유용하다고 판단하는 것들을 가르친다. 그 밖의 것은 가르치지 않는다. 그들 교육의 모든 부분은 어떤 유용한 목적에 분명히 이바지하게 된다.[13]

여성들은 매력적으로 치장하는 법, 순결하고 검소하게 지내는 법, 아이를 양육하고 가정을 관리하는 법을 배운다. 둘째 집단에 속하는 잠재적 학생들에 대해서는 더 폭넓은 논의가 필요하다. 산업 지도자들이 이끄는 대열 속에서 봉사해야 할 다수의 남자는 무엇을 해야 하는가?

서민들이 숙명적으로 해야 할 일은 단순 과업들인데, 이는 분업이 진행되면서 상당히 획일적인 계통의 단순 동작들로 축소되었다. 그들의 일은 '늘 똑같고, 아주 힘들어서' 더 추상적인 성찰의 기회는 거의 없다.[14] 그들에게 필요한 것은 **정말로 기초** 훈련이다. 스미스 원칙에 따르는 교육은 저렴하다. 왜냐면 '교육의 가장 본질적 부분인 … 읽기, 쓰기, 셈하기는 인생의 초창기에 습득할 수 있고, 가장 낮은 직무에 맞게 길러질 사람들의 대다수는 그런 일에 고용되기 훨씬 전부터 그것을 습득할 시간이 주어지기 때문이다.'[15] 더 많은 것을 제공해 주어야 할까? 스미스의 생각에 따르면, '보통 사람들의 일 중에서 기하와 기계의 원리를 어느 정도 적용할 기회가 없는 경우는 드물다.'[16] 따라서 스미스 원칙에 따르더라도 약간 더 풍부한 것이어야 한다. 전혀 관련성이 없는 공부, '수박 겉핥기식 라틴어 공부'는 안 된다. 차라리 '기하와 기계론의 초보 부분'을 제공해 주고, '그런 부류 사람들에게 문해 교육은 그것으로 완전할 것이다.'[17] 이것이 18세기 후반기의 노동자들을 위한 소규모의 STEM이다!

그러나 잘 알려진 것처럼, 스미스는 흔들린다. 고전 교육을 받았던 스미스는 고대 세계에서 시민의 덕을 길러주었던 방식들을 이해한다. 그는 대중에게 적합한 훈련을 언급하기 전에 이미 현저한 분업이 특징적인 사회에서 그런 시민의 덕을 어떻게 길러낼 것인가를 고민했다. 노동 현장의 특수화가 진행되면서 스미스가 인지했던 점은 '노동으로 살아가는 사람들의 거의 모든 고용, 즉 대다수 인간의 고용은 극히 단순한 몇몇 작업에 한정되고'[18], 그런 노동자에게는 '자신이 이해하는 바를 발휘할 기회'가 없으며, '인간인데도 정말로 멍청하고 미련하게 되며', 그의 '우둔한 마음'은 그에게서 '지적, 사회적, 신체적 미덕'을 획득하고 발휘할 온갖 기회를 앗아간다.[19]

이런 점들은 노동자가 받아야 할 교육이 무엇인가라는 스미스의 고찰을 위해서 서곡이었던 셈이다. 이런 고찰은 그가 그의 글의 초반부로 되돌아가서 그리고 분업에 대한 열렬한 칭송을 더 온건한 견해로 바꾸도록 이끌어 **줄 수도 있었다.** 혹은 어쩌면 노동 현장의 요구에 교육을 맞추어야 한다는 그 원칙을 포기하도록 할 수 있었다. 그러나 그렇게 되지 못했다. 핀 생산 공장의 일은 핀을 많이 만들기 위해 많은 철선을 펴는 일이므로, '수박 겉핥기식의 라틴어 공부'가 도움을 주지 못한다는 스미스의 판단은 옳은 것이 확실하다. 로마의 시인 베르길리우스(BC 70-19)의 서사시 『아에네이드』의 몇 줄이 그들의 의식에서 되살아나서 그들을 드높여 줄 것 같지 않다. 마찬가지로 기하와 역학에 관한 초보적이고 단편적인 지식이 그들에게 무슨 이득을 가져다줄 것인지도 불분명하다. 곧바로 해야 할 일로 전환시켜

줄 어떤 창조적 적용은? 이런 논의는 '전투적 정신'을 유지하는 공적 경쟁을 막연하게 암시하는 것으로 결론을 내리고 지적, 사회적 미덕을 유지하는 일에는 분명한 관심을 쏟지 않는다. 노동자를 위한 교육에 관한 스미스의 고찰은 '문명사회의 열등한 대열에 속하는 모든 사람의 이해를 너무 자주 마비시키는 것으로 보이는 지독한 무지와 어리석음'에 대한 탄식만으로 끝난다.[20] 스미스 원칙과 부합될 것이라고 여겨지는 **어떤** 가르침은 '열광과 미신의 환상'에 저항할 수 있는 '더 고상하고 질서 있는' 시민을 길러낼 것이라는 막연한 희망이 마지막이다.[21] 똑같은 이유에서, 스미스의 노선에 따른 교육을 끝마친 대중은 마음을 무감각하게 만드는 지겨운 곳, 즉 핀 생산 공장과 같은 데로 가게 되면서도, 어떻게든 구제받기를 원할 것이다. 그들을 현혹하는 화려한 종교의식이 벌어지는 곳으로 휩쓸리거나 혹은 거칠고 무질서하게 흥청망청하는 곳으로 몰려가게 되지 않을까?

스미스는 당대 교육의 결함에 관한 성찰을 통해서 자신의 지도적 원칙을 도출해 냈다. 학교와 대학은 그 시대의 노동 환경이 요구하는 사항들을 제공하지 못했다. 그가 의도한 시정 방안을 적용할 때, 그는 업무에서 가능한 일들을 교육정책의 모형으로 활용했다. 분명히 설득력 없고 일관성이 없는 것들로부터 그가 도달한 입장은 그저 모호함뿐이었다. 현대의 교육적 논의들도 비슷한 굴레에 갇혀 있지 않을까? 우리도 똑같은 덫에 걸린 것은 아닐까?[22]

4

스미스의 대표적 저술이 출판된 지 몇십 년이 흐른 후에, 급진적인 정치 이념에 공감하는 젊은 독일 사상가가 나타났다. 그는 정치경제학을 배울 필요가 있다고 작심했다. 카를 마르크스(Karl Marx)는 1844년에 독서 과정에 들어가면서 기록을 남기기 시작했다. 그가 쓴 처음 세 가지 초고에는 그가 읽었던 많은 책, 특히『국부론』의 내용이 핵심적으로 요약되어 있다. 그즈음 그는 제5권에 몰두했고, 대중을 위한 교육에 관한 스미스의 논의에 사로잡혔다. 스미스와 다르게 마르크스는 자신을 난관에 빠뜨렸던 그 가정들을 파헤치는 쪽으로 방향을 틀었다. 그의 네 번째 초고인「소외된 노동」은 다음과 같이 시작한다.

> 우리는 정치경제학의 전제들로부터 나아갔었다. 우리는 그 언어와 그 법칙을 수용했다. … 정치경제학 그 자체를 기반으로 삼아, 그 자체의 언어로서, 노동자가 상품 수준으로 전락하고, 상품 중에서 그야말로 가장 비참한 것임을 우리는 알게 되었다.[23]

스미스와 다르게, 마르크스는 그런 결론을 수용하거나 그냥 넘어가기를 거부했다. 노동자가 상품으로 축소되는 것을 거부했던 마르크스는 자본주의 경제의 구조 속에서 근본 원인을 진단해 내려고 시도했다. 물론 그것을 바꾸려고 했다.

그 이후에도 그런 학자가 있었다. 마르크스의 대응을 모르는 상황에서 그와 비슷한 전략을 택했던 학자는 교육이론가로서 오히려 더 유명한 존 듀이였다. 20세기에 들어와서 1930년대까지 듀이의 저술에서 꾸준히 나타나는 주제는 산업 노동자들의 비참한 처지에 집중한다. 그들은 자신들이 하는 일의 의미도 전혀 의식하지 못하고,[24] 자신이 일하는 기계의 '명령을 따르도록' 강제되었다.[25] 아마도 노동자의 소외에 대한 감각은 스미스의 책을 읽으면서 부분적으로 생겼을 것이다. 그것은 마르크스에게서 나올 수가 없었다.[26] 그 감각의 또 다른 원천은 듀이 자신의 경험이다.

> 여러 해에 걸쳐서 나는 전형적인 미국 공장인 거대한 농기계 공장에서 가져온 작은 주철 조각을 보관했다. 나는 우리의 사회적, 교육적 지위를 보여 주는 일종의 A 전시물로 그것을 보관했다. 그 주철은 주물에서 나온 것으로, 표면이 약간 거칠어서, 잘 다듬어야 비로소 설계대로 그 벨트에 끼워 넣을 수 있었다. 15세 혹은 16세 소년은 하루 내내 그 거친 표면을 갈았다. 1분에 한 개씩 온종일 갈고 있었다.[27]

스미스가 그랬듯이, 그보다 늦게 태어난 듀이도 이렇게 보내는 세월을 '멍청하게 만드는 단조로움 … 지적, 상상적 내용이 전혀 없는' 삶이라고 보았다.[28]

이 비참한 상황을 바로잡으려면 어떻게 해야 하는가? 어느 때인가, 듀이는 스미스 원칙을 수정하려고 시도했다. 20세기 초반의 자본주의에서 형성된 노동 환경은 노동자들이 받을 교육 스타일을 만들었다. 그런데 이 형태는 경제적 효율성의 고려사항들에 주목해야 했으며 교육이 매일의 작업에 필요한 기능을 노동자들에게 제공하도록 만들었을 뿐만 아니라 그 기계를 작동하는 (그것의 노예가 되는) 노동자의 지적 발달과 심리적 건강까지도 고려해야 한다. 노동자의 '상상력은 비축되어야 단조롭게 지속되는 노동 속에서도 조잡한 망상이나 감각적 환상을 뒤쫓느라 낭비되지 않고 그것을 키워줄 수 있는 미술, 문학, 과학의 가치 있는 내용을 갖게 될 것이다.'[29] 또 다른 때에, 특히 자신이 하는 일의 의미를 이해할 필요가 있는 노동자에게 관심을 쏟을 때, 듀이는 더 급진적인 것, 즉 '더 나은 사회질서'까지도 생각한다. 이는 일련의 기회가 누구에게나 제공되는 '자신을 존중하는 인간으로서 흥미와 금전적 이익 이상의 것을 가지고 종사할 모종의 생산적 노동'의 사회질서이다.[30] 이런 식의 제언들은 스미스 원칙에서 더욱 멀어진 것이다. 노동자 교육과 노동 환경이 서로 조화되려면 경제

구조를 고정된 것처럼 다룰 것이 아니라 노동 기회가 그것에 종사할 노동자의 인간적 필요에 부합하도록 때때로 개혁해야 한다.

덜 급진적인 것이 더 안전해 보인다. (역사적 필연으로 여겼던) 경제적 변혁을 선호하면서 마르크스가 따랐던 길은 재앙스러운 것으로 널리 여겨졌다. 마르크스가 내놓은 전략의 대안적 버전과 듀이의 더 야심적이었던 순간의 전략이 과연 공유되고 있을까?

5

하여튼 21세기는 과거의 세기들과는 다르게 스미스 원칙을 거부하려는 시도에 대해서 혹은 노동하는 날의 단조로움을 해소하는 데에 적합한 '미술, 문학, 과학의 가치 있는 내용'을 산업 노동자의 마음에 채워주려는 듀이의 프로그램처럼 스미스 원칙을 더 신중하게 수정하려는 시도에 대해서 오히려 덜 호의적인 것 같다. 스미스의 유명한 자유무역 옹호론은 먼 지역에서 행해지는 노동을 지도하고 감독하기가 어려웠던 점들에 결정적으로 의존했다.[31] 예상할 수 없을 정도로 발전된 통신공학은 그런 문제점을 실질적으로 줄여주었고, 노동력이 값싼 지역으로 공장을 이전하는 길을 터주었다. 자기 나라의 노동자에게 관심 있는 (혹은 관심 있는 척하는) 정치가들이 스미스가 그토록 격렬히 비난했던 관세 옹호 캠페인을 벌이는 것도 전혀 놀랍지 않다. 교육은 지구적 노동 현장의 요구에 효율적으로 대비해야 한다는 생각을 뒷받침하기 위해서도 비슷한 이유가 나올 수 있다.

이런 이유를 이해하기 위해서 먼저 다음과 같이 생각해 보자: 스미스는 교육이 **오직** 노동 현장에 필요한 기능만 제공할 필요가 있고 그 이상을 하려고 하면 안 된다는 생각에 어떻게 도달하게 되었을까? 스미스의 설명에 따르면, 경제적 잘-삶을 위해 분업은 계속 강화되어야 한다. 분업이 세분화하면서 노동자는 고도로 특수한 과업을 위해 훈련받아야 한다. 다른 목적에 투입되는 시간, 즉 교육이론가들이 전형적으로 추천하는 종류의 풍부한 교육을 제공하는 시간은 낭비다. 특수한 기능을 더 철저히 연마하거나 혹은 훈련을 마친 젊은이를 곧바로 노동 현장에 보내는 것이 더 효율적이다. 젊은이를 아주 효율적으로 훈련할 수 있는 국가는 기업가의 자본 투자를 끌어들일 것이다. 따라서 국가 간의 경제적 경쟁은 각 국가의 공교육 시스템이 될수록 효율적인 것이 되도록 장려하고, 그럼으로써 스미스 원칙에 부합되는 인센티브제를 만들 것이다.

18세기부터 20세기 중엽까지 그런 주장의 힘은 해외 투자의 관리에 관한 우려 때문에 약했을 것이다. 대륙은 물론 국경을 넘어 정보를 전달하기에도 난관이 많아서, 먼 지역으로 사업을 확장하게 만드는 매력, 즉 먼 지역에서 놀라울 정도로 훈련된 노동자들을 많이 고용할 수 있다는 (따라서 저렴하다는) 매력은 약했다. 어째서 스미스 원칙이 영국의 '신사들과 재산가들'에 대한 그의 성찰이라는 맥락에서 생겨났는지 쉽게 이해된다. 쓸모없는 그리스어 공부 혹은 '케케묵은 학문' 공부에 다년간 몰두하는 사람은 대중을 **이끌어 갈** 준비가 전혀 되지 않았다. 그들의 이런 모험은 더 효율적인 교육을 받았던 다른 국가들의 지도자들에게서 예상되는 것들에 비해서 덜 생산적일 것이다.

그러나 오늘날 스미스 원칙은 산업 선도자들에게 제한될 수 없다. 이제 이 원칙은 혁신적 재능을 가진 사람들을 신뢰할 수 있다면 일찍 선발하고, 그리고 지구 경제를 뒤흔들 새로운 벤처를 찾아내는 과업을 위해서 그들을 치밀하고 효율적으로 훈련하는 지침으로 변경될 것이다. 왜냐면 어디에서 훈련을 받건 간에 기업 세계의 이런 선도자들은 자신이 선택하는 어느 곳에서나 자신의 설계를 실현할 수 있기 때문이다. 노동의 비용, 그리고 특수한 과업들을 믿음직하게 수행할 노동자들의 가용성이 그들의 결정에서 크게 주목될 것이다. 그들의 출생 지역이나 교육받은 지역에 대한 감상적 애착은 그들의 전망을 흐려놓고 더 냉정한 경쟁자들보다 약하게 만들 것이다. 따라서 지구 경제의 경쟁은 스미스 원칙을 전방위적으로 적용하게 하는 인센티브제를 낳는다. '풍부한' 교육은 사치다. 겉치레에 쏟아부을 시간이 없다.

역사적으로 볼 때, 내가 (환상적으로) 스미스에게 부여한 추론은 전혀 다른 방향에서 거부되었다. 반대하는 사람들 혹은 스미스처럼 흔들리는 이들은 다른 교육 목적의 추구는 시간 낭비라는 주장에 저항했다.[32] '시민성' 혹은 '잘-삶'을 위한 교육을 강조하는 이론가들은 풍부한 교육이 경제적 목표의 성취에 해를 끼친다는 주장을 자주 부정한다. 이들의 제언에 따르면, 협소한 교육은 청년들이 급변하는 직업 전망에 적응하도록 준비시키는 데에 실패한다. 이런 제언에 무언가 중요한 사항이 들어 있는 것은 확실하다. 학생들이 현재의 노동 시장에 필요한 기능만을 습득하도록 가르치면, 이는 나중의 삶에서 혹은 학교를 졸업한 후에 곧바로 쓸모없는 것임이 밝혀질 것이다. 계산자를 사용하는 정밀한 수업으로 훈련을 받았던 공학자는 어쩌면 그 시기에 낭비한 젊음을 후회할 것이다. 그러나 유연성에 기반을 둔 주장은 한계가 있다. 특수한 기술로만 좁혀서 집중하고, 그 기술이 속한 영역의 폭넓은 지식을 제공하지 않는 것이 잘못된 효율성 추구일 것은 거의 확실하다. 스미스 원칙의 옹호자들은 이를 인정할 것이다. 컴퓨터 과학, 생명공학, 경제학에서 지나치게 협소한 교육을 바로잡는 길은 관련 과학이나 인접 분야에 대한 폭넓은 접촉이다. 컴퓨터 과학의 수학적 기반, 생명공학과 연관된 고분자 세포 생물학, 경제적 아이디어와 이슈에 관한 폭넓은 관심 등이 그것이다. 유연성을 길러내는 일이 중요하나, **유용한** 유연성이 되어야 한다. 현시점에서 특화된 직무에 필요한 것들에서 벗어나는 일, 즉 효율적 훈련은 '자유교육'의 옹호자들이 추천하는 풍부한 교육과정에는 크게 미달한다.

6

이제 그런 주장을 더 명확하게 밝힐 때다.[33] 내가 앞서 지적했듯이, 현재의 경제 환경은 아주 다양한 범위의 노동 유형을 권장하는 것처럼 보인다. 모델링의 친숙한 전통 속에서, 추상화는 다양성에 질서가 생기도록 할 수 있다. 노동자를 (스미스처럼) 두 가지 계급, 즉 지도하는 '재산가들' 그리고 이들을 따르면서 고생하는 '보통 사람들'로 구분하지만, 나는 여러 집단이 발휘하는 기능의 유형에 따라 노동 인구를 구분할 것이다. 간단하게, 나는 재능의 분산에 관한 견해, 즉 '타고난 성향'[34]에 관한 가설을 택할 것이다. 이는 교육이 노동자가 될 사람들을 어떻게 노동 환경에 맞추어야 하는가에 관한 논의에서 흔히 가정되는 점이다.[35] (이런 가정은 제3부에서 제시되는 더 평등주의적인 접근과 어긋난다.)

따라서 노동력의 이상적 모형이 나온다. 어떤 능력은 많은 사람이 아마도 거의 모든 사람이 쉽게 획득할 수 있다. 널리 공유되는 능력을 갖춘 사람들이 할 수 있는 것은 **일상적** 일 (ordinary work)이다. 생산 노동 패러다임에 속하는 공장의 일뿐 아니라 거리 청소, 택배, 소매, 간편 요리 준비 등도 여기에 포함된다. **특수한** 일(specialized work)은 더 긴 시간의 훈련으로 습득되는 능력을 요구한다. 이런 일은 노동 인구의 상당한 비율이 습득할 수 있다. 벌목공, 경찰, 간호사, 장비 수리사 등이 여기에 포함된다. 세 번째 집단으로 **선택적인** 일 (selective work)은 맡는 사람들의 수가 더 한정된다. 어떤 일은 굉장한 힘 혹은 특별한 지력과 성품을 가진 사람들을 요구한다. 역학 조사원은 정교한 수학, 관현악단원은 날카로운 귀, 정교한 목수는 좋은 눈과 민첩한 손, 소방 경찰은 강인함이 필요하다.[36] 선택적인 일은 기대되는 과제를 수행할 특수 능력을 습득해야 할 경우가 많은데 이 능력은 전체 인구 중 비교적 소수만이 개발할 수 있다.[37] 마지막으로, **혁신적인** 일(innovation)은 노동 전망을 바꾸어 버릴 수 있는 형태의 일을 포함하는 것인데, 새로운 형태의 일을 창조한다. 아마도 의미 있는 소수의 사람은 **잠재적** 혁신가일 것이다. 이들은 어떤 일을 완전히 새롭게 해 볼 꿈을 갖고 있다. 다른 형태의 일에 안주하도록 강요받으면서도 언젠가는 자신의 제안이 제대로 이해받을 때가 올 것이라는 희망으로 살아간다. 진정한 혁신가는 자기 비전을 실현하는 사람이다. (이들은 성별 또는 사회경제적 계급과 무관하게, 스미스가 '신사들과 재산가들'에게 부여한 역할을 맡는다.)

나의 이상적 모형은 많은 사람이 전망했던 교육은 사회의 경제적 부를 증진하기 위해서 도움이 되는가 여부를 묻는 길을 예비해 준다. 광범위한 노동의 유형들을 관리 가능한 몇 가지 범주로 구분하는 것은 현대의 이질적인 노동력에서 나타나는 모든 관련된 차이들을 포괄하기 위해서다. 나의 분류의 이면에는 조건이 변화할 때, 어떤 종류의 고용은 다른 것들에 비해서 더 쉽게 이루어진다는 생각이 깔려 있다. 온갖 변화, 특히 기술변화가 노동에 대한 요구사항을 어떻게 수정하는지를 이해할 경우, 그 핵심 질문은 풍부한 교육이 노동자가 빠르게 또 효율적으로 적응하게 할 수 있는가이다.

일상적 노동자부터 살펴보자. 스미스의 비관적 증언과는 반대로 다음과 같이 가정해 보자: 풍부한 교육이 일상적 노동자들에게 제공해 줄 온갖 추가 사항은 그들의 고용의 조건들에 의해 침식되지 않을 것이다. 노동 환경이 진화될 때, 곧 사라질 일자리를 대체할 새로운 일자리는 거의 모든 사람이 쉽게 습득하게 될 다른 기능을 요구하거나 혹은 무언가 더 많은 것이 요구될 것이다. 전자의 경우, 기존 체제의 일상적 노동자들은 새로운 체제에서도 아마 똑같은 역할을 맡을 것이다. 그들은 새로 필요한 다른 기능을 신속히 습득하게 되어, 부드럽고 효율적인 전환이 이루어질 것이다. 만약 새로운 일자리들이 특수한 노동자 혹은 심지어 선택적 노동자로 채워져야 한다면 어떤가? 이런 상황에서 일부 노동자들은 관련된 능력을 개발하기 위해서 혹은 어쩌면 새로운 기회를 찾으려고 옮겨간 특수한 노동자의 자격을 갖추기 위해서 더 많은 훈련을 받아야 할 것이다. 어떤 경우이건 사회가 전반적으로 적응하는 오랜 과정이 있을 것이다. 이를 단축하는 데에 풍부한 교육은 도움이 될 것인가? 어떻게 그럴 수 있을지는 알기 어렵다. 새로운 환경에 필요한 것은 자유교육을 받은 노동자들이 아니라 특정 유형의 특수한 기능을 가진 사람들인데, 이들은 공급되지 못했거나 혹은 미리 충분한 인원이 공급되지 못했다. 만일 이런 필요를 예측할 수 있었다면, **경제적으로 효율적인 교육 시스템**은 자체의 노동-지향적 형태의 훈련을 미리 조정함으로써, 새로운 유형의 특수한 (혹은 선택적) 교육을 도입하거나 혹은 교육적 노력의 배분을 (특수한 노동자는 더 많이, 일상적 노동자는 더 적게) 수정하거나 했을 것이다. 흔히 그렇듯 노동 환경의 진화가 예측 불가능하다고 가정한다면, 기존 조건에 효율적으로 대응했던 시스템이 했던 것보다 더 잘하는 신뢰할 만한 정책은 어느 나라에도 없다. 풍부한 교육은 (물론, 자유교육의 옹호자들이 주장하는 비-경제적 재화 외에는) 아무것도 추가하지 못하는 것으로 보인다.

다음의 두 유형, 즉 특수한 노동자와 선택적 노동자의 경우, 풍부한 교육의 경제적 이득을 옹호할 전망은 더 밝아 보인다. 이미 인정했듯이, 너무 협소한 형태의 기술교육, 즉 현행의 고용 형태가 요구하는 기능의 주입에만 몰두하는 교육은 새로운 환경으로 이행하는 속도를 늦출 것이다. 따라서 경제적 효율성에 헌신하는 교육자들은 더 폭넓은 훈련을 요구할 것이고, 특수한 노동자와 선택적 노동자를 길러내야 하는 직업들과 연결된 영역들에 초점을 둘 것이다. 스미스 원칙은 더 넓은 범위를 가진 **기술교육**을 강조하면서 확대될 것이다.

풍부한 교육은 어떤 식으론가 도움이 될 수 있을까? 물론 그런 점은 제공되는 풍부함의 종류가 어떤가에 달려 있다. 우리는 다수의 변인을 상상할 수 있다. 예컨대, 밀의 과부하 목록에 들어 있는 여러 가지 공부할 과목을 끌어들이고, 그리고 어쩌면 그의 자유주의 계승자들에게서 나타나는 또 다른 항목을 추가할 수도 있다. 이렇게 예상되는 집합을 가리켜서 **풍부한 가능성**(Rich Possibilities, RP)이라고 불러보자. 이것은 다양한 기술 훈련과 대조된다. 이 기술 훈련은 현행 업무가 요구하는 종류의 기능이 중심이고, 배경 영역들에 대해 상당히 몰입함으로써 확대된다.

벌목, 간호, 의학실험실의 기술인력처럼 특화된 훈련을 요구하는 특정 종류의 고용에 초점을 맞추어 보자. 이런 직업을 위한 다양한 기술 훈련 중에서 아무거나 골라보자. 그중에는 벌목공에게 요구되는 기능 숙달, 그리고 다른 부류의 보수 작업에 관한 일정한 입문을 결합시킨 프로그램이 있고, 의료적 돌봄의 수업을 다른 유형의 돌봄이 필요한 다른 상황으로의 확대와 더불어, 그 배경이 되는 생물학의 폭넓은 기반 위에서 최신 실험 절차로의 상세한 몰입으로 보완시킨 간호 과정이 있다. 경제적 관점에서 볼 때, 이런 프로그램들에 대한 평가는 해당 노동자들이 자신들에게 부여된 과제를 수행하는 신뢰성의 정도, 그들을 준비시키는 데에 투입되는 노력의 양, 진화하는 작업 환경에서 그들이 쉽게 적응하는 정도에 따라 이루어진다. 그렇다면, 만족스러운 수행의 평균 수준이 정해져 있고, 필요한 훈련을 제공하고, 적응 유연성도 갖추어 줄 것이라고 인정되는 프로그램을 우리가 선정한다고 가정해 보자. 이를 가리켜서 **기술 프로그램의 후보**(Candidate Technical Program, CTP)라고 부르자.

우리가 알고 싶은 점은 RP에는 CTP보다 경제적 경쟁의 관점에서 볼 때 더 잘할 수 있는 어떤 경쟁적 과정이 들어 있는가이다. 첫 번째 과제는 경쟁적 과정의 선정이다. 현재 부여된 과업의 신뢰할 만한 수행이 그 핵심이면, 나는 CTP와 똑같은 평균적 수준의 수행을 할 수 있게 할 것으로 예상되는 풍부한 형태의 교육에 초점을 둘 것이다. 간단하게 CTP는 풍부한 과정의 기술적인 일부라고 가정해 보자. 풍부한 과정에는 이것이 제공할 추가 훈련을 위한 별도의 투자 비용이 포함될 것이다. 따라서 우리의 의문은 이런 비용이 노동 환경이 변화할 때 적응하는 능력의 증대로 상쇄되는가이다.

자유교육의 옹호자들은 훈련 기간의 연장으로 큰 비용이 추가되지 않으면서도 유연성을 개선하기 위해서 밀의 과부하 교육과정에 들어 있는 것들을 충분히 추가한 풍부한 가능성

(RP)의 한 가지를 찾으려 할 것이다. 이처럼 맞게 '추가되는 것들(extras)'을 어떻게 찾을까? 기술 훈련의 확대는 변화가 발생하여 어떤 형태의 일이 필요 없는 것이 되어버릴 때, 일자리를 잃어버리는 노동자들은 기존의 것과 유사한 기능을 요구하는 인접 업무로 옮겨간다고 가정한다. 만일 풍부한 교육이 더 많은 것을 제공하려면, 이는 아마도 더 폭넓게 적응하는 능력에서 나올 것이다. 적응력을 높여줄 한 가지 방법은 젊은이가 한 개 이상의 영역에서 특수한 훈련을 받도록 요구하는 것이겠지만, 이를 풍부한 교육으로 볼 수 없는 것은 확실하다. 게다가 만일 대다수 노동자가 평생토록 단 하나의 특수한 일을 지속한다거나 혹은 그들이 일을 바꿀 때에는 확대된 기술교육이 용이하게 만들어 준 방식으로 그렇게 한다면, 그 이차 훈련은 낭비다. 풍부한 교육의 옹호자들이 추구하는 바는 일자리를 옮기는 것을 더 편하게 만들고, 새로운 기회가 생기는 데에서 이득을 얻게 해 줄 심리적 능력과 성격적 특성을 길러주는 자유 교육과정의 선정이다.

그런 능력들과 특성들이 있을 것이고, 그리고 이것들을 기르는 데에 적합한 문학, 역사, 언어, 예술, 인류학과 같은 교육의 과정이 있을 것이다. 우리가 모르는 것이 문제다. 우리는 중요한 심리적 속성이 어떤 것인지를 모른다. 그것이 온갖 변화에 맞는 '다목적용'이 아니라면, 그 적절한 속성들은 직업 영역의 변화에 따라 다를 것이고, 이를 예측하기가 (불가능하지는 않아도) 어려울 것이다. 또한 우리는 자유 교육과정 중에서 어떤 것을 선정하여야 그런 속성들이 생길지를 모른다. 설령 CTP보다 더 나은 풍부한 과정이 있다고 할지라도 이를 찾을 방법의 단서조차도 우리는 모른다. 물론 우리는 실험에 의존하게 될 것이고, 비교적 소규모로 다양한 선택지를 시도하게 될 것이다. 그러나 이런 형태의 실험에도 문제가 있는데 이는 성공적인 과정이 발견되었을 때를 판단해야 할 어려움 때문만이 아니다.

그 밖에, 특수 훈련을 요구하는 직업들 안에서 다양성을 검토해 보면, 종합적이지 않은 어느 **단일한** 시스템의 풍부한 교육이라는 생각은 착각이다. 만일 관리 가능한 것으로 선정하려고 한다면, 한 가지 사이즈로 모든 경우에 맞출 수 없다. 벌목공들의 미래 적응력은 그들의 (체력 연습을 통한) 근력 증진, 그리고 (장식 문자, 도안, 악기 학습 등의) 정밀운동 기능의 증진에 따라서 높아질 것이다. 간호사들은 (문학, 역사, 도덕 철학을 공부한다면) 더 큰 공감력이 더 발달하게 되고, 이를 타 종류의 인간관계 직무들에 적용할 것이다.[38] 바이오테크 기술을 열망하는 이들에게는 무엇을 추천할지가 분명하지 않다. 자료 분석에 도움이 될 공부(통계학), 혹은 공중보건의 이해에 도움을 주는 공부(인구학, 사회학)는 어떨지 딜레마가 확실하다. **일반 연구**(studium generale)의 현대적 버전은 유연성을 추가로 제공하는 데 너무 확장되거나(엄청 값비싸거나), 혹은 선정된 소수의 특수 및 선택 노동자들의 필요에만 적합할 뿐 다른 노동자들에게 부담을 주게 될 것이다.

역설적으로 풍부한 교육의 최선 사례는 아마도 혁신을 장려하는 데, 스미스가 보기에 당시의 칼리지와 유니버시티가 제대로 하지 못했던 '신사들과 재력가들'의 현대적 후계자를 준비하는 데에 있을 것이다. 확고한 증거가 있건 없건 간에 우리는 광범한 교과에, 그리고 과거와 현재의 여러 사회의 문화에 통달한 사람들은 새로운 방식으로 사고하도록 자극을 받을 것이라고 추정할 것이다. 이질적인 아이디어들의 집합과 상호작용하게 되면, 우리는 '울타리 밖으로' 벗어난다. 특히 상상력이 넘치고, 사상들의 새로운 결합을 수용하는 사람들을 찾아낼 수 있다고 **가정한다면**, 이런 잠재적 혁신자들에게는 밀의 목록에서 아낌없이 끌어들인 종합적인 교육과정을 제공할 수 있고, 이것이 새로운 형태의 생산적인 일을 설계하도록 그들을 고취하고 그럼으로써 국가의 부가 증대될 것이라고 희망할 수 있다. 물론 모든 사람에게 그렇게 한다면 엄청난 비용이 들 것이다. 추가된 노력은 대부분 낭비일 것이다. 따라서 정말 창의적인 사람들은 미리 선정해야 한다.

요점을 정리하자. 일반교육이 비-경제적 목적을 증진하는 데에 가치가 있음을 옹호하는 전통적 논변의 장점들이 무엇이건 (그리고, 곧 분명해질 것인데, 그렇지 않아도 나는 이 논변의 위력을 이해하는데) 이 유형의 교육을 경제적 이익 배당에 호소함으로써 옹호하려는 시도는 성공하지 못하는 것으로 증명된다. 내가 제시한 분석은 결코 결론적이지 못함을 인정한다. CTP의 경제적 효과(의 규모 파악은 비교적 쉬움)와 그것의 풍부한 과정 간의 비교는 수많은 가정에 의존하며, 그리고 이런 가정은 도전받을 것이다. 그러나 이런 도전을 밝히는 것은 증거를 확보하기가 어려운 영역에서 명확한 경험적 의혹에 이를 것임을 나도 인정한다. 사회의 많은 혹은 모든 구성원을 위한 풍부한 교육 시스템을 만드는 것은 타당한 기반도 없으면서 그 경제적 성과가 큰 손실이 되지 않고, 작은 손실이면 감내할 수 있게 될 것을 **희망**하는 일이다.

우리는 위험을 감수하면서 희망을 품고 그냥 돌진해야 하는가? 이런 제언은 분명한 반응을 일으킨다. 풍요한 나라를 포함해서 여러 국가에서 현대적 노동 환경에 적합한 기본 기능을 그 대다수 시민에게 제공하는 일을 얼마나 수행하는지에 관한 현실적 평가는 교육에 대한 기존 접근방식의 결함을 보여 준다. 많은 학생이 제대로 읽지 못하고, 간단한 수학 문제도 못 풀고, 기초 과학의 기본 아이디어도 이해하지 못할 때, 이들의 교육을 풍요하게 만들자는 제안들은 썰렁한 반응을 일으킨다. '그건 잘못된 방향이다. 비교적 단순한 것들의 성취에서도 그 결과가 (기껏해야) 평범한데, 왜 야심적인 프로그램을 도입해서 더 많은 일을 할 수 있다고 생각할까? 위험한 실험을 시도할 만한 시간이 있다면, 학교가 노동 세계를 위해서 아이들을 더 잘 준비시킬 줄 알 때 그렇게 해야 한다. 최소한 학교는 아이들이 (경제적으로) 관련성이 없을 자료에 공부 시간을 투입하지 말아야 한다. 지구촌 시장에서 경쟁을 더

잘하도록 도와줄 방안을 찾는 것이 확실히 더 낫다.'

만일 스미스 원칙의 최신판이 이처럼 논란거리라면, 경제적 근거 위에서 그런 도전이 어떻게 이루어질 수 있을지 알기는 어렵다.

$$7$$

그런데 이미 분명해졌을 것이지만, 이제까지의 분석은 현실 노동자들에 대한 명백한 한 가지 위험을 빠뜨렸다. 노동 시장에서 한 종류의 변화는 예측이 가능한 것으로 잘 알려져 있다. 다음 수십 년에 걸쳐서 인공지능은 계속해서 진보할 것이고, 로봇은 사람들이 지금 행하고 있는 많은 일을 접수할 것이다.[39] 이 점의 누락은 앞선 논의에서 중요하지 않았다. 앞선 논의는 오랜 직종이 쇠퇴하여 **추가로** 생겨날 기회, 그리고 이 기회에 기존 노동자가 적응할 준비에 관한 것이었다. 로봇의 침투는 추가하는 것이 거의 없다. 아마도 유지와 관리의 직종 몇 가지일 것이다.[40] 로봇의 침투는 무엇보다도 단순한 축소다. 물론 생산성의 증대는 자동화를 거부하는 일의 형태가 증가하는 것으로 바뀔 것이다. 그것의 대부분은 서비스직이 분명하다.

경제학자들은 노동 시장을 바꾸는 세력들을 연구했다.[41] 이미 기술 발전은 국내의 많은 일이 먼 지역에서 저렴하게 행해질 수 있게 만들었다. 인공지능과 로봇은 인간의 많은 일을 쓸모없게 만든다고 약속한다. 글로벌 경쟁은 노동력이 싸고도 풍부한 국가들로 일자리가 계속 흘러들게 만든다. 미래의 국가 생산성은 현존하는 기술의 형태를 유지하고 개선할 노동자들을 훈련하는 역량에 달려 있고, 그리고 더 중요하게는 젊은이들이 새 기술을 창안하도록 준비시키는 일에 달려 있다. 따라서 경쟁은 교육 시스템으로까지 확장된다. 여기서 교육을 통해 가장 재능 있는 젊은이들을 하이테크 노동과 혁신을 위해 가장 잘 준비시킬 수 있는 국가들은 승자에 속할 것이다. 그 밖의 모든 것은 부차적이다.

듀이에 따르면 산업사회의 교육은 아이들의 자아 감각, 그들의 독특한 재능과 능력에 대한 감각을 둔하게 만들고, 그리고 민주주의를 약하게 만드는 경향이 있다.[42] 사실상 19세기에 공장 노동자들의 여건 완화를 위해 타결된 교섭은 특정 유형의 작업 환경에 맞는 교육 시스템을 구축했는데, 이 시스템에서는 시민성과 개인적 만족의 중요성이 경시되었다. 많은 국가에서 당시 사람들이, 자기 부모들이 맡고 있었던 일자리들이 흔들림에 따라서, 표출했던 분노는 그들이 기대한 보상을 받지 못한다는 인식에서 생겨난 것이다.[43] 불만을 가졌던 시민들은 원래의 교섭에 대해서도 의아할 것이다. 학교는 언제나 근본적으로 국가 생산성의 필요만을 지향하느라 공동체 생활, 자율성과 자기-발견, 민주적 참여 등을 위한 준비가, 최소한 대중에게는, 늘 별도의 선택사항으로 보였는가? 노동패턴의 변화가 불가피한 요즈음, 우리의 교육 실천에서 해야 할 일이 무엇인지에 관한 진지하고 심지어 근본적인 재고찰을 해야 하지 않을까?

8

기본적인 경제적 도움이 절실한 사람들이 풍요한 국가 시민들이 결코 받을 수 없는 임금 수준으로라도 기꺼이 일하려는 세계의 지역으로 생산-라인이 옮겨갈 때, 남아 있을 것은 어떤 일일까? 더 많은 로봇과 더 적은 사람이 지역의 공장을 채우게 될 때, 고교 졸업생들이 할 수 있는 일은 무엇일까?

여러 형태의 노동이 먼 지역으로 사라지거나 혹은 기계가 대체해 버릴 때, 남아 있을 일자리는 아마도 효율적 외주화와 자동화가 불가능한 것이다. '불가피하게'가 아니라 '아마도'라고 덧붙이는 까닭은 경제적 비용을 무릅쓰고서 국내 고용을 보호하려는 정책을 세울 수도 있기 때문이다. 그런데 이런 움직임은 왜 축하할 일이 되지 못할까? 기계에 맡기기 어려운 업무들은 인간의 독특한 능력이나 재능을 요구하는 일일 것이다. 동정심과 동료애가 요청되는 곳에서 인공지능은 뒤떨어질 것이다. 게다가 사람들에게 가장 필요한 인간적 접촉 중에는 지역민들이 제공해 주어야 할 부분이 많다. 소방서를 타국 출신으로 운영하는 것은 좋은 생각이 아닐 것이고, 병원의 병상 곁에 놓여 있는 기계는 최소한 현재로서는 환자들을 위로할 따뜻한 미소와 손길을 건네줄 장비가 아닐 것이다.

AI의 열광자들은 대장장이, 광부, 경리담당자, 조립-라인 노동자에 이어서 간호사와 소방관이 역사의 나락으로 사라지는 것도 시간문제라고 믿을 것이다. 20세기 후반 이후로 로봇은 노인을 돌보는 일의 일부를 담당하도록 설계되었다. 로봇은 노인에게 식사 시간 혹은 처방 약 복용 시간을 알려주고, 또 운동이나 친척/친구와의 접촉을 권장한다. 이같이 간호의 전통적인 형태를 보조하는 것으로 보면, 로봇은 인간의 돌봄 노동 중 일부를 떠맡게 된다.[44] 그런데 20세기 후반 이후, 로봇 공학자들은 그보다 더 나아가려고 노력했다. 21세기 초, 동물 매개 치료를 대체하는 로봇, 즉 패로(PARO)가 시장에 출시되었고, 그것이 치매 환자에게 미치는 영향은 지금까지 시험 중에 있다.[45] 노인 돌봄의 위기가 다가온다고 회사들이 때때로 떠들어대는데, 이는 엄청난 노인 인구를 상대할 노동자들이 부족할 것처럼 보이기 때문이다. 예컨대, 웨이포인트 로봇회사(Waypoint Robotics)는 노인 돌봄 로봇이 앞으로 대규모로 필요할 것이라고 주장한다.[46] 간호사가 필요 없을 정도로 돌봄의 많은 부분이 로봇으로 넘어갈 수 있을까?

소방관과 간호사가 계속해서 필요함을 인정한다고 할지라도, 이것이 얼마나 큰 위로가 될까? 그에 대한 반응은 확실하다: 이런 전문직에 대한 집중은 서비스직에 대해서 장밋빛 그림을 그린다. 어떤 사람들이 다른 사람들을 위해서 봉사하는 대부분의 일은 몸을 써야 하고, 피곤하고, (경제적/인격적으로) 보상도 형편없다. 생산 노동, 전형적으로 공장 일을 할 기회의 상실을 안타까워하는 노동자들이 저임금의 저급한 일이 제공될 경우 이를 거부하는 것은 당연하다.

미국의 노동자를 상대로 조사한 직무만족도는 흥미롭게도 복잡한 결과를 보인다.[47] 간호사와 내과 의사, 소방관과 구조원, 그리고 접수 담당자, 정원관리사, 항공기 승무원, 교사 등과 같은 서비스직은 만족도가 높게, 심지어 최고로 나온다. 이와 달리 관리인, 패스트푸드 점원 등과 같은 서비스직은 대체로 불만족이다. 이처럼 엇갈린 반응은 놀랄 것이 아니다. 만일 저임금에다 지위도 낮으면, 다시 말해서 재능도 없고 극히 초보적인 일만 하는 사람들에게 적합한 일로 보인다면, 이 일로 먹고살아야 할 사람들은 혐오하는 일을 해야 하는 것이 자기 팔자라고 한탄할 것이다. 흥미롭게도 낮은 임금이면서 낮은 지위인데도 불쾌하게 여기지 않는 일도 있다. 주간 돌봄 센터에서 일하는 사람 중에는 즐겁게 일하는 이들이 많다. 일이 주는 인간적인 접촉, 어린 아기들과의 상호작용, 혹은 학부모의 진정한 감사 등은 인정받게 만들 수 있다. 여러 시간 후에 사무실 건물에 혼자 있을 교대 근무자에게는 위안이 될 만한 인간적 교류가 없다. 패스트푸드 상점에서 일하는 경우, 상호작용은 많아도 거의 무감각, 무감정의 수준뿐이다. 게다가 요즈음 서비스 경제가 발전되면서 어떤 부문에서 전통적으로 제공되었던 보호 장치가 없어졌다. 가게 점원이 될 사람은 늘 '대기 중'이고, 부르면 곧바로 오고, 일을 마치면 바로 떠난다. 노동의 최후 미덕, 즉 일이 받쳐주는 자기-유지 능력은 시들어가고 있다.

그러나 서비스 일의 모든 부정적 특성들조차도 우연적이다. 성직자이자 시인이었던 조지 허버트(George Herbert, 1593-1633)가 진즉 깨달았듯이, 방 청소도 적절한 동기와 배경 속에서는 달라질 수 있고, 고된 노동도 만족스러움을 줄 수 있다. 허버트는 신성한 존재를 위해서 행해지는 일을 다음과 같이 칭송한다.

여러분 모두가 참여할 일은

비천한 것이 될 수 없지
그의 느낌이 담긴, '당신을 위한' 것인데
빛나고 정결하지 못할 정도로

이 말을 간직한 봉사자는
고역을 신성한 것으로 만들지.
당신의 법을 위해 방을 치우는 그는
그곳과 그 일을 귀하게 만든다.[48]

물론 공장과 탄광에서 일하는 사람들이 자신의 고역을 어떤 초월적 의의가 담긴 목적의 실현으로 볼 수는 없다. 아마도 그들은 자기 자신이 타인들의 삶을 위해 핵심적인 존재라고 볼 것이다. 파업을 경고하는 광부들은 국가가 자신의 노동에 의존하고 있음을 자주 강조했고, 그리고 이는 지역사회의 복지에 공헌한다는 의미를 가리킬 것이다. 그러나 내가 보기에, 건강상의 위험, 그리고 가혹한 일정이 주는 스트레스를 보상해 주는 데에 더 중요한 요인은 동료와의 동행, 그리고 물질적 이득이다. 일해야 할 날들을 여하튼 견딜 수 있게 되는 것은 갱 속의 혹은 조립-라인의 동지애, 그리고 좋은 임금에 대한 기대 때문이다.

공장 일의 존엄성은 그런 노동의 내재적 성질, 혹은 노동자의 장점에 관한 이해에서 피어나는 꽃이 아니었다. 이보다 더 높은 지위를 갖는 것은 (노동조합운동에서 대체로 생기고, 그 운동의 쇠락 후에도 남아 있는) 하나의 성취였다. 19세기 영국의 노동 환경에 관한 처절한 이야기는 되새겨보아야 할 것이다.[49] 20세기 초반까지도 광부와 공장 노동자의 상황은 거의 개선되지 못했다.[50]

그런데 우리 사회에서 많은 혹은 대다수 업무가 서비스직으로 바뀌게 되는 미래를 수용해야 한다고 가정해 보자. 만족도가 최저 수준에 놓여 있는 노동 형태를 개선하기 위해서 규제가 도입될 것이고, 마침내 만족도가 최고 수준에 놓여 있는 서비스 형태의 일부 특성을 갖출 것이다. 그런 개선은 '하인들'을 오만하게 호출하고 해고하는 것을 막기 위한 생존 임금과 보호 장치에서 출발하는 것이 합당할 것이다.[51] 그것은 문제해결에서 창의성의 여지를 도입하고, 봉사를 받는 사람들과의 유익한 상호작용을 장려하고, 하는 일의 중요성과 그 일을 하는 사람들의 자질을 강조하는 것으로 이어질 것이다. 만일 어떤 일이, 예컨대 억눌리는 해로운 환경 속에서 혼자 해야 하는 일이 이들 형태로 개선되기가 어렵다면, 그런 일은 보상이 더 많은 다른 직무와 묶어놓고 노동자들이 돌아가면서 맡게 할 수 있다. 사회적 경제적 개혁은 서비스 노동을 환영받는 일로 만들 수 있다. 결국 이데올로기는 '고역을 신성한 것으로' 만들 수 있고, 사회변화는 산업혁명 초기에 인간 이하의 취급을 받았던 대중을 갱과 공장의 떳떳한 생산직 노동자로 바꾸어 놓았다.[52] 서비스 노동이 타인들의 삶을 위해서 중요한 점을 강조한다면, 그 지위를 높이는 데에 도움이 될 것이다. 공동체는 온갖 형태로 나타나는 상호부조에 의존한다.

그렇다면 이것이 우리나라에서 노동의 미래라고 가정해 보자. 공식적인 교육은 그것에 어떻게 적응해야 할까?

9

국내의 자동화 그리고 국외로의 외주화는 풍요로운 세계에서 우리 모두의 삶을 더 낫게 만들어 줄 일단의 서비스 노동자를 공급해 줄 것이다. 게다가, 그런 서비스는 노동자들의 삶에서, 그리고 그들의 의미 있는 삶이란 인식에서 중심을 차지할 수 있다. 가장 보람 있는 일이란 타인의 고통을 완화하는 것이 중심이 되는 일이다. 치료와 치유는 힘든 상황에 반응해 준다. 다른 직무도 타인의 잘-삶을 증진함으로써 보람을 준다. 삶의 촉진은 생명의 구제처럼 보람찬 일이다. 이 점에서 교사는 간호사, 의사와 나란히 선다.

노령 인구도 임금이 괜찮고, 존중을 받고, 노인의 존엄한 죽음을 도와주는 돌봄 노동자들 덕분에 상당한 도움을 받을 것이 확실하다. (돌봄을 제공하는 사람과 치유하는 로봇은 파트너가 되어 봉사를 계속할 수가 있다.) 더 중요한 점은 우리의 모든 아이를 길러낼 필요성이다. 따라서 교육의 재고찰을 위한 나의 가장 첫 번째이면서 가장 기본적 제안은 태어날 때부터 늙을 때까지 펼쳐지는 인간의 성장이라는 분야에서 일자리를 크게 확충하자는 것이다.[53]

1. 교육은 사회의 (설령 중심 사명이 아니라도) 중심 사명으로 보아야 하며,[54] 그럼으로써 교육 종사 인력을 과감하게 확대해야 한다. 인적 투자의 증대에는 자원의 투입이 수반되어야 하며, 그래야 교육자들의 활동이 가능해질 것이다.

이 제안은 스미스, 마르크스, 듀이가 모두 인식했던 수많은 형태의 현대 노동이 사람을 죽게 만든다는 문제에 대응할 수 있는 명확한 방식으로 생각한 것이다. 교육을 스미스 원칙으로부터 해방한다면 젊은이들을 만족스러운 삶을 위해 준비시키는 방향으로 교육을 이해하는 길이 열릴 것이다. 서비스 노동이 노동 시장을 지배할 가능성이 생긴 시점에 가장 보람 있는 형태의 서비스 노동을 확대해서는 안 될 이유가 있을까? 경험 조사가 밝혀준 것처럼, 아이들을 돌보고 길러내는 일은 이런 노동이 놀랍도록 저임금임에도 불구하고 만족스러운 것으로 입증되었다. 따라서 나는 (더 흡족한 노동의 기회를 어떻게 제공할 것인가라는) 한 가지 문제가 (서비스 노동이 규준이 될 때 무엇을 할 것인가라는) 또 다른 문제와 합치됨을 보게 된다.[55]

얼마나 크게 확대해야 하는가? 민주시민으로서, 주변 환경 속에서 자신을 유지하면서 만족스러운 삶을 살아갈 적절한 기회가 모든 아이에게 제공되도록 하는 데에 충분할 정도로 확대해야 한다. 만일 서비스직이 노동 시장을 지배한다면, 아이들은 이런 업무에 종사하고 이를 통해 자신들도 만족스러운 삶을 살아가는 데에 필요한 특성들을 습득할 필요가 있다. 앞으로 여러 장에 걸쳐 차츰 제시할 것인데, 여기서 요청되는 것은 밀의 세 가지 이상이 서로 조화될 수 있게 하는 타인-지향성의 발달이다. 자신을 유지하는 힘은 좋은 시민 혹은 개인적 만족스러움으로부터 멀어질 필요가 없다.

그런데 우선, 서비스직이 지배하는 노동 환경에 교육이 적응하게 만들자는 제안은 다음처럼 단순히 자극적으로 제시할 수 있다.

2. 교육 시스템의 과업은 학생들이 교육자가 되도록 준비시키는 것이다.

이런 대담한 표현은 순환론이라는 비난을 확실히 받을 것이다. 어떻게 교육 시스템의 기능이 자체 반복일 수 있는가? 그러나 이 문제를 직시하면 답은 분명하다: 즉, 그것이 삶이다. 더 철학적으로 말해서 인간의 삶은 더 큰 무엇에 공헌함으로써, 타인들의 삶에 긍정적 영향을 미침으로써 의미를 얻는다. 이런 영향을 받은 사람들도 나중에 그런 종류의 공헌에서 의미를 얻는 삶을 살 것인지, 혹은 이런 연결-고리가 결국 끊어지고 말 것인지는 상관이 없다. 그 핵심은 에머슨(Emerson)이 다음 문장으로 표현한다. 빛나는 세상의 중대사는 인간을 길러내는 일이다.

너무 거창하게 들리면, 더 현실적인 말이 되게 해 보자. 가족에 대한 태도 변화를 조사하려고 퓨(Pew) 조사연구소는 다음과 같은 질문을 던졌다.

지금 여러분에게 가족이 얼마나 중요한지를 가장 잘 보여 주는 표현은 어느 것인가?
___가장 중요한 요소다.
___가장 중요한 것 중 하나다.
___가장 중요한 것은 아니다.

___내 삶에서 중요한 것이 아니다.[56]

조사 대상자의 76%에게는 가족이 가장 중요한 요소였고, 22%에게는 가장 중요한 것 중 하나였다. 내가 해석하기로는 이런 결과는 다음과 같은 점을 알려준다. 자신이 돌보고 배려하는 사람들의 지속적인 잘−삶이 자신의 잘−삶의 주요 결정요소가 아니라고 응답한 사람은 기껏 2%뿐이다.

나의 제안들은 후기 산업사회의 노동 환경 속에서 자아의 만족스러움을 찾을 수 있는 방향을 제시해 준다. 퓨 조사의 결과를 확대해석한다면, 과거의 노동 시장에 향수를 갖는 많은 사람이 서비스 경제의 금전적 보상에 관심을 쏟는 이유는 가족의 복지가 그들의 삶에서 중심이기 때문이다. 마르크스가 19세기의 산업 여건에서 간파했던 소외는 20세기의 발전 속에서도 사라지지 않았다. 오히려 노동자들에게는 가족의 복지에 대한 새로운 의미가 생겼다. 이 의미는 소비재의 향유, 사회적 상승 이동의 약속, 그리고 자녀의 더 나은 미래로 규정된다. 이런 종류의 복지에 가까워질 정도로 임금이 향상됨에 따라서, 일하는 날과 (삶에서 가장 중요한 일로 여기는) 가족을 부양하고 이끌어 갈 기회를 맞바꾸는 것이 좋은 교섭으로 보이게 되었다. 그런데 불안정하고, 임금도 낮고, 무시당하기 쉬운 서비스직은 그런 기회를 줄이는 것처럼 보인다. 이런 특성을 제거한다면 그런 위협은 사라진다. 게다가, 서비스 경제는 마르크스가 지적하는 소외를 직접적으로 줄여줄 것이고, 가정생활에 스며 있는 상호 협력과 공동 이득이라는 인간적 측면이 일상 노동 속으로 들어오게 될 것이며, 노동자들이 속해 있는 공동체가 확대될 것이다. 많은 교사가 노동 현장에서 '인간적 기능'을 발휘하는 능력과 더 적은 소비재를 맞바꾸는 쪽으로 결정할 때, 이런 교섭은 흔쾌하게 수용된다.

이와 같은 최초의 두 가지 제안을 어떻게 교육개혁에 담을 것인가? 체계적 이론이 만들어진다면, 지침이 생길 수 있다. 이런 이론이 없다면, 그런 접근은 아무래도 실험적일 수밖에 없다. 한 가지 제안은 이미 밝혀진 경험연구를 끌어들일 수 있다.[57]

3. 잘 설계하여 재정도 충분하고 협동적인 '돌봄, 놀이, 교습' 센터를 만들자. 아이들이 어릴 때부터 학교에 들어가기 전까지 이 센터에 등록할 수 있게 하자. 이 센터에서 담당자 1인당 아이들의 수는 적어야 한다.[58] 학부모는 매주 하루 혹은 이틀을 이 센터에서 지내면서 아동의 발달에 동참해야 하고 이를 위해 유급 휴가제를 활용할 기회가 주어져야 한다. 이 센터는 모든 아이에게 무료여야 한다.

이 센터는 요즈음 학부모들 사이에서 호응도가 아주 높은 기존의 유아 학교를 모델로 삼으면 될 것이다. 그러나 이 센터는 아이들이 남보다 '앞서가도록 도우려는' 시도를 분명히 금지할 것이다. 센터 직원들은 협력, 공동계획, 상상 놀이를 강조하면서 개별 아동의 발달을 챙기고 대응할 것이다.[59] 학교 교육과정의 형식적 기능을 배우기 시작할 준비가 된 아이들을 위해서, 도움과 지원이 제공될 것이다. 그러나 그런 기능의 습득을 우월한 목표로, 즉 어떻게 해서든 성취해야 할 목표로 여기지 않을 것이다.

초등학교와 가정의 경계선은 무너질 것이다. 저학년의 학부모는 일주일에 하루 혹은 이틀을 자기 자녀의 교육에 참여하는 일을 계속해야 하고, 이 일을 자기 직무의 일부로 받아들여야 할 것이다. 게다가 이 일은 부부 중 한 사람이 아니라 **부부**가 함께해야 할 일로 받아들여야 한다.

> 4. 초등학교 교실에서 학생들은 15명이 넘으면 안 되고, 교사는 최소한 두 명이 있어야 한다. 교사 외에, 최소한 한 명의 성인 보조자가, 가능하면 학부모가, 교실에 더 머물러야 한다. 또한 그 교실은 더 많은 학부모의 참여를 환영하고, 그리고 모든 학부모가 일정한 역할을 맡고 또 방문자들도 다양한 예술, 공부, 활동을 아이들이 알게 도와주기를 기대할 것이다. 교육과정은 읽기, 쓰기, 셈하기(21세기 기초 훈련)를 다룰 것이다. 협동 활동과 공동계획의 강조는 계속될 것이다. 폭넓은 재능과 흥미를 지닌 성인들과 상호작용을 함으로써 아이들은 제각기 특별히 끌리는 지식, 체육활동, 예술 영역을 찾도록 장려될 것이다.

이 제안에 들어 있는 초등학교의 비전은 호기심을 자극함으로써 아이들이 자기의 열정을 찾을 수 있게 하는 것이다. 자유주의적 접근방식이 생각하는 자율성의 기반은 자기-발견이다. 내가 누구(무엇)인지, 내게 어떤 가능성이 있는지를 어느 정도 파악하지 못한다면, 나 자신의 인생 계획을 찾을 수 없다. 만일 다양한 성인 집단에 속하는 사람들이 무엇이 가치 있는지, 무엇이 추구할 만한 가치가 있는지에 대해 절실하게 느낀 생각을 지니고 교실에 들어온다면, 아이들이 다양한 가능성을 제각기 찾아낼 기회는 많아질 것이다. 그리고 아이들이 처음부터 매력적으로 느끼는 선택지들을 찾아보고, 그중에서 계속해서 매력을 느낄 만한 선택지에 도달하고, 이를 추구하면서 겪게 되는 훈련과 장애물을 극복할 가능성도 더 커질 것이다.[60]

여기서 〈제안 2〉의 자극이 새로운 의미를 지녀야 한다. 학부모는 교육자로서 자기 자녀와 일반 공동체를 위해서 무언가를 가져다줄 것으로 기대된다. 게다가 친자녀가 없는 성인들도 자신의 열정과 흥미를 갖고 초등학교 교실에 들어가 수 있거나, 들어가야 한다. 성인들이 받았던 학교 교육의 목적은 타인의 교육을 위해서 자신이 베풀어주고 싶은 어떤 것을 찾아내도록 도와주는 데에 있다. 성인들은 어릴 적에, 아마도 다녔던 학교 교실에서 습득한 취향을 통해서, 자신이 추구할 자아의 만족스러움을 발견했는데, 그들은 타인의 자아 만족을 돕는 일이 자기 자아의 만족스러움이 되기도 한다.

그런데 이런 일이 모두 저학년에서 이루어져야 할 이유가 있을까? 나의 두 번째의 방법론적 지침은[61] 학습을 평생의 활동으로 생각할 것을 권장한다. 따라서 첫 번째 지침에 맞추어, 나는 노동조건에서 나타날 또 다른 사회변화를 다음과 같이 제시한다.

> 5. 노동자들은 정기적으로 유급 휴가를 받을 선택권을 가져야 하며, 성인으로서 지적,
>   예술적, 신체적 지평을 확대하는 활동을 추구하도록 설계된 센터에 참석할 수 있어
>   야 한다.

지속적인 교육의 가치에 관한 대부분의 연구 사례는 먼저 잠재적인 직업적 이익에 초점을 두고, 경제적 사회적 성공과 연관된 특성의 발달 및 연마에 초점을 두고 있지만, 나의 제안의 이유는 다른 데에 있다.[62] 우리의 삶의 패턴이 청소년 혹은 청년 시기의 어느 번뜩이는 순간에 전적으로 결정되는 경우는 거의 없다. 우리의 교육 시스템은 성장과 변화를 허용해야 한다. 새로운 영역을, 추구해 보기를 '늘 원했던' 것을, 혹은 학교를 졸업하고 나서야 비로소 명확해지는 다른 매력적인 일을 탐색해 볼 기회가 사람들에게 주어져야 한다.

많은 구체적인 문제들을 아직 언급하지 못한 것은 사실이다. (바라건대 가장 중요한) 어떤 문제는 나중에 여러 장에 걸쳐 다룰 것이다. 이제까지 나의 목표는 노동 환경과 공식적인 교육 시스템이 서로 적응해 갈 수 있는 길을 밝히는 것이었다. 일단 스미스 원칙이 포기된다면, 우리는 밀의 과부하 교육과정이 지향하는 가장 의미 있는 유형의 목표들을 위해서 체계적으로 노력해 갈 방향을 탐색해 볼 수 있다. 이제까지의 예비적 고찰이 몇몇 세부 사항들을 추가하려는 나의 노력에 힘을 실어줄 정도로 호소력이 있기를 희망한다.[63]

그러나 세부 사항을 추가하기 전에 명백한 질문을 던져야 한다. 그토록 야심적인 교육적 헌신에 대한 재정지원은 어떻게 할 것인가? 답도 명백하다. 국가의 우선순위를 재조정하자! 우리는 경제의 교육 지배를 끝장내야 하고, 그 대신 노동자, 시민, 그리고 (만족스러운 삶을 추구할 수 있는) 인간을 창조하려는 노력을 철저하게 기울여야 한다. 이런 노력은 우리가 타인에게 전수하는 것을 통해서 해야 한다. 제3부에서는 이것이 어떻게 가능할지를 탐구한다.

후주 ⏱ 제2장

1 Thomas Gray, 'Elegy Written in a Country Churchyard,' in 『The Oxford Book of English Verse』, ed., Sir Arthur Quiller-Couch (Oxford: Clarendon Press, 1957), 531–36, at 533.

2 여기서 나는 현대 교육철학의 여러 학자, 특히 브릭하우스, 커렌, 누스바움, 셰플러, 시겔 등과 비슷한 생각을 갖는다.

3 물론 비슷한 아이디어는 세 계급에게 서로 다른 유형의 교육을 제공하는 플라톤의 『국가』에서도 이미 나타났다.

4 근본적으로 우리의 선사시대 유산의 일부. 무리의 성인들은 새로운 구성원에게 그 집단을 살리는 데 필요한 모든 능력을 전해 준다.

5 5권의 논의는 광범한 것이다(WN 747–1028). 스미스의 목청 높은 옹호자들이 영감을 주는 것이라고 칭송하는 그 책의 이 부분은 읽지 않은 것 같다. 왜냐면 만일 그 책을 거기까지 읽었다면 '자유로운' 그리고 '규제 없는' 시장에 관한 경박한 이야기는, 시장이라는 것이 작동할 수 있으려면 미리 어떤 구조가 마련되어야 한다는 인식에 따라서, 제지되었을 것이기 때문이다. 게다가, 적절한 조건이 확인될 수 있을 때까지는 어렵고 힘든 사고가 필요하다고 이해했을 것이다. 이 주제에 관한 더 많은 이야기는 다음을 참조. Karl Polanyi, 『The Great Transformation』 (Boston: Beacon, 2001) 및 Charles E. Lindblom, 『The Market System』 (New Haven: Yale University Press, 2001). 마지막 장에서, 나는 WN 5권에서 제기되는 일부 문제로 되돌아갈 것이다.

6 WN 825. 여기서 스미스의 역사는, 그가 법학부와 의학부의 중요성을 간과하기 때문에, 일부만 정확하다(제1장, 35를 참조).

7 WN 830.

8 내가 서론과 제1장에서 명시적으로 언급한 문화의 진화에 관한 한 가지 사항. 윗책 1–2, 31–36을 참조.

9 WN 832.

10 WN 831. 여기서 스미스는 '철학'이 과학을 포함한 많은 학습 분야라고 지적한다.

11 WN 832.

12 WN 838. 또한 WN 820–21을 참조. 스미스는 (교육 상품의 잠재적 소비자인) 학생이 자신의 미래 직업과 관련된 것이 무엇인지를 제대로 판단할 수 있다고 가정한다.

13 WN 839.

14 WN 842.

15 WN 842.

16 WN 843.

17 WN 843.

18 WN 839.

19 WN 840.

20 WN 846.

21 WN 846.

22 그런 질문에 대해 커렌(Randall Curren)이 긍정적으로 답변한 것은 다음 글에서다. 'Peters Redux: The Motivational Power of Inherently Valuable Learning,' *Journal of Philosophy of Education* 54 (2020, 731–43). 그는 또한, '교육이 노동 시장의 요구에 따라 제약받는다.'라는 생각에 대한 저항이 어떻게

해서 19세기에 뿌리를 내리게 되었는가를 보여 준다. 나도 그와 마찬가지로 이 문제 있는 제약의 중요한 특징은 '어릴 때부터 경쟁을 격화시키는 것'이라고 본다.

23 Karl Marx, 『The Economic and Philosophic Manuscripts of 1844』, ed. Dirk Struik (New York: International Publishers, 1964, 106). 이 책은 1932년에 (원래 독일어로) 출간되었다. 이 책은 여러 종류의 선집에서 발췌되고 번역되었으며, 그리고 소외된 노동을 의미하는 독일어 'Entfremdete Arbeit'의 통상적인 영어 번역은 'Alienated Labor'이다. 나는 Struik의 판본을 인용했는데, 거기에 모든 원고가 포함되어 있으며, 따라서 마르크스의 첫 번째 문장의 이면에 깔린 것이 무엇인지를 보여 주기 때문이다. 정치경제학을 혼자 깨우치는 과정에서 마르크스는 그가 주장하는 바를 정확하게 수행했고, 그의 독서 노트에서 지적한 대로 처음 세 가지 원고가 밝혀주는, 그 주체의 첫 번째 가정에서 출발한다.

24 MW 1, 137; MW 2, 88.

25 MW 15, 166; LW 3, 124.

26 노동자의 노동 과정으로부터의 소외에 관한 인식은 1900 그리고 1920년도의 저술에서 분명히 나타난다(MW 1, 137; MW 2, 88). 마르크스의 원고는 30년 후에야 비로소 (독일어로) 나타났다.

27 MW 3, 288.

28 MW 3, 288. 또한 다음을 참조. MW 5, 60.

29 MW 10, 140. 여기서 듀이는 스미스가 거부하는 해결책으로 되돌아온다. 그런데 듀이는 그의 제안을 '일반교육'의 정통적 설계와 구별하면서, 예상되는 해방을 제공해 줄 공부는 어떤 종류의 것인가에 관한 탐구를 제언한다(MW 10, 141). 또한 MW 15, 166-67을 참조. 커렌이 나에게 지적했듯이, 근대적 생산-라인은 전형적으로 '훈련되지 않은 몽상'을 위한 장소가 아니다. 몽상에 빠진 노동자는 뒤처지거나 혹은 더 나쁘게, 기계에 끼어 상해를 입을 수 있다.

30 MW 11, 83.

31 WN 484-85.

32 자유교육의 옹호자 곧 밀, 뉴먼, 듀보이스, 브릭하우스, 델반코, 누스바움 등은 흔히 비-경제적 이점을 강조하지만, '전인적 인간은 기술적으로 훈련되고 또한 경제적으로 생산적일 수 있다.'라고 명시적/암시적으로 가정하기도 한다.

33 이어지는 여러 절에서 내가 재구성한 추론은 나의 'Education, Democracy and Capitalism,' in 『The Oxford Handbook of Philosophy of Education』, ed. Harvey Siegel (New York: Oxford University Press, 2009, 300-18)에서 처음 제시했던 분석을 다듬은 것이다.

34 나는 여러 곳에서 생물학적 결정론의 제반 형태에 관한 회의론을 표명했다. 다음을 참조. 「Vaulting Ambition: Sociobiology and the Quest for Human Nature」 (Cambridge MA:MIT Press, 1985); 'Battling the Undead: How (and How Not) to Resist Genetic Determinism,' in 『Thinking about Evolution: Historical, Philosophical and Political Perspectives』, ed. Rama Singh, Costas Krimbas, Diane Paul, and John Beatty (New York: Cambridge University Press, 2001), 396-414.

35 내가 가정하는 바는 일련의 논변을 제시할 것인데, 이것이 없으면 생길 혼란도 없다.

36 나는 스미스가 비생산적 노동의 형태라고 말했을지도 모르는 많은 종류를 특수한 노동자와 선택적 노동자에 포함했다(WN 360-62). 그의 구분은 늘 나에게는 근시안적인 것처럼 보였다. 생산에 직접적으로 종사하는 공장 직공의 성과 중에서 어느 부분은, 이들 직공의 병을 진단하는 의사에게 그리고 그가 생산-라인으로 돌아가도록 도와준 간호사에게 귀속되어야 하지 않을까? 명확한 상품을 만들어 내는 다른 사람들을 살려내고 지원해 주는 사람들은, 내가 보기로는, 간접적으로 생산한다. 이런 사항이, 예

컨대 관현악단의 음악을 듣고 원기를 회복한 사람들에게서 노동의 효율성이 올라갈 경우, 관현악단 단원에게도 적용되는지는 논란거리가 될 것으로 나는 생각한다. (나는 이에 관한 우정어린 많은 토론에 대해서 로널드 핀들레이(Ronald Findlay)에게 감사한다.)

37 나의 사례가 암시하듯, 1%가 얼마나 작은 것인지는 달라진다. 전체 인구 중에서 소방관이 될 사람은 관현악단 단원 혹은 신경외과 의사가 될 사람보다 비중이 더 클 것이라고 나는 짐작한다.

38 혹은 어쩌면 그들은 '공감 피로(compassion fatigue)'를 막기 위해 설계된 교육과정을 추구할 것이다. (이 문제를 나에게 알려준 렌디 커렌에게 감사한다).

39 AI와 로봇이 어디까지 침투할지에 대한 추측은 다양하다. 한 가지 영향력 있는 연구는 옥스퍼드 마틴 스쿨의 존중받는 두 명의 학자, 프레이(C.B. Frey)와 오스본(M.A. Osborne)의 것이다. 「고용의 미래: 직장은 컴퓨터화에 어떻게 취약한가?」 이 논문은 다음에서 찾아볼 수 있다.
https://scholar, google.com/scholar?hl=en&as_sdt=0%2c33&q=frey+osborne+2013&btnG=.
더욱 최근에 매킨지 보고서는 '375백만 가량'의 일자리가 사라질 수 있다고 예언한다. 다음을 참조.
https://www.mckinsey.com/featured-insights/future-of-work/jobs-lost-jobs-gained-what-the-future-of-work-will-mean-for-jobs-skills-and-wages. 일부 비평가들은 일자리의 상실에 관한 두려움은, AI와 로봇이 희망처럼 신속히 그리고 충분히 발전하지 못할 것이기 때문에, 혹은 인간 노동자들이 대체되어 버린 후에 의미 있게 많은 수의 새로운 직업이 생길 것이기 때문에, 과장된 것이라고 암시하기도 했지만, 나는 그 위험이 심각하다고 가정할 것이다.

40 댄 오플레허티(Dan O'Flaherty)가 나에게 지적했듯이, 이는 전적으로 단순한 것이 아니다. 어떤 종류의 혁신은, 즉 어느 부문의 혁신은 새로운 형태의 고용을 엄청나게 창출한다. 자동차의 발명은 대장장이, 마차 제조업자, 말 사육자의 직업 전망에 영향을 주었겠지만, 그것은 자동차를 만드는 사람들 뿐 아니라 도로 건설, 교통 통제/지시를 위한 온갖 장치와 시스템, 새로운 종류의 보험, 운전 교습자, 교통 법원 등에 필요한 수많은 일자리를 엄청나게 제공했음이 확실하다. 내 생각에는, 자동화의 위협이란 수많은 부문을 통일된 치밀한 방식으로 혁신시킬 잠재력에서 생긴다. 사람들이 우려하는 미래는, 수많은 유형의 노동이 로봇과 컴퓨터 통제 장치에 따라서 행해지고, 그리고 이 일차 수준의 (비-인간) 작업 수행이 유사한 이차 수준의 장치에 따라서 구축/조정/통제되고, 그리고 그 이상에서도 그렇게 되는 세계에서 생긴다. 이 위계질서의 상층부에서 그런 프로그램을 계속해서 혁신하고 작성하는 인간 노동력은 엄청나게 줄어든다.

이런 미래가 가능할지는 현재로는 불확실하다. 나는 많은 부문의 완전 고용에 대해 도전이 생길 것이라는 가정 위에서 진행하는 것을 보증하는 방향에서 몇 가지 단계가 충분히 가능할 것이라고 본다. (에이스모글루(Daron Acemoglu)와 레스트레포(Pascual Restrepo)가 'Artificial Intelligence, Automation, and Work' NBER Working Paper 24196에서 지적한 것처럼, 어느 부문에서 자리를 잃은 노동자는 다른 곳에서 특히 자동화할 수 없는 형태의 노동이 늘어남에 따라 상쇄될 수 있다. 늘어날 가능성은 서비스 노동에 있다. 위 논문은 다음을 참조. https://www.nber.org/papers/w24196).

41 Daron Acemoglu, David Autor, 그리고 그들의 공동 저자의 저술을 참조.

42 예컨대, 다음을 참조. MW 2, 88-93, 그리고 MW 9, 265-266.

43 이는 구체적으로 '중간계급 생활'을 누리고, 자녀의 기회 향상을 희망하는 데에 충분한 높은 수입을 가리킨다. 지루한 노동의 보상은 노동 현장 밖의 삶을 더 편안하고 더 즐겁게 만들어 주는 물품의 구매 능력이라는 점은 아주 명백하다. 이런 계약에서 적절한 보상을 찾으려면 노동자는 먼저, 브릭하우스(Brighouse)가 진정한 이익의 왜곡이라고 말하는 '평생의, 성찰-없는 물질주의'에 감염되어야 한다.

(On Education, 23). 따라서 이들에게는 먼저 나쁜 계약이 제공되고, 그런 다음에는 약속된 천박한 재화도 주어지지 않는다.

44 이와 같은 AI 용도의 진전된 버전은 다음을 참조.
https://phys.org/news/2018-12-world-culturally-sensitive-robots-elderly.html
유럽연합(EU)은 개별 환자의 습관/문화를 학습하고 적응할 로봇을 제작하기 위한 프로젝트(CARESSES)를 지원했다. CARESSES는 Culture Aware Robots and Environmental Sensor Systems for Elderly Support의 약자다. 이 로봇은 일본과 영국에서 시험 중이다.

45 다음을 참조. Meritxell Valenti Soler et al., 'Social Robots in Aging Dementia,' *Frontiers in Aging Neuroscience* 7(2015). https://www.ncbi.nlm.nih.gov/pmc/articles/PMC4558428/ 그리고 Sandra Petersen et al., 'The Use of Robotis Pets in Dementia Care,' https://www.ncbi.nlm.nih.gos/pmc/articles/PMC5181659/

46 다음을 참조. https://waypointrobotics.com/blog/elder-care-robots/

47 많은 서비스직이 만족스러울 수 있다는 명제의 옹호론은 다음을 참조. David Autor & Philip Kitcher, 'As You Like It: Work, Life, and Satisfaction,' ch. 8. in 『Capitalism beyond Mutuality』, ed. Subramanian Rangan (New York: Oxford University Press, 2018, 139-60), 그리고 거기서 인용된 자료. 직업 만족도 조사의 경험적 자료를 명쾌하게 분석해 준 점에서 데이비드 오토(David Autor)에게 감사한다.

48 George Herbert, 'The Elixir.'

49 Friedrich Engels, 『The Conditions of the Working Class in England』, Oxford World's Classics (Oxford: Oxford University Press, 2009); Karl Marx, 『Capital』 (New York: Vintage, 1977), ch. 15, 492-639.

50 George Orwell. 『The Road to Wigan Pier』 (New York: Houghton Mifflin).

51 제10장에서 논변할 것인데, 내가 제안하는 교육개혁은 폭넓은 사회환경의 여러 가지 특성을 바꾸는 데에 달려 있다. 필요한 수정 사항 중에 임금 차이의 현저한 축소가 들어 있다. 많은 서비스 노동자들은 적절한 임금을 받을 때 제대로 대우를 받는다고 느낄 것이다.

52 물론 모든 형태의 이데올로기가 변혁을 일으킬 수 있는 것은 아니다. 알렉산더(Natalia Rogach Alexander)가 나에게 알려주었듯이, 마르크스의 아이디어에 관한 스탈린식 풍자는 '노동자 영웅(worker hero)'이라는 아이디어를 낳았으며 이는 새로운 형태의 파괴적 경쟁을 부추겼다.

53 애트킨슨(Anthony Atkinson)의 놀라운 저서 『Inequality』 (Cambridge, MA: Harvard University Press, 2015)는 위대한 경제학자의 평생 연구가 요약되어 있다. 이 책의 독특한 특징으로는 애트킨슨의 결론이 번호가 붙어 있는 제안으로 제시된 점이다. 이 방식을 나는, 비록 다른 (관련성은 있는) 주제에 대해서 그리고 전문성이 훨씬 떨어지는 글이지만, 이 책에서 따른다.

54 내 제안은 내가 가장 잘 아는 미국과 영국의 자료에 기반을 두는 경우가 많지만 그중 많은 점이 훨씬 폭넓게 적용될 것이라고 본다.

55 이런 기본적 제안을 위한 논의가 완결적이라고 여기는 것은 아니다. 이어지는 여러 장의 논의에서 문제점과 해결책에 관한 내 진단이 더욱 설득력을 갖추게 될 것이다.

56 'The Decline of Marriage and the Rise of New Families,' Pew Survey, released November 18, 2010.

57 James J. Heckman and Ganesh Karapakula, 'Intergenerational and Intragenerational Externalities of the Perry PreSchool Project' (NBER Working Paper No. 25889, https://www.nber.org/papers/w25889). 또한 다음을 참조. Avi Feller et al., 'Compared to What?:

Variation in the Impact of Early Child Education by Alternative Care Type,' *Annals of Applied Statistics* 10 (2016): 1245-85. 이런 중요한 연구는, 학업 수행에서 지속적인 개선이 전혀 생기지 않을 때도, 어떻게 조기 교육이 많은 이점을 남기는가를 보여 준다. 페리 프로그램에 참여한 아이들은 자신의 교육을 계속해서 추구했으며, 지속적인 일자리를 얻을 가능성은 더 컸고, 그리고 범행에 끼어들 가능성은 더 작았다.

58 얼마나 높은가? 이것은 경험적으로 확인되어야 한다. 학부모가 가장 좋아하는 프로그램에 관한 자료로 살펴보면, 아주 어린 나이에는 1:2의 비율, 그 이후에는 1:5의 비율을 생각할 수 있겠으나 이런 추정치는 교육적 실험을 통해서 교정될 여지가 있으며, 인구가 달라지면 이에 따라 당연히 달라질 것이다.

59 이어지는 여러 장에서 제안하게 될 것인데, 이런 강조는 밀의 교육적 이상을 뽑아내는 과정에서 확인된 방향으로 움직이려는 노력과 부합된다. 그러나 제10장에서 설명되는 바와 같이, 그것은 폭넓은 사회변화, 구체적으로는 더 평등하고, 덜 경쟁적인 사회로의 변화를 요구한다.

60 제안 3과 제안 4는 다음 장에서 더 다듬어질 것이다.

61 제1장 37쪽의 원칙 B를 참조.

62 계속 교육의 가치에 관한 거의 모든 논의가 직업적 장점에서 출발하는데, 이는 스미스 원칙이 지배하고 있음을 말해 준다. 만약 논의가 더 계속된다면, 이는 흔히 어떻게 성인 학습이 여러분의 확신과 시장 기능을 높여줄 수 있는가를 설명하기 위한 것이다. 인간적 발달에 관한 생각은 안타깝게도 소홀히 다루어진다.

63 이 장의 논변은 '스미스 원칙에 대한 비평'으로 볼 수 있다. 이는 노동시장의 예견 가능한 변화에 대응하는 몇 가지 제안으로 보완된다. 그리고 다음과 같은 질문을 제기한다. 왜 이것이 스미스 원칙을 부정하고, 그리고 그런 변화에 반응하는 올바른 방식인가? 나의 대답은, 내가 채택한 접근방식에서는 제1장에서 확인된 목표들이 어떻게 증진되는가를 밝히는 데 있을 것이다. 이는 그다음에 이어지는 세 개의 장에 걸쳐서, 그런 목표들을 연구하고 다듬어내는 과정에서 밝혀질 것이다.

제3장

만족스러움

1

　이제까지 보았듯이 누적된 교육적 과제가 어처구니없는 과부하로 인지될 때, 국가 정책들이 가장 중요한 것들을 확인하려는 노력을 하게 될 것은 놀랄 일이 아니다. 치열한 경제적 경쟁이 특징인 세상에서, 가능한 한 생산적인, 그리고 소득이 가장 높은 형태의 고용에 대비한 노동력의 훈련이 최우선 과제일 것이다. 잠재적 노동자들은 경제적 보상의 전망에 따라 장려될 것이다. 큰 소득이 가장 추앙받고, 그리고 그것이 위세나 지위와 연결되면 경제적 경쟁은 더 뜨거워진다. 나사는 다시금 또다시 조여진다. 이런 소용돌이에서 더욱더 순수한 (혹은 더욱더 조잡한?) 물질주의자, 소비자 문화의 버전들이 생기고, 그 영향을 해리 브릭하우스(Harry Brighouse)와 같은 이론가들이 한탄한다.[1]

　이런 지배적 관점은 교육적 성찰의 위대한 전통에는 전적으로 어긋난다. 플라톤에서 지금까지 젊은이들을 어떻게 형성해야 하는가를 가장 깊게 성찰했던 서양 사상가들은 아주 다른 가치들을 강조하였다. 밀은 그의 장시간 연설에서 전문직 훈련을 배제하고 이야기를 시작했다. 다른, 더 일반적 형태의 일을 위한 준비는 그가 숙고하는 지평에 오르지 못했다. 주요 교육이론가들은 오늘날 세계적으로 제공되는 대부분의 학교 교육을 돌아보면 예외 없이 슬퍼질 것이다. 그들은 지구의 여러 지역에서 자국의 경제를 지원하도록 설계된 고압적 교육 체제에 맞추어 젊은이들이 사육되는 방식들에 놀랄 것이다. (미국만 그런 것은 아니나 거기서 가장 두드러지는데) 가난한 아이들이 위험하고 황폐한 장소로 보내져서, 거기서 보수도 형편없고, 혹사를 당하고, 교대로 근무하는 교사들의 불충분한 수업을 받는다는 점에는 더 격분할 것이다.[2] 그러나 앞 장에서 보았던 종류의 왜곡을 넘어서, 교육이론가들은 풍요한 세계의 교외 숲속에서, 그리고 최고 명성의 학교들에서 행해지는 교육에도 저항해야 한다. 왜냐면 여기서도 이미 나사를 조이기 때문이다.

뉴욕시의 수많은 학교의 현행 상황을 보면, 고액의 보수를 받는 전문가들이 자기가 맡은 아이들을 '제대로 교육받게' 만들려고 떠밀면서 정신없이 몇 년을 보내는 것에 너무 많은 눈물을 흘린다면 잘못일 것이다. 아이가 태어나기도 전에 '좋은' 예비학교에 들어갈 준비를 해야 한다. 초등학교 입학 전부터 몸부림치는 것이 관례이고, 아마도 그 이후로 '적합한' 중고등학교를 거치면서 꾸준한 진보를 보장하고, 혹 그렇지 못하면 그동안 몸부림치던 것의 새 버전을 감행해야 한다. 그러면 당연히 필사적인 대학 준비를 거치고, 좋은 추천서를 손에 쥔 청소년은 명성 있는 어느 대학에 들어갈 수 있다. 미국의 정말 뛰어난 고등교육 기관이 많은데도(수많은 자유 교양 대학, 주립대학, 기술공과대학이 최고 엘리트 대학들과 마찬가지로 독특한 형태의 학부 교육 프로그램으로 뛰어난 교육 기회를 흔히 제공함에도[3]) '최우수' 대학이 아니면 안 된다. 따라서 사전에 번쩍이는 자격증을 준비하고 항목별로 점검을 마쳐야 한다. '최고 대학들'에 입학할 운명에 속할 사람들은 공인된 일정표에 따라 적절한 범위의 활동들에 참여함으로써 자신들이 얼마나 '제대로 준비된' 사람인지를 증명해야 한다.[4] 각 단계를 통과하면서 성장하는 아이는 그다음의 장애물 경주를 맞이할 훈련을 받아야 한다. 마지막 열기는 그 통과 지점이 학사 학위이건 혹은 그다음의 전문직 자격증이건 간에 '현실 세계'로 들어간 이후의 삶이 어떻게 될지를 결정해 준다. 이를 위해 젊은이들은 최고 평판을 받는 상징물에 의해서 확인을 받을 필요가 있고, 그리고 앞으로의 직장 생활에서 경쟁을 주도하게 될 타인들과 교류할 필요가 있다. 인간관계망이 중요하다.

정리해 보자. 풍요한 사회는 열악한 운명 때문에 고통받는 가족이 많이 생기게 만든다. 갖고 싶었던 꿈마저 이미 포기한 부모는 더 나아지게 만들 만한 실질적 기회를 제공해 주지도 못하는 학교에 다니라고 자기 아이들을 보낼 수밖에 없을 것이다. 우리는 지역사회의 학교들이 '정말 충분히 좋은 곳일까.' 혹은 선도적 지역대학으로의 진학이 자기 아들이나 딸을 일류가 아닌 '이류' 미래의 운명에 빠뜨리게 하지는 않을까 하고 걱정하는 과민한 학부모를 위해 너무 크게 외치면 안 된다. 다른 한편으로, 그들의 자녀에게 찾아올 미래는 우리의 성난 저항은 아닐지라도 우리가 동정할 만한 것이다. 물론, 그들은 스미스가 말한 '미련한' 노동자들과 같은 운명을, 혹은 아주 어릴 때부터 학습 기회가 전혀 없던 사람들의 더 심각한 곤경을 겪지는 않을 것이고 또한 형편없는 보수를 받는 육체노동이 아닌 다른 일들을 할 것이다. 그러나 그들도 적절하지 못하게 묶어진 가치들을 좇아서 살도록 만들어지는 과정에 놓여 있다. 그 결과 교육적 전통에서 주요 이득으로 간주했었던 점들을 그들이 성취할 기회는 줄어들고 마는 것이다. 밀의 강연에서 '개인적 만족스러움을 위한 기회'라는 가치를 칭송하는 음성이 점점 더 높아졌던 것은 옳은 일이었다.

2

스미스 원칙은 불가피한 경쟁의 세계에 대한 성찰에서 생겨났고, 이런 세계는 그런 원리를 계속해서 지켜간다. (앞 장에서 그랬듯이, 그리고 제3부에서 더 체계적으로 그럴 것인데) 경쟁의 축소를 향한 움직임은 흔히 위험한 착오로 간주되었다. 경제적 경쟁이 인간의 중요한 재화를 공급해 주었다고 주장한다. 18세기의 정착 이후, 정밀한 상업 시스템의 덕분에 수십억의 인구가 극빈 상태에서 벗어났다. 기술은 삶을 개선했고, 일상 업무를 더 쉽게 만들었고, 여가의 기회도 풍부해졌다. 경쟁이 줄어든 미래에 대한 열망은 덜 경쟁적이었을 것으로 가정하는 과거에 대한 향수와 마찬가지로 감상적인 환상이며, 멀쩡한 정신이라면 거기서 깨어나야 한다.

경제적 현 상태에 관한 이런 옹호론은 전적으로 합당하다. 통계는 어떤 면에서 인류의 진보를 말해 준다.[5] 두 도시에 관한 나의 이야기, 즉 빈곤한 아이들이 사는 뉴욕, 그리고 부유층 아이들에게 강요된 왜곡된 가치는 두 집단의 아이들이 상실한 것들에 주목하게 하려는 것이었다. 중요하지 않다고 버려진 것들을 망각해 버리는 것이 옳은 일일까? 얻은 것들과 상실된 가치 회복의 결합은 가능한 일일까? 이미 지적했듯이 이 책의 마지막 장에서, 나는 두 번째 질문에 대한 회의론적 포기에 대해서 반박할 것이다. 먼저 여기서, 내 목표는 첫 번째 질문이 암시하는 비난을 거론하는 것이다. 개인의 만족스러움을 향한 호소는 혼란에 빠진 감상주의의 발현일 뿐일까?

자동차 범퍼에 붙어 있는 스티커는 멍청한 물질주의를 선택한 것처럼 보인다. '가장 많은 장난감을 갖고 있다가 죽는 자가 승리자다.' 그러나 어찌 보면 이런 농담은 소비문화에 대한 반응이 아니고 그 말을 진지하게 받아들이는 사람들을 향한 역설적 논평이다. 어떻게 해석하건 간에, 장난감이나 트로피만 수집하면서 유한한 인생을 보낸다는 것이 결국 헛된 일이라는 점에 거의 모든 사람이 동의할 것이다. 부질없는 경쟁에서 승리하는 데에 몸을 바친다면 이런 사람의 삶은 무언가 잘못이다. 에밀리 디킨슨(Emily Dickinson)은 통렬하게 진단한다.[6]

세상은, 먼지처럼 느껴지고

> 우리가 죽음 앞에 멈출 때,
> 우리가 이슬을 원할, 그때,
> 명예는, 무미건조해지고

그렇지만 모든 것을 버리고 그저 부와 명성의 추구에 바친 인생은 만족스럽지 **못한** 삶에는 동의할지라도, 만족에 대한 긍정적 설명을 제공하거나, 혹은 공식적인 교육은 개인적 만족에 관한 지도를 제공하는 일이라고 밝히려는 주장은 하여튼 거부당할 것이다. 우리는 만족이 결핍된 상황에 직면하고 나서야 이를 깨닫게 되지만, 그러면서도 어떻게 사는 것이 잘–삶인가를 설명해 주려는 이론가들은 배척당할 것이다. 학교는 젊은이들의 삶에 필요한 기초 능력의 습득을 도와줄 수 있고, 그들이 스스로 지탱해가도록 지도해 줄 수 있겠으나 그 이상으로 '의미 있는 삶' '인간다운 충실한 삶' '만족스러운 삶'이라는 이야기는 교육적 의미를 갖기에는 너무 모호한 것으로 간주할 것이다.

제1장에서 이런 회의론에 대한 대응을 언급하였다. 거기서 내가 제시한 것은 만족에 대한 설명 혹은 더 좋게 말해서, 무엇이 인간의 삶을 더 만족스럽게 하는가에 관한 명제였다. 디킨슨의 죽어가는 주인공이 꿈꾸었던 '이슬'을 우리가 찾아낸 곳은 타인들의 삶에 대한 우리의 공헌 그리고 그들의 감사하는 반응에서다.[7]

> 깃발들, 죽음 앞에 찡그린 얼굴
> 그러나 가장 작은 부채를,
> 어느 친구의 손이 흔들어주면
> 비처럼, 시원하게 만든다,

이 몇 줄이 듀이가 제시한 추상적인 그림의 구체적인 모습을 생생히 보여 준다. 우리 자신을 먼 과거로 (그리고 다행스럽게도 먼 미래로) 뻗어 있는 거대한 연결고리 속의 조그만 연결고리로 보는 것은 특이한 재능을 가진 소수들만 충족시키기를 열망할 수 있는 엄청난 요구처럼 보일지 모른다. 평범한 사람들의 삶은 '우리가 이어받는 가치 있는 유산을 보존, 전수, 교정, 확장함으로써 우리의 다음 세대가 우리가 이어받을 때보다 더 견고하고 더 안정되고 더 넓게 접속되고 더 너그럽게 공유될 수 있는 것으로 이어받게'[8] 하는 일에서 어떻게 도움을 줄 수 있을까? 시인들은 우리에게 대답한다: 우리가 타인들의 삶에 긍정적 차이를 일으키는 일을 통해서, 우정어린 손을 움직임으로써, 더 일반적으로는 '우리의 조그만, 이름 없는, 기억되지 못하는 친절과 사랑의 행위를 통해서'라고.[9]

　나의 듀이식 제언에 의하면, 만족스러운 삶이란 타인들의 인간적인 삶에 공헌하려는 뜻을 가진 프로젝트, 즉 인생-계획을 자유롭게 선택하고 추구하는 삶, 말하자면 이 거창한 인간적 프로젝트에 자기 몫의 가치를 추가하는 데에 성공하는 삶이다. 이 장의 남은 부분에서 나는 이 아이디어를 조금 덜 혼란스럽게 만들고, 그리고 그것이 개인의 형성에 갖는 중요성을 공식적인 교육에 부여되는 적절한 역할을 포함해서 밝혀낼 것이다.

$$3$$

　제1장에서 간단히 특징을 묘사했던 것을 여러 측면에서 명료화하고 확대할 필요가 있다. 먼저 나의 휴머니즘을 옹호하는 일부터 시작할 것이다. '만족은 타인들의 삶에 대한 공헌을 요청한다.'라는 내 제안은 협소하다는 비판을 두 가지로 받는다. 첫째, 인간이 아닌 감정을 가진 다른 존재들을 소홀히 한다는 항의다. 둘째, 더 흔한 것일 텐데, '차원 높은 목적'에 응답할 필요성, 즉 유한한 물질적 존재를 초월하는 어떤 프로젝트에 (전형적으로 신을 섬김을 통해서) 참여할 필요성을 가리킨다. 이 두 가지 비판에 대한 나의 대응에서는, 휴머니즘과 그런 비판의 이면에 놓여 있는 통찰 간의 중요한 공통 기반을 밝혀볼 것이다.

　그다음 과제는 인류 역사의 시사점을 찾아보는 것이다. 흔히 철학자들은 '어떻게 살 것인가?'라는 단일한 문제가 모든 시간과 장소에서 발생하는 것처럼 이야기한다. 나는 그렇게 보지 않는다. 만족이 무엇인지 그리고 '만족'이 소크라테스의 질문에 집중하는 올바른 용어인지 등은 상황마다 다르다. 그 질문의 중요한 형태는 언제나 비교론적이라고 나는 주장할 것이다. '좋은 삶'의 이상적 형태를 찾기보다 더 중요한 점은, 인간의 삶에서 결핍되는 것으로 밝혀진 차원들을 확인하고, 그리고 이렇게 결핍되는 부분들을 개선할 방도를 준비하는 것이다.

　이를 미리 명료화한 다음에, 나는 최근에 만족스러움에 관해서 제기되고 논의되었던 문제점을 다룰 것이다. 두 가지 주요 접근방식이 두드러진다. 첫째, 고대 그리스 사상의 유산이라고 흔히 보는데, 삶의 질에 공헌하는 특성들의 객관적 목록을 특정하려는 접근방식이다. 둘째, 주체의 자율적 선택을 강조하면서, 개인의 '인생 계획'의 자유로운 선택을 강조하는 밀에서 출발하는 접근방식이다. 두 가지 사이에 벌어지는 논란의 기반은 분명하다. 밀을 따르는 자유주의자들은 객관적 특성들의 목록이라는 것을 강요로, 다시 말해서 개인이 '각자의 선'을 자율적으로 선택하는 범위를 제한하는 것으로 여긴다. 이와 달리 객관적 목록의 옹호자들은 인생 계획과 프로젝트가 사소한 것이 될 가능성을 가리키면서, 자유주의자들은 그것의 기준을 너무 낮게 책정한다고 비판한다. 나는 두 가지 견해의 통찰을 어떻게 통합할 수 있을지를 밝혀낼 논의를 시도해 볼 것이다. 가장 좋은 길은, 밀이 그렸던 추상적 주체에 관한 그림을 포기하고 그 대신에, 자아는 언제나 사회적 상황에 속해 있으며 사회적으로 형성됨을 깨닫는 것이다.

이런 방향으로 발전했을지라도, 만족스러움에 대한 일부 접근은 '잘-삶'에 관한 논의를 자주 사로잡았던 엘리트주의를 이어가는 것처럼 보일 것이다. 그런 논의가 비교적 특권층에 속하는 인간들에게만 적용되는 것으로 많은 사람이 절감하는데, 이는 아주 합당한 반응이다. 나는 어떻게 해야 더 민주적이고 평등한 접근이 될 것인지를 밝혀볼 것이다. '**인생 계획**이 어떻게 일상적인 선택에서 암암리에 나타날 수 있을까?', 어떻게 해서 거창한 결정의 순간이 불필요하게 될까, 만족스러운 삶이 어떻게 해서 방향 전환을 겪게 될까 등을 밝혀볼 것이다. 또한 나는 만족스러움에 관한 여러 설명에 들어 있는 청교도주의(Puritanism)를 포기할 것이고, 어떻게 해서 다양한 종류의 쾌락, 특히 공유되는 쾌락이 삶의 가치에 공헌할 수 있을까를 밝힐 것이다.

이처럼 만족스러움의 개념을 더 명료화하려는 온갖 시도 속에서, 나는 다음 사실을 받아들일 것이다: 만족스러움에 공헌하는 것으로 간주하는 요인, 즉 자율적 선택, 성공, 타인의 삶에 대한 참여는 모두가 정도의 문제이다. 특히, 우리가 삶의 패턴을 선택할 때 발휘할 수 있는 자유의 정도는 성장하는 자아와 주변 사회 간에 일어나는 대화의 성격에 따라 달라질 것이다. 우리가 어떻게 교육받는지가 중요하다. 이는 특히 유년기의 교육관을 가리킨다. 사회와 성숙하기 시작한 개인 간의 대화는 가능한 한 민감해져야 한다. 젊은이가 인간으로 형성되는 과정에서 역할을 맡는 사람들은 선택의 틀을 이루는 선택지들을 충분히 제공해 주어야 하고, 특정 패턴을 강요해서는 안 된다. 무엇보다도 그런 사람들은 아이들의 독특한 인성과 성격이 처음에 나타나는 낌새를 잘 알아채야 한다.

따라서 우리는 다시 교육으로, 그리고 앞 장에서 제시한 제안으로 돌아갈 것이다. 이런 제언은 여기서 다듬어지는 만족에 관한 설명에 의해 뒷받침된다고 나는 주장한다. 그리고 이런 제언은 이어지는 장에서 계속 지지받을 것이다.

4

나의 제안은 인간적인 것에 대한 강조에서 출발한다.[10] 이는 다음과 같은 두 방향에서 의문이 제기될 수 있다. 하나는 더 큰 포용성을 요청하는, 즉 감정을 가진 다른 동물들의 잘-삶을 고려하는 방향이고, 다른 하나는 인간보다 '차원이 높은' 초월적인 존재에 대한 헌신이 만족을 위해서 필요하다고 주장하는 방향이다. 이런 사항을 차례로 다루면서 나의 입장은 비로소 명확해질 것이다.

지난 반세기 동안, 도덕적 진보가 나타난 중요한 문제는 인간 이외의 동물에 대한 태도와 취급이었다.[11] 이 영역에서 도덕적 결함에 대한 인식이 최근에 와서 높아졌는데 그 뿌리는 훨씬 오래된 것이다. 아시아의 많은 문헌과 가르침에서는 다른 피조물에 관한 관심이 수만 년 동안 나타났다. 서양의 사상가 중에서 제러미 벤담은 18세기에 감정을 가진 동물에게도 쾌락과 고통의 능력이 있고, 이는 그들을 도덕적 계산에 포함해 줄 것은 요구한다고 주장했다.[12] 이와 비슷한 결론은 윤리학의 다른 틀에서도 쉽게 나타난다. 결과적으로 오늘날 수많은 사람처럼 나는 다음과 같이 믿는다. 인간 이외의 많은 동물을 다루는 우리의 방식을 바꿀 의무가 우리에게 있다. 우리가 동물을 가지고 즐기는 스포츠와 전시회 중에는 잔인한 경우가 많고, 언제나 그들의 삶을 비틀어 놓는다. 식용 동물을 사육하는 우리의 실제는 야만적이다. 동물을 이용한 과학 실험은 관련 동물이 야만적 침탈의 희생물이 되지 않으려면, 상당한 조건을 준수해야 한다.[13] 그렇다면 어떻게 나는 만족을 다른 **인간**의 삶에 대한 공헌으로만 이해할 수 있겠는가? 어떻게 우리는 (듀이의 감동적인 생각처럼)[14] 세대를 이어서 가치를 전수하려는 시도를 순전히 '인간 프로젝트'로만 볼 수 있겠는가? 이는 편협하고 동물-차별적인 그릇된 견해가 아니겠는가? 그리고 진화론적으로 인간의 사촌에 속하는 동물들의 도덕적 지위를 더욱 충실하게 인정하자면, 그런 견해는 확대되어야 마땅하지 않겠는가?[15]

이는 공정한 이야기다. 만족스러움은 세대를 뛰어넘는 프로젝트에 대한 공헌을 통해서 생긴다고 나는 주장한다. 한 의미에서 그 프로젝트를 **인간** 프로젝트라고 인정하는 것은 맞다. 왜냐면 인간이라는 종의 구성원인 우리는 그 프로젝트 속의 행위 주체이며, 그것은 우리의 노력을 통해 진전되기 때문이다. 그러나 다른 의미에서 보면, 그 프로젝트는 인간 프로젝트만이 아니다. 사람들은 스스로 태어날 때 이어받은 세계를 만들어 다음 세대에 넘겨줌으로써 그 프로젝트에 공헌할 수 있고 이는 다른 **인간들**의 삶에 대한 공헌을 요구하는 것이 아니다. 그런데 이런 식의 이야기는 위험하다. 이것은 세계의 개선된 상태가 감정을 가진 존재들의 삶의 질과는 무관하게 그런 지위를 얻음을 암시하는 이야기이다. 다시 말해서 여기서 말하는 진전이 (인간 혹은 인간 이외의) 동물의 삶에 긍정적 차이를 낳지 못할지라도, 어떤 개선이 세계 속에 있다고 보는 이야기다. 이것을 나는 부정한다. 약간 다르게 말하는 쪽이 더 낫다. 인간 프로젝트의 진전이란 감정을 가진 존재들의 삶이 더 좋아지게 영향을 미침으로써 세계를 변화시키는 일이다.

그러나 이런 이야기도 제대로 이해할 필요가 있다. 불행히도 이런 이야기는 일종의 유토피아주의(utopianism)로 이해하기가 쉬운데, 이는 거부되어야 할 것이다. 왜냐면, 만일 감정을 가진 다른 동물들의 삶과 인간이 상호작용하는 방식들을 구분하지 않는다면, 이는 찰스 다윈이 폐기했어야 하는 목표를 우리가 추구하도록 만들기 때문이다. 그 목표는 감정을 가진 존재들이 최대한 잘살 수 있는 '평화로운 왕국'이라는 생각이다. 우리가 인간들에게 줄 수 있는 것과 인간 이외의 감정을 가진 동물에게 제공할 수 있는 것 사이에는 심각한 불균형이 있다. 우리는 다른 인간들에 대한 위해를 가하는 행동을 피할 뿐만 아니라 그들의 삶이 개선되도록 노력할 수도 있다. 아마도 일부 동물들, 즉 우리와 가까이 살고 우리가 가장 잘 이해하는 가축들에 대해서 우리는 그들의 삶의 (작은) 개선을 때때로 생각하고 실행할 수 있다. 자연 선택에 따라서 지배를 받는 동물의 왕국 전체를 (혹은 감정을 가진 부류들을) 위한 입법이라는 생각은 조금만 진지하게 살펴보면 사라진다.[16] 물론 우리는 온갖 방식으로 개입할 수 있고 어떤 종은 희생되고 다른 종은 애호받지만 우리의 행동이 무자비한 파괴라는 비난 앞에서 방어될 수 있는 경우에도 분명한 긍정적 개선을 우리가 측정할 수 있는 기준은 없다. 기껏해야 우리는 다른 동물들을 해치지 않은 채 일부 동물들을 위험과 장애에서 구해주는 방식으로, 개입할 수 있다.

이를 제대로 이해하려면, 우리는 다윈의 생명관의 어떤 결과에서 출발해야 한다. 자연 선택은 진화론적 변화의 유일한 원인이 아니고 언제나 '이빨과 턱이 시뻘건 자연'으로 표현되는 것이 아니다. 그러나 『종의 기원』이 분명히 밝혀주는 것처럼 생존 투쟁은 삶의 핵심이다. 유기체의 세계는 엄청난 갈등이 불가피하게 만들어져 있다. 공감의 완전한 확대, 즉 공감이 동물 왕국에 전반적으로 균등하게 퍼지는 것은 불가능하다. 포식자에게 공감하게 되면 먹잇감에 대한 공감이 없어지고 그 반대도 마찬가지다. 따라서 다윈은 어떤 사고방식을 뒤흔들어 버리는데, 이는 창조에 대한 가장 계몽되고 관대한 초기 종교적 접근에 확실히 퍼져 있었고 환경론자들이나 동물 복지와 권리에 아주 헌신적인 사람들의 저술에 아직 남아 있는 사고방식이다. 다윈은 '평화로운 왕국이라는 생각'에 종지부를 찍어 버린다.

평화로운 왕국 사상가들이 암묵적으로 가정하는 것은 관대한 자연이며, 이는 도덕적으로 문제 있는 인간 개입을 통해서만 혼란스러워진다. 그들은 성공회의 찬송가를 통해서 세계를 바라본다: '모든 전망은 기쁨인데, 인간만이 사악하다.' 결과적으로 그들의 통치관에는 다음과 같은 단순한 원칙이 들어 있다. 즉, 인간은 감정을 가진 동물들에게 위해나 고통을 일으키지 않는 방식으로만 행동해야 한다. 따라서 그들은 인간의 행위가 동물에게 고통을 일으키는 경우와 아주 비슷한 고통을 인간이 아닌 동물들이 일으키는 경우를 구별한다. 인간들이 아주 창의적으로 잔혹할 수 있음은 논란의 여지가 없이 확실하지만, 그러나 고통을 일으키는 행동은 인간만의 전유물이 아니다. 고양이 주인이 자주 목격하듯이 집고양이는 쥐를 잡아서 장난감 삼아 놀기도 한다. 감정을 가진 동물들에게 무심코 고통을 주는 행동을 우리가 억제하도록 노력할 수 있는 것처럼, 우리가 직접 통제하는 동물들도 억제하도록 노력할 수 있다. 고양이가 쥐를 괴롭히는 것을 중지시키거나, 여우를 사냥하는 사냥개의 훈련을 중지시킬 수 있다. 그러나 이런 협소한 영역을 벗어나서 우리가 들어가게 되는 도덕적 영역은 지도로 그려내기가 상당히 어렵다. 일부 종을 보호하려는 우리의 노력은 거의 언제나 다른 종을 희생시킨다. 우리가 막아내려는 고통을 지향하게 되면 이 행위가 일으키는 고통을 모른 채 지나치기가 쉽다. 우리는 정직해야 한다. 우리가 법을 만들고 있을 때 이는 동물 왕국이 전반적으로 개선되도록 하기 위해서가 아니라 인간의 감성을 기쁘게 하는 종들이 퍼지도록 하기 위해서다.

짧게 말해서, 인간을 제외한 감정을 가진 세계가 더 나아질 수 있는 길은 인간이 자주 개입하는 잔혹한 실제를 바꾸는 것이다. 그 이상으로 우리가 내다볼 수 있고 논란의 여지가 없는 긍정적 영향은 아주 적다. '첫째, 해를 끼치지 말라!'는 명령은 적용되지만, 둘째로 나올 것이 무엇일지 알기는 매우 어렵다.

따라서 감정이 있는 동물들의 삶도 인간 프로젝트를 위한 우리의 공헌에서 목표가 될 수 있을지라도, 그런 공헌의 거의 대다수는 우리가 동물을 해치는 것을 억제하는 데에 있을 것이라고 나는 주장한다.[17] 만일 우리의 삶에서 더 긍정적인 어떤 점을 성취하기를 희망한다면, 이는 주로 인간들을 위해서 우리가 하는 일에서 나와야 할 것이다. 이 점만 분명히 인지된다면, 내가 상상한 질문자들이 선호하는 더 확장된 특성화에 대해서 나는 반대하지 않는다. 그러나 인간에 대해서, 즉 '인간 프로젝트'에 참여하는 것에 대해서 집중하는 것이 만족스러움을 추구하는 합당한 접근방식이라고 나는 말하고 싶다. 우리는 이런 인간 프로젝트에서 행위의 주체이면서 행위의 주요 객체일 수밖에 없다.[18]

이에 관해 마지막으로 언급할 점이 있다. 우리 인간도 마찬가지로 자연 선택에 따른다. 그렇다면 왜 다윈의 핵심이 우리 인간의 경우에는 적용되지 않으며, 타인의 삶에 긍정적으로 공헌할 기회를 우리에게서 박탈하지 않는가? 왜냐면 우리의 문화적 진화로 인하여 인간들이 중시하는 것들이 다윈의 생존과 재생산이라는 '재화'로부터 떨어져나왔기 때문이다. 만일 어떤 사람들의 삶을 향상시키려는 우리의 시도가 언제나 다른 사람들에게 손실이 되는 식으로 그 대가를 낳게 된다면, 우리도 똑같은 적용을 받아야 한다. 그런데 '인간 프로젝트'를 진전시키려는 우리의 시도 속에서, 우리는 타인들에게 나쁜 결과를 끼치지 않는 (혹은 나쁜 결과가 더 줄어들게 하는) 방식으로 다른 사람들을 도와주려고 노력한다. 비록 희귀한 재화를 놓고 벌이는 경쟁이 때때로 인간 세계에서 횡행하고 우리의 노력을 뒤집어 놓을지라도, 그것이 언제나 무작정 그런 것은 아니다. 우리는 가장 전형적 형태로 나타나는 다윈식 생존 투쟁의 '제로섬' 성격에서 벗어날 수 있다.[19]

이제 내가 강조하는 휴머니즘의 두 번째 관심사로 들어가자. 물론 서양 사상사에서는 대체로 만족스러운 삶에 관한 질문들에 대한 아주 다른 접근방식이 압도한다. 기독교 사상가들은 아우구스티누스(Augustine) 이후로 우리의 삶은 신이 밝혀준 목표들의 증진이라는 더 큰 목적에 대한 반응을 통해서 의미를 얻는다고 가정하였다. 이슬람과 유대교의 전통에 속하는 독실한 학자들은 세부적으로는 다르게 보았지만, 그 근본이념을 따랐다. 듀이처럼 나는 초월적 관점에서 한발 물러나서 신의 프로젝트에 대한 공헌을 인간의 집단적 노력의 진보라는 (가능한 경우에는, 모든 감정 있는 동물들의 전반적 상태의 향상에 초점을 두는) 생각으로 바꾸었다.

아브라함의 신앙을 따르는 사람들뿐만 아니라 현대의 종교인들은 나의 이런 접근방식을 근본적으로 잘못된 것이라고 볼 것이 아니라 불완전하지만 부분적으로 옳은 것이라고 이해하여야 한다. 가치 있는 삶이란 자신이 애호하는 신(들)의 목표를 충족시키는 삶이라고 보면서, 독실한 사람들은 전형적으로 타인들을 돕는 일을 신의 계획의 일부로 집어넣을 것이다. 기독교의 두 번째 계명에 상응하는 것들이 세계의 주요 종교들 속에 들어 있다. 따라서 많은 종교적 관점에서 볼 때, 인간적 가치에 관한 관심을 뛰어넘는 목표들에 의미가 부여될지라도, 그리고 충족될 그런 목표들의 궁극적 의미를 파악하는 데에 인본주의적 구상이 실패할지라도, 인간 프로젝트에 대한 공헌을 인간의 삶을 평가하는 기준으로 삼는 것은 올바른 판단일 경우가 많다. 이와 다른 가정은, 올바른 교리에 대한 신봉이 모든 죄와 결함을 씻겨주고 신앙 결핍은 약속 파기라고 주장하는 것이다. 세속적 접근을 철저하게 잘못으로 보면 교리를 무겁게 강조하게 된다. 인간 프로젝트를 위해 이루어낸 것이 전혀 없어도 올바른 신앙의 신봉으로 충분하다. 반대로 신앙이 없다면 가장 모범적으로 가치들을 보존하고 다듬어놓은 사람들도 신의 시험에 실패한다. 그들의 모든 인간적 성취에도 불구하고 그들의 삶은 무가치하게 된다.[20]

세계교회주의적(Ecumenical) 종교들은 다른 신앙을 따르는 종교들이 실재의 초월적 측면의 성격을 잘못 알고 있다고 본다. 그러나 세계교회주의적 종교들은 다른 신앙을 따르는 사람들이나 혹은 따르는 신앙이 없는 사람들도 인간적 선을 증진하면서 가치 있는 삶을 살 수 있다고 이해한다.[21] 그러므로 세계교회주의의 신자들은 인본주의자들의 대답도 진리에 가까운 것으로 봐야 한다. 그것은 올바른 형태이며 다만 몇몇 구체적 특성이 잘못이다. 개인들의 삶은 자기보다 더 큰 어떤 것과 연관됨으로써 정말 가치롭게 된다. 종교인들이 세속적 휴머니즘의 결함으로 여기는 것은 **제한된** 큰 프로젝트에 안주함인데, 여기에는 신의 계획의 초월성 그리고 그 우주적 의미가 빠진 것으로 본다.

앞으로 당분간 종교적 관점과 세속적 관점의 충돌에 대해서는 거론하지 않을 것이다. (이 논쟁은 제6장에서 나올 것이다.) 두 관점 간의 구조적 유사점은 가치 있는 삶을 더 큰 어떤 프로젝트에 대한 공헌으로 생각하는 것인데, 이를 인식한다면 인본주의적 대답에 관한 어떤 명백한 관심이 (예컨대, 엘리트주의에 관한 우려가) 좋은 삶에 관한 종교적 접근에 어떻게 똑같이 적용되는가를 이해하는 데에 도움이 된다.

5

그다음 단계로 우리는 지금까지의 이야기 속에서 생길 수 있는 중대한 혼동을 이해해야 한다. '어떻게 살 것인가?'라고 물었던 소크라테스와 수많은 추종자는 흔히 두 가지 질문을 혼동한다. 개인의 삶에 초점을 두는 질문은 '**나는** 어떻게 살아야 하는가?'이며, 집단적 문제에 중점을 두는 질문은 '**우리는** 어떻게 같이 살아야 하는가?'이다. 내가 듀이에게서 끌어낸 명제도 양분된다. 첫째, 특정 인간들에 관한 주장이다: 한 개인의 삶의 가치는 그것이 인간 프로젝트에 어떻게 공헌하는가를 물어봄으로써 평가받는다. 둘째, 인간관계와 집단생활에 관한 제안이다: 사회가 얼마나 건강한가의 정도는 그 사회가 가치의 축적과 분배를 어떻게 진전시키는가를 물음으로써 평가받는다. 논의가 진행되면서 두 가지 물음이 서로 어떻게 연관되는지가 더 명확해진다. 당분간 두 질문의 차이를 인정하고, 각 질문의 적절성을 인지하는 것으로 충분하다.

개인적 질문과 집단적 질문의 차이를 이해하면 혼동을 없애는 일이 시작된다. 소크라테스의 질문에 관한 논의에서는 형용사의 사용이 두드러진다. 소크라테스의 질문은 **좋은** 삶, **행복한** 삶, **가치 있는** 삶, **귀중한** 삶, **만족스러운** 인간의 삶, **의미 있는** 삶 혹은 **뜻깊은** 삶 중에서 어떤 것을 가리키는가? 그런데 이들 용어 외에도 더 있을 것이다. 때때로 윤리학 관련 저술에서는 이들 용어의 일부 혹은 전부를 똑같은 뜻으로 사용한다. 다양한 표현으로 단조로움이 사라져도, 손실은 없다. 그렇지만 형용사마다 담긴 뜻은 확실히 다를 것이다. 행복의 경우가 가장 그렇다. 행복의 (고상한) 철학적 개념이 확실히 있다. 쾌락적 경험만 있는 삶은 진정으로 행복한 삶이 아니다. 쾌락적 경험에 의미를 부여해 주는 틀이 없다면, 그것은 **진정한** 행복이 아니라고 철학자는 말한다. 이런 철학적 개념은 쾌락으로 가득한 삶이 행복한(심지어 좋은) 삶이라고 만족해하는 쾌락주의자들에게 대응하기 위한 것이다. 그렇지만 쾌락주의의 옹호자들이 '행복한'을 그 일상적 의미로 사용하겠다고 주장하는 것도 합당하다. 쾌락주의의 반대자들은 육체적 쾌락의 오랜 지속을, 예컨대 오르가스마트론(Orgasmatron)[22] 속에서 낭비한 수십 년의 시간은 '**참된 의미**'의 행복이 아니라고 주장한다. 이들의 주장에 따르면 인간의 삶의 질에 관한 논의는 '철학과 관련된 행복의 개념'을 사용해야 하며, 여기서 행복한 삶은 '만족스러운 인간의' '의미 있는' 것이 되어야 한다.

여러 가지 형용사는 소크라테스의 질문을 다양한 방향으로 이끌어 간다. '행복'이 쾌락을 가리킬 수 있는 것처럼, '좋은'은 윤리적 혹은 도덕적 의미를 끌어들이고, '만족스러운 인간'은 인간의 존엄성에 관한 특별한 생각으로 연결되고, 그리고 '의미 있는'은 자아-성찰을 요구하는 것일 수 있다. 그렇다면 소크라테스의 질문을 어떻게 제기해야 할까? 아무 용어나 의미의 범위를 고르고, 다른 용어들의 특수한 의미를 집어넣는다면, 똑같은 의미가 임의대로 생길 수 있을까? 듀이식 제안이 이보다 더 나은 접근방식을 제시한다. 우리 자신을 긴 연결고리로 이어지는 존재로 본다면 중요한 진리가 드러나게 된다. '어떻게 살 것인가?'라는 물음은 인류가 거쳐온 여러 가지 역사적 단계마다, 그리고 아주 다양한 상황에서 살아가는 현대의 인간 집단들을 위해서, 각기 다르게 제시되어야 한다. 널리 퍼진 모든 형용사는 각각의 일상적 의미에서 나름의 이유를 가질 것이다.

신석기 시대의 수렵-채집인 혹은 현대 세계의 최하층 주민에게 어떻게 의미 있는 삶을 살 것인가를 물어봄으로써 그들이 '어떻게 살 것인가?'를 짐작하려고 한다면 어리석을 것이다. 인지적/정서적 능력에서 발달 장애를 겪는 아이들의 삶을 고민함으로써 인간의 존엄성과 자아-인식의 기준을 설정하려고 한다면, 이 또한 엉뚱하고 미련할 것이다. 그렇지만 슬프게도 능력이 미약한 아이를 돌보고 보호하고 사랑하면서 20년을 살아온 부모는 그 아이의 때 이른 죽음 앞에서 아이의 인생은 대체로 행복한 것이었겠지 회상하면서 스스로 위로할 수 있고, 그리고 이런 생각에 자기-기만은 필요하지 않다. 이보다 훨씬 더 심각할 정도로 혼란스러운 경우, 예를 들어 발작을 예방하거나 통증을 줄이려고 늘 약을 먹으면서 살아야 할 정도로 심각한 장애를 안고 살았던 사람들의 경우, 그들의 삶을 돌이켜보면서 다음과 같이 판단을 내릴 수 있다. 좋은 삶이라고 말할 수는 없어도 적어도 그들에게 가능한 범위에서는 좋은 삶이었다.

여러 가지 형용사는 삶에서 **개선**할 가치가 있는 측면들을 가리킨다고 이해하는 것이 가장 좋다. 나의 듀이식 제안은 **비교론적이다.** 그런 가치들은 더 굳어지고, 더 안정되고, 더 접근할 수 있고, 더 널리 공유되어야 한다. 인간의 만족이라는 이상이 교육을 위해서 중요함을 설명하고 옹호하기 위해서 나는 소크라테스의 질문을 다시 던지려고 한다. 교육은 젊은이가 교육을 받지 않고 사는 경우보다 더 좋은 삶, 의미 있게 더 좋은 삶을 살도록 준비시켜야 한다. 그 핵심 과제는 개인들이 날마다 또 해마다 살아남도록 자신을 유지하는 능력뿐만 아니라 더 보람찬 삶을 누릴 능력을 제공해 주는 것이다. 세상은 그들이 죽음에 이를 때 비천한 느낌을 주지 않아야 한다.

이 목표와 병행되어야 할 것은 개인들이 속한 사회들을 개선하기 위한 노력이다. 특정 국가가 '물질적인 부의 경쟁'에서 승리하여 '다시 위대하게' 만들려는 생각을 버리고, 오히려 사회적 삶을 더 건강하게 만들려는 노력을 기울여야 한다. 개인적 만족스러움을 위해 젊은이를 준비시킴으로써 사회적 진보를 향한 길은 닦여진다.

6

지금까지 예비적인 사항을 몇 가지 밝혀보았다. 나는 좋은 삶이나 정의로운 사회의 명확하고 일관된 개념을 목표로 삼을 것이 아니라, 그 대신 인간의 삶과 사회가 개선될 수 있는 차원들을 생각할 것을 제언하였다. 진보의 가능성에 집중하더라도 이를 최종의 완전한 어떤 상태로 나아가는 단계로 보지 말고 현재로서 문제가 있는 특성들을 완화하고 제거해가는 변화로 보자. 이상을 바라보되 이를 우리가 궁극적으로 실현할 상태를 진술한 것으로 보지 말고 현재 상황의 난점들을 확인할 수 있는 진단의 도구로 보자.[23]

듀이가 우리에게 부여한 책임은 우리가 처한 상태를 개선하는 일이다. 이는 인간의 삶과 사회를 제약하는 요인들을 찾아내어 극복함으로써 인간 프로젝트에 공헌하는 일이다. 이제 나는 소크라테스의 질문에 답하는 세속적 전통 중에서 중요한 두 가지를 끌어들여서 나의 비교론적 접근을 밝히고 싶다.[24] 두 가지 전통을 나의 진보주의적 접근에 적응시키면 만족스러움의 개념이 더 선명해질 것이다.

좋은 삶에 대한 고대인의 접근 중에서 영향력이 있었던 것들은 잘-삶에 공헌하는 특성의 목록을 제시한다. 이것은 엄격한 도덕적 요청에 따름, 공적 생활에 참여함, 특수한 도덕적 인물과의 우정, 가장 근본적인 진리의 명상 등의 특성을 가리킨다.[25] 이 설명에서 칭송되는 많은 특성은 대다수 사람이 열망하기가 어려운 것이라서, 그런 제안은 엘리트주의적이고 그리스 **폴리스**의 고귀한 남성에게 적합하고 다수의 평범한 사람들을 도외시하는 것으로 보는 경우가 많다. 물론 그 요구 사항을 부드럽게 만들고, 가치 있는 삶에서 드러나야 할 특성들의 **객관적 목록**을 수정함으로써 더 관대하고 포용적인 것이 될 수 있다. 그런데 18세기 후반부터 대부분은 아니나 많은 철학적 설명이 다른 데에서 출발하였다.

　자유주의적 접근은 자율성을 근본으로 여긴다. 잘-삶이 되려면 당신이 사는 삶은 당신 자신의 것이 되어야 한다. 객관적 목록은 일종의 강요, 즉 외부의 부과일 것이다. 삶의 주체가 삶의 적절한 틀을 정해야 한다. 밀의 명쾌한 표현처럼, 자기 자신의 선을 선택하여 나름의 방식대로 그것을 추구하는 능력은 '이름값을 하는 유일한 자유'다.[26] 밀을 따르는 현대인들은 이 개념을 밝히면서, 잘-삶의 주체가 '핵심 프로젝트' 혹은 '인생 계획'[27]을 선택할 수 있다고 가정한다. 이런 선택은 그들이 추구할 일련의 목표를 고른다. 만일 그 삶이 좋은 (행복한? 가치 있는? 의미 있는? 만족스러운?) 것이면, 처음부터 선택은 자유롭고, 그 추구는 성공적이거나 혹은 최소한 충분히 성공적이다. 만일 그 목표가 외부에서 강요되거나 혹은 그 목표의 성취가 계속 실패한다면 잘-삶이 되지 못한다. 자유주의자는 흔히 자유 선택과 성공적 추구 그 이상의 것들을 요구하기를 꺼리며 그 밖의 제약들은 개인적 자유의 침해로 간주한다.

　여기서 우리는 살아 있는 논쟁의 핵심에 닿는다. 만일 만족스러운 삶이 일련의 객관적 기준을 충족시키는 것이라고 가정한다면, 이는 처방된 패턴을 강요하는 방향으로 너무 치우친 것이라고 볼 수 있다. 자율성에 대한 자유주의의 강조는 그 반대 방향으로 치우친 것으로 보인다. 개인 선택을 주권자의 일로 본다면 이는 무가치한 프로젝트까지도 만족스러움에 이르는 길이라는 점을 인정하게 된다. 이는 제1장의 풀잎을 세는 사람을 가리킨다. 이처럼 두 가지 접근방식을 대조시켜 본다면, 타협을 시도하도록 자극을 받게 될 것이 분명하다. 고전적 접근에서 선의 객관적 목록이라는 아이디어를 끌어들이면, 이것은 개인의 발달을 위한 메뉴가 된다. 이 메뉴는 크기 때문에, 그리고 충족은 특수한 가치들의 (다수의 좋은 것들이 빠질 수 있는 일부 결합을 포함하여) 무수한 결합 속에서 찾을 수 있는 것이기 때문에 개인이 선택할 여지는 넓다. 만족스러움은 객관적 목록에서 끌어들인 아주 풍부한 목표 중에서 자유롭게 선택하고 그리고 선택한 목표의 달성에서 충분히 성공하는 그런 계획을 선택해야 비로소 생겨난다.[28]

　이런 유형의 견해들은 옳은 방향으로 나아가는 단계이지만, 내 판단에 따르면 거기에 두 가지의 결함이 들어 있다. 첫째, 그런 견해는 역사를 소홀히 한다. 둘째, 그런 견해는 개인들이 속한 사회로부터 그들을 떼어놓는다. 더 정확히 말하면, 그런 견해는 과거도 없고 사회적 연결도 끊어진 개인들에게 초점을 둠으로써 생겨난 것이다. 그리고 그런 견해에서 나타나는 그런 연결은 외래적, 추가적 생각으로 도입된 것이다. 내가 밝히려는 만족스러움의 개념은 출발점부터 다르다. 개인들은 사회적, 역사적 상황 속에서 사는 존재다. 그들의 처지는 그들에게 무엇이 만족인가에 대해서 중요하다. 심지어 '어떻게 살 것인가?'를 물으면서 목표로 삼아야 할 것들을 '만족스러움'이라고 말하는 것이 적절한 표현인지에 대해서도, 그들의 처지는 중요하다.

발달하는 개인들이 끼어서 살아가는 그 사회적 환경은 이 장의 후반부에서, 뚜렷한 역할을 할 것이다. 그러나 여기서 내가 집중하는 것은 우리가 제각기 인간 프로젝트의 특정한 역사적 단계에서 태어난다는 평범한 사실이다. 소크라테스의 질문(들)을 다루면서 철학자들이 사용한 형용사 때문에 생겼던 의미상의 혼란을 다시 살펴보자. 어느 역사적 단계 혹은 사회적 환경에서 그 질문을 특정한 방식으로 제기하는 것은 아둔한 혹은 노골적 모욕은 아닐지라도 어리석을 수가 있다. 예컨대, 혹독한 환경에 처한 공동체들을 연구하는 인류학자는 그곳 사람들의 '의미 있는 삶' 혹은 '만족스러운 삶'에 관한 생각을 재구성하는 것을 유익하게 보지 않을 것이다. 어떤 시간 여행자가 지금보다 수만 년 전의 사바나 지역에 도착하여 거기서 살아남으려고 애쓰는 수렵채취인 집단과 소통할 능력을 기적적으로 갖고 있어서 만일 대학원의 철학 세미나에서 흔히 사용하는 용어를 번역하여 그곳 사람들의 삶을 탐구한다면, 아마도 적대적 반응을 일으킬 것이다. 소크라테스의 질문과 비슷한 것이 제시될 수 있다. 그러나 그 질문은 전혀 다른 용어로 제시될 것이다.

인간 존재가 추구할 만한 가치 있는 것이 무엇인가는 그가 처하는 상황들에 따라 달라진다. 따라서 어떻게 살 것인가에 관한 결정은 역사적 단계가 다를 경우 다르게 내려질 것이고 또 당연히 그래야 한다. 일부 사상가들은 인간의 문화적 진화가 기초적 필요를 충족시키려고 애쓰는 것에서 '더 고귀한 선'을 추구하는 쪽으로 진행한다고 가정함으로써 가치들을 서열화하려는 유혹에 빠졌다.[29] 다양성을 인정하면 서열화된 위계의 수용에 빠지지 않는다. 역사적으로 앞서 살았던 사람들이 우리 자신보다 열등하게 살았다고 가정하지 않더라도, 역사적으로 후기의 단계에서 마침내 가능해진 목표를 열망하는 기회가 환영받을 수 있다. 정말이지 보다 앞서 살았던 사람들은 그들보다 운이 좋은 후손인 우리에게 물려줄 선택지들의 범위를 확대하는 데에 조그만 변화를 점진적으로 축적함으로써 공헌했다고 볼 수 있다. 우리가 수만 년 동안 진행되어 온 인간 프로젝트에 참여한다고 스스로 이해함의 핵심은 일종의 초-시간적 평등주의를 실행에 옮기는 것이다. 여러 역사적 단계들의 공헌을 서열화할 필요는 없으며 그렇게 하는 것은 감사의 망각을 드러낼 뿐이다.

가치의 진화를 이해하게 되면, 잘-삶의 주체가 자신의 개별적 조합을 만들기 위해서 선정해야 할 것들이 들어 있는 객관적 목록이라는 생각은 사라진다. 왜냐하면 그런 목록이 완전한 것이 되려면 거기에는 특별한 역사적 순간, 즉 우리가 사는 현시점에서 인지되는 선들뿐만 아니라 나중에 나타나게 될 모든 선이 포함되어야 하기 때문이다. 종합적인 목록은 인간 역사의 최종 시점에 이르러 초-역사적 관점에서 평가가 이루어지기 전까지는 얻어질 수 없는 것이다. 역사적 결정론자들, 즉 인간의 진화가 어떤 특별한 과정을 거치도록 만들어졌다고 생각하는 사람들은 그 목록의 내용도 미리 고정된다고 가정할 것이다. 이런 식의 목적론은 의문스럽다. 우리가 가치 있게 여기는 것은 자기 자신의 빛에 따라 잘살아보려고 몸부림친 우리 조상의 우연한 노력에서 생겨난 것이다. 수많은 인간의 삶에서 가장 핵심이라고 판단되는 선, 즉 사람들이 흔히 가장 의미 있다고 여기는 관계도 먼 과거에서 일어난 사건들에 의해서 형성된 것인데. 그런 사건들은 다른 방향으로 쉽게 일어날 수도 있었다.[30] 불변하는 인간 본성이라는 것은 없다. 맥락이 달라짐에 따라서 구체적 버전이 다르게 나타나는 '근본적' 가치들의 집합이라는 것은 없다. 그럴 가능성을 믿는다는 것은 인간의 진화의 성격을 오해하는 것이거나 혹은 가치 이론을 상이한 시대들에 적합한 가치들에 관한 다양한 '정리들'을 끌어낼 수 있는 공리로 표현이 가능한 유클리드 기하학의 형태로 만들 수 있다는 생각의 희생양이다. 과거 문화 속에서, 흔히 문자 기록이 발달되기 전에, 우리의 선조들이 거듭했던 실험은 우리가 성취하려고 노력하는 그 가치들을 축적하였다. 우리는 소크라테스의 질문을 잘-삶을 향한 우리의 노력을 안내하고 제한하는 초시간적으로 고정된 어떤 해답이 미리 정해진 것처럼 보지 않아야 한다. 오히려 우리는 우리의 선조처럼 우리 후손이 영감을 끌어낼 새로운 패턴을 찾아낼 수 있는 잠재적 창조자라고 스스로 생각해야 한다.

7

그런데 내가 만족스러움에 관한 문제들을 다루면서 사용한 용어는 엘리트주의를 여전히 풍길 것이다. '자기 자신의 선', '핵심 프로젝트', '인생 계획'이라는 이야기는 특권적 인간, 즉 세상에 자기 흔적을 어떻게 남길 것인가를 생각할 여유 시간과 지적 자원을 가진 사람에게만 가능한 선택을 암시한다. 사실상, 그런 고상한 언어는 최소한 세 가지 방향에서 잘못될 수 있다. 첫째, 그것은 소크라테스의 질문을 되돌아보는 어떤 의도적인 과정을 요구하는 듯이 보인다. 둘째, 그것은 인간의 생애를 두 단계로, 즉 우리가 '우리 자신의 선'을 구상하는 첫 단계, 그리고 그것을 추구하는 다음 단계로 나누는 것으로 보인다. 셋째, '프로젝트' 혹은 '인생 계획'은 무언가 거대하고 거창한 듯이 들린다. 이 세 가지를 결합한 자유주의적 접근은 우리가 좋은 삶을 사는 사람들은 그들의 삶의 초창기에 제임스 조이스(James Joice)가 어린 스테판 데덜러스(Stephen Dedalus)에게 맡긴 역할을 모두 수행한다고 생각하도록 분명히 권유할 것이다. 좋은 삶을 사는 사람들은 일련의 성찰적 투쟁을 거쳐서 직관적 진실 파악[31]에 도달한 후에 '인류의 창조되지 않은 양심을 [그의] 영혼의 일터에서 만들어 내려고' 애쓰고, (조이스의 주인공과는 다르게) 자신의 고상한 목표의 추구에서 얼마간 성공을 이루어야 한다.[32]

이렇게 극적인 것은 요구되지 않는다. 자유주의의 관점은 '자기 자신의 선'이 암암리에 선택되는 것을 허용한다. 이런 선택은 일상의 선택지들에 대한 일련의 반응에서 간단히 나타날 것이다. 거기서 개인의 선호가 나타나겠지만, '나의 삶에서 가장 핵심은 무엇인가?' '나는 어떤 프로젝트를 추구하고 싶은가?'라는 거창한 질문은 나타나지 않는다. 여기서 혹은 저기서 살까, 이런 사람들 혹은 저 사람들 속에서 살까, 그리고 어떤 활동을 계속하고 다른 활동을 그만둘까 등을 결정하는 가운데 무엇이 중요한지에 대한 감각이 생긴다. 개인이 자신의 '인생 계획'을 구체화하거나 자신의 '정체성'을 인지하는 순간이 전혀 오지 않을 수 있다. 그런 언어는 가식적인 혹은 쑥스러운 것처럼 보일 수 있다. 그렇지만 어느 민감한 종합적인 관찰자가 있어서 그에게 그의 '핵심 프로젝트'의 분명한 버전을 제시해 준다면, 그는 '그렇지, 그게 바로 나야. 내게 중요한 건 그거야.'라면서 동의할 것이라고 예상할 수는 있다.

거창한 성찰과 소소한 일상적 선택이 어떻게 결부되건 간에, 인간의 생애를 '인생 계획'을 선택하는 시기 그리고 그것을 추구하는 시기로 나눌 필요는 없다. 성찰하는 사람들은 자신의 삶에서 무엇이 가장 중요한가에 대해서 자기 마음을 바꿀 수 있다. '핵심 프로젝트'를 전혀 구상해 보지 않은 사람들도 일상적인 선택을 하면서 자신이 누구이며 자신에게 무엇이 중요한지에 대한 암묵적 생각이 바뀔 수 있다.[33] '핵심 프로젝트'의 진화가 명시적으로 혹은 암시적으로 성장의 과정이라고 판단될 때도 있다.

'나의 첫 번째 방향은 잘못된 출발이었으나, 이윽고 어떤 인간이 되고 싶은지를 깨닫게 되었다.' 이런 판단이 생애의 후반까지도 지속된다면 그 목표가 그 이전에 달성되지 못했음은 전혀 관계가 없다. 중요한 점은 성숙한 선관(conception of the good)이고, 언젠가 이에 도달할 것이라고 인정하는 것이다. 그러나 다음을 주목하자: 인생 계획의 선택이라는 자유주의의 아이디어가, 어떤 선관이 다른 선관으로 (아마 다른 선관의 결과로) 변형되거나 교체될 수 있음을 인식함으로써 더 복잡하게(그리고 더 현실적이게) 될 때, 그것이 주체의 자율성에 대한 강조를 유지하는 것은 그 주체가 그 모든 선관들에 따라 살아보고 나서 긍정하게 될 선관(들)을 우선시함을 통해서다.[34]

친근한 비교는 자유주의적 설명의 이와 같은 발달을 분명히 파악하는 데에 도움이 될 것이다. 우리는 인생의 후반기에 자신에 관한 이야기를 자기가 이해하는 대로, 공감적인 청자에게 이야기하는 사람들을 상상해 볼 수 있다. 이들은 자신이 과거에 무엇이었고 무엇을 했는지를 구성해 놓은 이야기를 제시한다. 통일된 단일한 패턴에 맞추어진 자서전이 일부 있을 것이다. 한 가지 선관이 일찍부터 선택되고 그 이후로도 꾸준히 추구된다. 다른 자서전에서는 사람들의 성장소설(Bildungsroman)을 제시하기도 한다. 어떤 과정은 어쩌면 잘못된 출발, 장벽, 역전을 포함하다가 안정되어 긍정적인 선관으로 마무리된다. 중요한 점으로 마침내 모든 것이 올바르게 끝난다. 다른 가능성도 당연히 있다. 자서전은 실패한 여러 가지 시도를 연속적으로 나열할 수 있다. 혹은 올바른 길에 일찍 들어섰어도 나중에 놓칠 수 있다. 인생 이야기는 다양성을 두려워하면 안 된다. 우리는 사악한 삶을 위해 여지를 남겨둘 수 있고, 거기서 다수의 '핵심 프로젝트들'이 이어지겠으나 그 어느 것도 우선하지 않는다.

지금까지 엘리트주의라는 비난을 처음으로 두 가지 버전으로 언급했다. 세 번째 버전을 다룰 준비도 되었다. 일단 암묵적인 선택, 그리고 진화하는 계획의 여러 가능성을 인지한다면, 자유주의의 틀이 보통 사람의 삶에 어떻게 적용되는가를 이해하기가 쉽다. 극소수의 사람들은 천년의 서사시를 쓰거나 혹은 물질의 궁극적 구조를 발견할 목적이 있는 핵심 프로젝트를 선택한다. 좋은 일이기도 하다. 왜냐면 극소수를 제외한 모든 사람은 실망하고 마는 일이기 때문이다. 우리의 대다수에게 중요한 일은 훨씬 더 소박한 수준에서 나타난다. 우리는 우리 자신이 주위 사람들의 삶에 공헌하고, 그들을 길러내고, 혹은 그들이 자기 길을 찾도록 도와준다고 본다. 혹은 공동체를 지켜가기 위해서 이웃과 참여한다고 본다. 혹은 많은 사람이 가치 있게 여길 어떤 것을 생산하는 데에 협력한다고 본다.

이런 생각은 내가 처음 썼던 용어로 바꿀 수 있다. 우리의 인생 계획의 목적은 인간 프로젝트에 공헌하는 것이다. 물론 우리가 전혀 모르는 수백만 명에게 영향을 미치는 어떤 세계적 영향을 통해서 그렇게 한다는 뜻은 전혀 아니다. 오히려 우리가 낳고 싶은 효과는 지역적이다. 이는 우리 자신의 삶과 중첩되거나 교차하는 사람들의 삶에서 느껴지는 효과이다. 이 중 일부는 우리의 죽음을 넘어서 뻗어나갈 것이다. 이런 효과로 인해서 그리고 우리가 영향을 미친 사람들의 삶이 만들어 낼 효과로 인해서 우리는 우리 자신보다 더 큰 무엇의 일부가 된다. 결과들이 이어지는 고리는 끊어질 수 있고 또 우리 자신의 행동이 미치는 상대적 영향은 시간이 멀어져감에 따라 줄어들 수 있다. 그러나 우리의 계획이 성공하는 만큼 우리는 불멸이 아니어도 계승을 이루어 낸다. 이럴 가능성은 인간의 삶이 의미 있게 될 잠재력 속에 깔려 있다.[35]

엘리트주의라는 비난에 대한 나의 방어는 좋은 삶에 관한 종교적 관점들이 제시한 것과 비슷하다. 인간의 삶은 우주를 위한 어떤 거창한 프로젝트에 공헌함으로써 그 의미와 가치를 얻는다는 견해는 우리가 모두 기적을 행하거나, 혹은 종교적 경전에 맞게 사회를 재구성하거나, 혹은 수많은 이교도를 개종시킬 것을 요구하지는 않는다. 우리는 일상의 과제를 수행함으로써, 심지어 조지 허버트(George Herbert)가 주장하듯이 고난의 일을 통해서 거대한 계획을 부분적으로 진전시킬 수 있다.[36] 타인들을 돕는 일이 신의 뜻의 중요한 일부이기 때문에, 가치 있는 핵심 프로젝트는 우리 주변에 있는 사람들에게 초점을 맞출 수 있다.

그런데 자유주의적 접근을 다듬어 감으로써 민중의 프로젝트를 포용할 수 있을지라도 거기서 강조하는 추상적, 지적인 것은 너무 청교도적이고 심지어 냉담하다는 불평에 직면한다. 쾌락은 가치 있는 삶에서 차지할 자리가 전혀 없을까? 정말로 있다. 그러나 가장 강렬한 쾌락 중 많은 것, 즉 우리의 기쁨과 환희의 순간들은 우리 대부분에게 아주 중요한 활동이나 관계와 연결되어 있다. 왜냐면 많은 사람이 부모가 자녀의 행복을 기뻐할 때처럼, 타인의 즐거움을 공유하기 때문이다. 이런 종류의 쾌락은 개인의 핵심 프로젝트와 부합되고 그것을 강화해 준다. 정말 중요한 목표의 추구와 멋지게 공존하는 다른 쾌락도 있다. 그렇지만 또 다른 경우, 즉 즐거운 경험이 가장 원하는 것을 방해할 때, 씁쓸한 여운이 남는다.

쾌락주의에 공감하는 사람들은 이런 반응에 만족해서는 안 된다. 그들이 보기에 심각한 (너무 진지한?) '핵심 프로젝트'에서 출발하고, 그리고 쾌락에 대해서 종속적 자리를 허용하는 것으로는 불충분할 것이다. 인생은 '재미를 즐기는 것'이라고 보는 사람들이 들어설 자리가 없을까? 고대의 사상가들이 제시한 객관적 목록은 쾌락주의에 대항하기 위해서 설계된 것으로 흔히 생각한다. 계몽시대의 자유주의에는 쾌락에 대한 그런 혐오가 간직되어 있다. 칸트와 밀은 자유주의를 정립한 주요 인물이지만 '어느 때나 재미를 애호하는 사람'의 후보자는 분명히 아니다. 그리고 오르가스마트론의 삶의 한계를 내가 앞서 암시했던 점에서 나를 청교도의 부류에 집어넣을 것으로 보인다.

따라서 엘리트주의의 흔적은 남아 있다. 자유주의 철학자는 '어떻게 살 것인가?'를 너무 지적인 질문으로 만들어 버리고, 따라서 보통 사람들의 흥겨움을, 어떤 형태건 간에, 비난한다. 교회의 엄격한 신앙 고백자들처럼 자유주의적 접근의 옹호자들은 뜻깊은 것들에 눈을 고정하라고 가르친다. 여기서 뜻깊은 것들은 신의 계획이 정해 놓은 것이 아니라 자율적 주체가 암묵적으로 혹은 명시적으로 선택한 목표라고 본다. 다시 한번, 자유주의적 접근과 종교적 접근 간의 비교는 더 포용적으로 덜 심각하게 다듬어갈 수 있는 길을 열어준다.

쾌락주의자를 두 종류로 구분하자. 첫째는 개인적 쾌락에만 관심을 두는 사람들이다. 이런 사람들은 오르가스마트론에서의 칠십 년을 탁월한 삶으로 (물론 더 오랜 시간이면 당연히 더 좋은 것으로) 간주한다. 둘째는 적절한 쾌락은 전형적으로 공유된 것으로 보는 사람들이다. 중세 시대의 마을 주민들이 봄철 축제를 준비하고 참여하며, 5월의 기둥을 장식하고, 아이들을 위해 게임을 조직하고, 요리하고 술을 빚고, 잔치를 벌이고 춤추는 모습을 상상해 보자. 근엄한 교구 목사는 이들의 순박한 즐거움에 눈살을 찌푸릴지 모른다. 그러나 자유주의 철학자는 그런 이유를 찾아서는 안 된다.

두 번째 유형의 쾌락주의자들은 암묵적 '인생 계획'에 관한 나의 앞선 제언과 일관되는 점이 있다. 즉, 가능한 경우에서 쾌락을 찾고, **그리고** 이를 타인과 공유하는 데에 관심 있는 사람들은 자유주의적 접근에서 옹호받을 수 있다. 이런 (이름하여) **공동체적 쾌락주의자**는, 물론 '정체성' 혹은 '주요 목표' 혹은 '달성'이라는 표현이 못마땅할지라도 '핵심 프로젝트'를 갖는다. 그들은 자기 자신을 어느 공동체의 성원으로 여기며, 늘 조화롭지는 않겠지만, 공동체 내의 협동적 노력은 힘들 때 모두를 지탱해 주고, 그리고 행복하고 즐거운 경우도 제공할 수 있다. 쾌락과 고통-없음은 개인뿐만 아니라 타인을 위해서도 추구된다. 이런 사람들은 공동의 노력으로써 인간 프로젝트에 제각기 공헌하는데, 이는 타인들의 삶의 짐을 덜어주고, 인습과 전통의 범위를 확대/수정하고, 그럼으로써 공동체를 존속시키고, 쾌락의 가능한 원천들을 후속 세대가 더 '알차게', 더 '안전하게', 더 '폭넓게 함께' 즐길 수 있게 한다.

그동안 살았던 대다수 인간은 역경을 헤치고 살아남았다. 그들에게 자율성은 거의 없었고, 그들의 삶의 양식의 많은 특성은 강요된 것이었다. 선택의 여지가 있었던 제한된 공간에서 그들 중 (얼마나 많았는지는 모르나) 일부는 공동체적 쾌락주의자로서 삶을 살았다. 그 중에는 이웃의 고통을 구제하고 기쁨을 확산하는 데에 성공했던 사람도 (그 숫자는 불명확하지만) 있었다. 내가 수정한 자유주의적 접근은 그들이 핵심 프로젝트에 헌신하고, 성공적으로 추구하는 것으로 본다. 그들의 삶을 행복한 것이라고 본다. 그들의 상황 속에서 소크라테스의 질문에 대한 최선의 해답을 찾아낸 사람이 많을 것이다.[37]

철학자들이 쾌락주의를 싫어하는 데에는 두 가지 통찰이 담겨 있다. 첫째, **고독한** 쾌락주의자의 삶, 예컨대 오르가스마트론의 열성적 거주자나 혹은 (약간 더 현실적인) 파도타기만 즐기고 사회에 무관심한 사람들의 삶은 혼자 즐기는 쾌락이 아무리 많아도 무가치한 것이다.[38] 둘째, 자신의 삶을 위해서 폭넓은 선택지가 열려 있을 때, 탐색과 성찰의 기회가 있을 때, 고된 일에서 해방될 때, 그리고 쾌락의 가능성이 곁에 있을 때, 심지어 공동체적 쾌락주의를 수용하는 것도 게으르고 사려 깊지 못한 것으로 보일 수 있다. 그 사항들은 배척받는 조잡한 물질주의로 결합된다. 지나치게 부유한 사람들은 값비싼 장난감을 살 수 있는 사람이 극소수라는 점에서 그런 것들을 수집하는 일에 가치를 부여하고 살아가면서, 소크라테스의 질문에 대해서는 틀릴 뿐 아니라 아주 거북한 답을 내놓는다. 그런 사람들은 내가 상상한 중세 마을의 주민들, 혹은 오늘날의 풍요로운 사회에서 주변에 밀려난 사람들과는 완전히 단절된다. 그들은 '삶이란 그저 소소한 재미를 느끼는 것'이라고 말하고 '자기만을 생

각하는 친구들과 함께하는 것'이라고 덧붙인다.[39]

8

~~~

　자유주의적 접근의 호소력은 자율적 선택의 가치에 대한 명확한 인식에서 생긴다. 사람들은 자신에게 부과된 삶의 패턴을 수용하면 안 된다. 카스트 제도의 형태로 발생하거나 혹은 여성, 소수 인종, '일탈자', 빈곤자에게 기회를 박탈하는 형태로 나타나거나 간에 이런 유형의 강요를 거부한다는 점은 개인적 만족스러움이라는 개념을 명료화하는 나의 노력에서 핵심이다. 개인들은 각자가 자유롭게 선택한 인생 계획을 성공적으로 실현하는 삶을 통해서 만족스럽게 된다.

　제1장에서 암시했듯이, 자유주의적 접근의 가장 명백한 (그리고 가장 자주 거론되는) 난점은 인생-계획이 될 만한 것들에 대한 안일한 태도에 있다. 사람들이 자신의 시간을 보낼 수 있는 수많은 방식은 사소하고 무가치하게 보인다. 환상에 빠져 풀잎을 세는 사람의 사례는 인생을 낭비와 다름없는 것들만 추구하고 살아가는 수많은 상상적 인물 중 하나다. 이런 난점에 대한 분명한 반응은 선택된 프로젝트가 특정 가치의 실현을 목표로 삼을 것을 요구하는 또 다른 제약의 추가라고 보는 것이다. 좋은 삶을 살아가는 사람은 여러 가지 객관적 선(재화)에서 선택하여 조합을 이룬다는 생각은 자유주의의 명백한 안일함을 고칠 수 있는 제언일 것이다.[40] 다른 가능성도 많이 있다. 올바른 제약은 개인의 주관적 태도에서 생기는 것이지 객관적 가치라고 가정되는 어떤 것에서 생기지는 않을 것 같다.[41]

　나의 듀이식 제안은 삶의 프로젝트를 타인의 삶에 대한 공헌, 혹은 더 우주적으로 인간 프로젝트를 위한 점진적 증가로 여기는 것인데 이를 자유주의의 확대판으로 보면 좋겠다. 밀은 잘-삶의 두 가지 조건을 제시했다. 첫째, 만족스러운 삶의 중심에는 자유롭게 선택된 프로젝트가 있어야 한다(**자율성** 조건). 둘째, 그런 삶은 그 프로젝트의 목적들을 충분히 실현해야 한다(**성공** 조건). 셋째, 타인의 삶에 긍정적 영향을 미쳐야 한다고 주장하는 **공동체** 조건을 나는 추가했다.

　이렇게 말하는 것은 듀이를 오해하거나 나 자신의 의도를 착각하는 것일지 모른다.[42] 일단 타인들과의 연결의 중요성을 충분히 이해한다면, 밀의 개인주의적 추상들이 이상함은 명백해진다. 밀은 개인들을 주변 사회로부터 분리하고 그들에게 가장 중요한 것들을 자유롭게 선택할 수 있다고 가정하는 공간 속에 그들을 집어넣는다.[43] 이런 자율적 선택을 어떻게 이해해야 할까? 뻔한 사실인데, 인간은 자신의 인생 계획의 선택을 지도해 줄 수 있는 어떤 선호와 이상을 지니고 이 세상에 태어나는 것은 아니다. 인간의 성향을 제약하는 삶의 지평은 그의 사회적 환경이 허락하는 가능성에 따라서 정해진다. 물론 인간은 그 경계선들을 확장하려고 애쓰겠지만, 이런 것조차도 그가 최초로 이해하게 되는 선택지들로부터 시작될 것이다. 게다가 그의 이해도 그의 사회화에서 생겨난다.[44] 인간의 성향의 향방은 그가 받은 교육에 따라 정해진다. 이 모든 점에서 볼 때, 자유주의자가 애호하는 자율성은 어디에 맞는 것일까?

이 질문은 최소한 인생 계획의 범위가 제한되는 것에 관한 더 친숙한 관심처럼 절실하게 다가오며, 그리하여 우리가 무가치한 것으로 절감하는 것들을 배제해 버린다. 이 질문에 답하려고 우리에게 필요한 것은 밀의 영향력 있는 이상화에 들어 있는 것보다 더 현실적인 개인관이다. 사회에서 벗어난 (넘어선? 이전의?) 자아라는 생각은 인간의 사회적 형성을 중시하는 자아관으로 바뀌어야 한다.

9

듀이는 『민주주의와 교육』의 후반부에서 몇 가지 사소한 사실에 대한 언급을 통해 자유주의적 개인관에서 그가 탈피했다는 징후를 보인다.

> 사실상 모든 개인은 사회적 환경 속에서 성장하였으며, 언제나 그래야 한다. 개인의 반응이 지적으로 성장하거나 의미를 갖게 되는 것은 간단히 말해서 공유된 의미와 가치로 이루어진 세계 속에서 살기 때문이다. … 개인은 사회적 교류를 통해서, 믿음을 구현하는 활동을 공유함으로써 점점 더 자기의 마음을 갖게 된다. 마음이 순수하게 고립된 자아의 소유물이라고 보는 것은 진리와 상반된다.[45]

그런데 듀이의 사회철학에서 핵심은 다음과 같은 사상이다. '공유된 의미와 가치의 세계'는 개조될 수 있고, 개인들의 생각과 행동은 개인 혼자서나 혹은 타인과의 결합을 통해서 기존 질서를 더 나은 것으로 바꿀 수 있으며, 진보는 가능하다.[46]

우리의 출발점이 종착점은 아니며, 그래서도 안 된다. 듀이에게 마음(들)의 가장 중요한 철학적 문제는 사회적으로 형성된 마음이 어떻게 해서 이를 형성시킨 사회를 비판적으로 검토하고 개선할 수 있는가이다.[47] 이 문제에 대한 듀이의 공식적 대답에서 적절한 교육은 성장을 지향하는 교육이다. 이런 교육은 개인의 경험 과정에서 생기게 되어 있는 도전들과 문제들을 다룰 준비가 더 잘 되어가는 과정일 것이다.[48] 나는 성장이라는 (막연한) 개념을 중심으로 개인의 만족스러움을 설명하려고 하지 않고 그 대신 듀이가 인용하는 평범한 사실들을 토대로 삼아서 자아는 사회적이라는 생각을 지지할 것이다.[49]

문법이 때때로 철학의 선택지들을 제한한다. 사람들은 어떤 이야기 방식의 표면적 특성들에 사로잡혀서 '자신들을 사로잡는'[50] 그림을 습득한다. '마음'이라는 명사를 우리가 사용하는 것도 그러하다. 만약 마음이 아이에게 발달하는, 즉 아이가 소유하게 되는 것이면, 그들의 어린 시기는 양분된다. 처음에 마음을 아직 갖추지 못해서 개인의 자아가 없고, 나중에 개인의 자아가 생길 때 마음을 갖게 된다. 그러나 발달은 분명히 지속적 과정이며, 이는 마음이 갑자기 존재하게 되는 순간이 언제인지에 관해서 당혹스러운 질문을 던지게 만든다. 당혹스러움을 피하는 한 가지 길은 마음과 비슷한 어떤 것이 처음부터 있었다고 가정하는 것이다. 태아와 비슷한 어떤 자아가 출생 순간부터 혹은 (잉태 순간부터?) 있는 것이며 계속해서 충실한 마음으로 성장해간다고 본다.

이런 그림은 특수한 교육관으로 나아가기 쉽다. 참된 교육은 자아를 '끌어내는 일'이며, 이는 자아의 미발달된 형태가 보존되고 뒤틀리지 않도록 자라게 하는 과정이다. 참된 교육은 니체의 말에 따르면 일종의 해방이다. 성숙한 개인의 씨앗은 그것의 발달을 방해하는 잡초, 쓰레기, 해충으로부터 보호받으면서 자라도록 허용된다.[51] 교육이 적절하게 행해질 때, 우리는 우리 자신이 되고 자신에 맞는 인생 계획을 찾는다. 우리는 우리 자신의 개별적 존재 방식을 발견하고, 그리고 우리 자신이 선택한 길을 (때로는 성공적으로) 따르면서 우리는 만족스러운 존재가 된다.

이런 그림에 맞는 점이 분명히 들어 있다. 그것은 사회화에 들어 있는 진짜 위험성, 다시 말해서 왜곡, 훼손, 소외의 가능성을 가리킨다. 그런데 여기서 생기는 난점은 이런 위협을 어떻게 이해할 것인가이다. 왜냐면 왜곡된 측면을 말한다는 것은 교육 이전에 미리 존재하는 어떤 것, 다시 말해서 마지막에 생기는 것을 따르지 않는 본성을 지닌 어떤 것을 전제하는 것이기 때문이다. 유아의 내면에 자아와 같은 어떤 것의 있음을 가정해야 하며, 이처럼 선행하는 실체의 특성들은 적절한 교육의 과정을 통해서 보존되고 향상되거나 혹은 부적절한 사회화를 통해서 왜곡되고 손상되거나 하는 것일까?[52]

마음(혹은 자아)의 생성에 관한 문제, 즉 이것이 계통-발생적 문제인지 혹은 개체-발생적 문제인지는 점진적으로 다룰 것을 요구한다. 생명의 역사를 연구하는 사람은 칼날 같은 경계선을 가정하는 일에 신중해야 한다. 어디에다 선을 그을 것인가와 관련된 혼란은 명사를 포기하고 형용사로 생각함으로써 해소될 수 있다. 예를 들면, 생명의 시작이 언제인가를 묻지 말고, 생명체의 특성들이 점진적으로 생기는 데에 초점을 두자. 파충류와 포유류의 경계선을 묻지 말고, 포유류 특성들의 출현을 추적하는 데에 집중하자. 동물이 마음을 획득하는 것은 어느 단계인가를 묻지 말고, 마음과 연관된 속성들의 지속적인 축적을 살펴보자.[53] 비록 (헥켈(Haeckel) 이 잘못 생각했던 것처럼) 개체발생이 계통발생을 반복하지는 않지만,[54] 일반적인 계통발생의 난점을 다루기 위한 전략은 개체발생적인 것들에도 적용될 수 있다. 따라서 내 제안에 따르면 접합자(zygote)에서 성년으로 나아가는 인간발달이 처음에 나타나는 물리적, 화학적, 생물학적 특성들이 심리학적 능력과 성향에 의해서 점진적으로 보완되는 과정이라고 우리는 생각해야 한다. 결국 그런 특성들의 집합이 풍부해지면, 마음(혹은 자아)이 형성되었다고 우리는 생각해야 한다.

그런 과정에서 교육이 (학교 이전의 보육, 학교 교육, 그리고 일부는 대학 공부를 포함해서) 중요한 역할을 맡아야 한다고 우리는 생각한다. 우리는 교육의 시간대를 이전으로 또 이후로 확대해야 할 것이다. 왜냐면 듀이가 말했듯이, 자아는 학교 교육의 기간이 끝난 후에도 성장을 계속하기 때문이다. 성장은 공식적인 교육의 맥락 밖에서도 일어난다. 정말이지 아주 어린 아이의 교육은 아기 침대, 집, 그리고 (아이가 탐색하기 시작하는) 더 넓은 세계와 같은 환경들과의 상호작용을 통해 이루어진다고 우리는 생각할 것이다.[55] 어쩌면 그보다 먼저, 자궁 속의 환경을 교육정책의 최초 적용 대상으로 간주하는 방향으로까지 우리는 생각해야 할 것이다. 그렇다면 교육은 자궁에서 시작될 것이다.

지금까지의 그림을 더 발전시키면, 자아가 탄생하게 되는 (니체가 강조한 방식으로 자아를 끌어내는) 교육, 그리고 자아를 왜곡, 훼손, 소외시키는 잘못된 교육을 서로 대조시킬 수 있다. 가장 확장된 형태의 교육은 성장하는 유기체와 주변 사회 간의 대화라고 생각된다. 사회의 대표자들과 그들이 일하는 기관들이 개인의 특성들에 관심을 쏟고 이런 특성들이 가리키는 방향들에 대해서 반응할 때 교육은 제대로 이루어진다.[56] 이와 달리 교육적 대화가 잘못 돌아가는 것은 사회가 경청하지도 않으면서 발달하는 유기체가 보내는 온갖 신호들을 무시한 채 특정 방향으로만 이끌어 가려고 고집할 때이다.

대화라는 아이디어는 물론 은유다. 그러나 구체적 조언이 거기서 나올 수 있도록 그것을 쉽게 확대할 수 있다. 심지어 한 아이의 삶의 초기 단계에서도 세심한 배려-제공자들은 그 아이의 속성과 경향을 파악할 수 있다. 물론 그중에서 어떤 것이 형성되고 조형되어야 하고 그래야 형성 과정에 있는 개인은 공동체 안에서 타인들과 살아가게 될 것이다. 이미 거기에는 강요와 왜곡의 위험들이 있다. 사회생활의 요구 조건에 관한 가정들은 사람들과 사회들이 어떠해야 하는지에 관한 협소한 견해에서 생겨난 것으로, 미래의 가능성을 억누르기가 쉽다. 사회와 개인 간의 건강한 대화는 현행 인습이 최종 언어는 아님을 인지해야 한다. 도덕적 감수성을 위한, 그리고 타인과의 관계를 위한 준비가 그 본질이다. 전통적 지침을 엄밀하게 추종하는 것이 본질은 아니다.[57]

그러나 당분간 나의 주된 관심은 도덕적 주체의 양성에 두지 않는다. 그 대신 나는 교육을 해방으로 보는 니체의 통찰을 그의 개인주의와 이를 자주 감염시키는 엘리트주의를 구별하면서 파악하고 싶다.[58] 개인들의 도덕 발달 증진은 그들이 따를 수 있는 많은 길과 부합될 수 있다.[59] 적절하게 시행된 교육은 사람들을 어떤 의미에서 그들의 참된 길로 인도할 것이다. 교육은 그들에게 맞는 여러 가능성을 알려주고, 자율적 선택을 위해 그들을 준비시켜주어야 한다. 그들은 자신이 무엇인가에 적합한 인생 계획을 알게 되고, 여기서 내린 선택은 그들 자신의 것이다.

이런 일이 어떻게 일어나는가? 이는 (아기, 어린이, 청소년, 온갖 연령층의 성인 등의) 개인들과 상호작용하는 사람들이 각 개인의 속성을 파악하고, 거기서 나타나는 경향, 재능, 흥미를 하나의 그림으로 구성하는 방식들을 통해서 이루어진다. 세심한 돌봄-제공자들은 새로 나타나는 취향을 먼저 파악한 후, 돌보는 아이들이 그것을 더 충실하게 탐색해 보도록 도와준다.[60] 아이에게 명확한 자아감이 생기기 훨씬 전부터, 독특한 행동 패턴을 공감하면서 예민하게 관찰한다면, 흥미 있을 것으로 확인될 가능성이 있는 활동들을 허용할 것이다. 여러 가지 기회는 아동의 나이와 성별에 적합하다고 사회가 가정하는 바를 기반으로 삼아서 주어지는 것이 아니고 개별 아동이 발달하고 있는 방향들과 조화된다고 보이기 때문에 주어진다. 강요되는 것은 없다. 교육자들은 개별적인 목소리를 잘 들으면서, 개별적인 음악을 따르려고 애쓰고, 그것을 개인이 자기 노래로 표현하도록 도와주려고 노력한다.

내가 말하는 건전한 대화를 어떻게 추구할 것인가? 이에 대해 우리가 모르는 것이 많다. 아무리 민감한 부모, 교사, 보호자일지라도 아이의 행동이 가리키는 방향을 파악하는 데에 부족한 경우들이 쉽게 떠오를 것이다. 그러나 주의를 쏟고 반응하는 프로젝트에 희망이 없다는 결론은 잘못일 것이다. 교육을 시도하는 모든 맥락에서 다양성은 엄청나다. 개인의 강요 없는 발달과 관련된 여러 차원에서 보이는 차이들을 살펴보면, 명확한 대조가 드러날 것이다. 어떤 경우는 아주 강압적이고, 미리 정해진 패턴을 인간들의 삶에 강요한다. 다른 경우는 개성에 주의를 쏟고, 기회를 열어주고, 선택을 촉진한다. 물론 비교하고 판단하기가 어려운 상황이 많다. 흔히, 개성에 대해 반응할 때, 특정 방향으로 끌어가는 쪽이 더 나을지, 혹은 한발 뒤에 물러서는 쪽이 더 나을지 정말 알 수 없다. 나의 듀이식 개량주의의 메시지는 분명한 사례를 기반으로 삼아 쌓아가고, 비교가 어렵다면 무엇을 해야 할지를 정하기 위해 증거를 더 찾아야 한다는 것이다.

밀은 인생 계획의 자율적 선택을 좋은 삶의 핵심으로 보았다. 나의 설명에 따르면 자율성은 정도의 문제다. 자율성은 사회 밖의 (혹은 그 너머의) 어떤 공간으로 내던져진 개인에게 생기는 속성이 아니다. 오히려 개인의 자율성의 범위는 근본적으로 사회가 그의 발달 과정에 개입한 결과다.[61] 자율적으로 보이는 선택들은, 우리의 사회화가 주의 깊은 대화자들이 개인행동의 개별적 특성들에 적합할 것으로 보았던 기회들을 제공해 주었기 때문에 가능한 것이다.[62] 그런 대화자들은 잉태된 특성들을 찾아내고 성찰적 선택의 능력들도 길러냈다. 비록 그들은 선택하는 자아를 형성하긴 했어도, 어느 정도의 자율성을 길러주었다….

10

… 그리고 그럼으로써 그 개인과 주변 사회 간의 대화를 이끌어 갈 인생 계획의 선택을 가능하게 만들었다. 우리 시대에 우리는 저마다 두 가지 역할을 모두 수행한다. 우리가 타인들로부터 양육 받은 것처럼 우리도 그런 기회를 제공할 존재로서 성장한다. **어떻게** 이렇게 되는가는 우리의 특수한 선택, 우리가 선정한 프로젝트(들), 그리고 이 프로젝트의 중심이 될 활동과 가치에 따라서 달라진다.

'공동체 조건'을 따르는 인생 계획은 물론 다양하다. 근본적 구분이 명확히 드러나는 경우는 어떤 이의 삶이 타인들의 삶에 긍정적 영향을 미치는 이질적 관계에서다. 얼굴을 마주하는 **대면** 공동체는 **익명** 공동체와 대조된다. 대면 공동체는 서로 알고 있는, 빈번히 교류하면서 이웃으로 살아가는 사람들을 연결해 준다. 기술은 그런 가능성을 확대해 준다. 대면 공동체의 구성원들은 지구 전체에 흩어질 수 있다. 이들은 같은 시간, 같은 장소에서 만나지 못하겠지만, 핵심적으로 각 구성원은 확인-가능한 다른 구성원들의 삶에 공헌하려는 목표를 갖는다.

또한 가치 있는 삶은 익명 공동체의 구성원들에게 이로운 목표들을 추구하는 프로젝트들이 중심이 될 수 있다. 미지의 미래 인간에게 이로울 어떤 것들을 만들려고 인간 사회에서 떨어져 사는 은둔자를 상상해 보자. 고독은 위대한 서사를 쓰거나, 더 나은 법률을 만들거나, 물질세계의 어떤 측면을 파악하거나, 미개척 지역의 아름다운 경치를 미래 세대가 감상할 수 있도록 그곳의 지도를 만들거나 할 기회를 제공한다. 가장 거대하고 가장 야심적인 여러 프로젝트, 즉 엘리트주의자들을 자극하는 프로젝트들은 익명 공동체, 즉 먼 미래에나 생길 수 있는 구성원들의 (그리고 오직 그런 구성원들만의) 공동체에 초점에 두는 것처럼 보인다. 밀의 금욕적 고행자와는 달리 이런 종류의 프로젝트를 선택하여 추구하는 이들은 염두에 두고 있는 수혜자들과의 개인적 연결은 없을지라도 다른 유형의 인간적 연결이 남아 있기 때문에 가치 있는 삶을 살 수 있다.[63]

물론 익명 공동체를 이루는 사람들의 삶을 개선하려는 핵심 프로젝트를 가진 사람들은 대체로 인간 사회에서 완전히 떠나 살지는 않는다. 대체로 그런 사람들에게는 가족, 친지, 이웃이 있으며, 그런 프로젝트에는 대면적 차원이 담긴 목표가 들어 있다. 야심적인 소설가와 작곡가는 배우자, 연인, 자녀, 친구의 삶을 향상시킬 뿐만 아니라 '시대를 뛰어넘는' 무엇인가를 창조하고 싶어 한다. 그러나 그런 목표들이 갈등하는 경우는 너무 많다.[64] 익명의 공동체를 이롭게 하려고 취한 행위들은, 사적 관계로 연결된 사람들의 삶을 증진하기보다는 오히려 위대한 인간이 배려한다고 주장하는 그 사람들의 삶을 왜곡하고, 제한하고, 축소하고, 황폐화한다. 리하르트 바그너, 토마스 만, 제임스 조이스의 생애는 모두 이런 패턴을 폭로하고,[65] 그런 패턴들의 전반적 가치를 어떻게 평가할 것인가라는 어려운 문제를 제기한다. 특별한 업적을 달성한 사람들이 강요받은 희생들은 그 업적의 위대성에 의해 만회될까? 인류 역사에 큰 발자취를 남기는 천재들 때문에 '소인들'의 삶 자체가 가치 있는 것으로 바뀔까? 그리고 그런 엄청난 공헌이 온갖 것들을 옹호해 줄 것인가?

이런 의문들은 만족스러운 삶의 아이디어가 엘리트주의에서 벗어나게 만들려고 취한 조치의 결과다. 소크라테스의 질문에 대한 최선의 대답은 잘-삶에 대한 세 가지 제약 즉 자율성 조건, 성공 조건, 공동체 조건을 받아들이는 것이라고 나는 제안한다. 그것은 공동체 조건을 만족시키기 위한 두 가지 주요 방식을 인지하는데, 이는 대면 공동체와 익명 공동체의 구분에 대응하는 것이다. 그것은 인간 프로젝트가 지역적으로 추진될 수 있는 소박한 많은 방식을 이해하면서 다음과 같은 질문을 제기한다: 표출된 지역적 혼란(부수적 손실?)으로 나타난 것들은 역사적 차원에서 성취된 위대성에 의해 보상될 수 있는가? 따라서 잘-삶의 주체들, 즉 인류 역사상 가장 유명한 인물들의 사례 제시는 비판적 검토의 대상이 된다. 그렇다면 영웅주의는 평범함에 종속되는가?

나의 대답은 이렇다: 그런 질문을 던져도 반-엘리트주의의 신뢰성이 훼손되지 않는다. 오히려 그것은 소크라테스의 질문이 어떻게 전형적으로 그릇된 방식으로 다루어졌는지를 보여 준다. 소크라테스가 던졌던 **실천적** 질문은 과거가 아닌 미래를 향하는 것이다.[66] 바그너, 만, 조이스를 어떻게 볼 것인가는 이차적 이슈다. 그 핵심은 개인의 삶과 인간 사회의 전망을 개선하는 일이다.[67] 우리의 목적은 **더 큰 만족**의 촉진에 두어야 한다. 이를 위해서 가장 넓은 의미의 교육이 핵심이다. 왜냐면 요람에서 무덤까지 제공되는 교육은 개인의 독특한 특성들에 민감하고, 성장하는 개인이 확인될 수 있는 성향들에 적합한 프로젝트를 추구하도

록 지도하고, 자기-이해와 성찰적 선택의 능력이 제자리를 잡게 하고, 그리고 그런 결정(들)을 내리면서 개인이 설정한 목표를 추구하도록 지원해야 하기 때문이다.

　교육의 과제를 이렇게 생각한다면 우리의 실천에 관해서, 그리고 그 실천의 터전이 될 배경 기관에 관해서 중요한 질문이 제기된다. 초기의 배려와 훈련을 위한 우리의 프로그램은 충분한 자율성을 길러줌으로써, 핵심 프로젝트의 (암시적 혹은 명시적) 최종 선택이 **충분히** 자율적인 것이 되게 하는가? 후속되는 지지와 지도를 우리는 **충분히** 제공하는가? 타인들의 삶과의 긍정적 연관성이 **충분히** 갖추어지도록 사람들은 준비되는가? 나의 세 가지 조건에는 정도의 문제가 들어 있으며, 어떤 적절한 범위 혹은 심지어 어떤 완전한 실현을 구체화하지 않는다.

　먼저 자율성을 살펴보자. 자율성 조건은 인류 역사에서 나타났던 선택의 **결핍**을 이해함으로써 생겨난 것이다. 과거만 아니라 현재도 우리가 아는 많은 문화에서는 개인들에게 특정한 역할을 부과하는 규칙을 만들어 이를 엄밀히 적용한다. 선택의 제약이 가장 뚜렷한 것은 성, 인종, 계급, 카스트에 초점을 두면서 역할을 부여할 때다. 그런 식의 부여가 포기된다면 자율성은 자동으로 나타나는가? 아닌 것이 분명하다. 현대 세계의 너무 친숙한 특징은, 젊은이들 특히 가난한 청년들이 주로 그런 편인데, 자기의 삶을 위한 선택지를 탐색하거나 자기 능력과 재능을 파악하거나 할 기회가 별로 없는 경우가 많다는 점이다. 그런 젊은이들이 형식적으로 자유롭다고 해서, 적절한 의미의 자율적 인간에 그들을 포함한다면 이는 그들이 처한 곤경에 둔감한 짓이다. 교육은 학교의 공식적인 구조의 안팎에서 대안적 통로들을 뚫어주고, 그리고 이 중에서 어떤 것이 해당 학생의 지속적 탐색을 자극하고 보상해 줄지를 알아낼 기회를 제공해 주어야 한다. 각 학생이 자신의 독특한 능력과 한계를 배울 수 있도록 하려면, 교육 시스템은 얼마나 깊이 탐색하여야 할까? 선택의 범위는 얼마나 넓어야 할까?

　이런 의문들에 대해서 **비교론적으로** 대답할 수 있다. 교육의 과정을 어떤 다른 방식으로 생각해 본다면, 젊은이들은 자신의 노력이 최선으로 보상받을 활동이 무엇인지를 더 분명히 파악할 수 있게 될 것이다. 그런 과정을 특정한 방향으로 수정한다면, 젊은이들이 고려할 선택지들의 범위가 늘어날 것이다. 그러나 비교론적 분석은 최소 수준을 확인하거나 혹은 최적 수준을 파악하는 일에서는 모두 실패한다. 충분한 자율성이라는 아이디어는 구체화하지 못하고, 그리고 **완전한** 자율성이라는 아이디어는 파악되지 못한다. 완전한 자율성은 인간이 시도할 수 있는 모든 '삶의 실험'에 대한 파악을 포함하는가? 혹은 역사가 실제로 증명해 준 모든 것은 어떤가? 선택지들의 수가 너무 엄청난 것으로 판명되는 지점이 있는가? 자아-이해를 촉진할 때, 완전한 명료성은 늘 미덕이 되는가? 만일 우리가 소크라테스의 질문은 좋은 삶의 일반 이론 요구하는 것이라고 생각한다면, 이런 문제들이 정리되어야 한다. 자율성의 중요성에 대한 건강한 강조는 이상의 허망한 추구로 변하고 만다. 그러나 나의 비교론적 질문, 즉 '어떻게 더 나은 삶을 만들 것인가?'에서는 관련성 없는 헌신을 거부한다. 어떤 사람들은 다른 사람들에 비해 자기 삶의 패턴을 선택하는 일에서 훨씬 덜 자율적인데 어째서 그것이 그런가를 이해한다면, 교육에 대한 (그리고, 더 일반적으로, 교육이 중심을 차지하는 인간 프로젝트에 대한) 우리의 접근이 향상될 방향이 나타난다. 진보를 이루려 한다면, 현재 상황의 특정 특성을 수정하려고 노력해야 한다. 만족스러움에 관한 논의의 목적은 우리의 삶이 잘 돌아가지 **못하는** 데가 어딘지를 파악하도록 도와줄 도구를 제공하고, 우리의 삶이 더 나아지게 만들 전략을 개발하는 것이다.

정확하게 똑같은 고려사항이 다른 두 가지 조건에도 적용된다. 핵심 프로젝트에서 설정된 목표를 추구하는 일에서 성공의 기준을 세우기란 어렵다. 추구하는 목표들을 일정한 목록으로 만들 수 있다고 가정할지라도, 그런 목표들 사이의 상대적 중요성의 척도를 부여하고, 그리고 더 적지만 더 중요한 목표 성취와 더 많지만 덜 중요한 목표 성취를 서열화하는 방법도 결정할 필요가 있을 것이다. 여기서 우리가 완전한 성공을 생각한다면 적어도 최대치를 발견할 수 있다는 가정은 비현실적이다. 이미 지적했듯이, 핵심 프로젝트들은 시간을 따라 진화하고, 어느 단계에서 도달한 목표는 새로운 시도와 새로운 목적을 낳는다. 인생 계획은 개방형이므로 도달할 목표들의 한정된 목록이란 의문스러운 아이디어이다. 결과적으로 또다시 완전한 성공이라는 아이디어는 이해하기 어려운 것임이 밝혀진다. 그러나 비교는 가능하다. 사람들에게 가장 중요한 것들의 추구에서 성공은 다양하게 나타난다. 성공 조건의 인식은 많은 사람이 자신의 목표를 추구하는 과정에서 큰 장애에 직면하게 될 상황에 주목하도록 자극을 주어야 한다. 그런 인식은 우리가 그런 장애를 극복하고, 그리고 인간의 삶이 더 나아지게 할 방도를 찾도록 이끌어 준다.

공동체 조건에서 비교론적 판단을 뛰어넘는 것은 더욱 심각하게 어려운 일이다. 왜냐면 이미 제언했듯이 타인들과의 공동체는 매우 다양한 방식으로 표현될 것이기 때문이다. 공동체는 **다차원적인** 개념이다. 상부상조의 관계가 첫째 차원이고, 공동 노력에의 참여가 둘째 차원이며, 일단의 가치 혹은 문화적 레퍼토리의 유지가 셋째 차원이고, 그 밖에도 다른 차원이 많다. 각 차원에서 헌신의 강도는 공헌 노력의 횟수/깊이에 따라서 측정되는 것이므로 다양하다. 타인들의 삶에 공헌하려고 최대한 노력하는 이타주의자의 행위에서 보이는 타인-지향성이라는 이상을 어느 정도로 인지할 수 있는지에 따라서, 그 강도는 다양한 차원의 헌신이 뒤섞이는 후보자들의 거대한 집합으로 구분된다. 상담사, 간호사, 치료사, 건설자, 판사, 의사, 그리고 부모, 형제자매, 친구 등은 타인 지향성의 여러 유형을 대표한다. 타인-지향적인 사람은 전형적으로 그런 역할 중 몇 가지를 각자의 생애에서 맡는다. 이런 이 타주의자들이 목표로 삼을 최적의 균형이 있을까?

또다시 비교론적 판단들은 정당한 근거를 갖는다.[68] 경제적 이윤의 증대에만 골몰하는 돌 진형 기업가가 있고, 또 심각한 감염을 무릅쓰고 환자에게 별도의 시간을 들여 헌신하는 의 사가 있는데, 둘 중에서 누가 더 친-사회적인지를 판정하기 어려운 사람은 별로 없다. 그러 나 활동 영역 간의 비교는 흔히 추적 불가능한 것 같다. 게다가 행위의 수정 가능성까지 고 려한다면 난감한 일이 생긴다. 의사에게 '최대한의 노력'이란 무엇일까? 잠자는 시간을 계속 미루거나 혹은 회복할 시간을 잠깐 허용하는 경우처럼 더 많거나 더 적은 모험을 시도하는 것일까?

이는 어려운 질문이다. 세 가지 조건을 함께 고려한다면, 또 다른 질문이 생긴다. 역사적 으로 친밀한 공동체 관계를 중시하는 사회에서는 구성원들이 추진하는 프로젝트를 위해 더 많은 지원을 제공하는 경향이 있었지만, 추구할 수 있는 선택지들을 극히 제한하는 경향도 있었다.[69] 공동체성이 강해지면 성공의 정도는 더 높아지고 자율성의 정도가 더 낮아질 수 있다. 또다시, 소크라테스의 물음에 대한 일반적인 대답은 어떻게 적절한 균형을 잡을지를 밝혀야 할 것이다. 이와 대조적으로, 만족에 관한 나의 제안들은 실천적 문제로 옮겨간다는 의미이다. 우리의 교육 실천을 어떻게 수정해야 우리가 잘하고 있는 점을 너무 크게 희생시 키지 않으면서도 결함이 있을 것 같은 차원들을 개선할 수 있을까? 비교론적 접근은 유토피 아가 목적이 아니다. 그것이 바라는 것은 진보를 위한 도구의 제공이다.

11

이 장에서는 앞서 여러 장에서 제시된 구체적 제언을 뒷받침하려고 시도하였다. 취학 전 환경이나 초등학교 교실에서 아이들과 상호작용하는 성인들의 인원을 (심지어 극적으로) 확 대하자는 나의 제언은 이상하고 동기를 부여하지 못하는 것으로 보였을 것이다. 나의 제언 의 이면에는 개성과 자율성의 함양, 미성숙한 인간과 주변 사회 간의 민감한 대화의 개선이 라는 생각이 깔려 있다. 만일 어린이들이 자신의 만족스러운 삶을 추구하거나 찾은 방식이 아주 다양했던 온화하고 지지하는 성인들을 관찰하고 또 이 성인들이 그 아이들을 관찰한 다면, 아이들이 잠재적 성향을 인지하고 이를 더 발달시키기 위해서 행동할 기회는 많아질 것이다.[70] 한 아이의 재능과 선호에 관한 판단들은 (과로 상태에 있는) 한 명의 교사에 의해서

가 아니라 숙련된 전문성을 가진 교사 팀에게 조언해 주는 집단에 의해서 내려진다.[71] 이런 종류의 프로그램을 만들어 낼 가능성은 많이 있다. 만족에 대한 배경적인 접근은 현재의 실천에 어떤 문제가 있는지를 진단하고 진보를 위한 기준을 제공하는 데에 도움이 된다.

교육 환경과 성인 세계 사이에는 침투 가능한 경계선이 있는데 이는 다른 측면에서도 중요하다. 특정한 삶의 방식에서 만족을 얻어낸 사람들은 자신의 관점을 타인들과 공유하는 데에서 또 다른 만족스러움을 찾을 수 있다. 노년층, 심지어 중년층의 삶이 때때로 활력을 찾는데, 이는 자신의 삶에 간직했던 것들이 훨씬 더 젊은 사람들로부터 공감을 얻게 되는 경우다. 이런 종류의 만남은 서로에게 뜻깊은 것이 될 수 있다. 아마도 우리는 그런 마음의 만남이 우연에 맡겨지지 않을 날을 기대할 것이다. 그럴 때 삶의 윤곽이 확고하게 굳어진 어떤 사람은 지역 학교의 교사로부터 메시지를 받는다. "여기서 당신은 즐겁게 이야기를 건넬 수 있고, 그리고 당신과의 대화에서 도움을 얻을 것으로 예상되는 학생이 있습니다." 그리고 그것은 물론 그런 예측이 놀랍도록 들어맞을 때다.

『국부론』을 쓰기 전에 애덤 스미스가 출간한 도덕적 감성에 관한 책을 읽은 사람이 많다.[72] 스미스를 탐욕적 자본주의의 총수로만 생각하는 사람들을 경악하게 만들 어느 구절에서, 그는 세속적 성공의 가치를 다음과 같이 말했다. "인간 행복의 중요한 부분이 사랑을 받는다는 의식에서 생기는 것이라면, 나도 그렇게 믿는데, 행운이 갑작스럽게 찾아오는 것이 행복에 큰 공헌을 하기는 어렵다."[73] 우리가 우리에게 베풀어지는 사랑을 받을 만한 가치 있는 존재라고 여기는 한 이것은 참말이라고 스미스는 믿었다. 그리하여 스미스는 에밀리 디킨슨이 중요한 것에 관한 명상의 마지막에 덧붙인, 죽음의 순간에 뚜렷해진 다음과 같은 생각에 다가갔다.

> 나에게 와서
> 네가 갈증을 해소할 수 있으니
> 너 자신의 이슬을 얻고
> 신성한 유황도

디킨슨의 만족 검사는[74] 관계에서 상호성을 강조한다. 그렇다면 우리가 사랑받을 자격은 우리가 베풀어 준 것에 들어 있다. 먼지 같은 명예는 중요하지 않다. 헛되게 살지 않았다는 확신은 친구들 그리고 사랑한 사람들로부터 생긴다. 혹 그들이 가까이 없으면, 그들을 생각하게 만드는 물건과 기억에서 생긴다. 서로 접촉하고 그러면서 달라졌던 삶에서 생긴다.

후주 ⏱ **제3장**

1 『On Education』, 23.

2 다음을 참조. Meira Levinson, 『No Citizen Left Behind』. 또한 Jonathan Kozol, 『Savage Inequalities』 (New York: Crown, 1991), 그리고 『The Shame of the Nation』 (New York: Crown, 2005). 'Children of the Broken Heartlands(출판 예정)'에서 커렌(Randall Curren)은 교육적으로 버려진 (황폐한 도심지 학교에 다니는) 아이들이라는 통상적인 비전을 확대시켜야 할 강력한 (그리고 감동적인) 이유를 제시한다. 그는 박탈의 중요한 원천으로서 농산어촌 고립을 주장한다.

3 이런 추정은 많은 미국 대학 캠퍼스를 내가 방문한 것에 기초한다. 특히 2016-17년 사이에 나는 (Phi Beta Kappa) 방문 학자로 봉사하는 특권을 가졌다. 이 방문 학자 프로그램은 학부만 있는 대학의 학생과 교수가 연구 중심 대학의 학자들과 교류할 수 있도록 한 것이다. 나는 9개 대학을 방문했다. SUNY(Geneso), 노스캐롤라이나 주립 대학, 워싱턴과 리, 호프스트라 대학, 우스터 대학, 샌프란시스코 주립대학, 랜돌프 대학, 알비온 대학, 웰슬리 대학. 오직 마지막 대학은 이 텍스트에서 묘사하는 스트레스가 과잉인 학부모의 열망을 충족시킬 것이다. 그리고 확실히, 웰슬리는 놀라운 교육을 제공하는데 그 명성에 버금가는 곳이었다. 그러나 나를 충격에 빠뜨렸던 것은 다른 모든 대학에서 내가 만난 많은 학생의 질적 수준, 그리고 그들을 가르쳤던 교수들의 탁월성과 헌신적 태도였다. 게다가, 8개의 (비엘리트) 대학은 제각기 학부생을 위해서 독특한 프로그램을 설계했다. 사려깊게 생각하고 잘 운영되었다. 하버드, 스탠퍼드, MIT 혹은 웰슬리로 내몰린 아이들이 이런 프로그램에서도 똑같이 잘 자랄 것으로 생각된다.

4 많은 청소년의 삶의 미시-조직에 관한 풍부한 진술로는 다음을 참조. Annette Lareau, 『Unequal Childhoods』.

5 그것들은 다음 자료에서 명쾌하게 제시된다. Angus Deaton, 『The Great Escape』 (Princeton University Press, 2013), 그리고 다음 자료는 더 야심적인 사례를 만들려고 함으로써 그 자료가 보여 주는 바를 과장하는 것으로 보인다. Steven Pinker, 『The Better Angels of Our Nature』 (New York: Viking, 2011), 그리고 『Enlightenment Now』 (New York: Viking, 2018).

6 R.W. Franklin, ed., 『The Poems of Emily Dickinson』 (Cambridge MA: Harvard University Press, 1998), Vol. 1, 501; poem 491.

7 Ibid.

8 John Dewey, 『A Common Faith』 (LW 9, 58). 제1장 40쪽을 참조.

9 Worthworth, 『Lines: Composed a Few Miles above Tintern Abbey』, ll. 34-35.

10 이는, 감정이 있는 다른 동물의 삶에 우리의 행위가 영향을 미치는 방식들을 고찰함으로써 확장될 것이다. 이런 확장 가능성에 관한 논의로는 부록 1을 참조.

11 동물 복지에 관한 관심을 불러일으킨 고전적 원천은 다음 책이다. Peter Singer, 『Animal Liberarion』 (New York: Random House, 1975), 그리고 Tom Regan, 『The Case for Animal Rights』, 2nd rev. ed. (Berkeley: University of California Press, 2004). 더 많은 최근의 논의 중에서 내가 추천할 것은 다음이다. Lori Gruen, 『Ethics and Animals』 (New York: Cambridge University Press, 2011), 그리고 Christine Korsgaard, 『Fellow Creatures』 (New York: Oxford University Press, 2018).

12 Jeremy Bentham, 『Introduction to the Principles of Morals and Legislation』 (1780, repr. London: Methuen, 1980).

13 세련된 옹호론은 나의 다음 글을 참조. 'Experimental Animals,' Philosophy and Public Affairs 43 (2015: 287-311).

14 이 책 제1장의 주 75의 텍스트를 참조.

15 이런 문제에 대해서 나에게 이의를 제기해 준 마사 누스바움(Martha Nussbaum)에게 깊이 감사한다. 이어지는 절들은 누스바움이 제기하는 중요한 질문에 대한 나의 반응을 보여 준다. 그런 문제를 더 충실히 다룰 필요가 있으며, 나는 주에서 언급한 논문에서 그것의 일부를 다루었다.

16 이 명제에 관한 옹호론, 그리고 'Peaceable Kingdom Thinking'에 대한 비판으로는 나의 다음 글을 참조. 'Governing Darwin's World,' in 『Animals: Historical Perspectives』, ed. Peter Adamson and G. Faye Edwards (New York: Oxford University Press, 2018), 그리고 'Experimental Animals.' 이하의 구절은 거기에 제시되었던 논변을 요약한 것이다.

17 본질상 그 반론의 주된 통찰은 윤리적 영역이 아닌 도덕적 영역 안에서는 실패한다. 다른 감성적 존재를 인식함은 그 질문, 즉 나는 무엇을 해야 하는가와 깊은 관련이 있다. 드문 경우를 제외하고는, 그것은 나는 어떤 종류의 사람이 되어야 하는가? 라는 질문과 별다른 관계가 없다. 비-인간 동물에 대한 우리의 의무에 관한 이해, 그리고 그런 의무에 따름을 진전시키려고 하는 인생 프로젝트는 만족을 위한 기회를 제공한다. 감성적 동물의 세계를 또 다른 방향에서 더 좋게 만들려는 시도는 거의 언제나 너무 야심적이다.

18 부록 1에서 내가 지적하는 것처럼, 인간의 삶이 다른 인간의 삶의 긍정적 향상 없이 만족을 찾을 수 있는 어떤 특이한 조건이 있다.

19 다원식 세계는 협력과 상호주의를 허용하는 것이므로, 동물 왕국의 미래 입법자는 총체적 조화의 증진을 일으키도록 행동할 수 있는 제한된 여지가 있다. 그 텍스트의 논변이 가리키는 비대칭성은, 인간의 경우에서는, 이런 공간의 크기가 엄청나고 그리고 그에 관한 우리의 더 큰 이해가 있다.

20 교조적/교리적 믿음에 대한 이 무거운 강조가, 신성을 자만하는 나르시시스트로 생각하지 않고서도 지속/유지될 수 있는지는 나도 의심스럽다. 간단히 말해서 우리를 지도하지 않아야 한다는 목적을 가진 그런 종류의 신성. 더 많은 논의는 제6장을 참조.

21 레빈슨(Meira Levinson)이 나에게 지적해 주었듯이, 서로 다른 신앙을 가진 사람들은 때때로, 인간의 선을 무엇이 증진시키는지에 관해서 의견 차이를 보일 것이다. 결과적으로 다른 사람들의 복지에 대한 공헌이 가득한 삶이라고 어떤 사람들이 환호할 때도 그 삶이 좋은 것인지에 대해서 종교적 관점과 비종교적 관점 간에는 중요한 논쟁이 있을 수 있다. 희미한 차이가 있음에도 불구하고, 합의(에 가까운 것)를 예상할 수 있는 사례들의 핵심이 있다. 위험에 빠진 사람들을 구제하는 영웅적 행위자들은 그들의 노력으로 거의 언제나 칭찬을 들을 것이나, 가난한 아이들을 위로하거나 굶주린 사람들을 먹여주는 성인들도 그럴 것이다.

22 우디 엘런(Woody Allen)은 Sleeper라는 코미디 SF에서 Orgasmatron의 방문을 묘사한다. 로버트 노직은 『무정부, 국가, 유토피아』에서 반-쾌락주의의 핵심을 발전시키기 위해서 신중하게 묘사한 '경험 기계'를 사용한다. 그 일반적 아이디어는 최소한 올더스 헉슬리(Aldous Huxley), 그리고 『멋진 신세계』로까지 확대된다.

23 어떤 이들은 진보를 암묵적 목적론을 전제하는 것이라고 이해한다. 이는 제1장(주 84)에서 제시된 이유에서, 그리고 거기서 인용된 더 긴 글에서 본다면 잘못이라고 나는 생각한다.

24 여기서 무한한 글이 적절한 것은, 두 전통이 주변 사회로부터 전형적으로 떨어져 있는 개인에게 집중하기 때문이다. 그 두 가지 소크라테스 질문을 나는 더 철저하게 혼합시켜 볼 것이다.

25 이런 견해의 고전적 제시는 다음에 들어 있다. Aristoteles,『Nichomachean Ethics』.

26 OL 17.

27 제1장 52쪽, 그리고 그쪽의 참고문헌을 참조.

28 이런 종류의 입장은 누스바움과 브릭하우스가 택하는 것으로 보인다. 누스바움은 고대의 견해를 재개 념화하는 것을 크게 옹호한다. 인간발달론적 접근에 관한 누스바움의 해설은 다음을 참조.『Creating Capabilities』(Cambridge, MA: Harvard University Press, 2011). 그리고 다음에 실려 있는 누스바움 의 논문을 참조, Nussbaum and Amartya Sen, eds.,『The Quality of Life』(Oxford: Oxford University Press, 1993). 브릭하우스의 견해는 다음에 간결하고 명쾌하게 제시되어 있다. Brighouse, Helen F. Ladd, Susanna Loeb, and Adam Swift eds.,『Educational Goods』(Chicago: University of Chicago, 2018).

29 밀은 이런 유혹에 넘어간다. 그의『공리주의』의 주된 혁신은 다음 명제를 강조한 점에 있다. '어떤 종류 의 쾌락은 다른 것에 비해 더 바람직하고 더 가치 있다.' 다음을 참조.『Collected Works』(Indianapolis: Liberty Fund, 2006), 그리고 OL 138. 인류 역사의 전반에 스며있는 '미숙한' 조건에 대한(System of Logic; Works, Vol. 8, 952), 그리고 완전한 민주주의에 부적합하게 만드는 일부 사회의 '미성숙'에 대 한(『Considerations on the Representative Government』; OL 225-37, 453-67) 발언에서 밀은 '일부 사 회에서 가능한 삶은 다른 삶보다 더 중요하고, 더 가치 있다.'는 판단을 분명하게 신봉한다. 아주 합당 하게도, 이런 발언이 무식하고 공격적이라고 보는 현대의 독자들이 많다. 밀의 저술에 들어 있는 그런 구절 때문에, 그의 미묘하고 중요한 아이디어가 정당한 영향력을 갖지 못하게 되는 경우가 많다.

30 여기서 나는, 듀이가 그의 도덕성 논의(「Human Nature and Conduct」, MW 14, 74, 97)에서 지적한 점을 '가치의 일반 이론'으로 끌어들인다. 이 문제를 더 자세히 논의하는 나의 책은 다음이다.「The Ethical Project」(제3장)과「Moral Progress」.

31 갈 길이 열릴 것 같은 느닷없는 영감의 순간들. 이 개념을 조이스(Joyce)는 월터 페이터(Walter Pater) 로부터 가져온다.

32 James Joyce,『A Portrait of the Artist as a Young Man, Norton Critical Edition』(New York: W. W. Norton, 2007), 224(Part V, II. 2789-90).『율리시즈』의 처음 페이지들은 이카루스(Icarus)처럼 스테판 (Stephen)이 요란한 소리를 내며 착륙했음을 밝혀 준다.

33 그러나 그런 선택이 생각 깊은 것이라는 점은 중요하다. 인생 계획은 단순한 휩쓸림에 의해서 자율적 으로 선택되지 못한다.

34 따라서 '한 쾌락이 다른 쾌락보다 더 중요한 것인지'를 결정하는 밀의 절차가 반영된다. 그러나 나중의 판단이, 예컨대 망각이나 억압에 따라 아무튼, 심리학적으로 왜곡되지 않는 것이 중요하다.

35 우리의 뒤를 이어 살아갈 사람들의 삶에 대한 우리의 공헌은, '신에 대한 믿음이 없으면 인간의 삶은 의 미 없다.'라는 도전에 대한 세속적 인본주의적 응답을 제시해 준다. 나의 이 주장은 다음을 참조.「Life after Faith」(New Haven: Yale University Press, 2014)의 제4장.

36 제2장(88쪽)에서 내가 인용한 다음을 참조. 'The Elixir.'

37 따라서 나는 공동체적 쾌락주의에 관한 논의가, '객관적 목록 접근'에 관한 나의 앞선 논의에서 제시 된 통시적 평등주의에 관한 고찰을 위해서 구체적 사례를 제공해 준다고 본다. 113쪽을 참조. 밀(J. S. Mill)은 우리 인류의 대다수 과거 구성원들에게 가능했던 실존 형식들을 '미숙한' 것이라고 논했는데 이때 밀이 빠진 함정에서 우리는 벗어나야 한다.

38 공동체적 쾌락주의가 요구하는 바는, 가치 있는 것으로 인지되는 '쾌락과 고통의 완화'는 참여자들 간

의 상호작용을 통해 생겨야 한다는 것이다. 환희의 추구자들이 나란히 정점에 도달하는 공동체적 오가 스매트론(communal Orgasmatron)은 원래의 고독한 버전보다 더 나을 것이 없는 듯하다. 제각기 웹과 교류하기만 하는 '공유된 인터넷 비디오 게임'을 저급한 쾌락으로 간주하는 부모들의 합당한 관심이 더 현실적인 그런 사례일 것이다. 게다가, 오르가스트론이나 비디오 게임에 대해서, 갈구하고 제공되는 그런 경험이 실제로 타인과 관계를 맺는 능력을 무력화시키는 것은 아닌가 하고 놀랄 것이다. (이런 사 항들을 환기해 준 질문에 대해서 알렉산더(Natalia Rogach Alexander)에게 감사한다).

39 그런데 많은 것들이, 공유되는 즐거움에 행위 주체가 공헌하는 정도에 따라 달라진다. 내가 상상한 중 세 시대 마을 주민의 창의적 활동, 그리고 정신없이 TV 프로그램을 시청하면서 술을 마시고 어울리는 사람들의 수동성 사이에는 온갖 사례들이 널려 있다. 마을 축제는, 과거의 행사를 위해 고안했던 과정 을 단순히 반복하는 것이라면, 별로 인상적이지 못하다. 만일 오스카 와일드(Oscar Wilde) 혹은 도로 시 파커(Dorothy Parker)가 그런 축제의 일원이 된다면, 그리고 다른 사람들도 비슷한 혹은 보완하는 공헌을 한다면, 그 생동감은 높아진다. 이런 점을 파악하도록 자극을 준 레빈슨(Meira Levinson)에게 감사한다.

40 나는 이런 타협적 관점이 누스바움과 브릭하우스에게 속한다고 본다. 이 책 112쪽(주 28)을 참조. 일 부 자유주의자들은 더 나아가, 주체의 창의성/개별성을 반영하기 위해서 그 결합은 참신한 것이어야 한다고 제안할 것이다. 그러나 내가 보기에, 사람들은 이전에 개척된 어떤 삶의 패턴을 가리켜서, 자기 자신의 재능과 경향과 딱 맞는 것이라고 인지할 수 있다.

41 이런 접근법이 상상력 있게 그리고 신중하게 발전되었는데 이는 다음을 참조. Susan Wolf, 『Meaning in Life and Why It Matter』.

42 내가 이 사항을 훨씬 더 분명히 파악하도록 강력하게 비판해 준 많은 학자(Richard Bernstein, Jay Bernatein, Axel Honneth, Rahel Jaeggi)에게 감사한다.

43 밀(Mill)이 실제로 그랬는데, 그는 '타인과 우리의 연결'의 중요성을 재도입하려고 여러 차례 시도한다. OL 70을 참조.

44 아동에게 미치는 배경 문화의 중대한 영향을 고려하면서 아동의 자율성이 어떻게 증진될 것인가 를 보여 주는 분명한 시도가 있다. 이는 다음을 참조. Harvey Siegel, "'Radical' Pedagogy requires 'Conservative' Epistemology,' *Journal of Philosophy of Education* 29 (1995), 33-46.

45 MW 9, 304.

46 가장 웅변적으로 표현된 것은, 내가 다음 저서로부터 인용했던 구절에 들어 있다. 『A Common Faith』. 이 책 53쪽을 참조.

47 경험과 자연이 우리의 심적 생활과 연관된 문제를 다룰 때, 첫 번째 관심(제6장)은 어떻게 마음이 '이전 질서의 새로운 재구성의 주체'가 될 수 있는가를 이해하는 데 있다(LW 1, 168). 마음-몸 문제는 지난 세기 영미 철학의 중심에 있는 것인데, 제7장으로 미룬다.

48 문제는 이전 평형이 흐트러진 것이라고 보았으며, 그리고 그것은 (다른 평형 상태가 될 수 있는) 평 형으로 되돌아감으로써 극복된다. 도전을 더 적절하게 다룰 능력은 때때로 풍부한 그리고 만족스러 운 ('완결적') 경험의 증가와 연결된다. 나는 듀이의 성장에 관한 설명이 제기하는 어려운 문제들을 탐 구하려고 하지 않을 것이다. 내가 아는 한, 이제까지 가장 최선의 설명은 알렉산더(Natalia Rogach Alexander)의 미발표 연구에 들어 있다.

49 자아를 사회적인 것으로 받아들이는 듀이는, 그의 초기 헤겔주의에서 비롯된 점임이 분명하다. 그가 『민주주의와 교육』을 쓸 무렵, 듀이가 애호하는 역사주의자는 헤겔에서 다윈으로 바뀌었다. 나는 듀이

의 생물학으로의 전회를 따를 것이다.

50 Ludwig Wittgenstein, 『Philosophical Investigation』, 115.

51 'Schopenhauer as Educator' in 『Untimely Meditations』. 루소의 『에밀』의 처음 몇 쪽도 비슷한 그림을 제시해 준다.

52 이 문제에 대한 미묘한 반응을, 라헬 재기(Rahel Jaeggi)는 그녀의 중요한 책, 『Alienation』(New York: Columbia University Press, 2014)에서 보여 준다. 비록 나의 접근은 다르지만 나는 그녀의 논의로부터 많은 것을 배웠다.

53 듀이는 비유기적 세계, 생물계, 그리고 우리가 심리적 삶을 부여하는 존재들 간의 관계에 관해서 감수성 있는 탐구를 했는데, 이는 여기서 내가 옹호하는 전략을 추구한 것이다. 다음을 참조. 『Experience and Nature』(LW, 1), 제7장.

54 다음을 참조. Stephen Jay Gould, 『Ontogeny and Phylogeny』 (Cambridge, MA: Harvard University Press, 1977).

55 고프닉(Alison Gopnik)의 일부 저술은 이런 종류의 개념을 제시한다. 다음을 참조. 『The Scientist in the Crib』, co-authored with Andrew Meltzhoff and Patricia Kuhl (New York: William Morrow, 1999); 『The Gardener and the Carpenter』, (New York: Farrar, Straus & Giroux, 2016).

56 조엘 파인버그(Joel Feinberg)가 그의 고전적 논문, 「The Child's Right to an Open Future」 in 『Philosophy of Education』, ed. Randall Curren (Oxford: Blackwell, 2007, 112-23)에서 명쾌하게 제시하고 있는 점들에 나는 공감한다. 파인버그의 논문 제목이 암시하듯이 그는 아이들을 위한 기회를 차단하는 사회적 압력을 물리치는 일에 대해서, 그리고 자기 자녀를 종교적/문화적 공동체의 구성원으로 길러내려고 하는 부모에 대해서 가장 관심을 쏟고 있다. 나는 이 점에 공감할 뿐 아니라, 감수성 있는 청중을 만날 아이들의 권리를, 바꾸어 말하면, 발달 중인 온갖 개별적 경향에 관한 신중한 관찰에 따라 선택지들이 형성되어 아이들에게 제시되어야 할 과정을 요구할 아동의 권리다. 파인버그는 그의 논문의 마지막 절(120-23)에서 이런 방향으로 나아간다. 나는 그보다 더 나아갈 것을 원한다.

57 도덕교육에 대해서 더 많은 내용은 이 책의 제5장을 참조.

58 사회와 개인의 미성숙에 관한 드문 언급에도 불구하고 밀(Mill)은 전형적으로 엘리트주의로부터 자유로운 개성에 관해서 설명을 제공한다. 그 예는 『On Liberty』(제3장)이다.

59 말년의 니체는 도덕적 제약이라는 것은 아무튼 없다고 주장할 것이다. '도덕적 행위 주체의 정당한 사회적 형성'이라는 내 아이디어는 개성에 대한 부당한 침입으로 보일 것이다. 이런 이야기는 『Untimely Meditations』에 없지만, 『Beyond Good and Evil』, 그리고 『Genealogy of Morality』에 그것을 들어 있는 것으로 해석할 수 있다.

60 물론 그와 같은 배려제공자들은 주변 문화에서 습득한 과거의 개념들을 그 상황으로 끌어들일 것이다. 그 결과, 당시의 편견과 고정관념에서 생겼던 한계를 부과할 위험성이 실질적으로 있다. 내가 그려내는 프로그램은 이런 가능성에 조율되어야 하며, 그리고 이는 제10장에서 논의될 종류의 더욱 광범위한 사회변화를 요구할 것이다. 그런 문제의 인식과 그것을 고치려는 노력이 전적으로 편견을 제거하지는 못하겠지만, 이런 면에서 점진적인 진보를 희망한다는 것은 합당한 일이라고 나는 생각한다. 이런 난점을 인식하도록 이끌어 준 레빈슨(Meira Levinson)에게 감사한다.

61 여기서 나 자신은 브릭하우스/커렌/레빈슨과 같은 현대 교육철학자들의 중요한 목소리에 동조한다.

62 개인적인 것들에 대한 감수성을 강조한다고 할지라도, 교육이 철저히 개인화되어야 한다는 결론을 내리자는 것은 아니다. 공유된 교육과정과 공통된 경험이 개별 아동에게 똑같은 선을 제공할지라도, 그

들에게 제각기 독특한 선(들)을 줄 수 있는 여지가 자주 있을 것이다. 이를 더 분명히 파악하도록 격려해 준 레빈슨(Meira Levinson)에게 다시금 감사한다.

63 은둔자들은 현대의 인구에 분개하고, 그리고 염세주의자들은 타인과의 온갖 상호관계에 침투할 수 있다. 삶은 현재 시점의 품위 없는 거주자들보다 더 가치 있을 것으로 상상되는 미래 인간들을 지향할 수 있다. 이런 사항을 더 명확히 파악하도록 도와준 시겔(Siegel)의 질문에 감사한다.

64 이런 갈등은 흔히, 사회제도가 진화했던 방식들에 따라서 생기기도 한다. 인간의 삶의 특정 영역에 있어서 분명히 진보적인 단계들은 일부 집단의 사람들을 결속하는 복합적인 그림을 보여 준다. 내 생각에 이것은, 순전히 경제적인 진보가 사람들을 특정 역할에 집어넣는 방식 속에서, 그럼으로써 가장 귀중한 그들의 목표를 추구할 기회를 빼앗아버리는 방식 속에서 가장 뚜렷하다. 사회정책의 중요한 부분에서는 이런 '제도적 마찰'을 찾아내 제거하는 것을 목표로 삼아야 한다. 제3부는 그런 문제의 몇 가지 특수한 경우를 다루려고 시도한다.

65 이 위대한 예술가들에 관한 내 연구에서 나는 날카롭게 인식하게 되었다. 특히 다음을 참조. 『Deaths in Venice』, 114-21.

66 결과적으로 '평가의 표준'은 '맥락의 세부 사항'에 민감하다. 예컨대, 특정한 사회적/기술적 가능성에 따라 틀이 잡히는 상황 속의 사람들은 우리보다 어떻게 더 잘 살 것인가라고 우리는 질문하며, 그리고 현실적 대답은 (혹은 그들을 돕는 데에 충분하게 신속히) 변할 수 없는 것들을 주장하게 된다. 그러나 우리는 더 장기적인 견해를 가질 수 있고, 그들의 삶에 영향을 미치는 구조적 조건이 수정될 수 있는 방도를 고찰할 수 있다.

67 알렉산더(Natalia Rogach Alexander)가 나에게 제시해 준 것처럼, 우리의 목적은, '부수적 손실'을 피하면서, 바그너/만/조이스와 같은 위대한 인물을 길러내는 것이다. '군중'은 희생하고 영웅이 잘되는 세계, 그리고 유쾌한 평범함의 조건이 니체에게서 서로 대립된다고 가정하는데 이를 강제된 선택으로 보면 안 된다.

68 혹은, 최소한, 그럴 수 있다. 정당화된 가치 판단이 어떻게 내려질 수 있는가에 관한 한 가지 설명은 『Moral Progress』를 참조. 훨씬 더 간단한 설명은 이 책 제5장에 있다.

69 이것이 생기는 것은, 내 생각에는, 다수의 독특한 연결을 강조하는 '두꺼운(thick)' 공동체에서 일치의 수준을 더 크게 요구하는 것처럼 보이기 때문이다. 결과적으로 합의에서 멀어지게 될 삶의 실험은 갈수록 배제되고, 그리고 선택지의 범위는 갈수록 축소된다.

70 그러나 앞(주 59)에서 지적했듯이, 미묘한 대화에 참여하는 사람들이 횡행하는 편견과 고정관념을 거기에 끌어들이지 않는 점이 중요할 것이다. 이렇게 하려면, 쉽게 지적될 수 있는 편향성을 직접 언급할 뿐만 아니라, 이런 것이 즉각 나타나는 그 사회의 더 깊은 구조적 특성을 찾아낼 필요가 있을 것이다. 제10장에서는 필요한 폭넓은 사회변화를 어떻게 일으킬 것인가를 살펴보는 과정이 시작된다.

71 이것이 이로움이 되려면, 교실에 참여하는 성인들이 (이상적으로는 모든 성인이) 어떤 교육적 훈련을 받을 필요가 있다. 나는 이 문제를 제10장에서 다룰 것이다. 이 점을 생각하도록 이끌어 준 오플래허티(Dan O'Flaherty)에게 감사한다.

72 『The Theory of Moral』 Sentiments (Indianapolis: Liberty Fund, 1984). 스미스의 생애에 6판이 출간되었다.

73 Ibid., 41(Book I, Part ii, Chapter 5). 또한 113(III. ii. 1), 그리고 181-85(IV.i)를 참조.

74 이 검사는 죽어가는 이의 성찰적 태도에 따라서 충족을 판단한다. 이와 아주 비슷한 것은, 톨스토이(『The Death of Ivan Ilyich』)가 밝혀낸 아이디어, 그리고 쇼펜하우어가 제시하고 니체가 발전

시킨 좋은 삶의 기준, 즉 똑같은 삶을 다시 살기를 원하는가 하는 점이다(『The World as Will and Representation』, 1, §§ 54, 59; 『The Gay Science』, §341). 내가 아는 한, 디킨슨은 쇼펜하우어를 읽지 않았고, 그리고 니체와 톨스토이의 표현은 디킨슨의 시보다 나중에 나온 것이다.

제4장

시민

1

잉글랜드 청교도의 작은 무리는 1639년 대서양을 건넜고 자신들의 종교적 확신에 따라 살아갈 식민지를 만들고자 했다. 바다에 떠 있는 도중에 그들이 그리던 공동체를 다스릴 합의안이 만들어졌고 서명도 하였다. 그들은 롱아일랜드 사운드(Long Island Sound)의 북쪽 해안 어느 지역을 택하여(차지하고) 정착했으며, 그곳은 기존의 뉴헤이븐 식민지(New Haven Colony)의 동쪽이었다. 350년이 흐른 후, 그들의 피땀으로 새워진 길퍼드(Guilford)의 코네티컷 소도시는 그곳의 정착을 기념하는 뜻에서 최초 맹약의 문장을 돌판에 새겨넣기로 결의했다. 그 첫 문장은 다음과 같이 시작한다.

> 아래에 서명한 우리는 신의 자비로운 허락 아래 뉴잉글랜드에서 그리고 가능하면 퀴니피악 주변의 남부에서 정착하기 위하여 우리 자신과 가족 그리고 우리에게 소속된 사람들을 위해 굳게 서로 약속한다. 우리는 신의 도움으로, 하나의 농장에서 함께 자리를 잡고 단합하여, 모든 공동 작업에서 각자의 능력과 필요에 따라 서로 도울 것이며 서로를 혹은 농장을 버리거나 떠나거나 하지 않고, 다른 사람들의 혹은 이 약조에 참여한 다수의 동의에 따를 것을 약속한다.

그 아래 25인의 남성(최초의 '가장') 이름이 새겨 있다.[1]
초기 정착자들이 그런 맹약에 이름을 새겨넣은 지 거의 2세기가 지날 무렵, 흩어져 있던 최초의 식민지들이 형성한 새 공화국을 알렉시스 드 토크빌(Alexis de Tocqueville)이 방문했고, 그리고 미국 민주주의를 평가하였다. 토크빌은 뉴잉글랜드의 도시 회의에 대해 특히 감동했다.[2] 18세기까지 북동부의 모든 주에 걸쳐서, 길퍼드와 같은 도시의 주민들은 함께 모여 자기 공동체의 문제를 협의했을 것이다. 그들은 각자의 관점을 표출하고 타인들의 관점을 들으려고 했을 것이다. 그들은 모두가 수용할 수 있는 해결책을 추구했을 것이며, 이는 원래 어떤 맹약의 정신을 가진 그들이 함께 일하는 것의 중요성을 이해하기 때문이었을 것이다.

낯선 신세계에 '뿌리를 내린' 그들은 당면한 도전을 이해하게 되었다. 원래 합의된 언어 그리고 뉴잉글랜드의 민주주의에서 토크빌이 목격한 지역 프로젝트에 대한 존중으로 볼 때, 이들 공동체의 삶을 상상하는 데에 영감을 얻기는 쉽다. 우리가 그려볼 수 있듯이, 자기들 상황의 문제점을 협의하려고 모였던 성인들은 공동의 종교적 확신 그리고 한뜻으로 역경에 대처할 필요의 인식 속에서 서로 단결했다. 그들의 숙의는 진지했고, 서로 존중했고, 포용했다. 제각기 이웃 사람들의 열망을 무시하지 않는 데에 관심을 쏟았다. 이처럼 안개 속의 역사를 돌이켜보면서 우리는 듀이가 밝히고 옹호한 민주주의의 비전을 떠올린다. '민주주의는 통치 형태 그 이상이다; 그것은 일차적으로 더불어 살고 함께 소통하고 경험하는 방식이다.'[3]

아마도 길퍼드는 그랬을 것이다. 그렇지만 상상은 초기의 상호관계에서 생겼던 주름들을 없애버리고 얼룩진 것들 심지어 뒤틀린 것들을 감추고 말 것이다.[4] 뉴잉글랜드 공동체들의 숙의가 민주주의를 향한 발걸음이라고 보는 것이 합당하지만, 민주주의의 완전한 표현이기에는 턱없이 부족하다.[5] 각 가구의 남성 가장으로만 구성된 소집단 속에서 인정받은 평등한 사람끼리의 토론을 통해서 상호 협력이 이루어졌다. 많은 지역민, 즉 여성, 젊은이, 연한(年限) 계약 노동자(indentured servants), 그리고 (당연히) 마지막으로 노예의 지위는 더 낮았다.[6] 다른 공동체들과의 공동 행동이 필요할 경우, 타 정착지 출신의 재산-소유 남성들도 상당한 신분을 가졌을 것이다. 그러나 많은 경우에 외부인들은 무시되었고, 심지어 그 땅에서 처음부터 살던 원주민들부터 그랬다. 그 이전에 그 땅을 사용한 것은 깡그리 무시되고 말았다.[7]

이 맹약에서 드러나는 것은 소규모 민주주의이며, 여기에 민주적 이상을 더 넓게 적용하려는 생각은 전혀 없었다. 현대사회는 이와 같은 적용 확대의 실패를 이어받았다. 지구적 도전에 직면해 있는 우리의 심각한 어려움은 길퍼드 공동체의 단점이 반영된 근시안적 국가주의에서 파생된 것이다.[8] 그럼에도 우리는 뉴잉글랜드 정착민들이 그들의 갖가지 심각한 결함에도 불구하고 달성해 놓은 것, 즉 토크빌이 미국 민주주의 실험의 핵심으로 여겼던 어떤 건설적 숙의 능력을 잃어버린 것처럼 보인다. 요사이 정치 시스템은 심지어 '민주주의'라는 명예로운 타이틀을 기꺼이 붙일 만한 것조차도 견해 차이로 분열되고 이 중에는 포악한 분열도 많다. 과거 공동체들이, 듀이의 희망찬 진술에 더 잘 들어맞아도, 그것들의 인습이 우리에게 적절하다고 보기는 어렵다. 과거 공동체의 삶에는 강력한 공동의 종교적 헌신이 스며들었고, 서로 공존하지 못하면 명백한 위험에 직면했다. 현대의 사회들은 다양해서 그와 비슷한 공동의 위협을 인지할 수 없다.[9] 초기 뉴잉글랜드의 모델적 시민과 같은 것은 존재한 적이 없었고, 그리고 오늘날 세계에서 그런 시민은 유토피아적 환상일 뿐이다.

조심하라는 이야기는 모든 것에 아주 합당하다. 그렇지만 교육의 주된 과제 중 하나는 그런 시민들에 가장 가까운 시민들을 창조 혹은 재창조하는 일이다.

2

민주주의는 흔히 최선의 정부 형태라고 말한다. 혹은 윈스턴 처칠이 했다고 흔히 전해지는 말에 따르면, 최소한 모든 대안을 제외하면 최악의 정부 형태다.[10] 그러나 최근에 수많은 학자가 경고했듯이, 민주주의는 곤경에 빠지거나 혹은 사망 중이다.[11] 그들이 표명하는 명확한 의미는 이러하다: 현대 세계에서 민주적 정부를 애호하는 이야기 중에서 전형적으로 인용하는 미덕들이 있는데, 이를 갖춘 혹은 이에 가까운 민주적 정부는 성취가 불가능하지는 않아도 어렵다.

이와 같은 불안의 근거는 아주 많다. 우려하는 일부 사람들은 투표 시스템에 초점을 둔다. 그들은 투표의 기록과 계산에서 나타나는 부정행위를 지적하고, 투표구역의 경계선을 특정 정당에 유리한 쪽으로 교묘하게 바꾸는 사례를 밝혀내고, 다양한 시민집단 중에 투표소에 가지 못하는 사람들이 생기도록 차단하고 무력화시키는 방법을 폭로한다. 우려하는 다른 사람들은 유권자들이 선택을 표현할 수 있는 방식에 대해서 근본적인 단점을 지적한다. 개혁을 원하는 사람들은 콩도르세 안(Condorcet scheme)과 같은 선택 투표제(preferential voting)의 채택을 주장한다.[12] 전반적으로 볼 때, 이런 방향의 논의에는 통찰력도 있고 거기서 밝혀진 해악은 현실적이다.

다른 유형으로 우려하는 이들은 유권자의 선택이 구조화되는 방식에 초점을 둔다. 다수의 평론가는 현대 정치에서 금권이 발휘하는 역할을 개탄한다. 시민이 선택할 후보자들의 명단은 무엇이 만들어 내는가? 선거 운동에서 쟁점 이슈들은 무엇이 만들어 내는가?[13] 후보자가 전달하는 메시지의 효과는 무엇이 지배하는가? 투표소로 지지자들을 끌어모으는 힘은 무엇의 영향인가? 돈, 돈, 돈, 또 돈이다.[14] 물론 돈이 전능한 것은 아니다. 비교적 맨손으로 싸우는 후보자들도 꽤 있고, 풀뿌리 운동도 중요한 차이를 만들어 낼 수 있다는 환상을 불러일으킬 정도로 충분히 잘하고 있다. 우리가 유지하는 체제는 아직 **통계적으로** 금권정치일 뿐이다: 부자들의 이익을 위한 승리가 **보장된 것은** 아니고, 자금의 유입은 성공의 개연성을 높이는 데에 그친다. 그러나 결정적 영향을 미치는 경우도 많다.

그런데 또 다른 유형의 불만이 현대의 정치적 삶과 민주주의의 주요 미덕 간의 충돌에서 나타난다. 사람들은 이런 정부 시스템이 시민의 자유를 증진할 것으로 가정한다. 많은 사람은 이런 생각이 심각한 착각이고, 대중의 어리석음을 간과하는 것이라 본다. 천성적으로 어리석은 대중은 자기들의 목적에 오히려 해를 끼치는 후보자와 정책을 선택할 것이다. 이런 인지 능력의 생물학적 결정론에 관한 가설은 의문스러운 것이다. 유권자들이 자기들의 이익과 관련된 이슈를 전혀 생각하지 못한다고 단정하는 데에는 아무 근거도 없다. 그러나 무지는 어리석음처럼 독이 될 수 있다. 만일 제안된 정책들의 결과에 영향을 미치는 중요한 사실들을 학습할 기회가 유권자들에게 주어지지 못한다면, 투표장에 몰려가는 그들은 이루고 싶은 간절한 희망을 오히려 꺾어버리는 투표를 하고 말 것이다. 유권자들이 자유의 표현이라고 말하는 행동을 통해서 오히려 자신의 목적을 꺾어버리는 일은 우리가 여전히 '민주주의'라고 떠들어대는 제도의 가장 씁쓸한 역설이다. 그런 해악이 더 쌓이는 경우는 가짜 정보와 역정보가 남발하는 냉소적 캠페인 때문에 선호와 이익 간의 불일치가 발생하는 때다. 예컨대, 전문가를 믿지 말라는 설득에 유권자들이 속아 넘어갈 때다.[15]

현대의 기술은 이런 곤경을 악화시켜 버린다. 이상주의에 젖어 있는 열성분자들은 인터넷이 민주주의를 촉진한다고 자주 떠들어댄다. 그들은 오늘날 웹 접속은 어디서나 가능하고, 누구나 자기 목소리를 낼 수 있다고 말한다. 이런 이야기보다 더 현명한 것이 오래된 지혜의 원천에 들어 있다. 셰익스피어의 『헨리 4세』 제1막에서 극중인물인 오웬 글렌도(Owen Glendower)는 자신의 힘을 과시한다. '나는 저 거대한 심연에서 악령들을 부를 수 있다.' 홋스퍼(Hotsper)는 적절한 응수로 그 허풍을 멈추어 세운다. '그럼 나도 또 누구나 그럴 수 있지/그러나 네가 그들을 부를 때 그들이 오나?'[16] 우리는 아무에게나 아무 때나 허공에 말을 던지고 화면이나 종이에 글을 쓸 수 있다. 주목할 사람이 있는지는 전혀 별개의 문제다. 인터넷이 제공하는 것은 이전에 말하지도 못한 사람들이 자기 견해를 전할 진지한 기회가 아니라 오히려 우리가 제각기 보이지 않는 광고자들의 상업적 이익을 위해서 우리의 편견에 동조하고 이를 강화하는 검색 알고리즘에 의해서 반향실(echo chamber)에 갇혀버리는 심각한 기회다.[17] 그리고 물론 해커들이 먼 곳에 숨어서 퍼뜨려놓은 봇(자동처리 프로그램)에 담긴 메시지에 감동하고 마는 기회이기도 하다.

이런 기술 발달은 신뢰를 고갈시키는 정치문화의 여러 원인 중 하나다.[18] 수백만 명의 시민들은 자신의 불만을 들어주거나 자신의 필요에 신경을 써주는 사람이 전혀 없는 사회 속에서 주변으로 밀려나고 버려진 느낌에 빠진다. 그들은 기만의 깊이를 제대로 알지는 못해도 자신이 지지하는 인물들의 발표를 포함해서 많은 정치적 발표가 가짜임을 알 정도의 머리는 된다. 말은 정치적 도구로 전락하고 지지자들을 확신시키고 반대자들을 분노하도록 만드는 데에 오용된다. 아무나 할 수 있는 일은 결국 자신의 힘든 처지를 어느 정도 이해하는 쪽에 가장 가깝다고 느끼는 정치적 인물에게 이끌리는 것뿐이다. 선택을 내린 후에는 더 많은 지지를 보내야만 한다. 심지어 그런 지도자가 전통적인 민주주의 제도의 일부를 흔들어버리거나 무너뜨리는 것으로 밝혀질지라도 그래야 한다. 왜냐면 그렇게 하지 않으면 저 사악한 엘리트들이 강해지고 이들은 민중, 즉 **실제** 민중이 설 자리가 없는 사회를 유지하는 일에 기울어지기 때문이다.[19]

간단한 검토에서 언급되는 모든 사항은 진실이다. 그것은 민주주의의 건강과 존속에 진실로 위험한 점들을 밝혀준다. 그러나 지금까지의 이야기는 민주주의의 종말의 근본 원인을 밝혀내지 못한다. 이는 듀이식 이상과 약간 비슷한 것의 상실이라고 나는 생각한다. 토크빌이 미국 민주주의의 심장으로 여겼던 지역적 교류가 없다면, 거대한 규모의 민주주의는 붕괴하고 만다.

$$3$$

이제 그 점을 밝히려고 한다. 이를 위해서 민주주의를 세 가지 수준에서 구분할 것이다. **표층적** 민주주의는 시민들이 지도자를 선출하고, 그리고 아래와 같은 최소 조건이 갖추어진 사회라면 있는 것이다: 유권자들이 후보자를 선택하고, 뇌물이나 강압에 굴복하지 않으며, 공적 토론이 어느 정도 가능하다. 심층적 민주주의는 식견 있는 유권자들을 길러낼 것을 요구한다. 다시 말해서 자신의 이익을 위해 행동할 가능성이 있는 후보자를 파악할 능력을 증진하는 메커니즘이다. 심층적 민주주의는 '듀이식 민주주의'의 수준에 있는 것이다. 다양한 관점을 가진 사람들 사이에 숙의를 장려하고, 그럼으로써 모두가 수용할 수 있는 정책들에 도달하기 위한 제도가 있다.[20] 민주주의의 건강은 어느 수준이건 듀이식 민주주의의 실현 정도에 달려 있다고 나는 주장할 것이다. 이런 결론은 기본적인 교육과제를 설정한다. 듀이식 민주주의를 위해서 시민들을 어떻게 준비시켜야 하는가?

그 첫 단계는 현시점의 문제점들에 대한 더 단순하고 설득력 있는 진단이 될 것이다. 유권자들이 자주, 심지어 체계적으로 오도되어 버린다는 점이 잘못이라고 말한다. 근본 문제는 전적으로 인지적인 것이다. 사회에 필요한 것은 더 좋은 교육 시스템, 그리고 신뢰할 만한 정보가 전파되는 더 좋은 방송 채널이다. 이렇게 진단하는 사람들은 젊은이를 가르치고, 공적 토론장을 정비하는 방도를 찾으려고 노력할 것이다. 그리하면 '자유롭고 개방된' 토론의 질이 높아지고, 따라서 자신들의 이익과 연결되는 투표 성향을 갖춘 시민들이 (다시?) 형성될 것이다.

이를 약속하는 제언은 통하지 못할 것이라고 나는 생각한다. 구체적 사례에 집중해 보자. 이는 기후변화에 대처하는 정책들을 놓고 합의에 도달하기가 어려운 사례이다. 기후변화에 대처하는 제안과 관련되어 널리 알려진 장애물들을 살펴보자. 그런 제안의 진행 속도가 너무 느릴 뿐만 아니라 우리에게는 '전권을 가진' 시민들을 교육하거나[21] 혹은 대중에게 전해지는 정보를 개선하거나 하는 일에 관한 통찰이 부족하다. 훨씬 더 심층적인 결함은 사람들이 처음부터 마음에 안 들거나 심지어 위협적이라고 보는 아이디어와 관점에 대해서 마음을 열 필요가 있다는 점이다. 이를 위해서는 사람들이 자신들이 취약하다는 생각에서 벗어나야 한다. 그래서 심각한 손실로부터 자신을 보호해 줄 헌신적인 동료 시민들이 있다는 확신이 생겨야 한다. 학습할 능력은 상호 신뢰가 있느냐에 달려 있다. 다시 말해서 작은 공동체에서 때때로 얻어지지만 요즘처럼 분열된 사회에서는 확실히 없어진 정감적(affective) 조건에 의존한다.

이렇게 본다면 듀이가 말하는 '더불어 살아가고, 함께 소통하는 경험의 양식'[22]이라는 민주주의와 교육 간의 연관성은 놀라운 것이 전혀 아니다. 이 연관성에는 네 가지의 주된 추론이 깔려 있다. 첫째, 대중적 진단 사항에 대한 나의 비판이 밝혀주었듯이, (설령 주입될 수 있을지라도) 향상된 인지 능력만으로는 필요한 것을 얻지 못할 것이다. 둘째, 정감적 조건이 없어질 경우, 민주주의의 파괴나 붕괴로 이어지기 쉬운 '투표의 횡포'라는 병리적 현상이 민주주의 사회를 지배할 것이다. 셋째, 앞 장에서 발전시킨 만족관은 그런 조건들이 갖추어지는가에 달려 있다. 넷째, 가장 중요한 점으로, 가족 안에서 그리고 몇몇 작은 공동체 안에서 번성하는 소규모 민주주의는 타인들의 관점과의 교류가 차지하는 중심 역할을 가르쳐 준다.

이 장은 또 다른 세 가지 과제를 다룬 다음에 결론을 내릴 것이다. 첫째, 듀이식 민주주의의 가능성에 관한 우려, 특히 그것은 지나치게 낙관적인가에 대한 대응을 시도할 것이다. 둘째, 내가 선호하는 숙의 민주주의의 버전과 타인들의 삶에 공헌함으로써 만족스러운 삶이라는 견해 간의 유사점을 밝혀볼 것이다. 마지막으로 교육적 시사점을 도출할 것인데, 여기서 나는 이미 제시했던 점들을 확대하고 보완하기 위해서 시민성을 위한 또 다른 방안들을 제시할 것이다.

4

현대 민주주의의 문제점들을 검토할 때, 간단한 설명이 가능할 것처럼 생각하기 쉽다. 그 문제의 뿌리는 잘못된 정보의 과잉 확산, 그리고 이로 인한 광범한 무지에 있다. 너무 많은 사실이 왜곡되고 또 너무 많은 진실이 부정되기 때문에, 시민들은 자신들의 진정한 문제들의 원인을 확인할 기회조차 없어진다. 시민들은 자신들을 오도하고 착취하는 사람들을 비난하기는커녕 오히려 엉뚱한 사람들을 비난한다. 시민들의 이익에 실제로는 관심도 없으면서 자신의 정치적 목적을 위해 그런 관심이 있는 척하는 정치적 후보에게 시민들은 끌려다닌다. 분노는 커지고 엉뚱한 데로 터진다. 온통 먼지로 뒤덮인 후에야 민주주의의 피상적 장치는 부자들의 의제에 맞추어 돌아갈 수 있게 된다. 선거구의 경계선은 은밀하게 다시 그어지고, 특정 집단의 구성원들이 실망하여 투표하지 못하게 만들 조치들이 도입된다. 이런 변화에 다수의 시민이 박수갈채를 보내는 것은 그럴싸한 이야기를 들었기 때문이다. 선거의 공정성을 해치려고 덤벼드는 어두운 무리의 사악한 계획에 대처하려면 개혁이 필요하다.

이런 설명은 쉽게 확대된다. 20세기의 기술 발전은 정보가 전달되는 방식을 변화시켰다. TV 뉴스가 신문을 대체했다. 온종일 일하느라 지친 노동자들은 TV를 보고 세상사를 파악하는 것이 신문의 긴 기사와 복잡한 분석을 읽는 것보다 더 편하게 보였다. 자유시장의 놀라운 작동이라는 생각이 널리 퍼지면서 새로운 미디어 벤처가 분출했다. '낡은' 저널리즘의 제약으로부터 자유로운 케이블 뉴스가 생겨났다. 시장의 극심한 경쟁 속에서, 선택은 정보를 제공해 준다는 환상을 일으키면서 흥겹게 해 주고 안심하게 해 주는 일을 가장 잘하는 이들 쪽으로 기울어졌다. 기업가들은 좋은 전략을 재빠르게 학습했다. 표적이 될 대중을 찾아라! 특정 틈새에 끼어 있는 사람들에게 호소력 있는 이야기를 전하라! 그들의 기존 여론을 뒤흔들어버리고 그들의 가치에 도전할 만한 '사실들'로부터 그들을 차단하라! 대중은 쉽게 나누어지고, 치밀하게 결집하는 집단들로 갈라지고, 특정 정보의 원천에 대한 충성심에 사로잡히고 말았다.[23] 세상에 대한 대안적 비전들은 난무했다. 진리에 대한 합의는 불가능한 것이 되고 말았다. 인터넷이 생긴 이후 이 모든 과정은 빨라지고 뜨거워졌다.

일단 한 사회가 어떤 상태에 이르면, 즉 여러 가지 중요한 사실에 대해 시민들이 합의하지 못하고 적대시하는 견해를 고수하는 사람들을 갈수록 악마화하는 상태에 도달하게 되면, 되돌아갈 길을 찾기가 매우 어려워진다. 노인들은 과거에 월터 크론카이트(Walter Cronkite) 혹은 BBC 방송 시절에 대한 향수에 젖어 있어서 나무랄 데 없는 정보의 원천을 되살리는 것을 상상할 것이다. 그들은 공정하다고 널리 인정받는 신문, TV 채널, 인터넷 사이트를 그리

위한다. 잔잔한 목소리가 '그리고 그게 현실입니다'라고 천명하고 나면 모두가 동의했었던 그 시절을 아쉬워한다.[24] 그러나 어찌하여 어느 목소리가 권위 있는 것으로 수용되는가? 틈새들 사이에 적대시하는 세계에서 기존의 뉴스 원천 중 어느 하나가 (혹은 무리가) 제공하는 것에 몰두하고 나면, 자신들이 선호하는 견해와 멀어지는 것은 여하튼 '공정하고 균형있는' 대안으로 보이는 것의 신빙성을 떨어뜨린다고 여겨질 것이다. 새로운 BBC라고 환호받는 것이 최소한 일부 집단에서는 프라우다(*Pravda*)[25]의 부활로 여겨질 것이다.

만일 이것이 뒤틀린 세상에 대한 진단이라면, 민주주의가 어떻게 회생할 수 있을까? 사회이론의 상투적 표현에 따르면, 교육에 대한 호소는 주요 사회문제에 대한 자동반사적 반응이다.[26] 빈곤, 범죄, 십대 임신, 약물 중독, 실업 … 등을 어떻게 다루어야 하는가? 당연히 교육을 통해서다! 예상할 수 있듯이, 교육을 손보려는 습관적인 태세는 교육의 과부하를 더 악화시킨다. 그러나 사회문제의 발생이 인지의 결함 때문이라면, 즉 믿을 만한 정보를 시민들이 얻지 못하기 때문이라면, 교육개혁을 통한 해결이 더 희망적이게 보인다. 아이들에게는 믿을 수 없는 정보 환경 속에서 헤치고 나아갈 방법을 가르쳐 줄 필요가 있다. 아이들은 도움을 얻을 수 있는 목소리를 식별하고, 유혹하는 사이렌의 소리를 무시하는 방법을 배워야 한다. 증거를 평가하고, 비판적으로 생각할 능력을 길러내는 것이 중요하다.[27]

이런 개괄적인 설명은 더 섬세한 형태로 다듬어질 수 있겠지만, 이런 설명이 제공하는 진단과 그것이 제안하는 치유책은 민주주의의 문제점에 대한 공통된 반응을 내가 간단히 검토한 것으로도 파악될 수 있다. 나의 검토는 그런 방향을 따르는 것이 어떻게 불완전한지를 인지하는 데에 충분한 도움이 될 것이다. 민주주의의 더 심층적인 붕괴 상황, 즉 심각할 정도로 서로 다른 견해를 가진 시민들이 함께 숙의할 수 있게 하는 제도가 사라졌음에 주목하지 못한다면, 공통된 믿음의 기반을 얼마간 회복하려는 시도는 실패하게 될 것이다. 따라서 최소한 이런 점을 밝혀볼 것이다.

5

첫째, 단순한 이야기에서 실질적 통찰을 찾아내는 것이 중요하다. 일직선의 퇴행적 역사라는 아이디어를 의심하는 데에 무슨 이유가 있건 간에 (단일한 전문가 집단이 완전한 신뢰를 얻었던 황금시대가 과연 있었는가?) 그 설명은 다양한 시기를 살았던 사람들이 자기들의 목적 추구에 필요한 믿음을 획득하는 능력에 영향을 미친 중요한 요인들을 인정한다. 시민의 자유 증진이라는 민주주의의 약속이 깨지는 것은 투표로 표출된 선호가 그들이 가장 애호하는 장기적 목표와 어긋날 때다.

투표와 이익 간의 조화는 자유 언론과 열린 토론을 통해서 유지되어야 한다. 자유 언론이라는 이상은 자유에 대한 제한이 행위에 대한 제약을 통해서 그리고 믿음을 만드는 메커니즘을 통해서 어떻게 행해지는지를 인지하는 데에서 생겨났다. 검열은 사람들이 자신들에게 열리는 선택지들을 이해할 기회를 박탈해 버린다. 게다가 검열은 자의적 간섭이 견제받지 않고 행해지도록 방치해 버린다. 사회적 안정을 확보하기 위해 전통이 보존되어야 한다고 주장하는 이들에게 밀턴은 경쟁하는 아이디어들이 공적으로 서로 충돌하는 것을 허용하자는 고전적 옹호론을 제시했다. 밀턴의 『아레오파지티카』는 그것이 어떻게 작동하는지를 설명했다.

> 모든 교설의 바람이 대지 위에서 날리듯이 진리도 들판에서 그래야 하지만 우리는 진리의 힘을 의심하도록 허가 혹은 금지함으로써 해를 끼친다. 진리와 거짓이 싸우게 놓아두자. 자유로운 열린 만남 속에서 진리가 더 나빠질 것을 아는 사람이 도대체 누구인가.[28]

진리의 승리라는 주제는 그 후로 밀이 이어받았고, 그의 유명한 논설을 읽었던 독자들이 공감한다.[29] 그러나 밀턴은 그의 추종자들이 놓칠 뻔했던 것을 보았다. 진리의 승리는 특수한, 즉 취약한 사회적 조건에 좌우된다.

우리가 현재 살아가는 세계에는 거의 없어진 조건들이 있다. 현대의 시민들이 자신들의 이익이 어디에 놓여 있는지를 깨우쳐야 할 공적 토론이 **진리**가 명백해지는 '자유롭고 열린 만남'이라고 생각하기는 어렵다. 부분적으로 그것은 유권자들이 결정해야 할 많은 이슈의 절차상의 문제 때문에 나타난 결과다. 밀턴과 밀이 공적 토론에 대해서 품었던 낙관론은 용인될 수 있다. 그들에게 주어진 질문, 즉 이혼이나 종교적 다양성을 허용할 것인가는 전문적 지식이 없이도 파악될 수 있었다[30] 그러나 이것이 '열린 토론'에서 요즈음 실제로 벌어지는 상황들, 그리고 자유 언론의 옹호자들이 상상했던 절차들 사이의 유일한 주요 차이점은 결코 아니다. 자유 언론의 옹호자들이 그려보았던 포럼은 **진리**가 지배할 곳으로 예상되었다. 그것을 나는 자유 언론의 가장 유명한 옹호자를 기념하기 위해서 **밀의 토론장**이라고 부를 것이다. 이런 토론장은 다음과 같이 여섯 가지 속성을 갖는다. 첫째, 거기서 토론되는 문제들은 시민들의 목적이나 프로젝트와 가장 연관되는 것이다. 둘째, 그 문제들을 놓고 모든 적대적 견해들이 제시되고 옹호된다. 셋째, 모든 대안은 제각기 다른 대안의 주장을 비판하고 자기 제안에 대한 반대 주장에 응답할 기회가 적절하게 주어진다. 넷째, 적대적인 모든 입장 중에서 설명과 방어를 위한 시간이 불균형적으로 길게 혹은 짧게 주어지는 경우는 전혀 없다. 다섯째, 제시된 주장들이 확인 가능한 최선의 정보와 어긋나는 지점을 찾아내기 위해서 분명한 공정한 절차가 있다. 사실 확인이 작동한다! 여섯째, 복잡한 전문적인 사항과 연관되는 이슈들의 경우, 토론하기 전에 그 개념들과 지지받고 있는 사실적 주장들에 대해서 철저한 설명이 언제나 주어진다. 이 여섯 가지 조건들이 매력적인 빅토리아 시대의 비전 속에서 결합한다. 정장을 차려입은 양심적인 성실한 예의 바른 신사는 자기 차례가 오면 공개 석상의 마이크 앞으로 나가고, 자기 이야기가 끝나면 물러난다. 매력적인 그림일 것이나 오늘날 우리 삶의 방식은 전혀 아니다.

단순한 이야기의 통찰은 민주주의의 장식품인 투표/선거 장치를 유지하는 것만으로는 불충분하다는 분명한 인식에 들어 있다. 표층적 민주주의는 선거 실시, 유권자들을 강압으로부터 보호, 몇몇의 후보자들을 선택하는 관행, 그리고 이슈들에 관한 (어떤 형태의) 공적 토론 등이 행해지는 곳이면 어디에나 존재한다. 표층적 민주주의는 잉크 묻은 손을 흔들어 보이는 새로운 유권자들이라는 이미지 속에서 환호받았다. 그것은 지구 전체에서 찾아볼 수 있지만 민주주의 사회임을 홍보하는 모든 국가에서 그런 것은 아니다.[31] 흔히 표층적 민주주의는 선거구의 경계선을 교활하게 비틀어 버림으로써, 혹은 일부 유권자들이 투표소에도 못 가게 만드는 조치를 시행함으로써 타락하고 만다. 그런데 표층적 민주주의가 완전하다고 할지라도 대중이 신중한 공정성을 지니면서 모든 것에 쉽게 접근할 수 있는 유권자와 그저 투표할 자격만 있는 유권자로 나누어진다면, 이런 통치 시스템의 합리적 이유로 내세우는 자유를 제공하기에는 충분하지 못할 것이다. 무언가 더 심층적인 것이 필요하다.

만일 시민들이 자신의 자유를 행사해야 할 그 순간에 자신의 이익에 어긋나게 행동하는 자기부정이라는 역설로부터 지켜야 할 것이 민주주의라고 한다면, 대다수 유권자가 자신들의 핵심 프로젝트, 그리고 그 주요 목적이 성취될 전망에 영향을 미치는 이슈에 대해서 가짜 정보에 사로잡힐 심각한 위험이 있을 때마다 민주주의는 타락한다. 단순한 이야기는 표층적 민주주의가 보완되어야 한다고 말한다. 즉, 유권자들이 자기의 한 표를 현명하게 행사하는 데에 필요한 지식을 습득할 만한 좋은 기회가 있는 상태인 **밀식의 민주주의**로 바꾸어야 한다고 본다. 또한 역사적으로 밀식의 민주주의가 달성되었던 수단은 밀식의 토론장의 기능이었다고 인정한다. 오늘날 공적 토론의 여건은 (여러 곳에서) 밀식의 공론장의 그것과 동떨어져 있으므로, 이런 공론장과 훨씬 더 가까운 것을 되살리자고 단순한 이야기는 제안한다. 교육은 이를 회복하는 열쇠가 되어야 한다.

정말로 어떻게?

6

아마도 2단계 과정을 통해서일 것이다. 첫 단계에서 젊은이들에게 사실적 지식과 추론적 능력을 적절하게 결합하여 제공하면, 사기꾼과 가짜의 정체를 밝혀낼 수 있는 유권자들의 집단이 생겨날 것이다.[32] (아마 한두 세대, 어쩌면 더 오랜 시간이 걸릴 것은 분명하다.) 일단 그런 유권자가 형성된다면, 투표하는 대중은 개혁을 요구할 것이고, 밀식의 공론장의 요건에 따르는 정보 원천에 대한 엄격한 규제가 환영받을 것이다. 크론카이트와 BBC의 부활이 프라우다의 탄생이라고 배척받게 되지는 않을 것이다.

이 전략은 거의 실패할 운명이다. 첫째, 이 전략은 인간 지식의 사회적 성격에 관한 일반적 고려사항들에 의해 무너진다. 둘째, 더 추상적 사항들이 두드러진 최신 사례에 집중함으로써 강화된다.

자기 노력으로 거대한 지식체계를 구축하는 개인이란 아이디어는 철학적 매력을 지니고 있지만, 아이들의 성장을 진지하게 살펴보면 주변의 사회적 환경에 얼마나 크게 의존하는지가 분명히 드러난다.[33] 우리 인류의 거의 모든 역사에서 개별 인간은 타인들에게 의존함으로써 혼자 얻을 수 있는 정보량을 뛰어넘을 수 있었다. 정말로 어느 때이건 인간이 타인들로부터 상당한 분량의 가르침을 받지 않는다면, 어떻게 믿음을 획득할 수 있는지는 아주 불확실하다. 대다수 사회는 지적 노동의 명확한 구분을 즐겼으며, 어떤 주제에서 누구를 믿어야 하는지가 뚜렷했었다. 발달심리학자인 폴 해리스(Paul Harris)는 신뢰할 사람이 누구인지를 아이들은 어떻게 배우는가에 관해서 명쾌한 설명을 내놓았다.[34] 아이들의 국지적 전략, 즉 권위자를 식별하는 **우리의 모든** 전략은 다음과 같은 경우에 무너진다. 즉, 이윤 추구가 정보의 공적 확산을 자극할 때, '시장 세력'이 틈새시장을 찾아 특정 청중이 듣기 좋아하는 뉴스만 내보낼 때, 그리고 진실 점검 그 자체가 논란에 휩싸일 때이다. 전문성의 사회적 징표가 없어지고, 그리고 전문가들이 소멸하면서 지적 노동의 기능적 분업이라는 희망도 무너지고 만다. 왜냐면 이런 분업은 궁극적으로 어느 쪽을 내가 신뢰할지에 관한 결정을 요구하는 것이기 때문이다. 현대의 공적 정보 시스템은 어디가 문제인가, 즉 누가 사기꾼인가에 관해서 폭넓게 공유된 견해가 사회에 퍼지도록 하기 위한 교육적 전략은 신뢰성에 관한 근본적인 견해 차이가 극복될 수 있음을 전제한다. 적절한 학교 교육을 받은 후에는, 그동안 속아왔던 사람 중 일부가 (사실상 다수가) 터득하게 될 것이라고 가정한다. 그러나 그들은 이미 어떤 신념을 갖고 있고, 이것이 그들이 가르침 받은 것의 일부를 의심하도록 만들지 못할 이유가 있을까? 어떻게 해서 그들은 가르침 받은 것의 전부는 주입의 시도가 아니고 계몽으로 나아가는 진전이라고 받아들이게 될까?

밀식의 민주주의를 회복시킬 수 있는 교육의 힘을 열렬하게 믿는 사람들은 자신들이 발달시킬 수 있는 인지적 능력으로 세 가지를 가리킬 것이다. 첫째, 가장 분명한 것은 비판적 사고 기능이다. 이는 추론의 오류를 찾아내고, 설득력 있는 발표에서 빠진 것을 드러내는 관점도 찾아내는 성향이다. 둘째는 사회의 주요 기관들, 여러 직책의 담당자들에게 부과된 제약, 그리고 특정 지위의 담당자들에게 이득이 흘러가는 통로 등에 대한 명확한 이해다.[35] 셋째, 현대 교육이론에서 이미 강조한 인지적 능력으로 다양한 전문적 영역들을 상당한 수준에서 이해하는 것이다. 자연과학적 훈련은 모두에게 중요하다고 사람들이 흔히 말하는데, 이는 수많은 정책 문제가 과학적 사실에 달려 있기 때문이다.

제7장에서 과학 교육에 관한 이야기를 더 많이 하겠지만, 우선 한 가지만 예비적으로 언급하는 것이 좋겠다. 자연과학의 연구 속도는 평생토록 예측할 수 없을 만큼 뒤엉키는 과학과 정책 문제들과 관련되면서 폭넓은 훈련을 통해서 '관련된' 과학 분야에 대해서 시민들을 적절하게 준비시키는 것이 불가능한 것은 아니지만 어렵게 만든다. 1950년대의 교육자들은 당시에는 아주 초기 단계였던 분자생물학이 미래에 중요해질 것을 예측할 수 없었고, 1970년대의 교육자들은 기후 과학의 적절성에 관한 사전 경고를 들을 수 없었다. 세 번째의 인지적 능력만 의존한다면, 이는 과거 목록에 담긴 논란거리만을 가지고 사고하도록 도와주는 처방이다. 이것은 적절한 탐구 영역이 해결해 주어야 할 이슈에 따라서 좌우되는 (수많은) 정책 문제를 다룰 수 있도록 시민들을 준비시키기에는 충분하지 못할 것이 분명하다.[36]

학교와 대학의 전형적 사고만을 따르는 과학 교육에다 제아무리 많은 시간과 노력을 투입할지라도 당면하게 될 정치적 문제의 전문성을 파악하도록 대다수 유권자를 준비시키는 일은 거의 불가능할 것 같다.[37] 그런 교육과정은 앞으로 수십 년간 내려질 결정들에 포함될 과학 영역들을 다루는 데에 운 좋게 성공할지라도 전문적 훈련에 미치지 못하는 수준이라면, 미래 시민들을 '서로 경쟁하는 전문가들' 앞에서 좌절하게 만들어버릴 것이다. 왜냐면, 파편화된 정치에서는 증거로서 중요한 것이 무엇인가에 관한 논란이 생길 것이기 때문이다. 한쪽의 '전문가들'이 펼쳐놓은 그래프와 도표에 대해서 다른 쪽의 전문가들이 도발할 것이다.[38] 극소수의 사람들, 심지어 관련된 전문성에 근접한 영역의 박사학위 취득자들이 어떤 추세의 그림을 제시하려고 복잡한 분량의 자료를 수집하고 분석하는 방법을 꿰뚫어 보고, 그리고 잠정적 증거가 어째서 신뢰할 만한지를 정확히 이해할 수 있는 위치에 놓인다. 결국, 과학 교육을 잘 받은 사람들도 충돌하는 목소리 중 어디를 신뢰할지를 결정해야 한다.

시민들이 기만과 혼란에 제대로 대처하려면, 복잡한 논쟁점을 분석하고 정리할 능력이 필요하다. 그 일부분으로 결론이 증거에 의해 적절하게 지지받는 과정을 확인하는 방법, 즉 밀이 취임 강연에서 언급한 논리 영역을 배울 필요가 있다. 이 영역의 수업은 고등학교 교육과정에서 전형적으로 과소평가하는 수학 내용을 포함해야 한다. 즉, 청소년들이 힘들게 배우는 대수, 삼각법, 기하, 계산법보다는 오히려 확률, 통계, 의사결정 이론에 어느 정도 친숙해지는 쪽이 시민 생활에의 참여를 위해서 훨씬 더 중요할 것이다. 그러나 형식적 기능의 발달은 배울 것의 일부일 뿐이다. 청소년들은 과거의 논란거리들이 과학 안에서, 제반 과학의 사회적 적용에서, 그리고 어수선한 정치판에서 어떻게 해결되었는가를 공부함으로써 많은 것을 얻을 수 있다. 미래의 논란거리들과 비교될 수 있는 사례 목록을 제공해 줌으로써 청소년들의 판단력이 발달할 수 있다.[39]

그러나 이런 분석적 기능에만 초점을 두는 것으로는 충분하지 않다. 이미 지적했듯이, 결국에 가서 시민들은 자칭 전문가라고 하는 집단이 '증거'에 대해서 보고하는 것들을 신뢰하지 않을 수 없다. '누가 믿을 만한 사람인지'를 판정하기는 논란의 여지가 없는 성공과 실패의 추적 기록을 점검하기보다 훨씬 더 복잡한 경우가 많다. 미래의 시민들에게 필요한 이해는 자신들의 사회제도가 어떻게 작동하는지, 특정 개인들이 어떻게 해서 특정 지위를 맡게 되는지, 그들의 발표가 사회적 정치적 연계에 따라서 어떻게 영향받을 가능성이 있는지, 전체 인구의 다양한 부류들은 특정 견해들이 광범하게 수용됨으로써 어떻게 이득을 보는지 등에 관한 것이다. 지적 노동의 합당한 분업을 이루어 내려면, 누구를 신뢰할지를 배우는 아이들의 전략들이 풍부한 사회적 이해에 의해 보강될 필요가 있다. 시민들은 '전문가 의견'이 위장되거나 혹은 왜곡되는 방식도 인식하게 되어야 한다.

무지한 자들에게 정부를 맡기는 것은 위험한 일이다. 민주주의의 치유 방안은 시민들이 '엉뚱한 사실' '가짜뉴스' 및 거짓 정보를 퍼뜨리는 다른 시도가 넘치는 세계에서도 배울 수 있도록 그들을 교육하는 길이다. 불행하게도 지적 미덕을 완벽하게 갖추어도 충분하지 못할 것이다. 만일 미래의 유권자들이 폭넓은 관점들을 심지어 그들이 꺼리는 관점들까지 경청할 준비가 되어 있지 않으면, 그들이 처음에 습득했던 정치적으로 감염되어 있던 비전에 갇히고 말 것이다. 우리는 토론을 평가할 수 있기 전에 반대편 의견의 이유를 먼저 경청해야 한다. 정감적 능력, 즉 동료 시민의 아이디어와 논변을 진지하게 들으려는 의향이 없으면, 분석과 판단의 재능이 제아무리 많을지라도 문제 해결에 이르지 못할 것이다. 지적 능력을 제아무리 철저하게 강조할지라도 내가 길퍼드의 초기 정착자들에게 부여했던 것과 같은 상호 관심이 있어야만 교육을 통해서 밀식의 토론장이 복원될 수 있다. 그리고 그것은 호혜적이어야 한다. 우리가 타인들의 아이디어에 대해 마음을 열 때 그들에게 호혜의 의지가 있는지, 그리고 우리가 파멸적이라고 경험하게 될 결과를 피하려는 그들의 태세가 헌신적인지를 확인해야 한다.[40] 밀식의 민주주의는 듀이식의 민주주의를 전제한다.

이런 일반적 사항을 예시하고 뒷받침해 줄 사례가 하나 있다. 20세기 후반에 기후변화의 현실을 받아들이지 않고 저항했던 사례는 공적 토론들이 밀식의 토론장에 필요했던 조건으로부터 얼마나 동떨어졌는지를 보여 준다. 저명한 기후 과학자들이 밝혔던 설득력 있는 경고를 시민들과 이들을 대변하는 많은 정치가가 여기저기서 거부하였다. 지구 온난화는 '날조'라고 공언했고 혹은 더 완곡하게 미해결 문제라고 떠들어댔다. 전문가들의 증언에 대한 거부는 타블로이드 신문 혹은 정치물이 든 뉴스 미디어에만 한정되지 않았다. 주요 신문들은 '논란거리'에서 '양쪽 대변'이라는 소심한 전략을 채택했다.[41] 너무도 긴 시간이 흐른 뒤에야 언론인들은 기후 공동체의 합의 사항을 거부하는 일에 앞장섰던 '전문가' 과학자들이 여러 분야에서 나타났고, 이 중에는 화석 연료 회사에서 재정지원을 받았던 사람들이 많음을 분명히 밝혀냈다.[42]

그런데 논란거리라고 가정하는 것도 이미 오래전에 확정되었던 것임을 주요 언론이 인지하고 나서 10년이 흘렀어도 기후 위기에 대한 부정은 여러 가지 행태로 남아 있다.[43] 그레타 선버그(Greta Thunberg)처럼, 자기 인생의 후반기에 불어닥칠 위험들을 고통스럽게 깨달은 수많은 젊은 활동가들의 줄기찬 노력에도 불구하고, 전 세계적으로 엄청나게 많은 사람이 아직도 온실가스 배출을 줄이자는 긴급 행동 제안에 저항하고 있다. 지역 공동체에서는 그 문제의 심각성에 반응하는 풀뿌리들의 노력이 때때로 성공하지만, 기후 온난화라는 도전에 적절하게 대처하는 정책에 헌신하는 국가는 많지 않다.[44]

이런 게으름을 무엇으로 설명할 수 있을까? 정보가 부족한 사람들이 많다는 사실만으로는 설명이 안 된다. 기후 활동가들이 홍보하는 그런 종류의 정책들에 대한 저항은 전적으로 합당한 불안에서 생긴다. 전 세계적으로 시민들이 당면하게 된 기후에 관한 특수한 결정 문제는 예외적으로 어려운 것이다. 만일 온실가스 배출량을 줄이는 데에 실패한다면, 미래 세대 즉 사랑하는 자녀와 손자, 이들의 후손이 살아갈 미래가 얼마나 더 혹독하고 위험해질 것인가를 이해할지라도 이런 사항은 현재 살아가는 사람들에게 추가되는 부담과 비교되어야 한다. 우리보다 나중에 살아가게 될 사람들의 생존 조건을 우리가 어떻게 덜 위험한 것으로 만들 수 있을까? 우리가 져야 할 희생은 얼마나 클까? 이런 문제들은 한 국가 안에서도 집단에 따라, 그리고 국가가 달라짐에 따라 다르게 나타난다. 현재 전력이 부족한 사람들이 전기 사용에 따른 진보를 열망하는 것은 **합당하다**.[45] 풍요할지라도 부의 불평등이 심각한 사회에서 살아남기 위해서 몸부림쳐야 할 사람들, 혹은 자기 자식이 빈곤의 나락에 떨어지지 않기를 갈망하는 사람들은 과감한 에너지 정책이 일으킬 혼란을 두려워할 것인데 이 또한 **합당하다**. 만일 그들에게 분명한 계획, 즉 그들에게 가장 가치 있는 것이 줄어드는 경우 장차 어떻게 구제받을지를 알리면서 그들의 삶이 영향받을 방향을 구체적으로 밝히는 계획이 제시된다면, 그들은 동의 요청을 기꺼이 받아들일 것이다. 그러나 그런 계획을 제공해 줄 사람은 없다.[46] 비용과 소득을 엄밀히 산정할 수 없다. 더 우려되는 것은 상반된 선택의 효과(상반된 실행 과정에 따라 어떤 미래가 전개될지)는 **근본적으로** 예측할 수 없으며, 따라서 사람들을 확신시키려는 모든 시도는 무책임한 사변이 되고 만다는 점이다. 제시될 수 있는 것은 비교론적인 판단뿐이다. 더 빨리 온실가스 배출을 멈추면 그만큼 우리 후손들이 혹독하고 적대적인 환경을 더 적게 물려받을 것이다.

만일 이런 진단이 옳다면, 제안하는 교육적 전략이 기후정책(혹은 이와 비슷한 다른 정책) 문제의 해결에 도움을 줄 수 없는 이유를 파악하기가 쉽다. 그 이유는 제안된 치유책이 (느리긴 하나!) 너무 느리다는 점만이 아니다. 시민들의 과학적 지식을 제아무리 증대시켜도, 시민들의 비판적 사고가 제아무리 날카로워져도, 사회제도에 대한 시민들의 이해가 제아무리 깊어져도, 기후 조치가 그들에게 부과하는 요구 사항들의 결과는 불확실하고 이 불확실성이 두려움을 일으킬 것이다. 이런 상황 속에서, 기후변화(그리고 기후정책)에 대한 태도는 과학적 훈련의 수준과는 관계가 없고 정치적 편향성에 따라서 놀랍도록 달라진다.[47] 아주 중요한 어떤 이슈에 관해서 근본적으로 불확실할 때, 시민들은 자기들과 공감하는 사람들에게 동조하고 자기 의견과 전혀 다른 사람들이 칭찬하는 태도를 거부하는 것은 전혀 이상하지 않다.

기후변화에 대처하려면 지구 차원의 조치를 상호 조절할 필요가 있다. 이 세상에는 거기에 필요한 협력을 끌어낼 정도의 충분할 힘을 가진 인물이나 제도가 없으므로, 민주주의가 국경을 넘어 확대되어야 한다. 기후 문제가 아직도 인간이 이룩하지 못했던 규모의 민주주의를 요청하는 이유는 지금이 민주적 전통을 가진 사회가 점점 더 양극화되고, 더 큰 국가연합체가 파편화되고 있는 시기이기 때문이다. 전 인구가 코네티컷의 초기 정착자들이 당면했던 난관보다 훨씬 더 엄청난 난관에 봉착해 있다. **우리에게는 길퍼드 맹약과 같은 거창한 협약이 필요하다.** 근본적인 불확실성 때문에 그런 협약이 제공하는 상호 확신이 우리 인류에게 필요하다. 그것은 '우리도 함께 참여할 것'이고, '협력하면 서로 도움이 될 것'이고, 그리고 '서로를 버리지 않을 것'이라는 약속이다.

일반적 목표, 즉 가령 온실가스의 농도가 가능한 한 낮은 수준으로 유지되는 세계는 확인할 수 있으나, 이 목표에 도달하는 통로는 확인 불가능이다. 우리는 어둡고 위험한 숲속을 헤매고 있는 등산가들처럼 밤이 되기 전에 빠져나갈 길을 찾으려고 협력해야 한다.[48] 위험한 여건 속에서 협력을 가장 잘 끌어낼 수 있으려면, 모두가 스스로 인지하는 불확실하고 무지한 상태에서 두려움에 처해있는 각자가 타인들의 도움과 보호에 의지할 수 있어야 한다.

철학자를 포함한 대다수 사람은 사실에 대한 의견의 일치가 가치의 차이를 해결하고, 또 공공정책을 만들어 낼 전제조건이라고 생각하는 경향이 있다. 이런 일상적 지혜와 분명히 반대되는 이야기를 나는 덧붙여 볼 생각이다. 때때로, 어떤 집단에서 사실 및 가치에 대해 의견이 분분할 때는 서로 이해하며 배우고, 개별적 필요들을 인정하고, 손실을 겪지 않도록 서로 보호하려는 헌신이 꼭 있어야 비로소 진보를 이룰 수 있다. 이러한 것이 기후변화와 관련된 우리의 난감함이다. 그러나 기후변화는 우리가 처한 곤경 중 가장 극적인 문제일 뿐이다. 온갖 종류의 사실과 가치에 관한 논란이 이 세상의 민주주의 속에서 생겨난다. 이런 문제의 해결은 기능적인 공동체의 유지, 즉 토크빌이 예찬했던 민주적 문화의 보존에 달려 있다. 듀이식의 민주주의가 없다면, 밀식의 민주주의도 표층적 민주주의도 시들어 버리고 만다.

7

듀이는 민주주의, 곧 **심층적** 민주주의가 교육이라고 주장했다. 얼핏 특이한 듯한 이 견해를 나는 옹호하고, 그리고 내 옹호론을 활용하여 교육적 실험의 구체적 방안을 끌어내기를 원한다. 듀이의 결론에 도달하는 사유의 길을 네 가지로 제시할 것이다. 밀식의 민주주의를 위한 교육을 고찰할 때 제기되었던 우려에서 출발해 보자.

표층적 민주주의는 민주사회가 투표할 기회에 의해서 정의되는 것으로 본다. 밀식의 민주주의는 한 가지 조건을 추가한다. 유권자가 식견이 있는 사람이어야 투표장에서 표출된 선호가 그의 이익을 대표하게 된다. 젊은이들이 이 혼탁한 세상에서도 자기들의 이익을 인지할 수 있게 준비되려면, 다양한 인지적 기능을 기르고 또한 사회정치적 논쟁에서 표현되는 대안적 관점들을 진지하게 대하는 성향도 기를 필요가 있다. 그런 관점들의 옹호자를 동료 시민으로, 즉 그들의 열망과 아이디어가 진지하게 취급되어야 할 인간으로 여기려는 성향이 없다면, 순전한 인지적인 능력은 발휘되기 어려울 것이다.[49] 밀식의 민주주의를 달성하려면, 처음에는 틀렸다거나 심지어 위험하다고 보는 아이디어들에 대해서 마음을 여는 자세를 갖춘 시민을 교육할 필요가 있다. 유권자들은 토론을 거치는 과정에서 자기들의 이익을 인지하게 되며, 그리고 이런 과정은 동료 시민들을 상호 학습하는 사람으로 (그리고 진정한 **동료**로, 다시 말해서 동료 시민의 어떤 집단을 없어도 될 것처럼 무시하지 않아야 할 사람들로) 여김으로써 시작한다.

둘째는 토크빌에게 양해를 구하면서 **투표의 횡포**라고 말할 수 있다. 앞서 언급한 추론의 방향에 결함이 있다고 가정해 보자. 밀식의 민주주의는 타인들에 대한 열린 자세가 없어도 성취될 수 있고, 그리고 유권자들은 자기들의 이익을 확인할 수 있다고 가정하자. 여기서 말하는 이익이란 그들의 삶에서 가장 중요한 목표들, 즉 그들이 성찰하면서 옹호하게 될 목적들이라고 이해한다. 이런 목적들은 법의 제약을 받을 것이다. 그 밖의 제약은 없다. 만일 내가 성취하고 싶은 결과가 당신을 불행하게 만들지라도, 심지어 그것이 당신에게 가장 중요한 것을 추구하지 못하게 가로막을지라도 당신이 호소할 만한 관련된 법적 보호가 없다면, 내 의도의 수정을 나에게 요구하지 못한다. 내 이익에 관한 나의 판단은 당신을 고려하지 않아도 된다. 만일 우리에게 다행히도 우리의 이익을 제각기 대변해 줄 후보자들이 있다면, 그런 후보자들이 투표에 나와서 경쟁할 것이다. 당신의 후보자가 당선되거나, 내 후보자가 당선되거나, 둘 다 떨어지거나 할 것이다. 승리한 후보자가 밝혀지면, 당선자의 지지자는 낙선자의 지지자가 처한 곤경을 안타까워하거나 이들을 더 생각할 이유가 없다. 유권자가 결정을 내리면 그것으로 끝이다.

선호가 형성되는 과정 그리고 투표 결과가 성찰되는 과정에서 타인들에 대한 무관심이 팽배한 사회를 상상해 보자. (요즘에 이런 상상은 별로 어렵지 않다.)[50] 밀식의 민주주의가 자리를 잡고 모든 유권자가 자기 이익이 어디에 있는지를 이해한다. 게다가 이익들이 끊임없이 갈등하고, 갈등은 사람들의 핵심 목표가 달성되는 기회에 영향을 미친다. 정치적 충돌은 늘 어느 집단의 승리, 그리고 다른 집단의 패배로 끝날 것이다. 어느 집단은 늘 다수에 속하고, 다른 집단은 늘 소수에 속한다. 집단의 운명이 펴지거나 찌그러지고, 대다수가 상승의 시간을 경험할 때 다른 사람의 열망은 추락하는 시간이 된다. 선거의 승패가 자주 뒤바뀌면 모두가 심각한 전락의 시간을 경험한다. 즉, 오늘 내 승리가 네 계획을 완전히 무너뜨리고 또 내일은 나도 앙갚음을 겪는다. 첫 번째 시나리오는 토크빌과 밀이 크게 우려했던 다수의 횡포이다.[51] 두 번째와 세 번째는 더 나빠질 것이고, 사회구성원 중에서 '자신의 선을 자신의 방식으로' 추구하는 데에 성공하는 이가 아무도 없는 결과가 나올 수 있다.

모두 혹은 일부에게, 자유 즉 '이름값에 걸맞는 자유'는 사라진다. 자유를 드높인다는 민주주의의 주장은 의심스럽게 된다.[52] 앞서 상상한 사회는 엄청난 불평등이 퍼질 가능성이 분명하다. 그러나 불평등을 허용하는 표준적인 옹호론, 즉 불평등은 자유를 허용하는 데에 필요하다는 주장은 무너진다. 프랑스 혁명의 세 가지 가치 중에서 셋째에 속하는 우애(fraternity) 혹은 내가 좋아하는 용어로 연대(solidarity)는 사라진다.[53] 상호 무관심을 가정한다면 연대는 애초부터 시나리오에서 배제된다. 이는 (당신이 기대할) 평등뿐만 아니라 자유까지도 위협한다.

자기 자신의 이익만을 증대시키고 다른 시민의 똑같은 이익은 무시하기 위한 수단이 투표라는 생각은 독재 치하에서 법전에만 얽매여 사는 삶과 마찬가지로 횡포를 낳을 수 있다. (법은 전제정치의 최악의 과잉만을 방지하고, 일부 혹은 모든 시민의 열망을 차단한다.) 밀이 말하는 근본적인 자유는 연대 없이 이해타산에만 호소한다고 해서 회복될 수 있는가? 분명히 아니다. 현대 정치가 보여 주듯이, 개표 산정에서 열세에 속하는 집단의 이익은 무시당할 경우가 많아지고, 단기적 목적 달성을 위해서는 심지어 확립된 보호 장치마저도 파기하려는 유혹이 되살아난다.

무관심 사회의 이런 시나리오는 인간 본성에 관한 대중적인 견해 즉 인간을 합리적 이기주의자로 보는 견해를 전제하고 있다. 이런 견해, 그리고 이와 연관된 더 그럴듯한 사항들을 다음의 세 번째로 탐색한다.

내가 생각하는 견해의 극단적 버전에 따르면, 인간은 안정된 선호를 갖게 된다. 안정된 선호란 최대한 분명히 성찰한 후에 자신들의 가장 중요한 목적들을 향하는 것으로 보이는 선호다. 그런 목적들은 자신의 이익이다. 그런 이익이 얼마나 제대로 실현되는가에 따라서 인간의 잘-삶의 정도가 달라진다. 사회생활에서 이익의 갈등은 불가피하다. 합리적인 개인들은 저마다 자신의 잘-삶을 극대화하는 쪽으로 행동한다. 민주주의가 환영받는 정치적 통치의 시스템이 되는 까닭은, 그것이 시민들 간의 '관용이라는 약조'를 장려하고, 그럼으로써 갈등은 협력에 양보하고, 그리고 사회의 개별 구성원의 잘-삶의 수준이 그렇지 못한 경우에 비해 더 높아질 것이기 때문이다.[54]

투표의 횡포를 담은 시나리오는 사회-전반적 유익이라는 생각이 심각한 도전에 직면함을 보여 준다. 그러나 모두가 행복하게 된다고 가정해 보자. 제휴와 투표가 모든 사람이 잘 되는 성과를 연속적으로 낳는다. 이것이 어떻게 해서 이루어지는가? 분명히 '[자기] 자신의 이익을 추구하는' 개인들을 통해서, (애덤 스미스의 유명한 말대로) '[자기의] 의도에 속하지 않았던 목적이 증진된다.'[55] 그러나 스미스가 생각했던 경제적 맥락을 벗어난다면 우리 자신의 이익은 타인을 포함하지 않는다는 주장은 전혀 설득력이 없다. 잉글랜드 아이들이 부르던 옛날 민요(Jolly Miller of Dee)에 따르면: '그래, 이것이 그의 노래의 짐/영원히 그러겠지/나는 아무도 돌보지 않고, 누구도 날 돌보지 않아/아무도 날 돌보지 않으니까.' 이렇게 극단적인 불신은 드물다. 우리는 거의가 타인을 배려하고 산다. 우리는 불완전한 이타주의자로서 특정 타인들의 어떤 종류의 선호를 다양한 정도로 만족시키고 싶어 한다.[56] 사회는 개별 시민의 복지와 타 시민들의 복지가 다양한 강도의 연결고리로 연결되는 네트워크이다. 관용이라는 잠정적 약조가 특정 동료 시민 그리고 특정 집단 구성원을 결속시키는 연줄에 의해서 제약받고 때때로 무시당한다. 이를 인식한다면, 민주주의가 시민들의 이익을 만족스럽게 증진하고, 그럼으로써 '그 이름값에 걸맞는 자유'를 실현한다는 주장은 의심스러워진다.

정치적 삶이란 그저 합리적 이기주의자들의 행동을 상호 조정하는 일이 아니다. 오히려 사람들의 성향은 초기의 발달을 통해서 다양한 방향으로 발달하게 되는 제한된 이타주의이기 때문에, 정치적 삶은 다양한 형태로 나타나는 타인에 대한 제한된 관심을 조성하고, 형성하고, 확대해야 하며, 그래야 모든 시민이 정치적 맥락에서 보호받게 된다. 대다수 사람은 어린 아기 시기의 삶을 통해서 우선 가까운 가족 구성원으로부터 시작하여 특정 타인들을 우선시하면서 안정된 선호를 형성하게 되며, 그리고 성숙해 가면서 이타주의적 관계의 독특한 스펙트럼이 자기 나름대로 발달한다. 만일 우리가 기능적 민주주의에 참여할 시민이 되려면, 그 개별적 네트워크들은 더 넓은 형태의 협동적 행위를 허용할 수 있도록 재조정해야 한다. 이는 교육의 과업이다.[57]

이 과업을 어떻게 수행해야 하는가? 원칙적으로, 그것은 두 가지 방식으로 가능하다. 특정 부류의 타인들의 복지에 관심을 쏟는 제한된 '자연적인' 성향은 그대로 두고, 개인의 이타주의적 성향의 범위에서 벗어난 많은 사람을 관용하는 사려깊음을 강조할 수 있다. 이와 달리 듀이식의 타인에 대한 관여를 길러줄 수 있다. 교육은 개인들이 동료 시민들을 찾아 관여하는 성향을 길러줌으로써 그의 이타주의가 발현되는 제한된 영역을 확대하는 일에 몰두할 수 있다. 첫째 방식은 자기 자신과 자기 친지들을 보살피는 목표를 수용하면서도, 자기가 원하는 바를 얻기 위해 타인의 편의를 도모하라고 조언한다. 둘째 방식은 각 개인이 배려하는 사람들의 범위를 확대하도록 장려함으로써 전체 사회를 포용하도록 한다.

젊은이들에게 무관심하거나 심지어 싫어하는 사람들과 어울려 사는 것이 이로울 때가 많으므로 그렇게 하라고 가르친다면, 이것은 전형적인 손익 계산에서 불리할 경우에 자신의 동료 중 일부의(다수의?) 이익을 무시할 태도를 가진 시민들을 양산할 위험성이 명백하다. 분명히, 민주주의가 더 잘 지켜지려면, 교육 시스템이 듀이식의 연대를 최소한 어느 정도는 확실히 길러주어야 할 것이다. 그러나 둘째 방식은 확실한 반론에 부딪힌다. 처음에 낯설고, 잘못되고, 심지어 도덕적으로 의심스러워 보이는 사람들을 이해하고, 그들로부터 배우고, 그들과 협력하려는 의지를 시민들에게 길러내려고 노력하는 교육 시스템은 아이들을 사회가 선호하는 형태로 만들고 말 것이다. 이는 아이들의 자연적 발달을 왜곡하고, 그리하여 그들의 자율성에 간섭이 될 것이다. 결과적으로 아이들은 민주주의가 번성하도록 지탱해 주어야 할 근본적 자유를 잃어버릴 것이다. 확실히 아이들은 '잘-삶'이라 불리는 것에 도달할 기회는 많아지겠으나, 이것은 그들의 ('진정한 자아'에 적합한) '참된 이익'의 실현이 되지 못할 것이다.

이 반론은 대중적인 견해에 들어 있는 중대한 오류, 즉 앞 장에서 이미 진단했던 오류의 핵심에 다다른다. 역사적으로 볼 때, 교육이론가들의 다양한 합창에서 나오는 소리는 똑같았다. 교육은 어떤 식으론가 미발달의 상태로 교육되지 않은 아이의 진정한 자아, 본래의 개인을 끌어내어 해방시키는 일이다. 이런 식의 생물학적 혹은 심리학적 결정론은 세속적인 사실의 거친 확대해석이다. 당신 뜻대로 사회적, 심지어 물리적 환경을 바꿀지라도, 당신의 아이나 손자가 두 팔을 퍼덕이면서 날아오를 수는 없는 일이다. (그러나 그들은 다른 방법으로 공간을 여행할 것이다.) 물론 인간이 되거나 할 수 있는 것에는 한계가 있다. 그러나 그렇다고 해서, 플라톤과 그의 어떤 후계자들의 생각처럼 모든 정원사 아들의 내면에는 성장을 기다리는 어린 정원사가 있다는 뜻은 아니다. 수학자 가우스가 있다고 밝혀질 때도 있다.[58]

일단, 교육 시스템이 다양한 집단 구성원들과 관여하는 성인들을 길러낼 수 있다고 가정해 보자. 상황이 달라지면, 그들은 그런 종류의 관여를 거부하는 방향으로 자라날 것이다. 이런 상황에서 길러진 자아의 진정성을 우리는 어떤 근거로 옹호할 수 있는가? **실제로 거의 모든 역사에서 나타난 종류의 사회 제도하에서** 특정 종류의 심리적 행동적 특성이 공통으로 나타났다는 사실이 그런 특정 특성들이 **자연적인** 것으로 특권화됨으로써 그런 특성들이 나타나지 못하는 다른 제도들은 왜곡되고 있다는 사실의 증거로 만드는 것이 무엇인가?

앞 장의 만족스러움에 관한 논의는 펼쳐지기를 기다리는, 원초적으로 사회적 고립의 자아라는 아이디어로부터 우리를 해방시키기 위한 것이었다. 해방적 통찰이 이해된다면, 우리는 어떤 식의 대화가 개인적, 그리고 더 크게는 사회적 건강을 위해서 더 큰 만족을 제공할 수 있는지를 물을 수 있다. 디킨슨의 대답, 그리고 내 대답은 동료 시민들의 열망과의 동일시를 길러주는 교육 프로그램을 옹호하는 쪽이다. 연대의 증진은 교육 목적이 되어야 한다.

이 세 번째 사고방식에서 우리는 모든 인류에게 뻗어가는 세계주의자들은 물론이고 동료 시민이면 누구에게든 관여하려는 성향을 지닌 시민들을 양성할 교육 시스템을 고안해 낼 수 있다고 전제하면 안 된다. 오히려 우리는 타인을 이해하고 타인으로부터 배우는 성향을 확충시키는 방향으로 교육의 방향을 정하고, 이런 확충이 개인의 자율성에 대한 신봉과 부합되고, 또 밀식의 민주주의의 목적에도 공헌한다고 볼 것을 주장한다.

8

이제까지 살펴본 세 가지 사고방식은 교육으로서 민주주의라는 아이디어의 가장 중요한 옹호론을 뒷받침한다. 우리는 먼저, 앞서 말한 성찰 그리고 다른 많은 민주주의에 관한 논의에 스며 있는 지나친 단순화를 바로잡아야 한다. 그 공통된 경향은 마치 **민주주의**가 유일한 혹은 일차적으로 모든 사회나 국민국가에 적용될 수 있는 개념인 것처럼 이야기하는 것이다. 사실상, 민주주의는 여러 가지 규모로 존재할 수 있다. 그것은 자애처럼 가정에서 시작될 수 있다. 비록 가부장제가 가족의 역사에서 지배적 양식이었지만, 더 민주적인 형태의 의사결정이 특히 최근에 와서 실천되었다. 오늘날 핵가족은 성인 구성원이 동등한 자격으로 참여하고 아이들도 성장하면서 자주 참여하게 되는 의견 교환을 통해서 중요한 문제를 결정하는 경우가 많다. 확대된 가족회의는 그 역사가 더 오래될 것이다.

가족 민주주의가 행해질 때 실제로 투표에 의지하는 것은 최종적 순간이다. (나도 가끔 말하지만) 엄마 표가 전체의 51%를 차지한다고 아이들에게 말하는데 이는 농담이다. 민주적 가족은 의견 교환, 토론, 대화를 중시한다. 가족 구성원은 다른 구성원이 무엇을 왜 원하는지를 이해하려고 신경을 쓴다. 다른 구성원의 말에 따라 자기 태도를 바꾸려는 자세도 생긴다. 경청하려는 의지가 한계에 봉착하게 되는 흥미롭고 감동적인 경우는 무엇을 해야 할지에 관한 견해 차이가 명확해지면 모두가 자기 판단을 바꾸어 다른 구성원에게 맞추는데, 그래도 의견 차이가 여전히 남을 때다.[59] 민주적 가족이라면, 가족 구성원이 모두 각자의 선호를 말하고 난 후에 투표함으로써 견해 차이를 해소하는 방식을 기뻐하지 않을 것이다.

가족 민주주의는 상호 학습을 연습하는 공간이다. 물론 친족 관계는 우애라는 이상의 기원이고 더 일반적 개념인 연대가 거기서 생기기 때문에 당연한 일이고 놀랍지도 않다. 그러나 더 큰 규모로도 비슷한 태도가 퍼질 수 있다. 사람들이 더불어 살고, 같이 일하고, 행복과 불행의 시간을 공유하는 소규모 공동체는 구성원의 다양한 관점과 그 이유를 탐색하고 이해하기 위해 굉장히 노력한다. 한 사람이라도 불만을 느끼는 정책이 추구되는 것은 실패로 간주한다. 이누이트의 회의는[60], 19세기 초 뉴잉글랜드의 소도시 회의처럼, 상호 관심에 헌신하는 사례다. 그 회의는 공동체의 모든 구성원이 따르면서 살아갈 수 있는 해결책을 지향한다.[61]

참여자들 사이에 정감적 유대의 중요성은 숙의 민주주의의 이론에서 별로 강조하지 않는다. 그러나 이누이트에 대한 내 언급이 가리키듯이, 연대의 필요성은 수많은 문화에서 인정받는다. 게다가 전혀 다른 전통에 속하는 이론가들, 예컨대 듀이와 타고르는 공감을 확대하려는 시도가 정치적 삶에서 핵심 역할을 차지함을 인정한다. 민주주의의 핵심은 상호 간의 의사소통과 학습을 요구한다고 보았던 듀이처럼, 타고르도 사회정치적 삶이 우리의 무지로 손상된다고 하면서 '우리의 공감과 상상의 한계'[62]를 확충할 것을 제언한다. 타인의 간섭으로부터의 보호를 자유라고 보는 관점과는 대조적으로 타고르는 광범한 연대를 웅변적으로 호소한다.

오직 상호 이해와 협력을 길러내는 역량을 갖춘 사람들만 어두워진 삶의 관점으로 부터 자유를 얻을 것이다. 자유가 성장하는 역사는 인간관계가 완전해지는 역사다.[63]

듀이식의 민주주의가 유일하게 덧붙일 수정 사항은 상호 이해에서 협력이 생겨야 한다는 명백한 생각일 것이다.

집단 결정은 연속선상에 있는 것으로 볼 수 있다. 한쪽 끝에 있는 숙의의 모델은 민주적 가족과 지역협동 공동체에서 실현되는 것으로, 합의에 도달하지 못함을 실패로 여긴다. 다른 한쪽 끝에는 개인마다 미리 형성된 자기 견해를 갖고, 그것을 천명하고, 투표 결과를 산정하고, 그리고 미리 정해진 어떤(압도적 다수, 다수, 최고 득표를 요구하는) 투표 규칙에 따라서 문제를 해결하는 집단들이 있다. 현대 세계에는 수없이 많은 의사결정 집단들이 있고, 때때로 국경을 뛰어넘기도 한다. 이들 집단은 규모가 다양한 가운데, 의사결정자들 간의 개인적/사회적 관계도 지극히 다양하다. 흔히 정책형성을 책임지는 이들은 더 폭넓은 집단 속의 소규모 하위 그룹이다. 이런 위원회나 임원회의 안에서, 참여 민주주의는 더 큰 결사체를 위한 대의 민주주의를 낳기 위한 것이다.[64] 원칙적으로 이런 모든 의사결정 기구는 내가 생각하는 연속선상 위에 모두 포함될 수 있다. 개량적 실용주의는 모든 집단 결정이 이상적 가족 혹은 이상적 소도시 회의의 심층 민주주의를 표현하도록 만들자고 제안하지 않는다. 이는 유토피아적 꿈인 것이 확실하다. 이와 달리 그것은 집단적 의사결정의 실천이 숙의 민주주의의 방향으로 나아가는 것을 민주주의의 **진보**라고 생각하자고 제언한다.[65]

비록 내가 말한 제안이 정치적 민주주의 그 이상의 것을 포함할지라도 그 제안의 가장 중요한 적용이 정치적 영역 안에서 이루어진다는 생각은 합당하다. 가족들을 생각해 보면 어떻게 숙의가 세 가지 방향으로 중대하게 잘못될 것인지를 우리에게 가르쳐 준다. 엉뚱한 사람들이 참여할 수 있다. 결과에 따라서 영향을 받게 될 사람들이 빠질 수 있고, 결과와 아무 관계가 없는 사람들이 끼어들 수 있다. 사실에 관한 엉터리 정보를 기반으로 토론이 진행될 수 있다. 마지막으로 상호 이해를 통해서 모든 사람이 살 수 있는 길을 찾는 일에 토론자들이 냉담할 수 있다. 세 가지의 징후가 현대 정치에서, 미국뿐 아니라 많은 나라에서, 모두 뚜렷하게 나타난다. 백 년 전에 듀이가 그랬듯이, 나도 미국 민주주의의 실패가 이런 병리 현상의 빈번한 발생에서 나오는 것이라고 본다.

이런 진단은 현재의 정치적 삶과 민주적 숙의라는 이상을 비교함으로써 나온 것이다.

이상적인 민주적 숙의는 **충분히 대표적**이고, **충분한 정보**를 갖고, **상호 관여**를 하는 것이다. 충분한 대표성은 해당 결정으로 영향받게 되는 개인들의 관점이 대변되어야 하고, 그 영향을 받지 않는 사람들의 관점은 대변되지 않을 것을 요청한다. 충분한 정보가 요구하는 점은 해당 이슈와 관련된 적절한 정보(엄밀한 탐구를 통해 확정된 발견들)가 각 토론자로부터 인정을 받고, 주장이나 제안을 변호할 때 지지받지 못하는 명제가 사용되어서는 안 된다는 것이다. 상호 관여는 모든 참여자가 다른 토론자들의 관점을 이해하려고, 그리고 토론에 참여하는 모든 사람이 수용할 만한 해결책을 찾으려고 헌신할 것을 요청한다.

솔직히 이 세 가지는 극히 강한 조건이며, 어쩌면 정치적 삶의 모든 측면에서는 말할 것도 없고 심지어 가장 민주적인 가족에서조차 실현되지 못할 정도이다. 그러나 반복해서 하는 말인데, 유토피아는 내가 (혹은 듀이가) 주장하는 목적이 아니다. 이상은 진단 도구로서 무엇이 잘못인지, 문제를 어떻게 축소하거나 해소해서 상황을 개선할지를 파악하도록 도움을 준다.[66]

진보의 여부는 이상의 실현을 어이없는 환상으로 만드는 것이 무엇인가를 이해하는 데에 달려있다. 수많은 정치적 이슈에서, 관련되는 모든 관점의 대표자들을 모이게 해서 각 관점의 세부 사항에 신경을 쓰도록 하는 것은 불가능하다. 관점들이 너무 많고, 그리고 관점을 갖는 사람들의 일부는 그것을 표명하지도 못한다. 너무 어리거나, 너무 늙거나, 너무 아프거나, 혹은 아직 태어나지 않은 사람들이 있다. 대표한다는 것은 자기들의 견해를 차별화할 것을 고집하는 사람들이 한데 뒤섞이는 것처럼 엉성한 경우가 많다. 영향을 받지 않는 사람들을 배제한다는 것은 원칙적으로 더 쉬운 일인데, 엄밀히 말해서 상호 관심을 요청하는 조건이 제대로 충족된다면 필요 없는 일이다. (논란되는 해당 이슈가 자기 이익에 영향을 미치지 않는 경우, 이상적으로 상호 관심을 쏟는 사람들은 간단히 양해를 구하고 떠날 것이다.) 충분한 대표성이라는 조건은 민주주의의 다층적 규모의 특성을 인지하고, 그리고 특정 정치적 수준에 맞추어 이슈들을 배치하는 것이다. 특히, 기후변화와 같은 이슈는 (미래 세대를 포함한) 전체 인구에 영향을 미치기 때문에, 충분한 대표성 조건은 초국가적 규모에서 민주적 숙의가 필요함을 가리킨다.

솔직히 만일 거짓이 수용되고 진리가 무시되면 제아무리 좋은 의도를 가진 숙의도 불행한 결론으로 빠지기 쉽다. 인간은 전지한 존재가 아니므로, 우리가 모든 진리를 그리고 오직 진리를 활용하는지를 확인함으로써 우리의 토론을 평가하려고 한다면, 이는 도움이 안 된다. 정치적 논쟁을 개선하는 길은 참여자들이 지지받지 못하는 억측에 의존하지 말고 확실한 증거가 있는 결론들에 의존하여 타협하게 만들려고 애쓰는 일이다. 사람들은 무엇이 사변에 불과한 것이고, 무엇이 확실하게 입증되는 것인가를 놓고 자주 충돌하기 때문에, 숙의의 인식론적 질을 높이는 것은 결코 사소한 일이 아니다. 아무튼 그것은 교육이 공헌하여야 할 중요한 일이다. 앞서 제언했듯이, 비판적으로 추론하는 그리고 증거를 이해하는 능력이 개발되어야 우리의 절박한 정치적 토론 중 어떤 것이 확실히 개선될 것이다.

더더욱 명백하게, 교육은 시민들이 타인들과 더불어 더 충실하게 관여할 수 있는 능력을 길러줄 것이다. 정말이지 시민 생활에 참여시키는 교육의 주된 공헌은 선택한 선호가 진정한 이익에 더 가까워지도록 만들어 주는 인지적 기능의 개발보다는 오히려 우리 사회 내부의 다양한 관점들을 더 잘 이해하고 그리고 다양한 견해들과 관여하고, 이로부터 학습하는 것을 향한 더 깊은 헌신에서 이루어져야 한다. (이를 어떻게 이루어 갈지는 나중에 더 논할 것이다.)

그러나 유토피아주의가 더 소박한 개량주의로 대체되더라도 숙의의 이상 그리고 듀이식의 연대는 여전히 너무 낙관적이라고 생각할 수 있다. 왜냐면 보다 더 대표성을 지닌 정치적 토론이 이루어지고, 더 좋은 정보에 기반하고, 더 깊은 상호 관여를 하는 것으로 만들기 위해서 어떤 현실적 조치를 취한다고 할지라도, 개혁이 합의를 낳을 수 있을까라는 의심이 생길 수 있기 때문이다. 금욕주의 철학자들 간에 유행했던 말인데, 현대사회에서 실제로 가능한 조치는 물속으로 10피트 지점에 빠진 사람을 1~2피트가량 끌어올리는 것과 같은 일이다. 이상이 가리키는 차원들을 따라서 성취될 수 있는 진보가 이루어질 수 있을지라도 정치적 논란의 최종 결과에서 효과를 보지 못하기도 한다. 결국 투표로 들어가고, 거기서 패배하면 불만을 품고 물러날 뿐이다.

9

민주주의에서 숙의의 역할을 강조하는 사람들이, 나도 그렇듯이, 자주 비난받는 말은 세상을 장밋빛 안경으로 바라본다는 것이다. 그들은 합당하게도 합의 도달의 실패가 가져올 위험성을 지적함으로써 이를 반박할 수 있다. 사회의 어떤 구성원들이 투표 때마다 패배한다고 믿을 경우, 자기들의 이익이 체계적으로 무시당한다고 볼 것이고, 그래서 분리주의 캠페인이 생길 수 있다. 분리해도 해가 되지 않을 수 있다. 그러나 거대한 인구가 함께 숙의하지 못하는 집단으로 분열한다면, 거기에는 대가가 따를 수 있다. 민주주의가 필요한 규모로 존립하지 못하고 만다. 앞서 언급한 사례를 돌이켜보면, 기후변화가 제기하는 가장 심층적인 문제는 지구적 협력을 이끌어 갈 기구의 필요성이다. 이런 필요에 부응할 전망이 줄어드는 것은 민주주의를 보다 국지적으로 추구하는 경향이 더 강해지기 때문이다.

현실론은 합의의 어려움을 인지할 뿐 아니라 숙의하려는 노력을 포기한 대가도 인지할 것을 요청한다. 그저 투표에만 의존한다면, 그 병리적 결과가 두 가지로 나타날 위험이 있다.

민주주의가 분열되어 적정 규모에서 작동하지 못하게 되거나 정책 결정이 오락가락함으로써 한때 일시적 다수결로 도입된 조처들이 다른 때의 일시적 다수결에 의해서 뒤집힌다. 낙관적 숙의론자와 냉정한 정치 현실론자가 서로 대결하는 것으로 보는 대신에 중요한 도전을 인지하는 쪽이 더 좋다. 특히 이질적인 사회에서 합의를 보기가 어려울 때, 협력적 민주주의 정치체제를 유지하기 위해서 어떻게 하면 숙의가 가장 잘 작동할 수 있을까?

민주적 숙의라는 이상의 세 가지 조건(충분한 대표성, 충분한 정보, 상호 관여)은 어떤 문제가 결국에는 투표로 해결될지라도, 투표에서 패배한 사람들이 그 결정을 수용할 수 있을 세 가지 방향을 가리킨다. 당신이 반대했던 정책 속에서 살아간다는 것은 결코 쉬운 일이 아니다. 그러나 타인이 당신의 견해를 경청했다고 받아들이는 만큼, 관련된 올바른 정보가 고려되었다고 당신이 가정하는 만큼, 그리고 모두가 관용할 만한 해결책을 찾기 위해서 모든 토론자가 정말 관심을 쏟았다고 당신이 생각하는 만큼, 당신은 당신의 과거 관점을 반성하는 쪽으로 움직일 것이다. 겸허함이 시민의 민주적 미덕의 하나로 자리매김해야 한다.[67] 열린 마음과 좋은 정보를 갖춘 청자들이 준 어떤 견해가 투표에서 승리하지 못하고 패배한다면, 그것을 주장한 사람들은 재고해 봐야 한다.

또한 민주적 숙의라는 이상은 합의의 가능성을 더 높이기 위해 세 가지 완화된 조건을 허용한다. 첫째, 그것이 목표로 삼는 합의는 소박한 것이다. 모든 참여자가 최선의 선택지라고 판단할 입장이 결론으로 나타날 경우에 숙의는 **강한** 합의에 도달할 것이다. 낙관적 숙의론자를 비판하는 이들은 현대사회에서 발생하는 많은 이슈에 대한 강한 합의는 극히 어려운 일이라고 비난하는데, 이는 전적으로 옳다. 그러나 숙의의 이상은 이와 다른 합의에 초점을 둔다. 토론이 끝날 때쯤 참여자들은 각자가 수용할 만한 선택지들의 집합, 즉 그들의 **수용 가능한 집합**을 갖게 될 것이다. 최종적으로 채택된 결론이 각 토론자의 수용 가능한 집합에 속할 때, 숙의는 **약한** 합의에 도달할 것이다. 분명히 강한 합의보다는 약한 합의의 가능성이 더 클 것이다. 그런 기회가 커질 수 있는 것은 타인들과의 교섭을 통해서 수용할 만하다고 생각되는 선택지가 확대되는 경향이 나타날 경우다. 숙의 참여자들은 비록 좁은 범위의 가능성을 신봉하면서 대화에 응할지라도, 수용하고 살아갈 만한 성과로서 더 많은 선택지가 거기에 포함되어 있음을 스스로 알게 되고 마침내 그들이 수용할 만한 집합들 사이에 공통부분이 생기게 된다. 만일 최종 투표에서 후보가 되는 것들이 모두 이 공통부분에 속한다면, 약한 합의가 이루어진다.

둘째, 방금 언급한 생각을 다듬으면 또 다른 완화된 조건이 생긴다. 수용 가능한 집합들은 타협을 통해서 가장 분명하게 확대된다. 타협을 흔히 잡동사니라고 하는데, 여기에 다양한 관점들의 요소가 (다소 조잡하게) 모인다. 이상적 숙의를 위한 타협이라는 적절한 개념은 의

도된 목표, 즉 약한 합의의 산물에 의해 형성된다. 어떤 선택지가 숙의 참여자의 수용 가능한 집합에 포함되려면, 그 선택지는 **토론을 거쳐서 진화되는 숙의 참여자들의 관점의 핵심 필요**에 부응해야 한다. 적절한 타협은 숙의 참여자들이 **처음에** 지녔던 입장들의 요소들이 결합된 것이 아니고, 동료 시민들에 관해서 더 많이 알게 됨으로써 생기는 관점의 변화들에 반응하는 것이어야 한다. 이런 타협이 아무렇게나 모여든 잡동사니가 될 필요는 없다. 관점들의 진화는 해당 이슈의 재개념화와 이전에 보지 못했던 선택지의 출현을 허용할 수 있다.

셋째, 타협이라는 생각에 역사적 차원이 추가됨으로써 생기는 완화된 조건이다. 민주적 숙의는 단일한 사건들이 아니라 이어지는 일련의 토론에서 일어나는 것이다. 과거는 중요하다. 특히, 약한 합의가 거듭 실패할 때, 다시 말해서 시민의 어느 집단이 수용할 수 없다고 생각하는 결과에 거듭 직면할 때, 이어지는 숙의에서 이런 사실을 고려해야 한다. 상호 관여는 종전에 어떤 관점들의 중심 목표가 좌절되었을 경우, 그런 관점들에 주의를 기울일 것을 요구한다. 초-시간적 타협은 과거를 보상해 주려고 시도할 것이다. 수용가능한 집합들이 숙의 참여자가 수용하고 살 수 있는 선택지들을 포함하는 것처럼 **수용가능한 기록들**(acceptable records)은 서로 다른 관점의 소유자가 용인할 것으로 보이는 일련의 결정들을 포함한다. 민주적 숙의가 약한 합의에 도달하지 못할 때, 그런 숙의가 이어진다면 더 약할지라도 의미 있는 합의가 생길 것이다. 숙의의 역사가 **분열에 저항**하는 것으로 볼 수 있는 것은 생겨나는 일련의 결정들이 정치체제 내에서 각 관점의 수용 가능한 기록에 속하는 경우일 때다.

이런 이야기는 제안된 이상을 옹호하는 훨씬 더 긴 과정의 첫 단계에 불과하다. 왜냐면 이제까지 나는 타협이 때때로 불가능하며, 일부 관점들의 경우, 어떤 종류의 결정이 포함된 모든 기록이 수용될 수 없다는 반론에 대응하지 않았기 때문이다.[68]

이제까지의 논의를 정리해 보자. 교육과 민주주의는 시민들이 자신들의 이익이 어디에 놓여 있는지를 인지할 준비가 필요하다는 점에서만 연결되는 것이 아니다. 듀이처럼 나도 주장하는데, 심층적 민주주의는 서로에게서 배우는 일이다. 이런 견해를 옹호하려고 나는 세 가지 생각을 제시했다. 네 번째의 생각은, 가장 중요한 것인데, 민주적 숙의라는 이상이 그 중심에 있다. 앞서 나는 순진한 낙관주의에 대한 비난에 대응하려고 시도했다. 그러나 이제까지 그런 이상을 옹호하는 논변을 제시하지 않았다.

나의 옹호론은 다음 장에서 나올 것이다. 거기서 나는 심층 민주주의의 기반을 윤리학에서 찾고자 시도할 것이다. 내가 이해하는 윤리적 삶의 핵심은 민주적 숙의라는 방법이다. 이것은 윤리학의 방법이다.

10

두 가지 과제가 남아 있다. 첫째, 타인과의 숙의라는 프로젝트를 앞 장에서 논의한 자아의 만족스러움이라는 목표와 연결하는 일이다. 둘째, 심층 민주주의가 요청하는 종류의 숙의를 공식적인 교육기관을 통해서 증진할 방도를 찾아내는 일이다.

밀이 영향을 미친 자유주의의 형태에서 공동 숙의와 만족스러움은 서로 무관한 것으로 보인다. 잘-삶이 요구하는 것은 자기의 선(좋은 것)의 자율적 선택과 그 선의 추구에 있어서 충분한 성공뿐이다. 이런 의미의 좋은 삶을 위해, 밀식의 민주주의의 이상적 버전으로 충분하다.

교육 시스템이 공적 토의의 조직과 더불어 모든 시민에게 자신들의 이익이 어디에 놓여 있는지를 파악할 좋은 기회를 제공하는 사회를 상상해 보자. 현대 세계에서 너무 명백한 혼란과 오류정보는 제거될 것이다. 개별 시민에게는 자신의 핵심 프로젝트를 선택할 기회가 제공되며, 그들은 당대 사회에서 행운이 더 많은 구성원과 마찬가지로 자율적이다. 그러나 그들은 공동체 조건을 충족시키는 프로젝트를 선택하거나 혹은 타인들의 관점을 이해하도록 장려받지는 못한다. 개인적 프로젝트 간의 충돌을 보호해 주는 법적 보호 장치는 마련되고 있다. 밀이 말하는 위해 원칙(Harm Principle)[69]은 보편적으로 인정된다. 투표의 패턴이 어느 시민집단의 기회를 계속해서 제한할 가능성에 대해서 민감한 정부는 선거 기록을 정기적으로 분석하고 분석된 내용을 제시한다. 유권자들은 정책 결정의 편향된 결과를 바로잡도록 장려된다. 이런 식으로 그 사회는 어떤 집단이 지속적인 손실을 겪게 되거나 이로써 불리해지는 일이 없게 만들려고 노력한다.

밀식의 민주주의의 이와 같은 이상적 버전은 시민들의 다양한 관점을 공평하게 다루기 위해서 순전히 외부적인 전략을 채택한다. 그런 사회는 서로 다른 관점들이 상호 관여하도록 만들지는 않고, 반복되는 실망을 찾아내어 보상을 제공하려고 노력한다. 그런 사회는 좋은 삶에 관한 밀의 공식적 설명에 잘 들어맞는다. 게다가 그 사회는 **소극적** 자유, 즉 타인의 간섭으로부터의 자유에 대해서만 신중한 편이다.

듀이와 나는 소극적 자유로는 충분하지 못하다고 가정한다. 잘-삶은 타인들의 삶에 대한 공헌을 요구하며, 이렇게 되려면 그런 공헌이 어떻게 이루어지는지를 이해할 기회가 생겨야 한다. 시민들에게는 '소극적 자유'뿐만 아니라 '적극적 자유', 즉 타인들의 삶을 진전시키는 프로젝트를 중심으로 삼고 자신의 삶을 이끌어 갈 자유도 필요하다. 타인들과의 관여를 진전시켜 줄 제도가 없고 대안적 관점으로 들어가지 못하면, 적극적 자유는 우연에 맡겨진다. 아마도 내가 상상하는 사회는 적극적 자유를 때때로 최소한 일부에게는 제공할 것이다. 그러나 편향된 투표 패턴을 다루는 외부적 전략 속에서, 그런 사회는 공동체의 필요성을 선택적 여분인 것처럼 취급한다.

여러 풍요한 나라의 현 상태는 소극적 자유만 강조할 때 무슨 일이 일어날지를 보여 준다. 병리적 현상의 극단적 사례가 생기는 것은 경제적 자유가 별을 달거나 혹은 유일한 것이 될 때다. 자유가 자기 재산을 지키는 능력으로 축소되고 마는데, 이는 공공선을 지원하고자 그 재산 중 일부를 원하는 정부를 포함해서 타자들의 약탈에 대항하기 위해서다. 확실한 점은 그처럼 거칠게 축소된 자유의 개념은 지난 수십 년 동안 늘 지배적이지는 않았다. 그러나 로버트 퍼트넘(Robert Putnam)과 같은 사회학자들이 밝혀주듯이, 지난 수십 년은 공동체가 계속해서 잠식되었음을 입증해 준다.[70] 설령 사회들이, 내가 상상한 사회에서 구현되는 것처럼, 밀식의 민주주의의 버전을 향해서 움직여갈지라도 아주 다양한 관점들을 가진 동료 시민들과의 진지한 관여는 회복될 가망성이 없을 것 같다. 심층 민주주의, 즉 듀이식의 민주주의는 의미 있는 삶을 이루어 낼 더 큰 기회를 제공해 준다. 이는 교육의 두 가지 목적, 즉 시민의 준비와 자기 만족 달성의 조화를 약속해 준다.

11

드디어 교육을 다시 논의하게 되었다. 이 장의 주요 시도는 우리가 처한 현재 상황의 결함을 확인하고, 이를 극복할 방향을 찾는 데에 쓸모있는 적절한 민주주의의 이상을 찾아보는 일이었다. 만일 밀식의 민주주의가 적절한 이상을 제공했다면, 교육개혁의 구상이라는 프로젝트는 앞서 언급한 주제들을 확장했을 것이고, 시민들이 당면할 많은 이슈가 전문적일 때, 그리고 그런 이슈에 관한 공식적인 발표가 흔히 틀린 것일 때, 시민들이 자신들의 이익을 인지하도록 준비시킬 방법을 더 상세하게 설명하는 데에 집중했을 것이다. 그러나 밀식의 민주주의는 한 가지 차원을 놓친다. 오늘날 교육의 핵심 과제는 민주주의가 요청하는 공동체의 가능성이 회복되도록 도와주는 일이다.

어떻게? 나는 제2장에서처럼 몇 가지 실험적 방안을 제시할 것이다. 그 일부는 이미 (특히 섬머힐 또는 시카고 실험학교와 같은 '진보적') 학교에서 시도했던 실천에서 영감을 받은 것이다.[71]

6. 어린 단계에서부터 아이들이 함께 계획하는 시간을 따로 만들자. 어쩌면 3세에서부터 시작함으로써 일상 활동에서 무엇을 그리고 어떻게 할 것인지를 아이들이 집단적으로 결정하게 만들자.

7. 그 이후의 나이에도 날마다 계획이 지속되도록 만들고, 점진적으로 그 주제의 난이도 그리고 집단의 규모와 다양성도 끌어올리자.

8. 서로 만난 적이 없는 아이들의 집단이 (같은 지역이지만 다른 학교에 다니는 아이들이) 정기적으로 모이게 하고, 공동 결정을 통해서 문제를 해결하도록 요청하자.

9. 여러 해에 걸쳐서 공동의 의사결정을 경험한 후에는 그런 실천적 활동을 인간 문화의 차이점에 관한 공부로 보완하자. 이 공부가 문화적 충돌의 비용, 그리고 협력적 노력의 효과에 관한 분석과 통합되게 만들자.

10. 청소년기와 청년기에는 학생들이 성장했던 지역과는 아주 다른 공동체를 널리 방문하도록 지원해 주자. 먼저 국내의 여러 지역으로, 나중에는 외국으로. 그리고 두 경우 모두 방문 학생은 지역 주민과 함께 일하도록 만들어야 한다.

11. 성인들이 정기적으로 (재정지원을 통해서) '안식년'을 갖도록 장려하자. 그들이 과거에 만났던 사람들과 전혀 다른 사람들과 생활하고, 계획하고, 작업하게 만들자.

분명히 이들 방안은 다양한 방향으로 더 다듬어질 수 있다. 나는 바람직한 시도의 세부 사항들을 어떻게 구체화할지를 (또 이를 아는 사람들이 있는지도) 모른다. 이 방향에서 **어떤** 프로그램인가가 심층 민주주의를 위한 시민 교육을 맡을 것으로 희망할 뿐이다.

의도된 결과는 타인들과 기꺼이 관여하고, 타인들로부터 심지어 처음에 낯설어 보이는 관점을 가진 사람들로부터 배우려 하는 사람을 길러내는 것이다. 이를 시도할 직접적인 방법은 아마도, 모든 단계를 통해서 민주적 숙의라는 이상을 활용하는 것이다. 처음부터 강조해야 할 점은 결과에 따라 영향을 받게 될 모든 사람의 관점들을 포함할 것, 끌어들일 수 있는 최선의 정보를 찾아 활용하려고 진지하게 노력할 것, 동료 토론자들의 관점을 이해하고 그에 반응하도록 끊임없이 장려할 것 등이다.

따라서 애초부터 소집단의 아이들에게 다음에는 어떤 게임을 하면서 놀지를 결정하도록 부탁할 수 있다. 현장에 있는 성인(들)은 아이들이 가능하다면 합의에 도달해야 한다는 점을 명시해 주어야 한다. 성인의 역할은 대화를 촉진하는 것, 아이들이 제각기 말할 기회를 갖도록, 지배하는 아이가 없도록, 다양한 선택지들이 요청하는 바가 무엇인지를 모두가 알도록 확인하는 것, 어쩌면 (예컨대, '네가 이것을 30분 동안 한 다음에 저것을 30분 동안 할 수 있게') 타협 가능성을 도입하는 것이다. 이 토론은 집단의 각 구성원이 그 계획을 추진할 의지가 생길 무렵에 끝난다.

이런 방향을 따르는 초창기 노력이 모든 아이의 견해를 포용하고, 관련된 사실을 찾아내고, 약한 합의에 도달할 때까지 만족하지 못하는 성향을 길렀다고 가정한다면, 성인의 참여는 점차 줄어들 것이다. 초창기의 성향이 더 발달할 것인데, 이는 비슷한 종류이지만 더 어려운 문제들을 다룸으로써, 다시 말해서 더욱 다양한 관점들이 포함되거나 혹은 어쩌면 일부 사람의 더 중대한 희생을 요구하는 사례를 통해서 발달할 것이다. 의사결정의 역사적 패턴들을 인지하게 되면서 똑같은 집단은 일련의 문제를 다루게 되고, 결과적으로 그 구성원들은 종전에 실망을 겪었던 사람들을 보상해 주려는 성향을 습득할 것이다.

그런 성향은 이전에는 몰랐던 아이들과 공동으로 의사결정을 할 기회를 마련함으로써 더 검증될 것이고, 그리고 운이 좋으면 확대될 것이다. '반복된' 숙의의 재능이 '일회적' 사례에 전이되는 것이 가능할까? 어쩌면 가능할지 모른다. 그 프로그램의 처음 세 가지 단계의 목표는 활동 자체에서 만족감을 얻을 수 있게 하는 것이다: 타인들과 계획하는 일은 즐겁고 보람있게 보이게 된다. 아마도, 근본적으로 서로 다른 관점들이 처음으로 표출된 후에 공통된 해결책의 수용으로 진화될 경우 특히 그럴 것이다.

그 프로그램의 후기 단계들은 민주적 숙의의 이상을 구현하려는 시도가 학교 교육의 더 표준적인 측면들과 어떻게 결합할 수 있는지를 암시해 준다. 내가 생각하기에 지리, 인류학, 역사는 인간 집단 간의 관계를 폭넓게 이해하는 데에 중요한 것임을 보여 줄 것이다.[72] 현대 세계와 과거 세계의 사례들은 상호 교류와 상호 협력의 좋은 점들, 그리고 공동 숙의가 무너지거나 혹은 (더 공통으로) 시작하지도 못할 때 발생하는 고통을 아주 분명히 밝혀줄 수 있다.

게다가, 밀의 취임 강연이 암시한 대로 다양한 배경을 가진 아이들과의 초기 토론을 외국어 학습과 통합한다면 가치가 있을 것이다. 고전어 공부를 옹호했던 밀의 이유는 한 문화에 대해 깊이 파고들려면 그 사람들의 생득적 언어를 습득할 필요가 있다는 생각에서 시작된다. 이 생각이 정확히 맞건 틀리건 간에, 문화 간 교섭을 촉진하려는 모든 프로그램은 해당 외국어의 학습 능력을 길러줌으로써 도움을 받을 것이다. 연구 결과에 따르면, (심지어 세 살부터) 일찍 시작된 공부는 외국어의 숙달을 촉진할 뿐 아니라 다른 언어의 습득도 훨씬 더 쉽게 해 준다.[73] 나는 이중의 실험을 제안한다. 첫째, 공동 계획의 연습을 함께 계획할 기회가 많아질 아이들이 쓰는 언어의 수업과 통합하자. 그래서 라틴계 인구가 상당히 많은 미국의 여러 지역에서 스페인어 공부를 세 살부터 도입하자. 둘째, 모국어와 관계가 먼 제1외국어를 학습할 때 (예컨대, 영어 사용자가 스페인어가 아닌 아랍어 혹은 중국어를 배울 때) 새로운 언어를 습득하는 능력의 장기적 효과가 더 클지 작을지를 검증하기 위한 종단적 연구를 시행해 보자. 이런 연구에서도 언어 학습은 공동계획의 기회와 연결되어야 한다.

그 프로그램의 마지막 두 부분은 사람들이 타 문화에 젖어 들도록 하는 방향인데, 여기에는 (처음에 극히 어려울 것 같은 상황에서도) 차이를 존중하도록 기르고, 교섭 능력을 개발하려는 목표가 들어 있다. 만일 젊은이들이 자신들과 전혀 다른 배경을 지닌 사람들과 함께 일하는 시간이 상당히 길어진다면, 그리고 십 년 정도마다 새로운 이방인 집단과의 경험이 반복된다면, 두 가지의 중요한 결과가 나타날 것이다. 첫째, 지구적 규모의 민주주의를 요구하는 문제들에서 초국가적 숙의가 더 부드럽게 진행될 것이다. 둘째, 그런 경험을 쌓은 시민들은 새로운 눈과 새로운 관점을 자기들의 내부 논쟁에도 끌어들일 수 있다.

내가 제시한 방안들은 이 장과 앞 장의 두 가지 주요 주제를 반영한다. 첫째, 오늘날 교육은 평생의 일이 될 수밖에 없다. 둘째, 민주주의는 비교적 손쉬운 지역적 맥락에서부터 심각한 도전들이 많은 지구적 협력에 이르기까지 여러 규모에서 필요하다. 기후변화의 사례가 깨우쳐 주었듯이 국제적 민주주의를 이끌어 가야 할 도전에 대응하는 일에서 실패한다면, 우리 후손에게 우리의 손자와 증손자에게 넘겨줄 세계는 교육, 민주주의, 혹은 좋은 삶에 관한 극히 숭고한 토론마저도 잔혹한 농담으로 여길 것이다. 흘러간 시대의 특권을 씁쓸하게 회상하도록 만들 것이다.

후주 ⏱ 제4장

1 흥미롭게도 최초 정착자 중 상당수가 미혼이었다. 노인 중 일부는 지도자인 헨리 휘트필드(Henry Whitfield)를 포함해서 결국 잉글랜드로 돌아갔다.

2 『Democracy in America』, Book 1, 제5장.

3 Dewey, MW 9, 93.

4 그 협약서가 가구의 가장들만 사인했다는 사실로 볼 때, 그 공동체의 여성들이 동등하게 참여할 수 있었는가에 의문을 제기해야 한다. 또한 아이들의 이익이 대표되는가에도 의문을 가져야 한다.

5 이 사항을 내가 훨씬 더 파악하도록 자극을 주었던 탁월한 논평에 대해 나는 레비슨과 누스바움에게 감사한다.

6 내가 인용했던 문장에서 불길한 구절은 지적할 만한 것이다. '우리에게 속하는 그들.'

7 누스바움이 나에게 지적했듯이, 길퍼드에서 (그리고 코네티컷의 다른 지역에서) 자행되었던 비양심적인 토지 장악은 로드 아일랜드에서 보였던 로저 윌리엄스(Roger Williams)의 더 인간적인 행실과 대조적이다.

8 이는 기후변화에 관한 언쟁에서 가장 분명했었다. 다음을 참조. Philip Kitcher and Evelyn Fox Keller, 『The Seasons Alter: How to Save our Planet in Six Acts』(New York: Norton/Liveright, 2017), 특히 제6장.

9 켈러(Evelyn Fox Keller)와 나의 공저에서 주장했듯이, 오늘날 인류는 기후변화가 일으킨 공동 위협에

당면하고 있다. 다수의 사람들 특히 젊은이들이 그 위험성을 인식했지만 그렇지 못한 사람도 많다.

10 처칠이 실제로 암시한 말은 그 출처가 불확실하다. '때때로 시행되기도 했던 다른 온갖 형태를 제외하고, 가장 나쁜 형태의 정부는 민주주의라고 말해왔다.'

11 예컨대, 다음을 참조. Steven Levitsky and Daniel Ziblatt, 『How Democracies Die』(New York: Penguin, 2018); Davie Runciman, 『How Democracy Ends』(London: Profile Books, 2018); Susan Jacoby, 『The Age of American Unreason in a Culture of Lies』, 2nd ed. (New York: Vintage, 2018). 이 주제에 관한 잡지 기고문과 신문 논설은 지난 3년 동안 아주 빈번하게 등장했다.

12 콩도르세 투표 방식은 유권자의 제2(제3, 제4) 선택을 고려한다. 명쾌하고 간결한 설명으로는 다음을 참조. 'Voting Methods' in the *Stanford Encyclopedia of Philosophy*, https://plato.stanford.edu/entries/voting-methods/.

13 민주주의의 미덕과 난점에 관한 놀라운 논의는 다음을 참조. Robert Dahl, 『On Democracy』(New Haven: Yale University Press, 1998).

14 미국 정치에 영향을 미치는 금전의 힘은 최근에 연이어 나타난 두 가지의 연방대법원 결정에 따라서 악화되었다. 하나는 Citizens United v. FEC이고, 다른 하나는 덜 알려진 것인데 McCutcheon v. FEC이다. 기업이 자유 언론의 권리를 가진 법인으로서 편애받아야 하는가에 관해 많은 논란이 벌어졌다. 이보다 훨씬 적은 관심을 끌었던 사항은, '아이디어를 제시하는 방송 시간이 제한된다.'는 점, 그리고 '부유층의 무한정 지출이 허용됨으로써 다수의 목소리가 밀려난다.'는 점이다. 따라서 이런 결정은, 부유층의 권리를 실제로 확대함으로써, 다수 시민의 권리를 축소해 버린다. 조지 오웰(George Orwell)이라면 지적할 사항인데, 모든 미국 시민은 평등한 언론 자유를 갖지만, 일부는 다른 사람보다 더 평등하다.

15 예컨대, 브렉시트의 경제적 결과에 관한 우려를 부정한 고브(Michael Gove)의 유명한 발언에서처럼. '이 나라 국민은 충분한 전문가들을 가졌다고 나는 생각한다'(Interview with Sky news, June 3, 2016).

16 Henry IV, Part I, Act 3, Scene 1, 52-54.

17 뫼스너(Nichola Moessner)와 내가 다음 글에서 주장했듯이. 'Knowledge, Democracy and the Internet,' Minerva 55(2017, 1-24).

18 커렌(Randy Curren)이 나에게 지적했듯이, 다른 요인들이 있다. 온라인 생활에서 나타나는 분리(segregation)의 형태에 앞서, 이미 오프라인에서 자주 반복되는 비-상호작용(non-interaction)의 형태가 선행한다(앞서 주 11에서 언급했던 Levitsky and Ziblatt를 참조). 온갖 형태의 시민적 참여로부터 물러남도 한 가지 역할을 행할 것이다.

19 여기서 나는 다음 책의 날카로운 분석을 따른다. Jan-Werner Mueller, 『What is Populism?』(Philadelphia: University of Pennsylvania Press, 2016).

20 듀이식 민주주의는 폭넓은 부류를 낳았다. 지난 30년 동안 숙의 민주주의에 관한 관심이 솟구쳤다. 전형적으로 '군중의 지혜'를 강조하는 것도 있고, 혹은 논란거리가 되는 문제에 관한 이유를 주고받기 위한 집회의 가치를 강조하는 것도 있다. 정교한 제안 중에는 존 롤즈의 저술에 의존하는 것, 그리고 롤즈가 대중화시킨 이상화(idealizations)를 활용하는 것이 많다. 다양한 선택지의 사례는 다음을 참조. Amy Gutmann and Dennis Thompson, 『Democracy and Disagreement』(Cambridge, MA: Harvard University Press, 1988), Juergen Habermas, 『Between Facts and Norms』(Cambridge, MA: Mit Press, 1996), Eamonn Callan, 『Creating Citizens』(New York: Oxford University Press, 1997). 그리고 그 대안들에 관한 철저한 종합검토로는 다음을 참조. Andre Baechtiger, John S. Dryzek, Jane Mansbridge, and Mark Warren, eds., 『The Oxford Handbook of Beliberative Democracy』(New York: Oxford

University Press, 2018).

21 이 구절은 다음에서 나온다. Walter Lippmann, 『The Phantom Public』 (1927; repr., London: Routledge, 2017). 이 책의 제2장은 민주주의가 요구하는 것으로 보이는 '도달할 수 없는 이상'을 놀랍도록 밝혀낸다. 나의 이 책 제4장에서 많은 부분은 리프먼과 듀이 간의 유명한 논쟁에 관한 나의 해석으로 볼 수 있다.

22 『민주주의와 교육』 MW 9, 93.

23 앞서 (주 18에서) 지적했듯이, 종족 정치(tribal politics)에는 다른 원인, 특히 비-상호작용의 패턴들이 있다.

24 베트남 전쟁이 벌어지고 있을 때, 월터 크론카이트(Walter Cronkite)가 "그리고 그것이 현실입니다."라고 말하며 방송을 끝냈을 때(예, 1970년, 5월 4일 일요일), 근본적으로 서로 다른 정치적 견해를 가진 사람들도 모두 그의 말을 믿었다. 그들이 논쟁을 계속할 때 그들은 사실적 합의를 기반으로 그렇게 하였다.

25 여기서 다룬 문제점 중 일부를, 간단한 설명의 관점에서, 내가 이전에 탐구했던 것은 다음을 참조. 『Science in a Democratic Society』 (Amherst, N.Y.: Prometheus Books, 2011). 특히 제7장. 그 문제의 뿌리는, 내가 과거에 생각했던 것보다, 훨씬 더 깊은 데에 있는 것으로 지금 나는 생각한다.

26 『Science in a Democratic Society』 (187-92)에서 내가 보였던 반응이다.

27 이것이 어떻게 성취될 것인지에 대해 상당한 관심이 쏟아졌다. Harvey Siegel, 『Educating Reason』 (London: Routledge, 1988)을 참조. 최근의 유익한 조사로는 다음을 참조. Robert Ennis and David Hitchcock, 'Critical Thinking,' in Stanford Encyclopedia of Philosophy, https://plato.stanford.edu/entries/critical-thinking/.

28 Areopagitica, in 『Milton's Prose: A Selection』, Oxford World's Classics (Oxford: Oxford University Press, 1963), 318-19.

29 OL Section II.

30 여기서 단서가 필요하다. 물론 '자유 언론의 옹호자들이 보았던 종류의 논란에서 제기된 질문들은, 현재의 많은 논란거리에 비해서, 일상 경험에 더 가까운 것이다.'라고 할지라도, 이는 '그런 질문들을 다루기 위해서 제시된 논변들이 친숙한 개념과 이해하기 쉬운 명제만 활용할 것이다.'라는 것을 의미하지 않는다. 복잡한 신학적 아이디어는 이혼과 종교적 자유에 관한 토론에서 자주 소환되었다. 거꾸로 최근의 몇몇 문제는, 예컨대 총기를 구입/소지할 시민의 능력을 둘러싼 몇 가지 최근의 논란은, 전문 용어 측면에서 크게 요구하는 것이 없다.

31 민주주의라고 가정하는 일부 사회에서는 후보자의 선택이라는 조건을 침범하고, 다른 사회에서는 뇌물과 강압으로 들어간다. 천박한 민주주의의 제반 조건을 충족시키는 일부 정권도 반자유주의적이고, 온갖 종류의 자유를 제한한다. 게다가 우리가 자유주의적이라고 분류하는 민주주의도 쉽게 반자유주의로 부패할 수 있고, 천박한 민주주의에 필요한 피상적 특성을 모두 갖출 수 있다. 비록 '선거'의 장치가 그들을 민주주의적이라고 광고하는 것을 계속하도록 허용할지라도 타락은 더 심해지고 권위주의적으로 변질하기도 한다. 이런 사항을 명확하게 파악하도록 자극을 준 서스타(Predrag Sustar)에게 감사한다.

32 캘런은 자신의 저서(『Creating Citizens』)에서 학생들을 학생 시절에 밀의 영역으로 입문시킬 것을 제시한다. 이 제안에 나도 공감하며, 이를 이 장의 마지막에 적용할 것이다. 물론 나는 밀과 그의 후계자들이 빠뜨렸던 정감적 유대의 함양을 주장할 것이다.

33 데카르트가 고립된 개인에 초점을 둔 것이 이상화(idealization)였음을 망각할 때부터 인식론은 치명적으로 잘못된 방향으로 들어섰다는 점은 확실하다. 다행스럽게도 최근에 들어와 사상가들은 개인이 사회적 망 속에 분명히 끼어 있음을 되살렸다. 예컨대, Alvin Goldman, 『Knowledge in a Social World』(New York: Oxford University Press, 1999)을 참조. Edward Craig, 『Knowledge and the State of Nature』(Oxford:Clarendon Press, 1990)라는 명쾌하지만 별로 안 알려진 책에서 분명히 밝히듯이, 우리의 지식 개념이 생겨날 가능성이 가장 큰 것은, 우리가 배우기를 기대할 수 있는 사람들을 확인할 필요성 때문이다.

34 Paul Harris, 『Trusting What You're Told: How Children Learn from Others』 (Cambridge, MA: Harvard University Press, 2012).

35 이는 그들이 '특정 견해의 옹호자들은 언제 자신의 견해가 넓게 수용됨으로써 이득을 얻을 것인가?'를 이해할 수 있게 만들 것이다. 따라서 '어떻게 무지가 전파되고 유지되는가?'에 관한 주의 깊은 역사적 연구, 즉 '무지론(agnotology)' 연구가 중요하다. 중요한 사례로는 다음을 참조. Robert Proctor and Linda Schiebinger, eds., 『Agnotology: The Making and Unmaking of Ignorance』 (Stanford, CA: Stanford University Press, 2008); Robert N. Proctor, 『Cancer Wars: How Politics Shapes What We Know and Don't Know about Cancer』 (New York: Basic Books, 1995).

36 많은 정치적 문제는, 어느 사회과학자들 특히 경제학자와 사회학자들인 최선으로 잠정적 해답을 제공할 수 있는 문제의 해답에 달려 있다. 나는 제9장에서 이런 사회과학에 관해 더 이야기할 것이다.

37 이런 점은 다음 책에서 제대로 이해되었다. Walter Lippmann, 『The Phantom Public』(repr., London: Routledge, 2017). 리프먼은 '주권적, 전능한 시민'이라는 신화를 현란하게 조롱했다.

38 이런 현상은 기후변화에 관한 논란에서 뚜렷하다. 『The Seasons Alter』(5-8, 14-19)를 참조.

39 이 주제에 대해 더 많은 것은 이 책 제7장을 참조.

40 가치 충돌이 포함된 논란이 마치 다음과 같은 두 단계로 진행하는 것처럼 생각하는 경향이 강하다. 첫째, 참여자들은 사실을 정리한다. 둘째, 이를 기반으로 삼아 가치 갈등을 다룰 수 있다. 질서 있는 순서라는 이런 깔끔한 그림은 비현실적이다. 사실적 문제에 대한 합의라는 것을 찾을 수 있기 전에, 탐구자들이 확인할 필요가 있는 점은 '모두가 수용할 수 있는 성과를 찾는 데에 동료 시민들이 헌신하는가?'이다. 이것이 없으면, 인간의 취약성이라는 느낌은 공동 탐구가 비뚤어지도록 만들고 말 것이다.

41 두드러진 사례가 미국의 일류 신문, 「뉴욕타임스」다. 이 신문이 그 증거의 힘을 이해하는 데에는 15년 이상이 걸렸다. 오늘날에도, 「뉴욕타임스」는 (「가디언」과 대조적으로) 그 상황의 긴급성을 과소평가하는 경향이 있다.

42 두 명의 과학역사학자가 의식화를 위해 중요한 역할을 했는데 그들의 책은 다음이다. Naomi Oreskes & Erik Conway, 『Merchants of Doubt』 (New York: Bloomsbury, 2010).

43 이는 영어권 세계에서 가장 분명할 것이다. 그러나 그것은 미국, 영국, 캐나다, 호주, 뉴질랜드에 한정되지 않는다.

44 기후 협약은 2015년 12월 파리에서 조인되었다. 산소 배출의 절감을 위한 목표치가 너무 느슨하다고 인식한 사람들도, 고무적인 첫 번째 단계라고 올바르게 간주했다. 논평자들은 파리에서 달성된 바를 기반으로 삼아, 더 엄격한 기한을 정하기 위한 일련의 국제적 합의를 희망했다. 그러나 환경 문제를 다루기 어려운 것으로 만들려는 의도를 보이는 미국 행정부가 그 협정에서 탈퇴하는 중대한 결정이 있었을 뿐만 아니라, 더 중요한 점으로는, 종전에 파리에서 옹호되었던 (불충분한) 일정표에 맞는 속도로 탄소 배출을 절감하는 일에서 전반적인 실패가 나타났다. 기온의 기록이 해마다 깨지고, 그리고 재앙

스러운 기후 사태가 주요 대륙에 온갖 영향을 미치면서, 지구의 탄소 배출은 계속해서 증가한다.

45 이 사항을 웅변적으로 지적한 것은 다음을 참조. Jeffrey Sachs, 『The Age of Sustainable Development』 (New York: Columbia University Press, 2015, 155-56).

46 이 사항의 세부적인 발전은 『The Seasons Alter』, 제4장을 참조.

47 다음을 참조. Dan M. Kahan, 'Climate-Science Communication and the Measurement Problem,' Political Psychology 36 (2015): Si, 1-43.

48 이 이미지는 『The Seasons Alter』(105-24)에서 발전되었다. 그것은 윌리엄 제임스('The Will to Believe')로부터 스테판(Fitzjames Stephen)을 거쳐 파생된다.

49 이 현상이 반영된 것은, '지구 온난화 주장에 대한 태도와 과학 교육의 수준 간의 상관관계'의 부족, 그리고 '그런 태도와 조사 대상의 정치적 입장 간의 인상적인 상관관계'에 관한 칸(Dan Kahan)의 연구 결과다. 이 책(주 47)을 참조.

50 정말 현대의 정치는 더 나빠졌을 것이다. 특정 문제를 놓고 싸운 승리에서 얻는 만족감은 정치적 반대편에게 주는 불편함(심지어는 고통)에서 부분적으로 생기는 것 같다. 타인이 원하는 바에 대한 무관심이 앙심(spite)으로 바뀐 것 같다.

51 Tocqueville, 『Democracy in America』(New York: Library of America, 2004, 288-318); Mill, 「Considerations on Representative Government」(in OL).

52 물론, 토크빌과 밀은 이미 '다수의 전제'에 관해서 걱정했다. 나는 그 문제가 다른 형태로 나타날 수 있음을 암시하고 있다.

53 콘스탄티 기베르트(Konstanty Gebert)가 2017년에 아인슈타인 포럼에서 행한 발표('연대인가, 우애인가?')를 통해 명쾌하게 지적했듯이, 서로 관련된 두 가지 개념 간에는 미묘한 차이가 있다.

54 '관용의 약조'라는 개념을 루이스(David Lewis)는 다음 글에서 소개한다. 「MiI and Milquetoast」, *Australasian Journal of Philosophy* 67(1989, 152-71). 루이스는 또한 관용의 약조에 도달하는 것을 공리주의로써 옹호한다. 천박한 민주주의에서는 '지속되기를 희망하는 정책/기관을 폐기할 경향성이 있는 사람들'과 보호적 합의에 이르도록 동기화한다. 심층 민주주의가 제대로 작동할 때 그런 보호는 부가적 완충 장치로서 남을 것이나, 그 중요성은 떨어진다.

55 WN 485.

56 『The Ethical Project』(17-35)를 참조.

57 다음 장에서 '일은 개인의 도덕 발달에서 중심을 차지한다.'라고 주장할 것이다.

58 '수학자들의 왕자'인 가우스(Christian Gauss)는 정원사의 아들이었다. 그는 어렸을 때, 최초의 수백 개의 숫자를 덧셈하는 방식을 몇 초 만에 찾아냄으로써 그의 교사를 멍하게 만들었다.

59 이것은 실제로 어느 가족 내에서 발생한다. 이를 나는 내가 이제까지 만났던 사람 중에서 가장 타인-지향적인 한 사람으로부터 배웠다. 그는 나의 대학원생이었는데, 자기 집안에서 숙의가 일어난다고 말했다.

60 다음을 참조. Jean Briggs, 『Never In Anger』(Cambridge, MA: Harvard University Press, 1971).

61 내가 '길퍼드 협약'을 처음 논할 때 지적했듯이, 그 공동체의 경계선은 힘들게 그어졌을 것이다. 그다음 구절에서 경계선을 어디로 정해야 하는가에 관한 문제를 다룰 것이다.

62 Rabindranath Tagore, 『The Religion of Man』(London: Macmillan, 1931;repr., Martino Publishing, 2013), 130. 또한 47, 53, 143-44, 192을 참조. 타고르와 듀이의 유사점에 내가 다가가도록 만들어 준 마사 누스바움에게 감사한다. 누스바움은 타고르의 연대 옹호론을 논하면서, '혐오 극복'에 관한 타

고르의 관심을 강조한다. (내 생각에 이는 카스트 제도에서 발생하는 분열 상황이 그에게 부각되었던 점에서 보면 쉽게 이해될 수 있다.) Nussbaum, 『Political Emotions』 (Cambridge, MA: Harvard University Press, 2013).

63 Tagore, 『The Religion of Man』, 186.

64 이런 구조를 가진 소규모 시민 조직의 사례는 넘쳐난다. 예를 들면, 교회의 확산 노력을 지도하는 소집단, 노동조합 지부, 콘도의 유지 및 소규모 주택 개발을 위해 설립된 위원회 등이 있다.

65 더 정확하게 말하면, 숙의에서 생기는 모종의 잘못을 바로잡기 위해 진단적 이상을 사용하는 것이다. 핵심적으로 이 이상은 숙의 민주주의의 많은 옹호자가 애호하는 '이유-제시'라는 실천에다가 '숙의자 간의 정감적 관계에 대한 강조'를 추가한다. 타인들의 관점과 역경에 관여하려고 노력하지 않는 것은 악으로 지각된다.

66 중요한 관심사가 남아 있는데 이는 마지막 장에서 다룰 것이다. 진단이 무익한 것이 될 수 있는데, 이는 현 상태를 개선하려면 감당할 수 없을 정도의 큰 변화가 필요할 때다. 듀이와 내가 전망하는 유형의 점진적인 진보는 작동하지도 못할 것이다. 따라서 그런 도전에 따르면, 개량주의적 약속은 공허하고, 그 일은 유토피아적인 것으로 남는다.

67 여기서 나는 무디-애덤스(Michele Moody-Adams)의 발표, 및 그녀와 나눈 대화에서 큰 도움을 얻었다.

68 다음 두 장에서는 이 문제를 더 많이 다룰 것이다. 종교의 잠재적 역할에 관한 탐구는 제6장의 주제로서 아주 중요하다.

69 '나 자신의 프로젝트를 선택/추구하는 내 자유는 타인의 유사한 자유를 지킬 필요성에 의해 제한된다.'라는 원칙. 따라서 내가 하려고 하는 일이 타인에게 진정한 손해를 끼칠 때만 나는 제약을 받는다. PL 17, 그리고 특히 sections IV, V을 참조.
그 원칙이 어떻게 적용되어야 할 것인가에 관한 논란은 역사적으로 많았다. 내가 생각하는 민주주의는 이런 해석의 논란에서 자유로운 것이다.

70 Robert Putnam, 『Bowling Alone』 (New York: Simon & Schuster, 2000), 『Our Kids』 (New York: Simon & Schuster, 2015). 또한 다음을 참조. Annette Lareau, 『Unequal Childhoods』.

71 다음을 참조. A.S. Neill, 『Summerhill School』, 그리고 Katherine Camp Mayhew and Anna Camp Edwards, 『The Dewey School: The Laboratory School of the University of Chicago, 1896-1903』(New York: Appleton, 1936).

72 이에 대해 더 많은 것은 제9장을 참조.

73 제9장에서는 더 폭넓은 논의가 또 있을 것이다.

제5장

도덕 발달

1

인간의 역사에서 가장 흔한 것 중 하나가 젊은이들의 행동에 대한 불평이다. 우리의 세대도 이 오랜 세월의 전통을 열심히 이어간다. 최근의 조사 보고에 따르면, 미국의 성인이 동시대를 살아가는 십 대와 공유하는 가치가 별로 없다고 한다.[1] 많은 사람이 오늘날 탄식하는 것은 '나-중심 세대(me generation)'의 이기심과 물질주의다.[2] 우리의 선조들이 그랬듯이 말이다. 잠깐 서기 1274년의 어떤 목소리를 들어 보자.

> 이 세상은 골치 아픈 시기를 거치고 있다. 오늘날 젊은이는 자기만 생각할 줄 안다. 부모나 노인에 대한 존경심은 없다. 온갖 구속을 못 참는다. 마치 모든 것을 알고 있는 양 이야기하고, 그리고 우리의 지혜는 그들에게 어리석음이다. 젊은 여성은 말, 행동, 옷 입는 것에서 나대고, 불손하고, 여성스럽지 못하다.[3]

1843년, 샤프츠베리 백작은 잉글랜드 하원에서 비슷한 불만을 토로했다. '아이들의 도덕은 예전과 달리 열 배나 더 나빠졌다.'[4] 거의 한 세기 후에 「헐 데일리 메일(Hull Daily Mail)」은 그런 판단을 반복하면서 도덕의 (지속적) 쇠퇴를 탄식했다. '눈을 뜨고 돌아다녀 보고 나서, 과거와는 전혀 다르게, 일부 젊은이에게 사리 분별이 없고, 무례하고, 아주 이기적인 태도만 있음을 부정하는 사람들은 없을 것이다.' 나-중심 세대가 언제나 우리 곁에 있었음은 분명하다.

젊은이들 사이에서 두드러지는 나쁜 행동은 조기 훈련으로 미리 차단해야 한다. 이것이

(여러 시대에 걸쳐 불거졌던 혹평으로 판단한다면) 늘 실패하므로 교육개혁이 늘 필요해진다. 비뚤어진 행태는 시간이 갈수록 놀라운 형태로 다양하게 나타나기 때문에, 각 세대는 무엇이 잘못인지를 자체적으로 진단해야 한다. 이에 따라 도덕 영역에서도 교육적인 노력은 '그 오랜 역사에서 다양한 북소리에 춤을 추었다.'[5] 아무도 그것을 바로잡지 못했다. 정말, 역사의 이요르(Eeyores)를 믿는다면, 각 시대의 시도는 사태를 오히려 악화시켰을 뿐이다.

반항하는 젊은이를 한 줄로 세우려는 프로그램도 기나긴 역사가 있다. 쓰기가 발명되기 수만 년 전부터 인류의 조상은 사회집단의 새로운 구성원이 지킬 것으로 기대하는 인습, 즉 **습속**을 가르쳤다. (기록이 없어서 조상들이 그 결과에 실망했는지는 알 수 없다.) 지난 2천 년 동안 남아 있는 문서는 지배적인 추세를 보여 준다. 도덕은 사람들이 행하도록 **요청받는** 사항을 구체화한 것으로 사회적으로 수용 가능한 행동에 대한 지역적 관념과는 구분된다. 인습적 관습은 어길 수 있지만 (물론 그에 따른 사회적 비용도 자주 생길 것이지만); 도덕적 원칙은 어길 수 없는 것이다. 도덕적 요청 사항의 주입은 소속 집단에서 종교적 실천으로의 입문과 연결되고, 의식이나 의례와 묶이고, 신들에 관한 설화나 교리와 연결된다. 이런 경향의 흔적이 현재도 남아 있고, 많은 나라에서 지속되고 있다. 전 세계적으로 도덕 발달에 대해서 성찰할 때, 대다수 사람은 종교교육의 측면으로 생각할 것이다.

그러나 플라톤 이후로, 도덕 법칙을 신의 명령으로 보는 데에서 엿보이는 도덕과 종교 간의 긴밀한 연결고리는 의심을 받게 되었다.[6] 도덕에 관한 철학적 성찰은 그런 연결고리를 자주 끊어버렸다. 그 결과로 도덕 발달의 촉진이 사회의 재생산을 위해서 중요한 일이라고 이해될 때, 다문화 국가에는 몇 가지 선택지가 있다. '다수가 믿는 종교'(혹은 국가를 세운 사람들이 택한 '전통적 종교')는 도덕을 가르치는 수단이 되어야 한다고 결정할 수 있다. 또는 모든 도덕교육은 사적 영역에 맡기고 가정이나 공동체에서 생각하는 최선의 방향으로 도덕교육을 추진하도록 맡겨둘 수 있다. 혹은 공식적인 교육 시스템은 도덕에 대한 비-종교적 접근, 다시 말해서 모든 주요 종교의 핵심 주제들을 어떤 철학적 종합에 의해서 가장 잘 통합할 수 있는 접근을 도입할 수 있다. 밀의 취임 강연은 후자의 방향으로 기우는 것인데, 여기서 그는 '가정, 가족'이 도덕 및 종교교육의 핵심을 제공하는 곳이라고 보고, 그리고 대학은 사람들을 자주 혼란에 빠뜨리는 무지의 치유를 위해 학생들에게 '도덕 철학의 원리 체계'를 숙지시켜 주어야 한다고 가정한다.[7]

젊은이들의 결함에 관한 오래된 불평 이야기가 맞건 틀리건 간에, 아무튼 과거 사회가 시도했던 도덕교육의 다양한 프로그램이 거듭 실패했음을 말해 준다. 왜냐면, 만일 젊은이들에 대해 내려졌던 가혹한 판단이 틀린 것이라면, 우리는 성인의 도덕적 비전이 잘못되었다고 비난해야 마땅하다. **그들의** 도덕 훈련은 지체된 도덕 발달로 이어졌고, 그들이 어릴 때 습득했던 구체적 관점들을 뛰어넘어 성장하는 것을 불가능하게 만들었다. 행위의 표준에서 세대 간의 불일치가 재발하는 것은 골치 아픈 일이 아닐 수 없다. 우리 사회는 더 잘하려고 힘써야 하지 않을까?

내 생각에 도덕이 무엇이며 무엇을 하는가를 그동안 잘못 이해했기 때문에 우리는 엉뚱한 길로 들어섰다. 젊은이의 행위를 지도하는 일은 중요하기 때문에 모든 세대는 선호하는 도덕적 규약(moral code)을 전달하려고 노력한다. 이 규약은 엄격한, 확정된, 완전한 것처럼 흔히 생각한다. 결과적으로 사회의 젊은 구성원들이 성장하면서 성인을 놀라게 하거나 충격적인 일을 행할 때, 그들이 가르침 받았던 것을 거부하는 것처럼 간주한다. 그들은 '도덕을 어기고,' 그리고 악하거나 더 바빠졌다고 비난을 받는다. 나는 이와 다른 그림을 제시할 것이다. 다른 그림은 도덕 규약을 밝히고, 다듬고, 수정하는 일을 인간 삶의 내적 특성으로 인지하고, 그리고 도덕적 탐구를 위한 준비를 교육의 핵심으로 본다.

2

내가 이미 지적했듯이, 도덕교육의 실천은 역사가 오래된 활동으로부터 생겨난 것이며, 이것은 젊은이들을 사회집단의 방식들 속으로 입문시키려는 도덕 이전의 시도로 거슬러 올라간다. 입문은 전수의 과정이라고 이해하는 것이 자연스럽다. 사회마다 자체의 규약을 다음 세대에 전수한다. 사회가 행위의 도덕적 방향에 개입할 때 전수되는 것이 **도덕적** 규약이다.

도덕교육을 어떻게 생각하는가는 도덕적 규약을 무엇으로 보는가에 달려 있을 것이다. 우리는 사회가 늘 단일한 도덕적 규약을 갖는 것으로 보아야 하는가? 그런 규약의 요소들은 무엇인가? 그 요소들의 가정된 지위는 무엇인가? 나는 이런 문제들의 답을 찾고자 노력할 것이고, 그다음에 이런 문제들에 대한 대중적인 답에 들어 있는 난점들을 밝혀볼 것이다.

도덕적 규약에 관한 가장 강력한 주장은 도덕적 규약은 특별 지위를 갖는다는 것이다. 그것은 참이거나 옳고, 혹은 제대로 발달한 인간 정서와 부합되거나 궁극적으로 정당화된다.[8] 또한 그것은 완전하고, 인간의 모든 가능한 상황에 적용된다. 따라서 그것은 결코 바뀌어서는 안 되며 언제나 복종해야 한다. 이와 같은 주장의 모든 사항이 틀렸다고 나는 반박할 것이다. 역사는 과거의 사회들이 오늘날에는 끔찍한 잘못이라고 보는 행동을 용인하거나 심지어 명령하는 것으로 가정했던 도덕적 규약을 어떻게 수용했었는지를 분명히 보여 준다. 그뿐만 아니라 모든 상황에 적용될 수 있는 규약이라는 아이디어는 신화에 불과하며, 새로운 상황은 언제나 확충과 새로운 도덕적 결정을 요구한다. 끝으로, 도덕 행위는 단순히 복종 행위로 환원될 수 없으며, 도덕적 규약을 인간의 특수한 상황에 **적용**하는 일은 어려운 탐구와 성찰을 빈번하게 요구한다.

나의 진단은 제대로 교육받은 도덕적 주체를 위해서 중요한 두 가지 과제를 알려준다. 인간이 전수 받은 규약은 행위의 지도에 사용할 자원들의 집합이라고 보아야 한다. 인간은 그런 자원을 잘 활용하고, 당면한 도덕 문제를 해결하는 데에 그것을 끌어다 쓸 필요가 있다. 또한 인간은 도덕적 규약이 진보적으로 변화되는 사회적 과정에서 자신의 역할을 맡을 수 있어야 하고, 그래야 개선된 자원들의 집합이 다음 세대로 전해진다.

이런 그림은 흔히 도덕적 규약의 요소들이라고 간주했던 것들에 대해서 다른 견해를 보여준다. 교훈, 성인과 죄인 이야기, 의사결정을 위한 테스트, 유추, 미덕과 악덕에 관한 주장, 특정 사회적 역할에 적합한 것의 구체화 등등 이 모든 것은 도구상자 속에 들어 있는 도구로 보는 것이 가장 좋다. 이들 도구가 특정 맥락에서 사용될 경우, 인간의 심리적 능력들이 동원되며 여기서 다양한 이론가들은 이성, 혹은 공감, 혹은 도덕적 직관을 강조한다. 나는 다음과 같이 주장할 것이다. 도덕적 삶에서는 특수한 상황들을 가지고 싸우거나 혹은 도구상자를 개선하려고 노력하거나 할 것인데, 도덕적 요소 중에서 지배적 역할을 해야 할 것도 없고, 심리적 능력 중에서 근본적 지위를 차지해야 할 것도 없다. 모든 경우에서 한 가지 망치를 요구하는 것은 아니며, 혹은 정확한 박자의 재능을 요구하는 것도 아니다.

도덕적 삶에는 도덕적 탐구가 스며들어 있고, 인간의 조상이 과학적 (조잡한 임시적) 탐구 방법을 개발하기 시작했을 때 자연 연구에서 진보가 이루어졌던 것처럼, 도덕에서도 마찬가지다. 도덕적 탐구의 방법론은 도덕 철학의 핵심이 되어야 한다.[9] 앞으로 이 장의 대부분은 도덕적 탐구 방법들을 밝히는 일을 예비적으로 시도할 것이다. 내 접근은 인류가 당면하는 반복된 문제를 찾아내기 위해 도덕적 삶의 계보학에 관한 어떤 설명을 활용하는 것이다. 그 문제에 대한 답이 도덕의 창안이었고, 현재도 마찬가지다. 그리고 나는 그 문제의 여러 사례를 해결하려는 자연적인 접근을 어떻게 (도덕적 진보의 세 가지 주요 사례가 성취되었던) 복잡하고 아주 우연한 과정에서 추적할 수 있는지를 밝혀볼 것이다.

동산 노예제(shattel slavery)의 폐지, 여성 기회의 확장, 동성애 수용의 확대 안에는 두 가지의 중대한 변화가 들어 있다. 첫째, 종전에는 무시를 당했던 목소리가 도덕적 대화에서 인정을 받기 시작했다. 둘째, 전통적으로 특정 집단의 사람들에게 부정되었던 자기 만족의 이상이 그들에게도 가능한 것으로 간주하기 시작했다. 이 두 가지 진보를 효율화시키기 위한 사회변화를 내가 제안할 방법론이 밝혀줄 것이다.

마지막으로, 도덕적 방법과 도덕적 진보에 관한 이런 설명을 활용함으로써, 어떻게 인간은 자신의 개별적인 행위에서, 그리고 도덕적 규약이 점진적으로 진화하도록 만드는 사회 변화를 촉진하는 일에서 진보할 수 있는지를 밝혀볼 것이다. 이를 기반으로 삼아 우리는 도덕교육이 제공해야 할 훈련의 종류를 마침내 확인할 수 있다. 이로써 사람들이 주어진 도덕적 도구를 더 잘 사용하도록 어떻게 도와줄 것인지 그리고 그 도구상자의 내용물을 개선하는 일에서 자신의 역할을 어떻게 수행할 것인지가 더 분명해질 것이다.

3

도덕교육에 관한 가장 단순한 견해는 도덕교육을 두 부분으로 구분한다. 첫째, 인지적 부분이다. 아이들은 할 수 있는 행위를 요청된 행위, 금지된 행위, 허용된 행위로 구분할 수 있어야 한다. 어릴 때부터 그런 구분은 '할 짓과 못 할 짓'이라는 간단한 목록을 통해 배울 것이다. 나중에 이 목록은 일반적 원칙들을 식별함으로써, 혹은 (좋은, 나쁜) 사례 행동에 관한 이야기를 들음으로써, 혹은 미덕과 악덕에 관한 설명을 통해서 보완된다. 젊은이들에게 주입되는 도덕적 규약은 그들이 그 규약이 요청하는 바를 행하게 함으로써 보완되어야 한다. 이기적 목표를 추구하는 경향은 극복되어야 하고, 의지는 강해져야 하며, 양심은 형성되어야 한다. 밀이 관찰했듯이, 태도들이 수정되는 기본 단계들은 공식적 교육이 시작되기 전에 이루어져야 한다. 도덕적 주체성이 싹이 트는 일은 가정에서 시작된다. 거의 모든 시간과 장소에서 도덕적 주체성의 태동과 더불어 명확한 선들이 그어지고 엄격한 훈육이 부과되었다. 더 미묘한 유형의 도덕적 동기 즉 전능한 신을 섬기는 욕구, 우애 감정, 옳음의 자부심, 도덕적 법칙의 존중 등은 (나타날 경우) 전형적으로 그 이후에 생긴다.[10]

이처럼 단순한 견해는 아이들에게 통상적으로 주어지는 도덕적 규약에 이상적으로 상응하는 일단의 도덕적 믿음, 그리고 일정한 심리적 성향, '건전한 양심' 혹은 '강한 의지'를 제공하는 일을 도덕교육이라고 본다. 가장 단순한 형태로 전해지는 가르침들은 특수한 지위를 갖는다. 즉, 오직 그것들만 옳고, 인간 행위의 전 영역에 통용된다. 이런 도덕적 장비로 무장한 아이들이 세상으로 나간다면, 그들의 행위는 (운이 좋으면) 훈련이 길러낸 태도에 따라 나타날 것이다. 그러나 당연히 세상은 복잡한 곳이고 부딪치는 상황도 다양해서 그들이 제아무리 폭넓은 훈련을 받았을지라도 종합적 대처는 어려워진다. 게다가, 세상은 변하고 전례 없는 새로운 종류의 상황이 생겨난다. 젊은이들의 행위에 관한 불평이 늘 이어졌던 우울한 역사에 대해 놀랄 필요가 전혀 없다. 왜냐면 그들의 충격적 행위는 도덕적 가르침을 망각하거나 혹은 순간적 압박으로 유혹에 빠지는 것처럼 단순한 문제가 아니기 때문이다. 그들도 이미 배운 아이디어를 새로운 맥락에서 확대하려고 최선을 다할 것이다. 듀이는 이를 분명히 간파했다.

> 삶에서 발생하는 모든 경우에 적합한 일정한 권고나 금지를 지시하려고 하는 엄격한 도덕적 가르침은, 실제로는 헐렁하고 느슨한 것으로 밝혀진다. 십계명 혹은 다른 숫자의 명령을 영리하게 해석하여 최대한 확장할지라도, 그것으로 다룰 수가 없는 행위가 생겨날 것이다. 제아무리 정교하게 성문법을 다듬어 놓을지라도 다양한 사례, 그리고 특수한 해석의 필요성은 예측할 수 없다.[11]

그러나 사회가 도덕적 가르침을 주입하는 일에 제아무리 성공하고, 아이들의 양심을 강화하는 일에 제아무리 철저하고, 아이들이 가르쳐준 것을 기억하거나 혹은 그것의 효력을 간직하는 일에 제아무리 완벽할지라도, 새로운 상황들은 다양한 사람들에게 다양한 반응을 일으키고 아마 이 다양성은 세대 간의 단절과 연관될 것이다.

이처럼 곤란한 사례들은 쉽게 찾아볼 수 있다. 감수성과 선의를 가진 사람들도 돈을 달라고 구걸하는 무주택자들에게 어떻게 대해야 할지, 가혹한 억압에 저항하기 위해서 폭력을 사용해야 할지, 차별을 옹호하는 사람들의 주장에 어떻게 대응해야 할지, 현재 세대와 미래 세대 간에 부담을 나누어야 한다면 어떻게 분담해야 할지, 사회적 불평등을 바로잡을 책임을 어떻게 배분해야 할지, 그리고 지역 학교의 혁신에서 희소한 자원을 여러 부류의 학생에게 배분하게 될 때 어떻게 해야 할지 등을 놓고 의문에 빠지는 경우가 많다.[12] 도덕 교육이 그들에게 도움이 되려면, 단순한 그림을 제시하는 일에서 탈피해야 한다. 도덕 교육은 불완전한 것으로 인정해야 할 도덕적 규약에서 더 진전해 나아갈 어떤 능력을 제공해 주어야 한다.

정말이지 도덕적 규약은 불완전할 뿐 아니라 수정할 수 있는 것이다. 비록 인류 역사에서 수많은 사회가 심지어 아마도 다수의 사회가 자체의 도덕적 규약 속에 사람들이 어떻게 행동해야 할지에 관한 완벽한 최종적 진리가 들어 있다고 간주했을지라도, 현대사회는 그런 엉터리 확신에서 벗어나야 한다. 우리는 과거의 엄청난 잘못을 충분히 인정해야 한다. 역사의 기록은 우리가 야만적 행동이라고 여기는 것을 얼마나 많은 조상이 수용했는지, 심지어 명령했는지를 밝혀준다. 그들은 이웃에 대한 폭력, 극단적 형태의 형벌, 광신주의, 노예제도, 여성 억압, 동성애자에 대한 적개심, 그리고 후속 세대가 비난하는 또 다른 많은 실제를 용납했었다.[13] 우리는 어떻게 경악할 만한 행위가 이의 제기에 당면하지도 않은 채 한때 용납되었는지를 인식하면서, 우리의 도덕적 가르침도 또한 비슷한 오류에 젖어 있을 것으로 예상해야 한다. 현대사회는 자체의 맹점이 정말 어디에 있는 것인지에 대해 궁금해야 하고 무엇을 확대하고 또 수정할 필요가 있는지에 대해 개방적이어야 한다.

나는 사회들이나 공동체들이 도덕적 규약을 가지고 있다고 간략하게 말했다. 이렇게 말하는 것이 공통된 형태의 특성화이지만, 과거와 달리 더 많은 검토가 확실히 필요하다. 성층권의 시각으로 올라가서 특정 시기의 특정 지역, 예컨대 21세기의 미국에서 수용되는 도덕적 입장을 내려다보고, 그리고 이것이 같은 시기의 다른 지역에서 수용되는 도덕적 입장 혹은 같은 지역의 다른 시기에 통용되었던 도덕적 입장과 어떻게 비교되는지를 묻는 것이 때때로 유익하다. 논평자들은 21세기 덴마크와 21세기 중국에서 나타나는 태도 차이, 혹은 빅토리아 시대에서 현재 시기까지 잉글랜드의 도덕관이 달라진 방식들의 차이를 살펴본다. 그러나 어느 특정 시기에, 특정 규모의 공동체에서, 전반적으로 시행되는 단일한 도덕적 규약을 확인하려는 것은 과도한 단순화임이 분명하다. 어떤 큰 이슈에 대해서는 사회적 합의가 생길 것이다. 대다수, 아마 거의 모든 현대사회는 노예제의 부정을 도덕적 규약에 집어넣고 있다. 이 말은 노예소유의 허용 가능성을 믿거나, 혹은 그런 실제가 완전히 사라졌다고 가정하는 사람이 없다는 주장이 아니다. 합의는 두 가지로 나타난다. 첫째, 공적 담론의 특성으로 나타난다. 노예제도를 재도입하자는 제안은 엄청난 분노를 일으킬 것이다. 둘째, 노예제도의 그릇됨은 중요한 교훈이며, 이를 사회의 젊은 구성원들에게 가르쳐야 한다는 신봉으로 나타난다. 공통된 도덕적 규약이 현존한다는 점은 수용 가능한 발언에 관한 제한과 모든 아이가 사회화되는 방식에서 느껴진다.

그러나 대다수의 현대사회는 다원적이며, 이는 사회에 속하는 더 작은 공동체들이 공통된 도덕 규약을 여러 방향으로 확대하는 것이 허용된다는 뜻이다. 사회의 도덕적 삶은 나무와 같은 형태로 충분히 표현될 것이다. 정점에 가장 폭넓은 도덕적 규약이 있어서, 이것이 사회적 합의에 속하는 모든 것을 포괄할 것이다. 여러 가지 줄기들을 따라 뻗어가면 더욱더 작은 하위 공동체 안에서 작동하는 도덕적 규약들이 해당 집단에서 어떤 관점들이 통용되는지를 더 밝혀줄 것이다. 때때로 차이점들은, 어떤 곳에서는 나타나지만 다른 곳에서는 나타나지 않는 문제들의 상대적 차이를 단순히 보여 준다. 환경 문제에 관한 어떤 견해는 공동체의 생활 장소가 어딘가에 따라서 전혀 다르게 나타날 것이다. 다른 유형의 차이는, 어떤 종교적 관점이나 혹은 종교에 반대하는 어떤 특수한 방식에 동조하는가에 달려 있다. 기독교인이라고 말하는 사람들은 이슬람교도, 유대교도, 힌두교도, 불교도와 구분되는 도덕적 견해를 공유하는 경우가 많다. 기독교 내부에서도 다른 주요 종교도 마찬가지로 긍정하는 의무와 허용하는 행위의 목록이 어떤가에 따라서 교파가 갈라진다. 종교가 없는 사람들이 인본주의자의 공동체에 소속된 경우, 이들은 비슷한 방식으로 결속한다. 가장 밑바닥에는 아주 명료한 규약이 있고, 이는 국지적 공동체가 공유하는 태도를 담아내고 있다.

 아이들의 도덕 발달은 가족이나 지역 공동체의 구성원(특히 또래)들과 주고받는 상호작용을 통해서 그리고 공식적인 학교 교육을 통해서 이루어진다. 정확하게 어떤 목표가 그런 과정에서 달성되어야 하는가? 이 목표를 달성하는 일은 가족, 지역 공동체, 학교 사이에 어떻게 분담되어야 하는가? 이런 질문들을 명시적으로 던지는 경우는 드물겠지만, 암암리에 논란거리가 된다. 전자의 질문에 대한 대답은 최소한 두 가지 차원으로 나누어진다. 첫째, 도덕적 규약의 위계적 구조에서 어느 수준을 선택해야 한다. 즉, 성장하는 아이가 수용해야 할 가치의 공동체는 얼마나 좁은 혹은 넓은 공동체여야 하는가? 둘째, 수용의 정도를 결정해야 한다. 즉, 선택한 어떤 도덕적 규약에 들어 있는 원칙들이나 교리들의 집합 중에서 얼마나 많은 것을 잘 교육받은 아이가 수용해야 하는가? 보수주의에는 두 가지 유형이 있고 이에 상응하여 자유주의에도 두 가지 종류가 있다. 보수주의가 택하는 수준은 가장 협소한 지역 공동체의 규약이며, 그리고 믿음의 주입이 완전하게 되려면 수용된 도덕적 교리의 모든 부분이 포함되어야 한다. 자유주의에서는 가장 일반적인 도덕 규약, 심지어는 모든 인류가 공유하는 세계주의적 원칙들의 집합에 초점을 둔다. 이 '보편적인 도덕적 진리'에서 벗어나는 경우, 성인이 될 젊은이는 스스로 생각하도록 장려받는다.

 보수주의자들은 듀이가 가리키는 중요한 핵심 즉 계율의 모든 집합은 불완전하다고 밝혀질 것을 간과하고, 도덕적 맹목성의 역사적 메시지를 경시하는 경향이 있다. 그런데 자신의 보수주의를 암시하는 모든 것에 발끈하는 사람들도 비슷한 함정에 빠지고, 따라서 비슷한 잘못을 저지르게 된다. 여러 세대에 걸쳐서 전해지는 규약은 규칙의 집약으로, 혹은 아마도 긍정되거나 (혹은 비난받는) 행위 패턴을 돋보이게 하려는 모범적인 이야기(우화?)들의 집합으로 환원된다. 그 목적은 적절하게 발달한 개인의 내면에서 원칙과 패턴을 중심으로 삼는 믿음들의 체제를 이런 믿음에 따라 행동하는 강한 성향(거기서 벗어나려는 유혹을 뿌리치는 강한 의지)과 함께 구축하는 것이다. 만일 원칙과 패턴의 모든 집합이 불완전하고 모든 도덕적 규약의 수정이 적절하다면, 그런 목적의 성취만으로는 충분하지 못하다. 도덕교육은 개인의 기존 믿음이 제공해 주는 조언이 없거나 불확실하거나 애매한 때에도 올바르게 행동하는 능력들을 길러주어야 한다. 또한 도덕교육은 사람들이 이어받은 도덕적 규약의 오류를 개인적으로 혹은 집단적으로 확인하고 교정할 수 있도록 길러주어야 한다.

 이를 어떻게 이루어야 할지에 관한 진지한 사고가 없다면, 도덕 발달에 관한 논의는 가치가 없지는 않겠지만 불완전한 것이다.

4

이처럼 중요한 질문에 제대로 답하려면, 도덕 교육이 길러야 할 심리적 상태를 가리키는 전문 용어를 도입하는 것이 좋다. 초기 사회화에서 아이들은 내가 **도덕적 실천**이라고 말하는 것을 갖추게 된다. 방금 내가 비판했던 관점에서는 개인의 도덕적 실천을 두 가지 요소로 특성화한다. 개인의 도덕적 실천은 도덕적 믿음(특정 부류의 행위의 옳고 그름에 관한 명제들)과 행동하는 성향으로 이루어진다. 이 성향은 특정 맥락에서 도덕적 믿음과 부합되는 행위를 하게 하거나 그렇지 못할 것이다. 행동하는 성향이 더 폭넓은 범위의 맥락 속에서(모든 맥락 속에서? 혹은 만나게 될 맥락 속에서?), 도덕적 믿음과 부합되는 행위로 나아가는 개인들은 더 강한 의지를 갖는다. 만일 부합되는 맥락의 범위가 인상 깊게 클 경우, 그런 사람들은 '칭송받는 도덕적 성격'을 갖는다. 그들은 선인, 좋은 사람이다.

이와 같은 견해의 부분들은 전적으로 이해할 수 있으나, 내가 주장했듯이, 그것은 지나치게 단순하다.[14] 왜냐면 그것은 개인이나 사회가 결정 안 된 사례들을 해결함으로써 혹은 과거의 실수를 바로잡음으로써 도덕적 진보를 이루어 갈 필요성을 간과하기 때문이다. 무엇인가 추가될 필요가 있다. 그러나 무엇일까?

명확한 암시가 있다. 개인과 사회가 도덕적 오류를 범할 가능성이 분명하게 보인다면, 여기엔 옳음 혹은 적절성의 어떤 표준이 이미 들어 있다. 일부 이론가들은 그런 표준을 아주 직설적으로 제시할 것이다: 행위의 옳음이나 그름에 관한 주장은 **참**이다. 다른 이론가들은 그런 언어를 꺼릴 것이다. 이들은 오히려 적절한 정서('적합한 감정')의 표현, 혹은 영속적 정당화가 도덕의 목적이라고 가정할 것이다. 그런 표준이 어떤 식으로 이해되건 간에, 도덕교육은 젊은이들을 특별한 지위에 맞는 가르침으로 입문시킨다는 점에서 식사 예절이나 다른 인습적 예의를 가르치는 일과 다른 것으로 간주될 것이다. 가르칠 내용은 단순히 공동체가 합의한 것만이 아니다. 오히려, 선호된 가르침은 지역사회가 진실한 것으로 환영하게 될 특수한 지위를 가질 후보들이다. 도덕적 실천이 사람들의 삶을 적절하게 이끌어 주려면, 이미 명시적으로 가르쳐 준 것들을 뛰어넘어 특수한 지위를 갖게 될 새로운 믿음을 습득하는 기능이 필요하다. 이런 기능은 전수된 규약의 범위를 확대할 뿐 아니라 그 전통에 들어 있는 결함을 진단할 수도 있어야 한다.

만일 사회들이 올바른 도덕적 태도에 어떻게 도달할 것인지에 관해서 분명하고 일정한 합의에 도달했다면, 도덕의 역사는 아주 달라졌을 것이다. 수많은 중요한 통찰은 개혁 옹호 운동을 펼친 사람들이 목숨을 바친 오랜 투쟁 속에서 서서히 생겨났다. 고문, 노예제, 모든 차별이 잘못임을 깨우치게 된 그 과정은 멀고 먼 피로 물든 길이었다. 오늘날의 논란으로 (세 가지 사례만 든다면) 미래 세대에 대한 우리의 의무, 불평등이 정당화될 수 있는 범위, 인간 이외의 동물 취급 등을 둘러싼 최근의 논란은 도덕적 지식에 도달하는 합의된 방법을 적용할지라도 해결되지 못한다. 이 실패가 말해 주는 것은 젊은이에게 제공되는 온갖 충고와 필요한 추가적 기능 및 이를 길러내는 방법에 관한 모든 명확한 비전이 불완전할 수밖에 없다는 점이다. 그럼에도 불구하고 살아가는 동안에 인간에게 도발적으로 발생한 새로운 역경에 개별적으로 대처하고 인류 역사의 과정에서 집단적으로 대처하면서 도덕적 진보를 쌓아왔던 방식들을 끌어들인다면, 다음 세대가 과거의 성취를 기반으로 더 쌓아갈 준비를 할 수도 있음이 입증될 것이다. 과거에 도덕적 진보가 일어났던 일화들을 성찰해 보면, 다시 말해서 과거에 도덕적 진보에 관한 폭넓은 합의가 생겼던 전환점들을 성찰해 보면, 도덕적 통찰을 낳을 수 있는 사고 패턴이 밝혀질 수 있다. 다음 세대들은 고통의 역사가 그들에게 전해 준 개선된 도덕적 가르침의 집합에서 출발함으로써 또한 과거에 진보를 이루었고 또 미래에 더 자기-의식적이면서 피에 얼룩지지 않고 적용할 수 있는 사고방식을 학습함으로써 혜택을 볼 것이다.

다음에 제시할 도덕교육의 긍정적 방안은 위와 같은 전략을 활용함으로써 생길 것이다. 사회개혁이라는 큰 규모에서 그리고 개인의 삶이라는 더 작은 범위에서 드러난 도덕적 태도의 역사는 도덕적 방법론에 관한 가설을 생성하고 검증하는 실험실로 활용될 수 있다. 과거에 성공했던 방법을 찾아낼 수 있다면 그만큼 도덕적 실천을 통상적인 좁은 방식으로 생각할 필요는 사라진다. 불완전성에 대처하고, 사려 깊은 비판의 길을 뚫어가는 방법은 과거에 성공적이었다고 밝혀진 심적 과정들을 따르도록 젊은이들을 훈련하는 것이다. 가치 있는 종류의 성찰 능력을 길러줌으로써 도덕적 실천은 확대되고 미래의 도덕적 진보의 길은 더 짧아지고 덜 고통스러울 것이다.

5

나는, 추천하는 전략이 어떻게 실행될 수 있는지를 밝히기 전에, 불완전성과 숨겨진 오류의 문제점들이 도덕 발달에 관한 전통사상에서 무시되어왔다는 나의 제언에 들어 있는 미흡함을 바로잡는 것이 좋겠다. 도덕적 실천을 보완하는 제안들이 제시되었다. 그중 가장 문화적으로 두드러진 것은 도덕교육을 종교의 영역으로 볼 때 나타났다. 근본적 도덕 원리는 신이 정한 법칙이라고 생각되었다. 그것은 배우고 따라야 한다. 그것은 수정될 수 없다. 그러나 보통 사람들의 도덕적 능력을 평가할 때, 종교들은 신성한 법을 일상에 적용할 때 생기는 난점들을 암암리에 자주 인정한다. 흔히 그렇듯 보통 사람들은 이해력의 한계 때문에 무엇을 해야 할지 난감해지는데 이럴 때 그들이 의지하는 길은 두 가지다. 만일 그들의 난관 때문에 상의할 시간이 허용된다면, 그들은 특별히 경건한 사람, 즉 신의 이야기를 (이것이 들어 있는 텍스트를) 자기보다 더 잘 이해하는 사람을 찾아갈 것이다. 목사, 이맘, 랍비, 혹은 독실한 수행자에게 찾아가 자문을 부탁할 것이다. 만일 사태가 급박하다면, 그리고 적절한 조언을 해 줄 사람이 곁에 없다면, 그들은 직접 호소할 것이다. 기도가 답이다.

전형적으로 기도는 여러 가지 기능을 발휘하는 것으로 생각된다. 기도하는 사람은 신의 위대함을 찬양하고, 신의 뜻을 스스로 따르겠다고 천명하고, 영적 각성을 추구한다. 또한 기도하는 사람은 자문을 얻는데 이는 도덕적 통찰이 담긴 메시지를 통해서 혹은 마음과 의지의 적절한 방향을 통해서 주어진다. 조지 허버트(George Herbert)는 기도 행위의 다양한 의미를 명상한다. 지도의 가능성을 포함하고 있다.

> 찬미하는 영혼, 순례하는 마음,
> 하늘과 땅에 울리는 기독교도의 추락

그의 시 목록은 '무언가 이해됨'이라는 심적 변화를 강조하면서 끝난다.[15]

특정 종교를 신봉하는 사람들을 위해서라도, 도덕적 변화의 역사에 관한 성찰은 그 제안의 부적절성을 명백히 드러내야 한다. 과거나 현재의 주요 논쟁점들과 관련해서, 종교적 텍스트는 (기껏해야) 애매하다. 악한 사람이 자기 목적을 위해 성서를 인용하는 것이 **가능할 뿐 아니라**[16] 역사적으로 자주 그랬다. 동산 노예 제도의 합법성을 둘러싸고 북아메리카에서 벌어진 논쟁에서, 1700년 이후 논쟁했던 양편은 자기주장을 뒷받침하려고 성서에 의존하기를 반복했다.[17] 아마도, 그 논란에서 옳지 못한 편에 섰다고 오늘날 간주하는 사람들은 성서를 제대로 읽는 일에 실패했거나, 혹은 기도로 지침을 얻으려는 그들의 노력에 결함이 있었다고 주장할 수 있다. 만일 그렇다면, 도덕교육에서 종교적 자원을 끌어들이려는 모든 시도에서 양과 염소를 구분해야 할 것이다. 아이들은 적절한 읽기와 적절한 기도의 기능을 배워야 할 것이다. 과거에 독실하게 보였던 아주 많은 사람이 그토록 나쁜 실수를 저질렀던 점에서 본다면, 그런 능력을 길러낼 수 있을 것 같지는 않다.

지난 수천 년 동안 도덕적 옳음과 신의 법칙을 동일시하는 것이야말로 도덕의 기반을 바라보는 가장 통상적 방식이었다. 그처럼 동일시할 경우, 방금 검토한 제안은 탁월한 의미가 있다. 도덕적 의문에 빠진 사람들은 신의 지침을 찾아야 한다. 혹은 아마도 인지적 결함이 있는 사람들은 이런 궁극적 원천을 접하고 이해하는 일에 아주 뛰어난 이들의 자문을 얻어야 한다. 이와 같은 시도가 근본적으로 믿을 수 없다는 점을 역사가 밝혀준다. 신의 의지에서 도덕의 기반을 찾는 일에 대한 플라톤의 의심에 흔히 공감하는 철학자들도 때때로 도덕 문제에 관한 신의 특별한 권위를 인정하기도 했다. 그러나 그런 철학자들은 신을 대변한다고 주장하는 사람들끼리 서로 일치하지 않은 의견들에 대해서 전형적으로 예민했다. 도덕 철학의 많은 역사는 종교의 종파 분리의 효과를 충분히 인식하면서 쌓여왔다. 따라서 철학자들은 더 신뢰할 만한 조언을 제공하려고 진력했다. 철학자들이라고 더 잘할 수 있을까?

6

도덕적 논란을 해소하려는 철학적 시도는 크게 두 유형으로 구분된다. 첫째 전통은 불완전성이라는 듀이의 주장에 맞서서 다음과 같이 주장한다: 제대로 이해된 도덕은 모든 사례를 포괄할 정도의 종합적인 원칙들의 체계를 형성한다.[18] 더욱 최근에 일부 사상가들은 모든 사례를 포괄하는 도덕 이론을 찾아낼 전망에 실망하고 도덕적 특수주의(particularism)를 옹호하였다.[19] 이들은 특수한 도덕 문제를 해결할 수 있는 사고 습관을 길러내기에 중점을 둔다.[20]

완전한 도덕 체계를 추구하는 사람들의 뚜렷한 특징은 특이한 야심이다. 도덕적 삶에 관해 사고할 때, 도덕적 믿음을 과학적 지식에 견주려는 (흔히 도덕에 불리한) 유혹에 자주 빠지는 사람들이 있다. 도덕적 판단은 과학적 진술이 성공할 수 있는 자연 세계의 여러 측면에 관한 판단과 비교해 볼 때 더 신비롭고 잠정적이고 논란의 여지가 있다. 그러나 우주에 관한 인간의 지식조차도 부분적이고 불완전하며, 자연의 여러 측면에 대한 인간의 무지가 엄청나다는 점은 무수히 밝혀졌다. 일부 과학자는 모든 자연 현상을 포괄할 정도의 강력한 완전한 이론을 '꿈꾼다.'[21] 그 전망은 아주 요원하며, 가장 낙관적인 과학자도 이런 점을 인정하는 편이다. 이와 대조적으로 거대한 도덕 체계의 구축자들은 도덕 영역에서도 위와 비슷한 이론이 지금, 여기서 활용될 수 있게 만들겠다고 주장한다. 나중에 보겠지만, 자연 세계에 관한 모든 완전한 이론이라는 생각은 착각이다.[22] 도덕의 영역에서 완전한 이론을 알리거나 추구하는 사람들이 그 점을 안다면, 아마 자신의 열망을 재평가하게 될 것이다.

18세기 후반 이후에 완전한 도덕 시스템의 추구는 크게 두 가지 형태로 나타났다.[23] 제러미 벤담(Jeremy Bentham)이 개척한 공리주의 운동은 고통과 비교해 쾌락이 최대한 생기도록 사람들은 언제나 행동해야 한다는 단일한 포괄적 원칙에 기반을 둔다. 존 스튜어트 밀, 헨리 시즈윅(Henry Sedgwick), 피터 싱어(Peter Singer)에 이르는 벤담의 후계자들은 행위의 옳음을 그것의 결과에서 얻어지는 선(good)의 양에 따라 측정한다는 핵심 아이디어를 아주 다양하게 발전시켰다.[24] 그 이후의 철학자들은 그 척도가 개별 행위에 적용되어야 할지 혹은 일반적 행위 규칙에 적용되어야 할지로 논쟁하였고, 좋음과 나쁨을 어떻게 측정하여야 할지 그리고 다양한 종류의 선(들)을 하나의 공통된 척도로 나타낼 수 있을지를 고민했으며, 가장 근본적인 문제로 선이 무엇일까에 대해 견해차를 보였다. 그들의 논쟁은, 특히 마지막 문제에서는, 어쩔 수 없이 도덕적 결론이 적용되는 상황에 의해 윤색되고 수정된다. 인간의 사회, 문화, 기술에서의 변화는 선을 어떻게 규정할 것인가를 이해하는 데에 영향을 미친다. 설령 그 철학자가 벤담의 원래 생각에 충실할지라도 쾌락과 고통-없음에 초점을 두려면, 그리고 쾌락과 고통이 무엇이며, 그것의 다양한 종류를 어떻게 비교하고 측정할 것인가를 확인하려면, 진화하는 상황들의 전체에 비추어 내려야 할 또 다른 결정에 의존하게 된다. 현재의 논쟁이 분명히 밝혀주듯이, 우리가 온라인 생활에 몰입되는 일의 잠재적 이득과 비용을 파악하려면 **도덕적** 결정이 요청된다. 선의 개념은 결과주의의 이론에 곧바로 맞게 미리 정해져 있는 것이 아니다. 그것은 인터넷 시대에 새롭게 재개념화되어야 한다.[25]

벤담에서 파생된 여러 가지 결과주의에 대해 도전할 수 있는 주요 접근은 칸트에게서 나온다. 칸트의 원래 버전에서는 도덕의 근거를 실천 이성의 원칙 즉 합리적 주체가 순수한 반성을 통해 얻을 수 있는 가르침에서 찾는다. 칸트의 제1의 공식인 정언명령은 도덕적 도전 상황에 직면할 때 우리가 적용할 검사를 제시한다: 우리의 행위 준칙이 (개략적으로 말해서, 우리가 무엇을 할 생각인지를 스스로 특성화하는 방식이) 모든 합리적 존재에게 적용될 일반적 원칙인가를 우리는 물어야 한다. 만일 그렇다면, 우리는 앞으로 나아갈 수 있다. 만일 그렇지 않다면, 만일 그 준칙을 충분히 일반적으로 만들려는 우리의 시도에 '모순'이 있다면, 우리는 멈추어야 한다.[26] 널리 알려진 것처럼, 칸트는 그의 제1의 공식인 정언명령을 두 가지의 또 다른 버전으로 보완하는데, 이들이 모두가 서로 동등한 것이라고 주장된다. 두 번째 버전은 인간 존재의 특수한 지위를 밝힌다: 인간은 언제나 목적으로 대우해야 하고 결코 수단으로 대우해서는 안 된다. 세 번째 버전(그 이후의 역사에서 상당히 더 낮게 소개된 버전[27])은 의사결정자들이 스스로 '목적 왕국의 입법자'로 생각하도록 요구한다.

칸트의 복잡한 사상이 나중에 다양한 방향으로 다듬어졌음은 놀랄 일이 아니다. 일부 추종자는 (제1의 공식에 따라서) 원칙들을 보편적 적용 가능성에 따라 검사한다는 생각을 발전시키려고 했다. 다른 추종자는 내재적 가치를 지닌 인간이라는 생각에 감명받아 칸트의 통찰을 인류의 전체 구성원이 공유하는 빼앗길 수 없는 권리의 인정으로 보았다. 또 다른 추종자는 칸트의 핵심 견해가 실천 이성이라는 아이디어에 있으며, 그리고 도덕적 행위는 '모든 것을 고려할 때 행해야 할 이유가 가장 큰' 것이라고 보았다.[28] 마지막 유형에 속하는 견해는 때때로, 그런 이유는 동등한 가치를 지닌 다른 입법자들과 똑같은 입법자로 우리 자신을 고려함으로써 가장 잘 판단된다는 제언에 따라 다듬어져서 정언명령의 세 번째 버전과 연결되었다.

벤담 이후에 번성했던 결과주의적 접근의 경우보다 훨씬 더 놀라운 점이 있다. 칸트의 전통에 속하는 도덕 철학의 실제에 담겨 있는 미묘하고 은밀한 사항들을 다루기에는 위와 같은 간략한 언급이 불충분하다는 점이다. 엄청난 분량의 학술 서적과 논문들은 칸트의 노선을 따르는 도덕적 사유의 전망과 난점을 탐구했다. 현재 우리의 목적을 위해서 그런 세부 사항들을 살펴볼 필요는 없다. 왜냐면 결과주의와 마찬가지로, 모든 상황에 적용될 수 있는 포괄적 시스템을 제시하려는 온갖 방안은 새로운 상황에 따라서 또 다른 도덕적 결정을 내려야 할 필요성 때문에 실패하고 만다. 우리는 **보편화, 모순, 인간 가치, 실천 이성, 권리, 이유** 등과 같은 핵심 개념을 어떻게 적용할지를 미리 정할 수 없다. 이런 개념들을 인간의 삶의 상황에서 떼어내어 인간의 역사 밖에 두려는 시도는 모호성으로 끝나거나 (따라서 가정된 보편적 시스템이 의도하는 지도적 역할이 없어지거나) 혹은 그런 이론가에게 친숙한 맥락으로 그것들을 제한하고 한정함으로써 엄밀성을 확보하게 된다. '세계의 보편적 시스템'이 꿈인 것처럼, 도덕 영역에서도 마찬가지다. 모든 것을 포괄하려는 도덕 이론의 추구는 자연과학 영역에서 흔히 경험하는 곤경을 똑같이 겪게 된다.[29] 일반적이고 정밀한 것일 수 있으나 정확한 것은 못 된다. 혹은 정확하거나 정밀하지만 일반적인 것은 못 된다. 혹은 민감하면서 야심적인 모든 도덕 이론가의 흔한 운명일 것이 분명한데, 일반적이고 정확하지만 정밀한 것은 못 된다.

이런 진단은 특수주의(particularism)로 돌아가게 만든다. 더 낮은 수준의 일반성을 가진 원칙, 혹은 심지어 개별 사례에 관한 판단을 추구하는 것이 특수주의다. 특수주의에 따르면, 일부 도덕 문제는 포괄적 이론에서 답을 끌어내지 않아도 해결될 수 있다. 어떻게 해서 그럴 수 있을까? 도덕적 난제들을 다루는 방법들이 특수화될 수 있는 만큼, 이런 방법들은 통용되는 도덕적 규약을 적용하려는 시도가 실패하는 상황에서도 한 개인의 인생 전체의 과정에서 잠정적으로 적용될 수 있는 기능을 길러내는 교육과 통합될 것이다. 어쩌면 이런 방법들은 수용된 도덕의 가르침을 검토하는 데에도 사용됨으로써, 사람들이 그리고 결국 사회들이 오류를 찾고 진보적 개혁에 참여하게 이끌어 준다. 따라서 특수주의는 (가르침들의 묶음 및 이에 따르는 성향으로 보려는) 좁은 의미의 도덕적 실천에 필요한 보완책을 찾을 수 있다는 희망이 있다.

이 접근의 현대적 버전들은 혼합물로서 유용한 제언을 제공하지만, 도덕적 진리에 관한 틀린 그림에 의해 전형적으로 왜곡된다. 이 통찰은 법적 의사결정과의 유비에 들어 있다. 판사는 새로 발생한 사건에 관해서 결정을 내리기 전에, 담당 사건의 상황을 이와 다양한 정도로 비슷한 상황, 즉 일부는 현실적이고 다른 일부는 상상적인 여러 가지 상황과 비교해 본다. 유비를 사용함으로써 해결할 문제의 선례들을 확보한다. 도덕 문제들에 관한 최근의 성찰도 비슷한 전략을 자주 모색한다. 유명한 사례를 들어 보면, 톰슨(Judith Jarvis Thompson)은 유산의 허용 가능성을 옹호하기 위해서 사고–실험을 시도한다.[30] 톰슨이 상상한 주인공은 어느 날 아침에 깨어나서 알게 된다. 자신이 유명한 바이올린 연주자인 다른 사람에게 붙어 있으며, 앞으로도 9개월 동안 그의 몸에 붙어 있을 필요가 있다. 톰슨은 붙어 있는 것을 떼어내도록 요구하는 것이 합당할지를 물어본다. 톰슨은 그 답을 '긍정'으로 예상하고, 그리고 그 유비를 활용해서 여성들의 임신 중단 결정을 (최소한 일부 경우에서) 정당화한다.

이런 종류의 판타지는 도덕적 상상력을 자극하여 사람들이 자신의 상황을 새로운 시각에서 바라볼 수 있게 해 준다. 이런 판타지가 유발한 판단들은 새로운 도덕적 진리를 밝혀주는 것으로 알려야 하는가? (혹은 어떤 표준에 부합되는 판단들은 도덕이 추구하기에 적합한 것으로 보아야 하는가?) 내가 보기에 이것은 어려운 질문이다. 현대 도덕 철학에서는 종종 낙관적 대답을 가정한다. 응답자들이 자신의 답변에 도달하는 그 과정들은 명예로운 타이틀이 붙는다. 즉, 그런 이야기들은 **직관**을 자극한다. 이는 전형적으로 일상적 지각의 유비로써 생각된 것이다. 마치 우리가 우리의 감각을 사용하여 즉 우리 주변의 대상물을 지각하여 물리적 세계에 관한 특수한 믿음을 얻는 것처럼, 그런 직관도 도덕적 세계의 특성과 도덕적 진리의 근거를 밝혀준다(혹은 우리를 적절한 감정이나 정당화된 믿음으로 이끌어 준다.) 물론 지각의 경우, 감각적 정보가 믿음의 생성 과정에서 신뢰받게 되는 방식들에 관해서 오늘날 많이 알려졌다. 이와 대조적으로 (존재하는 것으로 가정되는) '도덕적 실재'의 성격은 극히 불투명하며, 꾸며진 이야기들이 일으킬 우리의 '직관들'이 그런 도덕적 실재에 우리가 접근하게 해 줄 방식들도 마찬가지로 불분명하다. 왜 우리는 다음과 같이 가정해야 하는가? 철학자가 (그리고 이들의 '수수께끼 사례'를 제시받은 학생이) 자신의 결론에 도달하는 과정은 판단을 내리는 주체를 뛰어넘어 여하튼 '실재'에 반응한다. 왜 우리는 그런 과정이 적절한 감정을 드러내는 것으로 혹은 우리의 결론을 정당화하는 것으로 생각하여야 하는가? 왜 선행하는 편향과 편견 이상의 어떤 것은 도덕적 주체가 몰입하는 도덕 규약에 대한 독립적 점검으로 잘못 보는 것으로 표현되고 있다고 가정하는가? 왜 이런 '직관들'을 믿음의 신뢰할 만한 원천으로 보는가?

이런 의문들은 모종의 판단이 강요될 때 더 날카로워지는데, 이런 경우는 너무 자주 발생한다. 내 경험에 의하면 많은 사람들은 의도된 도덕적 판단들이 도출되는 이야기들을 들을 때 자신이 선택해야 할 여러 결론 중에서 어떤 것을 신봉하기를 주저하는 경우가 많다.[31] 꾸며진 이야기들은 너무 추상적이고 일상생활과 너무 동떨어져서 어떤 반응에 관한 확신을 주지 못한다. 막힌 통로에 머물러 있는 운이 나쁜 사람들을 향해 굴러가는 트롤리에 관한 이야기를 당신이 듣는다.[32] 가까운 곳에 스위치가 있다. 그것을 누르면 트롤리의 방향을 바꿀 수 있는데. 이쪽에도 운이 나쁜 사람이 한 명 서 있다. 혹은 그 통로 위쪽의 높은 난간 위에 당신이 서 있다고 상상한다. 그 난간에 뚱뚱한 남자가 앉아 있다. 당신이 그를 밀어뜨리면 다섯 명을 구할 수 있지만, 그는 죽는다. 어떻게 해야 할까에 대한 당신의 직관은 무엇인가?[33]

물론 이 중에서 어떤 상황에 놓일지라도 당신은 무언가 더 나은 선택지를 모색할 것이다. 아마 당신은 트롤리 운반자에게 신호를 보내거나 혹은 희생자들을 다른 방법으로 구하려고 할 것이다. 어쩌면 당신의 몸으로 막을지 모른다. 혹은 그 뚱뚱한 남자에게 당신은 '어이 뚱보 양반, 함께 뛰어내리세'라고 호소할지도 모른다. 사회화를 겪으면서 당신에게 생긴 도덕적 성향으로는, 철학자들이 주장하는 어떤 선택지도 만족스럽지 못할 것이다. 스위치를 당겨라/당기지 마라, 그 뚱뚱한 남자를 밀어라/밀지 마라. 여기서 대안들이 **무작정** 배제된다. 트롤리 운반자가 그 희생자(들)의 충돌을 피하게 할 수 없다고 당신은 확신한다; 당신의 체중이 너무 가벼워서 그 트롤리를 멈추게 할 수 없다고 당신은 확신한다; 당신은 그 사람들이 무사할 길이 없다고 확신한다; 그 뚱뚱한 남자를 밀어뜨리면 그는 떨어져서 그 트롤리를 정지시킬 것이라고 당신은 확신한다; 그의 더 선한 본성에 호소해도 쓸모없다고 당신은 확신한다.

이런 이야기를 듣고 그 상황에서 어떻게 해야 할지를 진지하게 상상하는 사람들은 자신들의 선택지의 한계는 극복하기가 어렵다고 본다. 현실의 삶은 그렇지 않다. 신속한 결정을 내려야 할 상황에 놓이게 되면, 우리는 그런 이야기의 도식적 인물들이 안다고 가정하는 점들을 **전혀** 모른다. 만일 당신이 그 트랙 옆에 서 있어서 어떤 스위치를 누른다면 그 트롤리의 방향이 바뀐다는 것을 알 수도 있을 것이다. 그러나 만일 당신이 다른 트랙 위의 한 사람을 발견한다면, 당신은 어떤 다른 방법을 시도할지 모른다. 어쩌면 당신은 두 팔을 흔들고, 그 트랙에서 몸을 흔들면서, 목이 터지라고 소리를 지를 것이다. 당신의 귀에 그래 봤자 아무 소용없어 라고 말하는 작은 목소리는 귀에 들리지 않을 것이다. 만일 당신이 다리 위에 서 있다면, '그래… 저 뚱뚱한 남자를 아무 때나 밀어버릴 수 있지 ….'라고 생각하지 않을 것이다.

그런 이야기의 상황에 자신을 적용해 보려고 애쓰는 양심적인 사람들은 당연히 자신의 과거 경험에서 얻어진 온갖 도덕적 자원을 끌어들인다. 그런 사람들이 결정들을 상상하면서 끌어들이는 사고 습관들은 특정 문화 속에서 받은 교육이 삶의 과정에서 다듬어진 결과물이다. 그들이 습득한 온갖 성향들은 그들이 경험한 상황들의 유형에, 그리고 그들이 이어받은 도덕적 전통을 쌓아온 선배 세대들이 경험한 상황들의 유형에 맞추어진 것이다. 그런 사람들에게 그들이 사는 세계와 전혀 다른 세계에 관해서, 즉 엉뚱한 확실성을 끌어들여 선택지들을 인위적으로 좁혀버린 세계에 관해서 판단을 내리라고 요구한다면, 그들의 심리적 장치는 부드럽게 작동하지 못한다. 기어가 맞지 않고 바퀴가 헛돌게 된다. 그래서 많은 응답자가 망설이는 느낌에 빠진다. 즉, 그들에게 허용된 좁은 범위의 선택지들 속에서 무엇이 도덕적으로 옳은지를 판단하기가 꺼려지게 된다. 물론 그들은 유명한 심리학 실험에서 자주 나타나는 더 부드러운 버전의 강제 속에서는 일정한 판단을 내릴 수 있다.[34] 그러나 철학자가 마냥 동떨어진 추상적 사례에 관해서 어떤 판단을 내리라고 강요할 때, 이를 신뢰할 만한 것으로 받아들일 이유가 없다.

내 결론은 도덕적 상상력을 자극할 때 픽션이 가끔 유용하다는 관점과 상충되지 않는다.[35] 그것은 주의하라는 경고다. '직관'을 지침으로 삼으려고 할 때, 우리는 그런 이야기의 지나친 단순성과 그것을 성찰하는 사람들이 동원할 수 있는 심적 자원 간의 불일치 가능성에 늘 주의해야 한다. 지각과의 유비는 진지하게 여겨야 한다: 복잡한 문제들에 대해서 사람들은 제대로 관찰하도록 **훈련되어야** 한다.[36] 물론, 도덕적 '직관들'의 경우, 철학자들이 탐색해야 할 '도덕적 실재'(혹은 도달해야 할 표준)에 관해서, 그리고 결론들이 산출되는 심리적 메커니즘에 관해서 그처럼 침묵하는 것은 도움이 안 된다.

많이 듣던 이야기가 때때로 명쾌하게 해 준다. 우리가 부딪친 상황에서 무엇을 해야 할지 의문에 빠지고, 그리고 우리가 겪은 유사한 곤경을 돌이켜보거나 어떤 이야기를 (혹은 우화나 설화를) 회상하다 보면 망설여짐이 마침내 사라진다. 그때 무엇을 해야 할지를 우리는 알게 된다. 직관에 대한 어설픈 호소에 어떤 잘못이 있는가에 관한 나의 진단은 그런 일이 생길 때 어떻게 될지를 파악하는 데에 도움을 준다. 우리의 도덕적 실천에 호소하는 명백한 방식들은 우리를 멍하게 만들어 버린다. 그러나 유비의 자극을 받으면, 우리가 미처 생각하지 못했던 도덕적 자원들이 작동하게 된다. 우리의 도덕적 규약은 새로운 맥락에 맞는 결론을 낳음으로써 분명히 확대되며, 이런 확대는 이미 암시적으로 있었던 것을 명시적으로 만듦으로써 이루어진다.

이와 비슷한 사항은 철학자들이 도덕적 진리들의 거대한 체계를 추구하면서 제안했던 일반적 원칙들에 대해서도 지적할 수 있다. 일반적 원칙들은, 특정 유형의 어려운 결정들에 적용할 수 있거나 **국지적으로** 유익한 것으로 입증될 수 있다. 자연에 관한 완전한 이론이라는 아이디어의 종언이 여러 가지 과학이 특수한 사항들을 나열하는 일에 빠지지 않으면서 다양한 수준에서 일반성을 갖는 모형들을 개발할 수 있는 것처럼, 도덕적 실천에서도 철학자들이 보편적 가르침으로 보고 싶었던 사항들은 특정 종류의 도덕적 곤경들을 다룰 유용한 도구로 활용될 수 있다. 전통적인 체계적 형태와 '직관'에 호소하는 쪽으로의 변화는 모두 도덕 철학의 주된 성취로 착각했었다. 그것들은 도덕 프로젝트를 진전시키려고 하는 개인이나 사회가 활용할 수 있는 도구다.

세계의 종교들도 이런 도구상자에 공헌했다. 이는 모범적인 인물들에 관한 이야기, 가치 있는 삶에 관한 서술, 도덕적 행위를 지도하기 위한 우화 등에서 가장 뚜렷하다. 도덕교육이 당면한 도전은 그런 도구를 모으고, 사람들이 그것을 사용하도록 도와주는 일이다. 이런 도전에 부응하려면, 우리는 도덕적 삶의 성격을 밝혀내고 도덕적 삶을 진전시킬 방도를 이해할 필요가 있다.

7

도덕에 관한 논의는 거기도 역사가 있음을 너무 자주 망각한다. 그것은 오래된 역사다. 도덕적 삶은 우리 인류에게 수만 년 전부터 나타났다. 십만 년 전부터 오만 년 전까지 우리의 까마득한 조상들은 전례 없는 프로젝트를 시작했을 것이다. 세대마다 그 프로젝트를 이어가는 과제에 직면했고, 당대의 도덕 문제를 극복함으로써 그 프로젝트를 진보시키려고 노력했다. 그 프로젝트에는 **목적**이 없다. 석판에 새겨지거나 비-자연적 가치 영역이라고 가정하는 것에서 구현되는 최종적이면서 모든 것을 포괄하는 원칙들의 규약은 없다. 도덕은 철저하게 인간적인 노력이요, 완결되지 않는 것이다.

이런 그림에서 도덕적 삶은 인간이 처한 역경의 특성에 근거를 두는 것으로 그려진다. 구체적으로 **호모 사피엔스**는 나이와 성별이 혼합된 집단으로 살아가는 특수한 유형의 사회적 종으로 진화했다. 그런 종류의 집단생활은 **반응**이라는 심리적 능력이 필요하며, 이 능력은 우리가 동료들의 소망, 계획, 의도를 (최소한 때때로) 인식할 수 있게 해 주고, 동료들과 우리가 수용할 (도움이 될) 수 있다고 보는 방향으로 우리의 행위를 (최소한 때때로) 조절할 수 있게 해 준다. 이 능력은 인간들의 더불어 사는 삶이 가능하게 해 준다. 불행하게도, 인간의 반응이 사회적 삶의 형태에 제대로 적응하지 못하면 더불어 사는 삶은 부드럽거나 수월해질 수 없다. 오랜 기간에 걸쳐서 (최소한 오만 년, 혹은 어쩌면 십만 년 동안) 우리의 조상은 그런 상황을 개선해 왔다. 타인들에 대한 인간의 반응은 행동 패턴을 명령하는 규칙과 원칙, 성격을 기술하는 풍부한 어휘, 엄청난 분량의 신화와 이야기, 비난과 칭찬의 시스템들을 도입함으로써 확장되었다. 이 모든 것은 여러 사회의 도덕적 규약에 포함되었다. 이런 규약은 시간에 따라서, 그리고 특정 시기에 현존하는 사회에 따라서, 그리고 훨씬 더 제한된 범위에서 다양해졌다. 이 도덕 프로젝트는 인간의 삶을, 그리고 심지어 인간됨의 의미를 바꾸어 놓았다. 이 도덕 프로젝트는 처음에 이것을 시작한 사람들의 개념적 지평을 훨씬 뛰어넘는 사회, 제도, 그리고 자아관을 낳았다.

사회는 어느 때에 생겨난 도덕 문제들을 극복함으로써 도덕적 진보를 이루어낸다. 기술의 경우, 한 가지 문제를 해결하려는 노력은 전형적으로 파생적인 문제를 낳게 되는데 이는 그 기술 프로그램을 선도했던 원래 문제에서 파생된 것이다. 이 경우에 **원래**-문제, 즉 인간의 제한된 반응은 후속 세대를 거치는 과정에서 새로운 형태로 계속 나타난다. 타인에 대한 더 큰 반응을 길러내는 일에서 우리가 온갖 성공을 이룰지라도, 동료들의 열망을 인식하고 지지하는 데에 여전히 실패하는 새로운 상황이 발생한다. 우리의 도덕적 규약은 최초 문서가 이미 오만 년 전부터 기록되어 온갖 분화와 복잡성에도 불구하고 인간 반응의 한계들 그리고 여기서 생기는 난점들은 분명하게 남아 있다.

이처럼 반복하는 문제들, 흔히 원래-문제의 새로운 버전들을 어떻게 다룰 것인가? 만일 우리가 신석기 시대의 조상들과 비슷한 생활방식을 가진 현재의 수렵채취인들을 도덕적 개척자의 모델로 삼는다면, 우리는 그들이 사회적으로 평온한 시간에, 즉 흄이 말하는 '냉정한 시간'[37]에 함께 앉아서 자신의 관점들을 교환하고 가능한 정보를 끌어들임으로써 집단의 전체 구성원이 수용할 만한 해결책을 만들 것이다. 그들이 창안하고 실현한 것이 바로 민주적 숙의라는 이상이다. 우리는 그들을 모범으로 삼아야 한다. 그런 이상이 그들의 것이어서가 아니다. 오히려 반응의 한계를 가장 잘 극복하려면, 관점들을 끌어모으고, 그 문제로 영향 받을 사람들이 모두 수용할 해결책을 찾아야 하기 때문이다. 충실한 대표성과 상호적 관심은 이런 종류의 문제들을 다루는 가장 바람직한 방식이다. 적절한 해결책을 더 만들어 내려면, 그것은 최선의 사실적 정보에 비추어 다듬어야 한다.

나는 도덕의 방법에 관한 명제를 제시한다. 사회는 당대의 도덕 문제들을 확인하고 해결함으로써 자체의 도덕적 규약을 수정해 가야 한다.[38] 문제를 확인하고 이를 극복하려는 노력은 민주적 숙의라는 이상에 가장 가까운 최상을 만드는 것으로 이루어져야 한다. 민주적 숙의라는 이상, 상호적 교육, 그리고 연대성에 헌신하는 심층 민주주의는 정치적 삶의 토대가 되듯이 도덕적 삶의 기반이 되어야 한다. 심층 민주주의는 상호 계몽을 요구하고 상호 공감을 시도한다. 이런 의미에서 민주주의가 곧 교육이다.

8

따라서 나의 주장에 따르면, 우리는 그 개척자들, 즉 도덕 프로젝트를 시도한 수렵채취인들을 모범으로 삼아야 한다. 이는, 그런 선조들을 존중해야 하기 때문만도 아니고, 그 방법이 **원래**-문제에 잘 들어맞기 때문만도 아니다. 게다가, 그들이 도입한 방법은 비록 거칠고 불완전했겠지만, 그 이후의 도덕적 삶의 역사에서 지지를 받았다. 우리가 도덕적 진전이라고 환영할 만한 일화들의 가장 명백한 사례들을 살펴보면, 그것은 오래되고, 뒤섞이고, 얽히고, 그리고 역사적 우연에 취약하다. 내가 제언한 방법론은 그 과정을 간소화해 본 것이다.

지난 몇 세기 동안 사회 전반에서 나타난 도덕적 진보를 찾아보면, 가장 명백한 사례는 세 가지다. 노예제가 배격되었고, 여성의 기회가 실질적으로 확대되었고, 그리고 (내가 살아온 기간에) 동성애자들에게 가해진 박해가 최소한 공식적으로 비난받았다. 물론 오늘날에도 이런 발전을 퇴행이라고 우기는 사람들이 여기저기서 보인다. 전형적으로 전통적인 태도에 대한 그들의 옹호론은 도덕적 권위를 갖는 특정 종교의 텍스트에 대한 호소에 의존한다.[39] 아래에서 나는 그들의 반론을 틀렸다고 가정할 것이다. 그러나 이 세 가지 사례에 관한 나의 분석은 그 반대론자들이 기꺼이 수용할 도덕적 진보의 합당한 사례에도 적용될 것이라고 믿는다.

세 가지 사례에 대해서 첫째로 지적할 사항은 실제 역사의 우연성과 복잡성에 관한 것이다.[40] 노예제의 폐지를 위한 투쟁 속에는 수십 년의 고통과 유혈이 들어 있다. 수많은 여성과 이들을 지지한 일부 남성은 자유를 위해 투쟁하느라 가정, 직장, 목숨까지 희생했다. 동성애자들은 자기가 선택한 사랑의 권리를 옹호하는 발언을 감행하다가 투옥되고, 조롱받고, 추방되었다. 노예제를 철폐하고, 여성의 공적 생활에 더 큰 역할을 허용하려고 했던 구부러지고 울퉁불퉁한 길에서 수많은 결정적 사건들은 다른 길로 빠져버리기가 쉬웠다. (동성애 문제로 영국에서 영원히 추방된) 오스카 와일드의 운명은 (1969년 게이 인권운동을 촉발한 폭동이 처음 발생한) 스톤월 바 안에서 싸웠던 사람들도 공유했을 것이다.

도덕적 진보를 이루어 낼 더 신뢰할 만한 방법은 무엇이 성공적 진전을 가져왔는지를 이해하려는 시도에서 찾아볼 수 있다. 세 가지 사례에서 사람들의 마음이 바뀌었던 것은 타인의 삶의 생생한 측면들을 드러냈기 때문이다. 종전에는 억압받고, 무시당했던 목소리들이 최초로 들리기 시작했다. 열등한 인종의 족속으로 배척받았던 노예들의 목소리는 그동안 효과적으로 억눌려 있었다. 여성들이 특정 주제에 대해 발언할 능력은 '여자의 본성'에 관한 부당한 가정들에 호소함으로써 차단되었다. 자신과 성별이 똑같은 사람에게 이끌리는 사람들은 자신의 성적 경향을 완전히 감출 수 있는 경우에만 많은 이슈에 관한 이야기에 낄 수 있었다. 도덕적 진보가 타오르게 된 것은 전통적인 생각을 당연시했던 사람들이 이런 아이디어에 갇혀 상처받고 살았던 타인들의 삶을 들여다보고 관심을 쏟았을 때부터였다.

과도하게 낙관적이었던 시기에, 윌리엄 제임스(William James)는 도덕에 관한 철학적 성찰을 교정해 주는 발언을 한다. 제임스의 생각에 따르면, 철학자들은 '구체적인 긴급 상황 속에서 최선의 우주'를 판단할 만한 대단한 우월성을 가진 것도 아니고; 그들은 '그 문제가 언제나 어떤 것인지를 대다수 사람보다 약간 더 잘' 알고; 그러나 그 문제에 답하려는 그들의 노력은 쉽게 헤맬 수 있고; 그렇긴 하나 점검은 이루어지고; 철학자는 '만일 그가 나쁜 실수를 저지르면, 이윽고 상처받은 사람들의 비명이 그에게 그 사실을 알려줄 것이라는 점을 알고 있을 뿐이다.'[41] 제임스의 통찰은 상처받은 사람들의 비명을 경청하는 것이 중요하다는 점을 인지한 데에 있다. 그의 낙관론은 상처받은 사람들이 늘 비명을 지른다는 가정에 있다. 인간의 역사에 너무 흔한 것처럼, 후속 세대들이 보기에 억압받는 사람들은 그들의 사회에서 통용되는 그들 자신에 관한 이미지를 수용할 것이다. 노예들은 자신들이 열등하다는 이미지를 수용하고, 여성들은 자기에게 주어지는 역할에 묵종하고, 게이들은 자기들이 죄지은 타락한 존재임을 인정한다.[42] 그리고 요즈음 우리 시대에도 자신들의 열망이 사회에 의해서 끊임없이 주변으로 내몰리는 사람들 즉 성공할 기회가 주어지지 않는 계획과 프로젝트를 갖고 사는 사람들은 자신의 삶을 옥죄는 그런 제약을 정의로운 시스템의 불행한 부산물로 간주하고 자신들을 그저 운이 없는 자들이라고 여긴다.

자신의 상처를 인지하지 못하고 그리고 그 상처를 입히는 인습, 제도, 개인에게 저항하지 못하는 것은 허위의식에 속한다.[43] 나의 세 가지 사례에서 상처받은 사람들은 비명을 지르는 일부와 비명도 못 지르는 다수가 다양한 비율로 뒤섞여있다. 그래서 양들의 침묵은 저항하는 목소리가 불신받게 만드는 데에 이용된다.[44] 느리디 느린, 낭비 같은, 불확실한 과정의 결과로 상처받은 이들의 참상이 마침내 널리 인지된 다음에 도덕적 진전이 발생한다. 듀이 추종자들은 과거보다 더 체계적이고 더 근거 있게 도덕적 진보를 이루기를 바라면서 더 잘할 수 있는 방법론을 찾고자 노력한다. 그런 분명한 접근은 두 가지의 사회적 절차를 개발한다. 첫째, 불만 사항을 경청하고 해결하기 위한 틀을 만듦으로써 (철학자뿐만 아니라) 모든 시민이 상처받은 사람들의 비명을 들을 수 있게 만든다. 둘째, 그런 틀 이외에 허위의식에 의해 감추어진 상처를 드러내도록 설계된 제도를 추가한다.

영감의 분명한 원천은 법의 절차에 들어 있다. 여러 사회는 개인들이나 집단들이 자신의 불만 사항들을 제시하고 이들을 해결하는 통로를 구축했다. 그 결과들은 확실히 불완전하다, 그러나 그 결과들은 그런 절차가 아예 없을 때, '무법천지의 정의(frontier justice)'가 최선의 길일 때, 강자들이 마음대로 지배할 때, 인간 상황이 홉스와 로크가 두려워했던 유형일 때보다는 확실히 더 낫다.[45] 게다가 상대방에 대해 경청하는 일의 중요성은 도덕적 삶에 관한 나의 특성화에서 곧바로 나타난다. (도덕이 그저 부분적 해결책일 뿐인) **원래**−문제는 우리 자신에게, 우리의 동료들에 대한 우리의 반응의 한계에 들어 있다. 만일 이것이 그 문제라면, 도덕적 방법과 도덕적 탐구는 타인들의 삶을 제한하는 사항들을 분명히 드러내고, 제한하는 형태들에 대해서 동정심의 반응을 일으키는 시도에 따라 지도되어야 한다. 우리에게는 우리가 더 잘 경청하도록 도와줄 구조와 (나중에 내가 제안할) 교육개혁이 필요하다.

도덕적 진보의 사례로 내가 긍정했던 세 가지 경우를 보면, 나중에 비난받게 된 실천들도 처음에는 전적으로 수용 가능한 것으로 간주하는 상태였었다. 도덕적 탐구의 첫 번째 단계는 문제점의 확인이다. 허위의식을 일단 무시하고, 어느 시점에서 발생하는 현실적 불평들에 초점을 맞추자. 이들 불평이 모두 정당화되지는 못할 것이다. 어떤 사람은 습관적 불평자다. (또 다른 사람은, 훨씬 더 적지만 너무 금욕적이다.) 이상적으로 **모든** 구제 요청에 관심을 기울이기 위해 만들어진 기구가 있을 것이다. 그러나 이런 종합적 검토를 위한 시간과 공간이 (다른 자원은 말할 것도 없이) 부족하므로, 맨 먼저 할 일은 법을 모방하여 중요한 사례와 사소한 사례를 분리하는 것이다. 그 기구는 개별적 불평이 각기 정당화되는지에 관한 판단을 일단 유보해야 한다. 그 기구는 더 단순한 문제에 집중해야 한다. 이들 요청 중에서 정당하고 따라서 처리되어야 한다고 확인될 경우, 어떤 요청이 가장 큰 구제를 낳을 것인가 하는 문제에 집중해야 한다.

그 기구가 할 일은 우선 긴급한 문제가 **될 만한** 것들, 다시 말해서 지속적인 조사에 의해서 정당한 불평으로 인정받거나 혹은 배제될 것들의 목록을 만드는 것이다. 그 기구는 이어지는 도덕적 탐구를 위한 의제를 만든다. 이것은 어떻게 진행되어야 하는가? 이 장과 앞 장에서 이미 논의된 주제들에 따르면 그 답은 분명하게 민주적 숙의를 통해서다. 참여자 중에는 그 사회의 여러 하위집단의 대표자들이 가능한 한 많이 포함되어야 하고 다양한 관점들이 허용되어야 한다. 그 참여자는 원고들의 말을 경청해야 하고, 그리고 (제안된 개혁이 가져올 것으로 예상되는) 구제의 평가에 필요한 경험적 정보를 아무튼 취합해야 한다. 그 참여자는 특정 불평이 정당한지 혹은 부당한지에 관한 판단을 회피하는 일에서 신중해야 한다. 오직 비교적 긴급한 사항들의 평가가 그들의 관심사다.

이 절차의 다음 단계에서, 가장 높은 순위의 불평은 또 다른 숙의를 통해 검토되어야 한다.[46] 시급한 문제일 만한 것마다, 구제를 호소하게 만든 상황 때문에 영향받을 사람들의 집단이 있을 것이다. 이런 사람들, 즉 **이해당사자들**의 삶은 개혁의 필요성에 관한 판단에 따라서 의미 있게 달라질 것이다. 그런 호소가 정당한지를 결정할 때, 숙의 참여자들의 집단은 세 가지의 (친숙한!) 조건을 따라야 한다. 첫째, 그 집단에는 각 이해당사자 집단의 대표자들이 포함되어야 하고 이런 경우에 특정 집단에 우선권을 주는 일이 없어야 한다(노예제도에 관한 논란에서 숙의 참여자 집단에는 노예 소유자들이 불균형적으로 과도하게 포함되면 안 된다. 이는 노예들도 마찬가지다). 둘째, 그 숙의는 가능한 한 최선의 사실적 정보를 끌어들이면서 진행되어야 한다. 당시에 수용되는 지식에 어긋나는 주장들은 배제되어야 한다. 가능한 증거에 따라서 지지받지 못하는 주장들은 추측으로는 허용될 수 있으나, 타당하다고 가정되는 논변의 전제로 도입될 수는 없다. 셋째, 그 토론은 **상호 관여**의 조건을 따라야 한다. 각 참여자는 모두가 용납할 수 있는 결론에 도달하기를 목표로 삼아야 한다.

위와 같은 토론의 목표는 초점인 이슈와 연관된 모든 사람, 즉 이해당사자들의 곤경을 분명히 파악함으로써 모든 곤경이 이해될 수 있도록 하는 것이다. 모든 타인의 관점들을 공유하는 가운데 숙의에 참여한 사람들은 **현 상태**를 수정할 필요성을 인정하는 데에 일치하게 된다. 상호 관심이라는 아이디어에 맞게 숙의하는 사람들은 모든 편의 사람들과 공감하면서 하나가 되고 그런 과정에서 영향받는 집단 중 일부의 조건이 개선될 필요가 있음을 발견한다. 그리하여 불평은 정당한 것으로 간주되고, 진정한 문제점에서 생겨난 것으로 인정된다.

그 문제를 해결하려면 숙의는 더 진행되어야 하고, 모두가 받아들일 수 있는 수정안을 (그 수정안이 토론자들 사이에서 고려해야 할 선택지 중 첫째라고 판정받지 못하는 경우가 종종 있을지라도) 찾아내야 한다. 그러나 가능한 변화들이 모색되면서, 숙의하는 집단의 구성을 바꿀 필요도 생길 것이다. 새로운 제안들은 최초의 이해당사자들에 포함되지 못한 사람들의 삶에도 영향을 줄 것이고, 이런 경우에 이쪽 사람들에게도 대표자가 필요할 것이다.[47] 새로 들어온 참여자들은 그 이전의 논의 틀 안에서 움직여야 한다: 그 불평에 부여되었던 진정성이라는 지위가 취소될 수 없다. 따라서 숙의의 목표는 도달할 수 있는 가장 강한 형태의 합의이며, 대표되는 집단 중 어느 하나에서 수용할 수 없다고 보는 결과를 피하려고 언제나 노력한다.[48]

방금 간략히 언급한 이상적 절차에 가까운 것도 실현하기는 불가능할 것이다. 어느 문제에 대한 관점들이 섬세한 변화에 따라서 미묘한 차이를 보일 때, 모든 개별적 관점을 대표하는 것은 불가능한 일임이 밝혀질 것이다. 현실적인 토론은 총괄적으로 정리되어야 토론자의 다양한 태도가 나타나는 집단들을 대표하게 된다. 어떤 지식을 끌어들일 수 있는지를 구체화하는 것도 논란이 될 것이고, 초점 이슈와 연관된 명제들의 지위를 정하는 것도 그 증거와 전문 자문가들을 통한 사전 작업이 필요할 것이다.[49] 비록 얼굴을 마주 보는 의견 교환이 상호 이해의 전망을 높여줄 것이지만, 다시 말해서 낯선 관점의 공유는 그 관점이 익명의 집단에 속하는 것일 때보다는 개별 대화자가 상세하게 설명해 줄 때 더 자주 생기겠지만, 상호 관여가 어느 정도로 이루어질 수 있을지 우려하는 것도 합당하다. 여기에 교육의 중요한 역할이 있음을 다음에서 곧 알게 될 것이다.

그럼에도 불구하고 이상적 조건들은 도덕적 변화의 과거 사례가 보여 주었던 번거로움, 낭비, 그리고 우연성을 **줄여주는** 방향을 가리킨다. 이상적 조건들은 진보가 이루어졌던 과정들을 간소화해 준다. 그동안 무기력했던 사람들에게 자기 불만을 토로할 자리가 주어지는 시기를 기다리는 대신에 억압의 대상이었다고 스스로 여기는 사람들이 초대되어 자신의 곤경을 말한다. 이 변화는 로크가 정부의 기원에 관한 설명에서 고찰했던 점과 비슷하다.[50] 파벌 싸움과 같은 것으로 논란 문제를 정리하는 국가가 법원과 독립적 판결에 호소할 수 있는 국가로 바뀐다. 도덕적 진보를 증진할 제도적 시스템을 새로 만든다고 해서 과연 폭력적 저항의 필요성이 완전히 제거될지는 모르겠으나 그것을 줄일 가능성은 분명히 있다.[51]

이제까지는 부당한 대우를 받는다고 스스로 알고 있는 집단들의 불만의 **목소리**를 다루는 방법이었다. 혹은 더 정확히 말하면 **잠정적인** 방법이었다. 자연과학의 역사를 개척했던 베이컨, 데카르트, 갈릴레오, 뉴턴과 같은 사람들이 만들어 낸 탐구에 관한 제언들도 모호하고 또 서로 충돌하는 경우가 많은 것처럼, 내가 제시한 것도 처음에는 조잡했던 아이디어가 (운과 노력에 따라) 차츰 다듬어지는 과정의 시작이다. 후속 세대들은 현대의 과학자들이 사용하는 것처럼 풍부한 방법을 갖게 될 것이라고 우리는 희망해야 한다. 아마도 후속 세대들은 초기의 잠정적 단계들의 결함에 빠져들겠지만, 도덕적 방법을 탐구하는 방향으로 나아가는 최초의 움직임을 공감하는 듯한 미소를 지으면서 되돌아볼 것이다.[52]

아무튼, 잠정적 방법조차도 불완전하다는 것은 중요한 점이다. 허위의식의 문제를 다루려면 더 많은 것이 필요하다. 게다가 그 문제를 다루려는 노력을 확충하려고 하지 않고, 그저 앞서 말한 방법만을 실행하려고 실제로 노력한다면 실패할 것이다. 왜냐면, 역사가 밝혀주듯이, 억압받는 집단의 상당수가 **현 상태**에 묵종하고 있을 때 저항하는 목청을 높이는 사람들은 사고뭉치, 일탈자, 혹은 더 나쁜 인간으로 몰리기 쉽기 때문이다. 사회는 극소수 사람만 느낄 수 있는 (심지어 아무도 느끼지 못하는) 도덕적 잘못을 드러낼 방법들을 어떻게 찾아낼 수 있을까?

9

내가 이해하기로 도덕은 일차적으로 인간들 사이의 제한된 반응이라는 **원래-문제**에서 발생한다. 도덕의 일차적 초점은 타인들에 대한 행위(였)다. 이것이 진화하는 과정에서 도덕의 영역은 넓어진다. 예를 들면, 인간의 미래 성격에 영향을 미치는 행위가 도덕의 범위에 포함된다. 부지런해야 한다거나, 자기 몸의 기능을 유지해야 한다는 자기-관련 의무라는 것도 타인들에게 영향을 미치는 행위와 간접적으로 연결되면서 비로소 생겨난 것으로 볼 수 있다. 예컨대, 젊은이는 열심히 일해야 집단의 유용한 구성원이 될 수 있고, 그런 기능을 습득한 후에는 그것을 방치해서도 안 된다. 선사시대에 도덕 영역은 다시금 확대되었다. 사람들은 어떻게 행동해야 하는가에 그치지 않고 더 넓은 질문을 성찰하기 시작했다. 나는 어떤 인간이 되어야 하는가?

이 질문이 생겨나면서, 도덕은 윤리적 삶으로 넘어간다.[53] 여기서 더 넓은 영역 속에서의 행위, 즉 인간은 어떻게 살아가야 하는가에 관한 관심이 생겨난다.[54] 더 넓은이란 어떻게 살아가야 하는가에 대한 모든 적절한 대답은 도덕이 처방하는 행위의 요건에 따름을 이미 받아들인다는 뜻이다.[55] 내가 앞서 말했듯이, 인류의 선사시대에 어떻게 살아가야 하는가는 별로 쓸모없는 질문이었다. 누가 그런 질문을 한다면, 합의된 도덕적 규약과 그에 따른 행위를 가리키고, 매일 살아남기 위한 엄격한 제약을 인정하는 대답을 들을 것이다. 이와 다른 삶의 방식, 즉 도덕을 따르면서도 행위 패턴이 서로 다른 대안적인 생활방식들이 오직 특정 방향의 발전이 이루어진 이후에 비로소 현실적 선택지가 되었다. 분업은 작은 집단 속에서 대안적 역할들이 생기도록 만들었다. 분업은 특정 사람들 간에 협력이 반복되도록 만들었다. 여기서 애정이나 사랑과 같은 새로운 정서 그리고 새로운 관계가 생겨났다. 도덕의 영역 안에서 더 넓은 범위의 가능성이 점점 더 나타났다. 기록된 자료가 최초로 등장했을 즈음에 다양한 생활방식들이 분명하게 나타났고, 이는 지속적인 관계들과 생계를 유지하고 공동체에 공헌하는 대안적 방식들이라는 관념에서 명확해졌다. '나는 어떻게 살아가야 하는가?'라는 질문이 의미를 얻게 되었다. 물론 처음에는 '네가 태어난 그 상황들에 맞는 방식으로'라는 대답이 뻔했겠지만 말이다.

그러나 지난 3천여 년 동안 어떤 사람들은 (극소수이겠으나) 자신에게 가능한 다양한 삶들을 생각할 수 있었다. 그들은 통치하거나, 신을 모시거나, 반역을 도모하거나 혹은 사회에 축적된 지혜의 보존(혹은 구축?)에 헌신하기를 열망할 수 있었다. 더 많은 사람은 결혼이나 우정에 대해서 혹은 자신의 가정생활의 특성에 대해서 더 소박하지만 적잖게 중요한 결정을 내렸을 것이다. 그들에게는 인생 계획이 생길 수 있었다. 인생 계획과 함께 나타난 것이 **자아의 이상**이다. 이는 인생 계획이 중심으로 삼는 목표들을 지향하는 인생관이다. 고대 세계에서 이런 이상들은 극히 제한적으로 배분되었다. 극히 제한된 집단에게만 적합한 것으로 여겨졌던 이상들이 많았다. 고대의 윤리적 삶을 열렬히 옹호하는 사람들이 자아의 최고 이상으로 가정한 것들은 **폴리스**에서 태생이 좋은 남성들에게만 적합한 것이었음을 잊지 말아야 한다.

이런 논의는 허위의식의 문제를 다루겠다는 내 공식적 목표에서 벗어난 것처럼 보일 것이다. 내가 제시한 윤리적 삶의 역사를 살펴보면, 인류 역사를 관통하여 계속 나타난 허위의식 중 하나를 구체화하기가 지금은 쉬울 것이다.[56] 고대 세계로부터 현재에 이르는 여러 사회에서는 어떤 자아의 이상을 특정 집단에게만 한정되는 것으로 이해하였다. 이런 일은 **폴리스**의 소멸과 함께 사라지지 않았다. 그것은 미국 식민지에서 ('농장으로 압송된 아프리카인은 자연적 노예다.')[57], 빅토리아 시대의 영국에서 ('여성은 단란한 가정의 여신이 되어야 한다.'), 그리고 20세기 후반 여러 풍요로운 사회에서 ('결혼은 한 남자와 한 여자 간의 성스러운 일이다.') 번성했다. 내가 언급한 도덕적 진보의 세 가지 역사적 사례에서 자아의 이상에 대한 선험적 제한이 명시적으로 취소되는 사건이 발생했다. 이런 일이 일어나기 전까지, 그런 자아의 이상으로부터 차단당했던 사람 중에는 그것을 자기에게 맞지 않는 일이라고 체념했던 이들도 많았다. 내가 초점을 두는 이런 허위의식은 자아의 이상으로부터 (흔히 그것의 선택과 추구를 불가능하게는 아니어도 어렵게 만드는 장애물 때문에) 강제적으로 배제당했던 개인들이 해당 사회가 부과했던 제약에 대해 묵종할 때 생겨난다.

이런 문제를 다루려면 어떻게 도덕적 탐구를 해야 하는가? 그 문제를 두 가지 유형으로 나누어 보자. 즉, 사회의 일부 구성원이 그런 제약에 저항하는 (저항하지 않는 사람도 많은) 유형. 그리고 모든 구성원이 자아 이상의 추구에서 일부 집단을 배제하는 데에 동의하는 유형이 있다. 상처받은 사람의 일부가 비명을 지를 때, 그리고 그런 사람들을 주변으로 몰아내려고 (그들을 '무도한' 혹은 '괴물의' 혹은 '사악한' 존재라고 보는) 전통적인 판단을 끌어들일 때, 이 판단은 정밀한 검토가 필요하다. 따라서 내가 제안한 방법론이 제시하는 식으로 숙의를 시작하기 전에, 먼저 그런 제약을 지지하기 위해서 가정하는 (온갖) 근거를 검토해야 한다. 사례들에서 밝혀지는 것처럼, 집단 구성원의 일부를 배제하는 것을 무엇이 정당화해 주는지에 관한 탐구는 결론에 이르지 못할 때가 있다. 전통주의자들의 주장에 따르면 특정 활동이 그런 일부 사람에게는 안 맞는 일이고, 그런 사람들은 원래부터 그 활동을 할 수 없거나 제대로 할 수 없고, 혹은 그런 사람들이 그런 활동을 하게 되면 그들의 '고유한 역할'에서 벗어나고, 이에 따라 엄청난 사회적 해악이 생길 것이다. 야심적인 개혁가들의 주장에 따르면, 자신들이 해방시키려는 사람들도 능력이 똑같고 해악이 생긴다는 가정은 거짓이다. 어느 쪽도 자기 입장을 옹호할 강력한 증거를 가리킬 수 없다. 온건한 개혁가들은 중도를 제시한다: 또 다른 '삶의 실험'을 시도해 보자.[58] 거부당하고 있는 기회를 달라고 외치는 사람들에게 그들이 열망하는 종류의 삶을 허용하자. 예컨대, 여성이 남성처럼 충실한 교육을 받고 싶다는 의사를 밝힐 때, 혹은 여성이 전문직에 들어가거나 투표에 참여할 권리를 요구할 때, 공정한 심판의 기회를 만들어 주고 그 결과에 따라 다시 숙의하자. 도덕적 방법이 부여하는 숙의의 조건에 따라, 토론 참여자들은 기회의 진정한 확대를 보장해 줄 필요성을 인식해야 한다. 기존 장벽을 무너뜨리기를 갈망하는 사람들이 불리한 조건들을 겪지 않도록 해야 한다. 소수 인종에 속하는 청년들이 인종차별이 극심한 대학에 들어가려고 할 때, 정문 옆에서 모욕적인 말을 퍼붓는 성난 얼굴들이 줄지어 서 있으면 안 된다.[59]

일단 저항이 시작되었다면, 도덕적 탐구는 자아의 이상을 제약했던 판단을 검토할 방향을 이미 잡아놓은 셈이다. 인간의 도덕적 삶의 역사를 내가 재구성해 놓은 것에 비추어보면, 특정 이상들이 특정 집단들에게 적합할지에 관한 우리의 견해는 늘 오류가 생길 가능성이 있다. 언제나 우리에게 허위의식이 생길 수 있다. 어떤 제약이 자의적이고 터무니없는 것임을 **아무도** 인식하지 못하는 극단적인 경우, 과연 우리 자신의 맹점을 제거할 수 있을까? 솔직히 말해서 이것은 저항자들이 이미 제기했던 문제를 추구하는 일보다 훨씬 더 어렵다. 이런 종류의 윤리적 오류의 온갖 사례를 밝혀낼 완전한 절차를 찾을 수 없음은 거의 확실하다. 그러나 도덕적 진보의 간소화를 신봉하는 사회, 즉 **듀이식** 사회는 우리가 전통적으로 무심코 이어받은 오류 중 일부를 이해하는 가능성을 높여줄 절차를 만들어 낼 수 있다.

개인의 성장(그리고 개인의 마음)에 관한 듀이의 설명에서 핵심은 사람들이 사회 속에서 살아갈 뿐 아니라 그 사회를 더 나은 방향으로 바꾸도록 교육이 준비시켜야 한다는 그의 주장이다.[60] 도덕적 규약에 대한 적절한 자세는 그것을 진지하게 받아들이면서 이와 동시에 수정할 필요성을 귀중하게 여기는 것이다. 사람들이 자신들의 도덕적 실천이 어떻게 수정될 것인가를 철저하게 탐색하면서, 이와 동시에 자신들의 행위를 지도하는 데에 기존의 도덕적 실천을 활용하는 일에 어떻게 몰두할 수 있는가?

한 가지 분명한 제안이 있다: 사회의 전통을 비판적으로 검토할 안전한 공간을 만들자. 듀이식 사회는 현실적 불만들이 불러일으키는 숙의 외에도 자아의 이상들을 제약하는 기존의 판단을 포함해서 그 윤리적 규약(윤리적으로 확대된 도덕 규약)에 관한 지속적인 탐구에 전념하는 제도를 만들 수 있다. 이런 사회에서 통용되는 다양한 윤리적 의견들을 대표하는 항구적인 숙의 기구는 윤리적 전통에서 의미 있는 개혁이 필요한 부분을 찾아내기 위해서 정기적으로 모인다. 그 기구는 이상적 숙의에 부여된 조건들(포괄성, 근거 있는 정보의 사용, 상호 관여)에 따라서 탐구할 주제들의 의제를 정해서 조사한다. 특히 그 기구는 자아의 이상들 그리고 이것의 사회적 분배를 검토하는 방향을 추구한다. 이런 탐구를 담당하는 이들은 새로운 역할, 즉 사회 비평가의 역할을 맡는다. 토론을 위해 만나는 공간 밖에서 그들은 수용된 규약을 지킨다. 그런 공간 안에서 그들은 아무런 제한 없이 윤리적 삶의 모든 측면에 관한 판단을 유보할 자유를 갖는다. 그들이 어느 특정 개혁에 대해서 합의에 도달할 때, 그들의 합의는 잠정적인 것으로 남는다. 그런 합의는 가능한 한 전 인구를 충실하게 대표하는 숙의 기구를 소집해서 비준을 받아야 한다. 이 기구가 그 변화를 수용한 후에 그 방안은 더 많은 대중에게 알려진다.

결국, 사회 비평가들은 아무도 느끼지 못했던 상처를 찾아내는 전문성을 갖춘 원고들이다. 그들은 도덕적 규약에서 진전을 일으키지만, 그들의 제언이 폭넓은 공적 지지를 받아내기 전에는 다른 이들과 마찬가지로 자신들이 개선하고자 하는 그 전통에 따른다. 그런데 그 공적인 기구가 도덕 변화의 유일한 도구가 되면 안 된다. 시민들도 일상생활을 영위하면서 종전에 배웠던 도덕적 아이디어를 확장한다. 시민들은 어려운 상황들에 대한 그들의 반응을 통해서 마치 문화적 전수가 성공한 문제점 대응을 퍼뜨리는 것처럼 도덕 프로젝트의 진보에 집단으로 공헌한다.

그럼 개인을 살펴보자. 개인의 도덕적 실천은 명시적으로 가르침을 받은 것 외에도 보완이 필요하다. 개인들의 삶에서 불가피하게 발생하는 문제 상황들을 이겨내도록 어떻게 준비시킬 수 있을까? 내 논의는 그동안 대체로 **사회**의 변화에 집중했었다. 도덕적 진보를 위해 제안했던 방법은 공동 숙의를 통해 문제를 확인하고 해결하기 위해 모이는 집단에 호소하는 것이다. 우리 모두를 둘러싸고 있는 일상적인 도전들은 어디가 적합한가?

10

개별적 도덕 주체들은 자신이 발전시킨 도덕적 실천이 자신을 이끌기에 부적절할 경우 무엇을 할지 결정할 필요가 있다. 또한 그들은 사회의 도덕적 진보를 이루어 내는 통로, 곧 숙의에서 제 역할을 할 수 있어야 한다. 다행히도 이들 과제 중 하나를 실행하는 데에 필요한 기능들은 다른 과제에도 필요한 것이다. 게다가 그런 기능들은 듀이식 민주주의에서 제 몫을 담당할 수 있는 시민들의 형성에도 공헌한다.

이처럼 다행스러운 동시 작용은 우연의 일치가 아니다. 앞 장에서 거론했던 시민 형성을 위한 접근방식의 핵심에 적절한 다스림(proper government)의 개념이 있는데, 이는 도덕적 삶의 중심에 있다고 여기는 똑같은 문제를 다룰 것을 요청한다. 여기서 똑같은 문제란 서로에 대한 우리의 제한된 반응이 제기하는 **원래-문제**를 가리킨다. 따라서 제4장의 끝에서 언급했던 교육적 제안은 새로운 각도의 도덕 프로젝트에 관한 내 설명에서 옹호된다. 아이들은 서로 경청하고 함께 계획하기를 배울 필요가 있는데, 이는 이들 능력이 민주주의를 위해 필요하기 때문만이 아니라 반응을 높여주어 도덕 발달을 증진하기 때문이기도 하다. 게다가 이런 도덕적 관점은 우리가 더 나아가서, 정치적/윤리적 삶에 모두 도움을 줄 능력들을 길러내게 만든다.

　도덕적 행위의 주체들은 언제 습관의 작동을 멈출 것인지, 언제 멈추고 생각할지에 대한 감각을 지녀야 한다. 또한 도덕적 주체들은 도덕적 탐구가 필요할 때 그것을 추구할 수 있게 해 주는 능력, 즉 내가 말하는 **감수성**을 지녀야 한다.[61] 기본 감수성은 상황에 반응하여 행위 주체가 자동조절 장치를 작동하게 하거나 혹은 성찰을 하게 한다. 여기서 또 다른 감수성이 작동하여 행위 주체가 그 상황이 정말 문제인지를 살펴보고, 만일 그렇다면 그 문제를 가능한 한 정밀하게 규정하려고 노력한다. 해결의 시도가 이어질 때는 행위의 선택지들을 평가하기 위해 결합하는 여러 감수성의 안내를 받게 된다. 인간의 행동은 여러 가지로 잘못될 수 있는데 이는 처음에 기본 감수성이 잘못 작동해서, 상황을 잘못 평가해서, 문제의 성격을 혼동/착오해서, 문제 해결에 실패해서, 혹은 잘못된 해결로 들어가서 나타나는 것이다. 성인(聖人)이 아닌 우리는 우리의 동료를 관찰하지 못하거나, 혹은 슬프게도 우리의 행위의 역사를 돌이켜보지 못하는 등 (전부는 아닌) 여러 가지 일탈 가능성을 인지하게 된다. 우리는 다급하게 나서면 안 되는데 그냥 저지르고 만다. 단호하게 행동했어야 하는데 자주 망설이고 만다. 상황의 성격을 착각함으로써 불행하게도 혼란 속에서 허둥대고 주변 사건들이 뒤틀어지게 방치한다. 우리의 상황을 잘못된 방향으로 생각함으로써 진정한 문제를 놓치고 결과적으로 부적절한 반응을 보인다. 문제를 파악하지만 두 손을 움켜쥐고 있어서 문제를 해결할 행동의 방향을 놓치고 만다. 혹은 해결책으로 (잘못) 오인한 것에 따라 행동함으로써 사태를 더 악화시킨다. 어쩌면 『기도서 표준판』이 인간들을 가리켜 '불행한 위반자들'이라고 특징화하는데 이 말은 크게 틀린 것이 아니며, '우리의 병든 내면'[62]을 인정하라고 우리에게 촉구한다.

　어떤 준비를 해야 사람들이 더 잘할 수 있고, 그리하여 그릇된 길에 덜 빠질 수 있는가? 개인들은 도덕적 탐구의 사회적 추구를 관리할 내가 말한 방법을 사용할 기회가 없다. 우리의 상황을 고민하고, 그리고 우리가 해야 할 바에 관한 합의를 만들기 위한 숙의자들을 대표하는 기구를 소집하기 위해서 손가락을 튕길 수 있는 사람은 우리 중에 아무도 없다. 결국 각자의 힘에 의존하게 된다.

그러나 우리가 할 수 있는 일은 이상적 기구에서 벌어질 토론의 종류를 모의실험 해 보는 것이다. 우리는 우리의 곤경을 다양한 각도에서 살펴보려고 노력하면서, 우리의 행위가 영향을 미칠 다양한 사람들은 우리가 어떻게 행동하도록 촉구할 것인가를 상상해 볼 수 있다. 우리가 현 상황의 맥락을 다른 상황들의 경우와 비교하려면, 우리 자신의 (혹은 다른 사람의) 과거에서 그런 경우를 회상하거나 혹은 현실적 가능성으로서 충분히 그려볼 수 있는 경우를 상상할 수 있다.[63] 우리는 이해당사자가 될 수 있는 어떤 사람들이 자기 입장을 지지하는 원칙들을 끌어들인다고 보고, 이에 따라 이어지게 될 대화를 생각할 수 있다. 우리의 성찰이 우리를 어디까지 끌고 갈지는 상황의 긴급성에 따라 자연스럽게 달라질 것이다. 어떤 경우는 물론 주저하면 분명히 문제가 될 것이고, 우리의 도덕적 탐구가 갑자기 멈추고 말 것이다. 다른 경우는 우리의 행위가 타인들의 삶과 어떻게 연관될지, 그리고 타인들은 우리의 다양한 선택지를 어떻게 볼지를 비교적 재빠르게 탐색해 보면, 모두가 특정 방향을 수용할 것임을 우리는 확신할 수 있다.

(습관적 행동이 진행되도록 허용하거나 혹은 우리를 길에서 멈추게 하는) 기본적 감수성 이외에도 우리는 제각기 다른 감수성이 필요하다. 이는 우리가 영향을 미칠 수 있는 사람들을 인지하고, 그들의 관점에서는 우리의 행위가 어떻게 보일지를 내다보고, 우리의 행위의 선택지들을 식별하고, 우리들 사이에 숙의가 어떻게 진행될지, 그리고 모두에게 수용될 것으로 결국 입증될 것은 무엇인지를 파악하게 해 주는 감수성이다. 내가 앞에서 제시했듯이, 종교가 제공해 주는 우화들 그리고 철학자들이 구상해 놓은 사고-실험들은 위와 같은 감수성을 길러내는 도구가 될 수 있다. 또한 세속적/종교적 전통들이 제시할 수 있는 원칙/규칙도 그렇게 될 수 있다. 이런 장치는 그 자체만으로 권위 있는 결론을 내놓지 못할 것이다. 그러나 이런 자원들을, 토론에 등장하는 것으로 다시 말해서 관점들을 다듬어 주고, 다른 토론자의 관점들에 반응하는 방식으로 생각한다면, 성찰에 도움이 될 수 있다. 도덕적 상상을 끌어들이려는 시도가 도움받을 길은 우리가 나눌 수 있는 대화의 종류에 의해서, 우리가 상황을 어떻게 개념화하는지를 설명함으로써, 그리고 타인들도 그들의 관점을 추가하도록 초대함으로써 열릴 수 있다. 때때로 우리의 친구들은 우리의 노력에서 우리가 맹목적, 근시안적, 비-공감적이었던 방식들에 대해서 우리가 민감하도록 깨우쳐 줄 수 있다.

초기 교육은 도덕적 주체에게 필요한 감수성을 어떻게 개선할 것인가? 〈제안 6~11〉에서 추천한 활동들의 종류는 확실히 도움이 될 것이다. 이들 활동을 보완해 줄 수 있는 것은 이해당사자들을 식별하고 그들의 관점을 공유하는 능력을 길러주려는 직접적인 시도다. 도덕적 훈련이 도움받을 길은 통상적인 원칙의 제시, 그리고 인간성을 높여주는 이야기 이외에도 특정 감수성을 개발시키는 연습일 것이다. 무엇보다도 우리는 기능적인 기본적 감수성을 길러주고, 아무 생각 없이 의지하는 습관에서 벗어나도록 도와주고, 그리고 (아마 위험을 더 줄이려면) 필요한 경우, 결단력을 높여줄 필요가 있다.

12. 초등교육의 어느 초기 단계에서 학생들은 자기 습관을 맹목적으로 따르는 것이 명백하게 잘못인데도 그렇게 하는 경우를 잘 알아두어야 한다. 또한 학생들은 충분히 결단적이지 못하는 사람들의 사례도 알아두어야 한다. 일단 이 두 가지 유형의 도덕적 실수에 관해서 이야기를 들었거나 혹은 자신의 경험 속에서 그런 실수를 접했다면, 그들은 두 가지 상황에 대처하도록 설계된 역할-놀이 시나리오에 참여해야 한다. 그들이 성장해가면서 이런 연습은 더 복잡해지고 어려워져야 한다.

또한 그들은 어떻게 하면 도덕적 탐구가 제대로 이루어질 수 있는지, 그리고 어떻게 해서 그것이 흐트러질 수 있는지를 이해할 필요가 있다.

이를 위해서 나는 공부와 연습의 또 다른 조합을 제언한다.

13. 초등교육에서는 도덕적 삶의 역사를 일부분 공부하도록 해야 한다. 이는 어떻게 다양한 집단들이 진보적 변화를 이루었고, 어떻게 그들이 때때로 변화의 필요에 무지했는지에 관한 공부다. 일단 아이들이 도덕적 탐구 과정의 핵심 측면들을 ― 포용의 필요성, 가능한 한 최선의 정보를 끌어들일 필요성, 관련된 사항들에 모두 접근할 필요성을 ― 학습했다면 그들의 감수성이 교사 혹은 다른 성인 관찰자로부터 평가를 받아야 하는 역할 놀이 연습을 통해서, 그들은 자극받아야 한다.[64] 평가받아야 할 사항은 그들이 이해당사자들을 식별하는 능력, 다양한 관점을 이해하는 능력, 행위의 가능한 방향을 상상해 보는 능력, 그리고 숙의의 가능한 방향을 내다보는 종합력이다. 평가의 목적은 그들이 자신들의 약점을 이해하고, 그것을 극복하려는 노력을 (부드럽게!) 도와주려는 것이다.

사람들은 성장하고 발달하면서, 자신이 내린 중요한 도덕적 결정을 성찰해 보고, 또 이를 타인들과 논의해 보도록 권장받을 것이다.

14. 청소년기부터 학생들은 자신의 삶에서 생기는 문제들을 가지고 토론하는 집단을 만드는 기회가 있어야 한다. 가능한 한 그런 토론 집단은 출신 배경이 다양하게 구

성되도록 하고, 집단의 구성원들도 정기적으로 바뀌어야 한다. 그들의 숙의가 상호 관여의 정신 속에서 이루어져야 한다는 것은 두말할 필요도 없다.

이상과 같은 제안들은 **사회적** 수준에서의 진전에 적용된다고 인식된 도덕적 방법론에 관한 진지한 이해가 어떻게 개인을 위한 절차에, 그리고 도덕 교육의 혁신적 실제에 반영될 것인지를 약술하려는 첫 번째 시도일 뿐이다. 여기서 시작된 (사회적인) 도덕적 탐구의 분석이 올바르고 완전한 것일지라도, 그것이 교실 안에서 혹은 일상생활의 맥락에서 실행되기 전에 많은 복잡한 이슈들이 먼저 해결될 필요가 있다.[65] 그리고, 내가 인정했듯이, 제시된 도덕적 방법들은 비교적 조잡한 출발에서부터 더 세련된 방법들의 진보적 계열이 (다행하게도) 나타나게 되는 과정의 시작일 뿐이다. 따라서 이 장에서 제시된 접근은 우리가 도덕 발달과 도덕 교육을 재고찰해야 할 틀로 보아야 한다. 그것은 만일 우리가 행위를 개선하는 일에 그리고 아마도 젊은이의 퇴행에 관한 오래된 불평의 역사를 끝맺는 일에 진지하게 임한다면, 우리가 시도해야 할 변화, 즉 실험의 방향을 가리킨다.

후주 ⏱ 제5장

1 예컨대, 다음을 참조. '가치에 관한 1988년 미국인 가치관 전국 조사'(Washington Post). 이는 다음에 인용된다. 'The 21st Century Teen: Public Perception and Teen Reality,' 다음에서 접속 가능하다. www.frameworksinstitute.org〉assets〉files.

2 Jean Twenge, 『Generation Me』, rev.ed.(New York: Simon and Schuster, 2014). 또한 'The Evidence for Generation Me and against Generation Me,' 『Emerging Adulthood』 1 (2013):11–16.

3 은자 피터(Peter the Hermit)의 설교를 번역한 것이다. 다음에서 접속 가능하다.
https://proto-knowledge.blogspot.com/2010/11/what-is-wrong-with-young-people-today.html.

4 다음에서 인용된다.
https://proto-knowledge.blogspot.com/2010/11/what-is-wrong-with-young-people-today.html.

5 Patricia Albjerg Graham, 『Schooling America: How the Public School Meet the Nation's Changing Needs』(New York: Oxford University Press, 2020), 1. 제1장에서 지적했듯이, 그레엄은 미국 학교가 맡아야 했었던 과제들의 다양성에 관심이 있다.

6 Plato, 『Euthyphro』.

7 SMC 346–47.

8 이 책에서 나는 도덕과 윤리에 대한 나의 실용주의적 접근이 도덕적 진리의 개념을 활용하는 견해들과 어떻게 연결되는가를 밝혀내려고 시도하지 않을 것이다. 아래에 제시되는 설명에서는 도덕적 삶을 집단적 인간의 구성이라고 보는데, 여기서 진보적 변화는 현존 상황의 문제를 (전체적으로 혹은 부분적으로) 극복한다. 도덕의 객관성은 해결책 그리고 문제들이 발생하는 끝없이 확대되는 역사 간의 안정된 관계에 근거를 둔다. 도덕교육의 고찰은, 그 입장이 '현실주의자(realist)'의 것인가 아닌가에 대한 입장

을 갖지 않고서도, 그런 그림에서 진행할 수 있다. 『Moral Progress』(제3장)은 이 문제에 관한 몇몇 아이디어를 제시하며, 그리고 이런 아이디어는 이 책의 후속 저술에서 더 진전될 것이다.

9 『Moral Progress』에서 나는 이런 (진술한) 주장을 자세히 논의했다.

10 『The Ethical Project』(13)에서 나는, 규범을 따르려는 성향은 다양한 형태로 나타날 수 있다고 제안한다. 순종이 인간에게 중요한 만큼, 문화적 선택은 과잉을 애호할 것이라고 기대할 수 있다. 만일 초기의 사회화가 지역적 규약을 따르기 위한 여러 잠재적 원천을 주입했다면, 한 자원이 약해지거나 무너지는 상황에서는 다른 자원이 구제하게 될 것이다. 콜버그의 유명한 제안처럼 도덕 발달의 모든 경우에서 따르게 되는 단일한 패턴의 심리학적 증거는 아무래도 결정적이지 못한 것이다. 캐롤 길리건(Carol Gillian)과 조너선 하이트(Jonathan Haidt)는 콜버그의 가장 유명한 비판자에 속하는데 그들과 달리 나는 '도덕 발달의 단일한 패턴', 그리고 '발달된 도덕적 성격의 단일한 스타일'이라는 가정을 거부한다.

11 『Human Nature and Conduct』, MW 14, 74.

12 이와 같은 사례들의 중요성에 대해서 더 많은 것은 『Moral Progress』(제3장)을 참조.

13 또 다른 어떤 사례에 관해서 밝혀주는 논의는 다음을 참조. Anthony Appiah, 『The Honor Code』(New York: W.W. Norton, 2010).

14 도덕적 실천의 개념에 대해 더 자세한 것은 『Moral Progress』(제3장)을 참조.

15 George Herbert, 'Prayer,' in 『The Metaphysical Poets』, ed. Helen Gardenr (Harmondsworth: Penguin, 1957). '기도'는 허버트의 더 유명한 시, 'The Collar'(ibid., 135)와, 특히 그 주인공(초기 저항자)이 그런 도덕적 일을 의심하는 행동과 비교되어야 한다. 'leave thy cold dispute/Of what is fit and not. Forsake thy cage,/Thy rope of sands,/ Which pettie thoughts have made, and made to thee/Good cable, to enforce and draw,/And be thy Law.' 그는 신의 목소리에 의해서 소환된다. 'Me thoughts I heard one calling, Child!/And I reply'd, My Lord!'

16 Shakespeare, 『Merchant of Venice』, Act 1, Scene 3, 93.

17 Mason Lowance, ed., 『Against Slavery: An Abolitionist Reader』(Harmondsworth: Penguin, 2000)을 참조. 새핀(John Saffin)과 마더(Cotton Mather)는 종교적 근거에서 노예제를 옹호했다. 이런 일은 19세기에도, 예컨대 데이비스(Jefferson Davis)의 연설과 저술에서 나타났다.

18 이는 예컨대 다음 책에서 충분히 밝혀졌다. Derek Parfit, 『On What Matters』(Oxford: Claren don Press, 2011). 물론 그것은 '도덕의 최고 원칙(들)'을 찾는 모든 경우에 암암리에 들어 있다.

19 고전적 원천은 Jonathan Dancy, 『Ethics without Principles』(Oxford: Clarendon Press, 2004)이라는 책이다.

20 일부 전문적 맥락에서, 실천가들이 더 나은 도덕적 결정을 내리도록 도와주는 시도에서는 그들의 과제를 이런 식으로 보는 경우가 흔하다. 의사, 엔지니어, 기업경영자는 개선된 도덕적 습관을 형성해야 한다. 그들의 윤리적 훈련은 단순하게 단일 사례에 적용되지 않고, 그들의 전문가 삶에서 만나게 되는 상황의 전반에서 그들을 도와줄 것이라는 희망이 있다.

21 Steven Weinberg, 『Dreams of an Final Theory』(New York: Vintage, 1992)을 참조.

22 이 책의 제7장(253−56)을 참조.

23 내가 고찰하게 될 두 가지 버전, 즉 공리주의와 칸트주의는 일상적 도덕의 통찰을 포착하려고 한다. 그러나 이론화의 핵심은 더 앞으로 나아가서, 일상적 도덕의 생각이 불분명한 조언을 제공하는 혹은 아무 조언도 제공하지 못하는 상황에서 더 일반적인 조언을 제공하는 것이었다.

24 J. S. 밀 이후로, 선(good)을 쾌락 및 고통 없음과 동일시하는 벤담을 너무나 단순하다고 보았던 결과주의자들이 많아졌다. 선의 개념이 얼마나 풍부한 견해인가에 따라서, 결과주의는 아주 유연해질 수 있다. J.J. Smart & Williams, 『Utilitarianism: For and Against』(Cambridge, UK: Cambridge University Press, 1973), § 2에 실린 윌리엄스(Bernard Williams)의 글을 참조. 윌리엄스의 분석에 기반을 둔 내 책, 「The Ethical Project」(§ 45)를 참조.

25 예컨대, Dean Cocking and Jeroen van der Hoeven, 『Evil Online』(Oxford: Blackwell, 2018)을 참조.

26 칸트는 두 가지 종류의 모순을 구별한다. 하나는 준칙 그 자체에 들어 있는 모순(내적 비-일관성), 다른 하나는 그 준칙을 따르려는 시도에 들어 있는 모순이다. 칸트의 검사에 관한 친숙한 관심은 그의 모순 개념의 불명확성(imprecision)에 초점을 둔다.

27 그것은 도덕 이론에서 최근의 두 가지 '계약론적' 제안, 즉 존 롤즈의 이론(John Rawls, A Theory of Justice, 그리고 'Kantian Constructivism in Moral Theory,' Journal of Philosophy 77 [1980]: 515-72), 그리고 스캔런(T. M. Scanlon, 『What We Owe to Each Other』, Cambridge MA: Harvard University Press, 1998)에 주된 영향을 미쳤다.

28 Thomas Nagel, 「The View from Nowhere」, New York: Oxford University Press, 1987, 그리고 Scalon, 『What We Owe to Each Other』에서 채택된다.

29 Richard Levins, 『Evolution in Changing Environments』 (Princeton: Princeton University Press, 1968)의 첫 장에서 놀랍게 제시되고 있다.

30 'A Defense of Abortion,' *Philosophy and Public Affairs* 1(1971): 47-66.

31 도덕철학 강의에서 대학생에게 사례를 제시해 주고, 그들의 반응(그것에 관한 그들의 직관)을 묻는 경우가 많다. 강의 담당 교수들이 예상되는 대답을 열린 마음으로 기다리는 노력을 기울일지라도, 학생들은, 최소한 내 경험에서 보건대, 무슨 말을 해야 할지를 잘 모르는 경우가 많다. 그들은 불안한 침묵 속에 앉아 있기를 더 좋아한다.

32 이런 종류의 이야기들은 두 가지 기능 중 하나를 위한 것이다. 첫째, 아주 심각한 위협에 대해서, 행위 주체가 개입하여 어떤 손실을 입히는 (태아를 유산시키고 산모의 생명을 구하는) 선택지가 있는 상황을 밝혀줄 것이라는 희망 속에서 그런 이야기를 해 줄 수 있다. 둘째, 그런 이야기는 일반적인 도덕적 가설, 혹은 전체적인 도덕 이론의 검증으로 볼 수 있다.

33 브릭하우스는 나에게 말했다. 이처럼 잘 알려진 사례들은 실제로 우리에게 무엇인가 중요한 것을 가르쳐줄 수 있다. 그 사례들은, 실질적인 도덕적 판단(너는 스위치를 눌러서 그 트롤리의 방향을 바꾸어야 한다, 너는 뚱뚱한 그 남자를 밀쳐버려야 한다)을 촉발하기보다는, 긴밀하게 관련된 시나리오들에 대한 반응이 달라질 수 있는 방식들을 친숙하게 만들어 줌으로써, 우리가 끌어들인 비유로부터 결론을 끌어내는 일에서 신중해야 함의 중요성을 강조해 준다. 비록, 이것이 열성적인 도덕 철학자들이 직관에 대한 자신의 호소를 사용하는 방식과 별로 대응하지 못할지라도, 처음의 충동을 면밀하게 살피라는 제언은 전적으로 맞는 것으로 나에게 보인다. 우리의 반응은 언제나 훨씬 더 광범한 성찰 과정이라는 맥락 속에서 자리 잡을 필요가 있다. 제8장은 이런 점을, '어떻게 일부 소설 작품이 우리의 인습적 실천을 새로운 방식으로 바라보도록 도와줄 수 있는가'를 생각해 보는 맥락에서 다룰 것이다.

34 밀그램(Stanley Milgram)의 유명한 실험에 참여한 사람들은 처음부터 정해 준 조건을 따르도록 지시받았다. 그 관계를 인식하면서 나는 물론, 철학자들이 학부생들의 '직관'을 구하면서 그들에게 상당한 심리적 손상을 입혔다고 가정하는 것은 아니다. 철학의 문화에 이미 젖어 있는, 더 익숙한 응답자들의 증언은 더 친숙한 우려를 낳는다. 즉, 그들은 기존의 철학적 신봉에 감염될 가능성이 있다.

35 정말, 나는 아래에서 다음과 같은 듀이의 명제를 옹호하는 논변을 제시할 것이다. 즉, 문예 작품은 도 덕적 발견을 촉진하는 점에서 가치 있는 것이다. 그러나 그 소설들은 사람들이 지니고 사는 심리적 성향을 올바른 방식으로 다루어야 한다. 사람들이 풀어보려고 몸부림치는 현실적 생활 상황의 복잡성, 그리고 비현실적인 조건과 제약을 덧붙이는 추상적 판타지 사이에—종종 날카로운 선을 긋는 가치 있는 관심 속에서—놓여 있는 것은, 현실적 곤경들을 단순화시키면서 우리의 심리적 능력이 그런 곤경들을 계속 파악하게 하는 일단의 소설이다. (이 사항에 관한 논의에서 로레인 대스턴(Lorraine Daston)의 도움을 받았다.)

36 다음을 참조. Lorraine Daston and Peter Galison, 『Objectivity』 (New York: Zone Books, 2007).

37 David Hume, 『A Treatise of Human Nature』, Part III, Book 1, chapter 1.

38 이 방향으로 나아가는 가장 분명한 현대적 시도는 어떤 전문직을 위한 윤리 규범을 개발하려는 시도였을 것이다. 따라서 벨몬트 위원회는 실험 대상을 취급하는 일을 위한 규범을 구성하려고 시도했다. 그 활동은 폭넓게 이익을 준 것으로 보지만, 내가 말하는 접근은 중요한 의미에서 그보다 더 멀리 나아간다. 나의 접근에서는 벨몬트 위원회의 경우보다 숙의자 집단을 더 포용적으로 만들려고 한다. 내 접근은 실제로 적용하기가 어렵다고 자주 입증되는 일반적인 것에 멈추는 데에 만족하지 않는다. 게다가, 내 접근은 관점들의 다양성을 다루는 데에 관심이 있는 것이라서, 얄팍한 타협으로 그 과정을 종결하지 않고, 또 모든 통로를 철저히 탐색하기도 전에 투표에 호소하지 않는다. 따라서 나는 이런 유형의 감행은 그 목표에 도달하는 것보다는 그 과정을 가리키는 것이라고 본다.

39 다음 장에서는 그런 주장들을 비판적으로 다룰 것이다.

40 이 구절의 주제, 그리고 다음 주제는 나의 『Moral Progress』에서 더 다루어질 것이다.

41 William James, 'The Moral Philosopher and the Moral Life,' in 『The Will to Believe』 (Cambridge MA: Harvard University Press, 1979), 158.

42 이 사례들은 흔히 적응적 선호의 경우로 간주한다. 즉, 억압받는 이들은 자신들이 억압 조건을 견디어 낼 수 있게 해 줄 선호를 형성한다. 이런 선호에 관한 가치 있는 논의는 다음을 참조. Jon Elster, 『Sour Grapes』 (Cambridge UK: Cambridge University Press, 1983); Amartya Sen, 'Gender Inequality and Theories of Justice,' in 『Women, Culture, and Development』, ed. Martha C. Nussbaum and Jonathan Glover (Oxford: Oxford University Press, 1995), 259-73, 그리고 Martha Nussbaum, 『Women and Human Development』 (Cambridge UK: Cambridge University Press, 2000), 111-66. 내가 짐작하기로, (내가 여기서 관심을 쏟는) 종류의 허위의식의 (드문) 사례가 있는데 여기서, 왜곡들은 실제로 선호로 곧바로 이해되지 못하고, 그리고/혹은 적응적이지 못하다. 그리고 그런 종류에 속하지 않는 적응적 선호의 경우가 있다. 그렇지만 그 두 개념은 폭넓게 중첩된다.

43 『Moral Progress』에서 나는 때때로, 이것이 허위의식의 유일한 혹은 주요 유형인 것으로 진술했다. 나의 논평자들의 발언, 특히 라헬 재기(Rahel Jaeggi)의 언급은 이것이 옳지 않다는 점을 나에게 확인해 주었다. 나의 '논평자에 대한 반응'은 이 실수를 바로잡기 시작한다.

44 이는 특히 여성 권리 운동에서 분명하다. 『Moral Progress』 (제2장)를 참조.

45 Thomas Hobbes, 『Leviathan』, Chapter 13; John Locke, 『Second Treatise of Government』, Chapter 3.

46 정해진 목록을 따라서 그 사회가 어디까지 내려갈 것인가는, 잠정적 구제에 관한 평가를 고려하여 정해질 것이며, 그리고 이차적으로는, 사회적 자원의 활용에 관한 판단에 따라서 정해질 것이다. 의미 있는 분량의 시간과 인간적 헌신이, 삶의 심각한 제한이라고 (주요 역사적 사례들의 경우와 같은 정도로) 판단되는 불평을 평가하는 데에 필요할지라도, 그 모든 것을 위한 또 다른 탐구는 여전히 보증될 것이다.

47 또 다른 가능성: 원래의 이해 당사자들의 일부에 속하는, 현 상태에 만족하는 사람들은 고려되는 어떤 변화에도 영향받지 않을 것이다. 이럴 때, 그 대표자들은 그 숙의에서 아무 역할도 하면 안 된다. 그러나 이런 식으로 식별하는 것은, 선택지의 최종 목록이 그려지는 시점까지 미루는 것이 가장 좋다. 그렇지 않으면 분명한 위험이 있다. 그 대표자들이 떠난 후에, 합의 도달의 어려움은 잠재적 변화의 집합이 확대되도록 자극하며, 여기에는 대표되지 않는 사람들에 대해 영향을 미치는 어떤 것이 포함된다.

48 앞 장(160-62)에 있는 합의의 유형들에 관한 논의를 참조.

49 여기서 실천적 난점은 '사실적 합의에의 도달'에 관한 문제와 연결된다. 앞 장, 149쪽(주 40)을 참조.

50 John Locke, 『Second Treatise on Government』, 제3장. 이것을 재구성한 Robert Nozick, 『Anarchy, State, and Utopia』 (New York: Basic Books, 1974), 제2장은 그 유비를 이해하는 데에도 유용하다.

51 이 문제에 대해서는 『Moral Progress』, 'Response to the Commentaries'를 더 참조. 이하에서 제시되는 '교육을 다시 생각하기'를 위한 제안들은 그 점을 강화하려고 의도한 것이다.

52 온갖 영역에서 진화하는 성취로서 방법론이라는 아이디어는 다음에서 다듬어진다. 『Moral Progress』 (31-33, 75-77)을 참조.

53 도덕과 윤리 간의 나의 구분은 버나드 윌리엄스의 유명한 연구(Bernard Williams, 『Ethics and the Limits of Philosophy』, London: Fontana, 1985)를 따른 것이다. 윌리엄스가 보기에 윤리가 역사적으로 선행하는 것이며, 도덕은 그 적정 범위가 나중에 좁혀진 것이다. 도덕과 윤리의 역사를 더 길게 보고 있는 나는, 도덕이 먼저 생기고 이것이 확대되는 가운데 윤리가 (윌리엄스의 출발점인 고대 사상가들보다 훨씬 이전에) 생긴 것으로 본다.

54 따라서 윤리가 출발하는 성찰의 노선은 앞서 제3장에서 논의한 만족스러움에 관한 고려사항으로 이어진다.

55 윤리가 도덕적 요건을 포함한다고 보는 것은, 설명적 우선성에 관한 문제에서 어느 입장을 갖는 것이 아니다. 도덕이 역사적으로 선행하는 것이라 할지라도, '어떻게 살 것인가에 관한 결정'이 독립적으로 정립된 도덕 규범의 어떤 체계에 의해 제약되어야 하는 것은 아니다. 윌리엄스, 안스콤(Elizabeth Anscomb), 풋(Philippa Foot), 그리고 고대 사상가들의 윤리적 저술에서 영감을 찾았던 후속 학자들이 그랬던 것처럼 '옳은 행위는 유덕한 인간이 할 행위이며, 따라서 도덕 문제는 좋은 삶 (유덕한 삶)을 먼저 이해함으로써 해결된다.'라고 주장할 수 있다.

56 내가 제시할 진단은 적응적 선호(adaptive preferences)가 포함되는 세 가지 특수한 사례에 의해 촉발된 것이지만 나는 그것을 적응적 선호, 그리고 이에 대응할 방법에 관한 일반적 설명으로 제시하지 않는다.

57 스토(Harriet Beecher Stowe)는 이런 종류의 태도를, 『톰 아저씨의 오두막(Uncle Tom's Cabin)』의 마리 세인트 클레어(Marie St. Clare)에 관한 인물 묘사에서, 놀랍도록 풍자한다.

58 이 구절은 밀의 것이다. OL을 참조. 『On the Subjection of Women』에서 밀과 헤리엇 테일러는 그 결과는 이미 알려졌다는 근거 위에서 '사회적 실험에 대한 독단적 반대'에 대해서 반론을 펼친다.

59 사회적 실험의 행위에 관해서, 특히 그것을 너무 일찍 포기하는 경향에 관해서 중요한 어려운 문제가 있다. 자연과학의 연구에서 얻어진 한 가지 교훈을 기억해두는 것이 좋다. 즉, 새로운 실험 작업을 만들어 내는 데에는 상당한 시간과 적응이 소요된다. 『Moral Progress』(제2장)을 참조.

60 이 주제는 다음 두 책의 논의에서 공통된 것이다. 『Democracy and Education』 (MW 9) 그리고 『Experience and Nature』 (LW 1). 앞 책은 뒷 책의 제6장, 제7장을 참조하면서 읽는 것이 좋다.

61 감수성에 관한 더 많은 논의는 『Moral Progress』 (제3장)을 참조.

62 이 구절은 새벽 기도와 저녁 기도의 '공동 참회'에 나온다.

63 여기서 나는 사고-실험에 관한 앞선 논의를 끌어들여, 책임 있는 판단을 위해서 현실 생활에 충분히 가까운 상상적 시나리오를 만들어야 한다는 요구사항을 재론한다. 이 책, 188-190쪽을 참조.

64 학교에서는, 또 다른 단계에서, 학교의 일상생활을 운영하는 일에서 도덕적 숙의를 사용할 것이다. (예컨대, 닐(A.S. Neill)이 섬머힐(Summerhill)에서 했던 것처럼). '정의로운 학교'를 창조하려는 시도에 참여함으로써 학생들의 감수성은 더 발달할 것이다.

65 〈제안 14〉는 특히 개략적이다. 브릭하우스가 나에게 지적해 주었듯이, 내가 생각하고 있는 연습의 종류는, 청소년은 말할 것도 없고, 대학 학부생들을 대상으로 삼아서 유용하게 운영하기에도 정말 힘든 것이다. 분명히 질문에 초점을 두고, 그리고 상호 참여하는 토론을 유도하는 데에 유용한 요령을 식별해 내려면 실험이 필요하다. 그러나 학교에서 저학년부터 공동 계획에 친숙해진 학생들이라면, 교실 안의 도덕적 대화를 현재 상태보다 더 생산적인 것으로 바꿀 수 있는 습관을 습득할 것이라는 생각에 나는 기울어져 있다.

제6장
종교의 역할?

1

내가 지금까지 택한 접근방식은 세계 어디서나 종종 한 국가의 거의 모든 인구가 보기에 완전히 핵심이 빠진 것처럼 보일 것이다. 자기-유지, 개인적 만족스러움, 시민성에 초점을 둔 나는 젊은이의 발달을 촉진하는 핵심 목표를 망각하고 있다는 비난을 받을 것이다. 젊은이를 도덕적 행위 주체로 고려하면서 나는 교육의 가장 심각한 과제에 주목하기 시작했지만, 여기서 내 접근은 전적으로 틀리지는 않아도 비뚤어진 것으로 보일 것이다. 만일 성장하는 아이가 앞서 여러 장에서 관심을 쏟았던 기능, 지식, 인격 특성을 갖추면서도 온갖 이로움 중에서 가장 큰 것, 즉 참된 종교 안에서의 학교 교육을 통해서만 얻어지는 유익을 놓치고 만다면, 이것이 무슨 유익이겠는가? 이 견해의 주장에 따르면 교육의 중심에 종교가 놓여야 한다.

내가 다녔던 유명한 중등학교는 그런 견해를 공식적으로 따랐다. 학교 명칭만 아니라 내세웠던 학교 특성도 그랬다. '기독병원의 종교적, 왕립의, 오래된 재단'은 군주, 국가보다 기독교의 신을 앞세운다. 그러나 그 학교의 더 포괄적인 구호, '모든 인간을 존중하라. 형제를 사랑하라, 신을 두려워하라, 왕을 존경하라'는 베드로전서에서 따온 것인데,[1] 인간 그리고 인간관계의 우선성을 암시해 준다. 앞의 여러 장에서 내가 택한 접근방식은 더 솔직히 인본주의를 주장한다. 이 인본주의는 젊은이의 교육에서 종교의 역할을 허용할까?

부정적 대답의 대중적 버전은 분명한 사항을 고수할 것이다. 의미 있는 믿음이 다양할 때, 학교는 특정 종교를 선정하여 가르칠 수 없다. 국가의 종교적 전통들이 어떤 것이건 간에 일단 다양한 신자들이 (그리고 비-신자들이) 존재하는 상황에서 특정 교리와 의식을 선정하여 특권적인 것으로 삼게 되면, 분열이 조장되고 사회적 결속력이 흔들린다. 종교는 공적 영역에 속하는 것이 아니다. 다양한 신앙을 옹호하는 각각의 집단은 자기 아이들을 자신들이 좋아하는 대로 가르치고, 심지어 학교를 세우고 대안 교육과정을 마련하여 선호하는 종교를 중심으로 삼을 권리는 있다. 그들 집단은 자기 종교의 유래가 어떻건 간에 그리고 자기 종교가 제아무리 대중적일지라도, 자기들이 원하는 바를 공립 학교도 따르라고 요구할 수 없다. 다른 신앙을 가진 사람들이 사회에 공존하는 한, 국가가 주도하는 교육은 어느 한쪽으로 치우치면 안 된다.

더 거친 비판은 더 나아가고자 한다. 그것은 공립 학교만 아니라 사회에서도 종교의 배제를 목표로 삼는다. 수많은 현대의 무신론자들은 세계의 종교들이 해로운 쓰레기의 잡다한 형태이며, 가능한 한 효율적으로 제거되어야 할 것으로 본다.[2] 종교교육은 주입 혹은 아동 학대의 일종이며, 취약한 젊은이들이 불합리한 것들을 믿도록 기만하는 일이고, 오랜 투쟁을 거쳐서 정서적으로 만신창이가 되고 나서야 그런 난관에서 탈출할 수 있게 된다.[3]

내가 보기에 이들 입장은 옳지 않은 것 같다. 열광자들이 추구하는 예방 조치는 종교적 믿음이 수많은 독실한 신앙인의 삶에 주는 가치 있는 효과를 망각하는 것이다. 공적 영역에서 종교를 배제하고 자유롭게 놓아두자는 대중적 전략은 한 가지 역할을 부여하는데 이는 잘못된 것이다. 이 장에서 혼란해진 논의를 정리해 보려고 한다.

2

영미 세계에서 종교에 관한 최근의 논란은 아주 기형적이다. 가장 열띤, 따라서 가장 주목받는 논쟁은 종교적 교리의 신빙성을 중심으로 벌어진다. 소수의 목청 높은 무리 속에서 열변을 토하는 연사들과 작가들은 자기들이 보기에 실재에 관해서 불합리한 주장에 사로잡혀 사는 이들을 몰아세운다. 신-무신론자들은[4] 자신의 상대편들을 자구에 매달리는 어리석은 자들, 즉 '날아다니는 스파게티 괴물'과 같은 의문스러운 실체를 순진하게 믿는 자들로 취급한다. 이에 대항하여 종교에 공감하는 사람들은 전투적 무신론자들이 종교의 성격을 잘못 파악하고, 모든 신도-좌석이나 기도-방석에 앉아 있는 이들을 근본주의자로 간주한다고 맞받아친다. 교조적으로 자구에 매달리는 경향(dogmatic literalism)은 일부 종파나 일부 신자를 오염시키기도 한다. 그러나 가장 원시적인 형태의 종교들을 공격하면서 이를 마치 더 정교한 형태를 가진 신앙의 부적절성을 드러내는 듯 제시하는 것도 가짜 홍보다.[5]

신-무신론자들은 강력히 반발한다. 이들의 표적은 많은 사회에서 가장 시끄럽게 떠드는 종교인들, 즉 미디어를 장악하고 가장 많은 (그리고 가장 맹신하는) 추종자들을 거느리는 사람들이다. 신-무신론자들은 학식 있는 학자들이 성서 해석의 역사에서 텍스트를 자구적으로 독해하는 사람들이 뒤늦게 나타나게 되었던 과정을 지적해 줄지라도 꿈쩍도 하지 않는다. 신-무신론자들의 관심은 **오늘날** 판매 중인 젊은이들과 취약한 이들에게 독약 같은 것들을 공급하는 종교에 있다. 그들의 과학에 대한 열정은 때때로 그들 자신을 '여론의 신성한 도시'를 '가짜 믿음의 횡포'에서 해방하려는 뜻을 품은 십자군처럼 묘사하도록 이끌어 간다. 그들은 이런 분위기에서 말을 하거나 글을 쓸 때 지구상의 생명체에 대한 다윈의 견해를 이해하지 못하게 차단당했던 사람들의 안타까운 처지를 한탄하는 경향을 보여 준다. 진화 혹은 '네가-멀리할-악(evil-you-shun)'이라는 주제를 무시하는 교육을 받은 사람들이 무엇인가를 박탈당했다는 점은 확실하다. 그러나 이들이 박탈당한 것은 우리 시대의 거대한 비극에 속하지 않는다.

오늘날 종교를 몰아세우는 더 깊고 더 설득력 있는 동기는 두 번째의 기형적 논란 속에 들어 있다. 이 논란은 종교의 텍스트들로부터 끌어낸 가르침들이 윤리, 법률, 공공정책에 관한 범사회적 토론에서 수행해야 할 역할에 관한 것이다. 저명한 철학자들은 공적 포럼에서 종교적 정당화의 배제를 옹호했다. 그 근거는 민주적 의견 교환은 그 참여자들이 대화 상대자가 수용할 것으로 기대할 수 있는 전제들에 의존할 것을 요구한다는 것이었다.[6] 우리가 함께 추론하는 공간의 목적은 모두가 공유할 수 있는 논변을 제공하는 것에 두어야 한다. 종교에 대한 호소는 대화를 멈추게 만든다. 이것이 공동 숙의를 무너뜨리는 지점이다.

많은 종교인은 이처럼 세속적 영역의 공평한 경계짓기에 불만을 가질 수밖에 없다. 왜냐면 그들의 신앙에서 본다면, 이런 것은 특정 유형의 정부의 가치를 앞세워 만물의 가장 근본 가치, 즉 우주의 초월적 질서에 근거하는 가치를 도외시하기 때문이다. 유신론자들은 민주적 제도의 요구 조건을 신(들)에 대한 봉사의 요구사항과 동등한 것이라고 볼 수 없다. 인간의 제도가 신의 의지를 꺾거나 흔들면 안 된다. 이와 달리 무신론자들은 아마도 더 온건한 분위기에서 공적 포럼에서 거리두기를 옹호하는 민주적 주장을 지지할 수 있겠지만, 그것을 문제의 핵심을 나타내는 것으로 보지 않는다. 종교는 공적 토론장으로 들어가서는 안 되는 것이다. 왜냐면 그것은 공적 토론장을 거짓으로, **해로운** 거짓으로 감염시키기 때문이다.

신-무신론자들이 틀린 것은 그들이 모든 거짓 믿음을 해로운 것으로 여기고 지적 위생처리를 요구한다는 점이다.[7] 대다수 사람도 수많은 거짓 진술을 믿고 사는데, 이처럼 잘못된 판단 중에서 정말 해로운 것은 극히 일부에 불과하다. 골치 아픈 것은 도덕적으로 중요한 행위를 지도하는 것이다.[8] 진보적 형태의 종교를 믿는 사람들이라면 이런 결론에 공감해야 한다. 그런 종교인들은, 가혹한 비판자들과 달리, 종교의 텍스트에서 파생된 온갖 도덕적 제언을 해롭고 거짓된 것이라고 여기지는 않을 것이다. 그렇지만 더 사려 깊은 종교인들이 교리가 담긴 어떤 문장에 대한 자구적 해석을 포기하는 것처럼, 그런 종교인들의 신봉은 경전의 도덕적 가르침을 평가하기 위한 독립된 표준의 중요성을 인정함으로써 진전되기도 한다. 그 결과 공적으로 논란이 벌어지는 문제들에서 종교적 교리들이 합당한 시민들이 항의할 정도로 해로운 방향에서 해석될 때, 이런 계율을 독해하는 권위는 의심을 받게 된다. 만일 경전의 적용이 도덕적 오류로 보일 만한 이유가 있는 경우, 진보적 신앙인이라면 경전이 도덕 문제를 결정한다고 단언할 수 없다. 독립적이고 세속적인 도덕적 토론이 요청된다.

내가 염두에 두는 깊은 신앙인들은 도덕의 우선성을 이해한다. 그들은 차량 범퍼에 붙어 있는 '성경이 말한다. 나는 믿는다. 그것이 결정한다'라는 구호를 부정한다. 그들은 도덕적 탐구에 대한 제5장의 제안과는 다른 접근을 옹호할 가능성이 아주 크다. 그렇지만 그들은 인본주의자와 공통된 기반을 공유한다. 경전의 가르침은 독립적인 도덕적 평가라는 시험을 거쳐야만 수용될 수 있다.

$$3$$

자신이 선호하는 경전의 권위를 도덕 문제에서도 고집하는 열렬한 옹호자들이 있다면 이들에게 뭐라고 말해야 할까?

두 가지가 필요하다. 첫째, 특정 종교를 아무리 강력하게 옹호할지라도 인간이 행할 도덕적 처방을 담고 있는 교리는 종교가 달라짐에 따라서 그리고 같은 경전도 상반된 해석에 따라서 다양해진다는 점을 인식해야 한다. 기독교인들도 자신이 영감을 받는 경전의 독해가 낙태를 금지하는지 혹은 동성애 관계를 징벌하는지를 놓고 분열된다. 이슬람교도들도 **지하드**(jihad) 명령의 정확한 의미에 대해서 차이를 보인다.[9] 둘째, 더 근본적으로, 칸트는 차량 범퍼에 붙어 있는 스티커가 대화를 멈추게 하는 문제점을 확인했다. 그에 따르면,

> 나에게 제시된 [도덕의] 모든 사례는 먼저 도덕의 원칙들에 따라서, 그것이 독창적 사례로, 즉 모범으로 삼을 만한 가치가 실제로 있는가에 따라서 판단되어야 하지만, 그것이 처음부터 그 개념을 제공해 줄 수는 없다. 복음의 거룩함도 한 가지 사례로 인정받기 전에 먼저 도덕적 완전함에 관한 우리의 이상과 비교되어야 한다.[10]

이 인용문은 도덕에 대한 칸트의 독특한 접근의 세부 사항(예컨대, 원칙, 개념, 이상에 관한 이야기)을 수용할 것인지와 무관하게 심오한 사항을 제시하는 것이므로 폭넓게 살펴볼 만하다.

대다수 유대인과 기독교인은 세상을 돌아다니면서 자신들과 어긋나는 집단들을 '처단하고', 적군의 남성을 살해하고, 그들의 피부를 벗겨내고,[11] 그들의 처와 딸을 첩으로 삼을 자격이 있다고 느끼지 않는다. 극소수 유대인과 기독교인은 자신들이 예배하는 장소들이 민수기에서 고통스러울 정도로 길게 적어놓은 상세하고 치밀한 요건들에 맞지 않는다는 사실에 걱정한다. 일부 기독교인은 기독교를 안 믿는 자기 친구들이 다른 측면에서는 도덕적으로 훌륭한 행동을 할지라도 다음 생에서는 말할 수 없는 고통을 끝없이 겪을 것으로 생각한다.[12] 믿지 않은 결과로 그런 일을 실제로 겪게 될 사람은 몇 명이나 될까?

그런데 실제에 있어서 통상적으로 경전들은 그 모든 부분에서 도덕적 권위를 갖는 것으로 대우받지 못한다. 독실한 신자들은 신적 영감을 받은 것이라고 자신들이 여기는 텍스트에서 제시하는 도덕적 틀의 일부를 벗어나기도 한다. 그들은 칸트의 통찰에 상당 부분을 양보하면서, 자신들의 **독립된** 도덕적 감수성에 침해되는 부분들을 걸러내기 위해 **필터**를 사용한다. 만일 그들이 걸러내지 않고, 도덕적으로 근본이라고 그들이 주장하는 기록물들의 모든 제언을 따른다면, 그들의 행위는 잔혹하고 야만적이라고 널리 비난받을 것이다. 그러나 그들의 종교에서 흘러나오는 도덕에 대한 그들의 헌신은 이런 선택적 태도와 관계없이 살아남는다고 가정한다. 이럴 수 있을까?

천천히 살펴보자. 첫째, 종교적 기록물들의 이면에 놓인 신의 무-도덕적 속성들에 집중함으로써 칸트의 핵심에서 빠져나가려는 시도부터 살펴보자. 독립된, 선험적인, 도덕적 표준을 기반으로 경전을 평가할 필요가 있음에 대해 도전하는 유신론자를 상상해 보자. 이런 유신론자에 따르면, 그가 숭배하는 신(들)은 우주 전체를 만들 정도의 굉장한 힘과 책임을 갖는다. 이 특별한 힘을 인정하는 신앙인들은 신이 명령하는 것은 무엇이건, 신의 명령이라는 이유만으로 행해야 한다.

20세기의 역사를 성찰해 본 사람은 이 추론방식에 무슨 잘못이 있는지를 진단할 수 있어야 한다. 나치, 혹은 소련 공산주의, 혹은 동아시아인의 엄호 아래 시도되었던 사회변혁에서, 무고한 시민들의 무리를 학대하고 살해하라는 진영의 명령은 그와 똑같은 노선의 옹호론을 제시하였다. '우리는 지도자들을 따랐다. 그들은 권력이 있었고, 우리가 작전하는 시스템을 세웠으며, 우리보다 더 멀리 내다보았다. 의심은 우리의 몫이 아니었다.' 칸트의 핵심 통찰은 이 마지막 문장에 대한 논박이다. 잔학한 행위를 하라는 명령을 받을 때, 그것을 의심하고 명령 수행을 거부하는 일은 명령을 받는 부하의 몫이다.[13]

대다수 종교인은 힘이 정의가 아님을 이해한다. 따라서 그들은 경전을 걸러낸다. 그렇지만 그들 중 일부는 자신들의 독립된 도덕적 표준이 결정을 내리지 못할 경우, 자신들의 경전이 도덕 문제에 대한 지침을 제공해 준다고 생각한다. 확실히, 성서에는 껄끄러운 구절이 상당히 많지만, 낙태의 허용을 거부하거나 혹은 동성애를 죄악시하고 공격하는 점에서 여전히 신뢰받고 있는 것이 분명하다. 이것이 합당한 태도일까?

이런 부류의 독실한 신자들은 더 사려 깊고 민감한 사령관처럼 행동한다. 최고 지도자가 내린 명령을 늘 따르는 것이 아니라 가끔은 머뭇거리는 사령관처럼 행동한다. 만일 그 지시가 자신의 도덕적 원칙에 분명히 어긋난다면, 예컨대 자신이 통제하는 사람들을 고문하거나 다수를 처형하라는 지시를 받는다면 이를 거부한다. 그가 자신의 행위를 감추면서 희생자가 될 뻔한 사람들을 보호하는 조치를 할 것으로 우리는 상상할 수 있다. 이와 달리 명령을 받은 행동이 아무런 도덕적 경고음도 울리지 않을 수 있다. 그런데 어떤 경우에는 상부의 지시를 평가하기가 어렵다. 그는 자신이 통제하는 사람 중 일부의 생명에 미치는 심각한 결과를 인지한다. 그는 그 문제를 이리저리 생각해 보려고 할 때 저항하려는 경향이 생기지만 그 상황의 도덕적 복잡성도 인정해야 한다. 결정을 내리기가 어려움을 알고서 그는 마침내 그 명령에 묵종한다. 아무튼 그 명령은 지도자의 것이다.

이것 또한 도덕적 오류이다. 왜냐면 이 사령관은 지도자의 도덕적 권위에 관한 일반적 의구심을 보증해 줄 정도로 상부의 지시를 충분히 알기 때문이다. 과거에 입에 담을 수 없을 행위를 명령했던 사람들은 어려운 사례들에서 결정적 목소리를 낼 수 없다. 칸트의 핵심은 '그들의 열매로 그들을 알리라'는 유명한 성서 텍스트와 결합 될 때 일반화된다. 풀어내기가 제아무리 어려운 도덕 문제여도 의심스러운 당국에 문의하여 지시를 따르는 것이 그 해답은 아니다.

이에 비추어, 낙태는 언제 어디서나 살인이라고 주장하는 종교인, 혹은 동성애는 언제나 죄악이라고 주장하는 그의 동료를 생각해 보자. 총괄적 금지는 극단적 사례 앞에서 무너질 수 있다. 예컨대, 가까운 친척에게 강간을 당한 후 12세 소녀가 임신하고 그 태아는 근본적으로 발달이 지체되어 이윽고 고통스럽게 죽을 것이고, 그러면 그 소녀도 죽을 (혹은 심각한 장애를 가질) 수밖에 없는 상황에서 그 소녀의 낙태를 부정한다면 이는 터무니없이 잔인한 행동이다. (그것은 생명의 우선성이라는 뜻과 연결된 '생명-옹호론'이라고 해석하기조차 어려울 것이다.) 혹은 수많은 타인의 삶을 돕는 일을 지탱해 줄 지속적 관계에 빠져 있는 두 남성 간의 혹은 두 여성 간의 속 깊은 헌신적 사랑을 가리켜 아무튼 근절시켜야 할 악이라고 가정한다면 이는 얼핏 보아도 인간의 사랑에서 엉뚱한 측면에 집중하는 것이다. 그런데 사랑의 표현에서 신체의 어느 부분을 접촉하는가보다는 그 관계가 뜨거워지게 만드는 정서의 질이 훨씬 더 중요하다고 생각할 수 있다. 그런데 그런 종교인은 앞에서 낙태, 동성애와 같은 사례에서 인간다운 삶의 귀중한 가치를 부정하는 것으로 보통 읽히고 이와 동시에 도덕적으로 역겨운 다른 처방도 담고 있는 종교적 텍스트를 가리켜서 도덕적으로 결정적이라고 보고 이에 호소하는데, 어떻게 이럴 수 있을까? 정말 아무리 덕이 있어도 신을 인정하지 않는 사람들이 겪어야 할 극단적 고문을 공언하고 환영하는 경전을 도덕 문제에 대한 신뢰할 만한 지침으로 보기는 어렵다.[14] 특히, 그런 경전의 다른 부분에서 보는 것처럼, 신이 무차별적 살육과 성적 노예를 옹호하고 신으로 숭배받을 적절한 조건을 규정하면서 강박적 자기-중심주의를 보일 때, 그렇게 보기는 더욱더 어렵다.

그러나 나의 사령관 유비는 그런 종교인에게 관대하다. 이를 더 현실적인 이야기로 만들기 위해서 여러 종교에서 나타나는 도덕적 관점의 다양성에 관해서, 그리고 특권적인 것으로 간주하는 텍스트에 관한 대안적 해석들에 관해서, 앞서 지적한 사항을 다시 꺼내 보자. 그 사령관이 받드는 정권은 최고 수준에서의 권력 투쟁에 따라 영향을 받으며, 이를 그 사령관도 안다. 명령은 여러 시점에서 여러 파벌로부터 내려온다. 그 사령관은 스스로 특정 파벌에 봉사한다고 생각하기 때문에 그 파벌이 선호하는 명령을 확인하고, 그리고 (물론 그의 도덕적 가책에 어긋난 것은 배제하면서) 이를 실행하려고 노력한다. 어쩌다가 그 정권의 상층부에서 격변이 발생하게 되면 그가 받은 지시 중에는 이해가 안 되고 이상한 것이 많아진다. 게다가 똑같은 파벌에 봉사하는 다른 사령관과의 교신을 통해서 상부 명령 중 어떤 것은 다른 의미로 해석된다는 점도 알게 된다. 끝으로, 어떤 캠프는 적대적 파벌의 지지자들이 관리하고 있고, 따라서 캠프들의 운영 방식 및 복종해야 할 명령에 있어서 상당한 다양성이 나타나는 점은 상식에 속한다.

이런 상황 속에서 어려운 사례들의 경우, 상부의 명령을 따른다는 생각은 더욱더 의문스러워진다. 그 사령관은 선호하는 파벌에서 내려온 어떤 명령들이 도덕적으로 거북스러운 것임을 알 뿐만 아니라 그 명령들에 대한 자신의 이해, 그리고 그가 헌신했던 파벌이 도덕적으로 올바른 선택인지도 의심해야 한다. 무엇을 할지를 결정할 때는 자신의 독립된 도덕적 이해를 사용한다는 제언에 대해 무슨 대안을 그는 제시해야 할까?

다음과 같이 가정해 보자. 그 사령관은 정권의 뒤에 (아마 다른 긴박한 일에 참석하느라) 숨겨진 아주 강력한 지도자가 한 명 있다고 믿는다. 그 사령관은 이 지도자의 충직한 종이 되려 하고, 그 지도자의 의도에 맞는 방향으로 관리한다. 그가 택한 파벌에 대한 헌신은 이 특정 고위층 소속 집단이 그 최고 지도자가 짜놓은 계획을 실행하려고 시도한다는 확신을 표현해 준다. 그렇다면 그는 의견들의 충돌 그리고 명령의 모호성은 그 모든 일의 기반에서 나타나는 실패 혹은 도덕적 실패를 가리킨다고 보아야 하지 않을까? 그는 지도자의 부재와 명료성의 결핍이 권력의 심각한 한계의 징후라고 혹은 의무의 유기라고 보아야 하지 않을까? 그 정권이 현명하게 설계된 것으로 이해한다면, 그 거대한 계획을 실행할 책무가 있는 사람들 사이에 퍼진 혼란 그 자체는 그 창안자의 도덕적 타락을 표시하는 것이 아닐까?

적절하게 수행된 도덕적 정치적 숙의들은 오직 종교적 텍스트들에 대한 호소에 근거하지 않는 전제가 사용될 때만 세속적일 수 있다. 왜냐면 문제가 되는 그 텍스트들 그리고 여기서 상충하는 목소리들의 불협화음은 우리의 기존의 독립된 도덕적 확신을 사용하는 이외에 다른 길을 허용하지 않기 때문이다. 칸트의 통찰은 깊이 파고든다. 게다가 그의 통찰은 수많은 종교인과 종교적 교파가 인정했다. 이들은 인간다움과 인간들의 삶에 집중했던 사람들이 밝혀낸 도덕이 어떻게 종교적 경전에 대한 호소를 뛰어넘는지를 살펴보았다. 때때로 그 구절들이 어떻게 해서 폐기될 필요가 있는지 드러났고, 때때로 그 구절들이 어떻게 이해되어야 가장 좋은지 밝혀졌다. 이런 종류의 인본주의를 포용함은 종교적 진보의 일면이다.

4

그런가? 근본주의자들의 도덕적 교조주의는 신-무신론자들을 경악시키고, 이들로부터 격렬한 비난을 불러일으킨다. 이런 근본주의자들은 내가 칸트에게서 끌어들인 추론 방향에 대해서 설득력 있는 반론을 찾아내지 못할 것이다. 그렇지만 흔히 세련되고 진보적이라고 말해지는 어떤 종교적 전통은 칸트의 논변이 종교적 태도의 핵심을 부정한다고 볼 것이다. 인본주의자들이 환영하는 종교적 진보는 참된 신앙의 희석, 즉 인본주의자의 기호에 맞게 설계된 희석된 신앙이라고 볼 것이다. 그런 종교적 전통에서 보기에, 신의 말을 세속적인 도덕적 탐구에 맡기는 것은 신앙의 힘과 영광을 과소평가하는 것이다. 키르케고르가 '신앙의 기사'의 심리적 성격을 밝히려고 했던 미묘한 시도는 칸트의 논변에 대한 반응의 고전적 표현이다.[15] 신의 명령은 (인간의) 도덕 판단에 종속되어야 한다고 양보하지 않는 키르케고르는 신앙을 '윤리적인 것의 목적론적 보류'와 동일시한다. 아브라함은 자신의 사랑하는 아들 이삭을 죽이라는 명령에 따르려고 하고, 그리고 이 행동의 온갖 두려움과 심지어 그 부조리를 인지하면서도 그러려고 한다는 바로 그 점 때문에 아브라함은 모범적인 '신앙의 기사'이며 종교적 신자의 역사적 모범이다. 아브라함의 심리적 태도들의 대안이 될 수 있는 것들, 즉 아브라함이 하는 그리고 하려고 하는 바를 합리화하도록 그의 상황을 생각하는 방식들을 고찰하면서, 키르케고르는 우리의 일상적 관점들에 따라서 아브라함을 이해할 수 있게 만들려는 온갖 시나리오는 그의 훌륭함을 인지할 것이라는 점을 부정한다. 인습적 사고는 그를 이해할 수 없다. 아브라함은 신의 명령을, 두렵고 부조리하다고 아는 명령을 따르려고 한다. 그의 의지는 신앙의 최고 표현이다.

이런 극단적 형태의 종교적 헌신에 대한 키르케고르의 찬양은 명확한 반론에 직면한다. 이삭을 죽임으로써 아브라함은 그의 아들로부터 그리고 신이 그에게 약속한 수많은 후손으로부터 유사한 신앙 고백의 기회를 박탈하게 될 것이다. 만일 전지전능한 존재에게 복종하는 일에 대한 총체적 헌신이 그처럼 가치 있는 일이라면, 누가 이런 일을 타인들에게 부정해야 할까? 이런 반론에 어떻게 대응할지는 어렵지 않게 알 수 있다. 그런 질문을 던진다는 것은 우리의 일상적인 도덕적 관점, 예를 들어 다른 사람들의 삶에 대한 우리의 관심을 신앙의 고려사항으로 끌어들이는 것이다. 아브라함 이야기의 핵심은 이런 생각들을 어떻게 초월했었는지를 엄밀히 보여 준다. 누구에게나, 어느 때나, 신에 대한 헌신이 최우선시된다.

더 단호한 질문은 어디까지 윤리적인 것의 보류가 허용되어야 하는가이다. '신앙의 기사들'이 가득한 세계를 상상해 보자. 날마다 독실한 사람들은 자신의 경전을 읽고 그 경전이 새롭게 밝혀주는 바를 찾고, 자신이 선택한 신의 음성이 자신들에게 직접 말하는 바를 자주 확신하게 된다. 자신이 스스로 받아들인 명령에 감명받은 그들은 인간-중심적 도덕의 가르침을 가끔 비웃으면서 잔혹한 행위도 저지른다. 비-기독교인들을 박해하고 고문하는 것은 진정한 신앙을 그들에게 가르치기 위해서다. 큰 전쟁들이 벌어지는 것은 인간이 마침내 구원받게 될 '종말의 날'을 앞당기기 위해서다. 아브라함에게는 수백만 … 수천만 … 수억의 영적 후손들이 있다. 이들은 제각기 키르케고르가 그토록 찬양하는 상태에 도달한다. 각자가 선호하는 신에게 전적으로 헌신하고, 신의 명령이면 무슨 일이건 저지르려고 한다. 그들은 자기들의 행동이 일으키는 공포와 부조리를 충분히 알면서도 저지른다.

물론 특정 종교의 관점, 예컨대 19세기 덴마크의 프로테스탄트 기독교의 관점에서 보면, 그런 사람의 대다수는 심각한 오류에 빠질 것이다. '신앙의 기사들'의 대다수는 있지도 않은 존재의 메시지를 상상하고 따를 것이다. 그러나 신앙의 열성분자들이 보기에 그런 근거로 그들을 비난하는 것은 아브라함을 향한 비난을 반박할 때 지적된 다음과 같은 잘못을 반복하는 셈이다: 아브라함은 신에 대한 자신의 헌신을 보여 주는 그런 기회를 이삭에게서 빼앗을 것이다. 당신의 눈에 틀린 것으로 보이는 신을 숭배하는 이들을 비판하는 것은 당신의 일상적 표준들을 이미 이런 것들을 초월해 버린 곳으로 끌어들이는 셈이다. 더 높은 존재에 대한 헌신이 전부임을 우리는 기억해야 한다. 신앙이 부조리를 저지름은 그것이 부조리하기 때문이다.[16]

그 어떤 구분을 끌어들일지라도 양과 염소를 분리할 수 없다. 열성분자들은 자신들이 보기에 잘못된 길로 빠진 이들을 비난하겠지만, 가정하건대 그들 자신의 입장으로 그들을 끌어들였고 자신이나 자신과 비슷한 사람들만 오직 옳다고 생각하게 만들어버린 그 헌신은 (그들이 비난하는 이들이 저질렀던 것과 아주 똑같은) 근거 없는 비약이다. 윤리적인 것들을 정지시키는 일은 '신앙의 기사들'이 드물 때, 그리고 그런 비약이 올바른 곳을 지향할 때는 칭송받을 일로 보일 것이다. 인간들이 살아가는 이 흐릿한 세계에서, 증거의 요구를 팽개치고 윤리적 삶을 '초월하는' 것은 소름 돋을 재앙이다. 이는 아주 무자비하고 광신적인 캠프 사령관들이 자기 마음대로 저지르는 세계로 비약한다.

키르케고르를 읽은 적이 없을 것 같은 윌프레드 오웬(Wilfred Owen)은 그 위험성을 간파했다. 플랑드르 지역의 참호 전투에서 직접 겪었던 경험은 그가 아브라함 이야기를 다시 쓰게 만들었다. '노인과 아이의 우화'는 명령이 내려지고 이삭이 죽을 산으로 아브라함과 이삭이 올라가는 시점에서 시작된다. 아이는 제물로 바칠 동물을 어디서 찾을지를 묻는다. 그의 아버지는 말이 없다.

> 그때 아브라함은 띠와 끈으로 아이를 묶고,
> 거기에 난간과 도랑을 만들고,
> 그리고 자기 아들을 죽일 칼을 꺼냈다.
> 천사가 하늘에서 보라! 하며 그를 불러
> 말하기를 그 아이에게 손대지 말라,
> 그에게 아무 일도 하지 말라. 보라,
> 수풀 속에 뿔이 묶여 있는 숫양 한 마리를;
> 아이를 놔두고 숫양(the Ram of the Pride)을 바치라.
> 그러나 노인은 말을 듣지 않고 그의 아들을 죽였다,
> 그리고 유럽 후손들의 절반까지를, 한 명 또 한 명 그렇게.[17]

오웬의 버전은 창세기 이야기에 깔린 일상적인 가정을 드러낸다: 천사가 말할 때, 아브라함은 그 말을 신의 새로운 메시지로, 즉 이전의 명령을 대체하는 것으로 **인지**한다. 그런데 왜 키르케고르의 신앙의 기사가 그렇게 해야 하는가? 왜 그것을 신의 명령을 명예롭게 받들지 못하도록 하는 최후의 유혹으로 보지 않는가? 신앙의 절대적 헌신을 찬양하는 이들은 구원을 약속하는 메시지를 의심하는 일이 왜 더 칭송받을 일이 아닌지, 무서운 심판이 이제 행복한 결말에 도달했다는 암시에 저항하는 일에서 신앙의 기사는 왜 용감하지 않아야 하는지를 설명해야 한다.

게다가 오웬은 신앙의 기사가 될 사람들이 당면하고 숙고해야 할 전혀 다른 심리학적 설명을 제공한다. 행위 주체가 고통과 아픔을 주고 심지어 (일상적 기준으로 판단할 때) 잔혹하고 야만적이기도 하는 신의 말씀에 대한 복종이라고 보는 것은 부분적으로 혹은 전체적으로 잠재된 폭력적 충동의 표현일 수 있다. 오웬의 아브라함은 상해와 살인의 욕구에 사로잡혀 무자비하며, 이는 그의 후손들에게 전해져서 이들이 서부 전선의 진흙탕 속에서 몸부림치게 만든다.

5

그렇다면 결국 윤리적인 것의 보류를 호소하는 것은 도덕의 요청을 앞세우면서 세계의 주요 종교가 이룩해 놓은 진보와 상반되는 것이다. 만일 오웬의 전쟁 시(詩)에서 묘사하는 것을 가진 '신앙의 기사들'로 가득 찬 세계를 만난다면, 그 결과는 인류가 반복해서 겪어왔던 조건의 확대된 버전이다. 서기 1천 년 전부터 그 이후로 발생한 종교적 전쟁에서 '신앙의 기사들'은 서로 충돌하고 싸웠으며, 이런 과정에서 인류의 엄청난 비애를 낳았다.

고대의 종교들은 부족적이었던 것으로 보인다. 부족중심주의의 흔적은 경전에 들어 있는 글들에 남아 있고, 이는 그 이후에 걸러낼 일차적 표적이었다. 이와 같은 초기의 갈래들은 어떻게 신들이 한때는 어떤 지역 집단의 세속적 투쟁을 이끄는 데에 관심을 가진 보호하는 족장으로 보였는지를 밝혀준다. 이웃들이 경쟁하거나 싸울 때 그 핵심의 일부는 '우리의 신이 너희의 신보다 더 크다.'는 점을 보여 주는 것이다.

그런 태도들의 도덕적 결과로서 부족 구성원들 사이에서 금지되었던 행위들이 외부 사람들을 향해서는 허용되거나 심지어 장려된다. 타 부족들에 대한 폭력은 토지나 희귀 자원을 둘러싼 논란에서만 발생한 것이 아니다. 그런 폭력은 신성한 보호자의 명예를 지키고 그리고 그의 힘을 보여 주려는 결의를 표현한다. 지역의 신들은 **질투하는** 신이다.[18] 이런 신들은 대적하는 신을 숭배하는 사람들에 대한 관용을 경멸한다. '잘못된 신들'을 애호하는 사람들을 제거하려는 시도는 전적으로 정당하다. 부족을 위한 극단적 희생들이 도덕적 칭송을 받는 것은 그런 영웅들의 헌신 정도가 거기서 일부 표현되기 때문이다. 분명히 그런 희생은 위대한 나르시시스트의 자아를 달래준다.

자기를 따르는 자들에게 자기를 믿지 않는 자들을 제거하라고 요구하는 '질투하는 신'은 몇 가지 단계를 거쳐서 더 진보적인 아이디어로 바뀐다.[19] 최초의 상태에서, 대적하는 신들의 실재에 대해서 아무런 의심이 없다. 경쟁하는 집단들 간에 벌어지는 지상의 투쟁은 다른 세계로, 즉 서로 대적하는 후원자들이 자기들의 싸움을 벌이는 하늘로 투사된다. 한 가지 발전은 종교적 대안들의 견해를 수정하는 데에 있다. 적대적인 헌신이 서로 다른 현실적 존재를 향한다고 보는 대신에 창조자라고 흔히 말하는 하나의 강력한 신이 생긴다. 이런 존재의 속성에 관한 생각이 달라질 때 종교적 불일치가 생긴다. 여하튼 질투심은 계속된다. 그 신은 올바른 교리의 수용과 올바른 종류의 숭배를 요구한다. 믿지 않는 자들은 최소한 한 가지에서, 그리고 전형적으로는 두 가지에서 잘못이다. 이들 잘못은 질투하는 신에게 매우 거슬리기 때문에, 신앙인은 잘못된 생각의 뿌리를, 언제나 어디서나, 뽑아버릴 것을 여전히 요구받는다. 종교 공동체는 여전히 군대가 되고 유일한 참된 신을 위해 싸우도록 충원된다.

다른 형태의 종교적 진보에서 여러 신들의 비전이 유지되지만 이들 간의 질투심은 누그러진다. 천상의 세계에서 벌어지는 싸움은 예전처럼 극단적이지 않다. 신들이 늘 괴팍한 것도 아니고, 다른 쪽으로 충성하는 숭배자들도 관용한다. 설령 네가 아폴로를 위한 의식에 아주 정기적으로 참여하고, 내가 아테네 혹은 미네르바에게 헌신하는 경향이 더 있을지라도, 상대방을 바로잡기 위해 네가 혹은 내가 폭력을 행사하라는 명령은 불필요해진다. 물론 우리 사이에 혹은 우리 도시들 사이에서 별도의 이유로 싸움은 벌어질 것이고, 그리고 이런 종교적 차이는 우리와 대적하는 세력의 내부에도 나타날 것이다. 그러나 우리의 종교적 충성이 서로 조화하지 못한다고 해서 우리가 충동적으로 무기를 드는 것은 아니다.

보편적(ecumenical) 종교가 역사에 등장했는데, 이는 교리가 진보하여 단일한 초월적 체제의 그림이 제공될 때였다. 가장 단순한 버전으로는 우주를 계획하고 창조하는 유일신이 있다. 다른 버전들에서는 천상의 존재가 다수로 허용되며 종종 (늘 그런 것은 아니나) 위계적 질서가 만들어진다. 종교적 진보의 도덕적 측면이 나타나는데, 이는 동의하지 않는 사람들을 제거하라는 명령이 포기되는 경우다. 다른 종교들의 유혹을 받는 사람들은 여전히 잘못이다. 초월적 질서, 그리고 숭배 방식에 대한 그들의 견해는 여전히 잘못이다. 그러나 독실한 신앙인들은 그런 사람들을 진리로 끌어들이기 위해서 표준적인 도덕의 경계를 넘어서라는 요구를 받지 않는다. 그런 사람들을 설득하고 그들에게 올바른 길을 보여 주려고 시도하겠지만, 계속해서 거부하는 그들을 신앙인들끼리의 상호관계에서 금지되는 방식으로 대할 수는 없다. 특히 그들을 죽이거나, 고문하거나, 소유물 전체를 몰수하거나 하지는 않을 것이다.

이런 태도는 우리가 경외하고 모시는 질투하는 신이라는 비전과 공존할 수 있을까? 종교의 역사는 그 가능성을 보여 준다. 보편적 종교는 신이 교리 문제, 그리고 아마도 특별하게 의식과 의례에서 교리의 표현 문제에 깊은 관심이 있다고 흔히 가정한다. 특정 양식의 보편적 종교를 옹호하는 사람들은 자신들의 견해가 올바름을 자주 주장한다. 그들은 어떻게 신(들)을 모셔야 하는지를, 그리고 그들을 따르지 않는 사람들이 얼마나 심각한 잘못인지를 알고 있다. 이런 잘못에도 불구하고 만일 잘못된 사람들을 진리로 이끌어 가려는 시도에서 도덕의 독립된 요구사항을 침해한다면, 이것도 잘못일 것이다. 신자들은 이제 신의 군대가 아니다. 신은 그 문제를 스스로 다룰 수 있다.

왜냐면 보편적 종교의 이런 첫 단계에서 여전히 문제로 보이는 것이 있기 때문이다. 신은 교리에 대한 믿음과 올바른 예배를 통해서 제대로 인정받을 것을 여전히 주장한다. 정말이지 이 문제는 너무 중요해서 참된 길을 따르기를 끝내 거부하는 이들은 참혹한 벌을 받을지 모른다. 게다가 믿지 않는 이들을 '때려죽이라'라는 명령은 따라서는 안 될 것이지만, 정전에 속하는 종교적 텍스트는 일반적으로 도덕적 권위를 갖는다. 따라서 보편적 종교의 첫 단계에서 네 가지 태도가 결합한다. 첫째, 그 종교의 교리와 준수가 유일하게 옳은 것이라고 본다. 둘째, 틀린 교리적 신념을 (그리고 이에 따라서 종교적 봉사에 관한 틀린 생각을) 가진 사람들에 대한 폭력은 이것이 그들을 순화나 개종시키려는 것이어도 금지한다. 셋째, 잘못된 종교를 가진 사람들은 신으로부터 심각한 어쩌면 끝없는 처벌을 받을 정도로 깊고 중대한 오류에 충분히 빠져있는 것으로 간주한다. 넷째, 선호하는 종교 텍스트의 도덕적 권위가 일부분 유지된다. 믿지 않는 이들에게 폭력을 행사하라는 명령을 우리에게 내리는 경우를 제외하고 경전은 도덕적 지침을 제공해 준다.

보편적 종교의 이런 첫 단계에서 신앙인들은 내가 앞서 말한 걸러내기(filtering)를 한다. 두 번째 사항, 즉 폭력 금지의 수용은 그들의 정전인 종교 텍스트에 들어 있는 어떤 구절이 제시하는 명백한 명령을 그들이 무시하도록 이끌어 간다. 그렇지만 그들은 어려운 도덕 문제를 해결하기 위해서 그 경전을 끌어들일 준비가 되어 있다.

이제까지 소개한 범주들, 즉 부족적 종교와 보편적 종교의 첫 단계는 오늘날 우리가 사는 세계에 어떻게 적용될까? 앞서 지적한 네 가지 자세를 특징으로 갖는 보편적 종교는 어쩌면 전 세계에서 찾아볼 수 있는 가장 공통된 형태의 종교일 것이다. 그것은 부족적 종교보다 정말 진전된 것이다. 그러나 불행히도 부족적 종교가 여전히 살아 있고, 이슬람교의 전투적 버전에서 나타나며, 그리고 불교도, 힌두교도, 유대교도, 기독교도가 저지르는 이슬람교도의 박해에서도 나타난다. 보편적 종교를 위해서 심지어 보편적 종교의 첫 단계를 위해서 부족적 종교를 근절하는 일은 환영받을 만한 진보적 단계에 속할 것이다.

그러나 보편적 종교의 첫 단계는 내부적으로 불안정하다. 네 가지 태도가 명시되고 병렬되지만, 이를 결합하기가 쉽지는 않다. 만일 우리의 종교가 극히 중요한 진리를 갖고 있다고 우리가 확신한다면, 만일 이런 종교에서 멀어지는 것이 유일한 참된 신에게 아주 불쾌한 일이라면, 믿지 않는 사람들에 대한 우리의 행동에 있어서 우리는 왜 세속적 도덕을 따라야 할까? 그들을 빛의 세계로 인도하기 위해서 온갖 수단을 동원하는 행동을 우리가 신의 군사로서 하면 안 될 이유는 무엇일까? 만일 그들이 자신의 방식을 바꾸지 않으면 영원한 형벌을 당할 것인데, 우리가 온갖 수단을 동원하여 그들을 개종시키지 않는다면 이는 그들에 대한 우리의 의무 태만이 아닐까? 코튼 마데(Cotton Mather)는 이렇게 보았고, 아프리카인의 노예화를 주저하는 이들을 가리켜 도덕적 태만이라고 주장했다.

> 이 세상에서 당신의 니그로들은 저급하고, 또 불순하고, 또 미천한 상태에 있음이 분명하다; 그들은 노예 상태다. 그들을 위해서 해 줄 수 있는 위대한 것들이 이 세상에는 없다. 그렇다면 다가올 세상에서 그들이 잘되도록 무언가 중요한 일을 하자. … 우리들 각자는 신에게 자신을 설명할 것이다.[20]

그뿐만 아니라, 신에 대해서 혹은 신을 어떻게 모셔야 하는지에 대해서 틀린 믿음을 갖는다는 것만이 유일한 잘못인 사람들에게도 신이 가혹한 처벌을 내릴 것이라는 사실은 정전에 속하는 경전의 도덕적 가르침을 믿고 따르는 실천을 무너뜨리고 만다.

보편적 종교의 두 번째 단계는 첫 번째 단계의 도덕적 불안정성이 인지되면서 나타난다. 신앙인들은 도덕의 우선성에 관한 칸트의 심오한 통찰을 인정한다. 이제 그들은 도덕적 원칙과 세속적인 도덕적 숙의에 호소함으로써 어떻게 행동할 것인지의 문제를 해결한다. 게다가 그들은 그들의 도덕적 이해에 비추어 신에 대한 그들의 개념도 수정한다. 제아무리 유덕할지라도 자신을 믿지 않는 사람에게는 영원한 형벌을 가하는 신, 다시 말해서 전형적 척도에 따라 **누구든지** 처벌하려는 신은 괴물일 것이다.[21] 그처럼 무한한 불의, 즉 '신적인 악'을 주관하는 존재는 섬김이나 숭배를 받을 자격이 없다. 복수심에 빠진 나르시시스트는 사랑과 자비의 신으로 교체된다. 우리 사회에서 신을 믿지 않는 사람들이라고 해도 신의 눈에 너무 혐오스러워서 영원한 저주를 받게 될 반쪽짜리 인간은 아니다. 그들은 동료 시민이 되었고, 신과 우리로부터 존중과 사랑을 받을 가치가 있다.

두 번째 단계의 보편적 종교는 첫 번째 단계의 일부 태도를 수정한다. 첫째, 최초의 헌신에 대한 확신은 유지된다. 즉, 그 종교의 교리와 의식을 독자적으로 옳은 것이라고 보는 일은 지속된다. 두 번째 사항은 확대된다: 경전들이 명령하는 것처럼 보일 때도 도덕의 침해는 결코 정당화되지 **못한다.** 세 번째 사항은 신의 새로운 이미지에 의해 수정된다. 즉, 틀린 종교적 믿음을 가진 사람들은 잘못이겠지만, 이들은 신의 용서를 (늦게나마) 받을 것이다. 넷째, 도덕에 있어서 종교적 텍스트의 역할이 수정된다. 즉, 종교적 텍스트는 도덕적 제안을 고무할 수 있으나, 그 제안의 신뢰 가능성은 독립된 (세속적인) 도덕적 탐구를 통해서 평가받아야 한다.

이런 형태의 진전은 얼마나 흔히 일어날까? 두 번째 단계의 보편적 종교는 아마 인간의 역사에서 혹은 오늘날도 첫 번째 단계처럼 흔하지는 않을 것이다. 어쩌면 (우울한 생각인데) 그것은 부족적 종교의 살아 있는 버전들에 비해 추종자가 더 적을 것이다. 설령 종교적 집단들이 첫 번째 단계의 세 가지 사항들의 수정된 버전을 포용하려는 입장에 서려고 노력할지라도, 나머지 한 가지 사항을 포용하지 못할 때가 종종 생긴다. 칸트의 핵심 사항이 충분한 힘을 발휘하지 못할 때가 생긴다.

만일 여러분이 나와 같이 현대 세계에서 종교가 일으키는 핵심 위협은 도덕적 정치적 논란을 종교적 교리의 가정된 권위에 종속시키려는 경향에서 생긴다고 믿는다면, 여러분은 분명한 결론을 다음과 같이 내려야 한다. 수많은 종교적 공동체가 두 번째 단계의 보편적 종교로 이행하게 되는 전환은 중대한 진일보일 것이다. 종교를 총체적으로 제거하는 것은 요청되지 않는다.

두 번째 단계의 보편적 종교는 신앙이 다르거나 혹은 아예 없는 사람들에 대해서 수용과 관용을 보인다. 신자가 아닌 사람들도 요즈음에는 도덕적으로 양해받을 것으로 간주하기 때문에 그들을 대적하여 십자군 전쟁을 벌이지 않는다는 결정은 그들을 죄악시하는 일반적 정책의 특별한 예외가 아니다. 그러나 얼마간의 불안정성은 남아 있다. 비-신자들의 행위를 냉정하게 바라볼 수 있다면, 신자들은 자신의 **교리**가 확고하게 배척되고 있는지도 생각해봐야 하지 않을까? 두 번째 단계의 보편적 종교 속에서 그어지는 단층선은, 신의 이름 아래 행해지는 폭력 문제와 다른 도덕 문제를 구분하는 것처럼, 도덕 판단의 영역 안에서가 아니라 도덕적인 것과 인식론적인 것 사이에서 생긴다. 심지어 우주의 가장 중요한 측면들에 관한 그들의 오류에도 불구하고 참된 종교로 전향하지 못한 사람들도 독실한 신자들 사이에서 나타나는 것과 똑같은 도덕적 범위를 보여 주는 사람들로 수용된다. 그들 중에 선한 사람도 많고, 그리고 신의 용서를 받을 만하다. 그들이 도덕적으로 동등함을 이해한다면 그들의 인식론적 상황이 그동안 간주해 왔던 만큼 그렇게 끔찍한 것일까를 묻는 것도 적절하지 않을까?

두 번째 단계의 보편적 종교는 심각한 질문에 직면한다. 어느 특정 교리의 집합을 특권적이라고 구별해 주는 것은 무엇인가?[22] 두 번째 단계의 보편적 기독교인들은 다른 기독교 교파, 혹은 이슬람교도나 유대교도, 혹은 힌두교도나 불교도를 생각하면서, 이런 사람들과 자기 교파의 동료 구성원 간의 유사성 때문에 감동을 느낀다. 그들은 이들의 일부와 자기와 같은 종교를 가진 사람들이 도덕적으로 평등한 존재임을 인정하면서, 이들이 자기 자신의 독특한 신앙에 도달한 길이 그가 믿는 종교의 친구들이 밟아온 그 길과 매우 비슷하다고 본다. 이들 중 많은 사람은 어느 종교적 공동체에서 태어나고, 어릴 적부터 그 교리를 습득한다. 이들 중 다른 사람들은 초기 사회화에서 주입되었던 태도에 더 맞는 것은 오히려 다른 스타일의 신앙임을 알고서 자신이 속했던 종교에서 벗어난다. 두 번째 단계의 보편적 기독교인들은 자신의 역사적 관점을 넓혀가면서 세계의 주요 종교의 교리, 의식, 의례가 어떻게 진화했는지, 그것은 변화하는 사회적 정치적 환경에 대응하면서 어떻게 재해석되었는지를 이해하게 된다. 그들은 타 종교에서 두 번째 단계의 보편적 신앙인에 속하는 사람들과 교류할 때, 자신에 대한 이들의 관점이 이들에 대한 자신의 태도와 어떻게 상응하는가를 이해하게 된다. 그들은 자신의 종교적 헌신을 특권적이라고 여기기 때문에 다른 이들의 그것을 잘못이라고 결론을 내리게 되며, 다른 이들은 오히려 자신의 관점을 옳다고 여기기 때문에 그들을 잘못이라고 판단한다. 모두 두 번째 단계의 보편적 종교에 도달한 후에는 차별적인 도덕 판단을 내리는 것을 멈춘다. 도덕 영역에서 '나도 좋고, 너도 좋아'라는 선언이 통한다. 그렇다면 인식론적 비대칭을 왜 고집해야 할까? 우리에게는 우주의 핵심 진리가 있고, 너희들은 틀렸다는 확신은 어디서 오는 것일까?

두 번째 단계의 보편적 종교는 종교 간의 교리적 차이를 화해하라는 압력을 받는다. 종교 텍스트들의 기원 그리고 종교들의 문화적 진화에 관한 연구는 그런 압력을 강화한다. 비교론적 연구는 어떻게 다양한 신앙을 믿는 개인들이 아주 비슷한 방식으로 각자 성년의 믿음에 이르는지를 밝혀준다. 특정 종교가 그리고 오직 그것만이 진리의 길에 있다는 판단을 정당화시켜 줄 독특한 경험이나 추론의 형태를 찾기는 어렵다. 종교적 헌신들이 재형성되는 데에서 나타나는 사회적, 정치적 요인에 주목해 본다면 그 점은 더 뚜렷해진다.[23]

사려 깊은 사람들이 이런 압력을 느낄 때, 그들이 옹호하는 종교는 새로운 단계로 진입한다. 그 첫걸음은 종파 간의 그리고 종교 간의 공통 기반을 찾는 것이다. '우리가 서로 불일치하게 보일지라도 근본에서는 일치할 것이다. 우리는 모두 똑같은 신을 숭배한다'고 신자들은 말한다. 따라서 세계의 독실한 신자 중 **일부**가 교리상의 진리를 찾아냈다는 의미에서 특권적이라는 생각은 수정되거나 취소된다. 어느 종교도 **유일하게** 옳은 것은 아니다. 모든 종교는 '핵심 교리들'을 공유하고, 모두가 가장 핵심적인 중요한 종교적 진리들을 인정한다. 확실히 이런 진리들은 세계의 주요 종교에서 다르게 표현된다. 유대교도, 기독교도, 이슬람교도가 유일신을 숭배할지라도, 그들은 그 유일신에 관해서 다양하게 이야기한다. 힌두교도는 분명히 다수의 신을 인정하며, 불교의 주요 종파는 신을 부정한다. 이 모든 다양한 관점들을 인식하려면, 종교 언어에서 문자 그대로라는 생각은 사라져야 한다. 새로운 태도가 등장한다.

종교는 이제 심원한 인간적 의미를 가진 우주의 한 측면을 인식하고 이에 반응하려는 시도로 보인다. 인간은 유한하다. 자연을 탐구하는 우리의 일상적 방식들은 여러 과학에서 정말 고도로 발전되었지만, 세계의 종교들이 암시하는 실재를 파악하는 데에는 아주 부적합하다. 이 **초월적** 실재(라고 부르는 것)는 문자에 의한 진술을 뛰어넘는다. 수많은 인간 공동체에서 여러 세대에 걸쳐서 전수되는 위대한 종교적 텍스트와 그 신화는 제각기 독특한 방식으로 이런 초월적인 것을 어렴풋하게 암시해 준다. 이렇게 함으로써 그런 종교적 텍스트와 신화는 그런 점들을 되새기고 경전과 신화를 낳은[24] 그리고 이를 계속해서 담아내는 의식과 의례를 함께 치르는 사람들의 삶을 풍요하게 만들 수 있다.

두 번째 단계의 보편적 종교를 넘어서면, 더 진보적 단계가 나타난다. 이는 내가 다른 곳에서 '세련된 종교(refined religion)'[25]라고 말한 데에서 정점에 다다른다. 이 단계의 종교에는 네 가지의 신봉이 들어간다. 첫째, 그것은 세계의 어느 종교가 유일하게 옳다고 여기지 않는다. 둘째, 그것은 모든 종교가 초월적인 것을 추구하는 (필연적으로 제한된) 시도라고 본다. 종교적 텍스트들은 문자로 표현할 수 없는 점을 드러내기 위한 이야기들, 우화들, 그리고 은유들을 담고 있으며, 이를 문자의 의미 그대로만 보면 안 된다. 셋째, 초월적인 것에 대한 종교적 반응은 인간의 삶에 독특한 풍요로움을 준다. 그것이 없다면 인간의 실존은 빈곤해질 것이다. 넷째, 종교적 텍스트들은 독실한 신자들을 감동하게 만들지라도, 도덕 문제를 위한 신뢰할 만한 지침으로 사용될 수는 없다. 도덕적 표준들은 독립된 것으로 만들어졌다. 만일 종교가 도덕적 삶과 어떤 연관성을 갖는다면, 이는 도덕적 가르침의 의미를 심화시키는 데에 있으며, 이 의미의 고유한 근거는 종교 밖에 놓여 있다.

세련된 종교는 철저하게 보편적이며, 모든 종교를 동등하게 취급하고, 인간의 삶에서 종교의 중요성을 강조한다. 두 번째 단계의 보편적 종교에서 성취된 칸트의 도덕적 통찰은 세련된 종교에도 남아 있다. 종교적 통찰에 대한 독점은 여하튼 부정된다. 세속적 도덕의 우선성과 종교적 텍스트의 통합이라는 도전적 과제는 문자주의(literalism)의 포기를 통해서 해결된다. 도덕적 가치를 지닌 생생한 사례들을 제공해 주는 종교적 우화들과 가르침들은 도덕의 주요 특성들을 강화한다. 많은 종교적 우화와 가르침은 사회적 수준에서 그리고 개인적 성찰에서 행해지는 도덕적 숙의에 되살려지면서 도움을 줄 수 있다. 왜냐면 그런 것들은 세속적 탐구가 인식하지 못하는 원칙들을 위해 증거를 제공하기 때문이 아니라 독립된 근거를 가진 도덕적 고려사항들의 힘이 절실하게 느껴지도록 만들기 때문이다.

세련된 종교는 인간의 역사에서 실천되었다. 정말 그것은 다양한 신앙들이 제기한 지적 수수께끼를 가지고 고심했던 학자들 사이에 널리 퍼진 입장일 것이다. 기독교적 전통 속에서 랄프 왈도 에머슨(Ralph Waldo Emerson), 윌리엄 제임스(William James), 폴 틸리히(Paul

Tillich), 존 로빈슨(John Robinson), 존 셸비 스퐁(John Shelby Spong) 등은 모두가 세련된 종교의 버전을 제시했다. 유대교도 중에서는 마틴 부버(Martin Buber)가 제시한 설명이 유명하다. 그러나 세련된 종교가 현대 세계에서 결코 공통된 것이 아님은 인정해야 한다. 만일 세련된 종교가 세속적 인본주의에서 수용할 수 있는 유일한 형태의 종교라고 인정한다면, 인본주의자들이 보여 주는 사회 속에서, 그리고 그들이 제언하는 교육 실천 속에서 종교에 부여되는 역할은 그런 인정을 사소한 것으로 만들어 버릴 정도로 너무 빈약하다. 많은 종교인은 친절한 세속적 인본주의자로 일컬어지는 사람들을 양가죽을 쓴 늑대로, 온화한 음성과 기만적 미소를 가진 신-무신론자로 볼 것이다.

  적어도 내가 옹호하는 형태의 세속적 인본주의는 세련된 종교와 매우 가깝다. 아마 그 차이는 단어 하나로 담아낼 수 있다. 나의 세속적 인본주의가 구체적으로 부정하는 것은 **오직** 종교만이 인간의 삶을 풍요롭게 만든다는 생각이다. 세속적 인본주의는 종교의 풍부한 가치의 가능성을 인정한다. 설령 '초월적인 것'이 없다고 할지라도, 실재의 어떤 '더 높은' 측면을 가리키기 위해서 사용되는 비-축어적(non-literal) 언어는, 내가 보기에 다른 많은 신화, 우화, 설화, 시와 마찬가지로 인간의 경험을 심화시켜 준다. 그렇지만 세속적 인본주의는 더 공감적일 수 있으며, 진보가 더딘 형태의 **많은** 종교가 중요한 인간적 가치를 드높여 주는 방식들을 인정한다. 종교가 도덕적 헌신, 그리고 대중의 사회적 유대를 강화해 주는 경우는 많았다.[26] 세계 종교의 중심인물들, 즉 헤브라이 족장과 예언자, 붓다, 크리슈나, 예수, 무하마드 등이 발언했다고 전해지는 말들은 신자들이 행실을 바로잡을 수 있게 감명을 주었다. 많은 설화와 우화는 가치 있는 허구 이상의 것으로 보일 때도 도덕적 숙의를 도와주었다. 여러 의식과 의례는 공동체들을 구축했으며, 도덕적으로 중요한 프로젝트에서 함께 행동하도록 공동체들을 이끌어 주었다. 모든 종교를 밀어내버리고 해로운 쓰레기로 폐기하기 전에, 종교가 때때로 수행했던 선을 인정하는 것이 좋겠다.

  물론 세속적 관점에서 보면, 그 선에는 흠결이 있다. 그 선은 널리 퍼진 종교적 믿음이 종종 끼치는 손실 때문에 삭감되고 만다. 이런 불균형은 부족적 종교의 경우에서 가장 뚜렷하다. '우리의' 신을 섬긴다는 생각은 신앙인들이 행실을 잘하도록 동기를 부여하고 또 공동체를 강하게 결속시켰을지라도, 현대사회에서 이런 역할에 대한 온갖 주장은 외부인들에게 자행된 잔인한 폭력에서 종종 드러나는 섬뜩한 편협성에 의해서 무효가 되어버린다. 게다가 종교가 공적 도덕 속으로 은근히 침투하는 것을 가로막는 일이 핵심 문제라고 본다면, 적절한 인본주의 공동체는 도덕적 숙의의 독립성에 동의하는 모든 이들을 포용하고, 자기가 선호하는 경전의 도덕적 권위를 계속해서 받아들이는 이들을 배제해야 한다. **두 번째 단계의 보편적 종교는 결정적 단계를 보여 준다.** 여기서 내가 그리는 사회적, 교육적 개혁을 위한 지도적 아이디어가 나타난다. 세속적 인본주의는 세련된 종교뿐만 아니라 두 번째의 보편적 단계에 도달한 종교적 실천과 연대하는 것을 목표로 삼는다.[27]

15. 교육적 실천은 종교의 역할을 제공해야 하며, 두 번째의 보편적 단계 혹은 그다음 단계에 속하는 종교의 가치를 인정해야 한다.

이 장의 나머지 부분에서 나는 그런 역할이 무엇이어야 하는지를 가능한 한 정밀하게 밝히려고 노력할 것이다. (이런 점이 밝혀지기까지 헌신적 세속주의자들이 〈제안 15〉를 버리지 않기를 나는 바란다.)

6

첫째, 방금 제안했던 지침이 될 사상을 더 폭넓게 성찰하는 것이 아무튼 유익하다. (세련된 종교를 옹호하는 극소수, 또 해롭지 않고 드문 것이어서 허용될 수 있는 순화된 소수는 제외하고) 모든 종교를 제거하자는 더 단순한 운동을 따르지 않는 이유는 무엇일까?

앞서 간단히 지적했듯이 많은 종교가 공동체를 구축하는 방법을 발견했다. 아마도 초기 단계에서 축제와 의식은 동일 부족의 구성원들 간의 유대를 강화하는 데에 공헌했을 것이다. 종교 역사의 후기 단계에서 인간관계를 강화했던 제도화된 집회가 자주 보인다. 공동체가 여러 차원에서 구축된다. 신앙인들이 함께 모이는 것은 축하하고 숭배할 뿐만 아니라 공동 프로젝트에 참여하고, 상호부조를 제공하고, 위로와 위안을 제공하고, 아이들의 사회성을 풍부하게 만들고, 그리고 삶의 중심에 놓인 의문을 탐구하기 위해서이다. 제아무리 충실하게 발전된 세속적 운동일지라도 그 운동 참여자들에게 주요 종교들이 최선의 경우에 제공해 주었던 풍요로운 가치를 제공하지는 못한다. 세속적 인본주의자들은 종교가 때때로 신앙인의 삶을 풍요롭게 만들어 주었던 수많은 방식으로부터 배울 것이 있다.

이 풍요로움의 일부는 사람들이 자신의 삶이 결국 무엇이 될지를 어떻게 생각할 수 있을지, 그리고 그들은 그것을 잃었을 때 올바른 길을 어떻게 찾을 수 있을지와 같은 가장 깊고 가장 심각한 질문들을 개방적으로 논의할 공간을 제공하는 데에 있다. 게다가 종교적 헌신은 우리의 경험과 도덕적 확신에 또 다른 깊이를 제공해 준다는 제안, 즉 윌리엄 제임스가 웅변적으로 옹호했고, 찰스 테일러가 웅변적으로 다듬었던 그 명제를 진지하게 받아들여야 한다.[28] 세속적 인본주의는 두 가지 도전에 직면한다. 만족스러운 형태의 공동체들을 구축하는 것, 그리고 우리 자신과 우리의 삶의 의미를 심화하는 것이다. 종교적 헌신에 의지하지 않고, 심지어 제임스나 그와 비슷한 사람들이 애호했던 정교하고 '세련된'! 형태의 종교적 헌신에도 의존하지 않으면서 이런 도전에 대응할 수 있다. 그러나 세계의 주요 종교가 제각기 다양한 사회적 실험을 수행했던 약 2천 년의 시간에서 우리가 배워야 할 것은 많다.

신-무신론자들은 그 역사의 많은 부분을 거부해 버린다. 좋은 의도를 가진 신-무신론자들은 교리 문제에만 그저 집중하면서 마치 사람들에게 일어날 수 있는 최악의 사태는 거짓된 믿음에 빠지는 일인 것처럼 바라보고 글을 쓴다. 속는 것보다 더 나쁜 일은 없다. 그러나 제임스의 강적이었던 윌리엄 클리포드(William Clifford)가 백 년 전에 간파했듯이, 거짓된 믿음의 진짜 문제는 개인적이지 않고 사회적이다.[29] 거짓된 믿음은 사회의 도덕적, 정치적 건강을 해칠 위험이 있다. 공적 토론과 공공정책은 종교적 독단주의로부터 차단되어야 한다. 그러나 신-무신론자들은 자신들이 비웃는 주장을 내세우는 이들과 마찬가지로 마치 개인적 의견이 전부인 것처럼 만들어 가고 만다. 종교적 근본주의자들은 자신들의 신을 믿지 않는 사람들에게 그들의 신은 무한한 처벌을 정당하게 내린다고 생각하고, 신-무신론자들은 독실한 신자들의 삶은 거짓된 믿음들에 의해서 쪼그라들기 때문에, 어떤 상황에 놓여 있건, 그리고 어떤 식으로 종교적 계율이 그들의 삶을 향상하고 심지어 변혁시키건 간에 그런 믿음들을 폐기하는 쪽이 더 낫다고 본다. 근본주의자가 자기도취에 빠져서 옹호하는 부족적 신이라는 조잡한 이미지는 진리의 믿음이 개인의 삶의 가장 중요한 특성이라는 신-무신론자들의 일방적 확신과 맞서는 중이다.

세속적 **인본주의**는 인간의 삶의 질 그리고 인간 사회의 건강을 중심에 둔다. 삶이 향상되는 확실한 경우는, 사람들이 환상을 버리고 실재를 더 분명히 파악할 때, 즉 심각한 손상이 없이 계몽될 때다. 사회가 더 건강해지는 경우는 도덕적/정치적 숙의가 종교의 왜곡으로부터 자유로워질 때다. 이런 형태의 진보를 이룩하려면 인간의 삶에서 온갖 측면을 살펴보아야 한다. 그렇게 되려면 세속적 도덕의 우선성에 관한 칸트의 통찰을 견지하고, 개별적인 인간들이 잘살게 도와주는 사회적 실천과 제도를 더 발전시키는 것을 목표로 삼아야 한다. 인본주의자들은 무신론자이건 불가지론자이건 혹은 세련된 종교나 두 번째 단계의 보편적 종교를 옹호하건 간에 그런 일에 참여할 수 있다.

종교적 진보를 목적론적인 일로 생각하는 경우가 많다. 대다수 신앙인이 생각하기에 종교적 진보는 유일하고 참된 종교라는 이상적 형태에 가까워지는 데에 있다.[30] 세속적 인본주의자들도 비슷한 그림을 그리기 쉽다. 이들이 보기에 종교는 장기적 목표를 향하는 진보이며, 확고한 세속적 인본주의의 달성이 최종 목표이며, 그 진보는 종교적 믿음의 축소에 따라 측정된다.[31] 종교들이 진보해 가면 문자주의를 포기하고, 더 보편적 종교가 되고, 마침내 세련된 종교가 되며, 결국 교리를 완전히 버릴 것이다. 이와 같은 목적론적 비전 속에는 신-무신론자들의 오류의 흔적이 담겨 있다. 세속적 인본주의자들은 더 온건한 쪽일지라도 자신들을 힘든 레이스를 완료한 달리기 선수들이라고 보는 경향이 있다. 그들은 종점 뒤에서 자신들이 좋아하고 존중하는 사람들이 그 종점을 향해 달려오는 것을 크게 공감하면서 바라본다. 그들의 외침은 격려의 목소리다. "힘내요! 달려요! 거의 다 왔어요!"

이런 태도는 너무 자신만만한 것으로 보인다. 그보다 더 낫고 더 겸허한 생각은 종교적 전통들 **그리고** 그것의 세속주의적 상대들이 항상 그리고 어쩔 수 없이 불완전하다고 인정한다. 진보는 단점의 수정과 한계의 극복에 달려 있으며, 그 단점과 한계는 가장 포용적 인본주의를 표준으로 삼아 측정된다. 중요한 점은 사람들의 삶의 향상이다. 우리는 불변하는 완전한 종점을 가정하고, 그리고 그 종점을 향해서 이 세상의 종교들이 덜 미개해지면서 다가간다고 볼 것이 아니라 공-진화 과정을 살펴보아야 한다. 세속적이건 혹은 종교적이건 모든 인본주의자 사이의 연합은 진정성이 있어야 하고 대칭적이어야 한다. 우리는 상대방으로부터 배우기를 바랄 수 있다. 따라서 가치 있는 형태의 종교는, 즉 칸트의 통찰을 흡수하는 쪽으로 이행하는 종교는 사회에서 그리고 교육에서 일정한 역할을 맡아야 한다.

7

정확히 **무슨** 역할일까? 이 물음에 답하려면 밀에게로 되돌아가는 것이 좋겠다. 밀은 도덕적/종교적 전통들을 두루 포함하는 모든 주요 체계들을 가르치는 일에 학생들이 친숙해지도록 만들자고 제안했다.[32] 이처럼 보편적이어야 할 이유는 '한쪽 편을 들고, 한쪽을 위해 그 나머지와 거친 싸움을 벌이는 것이 교사의 업무가 아니기'[33] 때문이다. 그 대신 대립하는 양쪽은 제각기 통찰과 결함을 갖고 있다. '어느 편이건 간에 다른 편을 신봉하는 사람들이 배울 만한 중요한 것이 없을 경우는 없다.'[34] 정말 밀이 보기에, 모든 종교와 도덕 체계의 '특징적 약점'은 그들의 반대편들이 중시하는 '중요한 진리들'을 '과소평가하는' 데에 있다.[35]

밀은 비교론적 종교 공부가 귀중함을 강조했다. 왜냐면 두 번째의 (혹은 그다음의) 보편적 단계에서 종교적 입장을 굳건히 하는 데에 도움을 줄 것이기 때문이다. 그의 발언의 맥락(세인트 앤드루 대학 총장 취임 강연)은 대학 교육에 관한 관심을 시사한다. 대학 이전은 어떤가? 아이들은 학교에 들어가기 전부터 부모가 애호하는 형태의 종교적 실천으로 입문될 가능성이 매우 클 것이다. 다른 종교들의 장점, 그리고 인본주의의 세속적 버전들의 장점을 아이들이 일찍부터 인지한다면 자신들에게도 좋을 것이다. 대안 종교들에 대한 이해는 자신과 다른 종교 속에서 성장한 또래들과의 상호작용을 촉진할 것이고, 그리고 시민성과 도덕 발달의 핵심이 되는 공동 숙의를 일찍 연습하는 데에 크게 공헌할 것이다. 따라서 나는 다음과 같이 제언한다.

> 16. 공식적인 교육의 초기부터 아이들에게는 자신의 종교적 (혹은 세속적) 태도에 대응하는 것이 타인들의 삶 속에 어떻게 들어 있는지를 보여 주어야 한다. 아이들은 타인들의 태도가 공헌하는 가치들, 그리고 그런 대안적 입장들에 없는 가치들에 관해서도 학습해야 한다.

다양한 신앙들의 (그리고 인본주의의 세속적 버전들의) 결함에 대해 어느 정도 초점을 둘 것을 제안하면서, 그런 틀들이 시간을 통해 진화하는 것임을 일찍부터 이해시킬 것을 나는 권장한다. 비교론적인 종교 공부는 종교의 정전과 그 안에 담겨있는 텍스트들이 아주 다양한 정치적/사회적 고려사항들에 의해서 자주 동기유발 되었던 **인간적** 선택임을 학자들이 밝혀주었던 방식들을 이해하는 데까지 확대되어야 한다. 어느 경전이건 신적 존재의 순수한 말씀이라는 생각은 거짓임이 밝혀져야 한다. 특히 종교적 가르침은 선행하는 도덕적 표준에 비추어 평가되어야 한다는 칸트적 통찰의 중요성은 이 영역의 교육과정이 도입되는 첫 단계부터 핵심으로 삼아야 한다.

종교교육은 종교들의 진보에서 나타나는 독특한 단계들의 명확한 의미를 제시해 주어야 한다. 특히 한편으로 부족적 종교와 첫 번째 단계의 보편적 종교 간의 구분이 강조되어야 하고, 다른 한편으로 두 번째 단계의 보편적 종교, 세련된 종교, 그리고 세속적 인본주의 간의 구분도 강조되어야 한다. 어느 한 종교가 나머지 종교들에 맞서는 '거친 싸움'에 대해서 반대하는 밀이 옳았지만, 더 원시적인 두 가지 틀에 대항하여 가장 진보적인 세 가지 틀을 옹호하는 일은 건강한 사회에서는 교사의 과제가 **된다**. 따라서,

> 17. 어느 특정한 폭넓은 진보적 틀을 이에 필적하는 다른 틀들보다 선호해서는 안 되지만, 종교교육의 일차적 목적은 부족적 종교, 그리고 첫 번째 단계의 보편적 종교의 결함들을 인식하는 데에 있다. 아동기부터 학생들은 왜 이런 형태의 믿음들이 사회적으로 그리고 도덕적으로 위험한 것인지를 배워야 한다.

틀림없이 이 제안은 저항 혹은 분노까지 일으킬 것이다. 이 제안에 대한 가장 분명한 반론을 살펴보는 것은 가치 있는 일이다.

자유주의자들 중에는 개인이 좋아하는 대로 생각할 권리를 옹호하는 일에 열렬하게 헌신하는 사람이 많다. 밀의 『자유론』은 관용을 향한 오랜 투쟁의 정점에 있는 것이며, 사람들이 각자의 의견을 형성하고 옹호하는 공간을 보장하려는 후속적 시도를 고무시켰던 것은 옳은 일이었다. 자유 사회는 관용의 약조에 의존한다.[36] 그러나 관용도 무한하게 허용될 수 없음은 너무도 분명하다. 특히 제아무리 관용에 헌신하는 사회라고 할지라도 불관용을 설파하는 사람이 있다면 이들로부터 그 사회를 보호해야 한다. 자유는 때때로 다른 자유들을 지키기 위해서 제한되어야 한다. 발언자가 사회 혼란을 부추기려 하거나 혹은 특정 유형의 사람들에 대한 증오심을 표출하려고 할 때는 그의 발언권을 차단하는 것이 옳은 일이다. 따라서 사회의 다른 구성원들에 대해 불관용을 표명하는 종교들은 검토받는 것이 정당하다.

그러나 그런 검토는 절대적 금지로 가야 할까? 혹은 그런 종교들을 배척하도록 젊은이를 교화하는 일로 가야 할까? 문제의 종교들을 안전하게 어떤 영역 안으로 모아둘 수 없을까? 관용이 일부 틀로 확대되지만 다른 틀로 확대되지 못하는 밀-이전의 상태로 우리는 되돌아가야 할까?[37] 그렇다, 그렇다, 아니다, 그렇다. 안전한 격리는 없다. 관용하지 않는 신자들은 이중적인 삶을 살지 않는다. 즉, 자기 친구들의 범위를 벗어나서 공적 업무에 종사할 때에는 자신들의 태도를 신중하게 밀쳐두면서 살지 않는다. 그들의 믿음, 즉 신을 섬김이 최우선이라는 그들의 감각으로 볼 때, 그런 삶이 심리적으로 가능하다고 가정하면서 그렇게 사는 것은 심각한 도덕적 오류일 것이다. 그러나 듀이식의 민주주의를 따르는 사회에서, 그들은 사회적 도덕적 숙의에 참여하도록 요청된다. 숙의의 조건들은 그들에게 몽매하고 죄지은 사람이라고 여기는 사람들의 관점들과 교류할 것을 요청한다. 따라서 그들의 확신은 도덕적 사회적 문제를 해결하려는 시도를 늘 위협한다. 그들은 민주주의 사회가 필요로 하는 시민들이 될 수 없다.

선이 그어져야 한다. 그것은 올바른 자리에 그어졌을까? 부족적 종교의 추종자들은 자신들의 신앙을 따르지 않는 모든 인간을 말살하려는 성향 속에서 관용의 거부라고 볼 만한 증오 연설의 전파자들과 충분히 가까운 것처럼 보인다. 첫 단계의 보편적 종교를 신봉하는 이들은 더 미묘한 사례를 보여 준다. 결국, 이들은 '이교도들을 죽이려고' 돌아다니지 않는다. 이들에 대한 관용도 철회되어야 마땅한가?

어느 사회에서 관용이 적용될 때 그 핵심은 도덕적으로 (그리고 법적으로) 용납할 수 없는 행위는 어떤 것인가에 관한 결정이다. 이런 결정을 내리려면 적절한 도덕적 탐구가 필요하다. 설령, 내가 주장했듯이, 도덕적 탐구가 타인들의 관점과 교류하려는 최선의 노력을 우리에게 요청할지라도 이런 노력을 특권적인 것으로 가정하는 텍스트들의 진술들에 종속시켜버리는 종교적 믿음을 가진 사람들이 있다면, 이들은 관용의 적절한 행사와 충돌하고 만다. 그런 경전들의 권위를 잘못 수용하는 일은 나의 앞선 시나리오에 등장하는 사령관들과 공통되는 오류인데, 그런 사람들을 도덕적 탐구와 충돌하고 관용의 한계들에 관한 우리의 최선의 결정들과 충돌하도록 만든다. 따라서 그들은 잘못된 자리에다 경계선을 끊임없이 만들어냄으로써 금지되어야 할 어떤 행동은 허용하고, 허용되어야 할 어떤 행동은 금지한다. 이런 추상적 가능성은 익숙한 사례들에서 나타난다. 즉, 독실한 신자들은 경전을 따른다고 하면서, 말기 환자들의 고통을 연장시키고, 동성애자들을 죄악으로 악평하며, 원하지 않는 임신의 지속을 고집하여 여성과 가족을 사망, 곤궁, 불행에 빠뜨린다. 때때로 그들은 열광적인 '척결자들'처럼 참혹한 결과를 낳는 행동을 보여 준다.

마지막으로, 첫 번째 단계의 보편적 종교를 따르는 사람들은 두 번째 단계로 나아가도 그들이 원하는 거의 모든 것을 유지할 수 있다. 그들은 칸트식 통찰을 포용하는 간단한 과정으로 사회에 복귀할 수 있다. 그 길에서 무엇이 걸림돌일까? 아마도 명령 복종을 고집하는 질투하는 신에 대한 헌신일 것이다. 그러나 우리가 물어볼 가치 있는 질문은 다음과 같다. **지도자**이건 혹은 전능한 창조자이건 간에 이런 존재의 변덕을 그것이 도덕의 요구사항을 밝히려는 우리의 최선의 노력이 이끄는 것과 어긋날지라도 존중해야 한다면 그 이유는 무엇인가? 왜 기독교의 제1계명은 제2계명보다 더 우선해야 하는가? 신에게서 나온다고 가정하는 가르침들을 지키기 위해서 왜 비인간적 행위를 저질러야 하는가? 우리가 숭배할 만한 가치를 지닌 신적 존재라고 한다면 인간의 삶을 증진하는 행동에 공감할 것이다. 올바른 형태의 신앙을 따르지 않는 사람들의 삶을 단순히 결함이 있는 것으로 가정해 버리고 파괴하거나 훼손시킬 것을 고집한다면, 이는 우주적 나르시시즘의 표출일 것이다.[38] 나르시시스트들은 제아무리 강할지라도 우리의 칭송을 받을 자격이 없다.

앞서 언급한 이유 때문에 동일한 종교의 여러 가지 버전의 지위를 나눈다면, 이는 더 광범한 사회적 문제들을 위해서 중요한 결과를 낳게 된다.[39] 두 단계의 보편적 종교 간의 구분을 공교육의 영역을 뛰어넘어 확대시키는 일관성이 요청된다. 만일 앞서 제언한 것처럼 부족적 종교나 첫 번째 단계의 보편적 종교가 민주주의와 도덕이 요구하는 관용과 충돌한다면, 그런 형태의 신앙을 찬양하고 전수하는 데에 몰입하는 사적 기관이라는 생각은 검토되어야 한다. 이런 유형의 종교와 연계된 학교는 용인될 수 없다. 젊은이들은 공교육이 제공하는 표준적인 형태의 준비로부터 '보호될' 수 없다. 따라서 또 다른 제안이 등장한다.

18. 모든 학생은 공립 학교 교육과정의 기본 원칙, 즉 민주적 토론에서 다듬어진 범사

회적 제약과 일치되는 수업을 제공하는 학교에 다녀야 한다.[40] 어떤 형태의 사교육
은 그것이 공립 학교 교육과정의 핵심인 시민성과 도덕적 숙의를 위한 준비와 모순
되거나 그것을 뒤엎거나 하지 않을 때만 허용될 수 있다. 특히 특정 종교에 속하는
학교로까지 공교육을 확대하는 것은 그 종교가 두 번째 단계의 보편적 종교 혹은
세련된 종교의 신봉에 따를 때, 그리고 오직 이럴 때만 허용될 수 있다. 어떤 세속
적 틀을 가르치려고 설립된 학교들은 위와 비슷한 신봉에 따라야 한다.

다시, 관용은 제한되어야 한다. 관용의 협약은 그것을 무너뜨리려고 설계된 모험으로까지
확대될 수 없다.

이 장은 사회에서 종교의 역할에 관한 두 가지 대안적 비전을 거부하면서 시작했다. 신-
무신론자들의 무차별적 비난은 어떤 종교들이 제공할 수 있는 가치를 도외시한다. 결과적
으로 그것은 모든 단계의 종교를 마치 가장 원시적인 것처럼 취급해 버린다. 신-무신론자
들의 훌륭한 통찰은 공적 영역 안에서 원시적 형태의 종교가 저지르는 해악을 인지한다는
점이다. 이와 달리, 안전하다고 가정하는 영역에 종교를 집어넣는 일이 흔한데, 이는 종교
가 인간의 삶에 흔히 공헌하는 긍정적인 측면을 이해하면서도 위와 같은 위협을 간과(혹은
과소평가)하는 것이다. 두 가지 결함을 바로잡는 방법은 다른 구분을 끌어들이는 것, 즉 사
회적으로 위험스럽게 신봉되는 종교와 해악을 일으켜도 이것이 참된 가치를 뛰어넘지 않는
종교를 구분하는 것이다. 참으로 진보적인 사회는 종교를 위한 자리를 찾아낼 수 있고, 그
리고 종교의 지속적 안내를 받으면서 더 나은 사회가 될 수 있다. 그러나 이런 종교가 되려
면 첫 번째의 보편적 종교의 단계를 스스로 뛰어넘어야 한다.

8

이 장에서 내놓은 제안들은 너무 어려운 것일까? 이들 제안은 종교를 가진 신자들에게 무
리한 짐을 부과하는 것일까? 이들 제안은 자유민주주의의 근본 원칙과 충돌하는가?[41] 이런
자연스럽고 중요한 질문에 대해 답을 찾아가면서 나의 종교론이 마무리될 것이다.

내가 채택한 접근에서는 두 가지 종류의 종교를 구분하는 선을 긋는다. 어떤 종교는 교육
제도와 정치제도 안에서 한 자리를 차지하지만, 다른 종교는 거기서 배제된다. 이 둘을 구
분해 주는 것이 칸트의 통찰이다. 즉, 윤리적 탐구는 종교의 텍스트 혹은 가르침이 제공해

준다고 하는 처방을 평가해야 한다. 이를 주장할지라도 다음을 가로막지는 않는다: 독실한 인간은 특수한 도덕적 주장을 고수하거나, 혹은 그런 주장을 선호하는 신의 의지라고 보거나, 혹은 경전의 어느 부분이 윤리적 통찰을 제공해 준다고 볼 수 있다. 여기서 배제하는 점은 실제로 어떤 글 또는 전통적 가르침에 호소함으로써 이를 도덕적 주장의 **근거**로 삼는 것이다. 만일 독실한 신자들이 자기 종교에서 자기들이 끌어들인 교훈을 집단적인 도덕적 탐구의 검토를 더 받게 하거나, 혹은 이런 탐구가 그들이 끌어들이려고 주장하는 도덕적 교훈을 거부할 경우, 이 교훈에 대한 자기들의 원래 해석을 포기하거나 할 태도가 있다면, 그들은 전적으로 자유롭게 자기들의 신을 숭배하고 그 존재를 선으로 혹은 선의 원천으로 받아들일 수 있다.[42]

세계의 주요 종교에서 수많은 교파나 종파가 이미 이 단계를 밟았다. 모든 종교는 그럴 준비가 되어야 한다. 결국 거의 모든 교파는 걸러낼 필요성을 이해함으로써 이미 이런 방향으로 나아가기 시작했다. 감사할 일인데, 이교도에 대한 광신적 '타격대들'이 과거보다 줄어들었다. 그뿐만 아니라 종교인들이 예민해야 할 사항이 있는데, 이는 자신들이 가정했던 권위 있는 교리들이 과거에 여러 가지 방식으로 잘못되게 이해된 사례가 있었고, 서로 적대시하는 종교들도 마찬가지 방식으로 타 종교의 (권위 없는) 가르침들을 들춰내면서 자주 오해했었다는 점이다. 종교인들은 내가 앞서 거론했던 사령관들로부터 자신들이 구별되기를 바라야 한다.

내가 제시한 제안들은 (두 번째 단계의) 보편적 종교의 교육을 미리 배제하지는 않는다. 다른 아이들과 함께 배우는 학교교육 이외에 종교적 실천과 교리에 친숙해지게 만드는 특별한 수업이 아이들에게 제공될 수 있다. 아이들은 무엇을 행해야 할 것인지를 결정하게 될 때, 스스로 배운 것으로부터 지침을 얻도록 권장할 수 있다. 그러나 아이들이 이해해야 할 것은 해석상의 오류 가능성 그리고 종교에서 끌어오는 영감에 대한 도덕적 평가의 필요성이다. 경전들은 신자들에게 가치 있는 도덕적 통찰을 가리키겠지만 그 정당성은 신자들의 독해가 제공해 주지 못한다.[43]

이런 이슈는 내가 지금 따르는 접근방식과 존 롤스가 따랐던 접근방식을 비교함으로써 더 분명해질 수 있다고 나는 생각한다.[44] 롤스의 정치적 자유주의에서 중심을 차지하는 아이디어는 합당한 다원주의(reasonable pluralism)이다.

> 정치적 자유주의가 가정하는 바에 따른다면, 서로 갈등하는 수많은 합당한 포괄적 교리들은 제각기 선관(conceptions of the good)을 갖고 있으며, 이는 정치적 정의관의 자원으로 확인될 수 있는 한 인간의 충실한 합리성과 부합될 수 있다.[45]

이처럼 다양한 관점에서 보면, 경쟁하는 종합적 교리들은 정치체제를 위한 한 가지 틀에서 일치해야 한다. 즉, '사회적 화합은 … 정치적 정의관에 대한 중첩된 합의에 기초하는' 것이다.[46]

롤스의 설명은 내 설명보다 더 관대한 것 같으며, 칸트에게서 자극받은 나의 경계선이 금지하는 형태의 종교들을 '합당한 포괄적 교리'로서 허용하는 것으로 보인다. 그러나 롤스도 배제하는 것이 있다. **합당한** 포괄적 교리라는 아이디어는 롤스에게 상당한 의미가 있다. 롤스는 '합당한 다원주의가 인간 생활의 불행한 조건이 아님'을 지적하면서 합당한 다원주의를 '비합리적일 뿐만 아니라 광적이고 공격적인 교리들'[47]을 묶인하는 '그런 다원주의'로부터 구별해 낸다. 롤스는 공격성이라는 근거에서 부족적 종교의 배제를 원할 것이라고 나는 짐작한다.

이 장에서 제시한 내 설명도 다원주의적이라고 볼 수 있다. 나는 개별적 '선관'을 가진, 대안적인, 합당한 포괄적 교리들을 허용한다. 내 다원주의는 롤스의 더 관대한 다원주의에 비해서 더 인색한 것처럼 보인다. 그러나 중요한 점은 포용성의 차이가 어디에 있는지를 제대로 인지하는 것이다. 선관의 **실질적 주장**과 이런 주장의 **인식론적 기반**을 구별하자. 실질적 주장이란 어떤 종류의 사태가 좋은가(혹은 어떤 행위가 옳은가, 혹은 어떤 인격 특성이 유덕한 것인가)에 관한 판단이다. 선관과 연관된 인식론적 기반이란 그런 실질적 주장이 어떻게 정당화되어야 하는지를 구체화한다. 롤스가 합당하다고 인정하는 어떤 선관에는 바로 그 동일한 실질적 주장을 공유하는 여러 가지의 대안적 관념이 있고, 이는 모두 나의 경계선 안에 들어갈 것이다.[48] 만일 롤스의 접근이 더 많은 형태의 종교를 인정한다면, 이는 롤스가 특수한 인식론적 기반을 가진 선관을 합당한 것으로 허용하기 때문이다. 즉, 경전들과 전통적 가르침에 대한 호소를 충분한 최종적 정당화로 수용하는 형태의 종교를 허용하기 때문이다. 이와 달리, 나는 종교적 텍스트와 가르침에서 파생된 실질적 주장을 도덕적 탐구라는 또 다른 검토를 거치도록 만드는 선관만을 인정할 준비가 되어 있다.

따라서 나는 롤스보다 더 엄격한 검사를 적용함으로써 종합적 교리가 특수한 인식론적 입장을 가질지라도 합당한 것으로 포함된다는 점을 부정하고 있다. 이런 부정이 전적으로 적절하다고 나는 주장한다. 도덕적 탐구가 종교적 텍스트와 가르침에 호소함으로써 뒤집힐 수 (혹은 우회할 수) 있다는 생각은 합당할 수 없다. 이 주장은 내가 인용한 각주에서 롤스가 암시한 그 조건을 침해하는가? 즉 '합당한 정치적 정의관의 자원들'을 내가 초과했는가? 이것은 모호한 아이디어이기 때문에 확실히 답하기가 어렵다. 그러나 '철학적 이성의 충분한 자원들'을 내가 남용하지는 않았다고 확신한다. 또 종교적 자원들이 마치 별도의 점검을 받지 않아도 되는 것처럼 대우하는 것은 신뢰받을 수 없다는 가정은 인간 역사의 현 단계에서 볼 때 널리 수용되는 인식론적 입장과 마찬가지로 일상적 의미에서도 합당할 것이다. 그것은 난해한 철학적 판단이 아니라 식견 있는 상식적 판단이어야 한다. 기록된 과거가 증언해 주는 점은 이러하다: 세계의 모든 주요 종교들이 **그리고** 많은 세속적 이데올로기들이 권위가 부여된 경전 텍스트를 가지고 도덕적 탐구를 대체해 버리려고 시도했을 때, 기괴한 타락의 모습을 다양한 방식으로 보여 주었다. 왜냐면 내가 반대하는 인식론적 입장은 두 가지의 강력한 주장을 연결해 버린다. '이 텍스트는 도덕 문제에 대해 권위를 가지며, **그리고** 우리의 전통은 이 텍스트에 대한 올바른 해석을 제공해 준다.' 종교의 역사뿐만 아니라[49] 인류 역사에서 연이어 나타났던 일화들은 두 가지 주장 중 하나가 가짜였음을 밝혀준다.

롤스와 나 사이의 차이점은 중첩된 합의의 표적에 집중함으로써 다른 각도에서 바라볼 수 있다. 나는 합당한 포괄적 교리들의 다원주의를 옹호하고 싶을 뿐만 아니라, 공동의 정치적 틀에 대한 합의라는 아이디어도 수용한다. 롤스는 이것이 공유된 '정치적 정의관'에 의해 형성된다고 본다. 나는 이를 약간 다르게 본다. 즉, 진보적으로 진화하는 정의관을 함께 만들어 내는 공유된 **방법**에 따라 형성된다고 본다. 내가 보기에 다원주의를 인정하는 것이 중요한 이유는 포괄적 교리들의 다양성이 정치 생활이 진보하는 과정에서 가치 있는 역할을 할 수 있기 때문이다. 내가 다시 강조하는 듀이 사상에 따르면, 공동체의 결속은 상호 관여와 상호 학습에 대한 헌신으로 이루어지며, 민주주의가 곧 교육이다. 이런 공동체가 생기려면, 도덕적 탐구는 모호한 권위에 대한 호소에 의해서 축소되거나 생략될 수 없다. '대화를 멈추게 하는 것들'은 있을 수 없다. 합당한의 적절한 의미는 내가 거부하는 인식론적 기반이 가로막는 종류의 의견 교환에 대해 개방적이라는 뜻이다.

나와 롤스의 차이점의 이 측면은 공동체의 의미에 대한 견해 차이로 굳어진 것이다. 롤스의 경우, 공동체는 '포괄적 선관'[50]에 대한 일치에 따라서 결속된다. 이런 특성을 보이는 공동체도 일부 있지만, 그렇지 않은 것도 많다. 정말이지 만일 모든 사회가 잠재적으로 공동체, 즉 '위대한 공동체'라고 생각된다면, 전혀 다른 차원에서 결속될 것임은 확실하다.[51] 민주주의를 교육으로 생각한다는 것은 공동 프로젝트에 헌신한다고 스스로 생각하는 모든 시민을 모든 구성원의 이해와 삶을 진전시킬 정책을 만드는 일에서 협동하도록 이끌어 줄 수 있는 가능성으로 차이들을 인식한다는 것이다.[52] 이를 촉진하려면 인식론적 제한이 필요하다.

처음에 던진 질문에 대한 직설적인 대답을 결론으로 맺어보자. 민주적 숙의에 간섭할지도 모를 신뢰할 수 없는 인식론적 실천에 의존하지 않도록 금지하는 것은 힘든 짐을 지우지 않는다. 그것은 특정 종교들의 실질적 주장들을 전혀 제한하지 않고, 그런 주장들이 공적으로 옹호될 수 있는 방식만을 제한한다. 종교적 신자들에게 지워지는 부담은 모든 사람에게도 요구되는 사항이다. 시민이 도덕적 탐구에 참여할 것을, 그리고 철저한 결함이 있음을 역사가 밝혀준 방식과는 다른 방식으로 그렇게 할 것을 기대한다. 다원주의는 환영받아야 한다. 이를 생산적으로 모색하는 것은 환영받아야 할 적절한 부분이다.[53]

후주 🕐 제6장

1 베드로 전서(1 Peter 2:17. 흠정 역, 킹 제임스 성경). 분명히 오늘날 이 모토는 최신 번역의 더 포용적 언어 (성-중립적 대명사) 쪽으로 수정될 것이다. 그러나 그것은 여러 곳에 있는 석조 건축물에 새겨져 있다.

2 이 중 한 명은 나의 친구인데, 내가 존경하는 철학자다. 2009년에 다윈의 200주년을 기념하는 여러 행사 중 하나에서 우리는 아침 식사 중에 '인문주의자들이 종교에 어떻게 반응해야 하는가?'에 관해 활발한 대화를 나누었다. 그것은 성인 인정 의식으로 끝맺었다. 즉, 내 친구는 나를 '나는-무신론자-이지만 운동의 교황'으로 인정했다. 그는 제6장을 교황 교서(의 하나)로 여길 것이 분명하다.

3 예컨대, 다음을 참조. Richard Dawkins, 『The God Delusion』(New York: Houghton Mifflin, 2006).

4 흔히 4인조라 함, 혹은 어떤 이의 말처럼 '4명의 기수'는 도킨스(Richard Dawkins), 데넷(Daniel Dennett), 해리스(Sam Harris), 히친스(Christopher Hitchens)이다.

5 이 중요한 사항을 가장 광범하게 다듬어서 옹호하는 것으로는 다음을 참조. Karen Armstrong, 『The Case for God』(New York: Knopf, 2009). 다른 중요한 논변으로는 다음에서 참조. Elaine Pagels, 『Beyond Belief』(New York: Vintage, 2003), 『Why Religion?』(New York: HarperCollins, 2018), 그리고 Tim Crane, 『The Meaning of Belief』(Cambridge, MA: Harvard University Press, 2017).

6 존 롤스의 『Political Liberalism』(New York: Columbia University Press, 1993)에 들어 있는 영향력 있는 설명으로부터 파생된 공적 이성(public reason)에 관한 광범한 문헌은 이 명제를 탐구하고 논의한다. 롤스의 기념비적 연구 외에 다른 중요한 자료로는 다음을 참조. Juergen Habermas, 'Reconciliation through the Public Use of Reason: Remarks on John Rawls's Political Liberalism,' Journal of Philosophy 92 (1995): 109-31, 그리고 『Between Facts and Norms』(Cambridge, MA: Mit Press, 1996). 또한 Gerald Gaus, 『The Tyranny of the Ideal』(Princeton: Princeton University Press, 2016). 이 장의 끝에서 나는 나의 접근방식과 롤스의 자유주의의 버전을 직접 비교하겠다.

7 가짜 믿음(false belief)이 사회 전체를 휩쓸어 버릴 수 있는 감염 주체라고 보는 견해는 다음에서 명쾌하게 제시되었다. Williams Clifford, 『The Ethics of Belief』(1877; repr., Amherst, NY: Prometheus Books, 1999). 클리포드의 글은 제임스의 'The Will to Believe'에 영향을 주었다.

8 도덕적 믿음뿐만 아니라 정당화된 도덕적 믿음과 결합함으로써 놀라운 결과를 낳을 행위를 지도할 수 있는 사실적 신념을 포함한다. 이 장에서 나는 '정당화되지 못하는 도덕적 믿음'에만 관심을 쏟겠다.

9 예컨대, 『코란』의 2장 ('소') 216절은 광범한 주석과 논의를 낳았다.

10 Groundwork of the Metaphysics of Morals, ed. and trans. Mary Gregor and Jens Timmerman (Cambridge, UK: Cambridge University Press, 2011) 45.

11 제임스 조이스는, 그가 벅 밀리건(Buck Milligan)에게 종교가 아일랜드 사람들의 삶에 미친 영향을 증언하도록 했을 때, 구약 성서 신에게 부여된 괴상함의 어떤 점을 재치 있게 연상시킨다. '멀리건은 헤인스에게 무심코 말했다. 그 섬사람들은 포피 수집가에 대해서 많은 이야기를 한다.' 『Ulysses』, Gabler

ed. (New York: Vintage, 1986), 12 (Episode 1: 394-95).

12 제임스 조이스의 『젊은 예술가의 초상』의 독자들이 거의 잊지 못하는 것은 젊은 (죄지은) 스티븐 디덜러스(Stephen Dedalus)가 억지로 들어야 했던 설교다. 문학비평가들이 밝혀주듯, 지옥의 두려운 모습은 17세기의 예수회 수사, 지오반니 피나몬티(Giovanni Pinamonti)의 소책자에서 생겨난 것이다. 19세기에 그것은 영어로 『기독교인에게 열리는 지옥, 거기에 빠지지 않도록 주의를』이라는 제목으로 번역되었다. 피나몬티의 두려운 묘사를 고쳐 쓴 조이스는 민감한 소년이 고백하지 않을 수 없게 되는 그 과정을 설득력 있게 보여 준다. (그 원천은 밝혀주는 중요한 논문으로는 J.R. Thrane, 'Joyce's Sermon on Hell: Its Source and Backgrounds,' Modern Philology 57 [1960]: 172-98이 있다. 흥미롭게도 트레인(Thrane)의 제목은 많은 독자에게 나타나는 기억의 결함을 구체적으로 보여 준다. 네 개의 설교가 사라져서 하나가 된다; 내 생각에는 놀라운 비전의 힘에서 나온 것이다.)

13 스탠리 밀그램(Stanley Milgram)의 유명한 실험에서 피험자들은 명백하게 '무력한 학습자'에게 충격으로 여겨졌던 것을 행하도록 지시를 받는다. 그 실험에 관해서 읽은 사람들이 전형적으로 가정하는 것처럼, 그 명령은 따라서는 안 되는 것이었다. 정말, 그것은 많은 피험자가 스스로 되돌아보았던 반응이며, 그리고 그들이 나중에 겪었던 심리적 스트레스의 원천이다. 그 판단이 그처럼 명백한 것으로 보이기 때문에, 그 실험은 자기-가책과 심지어 트라우마를 낳고, 그 결과 그것은 도덕적으로 문제 있는 것으로 보는 것이 옳다.

14 루이스가 너무 이른 사망 때문에 완성하지 못했던 그의 논문 구상안에서 강력하게 지적되는 사항이다. 내가 루이스를 마지막 만났을 때, 그의 논문 구상안에 관해서 우리는 상당히 자세히 논의했다. 루이스의 아내(Stephanie Lewis)와 협의한 후, 나는 그 논문을 완성하여 다음과 같이 기고했다. David Lewis, 'Divine Evil,' in 『Philosophers without Gods』, ed., Louise Antony (New York: Oxford University Press, 2007). 데이비드 루이스가 더 잘 썼을 수도 있었겠지만, 존경하는 철학자이고 친구인 그를 위해 내가 바친 정성이 드러나기를 바란다.

15 Soeren Kierkegaard, 『Fear and Trembling』, trans. Howard Hong and Edna Hong, Vol. 6 of Kierkegaard's Works (Princeton : Princeton University Press, 1983).

16 이런 광신도의 전부가 올바르게 행동하고 있다고 가정하는 것은 터무니없다. 그러나 그것은 그들이 각자 믿어야 하는 어떤 것이기도 하는가?

17 『The Poems of Wilfred Owen』, ed. Jon Stallworthy (London: Chatto and Windus, 1990).

18 예컨대, 다음을 참조. 출애굽기 20:5, 34;14. 앞선 시에서 분명하듯이 신앙이 없는 이들의 후손은 제3, 제4 세대까지도 처벌받는다.

19 여기서 그리고 다음에서 나는 종교적 진보를 사회적 측면에서 생각한다. 나는 종교적 전통이 처방하는 실천에서의 변화에 초점을 두며, 그리고 어떤 변화가 어떻게 진보적이었는지를 (대략) 설명한다. 물론, 개별 인간이 자기 생애에서 이룬 종교적 진보를 이해할 수 있다. 종교적 진보를 전혀 다른 측면에서, 특정 신(들)에 대한 헌신의 깊이로서 생각하는 것도 적합하다. 독실한 사람들은 때때로 더 나은 이슬람교도, 혹은 힌두교도, 더 나은 신의 종, 신의 목적을 수행하는 일을 더 잘하는 것으로 자신을 바라본다. 이런 자기평가에서 종교(사회적으로 처방된 실천)의 틀은 항상 지켜지고, 개선을 판단하는 표준으로 작용하는 배경이 된다. 따라서 개인적인 종교적 진보의 형태를 내가 집중하는 사회적 변화와 혼동하면 안 된다. 이 사항을 명료화하도록 자극을 준 해리 브릭하우스에게 감사한다.

20 『Against Slavery』, 19. 또한 초기 폐지론자의 소책자인 『Against Slavery』, 16(Objection 2)에 대한 존 새핀(John Saffin)의 응답도 참조. 마데(Mather)는 몽매한 흑인들을 노예화하는 것이 이들에게 천국의 길을

보여 줄 최선의 방식이라고 믿는다. 여기서 노예의 소유는 허용 가능한 것이 아니라 도덕적 의무가 된다.

21 따라서 그들은 루이스의 '신의 악'의 논변을 수용한다.

22 후속되는 논의에서 제시된 논변의 더 자세한 버전은 다음에 들어 있다. 『Life after Faith』(New Haven, CT: Yale University Press, 2014)의 제1장.

23 『Life after Faith』 제1장을 참조.

24 여기서, 아주 분명하게, 나는 뒤르켕(Emile Durkeim)의 핵심 아이디어를 끌어들인다. 다음을 참조. 『Elementary Forms of the Religious Life』(1912; repr., New York:Oxford University Press, 2001).

25 『Life after Faith』, 제3장.

26 이런 견해가 풍부하게 중요하게 제시되고 옹호되는 책으로는 다음을 참조. Rabindranath Tagore, 『The Religion of Man』.

27 『Life after Faith』. 이 책은 종교적 근본주의자와 무신론적 근본주의자 사이의 중간길을 추구하는 사람들에 속하는 세속적 휴머니스트와 진보적 종교 옹호자 간의 연합을 그려낸다. 그 책에서 나는 청정한 종교에 헌신하는 이들에게 집중했다. 여기서 그 경계선은 너무 협소했다고 나는 지금 믿는다. 자연적 연합에서는 칸트의 통찰을 인식하는 사람들이 모두 포함되어야 하며, 이에 따라 의미 있는 집단의 종교적 신자들이 추가된다. 여기에 '중요한 것은 교리적 믿음이 아니라, 도덕적 결정이 내려지고 행위가 지도받는 방식이다'라는 나의 높아지는 확신이 반영된다.

28 William James, 'The Moral Philosopher and the Moral Life,' 그리고 Charles Taylor, 『A Secular Age』 (Cambridge, MA: Harvard University Press, 2007).

29 'The Ethics of Belief'에서.

30 앞서 (221쪽 주 19에서) 지적했듯이, 많은 독실한 신자들은 자신의 개인적 진보를 이런 면에서 특성화하지 않을 것이다. 그러나 그들은 자신이 속하는 종교적 전통이 최종적인 종교적 진리에 근접함으로써 혹은 심지어 도달함으로써 진보한다고 생각할 것이다.

31 『Life after Faith』에서 나는 이런 함정에 빠졌었다.

32 SMC 347. 여러 종교 중에서, 밀은 유대교와 기독교만 언급한다. 이는 지나친 제한이다.

33 Ibid.

34 Ibid.

35 Ibid.

36 다음을 참조. David Lewis, 'Mill and Milquetoast.'

37 예컨대, Locke, 『Letter on Toleration』에서, 관용은 많은 형태의 기독교 신앙으로 확대되나 가톨릭 혹은 무신론으로 확대되지는 않는다. 로크의 논변은 어떤 태도를 사회적으로 혹은 정치적으로 위험한 것으로 확인해 준다. 나는 로크의 기준을 수용하지만, 관용 자체에 반대하는 실천을 배제하는 금지에 초점을 둔다. 이는 '안전한'과 '위험한'이라는 다른 구분을 낳는다.

38 나르시시즘의 한 가지 분명한 표현은 '올바른' 믿음을 갖지 않는 사람들에 대한 신의 처벌(심지어 영원한 무한정 처벌)이라는 아이디어다. 자기 동료를 위해 자신을 희생하며 살아가는 사람들을 오직 특정 교리를 따르지 않는다는 이유만으로 저주하는 것은, 그런 처벌을 주려는 어떤 존재를 (숭배하지 않고) 반대하는 것을 정당화해 줄 정도로 기괴한 도덕적 오류다.

39 나의 교육적 제안들이 더 넓은 사회적 문제를 위한 세부적인 사항을 낳는 방식은 제10장의 핵심 초점이 될 것이다.

40 이런 기본 원칙들은 공적 재정지원을 받는 모든 학교에 적용될 것으로 나는 가정한다. 〈제안 18〉의 목

적은 사립학교가 이런 원칙들로부터 이탈할 가능성을 봉쇄하는 것이다. 교육은 내가 그려내는 종류의 민주적 토론에서 밝혀진 집단적 사명에 공헌하는 것으로 본다. 따라서, 만일 내가 그려내는 종교의 역할이, 내가 제시한 한계 안에서, 민주적 사회의 숙고로부터 생겨날 것이라는 내 생각이 옳다면, 모든 학교는 심지어 특정 이익을 가진 집단들이 세운 학교는 공적으로 정당화될 수 있는 목표를 명예롭게 여기고 이를 뒤집어 버리려고 시도하지 않을 의무가 있다.

아마도, 〈제안 18〉을 실행할 가장 직접적 (그러나 확실히 유일하지 않은) 방식은, 모든 학생이 전적으로 공적 재정지원을 받는 학교에 다니는 시스템을 만드는 것이다. 공립 학교 교육과정에, 어떤 식으로건, 추가되기를 바라는 학부모는, 중요한 보충 내용을 제공한다고 보는 온갖 자료의 또 다른 수업을 준비할 것이지만, 그러면서도 공립 학교 교육과정의 지도적 원칙이 손상되지 않도록 해야 한다. 그들의 자녀는 학교에 다니는 요일에 민주적으로 결정된 접근을 받아들여서는 안 되고, 오직 이런 '교화(indoctrination)'를 무시해야 하는 안식일에 대해서만 알아야 한다.

이 사항을 언급할 필요를 알려준, 그리고 그것을 다듬도록 도와준 해리 브릭하우스(Harry Brighouse)에게 감사한다.

41 이런 의문들을 아주 명쾌하고 강력하게 제기해 준 마사 누스바움에게 여러모로 감사한다.

42 그들의 태도는 다음과 같은 것이어야 한다. '내가 나의 성서를 읽고 나서 p를 믿게 되었다. 나는 처음부터 나의 잠정적 수용을 도덕적 탐구에 비추어서 수정할 내 책임을 인식했다. 이제, 도덕적 탐구가 수정이 필요함을 밝혀주었으므로 나는 나의 처음 해석이 잘못이라고 본다. 그 선의 저자는 내가 나의 독해에서 얻어낸 원칙을 의도했던 바가 없었을 것이다.'

43 과학철학에서 잘 알려진 구분을 사용한다면, 종교적 가르침은 발견의 맥락에서는 어떤 역할을 할 수 있겠으나 정당화의 맥락에서는 그럴 수 없다.

44 다시금 나는, 나의 접근을 롤스의 그것과 분명히 비교함으로써 명료화하고 옹호하는 것이 좋겠다는 누스바움의 제안에 감사한다.

45 John Rawls, 『Political Liberalism』 (New York: Columbia University Press, 1993), 135. 이 (모호한) 마지막 절은 주에서 약간 명료화된다. '여기서 핵심은, 철학적 이성의 충분한 자원이 주어질 때, 선의 합당한 관념은, 정의의 합당한 정치적 관념의 자원에 의해서 밝혀질 수 없는 것뿐이라는 점이다.' 이 부분은 두 가지 독특한 방식에서 관심을 끌 것이다. 첫째, '정의의 합당한 정치적 관념의 자원들'이 무엇인가에 관한 분명한 논란의 여지가 없는 설명이 있는가? 둘째, 이성의 더 약한 집합의 요건들을 이성 전체에서 떼어내는 것이 적절한가? 어쩌면 나 자신의 다원주의는 롤스보다 더 철저한가? 나는, '철학적 이성의 충분한 자원'이 모든 대안을 하나로 축약할 것이라고, 그리고 선 관념을 만들어 내는 일에서의 진보가 다수의 분화된 전통을 낳을 것이라고 가정하는 데는 근거가 없다고 본다.

46 Ibid., 145.

47 Ibid., 144.

48 물론, 칸트의 통찰을 인정함으로써, 믿는 자는 도덕적 탐구에 종사하는 데에 헌신하며, 그리고 도덕적 탐구는 어떤 실질적 주장을 수정할 필요를 밝혀줄 것이다. 종교적 신자들은 이를 환영해야 한다.

49 내가 염두에 두고 있는 것은 정치적 이데올로기들, 그리고 이들을 지키려는 행동을 불러일으킨 세속적 텍스트에 대한 호소이다.

50 『Political Liberalism』, 146, n.13.

51 '위대한 공동체'라는 아이디어는 듀이의 책(『The Public and Its Problem』)에서 정치적 열망의 하나로 도입된다. 내가 앞선 여러 장에서 지적했듯이, 공동체에는 많은 차원이 있는데, 이는 사람들이 온갖 종

류의 공동 프로젝트에 따라서 결속될 수 있기 때문이다. 정치적 단위(예를 들어 국가)의 경우, 적절한 공동 이익은, 내 생각으로는, 모든 사람의 삶의 향상에 공헌할 제도와 정책을 만들기 위해 함께 일하는 데 있다. 따라서 그런 협력 작업을 위한 방법론적 합의는 정치 공동체의 핵심 요소이며, 그리고 그것은 선관들 간의 다양성에 의해 증진될 수 있다.

52 마사 누스바움은 나에게 암시해 주었다. 이 장에서 만들어진 앞선 제안들의 초기 버전은 미국 헌법의 '정부의 국교 승인 금지 조항(Establishment Clause)'과 (그리고 다른 나라에서 채택하고 있는 유사한 조항과) 갈등한다. 내가 보기에, 이 지적에 반해 이 책의 구상들을 옹호할 길이 분명히 있다. 종교에 대한 혹은 다른 포괄적 교리에 대한 제한은, 정치적 생활의 중심 특성을 위협하는 실천을 방지할 때, 적절한 것이다. 논란이 되는 도덕적 교리의 근거에 관한 틀린 아이디어는 민주적 토론에 해로울 수 있으며, 그리고 인식론적 실패를 역사가 명백히 밝혀줄 때, 그런 아이디어를 정당화의 시도에서 끌어들이는 일은 차단되어야 한다. 인식론적 진보는 어떤 종교나 혹은 세속적 이데올로기의 일종을 국교화하는 것과 혼동되면 안 된다.

53 이런 주제들을 거론하는 사람은 정치철학에 미친 롤스의 공헌이 중대함을 인정해야 한다. 내 생각은 그의 핵심 아이디어에서 큰 영향을 받았고, 그리고 견해 차이가 있지만 나는 그의 저술이 계몽적이라고 본다. 따라서 중요한 관심사에 대응하기 위해 그와 나의 대조점을 간단히 활용하려고 시도했다.

제2부

제12장

제7장
자연과학

1

교육 논의에서 가장 두드러진 문제들이면서 앞서 거론되지 못한 것도 많다. 무엇을 가르쳐야 할 것인가 혹은 그것을 어떻게 가르쳐야 할 것인가에 관해서는 별로 언급하지 않았다. 그 대신 나는 공식적인 교육이 성장이라는 평생 활동의 일부로서 차지할 자리를 강조하면서 개인을 위한 세 가지 큰 목적, 즉 자기-유지, 시민 생활에의 참여, 자아의 만족스러움에 초점을 두었다. 이 논의는 이제 급진적 제안과 연결될 수 있다. 그런 목적들이 성취되어야 한다면, 중요한 점이 있다. 할 수 있는 것이면 무엇이든지 좋다. 그런 목적들에 적합한 교육과정과 교수법을 찾자.

앞서 여러 장의 주장들에 따르면, 그런 교육과정은 개인들의 발달에 맞추어 그들 간의 유익한 상호작용을 증진하는 방향으로 구성되어야 한다. 여기서 중요한 시사점이 두 가지 생긴다. 첫째, 그 교육과정에서는 얼마나 많은 부분이 공유되어야 할 것인지에 관한 심각한 의문이 생긴다. 한편으로, 모든 당사자가 지식과 기능의 공통적 집합체를 뽑아낼 경우, 그들 간의 의사소통은 더 쉬워진다. 다른 한편으로, 개인들이 각자의 길과 각자의 독특한 형태의 만족을 찾으려면, 자신들의 특수한 성향과 재능을 끌어내어 발달시키는 일에 관심을 쏟아야 한다. 사회와 형성되는 과정에 있는 개인 간의 대화는 강요하지 않는 기회를 제공해야 한다. 제2장의 제안들에 맞추어 이렇게 하자면, 각 교실에는 교사의 역할을 맡을 사람이 더 많이 필요하다.[1] 둘째, 교육과정이라는 문제는 젊은이들이 준비하는 이 세계를 장악하고 있는 경쟁의 형태에 자동으로 종속되면 안 된다. 아주 다양한 유형의 시민들과 인간 집단을 창조해 내는 일은 사회의 건강과 그 구성원들의 잘-삶에 공헌할 것이다. 아이들은 요즈음 보는 것처럼 경제적 의미의 '생산성' 증대를 위하는 것으로 보이는 통로들 속으로 집어던져지면 안 된다. 아이들은 어느 사회경제적 기계 장치에 공급되고 교체 가능한 톱니바퀴가 아니다. 더 넓은 세상의 온갖 결함이 교육과정을 제약해 버리고 또 교실의 무자비한 경쟁을 요구하는 것으로 보일 때, 현재의 기형적 형태에 묵종하지 않고 이 넓은 세상을 바꾸어가는 것이 올바른 대응이다.[2]

급진적 제안은 현대의 교육정책이 소홀히 다루고 있는 인간적 가치들에 대해서 반응한다. 이 제안은 아이들을 국가의 부와 지위 유지에 필요하다는 느낌, 공식적인 학교 교육이 시작하기도 전에 흔히 도입되는 경쟁, 엘리트 대학과 특권적 직업으로 진입할 자격증의 제공을 목표로 삼는 아이들의 삶에 대한 과도한 시간 계획 등에 종속시키는 경제적 압력에 대해서 올바르게 반대한다. 그러나 그것은 과도한 반응을 일으킬 수 있다. 경쟁과 소비주의가 지배하는 세계에서 발생하는 교육적 손실에 관한 관심을 문화적 지적인 정체를 지향하는 가벼움으로 혼동해서도 안 된다. 필요 이상의 물질적 재화를 맹목적으로 늘리려는 어리석음과 해악을 인지한다고 해도 우리가 살아가는 이 세계에 관한 우리의 지식과 가치 있는 목적을 위해 이 세계를 바꾸는 능력을 함양하는 일의 중대성을 간과해서도 안 된다. 이해하고, 예측하고, 통제하는 우리의 능력의 향상은 우리가 모두 참여하는 인간 프로젝트에서 중요하다. 이 귀중한 목표들을 어떻게 성취할지를 이해할 자연스러운 출발점은 인간의 잘-삶과 생명에 대한 긍정적 공헌들과 가장 밀접하게 연결되는 주제들이다. 이는 자연과학이다.

최근 여러 세기 동안 과학은 인간의 생존방식을 크게 바꾸어 놓았다. 과학은 많은 것을 줄 수 있고 그만큼 교육정책의 결정에 대해 요구하기도 한다. 앞 장에서 칭송했던 가치들이 확보되고, 확대되고, 다듬어지려면 과학 교육과정과 교수법을 어떻게 재구성하는 것이 유용한가에 대한 이해가 중요하다. 젊은이들은 과학에서 그리고 과학에 관해서 무엇을 배워야 할까? 이를 어떻게 가르치면 가장 좋을까? 이런 문제들이 이 장의 주제이다. 인간의 지식과 문화에서 중요한 또 다른 분야, 즉 예술과 인문과학에 관한 비슷한 이슈들은 다음에 이어질 두 개의 장에서 다룰 것이다.

먼저 중요한 점을 밝히고 넘어가자. 제1장에서 주장했듯이 교육과정의 제안은 흔히 과부하 문제에 굴복하고 만다. 교육적으로 좋은 것들이 가득한 가게에서는 과도한 소비에 빠지기 쉽다. 과부하에서 벗어나기 위해 나는 두 가지를 시도할 것이다. 첫째, 교육을 평생의 활동, 즉 기존의 공부를 확충하고 새로운 공부를 추가할 기회를 정기적으로 갖는 평생의 활동으로 생각한다면, 어느 초기 (12년간?)에 모든 것을 집어넣게 만드는 압력을 제거하게 된다. 둘째, 모든 학생이 학창 시절에 어떤 교육 경험을 공유해야 하겠지만, 내가 강조하는 개별적 발달은 그들이 제각기 선택한 더 특수한 탐색 과정을 추구하도록 장려한다. 교육과정의 세부 사항을 검토할 때 꼭 들여다보아야 할 점은 핵심적인 일반 교육 그리고 이를 더 특수화함으로써 확장되는 풍부한 다양성이다.

2

〰️

이 급진적 제안은 인류가 살아온 대다수 사회에 전적으로 적절할 것이다. 이들 사회에 필요한 것은 젊은이들을 흔히 적대적 환경에서의 생존, (전형적으로 아주 작은) 공동체의 집단생활에의 참여, 모종의 **공동체적 쾌락주의** 속에서의 자기 만족 등을 위해 준비시키는 일이다. 앞서 지적했듯이[3] 인류의 거의 모든 역사에서 '개인의 핵심 프로젝트' 혹은 '인생 계획'을 자율적으로 선택하는 삶을 좋은 삶으로 보는 것은 우스꽝스러운 농담일 것이다. 거의 모든 사람이 살았던 상황에서 소크라테스의 근본적 질문 즉 '어떻게 살 것인가?'에 대한 최선의 반응은 자신뿐만 아니라 동료들에게도 고통이 줄어들고 쾌락이 늘어나도록 온 힘을 다하는 것이다. 구석기 시대의 수렵채취인, 봉건시대나 다른 노예제 속에서 살았던 농부, 그리고 요즈음 세상에서 주변으로 내몰리면서 생존하는 수많은 사람에게, 쾌락주의적 신조는 철학의 역사에서 조롱받았을지라도 험난한 환경에 대한 전적으로 적절한 반응이다. 고통을 줄이고, 집단생활을 유지하고, 가능한 시간에 함께 축하하는 것은 아마 가능한 삶 중에서 최선의 형태를 만들 것이다.

이런 사회의 교육은 자기-유지에 필요한 기능을 제공하고 그리고 집단을 결속시키는 전통을 불어넣는 일이라고 이해할 수 있다. 교육의 과업은 문화의 재생이며, 그 문화를 흡수한 새로운 구성원의 육성을 통해서 이루어진다. 어떤 교육이론가들, 예컨대 마이클 오크쇼트(Michael Oakeshott)와 리처드 피터스(R. S. Peters)는 풍요로운 현대 민주사회를 포함해서 모든 사회의 교육을 그런 식으로 이해한다.[4] 이들의 아이디어는 보수적인 학부모들이 무심결에 공감하는 것이다. 이들은 자기 아이들이 지구상의 삶의 역사에 관해서 혹은 남북전쟁 이전의 남부에서 억압받고 살았던 사람들의 상황에 관해서 이야기를 듣는 교실이 혼란스러운 영향을 주는 것이라고 항의한다.[5]

과거의 전통이 그 옹호자들에게 제아무리 풍요롭게 보일지라도, 그것을 단순히 보존하려는 것은 왜 부적절한 일일까? 이는 현재의 풍요로운 전통이 나타나게 된 역사적 과정을 우리가 이해하기 때문이다. 우리에게 전해진 것들에 대해 감사하면서도 우리는 과학의 진보, 예술작품, 사회적 통찰, 제도 개혁과 같은 자원들이 느리게 축적되었던 과정까지도 인지해야 한다. 사회와 문화는 어떤 면에서는 이미 진보한 것이지만, 현재 우리의 상상을 뛰어넘는 어떤 것을 포함해서 또 다른 면에서 진보할 수 있을 것으로 보인다. 따라서 공식적인 교육의 기능은 우리의 습속을 있는 그대로 후속 세대가 흡수할 수 있게 하는 일에만 그칠 수 없다. 후속 세대가 개인과 집단적으로 그것을 개선할 수 있도록 해야 한다.[6] 민주주의 사회에서 미래의 진보는 일정 부분에서 집단적 노력일 것이다. 미래의 진보는 어떤 새로운 정책이 진보적 변화를 일으킬지를 인지할 수 있는 시민의 능력을 통해서 나타날 것이다. 또한 미래의 진보는 뉴턴이 자임했던 역할, 즉 거인의 어깨 위에서 과거 사람들보다 더 멀리 바라볼 수 있는 역할을 맡는 예외적 개인들에게 좌우될 것이다.[7]

참으로 야심적인 교육 프로그램은 거의 모든 학생이 이런저런 영역에서 그런 역할을 할 수 있도록 해 줄 여건들을 추구할 것이다. 이 목적이 지나치게 야심적인 것은 거의 분명하다. 대다수 사람의 삶에서 '여러 시대를 위해' 중요한 것들을 창조하거나 발견하는 것은 불가능하다. 그 어떤 교육 시스템이 제공되어도 이런 점에서 큰 차이는 나타나지 않을 것이다. 대다수의 더 소박한 성취가 그들을 무가치한 존재로 비난받게 하는 것도 아니다. 가치와 의미는 거의 언제나 국지적 효과를 통해서 즉 타인들의 삶에 대한 긍정적 공헌을 통해서 얻어진다. 자아 만족을 위한 기회를 제공하는 일은 모든 아이를 아인슈타인 혹은 피카소로 만들 것을 요청하지 않는다. 교육적 과제는 모든 학생이 자기 삶에서 발생하는 이슈들에 대해서 사려 깊은 결정을 내릴 수 있게 도와주는 일이며, 이와 동시에 재능이나 취미를 가진 학생들이 어떤 탐구나 문화의 영역에서 또 다른 진보를 이루도록 장려하는 일이다. 진보는 훌륭한 집단적 결정, 복잡한 문제를 가능한 한 다수의 시민이 고민하게 만드는 가능성, 자기가 선택한 영역을 개척할 사람들에게 나타나는 개인적 창의성에 좌우되는 일이다.

창의성과 개성에 관한 이야기는 쉽게 함정에 빠진다. 세상을 크게 바꾸어 놓은 사람들은 일부 극소수다. 나머지 사람들인 군중은[8] 소처럼 순종하는 삶을 살아갈 운명이며 후손이 살아갈 세상에 아무 흔적을 남기지 못한다. 그런데 명확하게 양분되는 것처럼 보이는 것도 사실은 연속적이다. 적절한 지도와 격려를 받는다면, 거의 모든 사람은 인간의 삶에서 공헌할 수 있고, 그리고 정말 자기 나름의 독특한 수정을 도입할 영역을 찾아낼 수 있다. 어떤 이들은 어느 예술 장르에서 작업함으로써 혹은 어느 학습 영역에서 특수하게 확장됨으로써 그것을 찾아낸다. 어느 미술가의 그림이 미술관에 걸리지 못하거나 혹은 어느 과학자의 논문을 아무도 찾지 않을지라도 어떤 화폭의 붓칠이나 어느 실험 보고서는 타인들이 각자의 예술적 과학적 실천을 수정하도록 자극을 주고, 이런 수정들이 전형적으로 비슷한 수준의 다른 것들과 결합하여 마침내 훨씬 더 큰 진보를 낳게 되고, 그래서 후속 세대들이 칭송하는 성취의 이면에는 과거의 거장들뿐만 아니라 흔적을 찾기는 어려울지라도 실질적으로 아주 조그만 효과들을 낳았던 소박한 민중이 많다. 이와 비슷하게 개별적인 조리법, 특수한 식물 재배 방식, 깨진 물건을 수리하는 정교한 기술, 혹은 긴장된 상황을 정리하는 특별한 재능 등은 요리실에, 원예에, 수리 작업에, 혹은 후속 세대의 사회생활에 제각각 영향을 미칠 수 있다. 우리가 행한 일의 파장이 얼마나 멀리 또 오래 퍼질지는 정말 다양할 것이다.[9] 그러나 그 파장의 크기와 지속이 확실한 경우에만 창의성을 찾는 것은 잘못이다. 원칙적으로 더 나은 세계를 만들어 내는 일에 참여할 기회는 거의 모든 사람에게 주어진다. 이런 기회는 우리가 아이들 개개인의 발달을 지도하는 일에 직접 개입할 때 확대된다. 따라서 교육 활동에 모든 성인을 끌어들이자는 내 제안은 우리의 개별적으로 공헌할 수 있는 공간을 확대해 준다. 가장 필요한 것은 우리가 우리의 개성을 잘 발휘할 수 있는 영역과 방향을 발견하는 일이다. 교육은 우리가 우리 자신의 재능을 잘 알도록 해야 하며, 그럼으로써 우리는 다시금 그런 재능을 공유하는 타인들의 삶을 촉진할 수 있다.[10]

아이들이 개척할 것들은 아주 많을 것이다. 어떻게 하면 공식적인 교육 시스템이 모든 아이에게 충분한 폭과 충분한 깊이를 제공할 수 있을까? 어떻게 하면 어떤 탐구 분야 혹은 문화 영역에서 행복하게 공헌할 수 있는 사람들이 각자의 고유한 터전을 찾도록 도움을 줄 수 있을까? 어떻게 하면 이 두 가지 목표가 함께 추구될 수 있으며, 그리고 추구될지라도 개인의 잘-삶과 심층 민주주의를 위한 여건을 어지럽히지 않을 수 있을까? 문화적, 지적 정체 상태에 빠지지 않으려면, 우리 사회들은 살인적 경쟁과 혹독한 능력주의를 받아들이고 살아야 할 운명일 뿐일까? 앞서 여러 장에서 강조했던 가치들은 어쩔 수 없이 희생되고 마는 것일까?

$$3$$

교육과정 문제에 접근하는 나의 태도는 이상하게 보일 수 있다. 나는 '모두가 알아야 할 과학의 중요한 부분은 무엇인가?'라고 곧바로 묻지 않고, 한걸음 뒤로 물러서기 시작했다. 제1부의 틀을 통해서 교육을 이해한다면, 자기-유지, 시민성과 도덕적 주체성, 개인의 만족스러움이라는 교육의 세 가지 목적은 과학 교육과 어떤 관계에 있는지를 이해하는 차원에서 과학 교육의 과제를 파악하게 된다. 우리는 그 세 가지를 하나의 목적으로 합쳐서, 과학 교육과정의 질문을 다르게 제시할 것이다. 젊은이가 인간 프로젝트에 제각기 독특하게 공헌하도록 지도하는 일을 과학 교육은 어떻게 도와주어야 할까? 더 나은 진보를 위해 도와주는 일을 우리는 어떻게 준비할 수 있을까?

　다음에서 내가 이 문제를 다루면서 고려할 점은 과학적 진보, 제반 과학에서 진보로 여기는 점들은 감성적 존재(그중에서 특히 인간)의 삶의 질과 인간 사회의 건강과 어떤 관계에 있는가 하는 점이다. 이런 논의는 과학적 진보에 대한 가장 대중적 견해, 즉 자연에 관한 '진리, 총체적 진리, 오직 진리'가 과학의 목표라는 과학관을 비판하면서 시작될 것이다. 오히려 나의 제언에 따르면, 과학은 선택적일 수밖에 없고 의미 있는 질문들에 대한 대답을 제공하면서 그리고 의미라는 것이 무엇인지에 관한 생각을 때때로 다듬으면서 진보한다. 이 두 번째 측면의 진보는 그런 대답이 사람들에게 제공해 주는 것들을 통해서 이해되어야 한다고 나는 주장한다. 어떤 이들은 우리가 얻는 실질적 이득을 앞세우고 (많은 연구자를 포함한) 다른 이들은 이해 그 자체의 위대한 가치를 내세울 것이다.

　일단 제반 과학은 사회와 긴밀하게 연관되어 있고, 감성을 가진 인간 존재와 인간 사회의 필요에 응답할 수 있다고 인식한다면, 전문 연구자들은 가치의 문제에 대해서 최종 권위자가 못 된다. 제안된 과학 연구의 의제를 평가하는 일은 민주적 숙의를 통해서 이루어져야 한다. 그렇다면 과학 교육의 목적에는 과학 문제가 응용 연구이건 혹은 미래 연구이건 중대한 것일 때 시민들이 정책 논의에 참여하도록 준비시키는 것이 포함되어야 한다. 일단 우리가 과학적 진보의 성격을 이해해 두어야 왜 과학 교육과정이 **모든** 사람에게 중요한지가 명백해진다. 모든 사람이 과학적 문해력을 발달할 필요가 있는 까닭은 더 많은 이해의 이득을 누리기 위해서, 그리고 책임 있는 시민으로 살아가기 위해서다.

　나는 과학 교육의 과제를 두 가지로 구분할 것이다. 첫째는 모두에게 중요한 **일반적** 과학 교육이고, 둘째는 일부 과학 영역을 활용하며 살아가는 사람들, 즉 과학연구자 혹은 일상 업무에서 과학적 배경이 요구되는 사람들에게 필요한 종류의 교육과정이다. 이 장의 핵심 목적은 일반적 과학 교육 프로그램을 살펴보는 데에 있다. 이는 아이들에게 분명히 나타나는 천부적 호기심을 지켜주고, 이들이 살아가는 동안 축적되는 새로운 과학지식의 이득을 얻게 해 줄 것이다. 이런 프로그램은 일부 사람만 필요하고 또 '즐거워하는!' 전문적 훈련과 구별되어야 하는데, 이는 요즈음 흔히 생기고 있는 과학으로부터의 소외를 없애기 (혹은 최소한 줄이기) 위해서다.

4

역사상 위대한 인물들이 가끔 성취해 놓은 놀라운 진보, 그리고 무수한 공헌자들의 노력으로 가끔 생겨나는 훨씬 작은 (그러나 알맹이 있는!) 진보에 관한 이야기는 때때로 회의론에 직면한다.[11] 진보에 관한 많은 주장은 입심 좋은 이야기이고 고려할 그 변화의 부정적 결과를 무시하는 이야기여서 비난받는 것이 마땅하다. 그런데 진보에 관한 이야기 중에 비교적 논란이 없는 영역은 확실히 자연과학이다. 17세기 이후의 물리학, 18세기 후반 이후의 화학, 1900년 이후의 유전학에서 놀라운 진보는 부정하기 어렵다. 과학 연구를 경제발전의 핵심으로 단순하게 보지 않을지라도 (경제적 경쟁에서 앞서가는 데에 과학이 중요하다고 하면서 과학 교육을 지지하는 그 지점을 벗어나서 토론할지라도) 과학이 교육과정에서 특별한 지위를 누리는 이유는 과학적 진보에 관한 폭넓은 합의 때문이다. 그러나 과학의 지위는 정확히 어떤 것이어야 할까? 제반 과학을 어떻게 가르쳐야 할까? 이런 질문에 대한 해답 찾기는 과학에서 진보는 무엇이고, 과학은 무엇을 제공하는가에 관한 분명한 견해에 따라서 달라진다.

과학적 진보를 목적론적으로 생각하는 사람들이 많다. 과학 탐구가 어떤 목적을 향한다는 말이다. 이 목적에 더 가까워질수록 인간은 더 나아진다는 뜻이다. 이런 관점을 갖는 사람들은 이런 분명한 질문에 직면한다. 그 목적은 엄밀히 말해서 무엇인가? 대중적이지만 부주의한 대답은 그 목적이 자연의 세밀하고 치밀한 모든 사항에 관한 완전하고 정밀한 설명을 제공하는 데에 있다고 답한다. 우리는 진리, 총체적 진리, 오직 진리만을 원한다.

과학의 목적을 이렇게 특성화하게 되면 곧바로 고약한 질문들이 나온다. 그것을 인간의 믿음의 차원에서 진술하기만 하면 충분할까? 혹은 증거가 적절하게 지지해 주는 믿음을 (따라서 지식으로 인정받는 것을) 우리는 주장해야 할까? 어떤 경우이건 간에 행운의 주체들이 누구일까? (자연의 독특한 측면들에 관해서 제각기 서로 다른 점들을 아는, 그리하여 집합적으로 모든 것을 알고 있는 전문가들의 집합이 있을까? 혹은 온갖 것들을 다 알고 있는 행운의 인간이 일부 존재할까?) 다행스럽게도, 설정된 목적의 난점을 이해하려고 그런 질문에까지 답할 필요는 없다. 문제는 모든 진리의 집합이라는 아이디어에 있다. 이것은 자연에 관한 (어떤 언어로 쓰인, 무슨 언어?) 참인 문장들 전체의 집합이라고 가정된다. 이 집합은 (그것이 존재한다고 가정한다면) 무한하고 최소한 그 연속체만큼 크다는 점을 파악하기란 어렵지 않다. 가령, 우리가 좋아하는 어떤 음악의 공연을 생각해 보자. 공연은 특정 공간에서 특정 시간에 행해진다. 시공간의 덩어리로 간주한다면, 이 공연에는 시공간의 수많은 점의 연속체가 들어 있다. 각각의 점에서 물리적 질량(그리고 화학적 농도, 그리고 생리학적 변이 등)은 특수한 가치를 갖는다.

이런 것처럼, 수많은 참된 문장들의 연속체가 있고, 제각기 어떤 점에서 어떤 질량의 가치를 특정한다. 게다가, 이런 가치들 사이에는 온갖 양자 관계, 온갖 삼자 관계 등등이 있다. 그뿐만 아니라 우리는 가치의 집합 간의 모든 관계, 가치 집합의 집합 간의 모든 관계도 고려해야 한다. 최소한, 자연에 관한 총체적 진리의 핵심은 최소한 그런 연속체의 그것만큼 클 수밖에 없다.[12]

자연에 관한 모든 진리의 **집합**을 제대로 이야기할 수 있을까? 혹은 전체라고 하는 것이 집합으로 보기에 너무 큰 것일까? 이런 처음 걱정들이 수그러들어도 또 다른 걱정들이 생긴다. 자연에 관한 총체적 진리 중에서 얼마나 많은 것을, 인류의 기원에서부터 궁극적 소멸에 이르는, 모든 인간이 (안다는 것은 놔두고라도) 믿을 수 있을까? 그야말로 한 조각일 뿐이다. 왜냐면 전체 인류 중에서 그런 사람들의 수는 한정되기 때문이다. 우리는 저마다 셀 수 있는 많은 진리를 그들 간의 논리적 관계와 함께 믿을 수 있다고 가정해 보자. 특정 개인은 셀 수 있을 진리의 집합만을 알 뿐이다. **호모 사피엔스**가 집단으로 믿는 것은 이런 모든 집합들의 합이다. 이 합은 (그 믿음들이 제각기 다른 것이건 혹은 때때로 중첩되는 것이건 간에) 유한한 수의 집합들이 모여서 형성된다. 셀 수 있는 집합들의 한정된 합을 셀 수 있다. 따라서 인간의 믿음의 총체는 셀 수 있는 집합이다. 그것은 엄청나게 더 거대한 묶음, 즉 자연에 관한 총체적 진리에 가까운 것에는 안타까울 정도로 못 미친다. 할 수 있는 최선은 우리가 가정하는 목표의 극히 일부에 도달하는 정도일 것이다.

그 목표를 우리가 진지하게 여긴다고 가정해 보자. 어떻게 하면 우리는 그것에 가장 잘 가까워질 수 있을까? 여러 자연과학이 실제로 작동하는 방식과는 아주 다르게 행동함으로써 그럴 수 있다. 가능한 한 더 많은 진리를 얻어낼 최선의 전략은 자료 수집에 가장 효율적인 도구가 어떤 것인지를 확인하는 길일 것이다. 그렇다면 그 자료를 가능한 한 신속하게 모을 수 있는 최적의 장소로 연구자들을 보내서 그들의 측정 결과를 최대한의 속도로 기록하도록 부탁할 수 있을 것이다. 어쩌면 그 결과를 가능한 한 빠르고 효율적으로 끌어내는 일은 논리학자와 수학자의 팀에게 맡기는 것도 좋은 생각일 것이다. 불확실한 길을 뚫어가는 성가시고, 어렵고, 시간이 많이 드는 첨단 연구의 과정들은 진리의 축적을 최적화하도록 설계된 절차를 위해서 제거될 것이다.

목적론적 진보에 대한 첫 번째의 순진한 접근은 큰 결함이 있는 것으로 증명된다. 전망이 더 나은 상대가 바로 가까이 있다.[13] 뉴턴의『프린키피아(Principia)』서문은 그의 시대로부터 우리 시대에 이르기까지 과학에 관한 사고를 고무시켰던 과학적 성취의 한 이미지를 제시해 준다. 그의 제안에 따르면 과학의 목적은 자연의 규칙에 관한 책을 다시 쓰는 (그리하여 창조물을 설계한 신의 지혜를 이해하는) 일이다.

우리가 자연 현상의 나머지를 기계론적 원리들로부터의 추론이라는 같은 종류에 의해 도출할 수 있기를 나는 바란다. 왜냐면 모든 자연 현상이 이제까지 알지 못한 어떤 원인에 의해서 물체의 조각들이 서로 이끌리며 규칙적 형태로 결합하거나 혹은 서로에게서 밀려나고 물러나는 어떤 힘들에 의존한다고 나는 많은 이유에서 이끌렸기 때문이다. 어떤 힘인지를 모르면서 철학자들은 이제까지 자연 탐구를 헛되게 시도했다. 그러나 나는 여기서 제시된 원리들이 이런 혹은 더 진실한 어떤 철학의 방법에 모종의 빛을 비추어줄 것을 희망한다.[14]

적절한 과학이론은 공리적 체계로 구성되며, 그 최초의 원리들은 그 탐구 분야의 근본 법칙들이다. 과학자들이 올바른 이론에 도달했다면, 그 분야에서 일하는 그들은 특수한 구체 사항들(출발 조건이나 경계 조건)을 덧붙이고 그 이론을 적용함으로써 특정 현상의 진술들을 끌어낼 수 있다. 비록 그들이 관련 영역에서 **모든** 참된 진술을 믿는 데까지 도달하지는 못할지라도, 흥미 있을 것으로 입증될 만한 **일부** 참된 진술을 얻어낼 수 있다.

일부 (최종 이론을 꿈꾸는) 현대 물리학자들은 여전히 뉴턴의 비전을 지니고 있지만, 자연과학들의 후속 과정을 살펴보면 자연 세계의 모든 특성을 포괄하는 통일 과학이라는 그림과는 어긋난다. 난점의 주요 원천으로 두 가지가 밝혀졌다. 첫째, 서로 다른 과학들 사이의 관계에서 생기는 난점이다. 화학자, 생물학자, 지구과학자, 심리학자, 언어학자, 사회학자, 경제학자, 인류학자 등이 연구하는 더 복잡한 실체들이 궁극적으로 물리적 구성요소로 이루어지는 것이어도, 근본적인 물리적 법칙들의 어떤 결집으로부터 그 다양한 영역들의 모든 진리가 나타날 가능성은 생겨나지 않는다. 실제로 비교적 단순한 것을 포함한 화학적 반응들에 관한 이해는 기본 입자들의 양자-이론적 역학으로부터 명확하게 계산되어 나오지 못한다. 더 중요한 것으로, 생물학적 분류들은 화학에서 나누는 구조적 계열들을 따르지 않는다. 비록 모든 유전인자는 핵산의 조각이지만 (대부분은 DNA, 그러나 때때로 레트로바이러스의 경우처럼 RNA이지만) 우리가 유전인자로 간주하는 모든 그리고 오직 그런 조각을 구분해 주는 공통 구조는 없다.[15] (만일 공통 구조가 있다면, 배열 자료(sequence data)에서 유전인자 목록(catalog of genes)으로 이행하는 과정은 이제까지 알려진 것보다는 훨씬 단순해질 것이다!) 정말이지 분자생물학의 가장 기초적인 부분들은 생화학의 구조적 세부 사항들(structural specifications)과 맞지 않는 기능적 개념들을 사용한다. 즉, 유전자 복제와 이식의 주요 부분(players), 예컨대 '폴리메라제(polymerases)'라고 알려진 분자들이 그렇게 분류되는 것은 그것의 **움직임(작용)** 때문이다. 생화학의 관점에서 보면 그것들은 이질적이다. 그것들의 일반적 구체화는 찾을 수 없다. 결과적으로, 생화학을 분자생물학과 연결하는 다리가 될 만한 원리

는 없으며, 생화학으로부터 분자생물학의 모든 것을 끌어낸다고 보이는 길은 막혀있다.[16]

물론 화학 이론은 생물학의 강력한 자원으로 남아 있다. 생물학자들은 중요한 분자들을 분리함으로써, 그리고 생화학이 제공해 주는 그들의 구조에 관한 이해를 활용함으로써 날마다 수많은 통찰을 얻어낸다. 생물학의 언어는 수많은 **특수한** 연결을 통해서 화학의 언어와 이어진다. 그러나 실패한 것은 뉴턴의 비전이 희망했던 **일반적** 특수화(general specifications)의 시스템이다. 이는 화학적 구조의 이해와 가장 긴밀하게 접촉하는 생물학 영역에만 없는 것이 아니다. 그것이 없다는 점은 생물학자가 연구하는 기관, 식물, 동물, 동물 개체군이라는 영역에서 더 뚜렷하다. 심장, 낙엽, 파충류, 포식자, 에코 시스템 등의 세부 사항을 물리학의 용어는 물론이고 화학의 용어로 제시한다는 아이디어는 상상할 수 없다.

당연히 뉴턴의 꿈의 난관은 인간 과학에서 더 분명히 드러난다. 경제학자는 통화공급이 증가할 때 (구체적 상황에서) 무슨 일이 생길지에 관한 일반화에 도달하기를 희망한다. 그러나 아주 명백하게도, 순수하게 물리학적 진술은 우리가 통화로 취급하는 모든 것을 그리고 그것만을 골라내지 못한다.[17] 동전과 지폐, (소금처럼) 전통적인 교환 물건과 현대적 통화(비트코인) 외에도 거의 모든 것이 통화가 될 수 있다. 통화란 재화가 쉽게 교환되게 만드는 데에 사용되는 온갖 것이다. 그것의 지위는 특정 시간이나 장소에서 교환에 종사하는 사람들의 태도에 달려 있다. 그 교환이 어떻게 이루어지는가를 '근본적인 물리학'의 측면에서 이해하려고 애쓸지라도, 교환에 관한 아무런 특성도 찾아내지 못할 것이다. 또한 그것은 발생 현상의 이면에 놓여 있는 중요한 인과적, 설명적 구조도 빠뜨릴 것이다.[18] 통화공급량이 증가하면 어째서 인플레가 발생하는지를 제대로 파악하기 위해서 물리적 시스템의 거대하게 구분된 집합체의 역동적 궤적까지 추적할 필요는 없다. 필요한 점은 수요 곡선이 어떻게 반응하고 또 가격에 영향을 주는지를 파악하는 것이다.

둘째, 완전한 통일 과학의 또 다른 문제는 뉴턴이 (그리고 그의 영향을 받은 사람들이) 패러다임으로 여겼던(여기는) 사례의 특이성에서 생긴다. 인력 이론이 그 통일의 힘으로 칭송을 받는 것은 옳은 일이다. 인력 이론이 물체의 운동을 설명하고 예언하는 힘은 특수한 힘의 지배에 달려 있다. 천체들의 움직임은 (혹은 최소한 뉴턴이 초점을 두었던 것들은) 차단되고 인력만 관련된다.[19] 세상에서 대부분의 일은 전혀 다르다. 온갖 종류의 인과적 요인들이 작동하고, 극히 다양한 결합 속에서 상호작용한다. 따라서 더 미세한 시스템을 탐구할 경우, 즉 연구자들이 유기체, 뇌, 지질층, 대기와 대양의 변화를 고찰할 경우, 단순한 통일된 일반적 법칙들에 도달하려는 시도는 늘 좌절된다.[20] 탐구에서는 특수한 경우에는 잘 맞지만 원래 범위를 벗어나 확대되면 부정확과 오류에 빠지기 쉬운 모형들을 어쩔 수 없이 정해야 한다. 많은 경우에서 연구자들은 기후의 경우처럼, 서로 맞지 않아도 신중히 판단해서 서로 조정하면 가치가 있을 만한 일련의 모형을 가지고 작업한다. 지난 한 세기 동안 생물학, 지구대기 과학, 신경과학 등에서 중요한 과학적 진보를 이루어 냈는데, 이는 인간 복지와 가장 관련 있는 복합적 현상들의 일부를 모형화하는 새로운 방식을 찾아냈기 때문에 가능했다. 이런 노력의 교훈은 분명하다. 굉장히 중요하고 흥미로운 부분을 포함한 자연 세계의 많은 부분과 관련해서 세 가지 사항 중 두 가지 사항을 충족시키는 모형을 찾을 수 있다. 즉, 일반성과 정확성을 얻고 정밀성을 버리거나 혹은 일반성과 정밀성을 얻고 정확성을 버리거나 혹은 정밀성과 정확성을 얻고 일반성을 버리거나 할 수 있다.[21] 셋 중에서 둘은 나쁜 것도 아니고, 그리고 신중함과 경험이 합쳐지면 다양한 장점을 가진 여러 모형을 당연히 결합해 낼 수 있다. 그러나 뉴턴과 달리 당신은 세 가지 장점을 모두 동시에 가질 수는 없다. 우리는 '얼룩덜룩한 세계'[22] 속에 산다.

뉴턴의 비전과 그 영향을 받은 진보의 목적론적 설명은 아주 영향력이 컸기 때문에, 나는 상당한 시간 동안 그 단점들을 밝혀보았다. 자연과학이 어떻게 진보하는지에 관한 분명한 이해는 교육과정에서 자연과학의 역할을 고찰하기 위한 예비조건이다. 과학의 진보에 관한 통상적 신화를 폐기하는 것이 교육적으로 의미 있는 일임을 우리는 이윽고 알게 된다.

5

과학의 진보를 생각하는 방식으로는 비-목적론적인 것, 즉 무엇을 향한 진보보다는 무엇에서(으로)부터의 진보라는 것이 가장 좋다. 과학의 여러 영역은, 중요하다고 확인된 문제들의 해답을 찾아내면서 진보한다. 일부 진리는 알 가치가 있다. 대부분은 그렇지 못하다. 연구자들은 훈련 과정을 거치면서 자신의 연구 영역에 대한 감각을 익히고 해당 연구공동체에서는 어떤 문제를 중요하게 보는지를 깨닫게 된다. 어떤 연구자가 특정 방향의 탐구를 계속하는 이유를 외부인들이 궁금하게 여긴다면 나름대로 할 이야기가 있을 것이다. 즉, 얼핏 난해하게 보이는 문제는 더 큰 어떤 과제에 공헌할 수 있다는 점에서 중요한 것이 된다. 그 문제의 답이 찾아진다면 다른 문제를 다루는 데에 사용될 수 있고, 이 문제의 해결은 더 큰 어떤 탐구를 향한 길을 터줄 것이다. 이렇게 나아가면서 마침내 그 설명은 모든 사람에게 분명히 이로울 것으로 기대되는 문제에 도달한다.

예컨대, 분자 유전학자는 어느 유기체(과실파리 혹은 선충류 벌레)의 게놈에서 어느 특정 부위가 그 유기체의 특별한 특성에 어떻게 영향을 미치는가를 이해하려고 노력하면서 여러 해를 바칠 것이다. 왜 그 연구는 그런 노력을 기울일 만큼 가치 있는가? 왜냐면 그런 특수한 문제의 해답은 그 유기체가 어떻게 발달하는지에 대한 통찰을 제공함으로써 정상적 기능이 어떻게 교란될 수 있는지를 이해하게 해 주고, 그리고 마침내 인간의 질병도 밝혀줄 것이기 때문이다. 자신의 연구를 정당화하라는 요청을 받을 때, 유전학자는 현재 수행하고 있는 실험에서 최종 문제로 혹은 새로운 개입 가능성으로 나아갈 것으로 계획하고 있는 일련의 단계들을 설명할 것이다. 마침내 유기체의 발달 과정(호기심 많은 사람이 알고 싶은 중요한 점)에 관한 이해, 혹은 질병의 (모든 사람이 환영할) 새로운 치료/처치 방법이 거기서 나타날 것이다.

지난 수십 년 동안 유전학은 놀라운 발전을 이룩했다. 이는 게놈의 구조에 관한 더 세련된 견해, (DNA에서 전령 RNA가 만들어지는 과정인 전사, 유전정보의 번역, DNA 등의 복제 등과 같은) 특수한 분자 메커니즘의 분석, 그리고 더욱 앞서가는 온갖 종류의 기계와 기술 때문이다. 최근의 의제에 포함된 많은 문제는 오십 년 전에는 제기하지도 못했다. 무엇이 과학적으로 중요한지는 시간에 따라 진화한다.

그리고 과학 공동체가 중요한 질문들을 식별해 내는 방식은 때때로 후속 세대에게는 극히 모호하게 보인다. 1925년까지 유전학은 1900년의 상태를 넘어서 상당히 진보했는데, 이때 세 명의 연구자가 저마다 '멘델의 법칙들'을 재발견했다. 그러나 그것만이 소득은 아니었다. 유전학과 우생학이 결합했다. (바다로 떠난 남성 청년에게서 표출된) '바다 사랑' 유전자, 그리고 (강제 불임 프로그램이 필요할 정도로 긴급 문제를 일으키는) '유전적 저능'에 관한 문제는 과학의 의제에서 높은 순위를 차지했었다.[23]

과학의 진보에 관한 일상적 판단들은 과학자 공동체로 넘어가고, 거기서 중요한 문제들이 확인된다. 그러나 유전학과 우생학의 결합은 우리를 각성시켜 준 것으로 기억된다. 과학 연구는 사회적 실천 속에 내포되어 있다. 무엇이 과학적으로 중요한 것인가에 관한 평가가 더 큰 인간적 선(human good)에 어긋날 때, 심지어 그것에 무관심할 때, 진보라는 평판은 의심을 받게 된다. 어떤 종류의 생물학 연구는 취약 집단의 사람들이 느낄 수 있는 위협을 만들거나 심화시켰다. 예컨대, 범죄적 반사회적 행동의 원인에 관한 유전학적 사변은 보호시설을 찾는 난민들의 입국을 불허하는 데에 사용되었고, 그리고 입국 불허는 은신처를 구하려는 사람들을 그들의 고향으로 송환시킴으로써 거기서 벌어진 인종 살해에 희생되도록 만들었다. 다른 형태의 생물학 연구는 필요한 의약품들의 비용이 너무 비싸서 감당할 수 없는 극빈 환자들의 고충을 아예 무시한다. 때때로 제약회사는 멀리 떨어진 곳에 사는 아이들의 시력 상실을 예방하기 위한 혹은 치명적인 (그러나 먼 지역의) 감염의 확산을 차단하기 위한 약품을 생산할 수 있는 효율적인 방식을 찾으려고 하지 않고, 화장품 생산을 위해 연구 실험실들을 투입한다.[24]

나의 이야기는 도덕을 담고 있다. 연구 문제에 중요성을 부여하는 궁극적 권위는 과학 공동체에 속하는 것이 아니다. 자연과학은 더 넓은 사회에 속해 있으며, 그리고 그 사회는 자연과학의 노력에서 이득을 얻거나 고통을 당하거나 한다. 과학의 진보는 내부의 문제가 될 수 없다. 그것은 **연구 집단**이 중요하다고 표시하는 문제를 해결할 때 이루어지는 내부의 문제가 아니다. 자연과학은 인간의 진보에 공헌하는 일단의 자원을 제공한다. 과학의 진보가 가장 뚜렷한 경우는 중요하다고 외치는 문제가 사회와 개인이 가장 해결되기를 바라는 그런 문제일 때, 그런 문제가 해결되어 인간의 필요가 충족될 때, 이런 해결을 원하는 사람과 집단이 그것에 접근할 수 있을 때다.[25] 과학은 제도이고, 다른 제도와 협력하면서 인간 프로젝트를 증진한다. 불행하게도 그런 협력 관계가 늘 조화롭지 못하다는 점이 밝혀질 것이다.[26]

과학들이 공헌하는 바는 엄밀히 말하면 무엇일까? 과학자가 아닌 대다수 사람에게 묻는다면, 과학 탐구로 가능해지는 기술 진보, 즉 새로운 영농법, 신물질, 노동−절감 장치, 지리적 한계를 극복해 주는 발명품, 특히 질병의 치료와 치유 등을 가리킬 것이다. 사려 깊은 사람들은 더 나아가 새로운 예측 능력의 사회적 가치를 인정할 것이다. 지진이 어디서 발생할지를 미리 인지하거나 혹은 기후가 어떻게 변할지를 파악할 수 있는 것은 가치 있는 정보다. 이런 실천적 이득이 극찬을 받는데 여기서 두 가지 주요 문제가 생긴다. 첫째, 응용과학이나 혹은 기술자의 시행착오가 아닌 이론적 과학으로부터 생기는 실천적 이득은 어느 정도일까? 둘째, 그런 이득은 순수한 것일까 혹은 중요한 손실이 뒤따르는 것일까?

대중들의 믿음과는 정반대로, 인간의 역사에서 훌륭한 실천적 혁신의 많은 부분은 우리가 과학자로 보지 않는 (그러나 현대적 연구의 선구자라고 볼 수 있는) 사람들이 쌓아놓은 것이다. 우리 인간의 (그리고 유인원의) 머나먼 과거에서 부싯돌을 깬 사람들로부터 산업 혁명의 개척자, 그리고 19세기의 많은 계승자에 이르기까지, 기술적 진보의 거의 모든 것은 체계적 이론을 따르는 일이 없이 이루어졌다. 오직 화학 염료 산업의 발달에서부터 '순수한' 문제를 다루다가 얻어진 결과를 적용하는 의도적인 실천이 등장하기 시작했다. 그런데 응용과학이 기술의 원천으로 인정을 받기 시작하면서 그 이전의 기발한 만물 수리공들의 실천을 망각해 버리는 경향을 보여 준다. 프랜시스 베이컨이 말한 아는 것이 힘임을 입증해 주는 놀라운 고도 기술 이론은 20세기에 등장한다. 인간의 삶과 인간 사회에 가장 큰 변화를 일으켰던 두 가지 기술 진보는 분자 의학과 정보 공학의 출현이다. 이는 이론 연구에 뿌리를 둔 것이고, 처음엔 그 실천적 중요성을 전혀 예상할 수도 없었다.

그러나, 둘째 문제가 인정하듯이, '순수 과학'을 응용한 최종 산물이 늘 유익한 것은 아니다. 여기서 과학이 제공하는 자원과 그 자원이 투입되는 용도를 구별하면 좋겠다. 화학과 생물학은 질병의 치유, 치료, 완화 가능성을 제시해 주었다. 또한 두 과학이 제공하는 새로운 도구는 가공할 무기의 생산과 자연환경의 회복 불가능한 훼손에 이용될 수 있다. 과학이 인간의 주요 문제를 해결할 자원을 제공해 줄 때, 이를 진보로 여기는 것은 합당하다. 만일 그런 자원이 엄청난 해악을 일으키는 데에 사용된다면, 그 결과는 사회의 진보 그리고 인간 프로젝트의 진보가 아닐 것이다. 이런 일이 생긴다면, 사회생활의 다른 영역에서 발생하는 기형적 현상은 비난받아야 한다. 전쟁을 떠벌리는 정치가들은 가공할 신무기를 주문하고, 탐욕스러운 기업가는 농약 혹은 제조된 유기체를 이용하여 세계의 어느 지역을 황폐하게 만든다. 인간의 총체적 진보는 수많은 제도 간의 조화로운 협력에 달려 있다. 제도 간의 마찰이 발생할 경우, 한 영역에서 이룩한 진보는 다른 영역에서 자행된 행위에 따라서 결정적으로 뒤집힐 것이다. 그리고 참담한 오용이 예견되는 곳에서, 과학의 책임이라는 미묘한 문제가 발생하는 것은 물론이다.[27]

제반 과학의 공헌에 대한 일상적 생각은 적절하게 한정되고 제한되어야 비로소 옹호받을 수 있다. 그러나 과학연구자, 특히 이론가들은 과학이 무엇을 제공하는가에 대해서 다른 대답을 선호한다. 2016년 2월, 나는 새벽 운동을 마치고 돌아오다가 이론물리학자인 어느 친구와 마주쳤다. 그는 무척 상기되어 말했다. "10시 15분에 들어봐. 우리 시대의 가장 위대한 발견이 발표될 거야." 우리는 DNA의 분자 구조가 발견되기 전에 태어났으므로 내 친구는 약간 과장했다. 그러나 LIGO(Laser Interferometer Gravitational-Wave Observatory, 레이저 간섭계 중력파 관측소) 성취의 중요성에 대한 그의 감각을 지지해 주듯이, 노벨상위원회는 중력파 발견에 대해 물리학상을 수여했다.

내 친구와 같은 사람들에게 제반 과학이 주는 주요 선물은 스마트폰, 농약, 로봇, 심지어 항생물질이 아니다. 그것은 원칙적으로 모든 사람이 누릴 수 있는 이해의 향상이다. 물리적, 유기체적, 심지어 인간적, 사회적 세계에 대한 더 풍부하고 더 깊은 이해를 통해서 과학은 인간을 이롭게 한다. 이는 인식론적 가치다.

두 가지 견해는 **평범한 견해**와 **공식적 견해**라고 부를 수 있고, 분명히 합쳐질 수 있다. 사람마다 실천적 목표와 인식론적 목표를 달리 평가할 것이다. 만일 이해의 증진을 강조한다면, 과학이 제공하는 더 풍부한 관점을 누릴 기회를 모든 학생에게 주는 과학 교육은 그만큼 중요할 것이다. 과학 연구에서 생기는 실천적 이득을 강조한다면, 후속 세대에서 활약할 연구자 집단이 크게 확보되기를 바랄 것이다. 따라서 적대적 국가들의 생산성을 외국 과학자들이 증대시킴에 따라 자기 국가가 쇠퇴함을 걱정하지 않고서도 우리의 젊은이들이 과학과 기술에서 진로를 찾도록 장려하는 근거가 생긴다.[28] 또한 모든 학생에게 '과학 문해력'을 제공하기를 원하는 이유가 생긴다. 미래의 시민들이 정책 제안에 대해서 식견 있는 판단을 내리도록 준비시키는 것뿐만 아니라 우리가 거주하는 이 세계에 대한 더 심오한 이해의 이로움을 그들이 누릴 수 있게도 해 주기 위해서다.

6
〜〜〜

어떻게 해야 이런 교육 목표가 가장 잘 성취될 수 있을까? 답은 간단하다. 미래의 과학자가 배우는 교육과정과 미래의 보통 사람이 배우는 교육과정을 구분하면 된다.

스푸트니크(Sputnik)에 대한 과거의 반응과 비슷하게 STEM 사업은 이미 **현 상태**가 실패임을 지각한다는 신호였다. 비교적 풍요한 다른 국가들과 비교할 때 유인책이 필요하다고 느낀 것은 미국 학생들의 평범한 수학/과학 실력 때문이었다. (미국 학생들은 과학에서 OECD 평균보다 바로 위이고 수학은 약간 아래다.) 미국의 많은 주요 대학에서 대학원 과학 프로그램은 외국인 특히 아시아계 학생들이 지배했다. 어째서 미국의 학교는 자국의 인재들을 풍부하게 공급하는 일에 실패할까? 무엇이 잘못이었을까? 내가 제시하는 가설이 검증받아야 할 것이다. 특히 고등학교에서 그리고 어쩌면 그 후에도 미국의 과학 교육은 따로 나누어 가르치면 더 잘할 수 있는 두 집단을 구태여 한데 모아서 가르치려는 좋은 의도를 가진 시도의 희생물이다. 게다가 다른 국가에서 교육정책 결정자들이 과학 영역에서 학생들의 수행 성적에 대해서 똑같은 이유와 똑같은 정도로 관심을 쏟는지의 여부와 관계없이, 다른 국가의 학교도 똑같은 문제점에 직면하고 있으며, 아래에서 내가 제안하는 접근이 그들에게도 이로울 것이라고 믿는다.

아이들은 처음 접촉하게 되는 과학적 자료에 흥미를 자주 느끼고 심지어 사로잡히기도 한다. 공룡과 기초 천문학에 관한 매혹을 뛰어넘어서 아이들은 듀이가 초등 학년을 위해 제언했던 종류의 현장 체험 탐구를 즐겨한다.[29] 만일 아이들의 이런 생생한 호기심을 성인 때까지 유지한다면, 시민으로서 당면하게 될 과학 문제에 골몰하려는 동기는 훨씬 더 강해질 것이다. 그러나 그렇게 되기도 전에 과학에 대한 사랑은 시들고, 여러 해 동안 물리 모형 문제를 풀거나, 화학 공식의 긴 목록을 외우려고 지루하게 자주 헛되이 노력하면서 말라버린다. 전문 과학자들의 경우는 수수께끼를 푸는 훈련뿐 아니라 미묘한 세부 사항에 관한 확실한 이해가 필요한 것은 확실하다. 미래의 보통 사람들은 그럴 필요가 없을 것이다. 과학 수업에서 느끼는 지루함에 대해서 저항하는 수많은 고등학생은 한때 다소 고통스럽게 습득한 전문적인 내용을 이윽고 망각해 버릴 것이다. 난해한 전문 용어도 잊어버릴 것이다. 그저 과학은 난해하고, 재미없고, 자기 능력에 부친다는 느낌만 강하게 남을 뿐이다.

엄밀한 과학 공부의 처음 몇몇 단계에 필요한 훈련과정을 비교적 짧은 시간만 겪어도 그것이 자기에게 안 맞는 공부임을 알게 되는 아이가 많다. 왜 그들을 풀어주지 않는가? 과학에서 떠나게 하라는 뜻이 아니라 자기 인생에서 과학이 중심이 될 학생들이 밟아야 할 특수과정으로부터 그들을 풀어주라는 뜻이다.[30] 그들에게 필요한 것은 다르다. 그들은 성인이 될 것이고, 시민으로서 증거를 평가할 일이 생길 것이므로 이를 준비해야 한다. 그들은 새로운 과학 발견이 나타날 때 이를 읽어낼 능력, 즉 과학적 문해력을 갖추어야 한다. 무엇보다도 그들은 호기심을, 즉 한때 가졌으나 지루한 연습 때문에 상실해 버린 그 놀라운 느낌을 간직해야 한다. 이 호기심을 유지한다면 그들은 새로운 과학 발전을 따라가려는 동기가 생길 것이다. 다행스럽게도 지난 수십 년 동안 재능 있는 많은 연구자가 자기 분야에 관해서 생생한 읽기기 쉬운 글을 쓰도록 권장되었다. 과학자들 사이에 '대중과 소통하는 과학자'라는 말은 조롱이 아니다. 학생들이 과학과 관련된 진로가 자기에게 적합한지를 알게 된다면, 그리고 이런 자아-인식이 고등학교 입학 전에 가능하도록 제공한다면, 스스로 비-과학자라고 인식하는 많은 학생이 과학의 가치를 인식하는 사람이 되도록 준비시키는 일이야말로 교육의 과제다. 이는 신나는 새로운 발전과 공적 문제와의 연관성을 다루는 중요한 신간 서적을 모두 읽어보려는 독자를 길러내는 일이다. 사회가 해야 할 일은 자연에 관한 최신의 발견 내용이나 (책, 논문, 비디오, 영화, 팟케스트, 그리고 이들의 온갖 미래 형태와 같은) 다양한 내용을 공급하는 미디어를 열심히 따라가는 점점 더 많은 (그리고 열성적인) 사람들 그리고 자기 호기심을 충족시킬 능력을 지닌 모든 미래 세대가 함께 진화하도록 촉진하는 것이다. 과학은 아주 신속하게 발전되는 경우가 많으므로 과학 교육은 평생 과업이 되어야 한다.

과학자가 되지 않을 학생들을 위한 고교 과학 교육은 어떤 것이 되어야 할까라는 문제는 잠시 접어두자. 내가 제시한 구분은 이런 논의를 불러일으킨 문제, 즉 미국 학생들의 빈약한 과학 실력을 시정할 방안을 찾는 데에 어떤 도움이 될 수 있을까? 추측하건대, 고교/대학 수준에서 과학 수업이 불필요하게 느려지고 지루한 이유는 교사가 다양한 능력을 지닌 학생들을 동시에 가르쳐야 하기 때문이다. 만일 한 분야 이상의 과학에 열성적인 일부 학생들을 포함해서 특정 분야의 과학에 몰두할 학생을 선별해 놓으면, 수업이 더 빨라지고 더 흥미롭고 더 도전적인 자료를 가지고 진행할 수 있다. 내가 자라났던 영국의 교육 시스템에서 수학에 적성 있는 학생들은 15세에 대수학을 배우고, 대부분의 미국 학부에서 가르치는 수학과 물리학의 전공 내용을 고교 시절에 끝낼 수 있으므로, 나는 미국의 고교에서 대수학을 약간 공부하는 학생들을 향한 경탄에 늘 의아했다. STEM 사업이 생겨나도록 만들었던 우려는 미국의 모든 학생이 마치 과학과 연관된 진로로 나아갈 운명인 것처럼 간주함으로써 과학 공부를 강요하고,[31] 그리고 다른 진로로 나아가면 오히려 날아오르게 될 학생들의 몸이 무거운 짐을 지도록 만들기 때문에 생겨난 결과다. 이런 차이에 따라 구별하게 될 경우, 고정관념과 경쟁이라는 일반적 문제에 대해서도 반드시 주의를 쏟아야 한다. 교육 시스템 안에다 여러 트랙을 만들어 놓는다면, 그들 간의 상대적 서열에 대해서 그릇된 생각을 하기가 너무 쉬워진다. 위계적 순위를 조장하지 않으면서도 차이를 인식하게 만들 수 있는 핵심은 공식적인 학교 교육의 초기 단계에서부터 개별성을 칭찬하는 것이다.[32] 처음부터 친구들 사이에 여러 가지 성향과 경향이 뒤섞여있고 '재능이 다양함'을 인지하고, 그리고 이 다양성을 **기뻐하도록** 장려받는다면, 아이들은 당연히 과학 공부의 이원화를 평범한 현상으로 여길 것이다.[33]

물론, 예컨대 15세에 어느 한 가지 트랙을 선택하도록 학생들에게 허용한다면 불이익이 나타날 수 있다. 이 장의 후반부에서 나는 몇 가지 분명한 우려에 응답하려고 애쓸 것이다. 그러나 잠시 과학에 열성적이고 자기 속도로 앞서가는 학생들은 미루어 놓고, 이런 방향으로 나아가기를 바라지 않는 학생들부터 살펴보자. 이들의 과학 교육은 고등학교에서 지속되고 대학 입학 후에도 더 다듬어져야 할 것인데, 그 목표는 과학에 대한 그들의 흥미를 유지하고, 그들이 '과학적 문해력'을 갖추고, 그리고 홍보된 새로운 발견 내용이 증거에 의해 지지받을 경우와 그렇지 못할 경우를 이해하는 비판적 능력을 기르는 데에 있다. 만일 이들에게 성가신 모형 문제를 풀어라, 긴 목록을 암기하라고 요구하지 않으면, 그런 목표가 어떻게 달성될까? 일반적인 과학 교육은 피상적일 수밖에 없지 않을까?[34]

물론 '시인을 위한 물리학' 혹은 '경마 기수를 위한 암석(대학 지질학 강의)'과 같은 과목은 기껏해야 어설픈 지식인을 만든다는 비난도 있다. 이에 대한 첫 번째 반론은 표준 교육과정이 그 정도에 이르지 못하고 실패한다는 점이 이미 문서로 밝혀졌음을 지적하는 것이다. 만일 과학으로부터 대중을 소외시키는 일 이외에 무얼 할 수 있는 대안이 없다면, 미국 교육을 상당히 개선할 수 있는 길은 이것이다. 엄밀한 과학 공부가 자기에게 적합하지 않음을 청소년기 무렵에 깨닫는 학생들이 '늘어나게 만들려는' 시도를 아예 포기하는 것이다. 이런 학생들의 호기심을 더 크게 자극하는 과목들, 예컨대 음악, 미술, 문학, 사회, 역사 등이 있다면 거기에 그들의 시간을 투입하도록 만들자. 어쩌면 나중에 어느 단계에선가, 그들 중에서 실험실의 반복 작업이나 문제 세트에 싫증이 나지 않았던 일부 학생들은 자연 세계에 관한 학습에서 일찍이 느꼈던 매력을 되찾을 수 있을 것이다.

역사에 대한 언급은 미국 교육 시스템이 더 잘할 수 있는 길에 대한 첫 번째 단서를 제공해 준다.[35] 역사는 잘 가르칠 경우, 심리학적으로 잘 정립된 이유로 그 인기를 유지할 수 있는 분야다. 인간은 이야기를 좋아한다. 과학의 역사에는 좋은 이야기들이 넘친다. 그중에는 스릴러도 있다. 콜레라 전염병의 원천은 브로드 스트리트 펌프에서 발견되었다. 혼란스러워 보이는 지층과 그 표준 화석은 새로운 시기를 인정함으로써 마침내 정리된다. 즉, 데본기는 '유명한 데본 논쟁'[36]에서 생겨났다. 과학사 전문가들은 언론인들처럼 그런 에피소드를 가지고 때때로 놀라운 글을 써낸다. 미국 고교 학생들에게 방법론적 세부 사항과 세부적인 내용은 필요하지 않다. 과학사에 관한 이야기들을 세 가지 주요 특성이 드러나도록 다시 써야 한다.[37] 첫째, 학생층 독자가 다양한 관점들의 주요 윤곽을 이해할 수 있도록 써야 한다. 그들에게 기대할 점으로는 큰 논쟁의 핵심에 들어 있는 주요 과학 개념에 대한 이해, 그리고 이 개념들이 논쟁 참여자에 따라 어떻게 다르게 개발되었는가에 대한 이해이다. 둘째, 학생층 독자가 증거의 수집 과정을 따라가도록, 그리고 합의된 견해가 나타나는 과정을 인지하도록 써야 한다. 그들은 특정 사례에 몰두하면서 여러 과학의 핵심 개념을 파악하게 되고 이에 따라 과학 문해력을 습득하게 되며, 그리고 수많은 여러 영역/맥락에서 증거들을 비교하는 방법을 식별하는 기능까지 얻게 될 것이다.

셋째, 과거의 논쟁이 현재의 실천과 연결되도록 써야 한다. 전형적으로 그런 에피소드는 현재 수용된 틀의 일부 조상에서 결론이 난다. 일단 그런 점을 분명하게 파악한 학생들에게는 어떻게 할 것인지를 물어본다. 그들은 초등학교 저학년에서 실천 문제로 함께 공부할 때 즐겁게 탐구했는데 이와 비슷하게 역사의 맥락에 놓이게 된다. 그들에게 새로운 과제가 부여된다. 그들은 어떻게 새로운 질문이 생겨날 수 있고, 새로운 실험이 시도될 수 있고, 또 새로운 증거가 찾아질 수 있고, 그리고 어떻게 과학이 진보할 새로운 길이 방금 해결된 논쟁거리에서 열릴 수 있는지를 이해하려고 노력한다. 그들의 결정에서 보이는 길은 역사에서 따랐던 길과 비교되고, 그리고 그들은 과거에서 현재로 넘어오면서 현장의 과학 영역이 간과할지 모를 가능성을 생각하거나 논의하도록 요구받는다. 마침내 그들은 현재의 개척 분야에 이르고, 여기서는 관련 영역에서 현재 사용되는 언어를 이해할 뿐만 아니라 그것이 문제 해결의 과거 역사와 어떻게 연관되는지에 관한 명확한 그림을 갖게 된다.[38]

방금 진술한 이런 접근이 가치와 흥미가 있는 것으로 밝혀지기를 나는 희망한다. 그러나 그것으로 충분하지 않을 것이다. (학생들을 비교적 단순한 사례에서 더 복잡한 사례로 이끌기 위해 모듈 형태로 주어지는) 과학의 다양한 부분들의 발전에 관한 생생한 제시와 분석은 추론의 향상을 목표로 하는 단원들에 의해 보완되고, 또한 가능한 경우에 이들과 뒤섞여야 한다. 증거의 평가는 논리적 사고 능력을 요구한다. 학생들은 형식 논리의 기초를 이해하고, 이를 특수 상황에 적용하는 것을 연습할 필요가 있다. 학생들은 추론의 오류를 진단하고, 이것이 과학의 논의를 어떻게 가로막았는지를 파악하는 것도 배워야 한다. 확률의 기초적 이해, 통계학의 개념과 통계학적 검증에 관한 상당한 이해는 고등학교 상급 학년에서 배워야 한다.

이런 보충 자료는 무미건조함과 소외로 되돌아갈 수밖에 없다는 신호일까? 꼭 그렇지는 않다. 유능한 교사에게는 강력한 지원군, 즉 마권 판매자, 카드놀이 사기꾼, (나쁜 소식을 전화로 알려주는) 외과 의사의 조수 등이 있다. 기초적 확률 개념은 게임에서 예시될 수 있고, 나중에 보험이나 주택 융자에 관한 중대한 결정에 적용될 수 있다. 내가 가르친 학생들은 베이스의 정리(Bayes' Theorem)[1]의 핵심을 파악하지 못한 적이 없었다. 왜냐면 나는 그들이 희귀한 무서운 질병에서 양성 반응이 나왔음을 알게 해 주는 의학적 상상 시나리오를 접하도록 했기 때문이다.

공부의 또 다른 유형은 추론의 형식적 규범의 제시를 가볍게 해 준다. 증거의 수집과 활용은 흔히 기존의 표준이 없는 사항들을 비교하고 측정하는 법을 배우는 일이다. 여기서도 고교생들은 저학년의 열린 탐구로 되돌아갈 수 있다. 교실에 들어가서 그들은 테이블 위에 모아놓은 원숭이와 유인원의 두개골을 보게 된다.[39] 그들에게 주어지는 과제는 두개골을 유사성과 차이점에 따라 순서를 매기는 측정 절차를 고안하는 일이다. 다른 경우, 그들에게 어떤 도구를 주고 이를 사용하여 어떤 문제의 답을 찾도록 요구한다. 혹은 특정 과제를 끝내기 위해서 그들은 새 도구를 고안해야 한다. 아마 모든 학생은 망원경으로 관찰하려고 할 때 제임스 터버(James Turber)의 유명한 당혹감을 경험하고,[40] 이를 극복하는 법을 배워야 한다. 아마도 그들은 모두 저울 위에 얹어놓기에 너무 큰 물체를 어떻게 잴 것인가, 혹은 표준 온도계로 잴 수 없는 물체의 열은 어떻게 잴 것인가를 궁리해야 한다.[41]

마지막으로 더 생생한 이야기, 영웅론, 의무, 스캔들에 관해서 이야기할 여지가 있어야 한다. 일반적 과학 교육에서 여러 과학의 실제를 얼마간 다루어보지 않는다면 완전하지 못할 것이다. 학생들은 일상적인 과학 활동의 공식적인 규준에 관해서 배워야 한다. 어떻게 그리고 왜 그런 규준을 따르기가 때때로 어려운지를 인지하고, 그리고 그런 규준을 어기는 연구자들의 사례도 공부해야 한다. 그러나 그런 역사가 어느 한쪽으로 치우치지 않도록 하려면 악당들, 적당히 마무리하고 싶은 유혹을 이겨낸 사람들, 혹은 적절한 절차를 고수하려다 직장마저 잃어버린 사람들을 함께 다루어야 한다. 일반적 과학 교육은 다음과 같은 두 가지 신화가 수용되지 않도록 예방해야 한다. 과학자는 실험실 복장을 갖춘 성인이라는 신화, 그리고 자신들의 사악한 목적을 성취하는 일에만 몰두하는 연구 마피아라는 신화다.

이처럼 복합적인 일의 성공 여부는 인간 때문에 발생한다는 기후 변화에 대해 논의할 수 있는 학생들의 비율이 어느 정도인가에 따라서 짐작할 수 있다. 18세 정도의 학생들은 그런

---

1) 역주: 어떤 사상이 생겼을 때, 그 사상이 생긴 조건 확률을 알 수 있으면 실제로 그 사건이 생긴 때의 원인의 확률을 계산할 수 있다는 정리

일에 필요한 형식적 기능을 갖추고, 온실 효과의 개념을 파악한 후에 기후학적 합의의 이면에 깔린 추론의 논리적 구조를 재구성할 수 있어야 한다. 또한 그 나이의 학생들은 회의론적 의심의 근거들도 파악할 수 있어야 한다: 그런 측정은 신뢰할 만큼 제대로 기록되고 분석되었고, 공식적 도표들은 신뢰할 수 있으며, 모든 잠재적인 인과 요인이 고려되었을까?[42] 그런 학생들은 그 모든 자료를 혼자서 처리하지 못하는 자신의 한계와 무능력을 인지해야 한다. 그러나 그들은 다른 많은 공동체처럼 과학 공동체도 불완전한 도덕 공동체임을 이해함으로써 음모 이론들을 거부할 줄 알아야 한다. 그는 중국인이 퍼뜨린 날조일 것이라는 가설을 무시해야 한다.

7

자연과학과 그 진보에 관한 내 설명이 분명히 인정하는 점은 과학은 광범한 인간 프로젝트에 두 가지 유형의 큰 공헌을 한다는 것이다. 첫째, 일반인의 관점에서 칭송되는 것으로서 연구에서 파생되는 사례를 든다면 백신과 의약품, 위험 예고, 생명 구제/보조 장비, 오락 제공 장치 등과 같은 실천적 이득이다. 둘째, (내 동료 물리학자처럼) 공식적인 견해의 지지자들이 더 중시하는 인간의 자연 이해의 향상이다. 과학 활동의 영광을 우주의 생성에 관한 인식, 물질의 미세 구조의 파악, 유전자 정보의 해독 등에서 찾는다.

세 번째의 공헌은 과학 연구에 대한 나의 특성화, 그리고 과학 교육을 위한 나의 제언에 들어 있다. 이론이 안내해 주는 테크놀로지와 수만 년 혹은 수십만 년 동안 쌓여온 기술자와 땜장이의 실천 간의 친근한 관계는 더욱더 많은 문제에 적용되는 방법의 개발과 축적에도 숨어 있다. 탐구자들은 '기초 과학'의 이론에 도달하면서 혹은 세계의 일부를 재구성하는 데에 개입할 방법을 고안하면서 자연을 학습하는데, 그들은 학습하는 방법에 관해서 더 많은 것을 배운다. 과거의 과학적 작업은 오늘날의 문제들에 관해서 생각해 볼 만한 도구들을 제공해 준다. 과학 교육은 젊은이들에게 '사고하는 법'[43]을 가르쳐야 한다.

학교와 대학(그리고 전문적 훈련 기관)은 많은 일을 수행할 준비가 되어 있는 다양한 인재들을 세상에 배출해야 한다. 이들을 이 글의 맥락에 맞추어 대체로 세 가지 주요 집단으로 나눌 수 있다. 첫째 집단은 '순수 과학'에 매진함으로써 자연 세계의 가장 은밀한 측면에 관한 인간의 이해를 더 넓혀줄 사람들이다. 둘째 집단은 과학 연구가 촉진하는 실천적 재능을 제공해 주거나 추가해 줄 사람들이다. 이 둘째 집단은 분명히 첫째 집단보다 상당히 더 큰 집단으로 과학과 기술이 적절하게 응용되는 기반에 관한 이해를 상당히 요구하는 맥락에서 과학기술의 성과물을 계속해서 활용할 온갖 사람들을 포함할 것이다. 이 중에는 엄청난 분량의 '기초 과학'을 이해하고 또 끝없이 진보하는 관련 과학 분야에도 정통할 것으로 기대받는 사람들이 있다. 의사와 공학자가 그 분명한 사례다. 다른 사람들은 그보다는 덜한 편이다. 실험실에서 작업하는 기술자, 중요한 변인(예컨대, 위험 물질의 농도)을 측정하는 특수 도구를 가동하는 사람, 복잡한 장치의 정비와 성능 개선을 책임지는 사람, 간호사와 진료 보조원 등은 어려운 상황에 빠질 때마다 끌어다 쓸 수 있고 수행할 특정 과제와 더 연관되는 과학적 배경이 필요하다. 가장 분명한 제언은 둘째 집단과 첫째 집단은 중등학교에서 공통된 교육을 받도록 해야 한다는 제안이다.[44] (결국, 어떤 학생들은 과학-기반의 진로로 나아갈 운명이 아님이 비교적 일찍 명확해지나, 15세 아이 중에서 누가 결국 과학연구자가 될지에 관한 예측은 별로 신뢰도가 높지 않다). 셋째 집단은 당대의 과학적 발견 내용을 호기심을 가지고 뒤따라가는 잠재적 소비자들로 구성된다. 중등교육에서 첫째와 둘째 집단이 선택하는 계열은 셋째 집단이 선택하는 계열과 구별되어야 한다. 더 섬세한 구분은 나중에 드러날 것이다. 예컨대 구체적인 문제를 다루기 위해 특정 영역에서 축적된 지식을 활용하는 사람들은 '기초 연구자들'과는 관련이 없는 기능을 습득해야 한다.

모든 인간은 타인이 제공하는 정보를 소비한다. 우리는 늘 그랬다. 상황이 좋으면 생산과 소비는 조화를 이룬다. 제반 과학이 추구하는 문제들의 해답은 수많은 사람의 개별적 목표 추구를 돕거나 혹은 그들의 호기심을 충족시킴으로써 그들의 프로젝트를 촉진한다. 부조화의 사례들은 과거에도 그리고 현재에도 드러난다. 가장 분명한 사례는 공식적인 견해가 제반 과학의 주요 업적이라고 홍보하는 내용에 대한 무관심, 심지어 적대감의 확산이다. 전 세계의 많은 사람이 자신이 받은 교육에서 소외를 당했는지 모르겠으나, 중력파의 발견에 관한 발표 혹은 인간과 침팬지의 유전자적 유사성에 관한 뉴스를 듣고도 감동하지 못한다. (그리고 일부는 그 뉴스를 악마의 사기로 간주한다.) 여러 과학이 인간의 이해를 변화시키고 또 장엄한 생명관과 우주관을 제시하는 것으로 옹호받을 경우, 여기에는 엘리트주의라는 느낌 이외에 다른 것이 따라온다. 그 인식론적 이득은 누구에게 돌아가는가? 그것은 널리 공유되는가? 만일 이런 점들이 과학을 존중하는 (그리고 재정을 투입하기 위한?) 근거라고 한다면, 과연 과학은 예술의 미개척 분야를 추구하는 시도 즉 미술, 음악, 영화제작에서 첨단을 달리는 시도보다 더 가치 있는 일일까?

과학 탐구가 중요한 인식론적 실천적 이득을 제공할 기회를 높이기 위해서 한 가지 분명한 전략은 과학 교육의 개혁을 연구공동체와 해당 사회(들) 간의 관계에 명확하게 초점을 두는 다른 프로그램과 결합하는 것이다. 만일 자연 세계에 대한 호기심을 유지할 필요성을 인정한다면, 과학의 진로가 자기의 길이 아니라고 생각하는 많은 학생에게 별도의 트랙을 제공하자는 나의 제언은 동기부여가 될 것이다. 그뿐만 아니라 연구 의제도 공식적으로 검토되어야 한다.[45] 많은 사람이 인식론적 이득을 누리게 하려면, 자연에 관한 새로운 통찰을 열심히 배우는 청중만으로는 충분하지 못하다. 전문가들은 자신의 연구 문제가 호기심이 많은 외부 사람들을 설레게 할 정도로 충분히 매력적이라고 간주해 버리는 경향에 빠지기 쉽다. 만일 전문가들이 오류를 범한다면, 널리 권장되는 지적 이득은 소수 엘리트만 누릴 것이다. 더욱더 중요한 점으로, 만일 탐구의 방향이 (제약회사가 이윤이 많이 남는 화장품에 자원을 투입하고 수백만 명이 시달리는 질병을 내팽개치는 경우처럼) 특권적 집단의 삶을 증진할 실천적 목표를 지향하는 반면 가난한 사람들의 문제를 방치한다면, 이는 견제받아야 한다. 과학의 사회적 연관성을 받아들인다는 것은 민주주의를 확대하자는 뜻이다. 과학 연구도 듀이식의 민주주의가 제시하는 숙의의 범위에 포함되어야 한다.

과학 교육이 추구해야 할 다양한 목표들을 우리는 그처럼 인지할 수 있다. 과학을 기반으로 삼아 날마다 활동하는 모든 순수 과학자/응용 과학자/전문 작업자를 위해서, 그리고 일반 대중을 위해서 과학 교육은 자연 세계에 관한 호기심을 유지하고 또 길러내야 한다. 과학 교육은 증거를 인지하고 평가하는 기능을 개발함으로써 정책 문제를 놓고 벌어지는 토론의 질을 높여주어야 하는데 논란을 일으키는 (혹은 그렇다고 가정하는) 사실적 주장들과 관련되는 경우는 특히 그렇다. 이와 같은 개선이 긴급하게 필요하다는 점은 내가 이 책을 쓰면서 놀랍도록 분명해졌다. 수많은 사람이, 심지어 교육을 잘 받았다는 많은 사람도 지구온난화가 인류 미래에 제기하는 위협의 중대성을 제대로 파악하지 못한다. 더 놀라운 것은 팬데믹이 휘몰아치는 가운데 중대한 사망률이나 질병의 장기적 결과로 수많은 감염자가 고통받고 있음에도 불구하고 어떤 나라(특히 미국과 영국)의 다수 인구가 과학적 발견 사실을 무시하거나 거부한다는 점이다. 모든 사람을 위한 과학 문해력에 초점을 둔 과학 교육은 수많은 여러 가지 문제를 극복할 수 있었던 방법들을 이해하게 함으로써 우리가 일상 생활에서 당면하는 실제적 난관을 극복하려는 노력을 도울 수 있다. 끝으로, 과학 교육은 인간적 사회적 선(좋음)을 추구하는 연구를 강조함으로써 과학자들의 도덕적 사회적 책임 의식을 불러일으켜야 한다. 사라져야 하는 과학의 대중적 이미지가 있다. 과학자들은 세속적 세계로부터 초연한 순수 진리의 명상에 헌신하는 고상한 천재가 아니다. 프랜시스 골턴(Francis Galton)이 가정했던 것처럼 세속적 성직자도 아니다. 자신의 은밀한 목표를 이루기 위해 대중 조작에 골몰하는 사악한 음모자도 아니다. 독실한 신자들의 신앙을 자신의 정교한 지식으로 뒤흔들어놓으려는 반-그리스도의 속물도 아니다. 오히려 과학자들은 인간의 공동 명분을 위해서 일하는, 실천적 이론적 이득을 제공하려고 자신의 재능을 발휘하고 사용하는,

최선의 경우에는 인간 프로젝트에서 자신이 수행하는 역할을 의식하는, 그리고 인간의 잘-삶을 증진하려는 뜻을 가진 연구자라고 생각하자.

8

앞 장과 비슷하게, 과학 교육 개혁을 위한 나의 접근은 실험을 위한 일련의 제안들로 제시될 것이다. (이 일반적 틀은 여러 가지 방식으로 평범하게 시도할 수 있고, 어떤 방식이 구체적인 목표들을 가장 잘 증진할 것인지는 예측하기 어려울 것이다.)

19. 초등교육의 초기 단계에서 아이들이 특히 흥미로워하거나 처음부터 궁금해하는 과학의 영역들을 그들에게 소개하자.

20. '매료되는 과학'의 소개와 토론은 일상적인 실천 문제와 연결하자. 어떤 목표에 어떻게 도달할 것인지는 학생들이 그룹별로 찾도록 하자. (듀이는 시카고 실험학교에서 그의 경험에 기반을 두었을 좋은 사례를 많이 제시한다.)

21. 엄밀한 과학을 추구하는 일에 흥미가 있는 학생들을 위해, 이들이 탐색하고 싶은 영역들에 관한 신속하고 특별한 소개, 그리고 일반적 과학 교육 과정의 신속한 버전을 서로 결합하자. 특화된 공부는 고교 초기에 시작되어야 하고, (두 명의 교사가 열 명의 학생을 가르치는 정도의) 소규모 학급에서 개별적인 관심을 쏟아서 가르쳐야 한다.

22. 비-과학자들이 받는 일반적 과학 교육의 코스는 몇 개의 모듈로 나누어야 한다. 일부 모듈은 여러 과학의 발전 과정에서 뽑아놓은 사례를 제시해야 한다. 이와 같은 역사-중심적 모듈에서 제각기 관심을 집중해야 할 세 가지 사항이 있다: (i) 공부할 과학적 연구의 핵심 개념, (ii) 발견된 사실들을 지지하고, 분명한 문제들을 해결하고, 그리고 논란을 해소하기 위한 증거 수집의 방법. (iii) 과학의 주요 업적을 학습한 후에 해당 영역의 현재 상황으로 나아가는 과정에서 새로운 질문과 개념의 발달을 강조. 위와 다른 모듈에서 공부할 것으로는 형식-논리적/확률론적/통계학적 추론, 특정 유형의 물질적 증거의 성격, 그리고 과학 공동체들의 (특히 규범에 집중하는) 사회적 구조가 있다. 교사의 도움을 받는 집단 프로젝트가 가능하도록 학급은 소규모가 되어야 하고, 학생-교사의 비율도 낮아져야 한다.

이렇게 요약된 프로그램이 고교생의 과학 수행에서 지각된 문제점을 바로잡는 일에 제대로 성공한다면, 대학 수준으로 확대하여 또 다른 교육 프로그램을 추구할 수도 있다.

솔직히 말해서, 이런 제안들은 오늘날 세계적으로 시끄럽게 퍼지고 있는 과학 교육을 다시 생각하자는 유행과 어긋나며 심지어 상반된다. 앞으로 국가의 성공은 국가 번영을 일으킬 수 있는 발견을 이루어 낼 연구자들의 육성에 달려 있다고 보는 나라들이 많다. 그 지도자들은 수학과 자연과학에서 아동과 청소년들이 서로 어떻게 비교되는지를 보여 주는 표를 놓고 불안해하며 고민한다. 스푸트니크가 서구의 과학 교육을 강화하는 새 프로그램을 불러일으켰듯이, 오늘날 발표되고 있는 세계과학 순위표의 최신 상황도 마찬가지다. 대중의 반응도 더 복잡한 정치적 동기를 숨기지 않는다. 내가 1990년대 초에 배웠듯이, 과학 교육의 상황에 관한 관심의 뿌리는 경제적 경쟁이다. 나는 미국 의회 도서관으로부터 〈인간 게놈 프로젝트〉의 가능성을 평가하는 과제를 수행할 전문위원으로 봉사해 달라는 초청을 받았었다. 그 이후로 나는 그 프로젝트의 열성분자들이 일차적으로 우리 인류의 이해의 거대한 진전이라는 수사학에 감동하지 않을 것임을 예상할 정도로 충분히 현실적이었다. 정치 권력의 중심은 〈인간 게놈 프로젝트〉의 종합적 검토를 시도하는 일, 그리고 '생명의 책'을 읽는 일에 관한 이야기에 동조할 것 같지는 않았다. 나중에 드러났듯이, 그럴지라도 나는 순진했다. 의학적 이득, 즉 주요 질병의 일차적 치료에 대한 강조를 예상했었으나[46] 그 일차적 (흔히 유일한) 이유가 단적으로 제시되었다. '우리는 일본을 따라잡을 최상의 방책이 바이오테크라고 본다.'

국가 번영의 핵심이 자연과학이라는 생각은 과학 실천의 여러 영역에서 놀라울 정도로 근접된 과학 연구의 이상과 분명히 긴장 관계다. 많은 과학자는 자신을 국제적/범인류적 노력의 일부로 여기고 국경을 뛰어넘어 의지와 열성을 갖고 협력한다. 출판된 정보의 흐름을 살펴보아도, 테크놀로지와 관련된 새로운 발견 내용을 발견자, 연구비 후원자, 혹은 소속 국가의 '지적 재산'으로 만들기 어려운 경우가 자주 발생한다. 요나스 솔크(Jonas Salk)는 많은 사람에게 (최소한 초기에) 공통된 정신을 표현했다. 그는 소아마비 백신에 대해 특허를 낼 계획은 어떤가라는 질문에 대답하였다. '태양을 특허로 낼 수는 없지 않은가.'

사회적으로 조직된 근대 과학의 시발점에서부터 연구자 간의 협력은 지식 진보의 핵심으로 간주했었다. 처음부터 아이디어의 개방적 교환을 촉구했던 사람들이 만일 과학의 탐구로 얼마나 많은 부를 쌓을 수 있는지를 깨달았다면 그들의 숭고한 이상은 추락했을 것이다. 그러나 이상은 여전히 남아 있다. 우리가 사는 이 세상은 뒤섞여있다. 거대한 경제적 이윤을 위해 연구를 활용하고, 그리고 경쟁에서 국가를 선도하려는 결단과 더불어 협력은 아직도 살아 있다.

그것은 불편한 혼돈이다. 게다가 그것은 교육에 영향을 미친다. 전 세계적으로 여러 대학의 건축 프로젝트는 과학 특히 응용과학에 제공하는 물리적 공간의 비율을 올리고 있다. 과학의 명성을 (가능하면 탁월한 명성을) 추구하는 국가들 사이의 극심한 투쟁은 수십억 명의 아이들의 발달을 뒤틀리게 하고 이들의 안목을 편협하게 이끌어 간다. 만일 이 장의 분석과 논변이 뭔가 쓸모 있다면, 그런 식의 경쟁을 강조하는 사태의 재앙스러운 성격이 명백해졌을 것이다.[47]

후주 🕐 제7장

1 제2장(91-92)의 〈제안 3〉과 〈제안 4〉를 참조. 학생들이 다른 학생들로부터 배울 가능성을 간과하면 안 된다. 핀란드의 학교들을 이런 점에서 상당한 성공을 거두었다.

2 앞 장에서 지적했듯이 교육 문제를 풀어내는 일은 사회개혁에 중대한 결과를 초래한다. 이 책 234-35쪽을 참조. 물론 대안들의 실행 가능성도 고려해야 한다. 이는 제10장과 제11장에서 다룰 것이다.

3 제3장(117-19)을 참조.

4 Timothy Fuller, ed., 『Michael Oakeshott on Education』(New Haven: Yale University Press, 1989); R.S. Peters, 'Education as Initiation,' in 『Philosophical Analysis of Education』, ed. Reginald D. Achambault, 87-111 (New York: Humanities Press, 1965).

5 제6장에서 주장했듯이, 학부모들이 반대하는 주장들의 옳음에 관해서 의문을 제기하는 심각한 증거들이 없다고 한다면, 이런 종류의 요청을 중시하면 안 된다. 두 가지 사례에서 모두 그런 증거는 없다. 진화에 대해 생길 가능성이 있는 도전들은 많은 사람에 의해서 폭넓게 논의되었다. 다음 책에서 나 자신도 그런 도전에 반박하려고 시도하였다. 『Abusing Science: The Case against Creationism』(Cambridge, MA: MIT Press, 1982), 그리고 『Living with Darwin』(New York: Oxford University Press, 2007).

6 이것은 듀이의 저술에서 중요한 주제다. 다음을 참조. 『Democracy and Education』(MW 9), 97-105, 그리고 『Experience and Nature』(LW 1) 제6장.

7 뉴턴은 1675년 2월 5일에 로버트 훅(Robert Hooke)에게 보낸 편지에서 그의 유명한 주장을 하였다. 그 생각은 원래 뉴턴의 것이 아니었고, 1621년에 영어로 출간된 Robert Burton, 『Anatomy of Melancholy』에 나타났었다. 이는 최소한 솔즈베리의 요한(John of Salisbury, 1159)에게까지 거슬러 올라간다.

8 니체는 우리 인류 안에서 근본적 구분의 가장 단호한 버전을 제시하기 때문에 그의 언어를 빌려쓰는 것이 적절하게 보인다.

9 우리 삶의 '잔물결'이 그것들에 의미를 부여할 수 있는 방식을 나는 『Life After Faith』제4장에서 논의한다.

10 제2장(92쪽)을 참조.

11 예컨대, John Gray, 『Seven Types of Atheism』(New York: Farrar, Straus & Giroux, 2018)을 참조.

12 그 진리들의 일부가 집합-이론적 위계의 무한히 높은 수준에서, 집합 간의 관계를 기술하는 것으로 가정한다면, 훨씬 더 클 수도 있다. 그 수집의 크기는 '과학의 목표는 직접적으로 대상 및 그 속성과 관계에 관한 진리에 도달하는 데에 있을 뿐이다.'라고 가정함으로써 분명히 축소될 수 있다. 이렇게 축소된다면, 모든 관련된 진리의 집합이 그 연속체의 기수성(cardinality)을 정확하게 갖게 되는 것이 그럴싸하게 보인다.

13 다음을 참조. Bas van Fraassen, 『The Scientific Image』 (Oxford: Clarendon Press, 1980), 6.

14 Isaac Newton, 『Mathematical Principles of Natural Philosophy』, trans. Andrew Motte and Florian Cajori, 2 vols. (Berkeley: University of California Press, 1962), vol. 1, xviii. 뉴턴은 만물의 이론이라는 (제5장 184쪽에서 거부된) 견해의 가장 영향력 있는 원천이다. 여기서 나는 앞에서 내가 거부했던 것에 관한 (약속된) 이유를 제시한다.

15 이 구절의 자료에 관해서 더 자세한 것은 다음을 참조. David Hull, 『Philosophy of Biolological Science』 (Englewood Cliffs, NJ: Prentice-Hall, 1974), 제1장. 그리고 나의 글, '1953 그리고 모든 것: 두 과학에 관한 이야기,' Philosophical Review 93 (1984: 335-73).

16 다음을 참조. Sylvia Culp and Philip Kitcher, 'Theory Structure and Theory Change in Contemporary Molecular Biology,' British Journal for the Philosophy of Science 40(1989): 97-115.

17 다음을 참조. Jerry Fodor, 'Special Sciences,' Synthese 28 (1974): 97-115.

18 이 사항은 다음에서 적절하게 지적되고 있다. Alan Garfinkel, 『Forms of Explanation』 (New Haven: Yale University Press, 1981). 또한 '1953 그리고 모든 것'을 참조.

19 따라서, 낸시 카트라이트(Nancy Cartwright)의 명쾌한 주장처럼 태양계는 자연 속에 있는 드문 '법칙론적 기계(nomological machines)' 중 하나이며, 이는 시스템을 보호하고 규칙적 효과를 낳으려는 인간의 개입에서 나오는 것이 아니다. 『The Dappled World』 (Cambridge UK: Cambridge University Press, 1999)를 참조.

20 다음에서 자세히 논의된다. John Dupre, 『The Disorder of Things』 (Cambridge, MA: Harvard University Press, 1993) 및 Cartwright, 『The Dappled World』.

21 Richard Levins, 『Evolution in Changing Environments』 (Princeton NJ: Princeton University Press, 1968), 제1장.

22 카트라이트(Cartwright)는 그녀의 제목을 제라드 맨리 홉킨스(Gerard Manley Hopkins)의 유명한 시, 'Pied Beauty'에서 가져왔다.

23 유전학과 우생학의 결합에 관한 탁월한 역사학적 연구는 Daniel Kevles, 『In the Name of Eugenics』 (New York: Knopf, 1985), 그리고 Stephen Jay Gould, 『The Mismeasure of Man』 (New York: Norton, 1981)에 들어 있다.

24 이 일반적 문제를 나는 『Science, Truth and Democracy』 (New York: Oxford University Press, 2001) 에서 논했다. 플로리(James Flory)와 나는 생의학적 연구의 공헌에 대해서 'Global Health and the Scientific Research Agenda,' Philosophy and Public Affairs 32 (2004):36-65에서 고찰했다.

25 '질서 있는 과학'이라는 이 비전은 『Science, Truth and Democracy』에서 제안되고 옹호되었고, 그리고 『Science in a Democratic Society』 (Amherst, NY: Prometheus Books, 2011)에서 더 다듬어진다.

26 따라서 예컨대, 어떤 과학에서 특정한 발전이 예측을 넘어 택해지고 적용되는 방식은 그 독창적 발전의 진보적 성격에 대해 의문을 제기할 것이다. 이 사항을 나에게 강조해 준 하비 시겔(Harvey Siegel)에게 감사한다. 그가 언급했던 핵무기 개발 사례는 (다른 것과 함께) 나중에 고찰한다.

27 진보의 평가가 책임의 평가를 기반으로 삼아 때때로 이루어진다고 우리는 생각할 것이다. 과학이 (유전학과 우생학이 미묘하게 결부되었던 것처럼) 사회적 목표와 얽혀질 때, 혹은 (인종 혹은 성별 간의 차이에 관한 다양한 종류의 질문처럼) 연구와 사회적 개입 간의 연결이 예측 가능할 때, 인간의 고통을 일으키는 수정들은 무심한 기업의 부산물이라고 볼 수는 없다. 그 연구자들은 그 결과에 대해 부분적으로 책임이 있고, 그리고 과학은 진보적인 것으로 선언할 수 없다. 다른 한편으로 나중에 나쁜 결과를

낳게 된 응용을 연구자들이 미처 예상하지 못했던 것이 합당했을 때도, 어떤 과학 내부에서 참으로 진보적인 변화가 잘못 사용될 수가 있고, 그리고 오용이 발생한 그 기관은 책임이 있다. 따라서 핵물리학이나 화학이나 생물학의 발전 중에서 나중에 가공할 무기 생산에 동원되는 사례의 경우, 그 독창적 연구의 진보성은 추인받을 수 있다. 그 분야의 사람들이 (나중에 살인 기계에 적합한 연구를 했던 이들을 포함하여) 그 응용을 끈질기게 반대하는 캠페인을 벌일 때, 진정한 진보의 판단은 특히 설득력이 있다.

28 여기서 나의 언급은 아무튼 내가 가장 잘 아는 시스템인 현대 미국 교육에 대한 나의 평가에 따라 확실한 영향을 받는 것이지만, 나는 나의 진단과 제언이 전 세계의 풍요한 국가에 적용될 것이라고 본다. 나의 제안은 대체로 유럽, 캐나다, 호주, 뉴질랜드, 일본, 한국, 싱가포르, 인도, 중국, 그리고 남아메리카 일부 지역과 연관시켜야 할 것이다. 이런 연관성과 약속의 범위는 맥락에 따라 분명히 달라질 것이지만, 여기서 언급되지 못한 나라도 포함될 것이다. 거기에 그 모든 나라가 거의 언제나 포함될 것을 나는 희망한다.

29 『Democracy and Education』, 48-57.

30 곧 보게 될 것인데, 이것은 과학과의 폭넓은 연관성을 포함한다. 어떤 것은, 아마 비교적 작은 소수는, 어떤 과학 영역의 연구에 자기 인생을 바칠 것이다. 다른 이들은 과학적 발견 사실을, 다양한 수준의 기술에서, 실천적 문제에 활용할 것이다. 그러나 다른 이들은, 비록 일상적으로 과학적 근거를 살펴보지 않을지라도, 그들의 진로로 나아가기 위해서 과학 훈련이 필요할 것이다. 고등학교 학년에서 이 모든 집단은 하나로 취급될 수 있다. 나중에 그들이 특정 진로를 향하여 준비할 무렵에 차이가 나타날 것이다.

31 흔히 그렇듯, 내가 가장 잘 아는 사례를 사용하지만 그것이 수많은 풍요한 사회에도 적용되기를 기대한다.

32 앞서 제2장에서 제안한 대로.

33 제10장은 더 넓게, 교육 시스템 내에서 경쟁의 축소라는 일반적 문제에 집중할 것이다. 과학을 '잘하는' 아이들과 그것에 낯설어하거나 재미없다고 보는 아이들을 구별하는 것은 특히 거칠고 특수한 사례로 보일 것이다. 과학과 과학자의 위세는 특히 '과학을 잘하는' 젊은이에게 후광이 되고, 그리고 물론 '얼간이'로 정형화된 틀로 압축된 반발을 일으킨다. 제11장은 인류의 잘-삶을 증진하는 과학의 독특한 중요성을 의문시할 것이고, 그런 다음에 그 어려움을 풀려고 시도할 것이다.

34 그다음의 논의는, 컬럼비아 대학의 교양 과학 커리큘럼을 재고하기 위해 구성된 위원회에서 2년 동안 계속된 토론으로부터 큰 영향을 받았다. 그 위원회의 위원장은 메노컬(Peter de Menocal)과 내가 맡았다. 나는 메노컬의 사려 깊은 여러 제안에 대해서, 그리고 다른 위원(특히 Marty Chalfie, Jenny Davidson, Don Hood, Greg Wawro, Gareth Williams, Bill Zajc)에게도 감사한다.

35 과학 교육에서 과학의 역사(및 철학)를 활용하는 이유는, 매슈(Michael R, Matthews)에 의해 수십 년 동안 여러 중요한 출판물을 통해서, 경탄할 만큼 명확하고 힘있게 밝혀졌다. 특히 중요한 것은 『Science Teaching: The Role of History and Philosophy of Science』(New York: Routledge, 1994), 그리고 진자 운동의 탐구 역사에 관한 놀라운 연구인 『Time for Science Education』(New York, Kluwer, 2000)이다. 이 분야에서 매슈의 업적을 알지 못했던 상황에서 컬럼비아위원회는 비슷한 견해에 도달했다. 이런 연구는 여기서 내가 제안하는 접근의 한 부분을 다듬어가고 시행해가는 데에 정말 가치 있는 것이라고 나는 생각한다.

36 Sandra Hempel, 『The Medical Detective』(London: Granta 2006). 그리고 Martin Rudwick, 『The Great Devonian Controversy』(Chicago: University of Chicago Press, 1985)를 참조.

37 '학생들을 과학으로 입문시킬 때 주요 발견을 (그리고 어떤 경우에는 다른 과학적 에피소드를) 통해서 하는 것이 좋다.'라는 이런 제안은 내가 마티 첼피(Marty Chalfie)로부터 도움받은 것이다. 첼피는 멘델이 공들인 ('멘델') 유전학을 공부하기 위한 놀라운 모형을 만들었다.

38 내가 이 책을 저술하는 중에(2020년 11월), 코로나 팬데믹은 과학적 문해력을 확대할 절호의 기회를 제공해 준다. 베리(John M. Barry)의 훌륭한 책, 『The Great Influenza』(New York: Penguin, 2004)에서 뽑아낸 글은, 과학자와 관리들이 '스페인 독감(1918-1919)'을 이해하려고 투쟁했었던 일부 과정을 검토하는 데에, 그리고 인플루엔자 감염병에 관한 우리의 현행 그림에 도달하는 과학적 루트를 추적하는 데에 활용될 수 있다. 그럼으로써 현재의 실제에 관한 문제들이 제기되고 탐구될 수 있다. 학생들의 흥미가 보장될 것이라는 생각이 나에게 강하다.

39 이 교실 연습은 알렌(Katharine Allen)이 고안한 것이다. 알렌은 컬럼비아위원회(주 34)의 자문위원이었다. 그것은 지극히 성공적이었다.

40 James Thurber, 'University Days,' 『My Life and Hard Times』 (1933; repr., New York: HarperCollins, 1999).

41 이 사례는 제임스 발렌티니(James Valentini)가 도와준 것이다.

42 즉, 그녀는 『The Seasons Alter』(3-20)에서 켈러(Evelyn Fox Keller)와 내가 제시한 추론의 노선을 그녀 스스로 재구성할 수 있어야 한다.

43 여기서 나는 듀이와 일치한다. Dewey, 『How to Think』(MW 6: 개정판 LW 8)을 참조.

44 이 결론은, 교실에서 나타난 자료에 비추어, 수정될 필요가 있다. 교육과정의 '딱딱한 과학' 부분을 한 트랙 이상으로 나눌 가치가 있을 상황도 생길 것이다. 어떤 과학 영역의 자료에 숙달할 수 있는 학생들의 속도에 따라서 학생집단이 분명히 나누어질 때 특히 그럴 것이다. 그러나 그런 구분에는 대가가 따른다는 점을 늘 기억할 만한 가치가 있다. 공동체가 분할시키는 구분은 평등주의적, 민주주의적 태도를 기르고 유지하는 일을 더 어렵게 만들 수 있다. 경쟁의 위험성에 관한 또 다른 논의는 다음의 제10장을 참조.

45 내가 여기서 간단히 소개하는 아이디어는 『Science, Truth, and Democracy』. 그리고 『Science in a Democratic Society』에서 훨씬 더 자세히 다루어진다.

46 물론, 논평자들이 미리 인식했듯이 (또한 지적했듯이), 진단상의 개선이 치료와 퇴치에 선행될 것이다.

47 다음의 여러 장에서 '경쟁의 압력이 교육을 어떻게 왜곡했는가?'를 더 자세하게 고찰할 것이다. 경쟁의 압력에 대한 저항이라는 일반적 문제는 제10장에서 다루어질 것이다.

제8장
예술

1

학교 예산이 부족해지면 행정가들은 흔히 '곁가지'부터 잘라낼 결정을 내린다. 그들에게 곁가지는 예술이다. 음악과 미술의 수업이 사라지게 된다. 죽은 언어를 비롯하여 '덜 중요한' 언어 수업도 포기된다. 남은 인문학 수업은 기초적인 것에 집중되도록 교사들을 독려한다. 문학 수업은 줄어들고 기능적 문해력이 더 강조된다. 이런 태도는 교육정책의 고위 수준에서도 똑같다. 정부는 그동안 미흡했던 인문학과 예술을 위한 예산조차도 축소하거나 대폭 삭감하는 결정을 내린다. 미국의 과학자들도 연구 지원 예산의 축소를 자주 한탄한다. 물론 미국과학재단과 국립보건연구원에서도 연구의 가치에 전혀 몰상식한 것처럼 보이는 정책결정자들 때문에 고역을 치르겠지만, 국립 인문학 기금 혹은 국립 예술 기금 쪽에서 겪는 모멸감은 훨씬 더 심각하다. 이들 기관은 내부의 야만인들 때문에 늘 위협을 받는다.

STEM 사업과 비슷한 것이 왜 없을까? 미국의 예술교육과 인문교육의 질에 대한 대중의 비통한 목소리는 왜 들리지 않을까? 이런 영역의 국제적 비교는 더 어려운 일이고, 수행에 관해서 비교할 자료를 구하기가 더 어렵다. 읽기 기능의 국제적 평가에서 미국의 학생들은 풍요한 국가 중에서 평균보다 약간 높은 수행을 보여 주는데, 이는 미국 학생들의 과학 순위와 비슷한 수준이다.[1] 이런 결과는 기능적 문해력에 초점을 두어야 한다는 요청이 불타오르게 만들겠지만, 개혁의 외침은 과학의 경우에 비해 훨씬 잠잠한 편이다. 유럽과 아시아의 여러 지역 학생들은 외국어 능력에서 미국 학생들보다 훨씬 더 높다. 이것도 근심의 원천이어야 할 것이 아닐까?

예술교육을 도외시하는 한 가지 주장은 경제적 호소다. 정부가 국가의 생산성에 공헌할 시민들의 교육에 투자하는 것은 적절하다. 과학은 미국의 경제력을 유지할 미래 혁신기술의 핵심을 제공한다.[2] 예술과 인문학은 그렇지 못하다. 혹은 더 정확히 말해서 다른 나라들이 하는 정도만큼은 미국도 이미 잘하고 있다. 할리우드가 지구를 지배한다.

설령 이런 주장의 근거를 경제적 틀에 둔다고 할지라도 예술에 관한 자족적 결론은 과학혁신에 관한 자족적 판단보다 더 보장받을 것으로 보이지 않는다. 대학 안팎에 있는 미국의 연구 실험실은 거의 모든 과학 영역에서 선도적이다. STEM은 그런 선도적 지위가 **유지될 수 있을까** 하는 불안감에서 생긴 것이다. 그렇지만 경제적 틀은 의문스러운 것이다. 이는 개별적 관심을 사회적 선의 협소한 비전에 종속시키는 것이기 때문만은 아니다. 앞 장에서 과학 교육의 혁신을 위한 이유를 제시할 때, 더 넓은 견해를 택했다. 이 견해는 과학을 인간 프로젝트의 진전으로 본다. 일반인들의 견해에 따르면, 그런 공헌은 테크놀로지의 실천적 이득이며, 이는 국가 GDP의 증대가 아닌 인간 삶의 향상이라고 생각한다. 이와 달리, 공식적 견해는 과학의 진보를 원칙적으로 모든 사람에게 가능한, 자연에 대한 풍부한 이해에서 찾는다.

우리는 예술에 대해서도 비슷하게 접근해야 한다. 예술도 인간 프로젝트를 진전시키는 것으로 볼 수 있을까? 언뜻 보면, 분명히 그렇지 않을 것이다. 과학은 진보의 전시용 사례다. 다른 한편으로 '모든 사람이 아는' 것은 예술이 (인문학도) 진보하지 않는다는 것이다. 그렇지만 이는 더 살펴보아야 한다. 이것을 모두가 혹은 누군가 **아는 것일까**?

2

공통된 판단은 친숙한 근거에 따른다. 영국 드라마를 살펴보자. 17세기로 넘어오는 매우 풍요로운 시기가 지난 후에 아주 빈약한 시간이 뒤따랐다. 1580~1620년에 벤 존슨(Ben Johson), 크리스토퍼 말로(Christopher Marlowe), 토마스 키드(Thomas Kyd), 로버트 그린(Robert Greene), 프랜시스 보몬트(Francis Beaumont), 존 플레처(John Fletcher), 존 웹스터(John Webster), 조지 필(George Peele) 등이 아주 유명한 작품을 내놓았다. 이와 대조적으로 1620~1640년에는 그 이전 40년 동안 나타난 중요한 작품에 견줄 만한 것이 둘뿐이다. 즉, 토머스 미들턴(Thomas Middleton)과 윌리엄 롤리(William Rowley)의 『체인즐링(The Changeling)』, 그리고 존 포드(John Ford)의 『안타깝게도 그녀가 창녀라니(Tis Pity She's Whore)』뿐이다.[3] (물론 내가 연대를 선택하면서 약간 둘러댄 셈이다. 크롬웰 치하에서 극장들이 폐쇄되었기 때문이다.) 퇴보의 또 다른 사례를 음악에서 찾아보자. 1905년에 드뷔시는 교향시

『바다(La Mer)』를, 쇤베르크는 자신의 첫 번째 현악 사중주곡을, 베번은 현악 사중주곡인 『랑사메르 사츠(Langsamer Satz)』를 작곡했다. 이에 비해 2015년에 작곡된 것은 무엇일까? 혹은 더 대중적인 장르에서 지난 10년은 1964~1974년에 비틀스(the Beatles), 롤링 스톤스(the Stones), 밥 딜런(Bob Dylan), 조안 바에즈(Joan Baez), 사이먼 앤 가펑클(Simon and Garfunkel)이 내놓았던 것에 맞설 수 있을까?

　자세히 살펴보면 이런 추론은 속이기와 실망스러운 것이다. 이는, 서로 다른 시기에 **생산된** 예술작품들을 비교하여 그 진보를 평가하고 있다. 만일 이 기준을 과학에 적용하면 과학의 진보에 대한 유쾌한 확신이 뒤집힐 것이다. 나는 의도적으로 1905년과 2015년을 선택했다. 1905년에 아인슈타인은 물리학을 바꾼 4편의 놀라운 논문을 썼다. 광전 효과, 브라운 운동, 질량에너지의 등가(E=mc2)에 관한 논문, 그리고 특수 상대성에 관한 기초 논문이었다. 2015년도에 나온 물리학의 모든 연구는 그것에 견주지 못한다. (나의 물리학 전공 친구의 열정에도 불구하고, 2016년도 업적 전부도 마찬가지다.)

　제반 과학을 위해서 개발된 접근 방식은 전혀 다른 기준을 낳았다. 사회와 깊이 연루된 과학의 진보는 인간 프로젝트에 공헌할 일련의 자원들을 제공하는 데에 달려 있다. 오늘날의 물리학은 1905년도에 아인슈타인이 이룩한 놀라운 진보를 잃지 않고, 그 위에 구축된다. 2020년도에 끌어다 쓸 수 있는 자원에는 그 이전의 업적 및 그 밖에 많은 것들이 포함된다. 오늘날의 테크놀로지에는 실천적 문제를 다루기 위한 (따라서 평범한 견해에서 칭송하는 이득이 생기게 하는) 도구들이 광범하게 모여 있다. 또한 축적된 것들은 자연에 관한 더 풍부한 그림을 제공해 주고, (공식적 견해에서 강조하는) 인간의 이해를 진전시킨다.

　비슷한 사항들은 예술에서도 지적될 수 있다. 소설, 시, 희곡, 회화, 조각, 도예, 건축, 영화, 무용, 음악 등은 대체로 누적적이다. 베케트(Beckett), 이오네스코(Ionesco), 핀터(Pinter)가 등장할 때 소포클레스(Sophocles)와 세익스피어(Shakespeare)가 사라지는 것은 아니다. 영국의 작곡가 토마스 아데(Thomas Ades)가 나타날 때 베르디(Verdi)와 바그너(Wagner)가 사라지는 것은 아니다. 확실히 잃는 것이 있다. 과거 세기에 만들어진 건물들은 원래 환경의 일부로 남아 있기가 지극히 어렵다. 무용, 연극, 음악의 수많은 훌륭한 연주와 연기는 기록이 없다면 사라진다. 게다가 엘리엇(T. S. Eliot)이 인지했듯이 예술에서 새로운 발전은 과거 작품의 수용에 대해 영향을 미친다.[4] 예이츠(Yeats), 파운드(Pound), 엘리엇(Eliot) 등과 같은 위대한 모더니스트 시인들을 읽고 난 다음이라면, 빅토리아 시대의 사람들이 테니슨(Tennyson)을 읽었던 것처럼 그렇게 읽을 수는 없다. 랄프 엘리슨(Ralph Ellison)의 『보이지 않는 인간(Invisible Man)』은 마크 트웨인(Mark Twain)의 『허클베리 핀의 모험(Huckleberry Finn)』에 담긴 구절에 대한 반응을 바꿔 버린다. 그렇지만 잃은 것은 얻은 것에 비해서 작은 편인데 이는 예술적 자원의 부피가 커지기 때문이다. 여기서 간단한 테스트를 해 보자. 만일 어떤 예술 형식이 과거의 특정 시점에서 멈추고 말았다면, 여러분의 미적 경험을 위한 자원은 늘어나겠는가, 아니면 줄어들겠는가? 여러분에게 가장 의미가 큰 예술을 생각해 보자. 한 세기 혹은 두 세기 전에 그 이상 발전하지 못했던 시나리오를 상상해 보자. 도대체 얻은 것은 무엇일까? 잃어버린 것은 무엇일까?

3

그런 유사성은 당연히 예술작품을 인간의 삶 혹은 인간 사회에 공헌할 수 있는 **자원**으로서 주장하는지에 달려 있다. 분명히 그런 공헌은 일반인의 과학관에 들어 있는 공헌과 다르다. 즉, 소설은 질병을 치료하지 못하며, 풍경화는 농업을 진흥시키지 못한다. 공식적인 과학관에서 칭송하는 선(좋은 점)은 더 기대되는 모델을 제시한다. 과학의 인식론적 가치를 옹호하는 사람들은 개인들의 삶은 특정한 주관적 상태에 가까워짐으로써 나아진다는 생각을 신봉한다. 리처드 도킨스(Richard Dawkins)가 이 주제를 특히 웅변적으로 제시했는데, 이는 다윈의 렌즈를 통해서 유기체의 세계를 보는 것을 배우지 못한 사람들의 곤경에 대한 동정심을 그가 표현할 때 그랬다.[5] 다윈의 『종의 기원』의 마지막 문장은 도킨스의 반응을 이미 예상한 것이었다. '이 생명관 속에 위대함이 담겨 있다.'[6]

공식적 견해가 이런 식으로 명시될 때, 분명한 질문이 떠오르게 된다. 인간의 삶은 새로운 과학적 이해를 얻게 되는 사건을 통해서 더 풍요해질까, 아니면 예술작품과의 만남에 의해서 더 풍요해질까? 어느 쪽을 지지할 체계적 자료가 나에게는 없다. 그러나 학부생, 대학원생, 교수 등 수많은 청중에게 그 질문을 던지면, 의미 있는 다수는 자신의 예술적 경험을 더 중요하게 본다. (주저하는 이들은 흔히 과학 전문가 혹은 그런 훈련 과정을 밟는 사람이다.) 만일 나의 허술한 증거가 인간 전체를 대표한다면, 결론이 뒤집힌다. 과학적 진보에 관한 공식적 견해는 예술의 진보가 과학의 진보보다 더 강력한 명분을 갖는다는 점을 수반한다.

여하튼 보편적인 것이 더 좋다. 사람들이 미적 경험에 부여하는 중요성을 시인하면 충분하다. 그러나 우리는 살펴보아야 한다. 이런 주관적 반응들이 가리키는 중요한 의미는 무엇일까? 엄밀히 말해서 예술은 우리를 위해 무엇을 하는 것일까?

듀이를 따라서 나는 미적 경험을 세 가지 측면으로 나누겠다.[7] 첫째, 우리가 예술작품이나 혹은 자연의 부분을 접할 때 느끼는 기쁨과 고양은 우리를 가장 감동시킨다.[8] 이런 순간이 생기는 경우는 사람마다 아주 다르다. 그리고 내 생각인데 그런 심리학적 반응은 인식과 정서가 뒤섞이면 아주 다양해진다. 그런 반응은 일차적으로 강함과 활력감에 따라 **미적 경험**이라는 단일 범주로 통합된다. 이런 경우에 우리는 가장 생생하게 인식하고, 아마도 가장 생생하게 살아 있다고 말할 것이다. 이런 경우가 없을지라도, 인간의 삶이 반드시 무미건조하게 되지는 않는다. 미적 경험의 정점들은 부지불식간에 사람들이 즐거워하고 혹은 몰두하고 혹은 흥겨워하는 다른 경우들로 차츰 희미해진다. 그러나 미적 경험은 그냥 그 자체만으로 인간 존재에게 무엇인가 풍부함을 덧붙여준다. 이를 가리켜 사람들은 '단순 쾌락' 이상의 것이라고 말하는 경향이 있다.

흔히 그렇듯이 여기서 일상의 즐거움은 제대로 인정받지 못한다. 미적 경험론에서는 아주 강렬한 순간들, 즉 환경의 어떤 모습에 전율하거나 예술작품에 사로잡히는 순간들을 올바로 인정해 준다. '고급 예술'의 영향력에 아주 열광하는 사람들도 그 높이에서 영원히 머물기를 원하지 않는다. 모더니즘을 소설의 정점으로 보는 사람들도, 다시 말해서 프루스트(Proust), 만(Mann), 무질(Musil), 울프(Wolf), 조이스(Joyce) 등을 반복해서 읽는 사람들도 때로는 더 가벼운 소설의 흥겨움을 느낄 필요가 있고, 탐정 소설이나 유머 서적을 찾기도 한다. 음렬주의(serialism)의 신봉자들도 때로는 쇤베르크(Schoenberg)와 베번(Webern)을 잊어버리고 팝송을 듣거나 뮤지컬을 보러 간다. 정말 다양한 예술적 경험에 빠지는 일은 각각의 경우를 향상시킬 것이다. 뮤직홀에서 뇌리를 스쳐 가는 노래는 『율리시즈(Ulysses)』와 『피네간의 광야(Finnegans Wake)』의 어떤 소절에 대한 이해를 더 풍요하게 만들 것이다.

향상의 그런 가능성을 지적하는 것은, 사람들이 자신의 진지한 미적 삶에서 '휴식을 취하는' 경우에 대해 종속적 역할만 부여하는 것일 수 있다. 탐정 소설의 가치는 위대한 소설을 읽도록 촉발하는 데에 있다는 식으로 말이다. 루스 렌델(Ruth Rendell, 1930~2015) 혹은 타나 프렌치(Tana French, 1973~)와 함께 보낸 저녁 시간은 정상 등반 계획을 앞둔 산악인에게 필요한 체육관 훈련과 비슷하다는 식이다. 이것은 잘못이다. 쾌락주의에 대한 철학적 혐오는 좀처럼 사라지지 않는다. 때때로 흥미를 끌거나 흥을 일으키는 것이 우리에게 필요할 뿐만 아니라 그 자체가 보상이다. 사람들은 다양한 장소에서 미적 만족을, 심지어 희열과 의기충천을 찾는다. 미적 경험의 혼합이 우리 모두에게는 적합할 것이다. 동일한 메뉴 음식을 먹어본 사람들도 개별 요리에 대해서는 다른 점수를 매길 것이다. 혹은 아예 점수를 매기지 않는다.

미적 접촉은 우리의 삶에서 중요한 요소이다. 돌이켜보면 우리가 귀중하게 여기는 개별 순간들이 가끔 떠오른다. 그런 순간들은 즐거움을 나누던 사람들과 함께 되살아난다. "〈루시아(Lucia)〉의 놀라운 연기를 기억하지요? 코벤트 가든(Covent Garden)에서 작별 인사를 고하는 조앤 서덜랜드(Sutherland)는 젊은 파바로티 옆에서 마치 그 자리에서 전곡을 다시 부를 듯 조명을 받고 있어요!"라고 우리는 떠든다. 과거로 함께 되돌아가는 일은 공동체적 쾌락주의의 연습이며, 함께 나눈 기쁨을 되살려 준다. 여기서 그 경험의 두 가지 서로 다른 측면이 드러난다. 첫째, (나중에 다시 언급할 것인데) 우리를 매료시켰던(사로잡았던, 감동시켰던, 흥분시켰던) 것을 타인과 공유하는 일에서 우리는 기쁨을 얻는다. 둘째, 그런 것은 그 순간의 가치 외에 우리의 삶에서, 종종 우리가 살아가는 모든 과정에서 또 다른 울림을 준다.

결정적인 개별적 순간은 경험적 변혁이었음이 때때로 증명된다. 그 순간은 미래의 감각적 경험에 인상을 남길 수 있고, 이 세계가 보이고 들리고 느껴지는 방식을 바꿀 수 있다. 가을 숲속의 산책은 서정시의 운율로 가득 차고,[9] 뉴욕 아파트 건물의 표면이 갑자기 빛날 때 그것은 언뜻 프랑스 루앙 대성당의 전면처럼 보인다.[10] 하늘이나 주위의 광경에 있는 어떤 것이 떠오르게 만드는 오래전에 당신이 불렀던 그 노래가 이 순간 이 기분과 묘하게 들어맞는다. 과거의 미적 경험은 현재에 되살아나고 이 세계를 훨씬 더 풍요롭게 만들어 준다.

그뿐만 아니라 적절한 느낌은 당신이 이미 알고 있고 또 좋아하는 작품으로 되돌아가게 만들 수 있다. 현재의 울림이 생각을 불러일으킬 수 있다. 되돌아가서 다시 읽고, 듣고, 보아야지! 감동된 생각은 그 책, 노래, 그림으로 되돌아가게 한다. 아마도 그것이 과거와는 달라졌음을 알게 되면 때때로 실망할 경우가 많다.[11] 한때 당신을 사로잡았던 그것의 매력이 당신을 당황하게 만든다. 평범하고 자극이 없는 것으로 밝혀지면 당신은 그것을 슬그머니 놓아둔다. 더 의미 있는 경우는 그 차이가 전율하도록 만들 때, 오랜 친구의 새로운 면을 인지할 때, 그것이 기억했었던 것보다 더 풍부하고 더 깊고 더 매력적으로 보일 때다. 우리가 보물처럼 여기는 예술작품은 무궁무진하게 보이는 것들이다. 우리가 성장하면서 그것의 새로운 측면이 우리에게 열리고, 우리의 삶의 경험 속에서 어떤 경우마다 떠오르고, 새로운 맥락이나 정서와 연결된다. 내가 십 대에 『율리시즈』를 처음 읽었을 때 이상하게도 나는 이해력의 한계를 절감했는데, 그 이후 5년이 지날 때마다 다시 읽었더니 그 소설의 여러 부분이 새롭게 생생하게 다가왔다. 내가 정말 좋아하는 다른 작품처럼 『율리시즈』는 그동안 나와 함께 있었고, 때때로 내가 지나치기 쉬운 내 경험의 어느 측면을 인지하도록 자극을 주는 경우가 많았다. 내 인생의 일부는 조이스의 걸작품과의 대화다.[12]

따라서 심미적 접촉의 충분한 가치는 결코 어느 한순간에 한정되지 않는다. 심미적 삶은 초시간적 연관 속에서 꽃을 피운다. 게다가 거기서 생기는 감각적 변화에는 때때로 인지적 변화가 수반된다. 예술작품은 인식론적 의미를 가질 수 있다. 그렇더라도 우리의 추론이 시작되는 새로운 전제들의 증거가 예술작품에서 직접 생긴다는 말은 아니다. 오히려 그것은 습관적 사고방식을 뒤흔드는 예술작품의 힘을 통해서 생긴다.[13] 인간의 많은 생각들은 우리가 사는 사회에서 습득되고, 우리와 교류하는 사람들의 비슷한 의견이 지지하는 판단에서 시작된다. 데카르트 이후로 인식론은, 어떤 궁극적 근거, 즉 믿음의 안전한 기반이 될 토대를 밝힌다는 생각에 고무되었다(혹은 사로잡혔다). 그것은 신화다.[14] 우리의 인식론적 삶은 언제나 우리에게 모유와 함께 전수된 판단, 개념, 가치의 혼합물의 중간에서 출발한다. 과학자, 수학자, 철학자를 비롯한 모든 인간은 그런 혼합물을 **개선하고**, 더 나은 버전을 후손에게 전수하려고 노력할 뿐이다.

개선의 탐색은 우리를 멈추어 세우는 경험으로부터 도움을 받는다. 이 경험은 실험실에서, 즉 뢴트겐의 형광판에서 혹은 플레밍의 이상하게 보이는 세균배양용 접시에서 생길 것이다.[15] 인간의 삶에 미치는 영향 중에서 훨씬 더 빈번하고 때때로 똑같이 심대한 것은 예술작품이 일으킨 인지적 변화다.

19세기 소설에서 두 가지의 분명한 사례를 찾아보자. 에이브러햄 링컨(Abraham Lincoln)이 해리엇 비처 스토우(Harriet Beecher Stowe)를 가리켜 '이 위대한 전쟁을 일으킨 책을 쓴 작은 여성'이라고 실제로 말했었는지 모르겠으나 이 이야기에는 핵심이 들어 있다.[16] 그 책에 대한 대응으로 나타난 노예제도 옹호 소설들은 『엉클 톰의 오두막』이 미칠 영향에 대한 두려움을 입증해 준다.[17] 소박한 결론은 다음과 같다: 스토우의 책은 최소한 일부 사람들, 어쩌면 상당히 많은 사람이 인종에 관한 자신의 고정관념을 곰곰이 되새겨보고 노예제 폐지론을 수용하도록 촉구하였다. 이와 비슷하게, 디킨스(Dickens)의 소설은 사회문제에 관한 독자들의 생각을 때때로 변화시켰고, 심지어 급진적으로 바꾸어버렸다. 『황폐한 집』에는 빈민촌의 젊은 청소부 조(Jo)에 관한 공감할 수 있는 묘사가 들어 있다. 그뿐만 아니라 의회에서 빈민촌 철거를 거론하는 인간들, '인간적 소년'이 됨의 영광을 설교하는 인간들, 그에게 '다른 데로 옮겨가'라고 말할 수밖에 없는 인간들과 같은 오만한 부르주아의 목소리를 놀라운 이야기들로 엮어낸다. 이들을 향한 디킨스의 질타는 조의 사망 기사에 담겨 있다.

> 여러분의 폐하도 죽었다. 나의 귀족과 신사도 죽었다. 온갖 직책을 가진 옳은 성직자도 못된 성직자도 죽었다. 당신의 가슴 속에 천상의 동정심을 일으키며 태어난 남자와 여자도 죽었다. 그리고 우리 주변에서도 날마다 그렇게 죽어간다.[18]

영국 빅토리아 시대의 수많은 독자는 그 소설 속에서 오만하고 몰상식한 목소리를 자신의 목소리로 듣지 않을 수가 없었고, 자기 자신의 태도와 행위에서 표출된 '천상의 동정심'에 관해서 놀라게 되었다.

스토우와 디킨스가 바꾸어 놓은 것은 사람들이 아주 구체적 영역에서 사고하고 추론하는 방식이다. 흔히 예술작품은 인지에 대해 더 폭넓은 영향을 미칠 것이다. 르네상스 시대의 어떤 초상화는 우리로 하여금 동시대인을 다른 눈으로 보게 만들 것이고, 여기서 우리가 그동안 당연시했던 태도와 개념을 바꾸게 만드는 성찰 과정이 나타날 것이다. 베토벤의 현악사중주 혹은 저항 가요는 인간의 삶의 조건, 그리고 현대사회의 건강성에 대해 전혀 다른 상념을 불러일으킬 것이다. 우리의 상상력은 새로운 방향으로 움직임으로써 전에 보았던 시나리오에서 어떤 정서적 반응을 떼어낼 것이고, 이전에 우리가 거부했던 판단이 새로운 감정으로 연결되도록 할 것이다. 이런 경우에 예술작품은 과거 경험에 대해 상당히 체계적으로 재검토하도록 함으로써 변화를 일으킨다. 종전에는 함께 분류되었던 에피소드들이 서로 분리되고 새롭게 분류된다. 우리는 친숙한 것들이 새로운 관점에서 다른 언어로 진술되는 것들을 배운다. 이런 변화의 효과를 많은 종류의 후속 경험에서 느낀다.

이것은 정확히 어떻게 작동되는 것일까? 우리는 이미 독특한 방식으로 형성된 마음을 갖고 있으면서 문학, 그림, 조각, 여러 장르의 음악, 무용, 연극, 영화 등과 상호작용하게 된다. 읽고 보고 들으면서 우리는 이런 상호작용으로 우리 자신의 개인적 종합적 복합물,[19] 즉 믿음, 열망, 정서, 성향의 혼합물을 끌어들이고 이들을 우리 나름대로 발전시킨다. 이 만남이 변화를 일으키게 된다면 일부 종합적 복합물은 불안정해진다. 우리는 멈추어 생각할 필요를 느낀다. 어떻게 우리는 그 작품에 관한 우리의 최초의 이해 그리고 우리가 생각하고, 희망하고, 느꼈던 것들을 서로 통합할 수 있을까? 이런 반성 속에서 우리는 그 작품을 다양한 심적 태도와 연결하고, 마침내 새로운 평형 상태를 찾는다. 흔히 이런 과정은 광범위하고 얼마나 정확하게 변화가 일어나야 할지를 이리저리 궁리하느라 우리는 그 작품을 반복해서 되돌아볼 것이고, 그것이 우리에게 말하는 바의 잠정적 의미를 검토하고 수정할 것이다. 그런데 가끔 예술작품은 번갯불처럼 번쩍거린다. 디킨스, 스토우, 오웰, 혹은 토니 모리슨 등을 읽고 나면 우리는 과거에 받아들였던 것들을 믿을 수 없게 된다. 이 과정은 느리기도 하고 빠르기도 하지만 마침내 안정되어 가면서 무언가를 배웠음을 스스로 확인한다. 예술작품은 우리가 다르게 생각하고 다르게 느끼도록 가르쳤다.

회의론자들은 '가르쳤다' '배웠다'라는 인지적 언어의 사용을 우려한다. 예술작품은 과학적 증거를 제공하지 않는다. 예술작품은 정서를 자극하여 우리를 뒤흔들고, 아무 기반도 없이 우리를 어떤 결론으로 끌어들일 것이다.[20] 도시 빈민들의 곤경에 한동안 무심했던 부자들이 그들에게 관심을 쏟게 되는 것을 찬성해야 하겠지만, 디킨스는 사회학자가 아니다. 마음(과 가슴)의 변화는 환영하지만, 이를 **인지적** 진보로 보는 것은 예술작품과의 만남이 이루어 낼 수 있는 바를 오해하는 것이다.

이런 회의론자들은 인지적 진보의 중요한 측면을 간과해 버린다. 진보는 **같은 언어**로 쓴 새로운 진술들을 수용하는 문제가 아닐 때가 있다. 가장 놀라운 형태의 진보는 일련의 상황들이 재개념화되는 경우다. 경험은 흔든다. 우리는 무언가 잘못되어 있고, 이를 고쳐야 한다고 확신하게 된다. 뢴트겐이 엑스레이를 발견하고, 플레밍이 항생물질을 발견하게 된 것은 그들의 일상적 가정이 적절하지 못했음을 그들이 어렵게나마 수용하게 만든 일련의 사건들의 결과다. 그들도 종합적 복합물들을 재구성해야만 했다. 그들은 오랜 과정을 거쳐 성찰하고 또 새로 발견된 낯선 상황과 더 상호작용함으로써 오늘날 우리가 표준으로 판단하는 새로운 지식에 도달하였다. 이런 호의를 독자나 관람자 혹은 시청자에게 확대하면 안 되는 일일까? 심미적 만남 이후에 우리 마음의 변화는 '휩쓸리는' 문제가 될 필요가 없다. 우리는 성찰하고, 다시 읽고, 신뢰하는 이들과 이야기하고, 작품으로 되돌아가면서, 어떤 새로운 믿음을 가짐으로써 결론에 이르며, 심지어 우리의 경험을 재개념화하는 방식을 수정하기도 한다. 예술작품이 불러일으키는 믿음들의 수정에서 그런 것처럼, 과학적 변화에서도 그런 인지적 부담은 처음 경험이 이끌어 주는 탐구가 지게 될 것이다. 그렇지만 그것을 선도했던 사건 즉 뢴트겐의 형광판 관찰, 플레밍의 세균배양 접시 관찰의 중요성을 부정하기는 어려울 것이다. 예술작품도 비슷한 점을 인정해 주어야 한다.

인지적 공헌의 옹호론은 예술의 여러 영역과 장르에서 찾을 수 있겠지만, 가장 직접적인 (아마 가장 강력한) 것은 문학 혹은 더 일반적으로 언어의 역할이 두드러지는 작품이다. 드라마, 영화, 오페라, 소설, 시 등은 새로운 탐색으로 나아갈 상상력을 자극하는 힘이 있다. 때때로 스토우(Stowe)와 디킨스(Dickens), 윌프레드 오웬(Wilfred Owen)과 베르톨트 브레히트(Bertolt Brecht), 위슬라 침보르스카(Wislawa Szymborska)와 토니 모리슨(Tony Morrison)의 작품에서 그렇듯, 어떤 희곡, 시, 소설의 윤리적 중요성은 거의 놓칠 수 없는 것이다. 그런 작품은 생생한, 당혹스러운, 기괴한 상황에서 제기되는 특수한 도덕 문제를 놓고 독자들이 씨름할 것을 요구한다. 그리고 소포클레스(Sophocles), 셰익스피어, 입센(Ibsen)의 희곡, 혹은 단테, 워즈워스, T.S. 엘리엇의 시, 혹은 도스토옙스키, 프루스트, 조이스의 소설은 아주 폭넓은 범위에 걸쳐서 윤리 문제를 제기한다. 따라서 그것들은 독자와 청중을 특정 방향으로 이끌어 가려고 하지 않기 때문에 덜 '철학적인' 것처럼 보일 수 있다. 방금 언급한 저자들이 평생토록 그런 문제로 우리가 되돌아가도록 이끌어 주는 까닭은 그 작품들의 다면적 성격 때문이다. 사람들이 늘 새로운 눈, 귀, 마음을 가지고 특정 작품을 다시 찾는 것은 그 작품들이 관점을 뒤흔들어주는 윤리적 사고를 하도록 큰 자극을 주기 때문이다. 듀이는 인간의 윤리적 진보에서 예술이 수행하는 역할을 제대로 파악했다.

그러나 경험적 사실인데 예술, 담화 예술, 그리고 문학적 예술은 사회적 담화의 향상된 연속물이며, 인간에게 좋은 점들이 지각되도록 만들었던 수단이었다. 도덕학자들의 저술이 대체로 이런 방향에서 낳았던 효과는 이론적 교리로서 고백한 의도에서가 아니라 시, 소설, 우화, 희곡이라는 예술에 부드럽게 참여했던 데에서 생겨났다.[21]

대다수 인간이 도덕적 가르침을 얻고자 찾는 작품인 『바가바드 기타』와 『성서』과 같은 경전은 생생한 이야기가 중심에 있거나 그런 이야기로 가득 차 있는데, 이는 우연이 아니다.

예술에 몰입되면 정서 교육이 이루어진다. 이 교육의 일부는 도덕적 감성의 순화에 있다. 듀이의 통찰을 앞 장의 문제(시민을 어떻게 육성할 것인가? 도덕 발달을 어떻게 촉진할 것인가?)에 적용한다면, 소위 곁가지의 중요성을 분명히 옹호할 것이다. 심층 민주주의와 도덕적 성장은 동정심(sympathy)의 확장에 달려 있다. 예술들이 뚜렷한 자리를 차지하지 못한다면, 상상력의 자극 혹은 정서적 레퍼토리의 확충은 거의 불가능할 것이다. 미술, 음악, 특히 문학을 줄임으로써 더 많은 화학, 경제학, '유용한 것들'을 위해서 자리를 확보하려고 한다면, 허약한 시민 그리고 빈약한 도덕 주체가 생겨날 것이다.

도덕적 감성을 순화시키는 문학(혹은 예술)의 힘은 과대평가해서도 안 된다.[22] 초보적인 심리학 연구는 공감(empathy)의 **총체적** 증가를 옹호해 줄 확실한 증거를 아직 제시하지 못한다. 전반적으로 독자들이 비-독자들과 비교해서 더 공감적인 것 같지도 않다. (최소한 이제까지 수행된 비교적 대략적인 연구가 밝혀줄 수 있는 한도에서 그렇다.) 듀이식 가설의 가장 좋은 버전에서 강조하는 것은 **국지적** 소득이다. 일부 작품들은 특정 부류의 사람들에 대해서 혹은 특정 유형의 곤경들과 관련해서 독자들이 타인들의 고난에 반응하도록 자극을 준다. 역사적 증거는 특정 방향으로 공감을 확대하는 예술의 힘을 보여 준다. 디킨스, 스토우, 오웰, 모리슨의 영향이 그것을 증명해 준다.

그런데 이제까지의 간략한 예술론은 공리주의적 사고에 의해 너무 지배되고, 너무 협소한 것이어서 예술은 이에 반대한다. 예술의 인지적 공헌에 초점을 두면서 내가 너무 길게 이야기한 이유는 그런 이점이 인정받지 못하거나 심지어 부정된 경우가 많았기 때문이다. 듀이가 미적 경험의 긍정적 효과로 인정했던 두 가지를 되돌아보자: 그런 에피소드들은 특별히 생생하고 광범위하게 변혁적이다. '곁가지'로 간주하는 것들을 잘라버리는 일은 민주주의를 위축시키는 데에 그치지 않는다. 그것은 빈약한 삶을 살아가는 인간들, 자라다가 멈추어버린 인간들을 양산하고 만다.

4

내 주장에 따르면, 예술교육은 인간발달을 촉진하는 주된 목표 세 가지 중에서 두 가지에 공헌한다. 예술교육이 잘 이루어지면 만족스러움의 새 통로가 열리고, 그리고 좋은 시민성과 도덕적 성장을 도와주는 사고와 감정의 습관을 길러준다. 물론 일부 사람에게 예술교육은 새로운 진로를 뚫어준다. 그들은 어떤 장르의 예술가로서 자신의 삶을 이끌어 갈 것이다. 이 가능성이 우리에게 아무리 매력적일지라도 대다수의 선택지는 아니다. 현대 세계에서 창조적 예술 작업으로 자기 삶을 꾸려갈 수 있는 사람은 소수다. 다수는 생산자가 아닌 소비자로 예술을 만날 것이다.

앞 장에서 다음과 같은 이분법을 인정했다. 과학에서 진로를 찾고자 하는 학생들. 그리고 (다행스럽게도) 자신의 호기심을 유지하고 살아가는 동안에 나타날 새로운 연구 성과를 따라가고, 정책 문제에 대해서 자신의 견해를 더 잘 형성할 수 있는 학생들. 이런 이분법은 예술에서도 나타난다. 이를 여기서 비슷하게 논의해야 하는가?

완전히 그렇지는 못하다. 비록 아이들의 발달에서 어느 단계가 되면, 어떤 예술 형태에 재능있고 열정을 가진 소수의 아이가 자신이 좋아하는 예술 장르에서 엄격한 훈련을 받을 기회가 제공될지 모르겠으나, 공식적인 학교 교육에서 그리고 그 이후에도 창작을 계속할 어떤 공간이 마련되어야 한다. 기본적으로 이 사항은 삶을 변환시키는 미적 경험의 힘에 관한 나의 가설의 당연한 결과이다. 만일 대다수 사람이 성찰하면서 그림, 시, 연극과의 만남이 자신의 성장에서 중요한 (세계에 대한 과학적 관점을 스스로 이해했던 것보다 더 중요한) 요인이었다고 결론을 내린다면, 교육은 예술이 줄 수 있는 이득을 얻도록 아이들을 준비시켜야 한다. 만일 소비자의 선택 그리고 소비자의 만족이 선택된 어느 장르에서 지속적인 창작 활동으로 개선된다면, 자기 인생에 걸쳐서 자신의 기능을 개발하고 개선하도록 사람들은 도움을 받아야 한다.

앞서 지적했듯이, 우리의 미적 삶을 타인들과 공유하는 것은 중요하다. 우리는 책, 연극, 영화, 전시회, 음악회를 우리의 친구에게 추천한다. 우리가 추천한 작품과 행사에 대해 그들이 열렬한 반응을 보일 때 그들의 기쁨으로 인해 우리의 기쁨이 더 커진다. 열띤 토론이 이어질 수 있고, 더 많은 것을 우리는 깨달을 수 있다. 아마 독서클럽의 대중화는 (잘 진행될 경우) 그런 일이 발생할 기회가 생길 수 있음을 증명해 줄 것이다. 이런 종류의 공동체를 구축하는 것은 예술교육을 지속해야 할 또 다른 이유다.

이제까지 한 가지 추론을 간략하게 제시했다. 이것을 자세히 설득력 있게 다듬을 수 있을까? 몇 가지 상식적 사실을 가지고 시작해 보자.

아이들은 자연 세계에 대해 호기심이 많듯이 예술에 대해 열렬한 반응을 보인다. 그들은 노래, 그림, 이야기를 사랑한다. 또한 아이들은 영화를 보면서 매료되어 앉아 있을 것이다. 그들은 수동적 소비를 자발적으로 뛰어넘는 전형이다. 그들은 춤추고, 노래하고, 크레용으로 실험하고, 자기 이야기를 만들어 낸다. 내가 아는 아이 중에 영화를 만들 기회를 가진 아이는 없겠지만, 그런 기회가 주어진다면 대부분 달려들 것이다.

이런 폭넓은 성향은 학교 교육의 초기에 활성화된다. 아이들은 이전에 가능했던 것보다 더 광범한 매체에 입문된다. 미술과 음악 시간은 그들이 그림을 그리고, 진흙을 빚고, 함께 노래하고, 같이 춤추고, 간단한 악기를 다루도록 해 준다.[23] 읽기와 쓰기를 배우는 아이들은 이야기를 만들고, 때때로 시를 써보라는 말을 듣는다. 그러나 흔히 미술실과 음악실의 시간은 보조 혹은 '곁가지'로 여겨지고, 오락과 휴식 시간을 제공하는 것이 그 시간의 가치인 것처럼 보고, 그러다가 정신이 맑아지면 '진짜 공부'로 되돌아가야 할 것으로 간주한다. 아이들이 성장하면 예술에 주어지는 시간은 축소되거나 없어진다. 창조적 생산의 촉진은 과도한 학업에 의해서 희생되어 버린다.

이처럼 예술을 바라보는 방식, 그리고 거기에 깔린 태도는 과학을 가르치는 표준 양식과 비슷하게 교육의 목적들과 상반된다. 음악과 시각 예술을 지엽적인 것으로, 그저 기분 전환의 가치가 있는 것으로 취급하는 것은 학생들을 예술로부터 소외시키지는 않을지라도 그들의 창조적 재능을 발달시키거나 혹은 그들에게 가장 흥미 있는 장르의 작품에 대한 감수성을 심화시켜 주지 못한다. 학생들에게 '시'를 써서 '자신을 표현'하라고 부탁할지라도 만일 이런 연습이 일차적으로 그들의 서법과 문법의 기능을 검사하는 것으로 보인다면, 그들이 분별력을 습득할 기회는 줄어든다. 몇 해 전에 탁월한 비평가인 헬렌 벤들러(Helen Vendler)는 아이들이 만든 '시' 문집에 대해서 놀랍도록 통렬한 논평을 남겼다. 그 문집의 편집자는 수록된 작품들의 진정성에 큰 감명을 받고, 그것을 개별적 목소리의 표현이라고 말했다. 벤들러는 다르게 비교했다. 그는 독자들에게 바이올린 여러 개를 일반 교실로 가지고 가서 아이들에게 나누어 준 후 그것을 연주해 보라고 부탁하는 경우를 상상해 보라고 말했다.[24]

화이트헤드의 영향력 있는 저서는 『교육의 목적』이다. 이 책의 핵심 통찰은 학생들의 교육적 과정을 새로운 흥미가 발생, 유지, 강화되는 시기, 그런 흥미가 더 발달하는 데에 필요한 기능을 길러내는 엄격한 훈련 시기로 양분한 점이다.[25] 앞 장의 한 가지 교훈을 화이트헤드의 언어로 진술할 수 있다. 많은 학생들은 자연 세계에 관한 호기심이 적절한 훈련과정의 난관을 이겨내지 못한다. 엄격한 훈련의 요구사항들이 자기 적성에 맞지 않음을 알게 될 때 학생들은 거기서 소외되고 호기심도 사라진다. 예술교육은 상반된 문제를 제기한다. 예술은 '곁가지'로 배척받기 때문에, 교육자는 훈련을 시키는 것을 주저한다. 글자를 아무렇게나 배열하면 시가 되고 형식, 리듬, 모음 압운(assonance)을 고려하지 않아도 '진정한 목소리가 표현'된다. 노래와 그림은 이보다 약간 더 엄격한 비판을 받는 경우가 있다. 그러나 붓칠하기, 그리기에서 엄격한 수업을 제공하는 학교가 얼마나 될까? 듣기 훈련과 발성 연습을 시키는 학교는 얼마나 될까?

내 자신의 경험에서 한 가지 사례를 제시하겠다. 나의 칠십여 년의 인생에서 매우 좋았던 시간은 노래할 때였다. 나의 성악 활동은 여러 합창단을 거쳤고, 대체로 서양 합창 음악의 명곡이 중심이었으며, 정기적으로 독창도 맡았다. 나는 본격적인 훈련을 (주로 합창단 지휘자로부터, 어쩌다가 성악 전공 교사로부터) 가끔 받았는데 그 덕분에 나는 (나를 잘 아는 이들의) 예상보다 더 발전할 수 있었다. 이와 반대로, 어릴 때부터 나는 그림 그리기를 좋아했는데 너무 일찍 청소년 무렵에 포기했다. 비록 미술 선생님은 내 노력의 일부를 칭찬하셨지만, 나는 그림 그리기를 전혀 배우지 못했다. 별수 없이 나는 (돈 없이) 명인-흉내를 내는 예능인에 그쳐야 했다. 그림은 '내가 잘하지 못하는 것'이라고 단정했기에 나는 달리 그려보려는 시도를 아예 포기하고 말았다.

60년이 지난 지금, 오래 묵혀두었던 나의 붓 솜씨를 되살려보고 싶다. 내가 나의 희망과 나의 한계를 친구에게 털어놓았을 때, 그는 나의 자체진단을 부정하는 듯 "누구나 그림을 배울 수 있지."라고 말했다.[26] 그의 이야기가 최소한 부분적으로 맞는 것 같다고 나는 깨달았다. 재능 없는 (혹은 나처럼 그렇게 생각하는) 사람들도 자신의 그림 실력을 길러내는 연습이 있을 법하다. 비록 내 그림 실력이 화가가 되고 싶은 나의 욕심에 도달하기에는 까마득하지만 진보의 가능성은 분명해졌다.

심지어 나의 초보적 (주로 독서를 통해서[27] 그리고 책에서 알려준 대로 연습했던) 자체 훈련은 뜻밖의 이득이 되었다. 첫째, 나는 여러 화가의 그림을 생생하게 이해하고 또 흥미도 갖게 되었다. 나의 기술이 미숙하다는 것만 알아도 선과 색조의 변화로 이루어 낼 수 있는 점들이 무엇인지를 이해하게 되었다. 둘째, 그림을 바라보는 내가 달라졌다. 종전에는 안 보였던 미세한 사항들도 눈에 띄었다. 셋째, 가장 중요한 것인데, 내가 겪어온 세계가 더 풍요롭고 시각적으로 더 흥겨운 장소로 바뀌었다. 여러 해가 지난 후에야 나는 평범한 진리에 도달했다. 그것은 모든 미술가와 미술 교사가 알고 있는 점이다. 그리기와 칠하기를 배우는 것은 보는 방법을 배우는 것이다.

명백한 것을 머뭇거리면서 깨달은 점은 음악에 관한 나의 평생 경험과 일치한다. 노래하기나 악기 연주를 배우고 나면 연주를 듣는 것도 풍부해진다. 이론적 지식을 많이 배우지 못한 아마추어 연주자도 여러 가지 목소리들을 구별하고, 하모니의 흐름을 인지하고, 훈련받지 않은 귀가 알아채지 못하는 구조를 느끼게 된다. 물론 그 효과는 듣는 사람이 연주했던 작품이거나 반복적으로 듣는 작품일 경우, 특히 놀랍다. 어떤 음악곡은 내 인생의 일부로 내 안에 **거주하는** 정도다. 그것이 내 안에 들어와 있음을 정말 감사한다.

표준교육을 우선시하는 것은 수많은 사람으로부터 미적 가능성과 상상하기 어려울 정도의 활력과 영향력을 지닌 경험을 앗아간다. 예술은 없어도 되는 것처럼, 학생들의 기분 전환에만 유익한 것처럼, 그 이상의 의미가 없는 것처럼 간주하기 때문에, 반복적으로 연습시키는 훈련 프로그램을 통해서 눈, 손, 귀를 발달시키려는 진지한 시도는 생략되어 버리고 만다.[28] 여기저기서 그래도 지각 있는 교사들은 '아이들의 자기표현을 허용하는 것' 이상의 일을 시도해 볼 것이다. 그러나 공식적인 정책의 관점에서 본다면, 그런 시도는 불필요하고 관련성이 없고, 심지어 파괴적이기도 하다.

이제까지의 내 사례는 불완전하다. 왜냐면 거기에는 창조적 작업에 대해서 너무 협소한 견해가 들어 있기 때문이다. 그림, 음악, 글쓰기의 영역에서 '순수' 예술을 추구함으로써 자신의 창의성을 발달시키려는 경향이 모든 아이에게 있는 것 같지는 않다. 아이들이 이끌리는 개별적 산물의 형식들은 기회가 주어진다면 다른 데에, 즉 일상생활의 실제에 더 가까운 데에 있을 것이다. 듀이가 그의 독자들에게 상기시켜 주었듯이 (인용이 아닌) 창의성과 개인적 표현은 때때로 사람들의 일상 활동 속에 널리 퍼져 있다.[29] 현대 세계는 예술을 평범한 행동으로부터 분리시키고 말았다. 그래서 예술은 낯설고 먼, 여하튼 특별한 경우에 특별한 장소에서나 만날 수 있는 것이 되었다.

상당수의 사람은 그림을 그리고, 작곡하고, 글을 쓰고, 연기하기를 특별히 원하지 않는다. 그 대신 진흙, 나무, 금속을 가지고 일하거나, 바느질이나 요리하기, 정원 손질하기나 작은 물건 만들기를 더 좋아할 것이다. 많은 사람은 춤을 추면서 자기를 표현하는 법을 배우고 싶을 것이다.[30] 이들을 위한 자리를 예술교육이 마련해 주어야 한다. 예술교육은 적절한 훈련 방식을 통해서 그들의 창의성을 길러주어야 한다. 여기서도 또다시 내가 강조하는 점은 형성 과정에 놓여 있는 개인들의 성향에 주목하자는 것이다. 공식적인 학교 교육의 초기부터 풍부한 온갖 가능성이 발산되도록 해야 한다. 개별 아동의 성향에 대해서 신중한 관심을 쏟음으로써 깊고 꾸준한 흥미가 생길 창의적인 생산양식으로 그들을 이끌어 가도록 노력해야 한다. 늘 그렇듯, 교실 수업에 참여하는 여러 성인이 아이들 곁에서 이들의 다양한 열정을 함께 공유하는 것이 중요하다.

그리고 예술교육은 성인이 되어도 지속되어야 하고, 그럼으로써 오래된 흥미로운 영역에서 기능을 넓히고, 또 과거에는 이끌리지 않는다고 거부했으나 이제는 매력이 생기는 장르를 개척할 기회도 제공해야 한다. 예술적 성장은 평생의 일이다.

5

예술 진보와 과학 진보 사이의 유사점과 차이점을 이해하게 되면 중요한 문제가 드러난다. 즉, 과학과 예술은 인간의 삶을 풍요하게 만들 수 있는 자원을 축적한다. 이를 이해하면 교육개혁의 필요성이 명확해진다. 그런데 어떻게 하면 더 잘할 것인가에 관한 결정을 복잡하게 만드는 사항이 또 있다.

축적의 특성이 다르다. 앞 세대의 노력 위에서, 즉 죽은 거장의 (그리고 이름 없는 더 작은 개척자들의) 어깨 위에서 쌓아가는 일에 있어서, 과학은 전형적으로 과거 수십 년의 성취로부터 단절된다. 오늘날 활약 중인 화학자는 라부아지에(Lavoisier)의 선구적 서적을 읽을 필요가 없으며, 천문학자는 갈릴레오(Galileo)의 망원경을 들여다볼 시간이 없다. 분명히 진화생물학자는 영감을 얻으려고 다윈의 저술에 눈을 돌리겠지만, 이는 일반적 규칙의 드문 예외다. 뒤에 나타나는 발전은 (앞서 제안했던 '일반 과학' 교육과정처럼 과학적 문해력의 증진이라는 목적을 제외하고는[31]) 거의 언제나 종전 자료의 학습을 관계없는 일로 만들기 때문에 어느 영역이건 전문적인 과학 교육은 경제적일 수 있다. 십 년이나 그 전의 것들은 거의 모두 폐기된다.

예술은 그렇지 않다. 엘리엇은 새 작품들이 어떻게 옛 작가에 대한 지각을 바꿀 수 있는지를 우리에게 상기시켜 주었는데, 이는 맞는 말이다. 그렇지만 과거 세대가 애호했던 예술작품들이 후속 세대에게 전혀 무가치한 것이 되어버리는 경우는 드물다. 현악 사중주의 열렬한 애호가들에게 바르토크(Bela Bartok, 1881~1945)와 쇤베르크(Arnold Schoenberg, 1874~1951)가 있다고 하이든과 베토벤이 쓸모없는 음악가가 되지는 않는다. 열성적인 음악애호가들은 제롬 컨(Jorome Kern, 1885~1945), 조지 거슈인(George Gershwin), 콜 포터(Cole Porter), 리차드 로저스(Richard Rodgers)에게 되돌아간다. J. S. 밀이 그의 취임 강연을 했을 때도 당시에 알려진 예술작품의 목록은 교육자들이 선정하도록 만들었고, 그들이 선정한 버전이 과연 정전으로서 특별한 지위를 갖는가를 두고 늘 논쟁이 벌어졌다. 그 목록이 엄청나게 팽창하면서, 수많은 외국 문학이 번역되면서, 그리고 여러 가지 전통에 속하는 시각 예술과 공연 예술을 이해하면서 선정하기는 더욱 성가신 과제가 되었다. 장르, 문화, 역사적 시기가 너무 많다. 교육 시스템은 그 모든 것 중에서 어떻게 선정해야 하는가?

답하기 어려운 이유는 평범한 사실 때문이다. 취향이 다르다. 일부 사람들, 아마도 밀 혹은 나와 같은 사람들이 가장 중요한 예술적 성취로 받드는 것들에 대해서 타인이나 심지어 대다수 인간은 아주 썰렁하게 바라본다. 심미적 경험을 진지하게 받아들인다는 것은 **모든**

젊은이가 강렬한 생동감의 순간, 미래 경험을 변환시키는 만남, 새로운 통찰의 기회, 그리고 세련된 정서의 발달과 같은 듀이의 미덕을 가진 사례에 접근하게 해 줄 작품들을 선정하려고 애쓴다는 뜻이다. 만일 우리가 온갖 다양한 예술이 좋은 것들을 제공하는 능력에 있어서는 똑같고 개인마다 제각기 다른 범위의 양식, 장르, 시기에 이끌린다고 본다면, 민주적인 예술 교육과정은 굉장한 괴물이 되어 모든 가능한 시간을 집어삼킬 것이다.

이런 전망에 직면한 교육자들이 특권을 가진 정전을 고집하게 되는 것은 아마도 용납할 수 있다. 그들은 **엘리트주의 명제**를 믿거나 최소한 이에 대해 호의적이다: 비교적 소수의 예술작품의 목록이 예술적 업적의 정상에 놓여 있고, 이것들을 그리고 이것들만 학생들에게 제시해도 그들 모두에게 듀이주의자의 미덕에서 풍부한 경험에 대한 접근이 제공된다. 만일 그렇다면, 정전에 속하는 작품들에 전혀 감동하지 않는 대다수 사람들, 예를 들어 베토벤보다는 레게(reggae)를 듣고, 빅토리아 시대의 소설보다는 판타지 문학 읽기를 더 좋아할 사람들을 어떻게 해야 할까? 엘리트주의 명제를 지키려고 한다면, 우리는 그런 사람들을 부적절한 가르침의 희생자, 혹은 어떤 결함, 무감각, 나태함의 피해자들이라고 진단할 필요가 있다. 이 두 가지 진단은 설득력이 없다. 비록 대다수의 미국 성인들이 오락을 제공해 주는 경우가 아니면 예술에 무관심할지라도, 정전에 속하는 작품들에 아주 냉담한 사람들의 일부는 다른 양식과 장르의 예술, 혹은 다른 시대와 장소의 예술에 대해서 특별한 흥미와 열정을 보여 주기도 한다. 엘리트주의자들은 경험적 사실을 인정해야 한다: 정통적인 정전의 대안들도 때로는 특권적인 작품으로 가정되는 것들이 제공하지 못할 가치를 제공해 줄 수 있고, 또 그런 대안들이 아주 광범하게 퍼져 있는 것으로 보인다.

이 지점에서 다른 해결 방안이 등장한다. 평등주의자들은 교육자들에게 걱정하지 말라고 조언한다. 사람을 기분 좋게 만들어 주는 **모든** 예술작품은 높건 낮건 간에 똑같은 기회를 제공해 준다. 예술교육은 아주 쉽다. 아주 쉬워서 예술은 교육과정으로부터 안전하게 떼어낼 수 있다. 각자가 저마다 자기가 만족하는 문화에 다다를 길을 찾을 것이다. 모두가 결국에는 같은 종류의 경험을 즐기게 될 것이다.

이런 식의 평등주의는 (창조적 생산물이 취향의 심화에서 발휘하는 역할을 무시할 뿐만 아니라) 미적 경험의 특별한 지위를 아예 부정해 버린다. 『보바리 부인』을 읽으면서 깊은 감동을 경험하는 독자, 그리고 TV 쇼 〈날마다 우리 인생〉을 보면서 빨래를 정리하는 사람을 서로 구분해 줄 것은 아무것도 없다. 혹은 『성 마태 수난곡』에 심취한 청자, 그리고 방송될 녹음목록에서 아무거나 골라주면 듣는 지하철 승객을 서로 구분할 것도 전혀 없다. 예술의 중요성을 옹호하는 사람들은 평등주의적 평준화를 거부해야 한다. 핵심적인 변혁적 순간들을 만나는 일은 개인의 생애에 걸쳐서 다양하게 나타난다. 때때로 감수성 있는 독자들 혹은 음악

교육을 받은 청자들이 피곤하거나 산만한 경우에는 제아무리 풍요롭다고 여겨지는 작품들도 흔히 보여 주는 마술적 효과를 낳지 못할 수 있다. 대다수 사람도 편안하게 쉬면서 즐길 필요가 생길 때가 있다. 이럴 때 박진감 있는 TV 프로는 우리가 사랑하는 감독의 예술 영화보다 더 좋을 수 있고, 스도쿠(Sudoku) 퍼즐 게임이 셰익스피어보다 더 좋을 수 있고, 스도쿠 퍼즐이 시보다 더 알맞을 때가 있다. 우리 눈에 보이는 사람들 간의 다양성은 작품이나 경험을 구별하기를 거부하는 애매한 평등주의를 배척한다.

소박한 평등주의자들은 이런 점을 확대한다. 아마도 사람들 간의 다양성은 똑같은 패턴을 드러낸다. 운이 좋은 일부 사람들은 듀이의 미덕을 가진 경험을 반복적으로 제공해 주는 작품을 찾는다. 다른 사람들은 전혀 그렇게 하지 않는다.[32] 운이 덜 좋은 사람들의 경우, 예술작품과의 만남은 오락이나 일시적 쾌락 이상의 것을 제공해 주지 못한다. 그들의 삶에 심미적 경험이 전혀 나타나지 않는다. 이제까지는 얼핏 엘리트주의처럼 보인다. 그러나 심미적 풍요로움에 따라서 경험과 삶이 분화되면서 이와 동시에 핵심적인 변혁적 계기를 제공할 수 있는 여러 가지 예술 양식이 다양하게 이해될 수도 있다.[33] 소박한 평등주의자는 특권적 정전이 있다는 점을 부정하고, '고급문화'에만 배타적으로 골몰하는 교육 시스템의 개혁을 요구할 수 있다. 나는 이런 소박한 평등주의를 옹호한다. 더 정확하게 나는 세 가지 사항을 제안한다.

A. 미국의 많은 성인은 심미적 경험이 (특히 듀이주의자의 미덕이 풍부한 삶의 시간이) 거의 없이 살아간다.
B. 이들의 (절대) 다수가 그런 경험을 즐길 수 있도록 다른 형태의 예술교육, 아마도 예술에 대해 훨씬 폭넓은 (요리, 정원 가꾸기 등의 활동에서 창의적인 표현들도 포함하는) 관점을 가진 예술교육을 제공해야 할 것이다. 불행하게도 학교(혹은 대학)에 다니는 과정에서 그들에게 제시된 작품들은 그들의 심미적 경험 능력을 자극하는 데에 적합한 것이 아니었다.
C. 개인마다 의미 있는 심미적 경험이 풍부한 삶을 가능하게 만들어 줄 일련의 작품들이 있으며, 이런 예술작품의 목록을 그의 애호 작품이라고 한다면. 미국인들의 애호 작품은 예술의 유형, 스타일, 장르, 문화, 시기 등에서 엄청난 차이를 보여 준다.

이런 입장 속에서 평등주의의 긴장은 다음과 같이 드러난다. 즉, 현행의 예술교육에서 냉대받는 사람들의 심미적 경험의 잠재력을 인정하면서 이와 동시에 이 잠재력을 실현할 수 있는 폭넓고 다양한 예술작품을 인정한다. 누군가의 애호 작품에 속하는 것이 모두 모인다면 (그런 묶음의 총집합은) 정말 아주 커질 것으로 예상된다, 그러나 그동안 만들어진 모든 예술작품이 포함되지는 않으리라 짐작된다. 전혀 그렇지 않다.

소박한 평등주의는 과학 교육에 대한 나의 앞선 비평과 비슷하다. 생고생을 시키는 교육과정 때문에 과학을 꺼리면서 평생 살아가는 학생들이 많아지는 것처럼 예술도 마찬가지다. 따라서 개혁이 필요하다. 예술은 교육과정에서 남아 있어야 할 뿐만 아니라 학생들이 접하는 작품도 훨씬 더 다양해져야 한다. 애호 작품의 엄청난 다양성을 인정하고 난다면, 학교 시간을 엄청나게 잡아먹을 것처럼 보이는 예술-괴물이라는 유령이 되살아나게 된다. 과학교육의 개선은 오히려 쉬운 경우라고 볼 수 있다.

이 난관을 극복하기 위해서 몇 가지 제언을 내놓기 전에, 반론부터 살펴보아야 한다. 극단적 평등주의자들은 심미적 경험과 '단순' 오락 간의 차이를 주장하고 지지하려고 끌어들이는 현상들의 보고에 대해서 이의를 제기할 것이다. 퉁명스러운 질문이 나온다: 예술작품과의 '생동감 있는' 혹은 '전환을 일으키는' 혹은 '깨우치는' 만남에 관한 찬사를 어째서 문화적 세뇌에 따라서 형성된 자기-기만으로 보지 않고 그 이상의 것으로 생각해야 하는가? 나의 대답은 먼저 한 가지를 양보하면서 시작한다. 예술작품에 대한 사람들의 반응이 다양하다는 점에 대해서는 종전과는 달리 훨씬 더 체계적인 연구가 필요하다. 추가되어야 하는 심리학적, 사회학적 연구는 심미적 경험의 옹호자들이 지적하는 질적 차이의 약점을 드러낼 만한 증거를 제시해 줄지도 모른다.

그래도 차이는 있다. 그림, 영화, 음악, 문학의 열성적인 애호가들 그리고 흥겨운 오락으로 예술작품을 취급하는 사람들 사이에는 서로 전혀 다른 행동이 나타난다. 열성적인 애호가들은 자신의 애호 작품에 대해서 타인과 이야기를 나누고, 그런 작품이 자신의 지속적인 성찰에 미친 효과를 말하고, 같은 작품을 여러 번 감상하면서 새롭게 얻은 영감을 토로하고, 자신들의 활기찬 설명 속에서 뜨거운 열정을 보여 주는 경우가 많다. 그들은 애호하는 작품들의 배경을 더 많이 알아보려고 철저한 노력을 기울일 때도 있다. 이런 특성은 최근에 나타난 경향, 즉 다른 서적, 그림, 영화, 음악 등을 사용 후 폐기하는 재화 혹은 순간을 위한 것일 뿐 가슴에 품고 살 것은 아닌 것처럼 취급하는 경향과는 아주 판이하다.

이처럼 뚜렷한 차이의 특징을 어떻게 해야 더 잘 이해되도록 만들 수 있을까? 탐구의 길이 두 가지 보인다. 첫째, 자기가 받은 예술교육에서 처음엔 아무런 감흥을 얻지 못했으나 나중에는 정말 감동적인 예술 형식을 만나게 된 사람들의 태도를 연구하는 것이다. 이들은 기존 예술교육의 세뇌에서 벗어났을 것이고, 그리고 과거에 예술작품을 접했을 때와 새롭게 애호 작품을 경험할 때의 느낌 격차를 아주 귀중하게 여길 것이다. 둘째, 신앙심이 깊은 사람들의 반응을 탐구하는 것이다. 그들에게 다음과 같이 물을 수 있다. 한편으로 오락으로 접근하는 세속적인 예술작품에 대한 그들의 태도가 있고, 다른 한편으로 그들이 믿는 종교의 경전에 담겨 있는 내용, 예배 공간을 장식하는 시각 예술, 종교의식과 연관된 음악 등에 대한 그들의 경험이 있을 것인데 이 두 가지를 비교해 달라는 물음이다. 그들은 예술이 종교의 틀 속에 있을 때 더 큰 깊이와 의의를 느낄까?

이런 연구에서 (그리고 다른 가능한 연구에서) 어떤 결과가 나올지를 밝혀내기 전에, 나는 사변적 명제에 의존하여 말하겠다. 소박한 평등주의가 맞다. 따라서 예술교육의 문제는 진짜 문제이다.

6

이에 대해서 무엇을 할 수 있을까?

첫째, 가장 중요한 일은 디딤돌을 놓아주는 것이다. 아주 어릴 때부터 아이들이 다양한 예술을 접하도록 만들어야 한다. 처음에는 신나는 작품을 찾을 것이다. 이 단계에서 중요한 일은 선택 가능한 것들의 다양한 집합을 제공하는 것, 그리고 개별적인 반응을 관찰하는 것이다. 따라서 제2장의 제안처럼, 교실 안에는 제각기 심미적 열정을 지닌 다수의 성인으로 교사 이외에 조력자, 학부모, 자원봉사자가 있어야 한다. 아이들은 잠재적 창작자와 감상자로서 여러 가지 예술 유형을 탐색한다. 그들의 관심을 끌지 못하는 예술의 형식, 장르, 스타일은 일단 그들의 선택지에서 제외한다. 지도하는 성인들은 아이들을 사로잡을 수 있는 예술, 예컨대 어떤 유형의 문학, 어떤 종류의 공연 예술, 어떤 장르의 시각 예술로 구성된 조그맣고 다양한 목록으로 이끌어 가려고 노력한다.

둘째, 그다음 단계에서는 아이들이 제각기 선택한 예술 형식을 더 깊이 탐구하도록 허용한다. 이제 아이들은 또래 아이들과 같이 받는 예술 수업에 들어가지 않고, 자기와 흥미가 비슷한 사람들과 어울리게 된다. 그 목표는 창작에 필요한 기능, 그리고 감상에 필요한 이해를 발달시키는 것이다. 아이들은 창조와 감상 사이에서 제각기 균형을 잡아가도록 허용된다. 아이들을 가장 사로잡는 기법과 스타일에 시간을 쏟도록 장려하면서 이와 동시에 그들이 선택한 예술 형식이 처음엔 어렵고 당황스럽겠지만 그 형식의 이런저런 측면을 추구해 보도록 격려해 준다. 둘째 단계에서는 첫째 단계의 지도자들이 기록해둔 폭넓은 자료를 활용해서 지속적인 발전 방향을 제시해 준다. 특히 아이의 처음 열정이 시들어갈 때 그에게 처음 나타났던 성향은 적절한 수정방안이나 대안을 찾을 방법에 관한 단서를 제공해 준다.

셋째, 일단 이런 디딤돌이 놓아지면, 다시 말해서 아이들이 만족하는 예술의 작은 범위가 드러나게 되면 그다음 단계의 교육으로 들어간다. 일부 시간은 이제 디딤돌에서 확대하는 쪽으로 투입된다. 아이들은 처음엔 꺼리던 예술의 형식, 장르, 스타일로 되돌아가서 그동안 발달시킨 기능과 취미에 비추어 그것을 재평가해 보도록 한다. 지도자들은 아이들이 그동안 감명을 받았던 작품들, 그리고 다른 지루한, 낯선, 당황한 작품들 사이에 어떤 유사점이 있지는 않은지를 살펴보도록 지도한다. 비-매력적인 작품들에 대해 열정을 갖는 교사나 조력자는 아이가 좋아하는 작품들에 없는 어떤 특성이 그런 작품에 들어 있는지를 지적해 준다. 개별적 관심, 핵심 기능, 그리고 (어쩌면) 작은 행운이 합쳐진다면 아이의 예술적 폭은 넓어진다. 새로운 스타일과 장르가 앞서 둘째 단계에서 예시된 방식으로 채택된다. 여기서도 감상과 (기능을 확충하는) 창작 활동이 병행되어야 한다. 이런 일이 학교에 다니는 동안 계속된다.

그 이후도 마찬가지다. 성인이 되어서도 자신의 취향을 개발하고, 예전엔 몰랐던 예술 스타일에 관해서 배우고, 심지어 새로운 영역에서 창작 기능을 개발할 기회들이 필요하다. (나의 때늦은 그림 그리기 시도에서 깨달았듯이 너무 늦은 배움이란 없다.) 학교 교육은 문화센터, 즉 계속적 훈련을 위한 그리고 예술작품을 전시하고 공유하는 공간이 있는 환경과 연결되도록 해야 한다. 이런 문화센터는 모두가 무료로 활용할 수 있다면, 상호 학습을 위한 기회를 구체적으로 제공할 것이다. 심미적 교류는 심층 민주주의의 일부가 될 것이다.

그런 것이 작동하게 될까? 아무도 미리 알 수 없다. 앞서 그랬듯이, 나는 교육의 실험을 위해 제언한다. 방금 요약된 프로그램은 여러 가지의 대안적 방향에서 개발될 수 있겠지만, 아이들이 다양한 종류의 예술에서 보여 준 잘 기록되어 있는 흥미에서 출발할 것이다. 창작하는 활동과 자연환경의 탐구를 포함한 이해하는 기회의 통합은 전문적 기능을 쌓을 때만, 즉 늘 사용하는 물건의 윤곽을 그리기, 혹은 단순한 멜로디를 제대로 발성하기를 배울 때만이 아니라 아이의 흥미가 어디에 있을지를 가리킬 때도 사용될 수 있다. 듀이의 유명한 조언처럼 예술은 일상 활동의 일부가 되어야 한다.[34] 어린 학생들은 작은 공간에 물건을 배치하는 것, 화단의 한쪽을 디자인하는 것, 짧은 연극 공연에 맞는 배경 음악을 선택하는 것 등등을 배우면서 심미적 감각도 발달한다. 행운이 따른다면, 발달하는 심미적 감각은 어른이 되어서도 남아 있어서 환경을 구축하고, 유지하고, 개선하는 방식에서 되살아난다.

과학의 경우에서 그랬듯이, 가장 핵심 성취는 아이들의 예술 활동에서 전형적으로 생기는 호기심과 즐거움의 유지가 될 것이다. 무용, 노래, 조각, 연극, 사진에 쏟은 시간이 깊은 만족을 계속해서 준다면, 예술은 다른 교육영역에 해를 주지 않은 채 교육과정에서 큰 자리를 차지할 수 있다. 아무튼 예술의 수업 시간을 확대하자. 만일 더 확대된 시간을 학생들이 즐거워하는 활동에 쏟는다면, 소비자는 덜 저항할 것이다. 게다가 더 확대된 시간은 모든 학생에게 오늘날 많은 전문직 부부가 자기 자녀를 위해서 구매해 주는 그런 기회들을 제공해 줄 것이다.

7

과학 교육에 관한 앞선 논의에서 그랬듯이, 나는 실험을 위한 일련의 제안으로서 한 가지 프로그램을 개괄적으로 제시할 것이다.

23. 초등학교 저학년에서 예술의 폭넓은 대안(시각 예술, 공연예술, 문학 등)을 아이들에게 제공해 주자. 다양한 장르와 스타일, 그리고 다양한 문화와 시기에 속하는 예술들을 소개해 주자. 창작 활동과 감상 기회를 결합하자.

24. 아이들 각자에게 개별적 관심을 진지하게 쏟도록 하자. 예술의 수업 시간에는 교실 안에 다양한 심미적 흥미를 지닌 다수의 (가능하면 학생 한 명에 한 명의 어른이 있을 정도의) 성인들이 있어야 한다. 개별 학생의 흥미와 적성에 관한 세심한 기록은 보존되고, 또 정기적으로 아이를 지도하는 성인에 의해 점검되어야 한다.

25. 특수한 형태들의 흥미와 무관심이 나타난다면, 개별 학생이 특별히 이끌리는 영역, 스타일, 장르를 더 깊이 탐색할 기회를 제공해 주자. 이 단계의 예술교육에서는 나이가 아닌 흥미에 따라서 아동 집단을 구성해야 한다. 특정 예술 형식에 매혹된 아이들이 교실에 모이게 되면, 앞서가는 학생이 뒤따라가는 학생을 도와주도록 장려하게 된다.

26. 더 특수한 예술교육의 마무리는 아이들에게 동일 연령의 집단으로 되돌아가는 시기로 정하자. 이 시간에 아이들은 각자의 열정을 교환하도록, 또 자신들이 과거에 거부했던 장르와 매체도 탐색해 보도록 요구한다.

27. 심미적 교육의 모든 단계에서 창작 활동과 감상 활동을 일상의 과제 속으로 끌어들이고 또 학교 밖의 세계로도 연결해 가자. 지역 환경의 일부를 디자인하고 나서 나중에 수정될 수 있도록 개인적, 집단적 프로젝트의 기회를 제공하자. 자연 그대로의 세계와 인간이 만든 환경의 다양성을 보여 주기 위해서 사진과 영상을 활용하자. 상급 학생들이 예술 프로젝트의 영감을 얻을 만한 장소를 경험하도록 탐구학습

을 위한 여행을 마련하자.

28. 이 모든 것을 성인들이 생애에 걸쳐 자신의 미적 감각을 개발하고 새로운 창작 기능을 습득하는 기회와 결합하자. 예술의 전시, 토론, 교육에 집중하는 지역사회센터를 만들자. 이 센터는 지역의 환경 조성에 관한 민주적인 의사결정도 지원해 줄 수 있다.

전반적으로 이런 실험적 프로그램은 예술교육에 대한 훨씬 더 큰 지원을 요구한다. 이런 프로그램은 듀이주의자의 미덕이 풍부한 경험, 즉 심미적 경험이라는 아이디어가 인간의 삶에서 핵심적으로 중요하다는 점을 진지하게 받아들인다. 이런 프로그램은 각 개인이 살아가는 세계를 풍요롭게 만들어 주기 위한 것이다. 이런 프로그램이 성공한다면 그것이야말로 **실질적 진보**가 아닐까?

후주 🕐 제8장

1 2018년 PISA 테스트 자료. https://www.oecd.org/pisa/publications/pisa-2018-results.htm.

2 앞 장처럼, 나는 미국 사례를 끌어들일 때가 있다. 이는 내가 가장 잘 아는 교육 실천이다. 그러나 이전처럼 미국 맥락의 언급은 예시 역할뿐이다. 나의 제안은 비슷한 정책을 추구하는 나라에 적용될 것으로 가정한다.

3 나의 부실한 표현을 바로잡아준 마사 누스바움에게 감사한다.

4 T.S. Elliot, 'Tradition and the Individual Talent' in 『Selected Prose of T.S. Eliot』, ed. Frank Kermode (New York: Farrar, Straus & Giroux, 1975), 38-39.

5 Richard Dawkins, 『River out of Eden』 (New York: Basic Books, 1995)를 참조.

6 Charles Darwin, 『Origin of Species』 (London: John Murray, 1859); facsimile repr., Harvard University Press), 490.

7 여기서 나는 다음을 인용한다. Dewey, 『Art as Experience』 (LW10), 『Experience and Nature』 (LW 1), 『A Common Faith』 (LW 9).

8 듀이보다는 타고르가 자연의 미적 경험의 교육적 중요성에 훨씬 더 많은 관심을 쏟았다. 'To Students,' 'To Teachers,' and 'My School'(『A Tagore Reader』, 206-23)을 참조. 또한 '타고르가 싫어하는 모더니스트 반응'과 워즈워스의 비교를 참조(ibid, 236).

9 예컨대, 키츠(Keats)와 릴케(Rilke)의 유명한 시.

10 모네의 유명한 회화 시리즈에서처럼.

11 반세기 이전에 나는 『백치』가 도스토예프스키(Dostoyevsky)의 최고작품이라고 여겼다. 다시 읽고 보니 그것은 다른 세 가지 주요 소설과 비교해서 조잡한 듯했다. 『악령』은 똑같았고, 『죄와 벌』, 『카라마조프 형제들』은 나의 평가에서 더 상승했다. 다른 독자들도 다시 읽어보면 비슷하게 변하지 않을까 생각한다.

12 『피네건 호수』와 나의 진지한 만남은 더욱 최근의 일이지만, 그것은 『율리시즈』와 비슷한 역할을 하게 되었다.

13 시겔이 나에게 말해 주었듯이 이 사항은 셰플러의 글, 'In Praise of the Cognitive Emotions' (Teachers College Record, 1977)에서 놀랍게 탐구되었다. 셰플러의 책, 『In Praise of the Cognitive Emotion』 (New York: Routledge, 2010)을 참조. 이 글은 원래 1977년에 Teachers College Record에 수록되었다.

14 이 신화는 퍼스(C. S. Peirce)의 초기 논문에서 시작하여 듀이가 『The Quest for Certainty』(LW 4)에서 발전시킨 실용주의 전통에서 가장 잘 드러난다. 이 전통의 통찰은 콰인(W. V. Quine)과 굿먼(Nelson Goodman)의 저술뿐만 아니라 콰인의 『Word and Object』(Cambridge, MA: MIT Press, 1960)의 첫 문구에도 담겨 있다. 콰인은 노이라트(Otto Neurath)의 한 구절을 인용한다. '우리는 육지의 부두에서 최고의 자재를 가지고 고치는 것이 불가능한 망망대해에서 우리의 배를 고쳐야 하는 선원들과 비슷하다.'

15 뢴트겐(Roentgen)은 완전히 밀폐된 유리 튜브라고 그가 여겼던 것을 사용하여 실험하다가, 그 안의 스크린에 빛이 비치는 것에 주목하면서 마침내 X 레이를 발견하는 탐구를 시작했다. 이와 비슷하게 플레밍(Fleming)은, 휴일이 지나서 실험실로 되돌아와, 박테리아 군체가 담겨 있는 세균배양 접시 하나에서 이상한 점을 발견하였고; 그 접시의 한쪽에 박테리아의 일상적 표시도 없이 한 방울의 곰팡이가 자라고 있었으며; 더 연구한 후에 항생물질을 발견하게 되었다.

16 링컨은 1862년 추수감사절에 스토우(Harriet Beecher Stowe)를 만나 이렇게 말했던 것으로 짐작된다. 이 '전설'의 역사를 밝혀주는 설명으로는 다음을 참조. Daniel Vollaro, 'Lincoln, Stowe, and the 'Little Woman/Great War' Story: The Making, and Breaking, of a Great American Anecdote,' *Journal of the Abraham Lincoln Association* 30 (2009): 18-34.

17 1852년과 1860년 사이에 『톰 아저씨의 오두막(Uncle Tom's Cabin)』에 들어 있는 설명을 반박하려는 시도로 20권 이상의 소설이 출판되었다. 그중 가장 일찍 나온 (가장 널리 읽힌) 책은 다음이다. Mary Henderson Eastman, 『Aunt Phillis' Cabin; or Southern Life as It Is』(Philadelphia: Lippincott, 1852).

18 『황폐한 집(Bleak House)』의 제47장은 이 구절로 마무리된다.

19 나는 이 개념을 Deaths on Venice (181-87)에서 도입했다. 여기에 더 자세한 것들이 들어 있지만 그 개념은 심리적 발달을 요구한다.

20 여기서 나는 존스(Todd Jones)에게 감사한다.

21 『Experience and Nature』, LW 1, 322.

22 이 절의 논의는 위너(Ellen Winner)와의 대화에서 큰 도움을 받았다. 그녀는 예술심리학의 핵심 문제를 개척적으로 탐구하는 책으로 『How Art Works』(New York: Oxford University Press, 2019)를 썼다.

23 누스바움이 강조하듯, 노래와 춤은 타고르의 교수법에서 주요 요소다. ('Tagore, Dewey, and the Imminent Demise of Liberal Education,' 특히 56, 57을 참조). 『A Tagore Reader』에 수록된 교육론에서, 타고르는 아동의 (자연 및 다른 아동과 관련된) 자유의 함양, 그리고 그런 자유를 표현할 통로를 찾을 필요성에 관해서 관심을 쏟는다. 노래와 춤의 단련은 올바른 결합을 성취하는 주요 방식으로 확인된다. 내 생각에, 이것은 듀이가 (그리고 타고르도 전적으로) 강조했던 저학년 시기의 운동의 자유의 중요한 확대다. 만일 내가 들었던 것처럼 듀이가 음치였다면, 청각적인 것을 소홀하게 다루고 시각적인 것을 중심으로 예술을 다루는 그의 경향 때문에, 예술의 중요성에 관한 그의 지지는 한계를 보인다.

24 논평한 서적은 Bill Moyers, 『The Language of Life』(New York: Boubleday, 1995)였다. 벤들러(Vendler)의 논평은 New York Times (June, 18, 1995)에 들어 있다. 내가 이해한 벤들러의 핵심에 따

르면, 그 문제는 아이들에게 글쓰기를 요구하는 데에(그들에게 악기를 제공하지 못한 데에) 있지 않고, 추수 지도를 해 주지 못함으로써 그들이 자기표현 능력을 제대로 습득하지 못한 데에 있다. 시, 그리고 형식의 중요성에 관한 비슷한 사항은 다음에서도 지적된다. Lewis Turco, 『Poetry: An Introduction through Writing』 (Reston, VA: Reston Publishing Company, 1973). 또한 Stephen Fry, 『The Ode Less Travelled』 (London: Penguin, 2006)에 있는 재치있고 식견있는 맹렬한 공격을 참조.

25 A. N. Whitehead, 『The Aims of Education』 (New York: Free Press. 1929).

26 처음에 대화를 나누었던 워럴(Jeniffer Worrall), 그리고 그 후로 격려해 준 에머슨(Jane Emmerson)과 판필(Orna Panfil)에게 감사한다.

27 특별히 도움이 된 책은 다음 두 권이다. Claire Watson Garcia, 『Drawing for the Absolute and Utter Beginner』 (New York: Watson-Guptill, 2003). Betty Edwards, 『Drawing on the Right Side of the Brain』 (New York: Penguin, 2012).

28 혹은 무용의 경우는 신체 전체.

29 이 주제는 『Art as Experience』(제1장)에서 강력하게 제시된다.

30 마사 누스바움이 나에게 지적했듯이, 춤은 예술과, 그리고 몸의 여러 부분의 신체적 개입을 통해 체육 활동과 연결된다. 두 가지의 연결은 스포츠를 학교에서 가장 좋아하는 젊은이들의 미적 흥미를 길러 주는 데에 유익할 것이다. (나는, 내 아들 중 한 명이 학교에서 좋아하는 시간이 언제인가라는 물음에, '쉬는 시간'이라고 대답한 유일한 2학년 학생이 아니었을 것으로 확신한다).

   이런 연결을 인식하면 분명한 질문이 생겨난다. 내가 여기서 제시하는 틀 속에서 체육교육(그리고 조직 스포츠)의 위치는 무엇인가? 대답할 자신이 없어서 나는 이 책에서 체육교육에 관한 논의를, 누락의 중대성을 인정하면서도, 모두 삭제했다. 그 문제에 접근하는 방식으로 스포츠를 미적 표현의 형식으로 여길 수 있다. 이런 생각은, 상당히 명쾌하고도 강력하게, 다음 책에 들어 있다. Hans Ulrich Gumbrecht, 『In Praise of Athletic Beauty』 (Cambridge, MA: Harvard University Press, 2006).

31 앞 장(262-68)을 참조.

32 롤링(J.K. Rowling)은 '아이들을 읽기에 푹 빠지게 하는' 점에서 자주 칭찬받는다. 이런 칭찬은 그녀의 업적을 과소평가한다. 롤링은, 개별적인 문장들의 수준에서 보면 대단한 문장가가 아니지만, 소설 세계의 풍부한 복합적 구성에서는 단연코 거장에 속한다. 롤링은 아이들이 다른 형태의 판타지 문학을 탐구하도록 길을 열어줄 뿐만 아니라, 내 생각에는, 문학 비평가들이 생애를 바쳐서 밝혀내는 소설의 복합성을 이해하는 길도 열어준다. 우리는 롤링의 교육적 영향력에 감사해야 한다.

33 듀이가 칭찬하는 구분 짓기의 한 가지 대안은 J. M. Coetzee, 'What Is a Classic?,' in 『Stranger Shores』 (New York: Penguin, 2001), 1-16에 들어 있다. 풍부한 미적 경험을 낳는 작품들은 고전으로 여겨지는 것으로(쿳시의 첫째 의미에서), 그것은 계속해서 '살아' 남는다. 소박한 평등주의자들은 '어떤 작품은 (실질적으로) 모두를 위해서 살아 있는 반면에 다른 작품은 (실질적으로) 누구를 위해서도 살아 있지 않다.'라고 가정하지 않으며, 따라서 정전과 비-정전을 구분하지 않을 것이다. 그들은 다양한 사람들을 위해 살아 있는 작품들의 집합은 다양하며, 그들 간에 의미 있는 교차가 없을 것이라고 본다. 따라서 '진정한 정전'을 찾는 것은 잘못된 일이다. (쿳시의 글을 알려준 알렉산더(Natalia Rogach Alexander)에게 감사한다.)

34 『Democracy and Education』, 그리고 『Art as Experience』에서.

제9장
자기 이해

1

영어에서는 교육의 범위를 네 가지로 나눈다. 자연과학과 예술 사이에 (경제학, 사회학, 정치학을 포함하는) 사회과학과 (어문학, 철학을 포함하는) 인문학이 들어간다. 역사학과 인류학은 확실한 자리가 없어서 어떤 경우는 여기로 다른 경우는 저기로 옮겨간다. 심리학도 안정된 자리가 없어서 분류자에 따라 사회과학이나 자연과학으로 이동한다. 다른 문화권은 단순해서 애매함이 없다. 예컨대, 독일어는 자연과학(Natur-wissenschaft)과 정신과학(Geisteswissenschaft)을 구분한다. 자연과학은 마음과 문화를 다루는 연구와 구별된다.[1] 이렇게 구별하면 중요한 유사점이 인지된다. 방법상의 차이가 무엇이건 간에, 예술과 자연과학 사이에 놓여 있는 연구 영역은 우리 자신에 대한 이해를 진전시키는 일에 관한 것이다. 이 연구 영역의 목적은 인간의 삶과 인간 사회의 중요한 측면을 밝혀내는 것이다.

자연과학의 업적에 대한 열정은 그 분야에서 인상적으로 나타나는 진보의 칭송으로 표현되지만 이 분야보다 더 잠정적인 형태로 진행되는 탐구는 참지 못하거나 혐오하도록 부추기기 쉽다. 존중은 신앙으로 자라나 과학주의(scientism)라는 새로운 종교를 낳을 수 있다. 과학을 믿는 신자들이 보기에 어중간한 영역은 퇴보적, 원시적이며, 미신이나 위장이 지배하며, 그리고 부실하고 엉뚱하고 위험한 '발견 내용'을 제공하는 것으로 보인다.[2] 이런 분야는 참된 과학과 관련된 (진화심리학, 신경심리학, 신경경제학 등과 같은) 부분들이 이미 약속했던 성과물에 도달한 후에야 비로소 제공되는, 기껏해야 진지한 탐구와 진정한 지식의 잠정적인 대용물에 지나지 않는 것이다. 아마도 당분간 교육 시간의 일정 부분이 사회과학과 인문학에 할당되어야 한다. 그러나 그런 수업을 한 뒤에는 언제나 그 분야의 단점을 분명히 인정하는 시간이 따라야 한다. 과학주의라는 복음의 전파자들은 교실에서 십계명을 제시하기라는 아이디어에 크게 저항한다. 인문학과 사회과학에 대한 그들의 조롱은 그들이 (정부가 어떤 상품의 구매를 말릴 때 사용하는 경고문과 비슷한) 다른 게시문으로 교체하는 것을 선호할 것이라는 점을 자주 암시한다: '비과학적 주제는 여러분의 정신위생과 심리적 건강에 해로울 수 있다.'

과학주의는 교육의 역사에서 불행한 지체 현상에 대한 과도한 반응이다. 자연과학들이 자체의 용맹을 과시한 후 오랜 시간이 흘렀어도, 고전 연구에 대한 통달은 '교육받은 인간'의 징표로 남아 있었다.[3] 이런 요구가 20세기에 소멸했다. 오늘날 희랍어로 육보격(hexameters)을 쓸 수 있는 사람들을 명예롭게 여긴다면, 이상한 일처럼 보일 것이다. 그러나 과학주의의 발흥은 분명히 저울을 다른 쪽으로 기울어지게 만드는 것이라서 반발심을 자극할 때도 있다. 이미 1960년대에 저명한 인문학자들은 용감하게 싸울 태세를 갖추었다. 내가 케임브리지에서 학부의 졸업반이었을 때, 매년 열리는 대학 연극 축제에 대한 지원이 확대되었다. 교수진에서 저명한 인사를 초청해서 공연할 연극에 관한 대화를 점심시간에 나누도록 하였다. 내가 소속한 대학연극회는 「기분 환자(The Imaginary Invalid)」를 연습하는 중이었고, 저명한 비평가인 조지 스타이너(George Steiner)의 초청 강연을 들었다. 그의 강연은 탁월했으며, 또 솔직했다. 그의 생각은 그 후로 나의 뇌리에서 떠나지 않았다. '몰리에르(Moliere)와 스탕달(Stendhal)은 인간이 된다는 것이 무엇인지에 대해서 그동안 나타났던 그 어떤 심리학자들보다 더 많은 것을 우리에게 가르쳐 주었다.'[4]

스타이너의 말은 과장이었다. 물론 인문학이 의심받을 때, 그리고 사회과학이 자연과학의 빈곤한 친척으로 보일 때, 과학주의의 복음 전파자들을 물리치는 데에 필요하다고 보였을지라도 과장된 말이었다. 심리학은 다양한 관점에서 탐구함으로써 인간의 심리와 행동의 여러 측면에 관해서 우리를 계몽시켜 주었다. 때로는 다른 동물들의 삶을 이해함으로써, 때로는 인간 행동에 관한 통제된 관찰을 통해서 그랬다. 실험실 연구는 지각, 기억, 정서 반응, 의사결정, 관점공유 등 중요한 심적 과정에 대한 이해를 넓혀주었다. 이런 성취들은 극작가와 소설가의 공헌을 대체하는 것도 아니고, 또 이들에 의해서 밀려나는 것도 아니다. 학습은 온갖 방향에서 일어날 수 있고 또 일어나야 한다. 개인이건 집단이건 인간의 삶에 대한 이해는 학문 간 **상호작용**을 통해서 가장 잘 진보한다. 특정한 탐구 영역을 하찮게 보면서 '내게 도움을 줄 만한 것이 거기엔 없다.'라는 말은 어리석은 교조주의다. 이런 말이 헌신적인 과학자들의 오만한 신조이건 혹은 위대한 문예 비평가들의 질책이건 마찬가지다.[5]

학문 간 상호작용의 촉진이 유익하다는 점은 유념할 사항이다. 희곡작가와 미술사학자는 **당연히** 자연과학으로부터 배워야 한다. 고전 드라마에 들어 있는 구닥다리 의학과 구닥다리

심리론은 쉽게 용서받을 수 있다. 청중은 체액과 요정에 관한 엘리자베스 시대의 이야기에 몰입한다. 시대에 뒤진 과학의 아이디어가 근대 연극과 영화에서 (늘 그렇지는 않으나) 가끔 거슬리는 것으로 밝혀질 것이다. 이와 달리, 현대 과학에서 끌어들여 대체되는 개념들은 작가와 관객에게 생생한 자료를 제공할 수 있다.[6] 이와 비슷하게 그림물감의 출현에서 보이는 변화를 연구하려는 물리학, 화학의 응용은 미술사학자에게 (그리고 복원 작업에 종사하는 이들에게 더 직접적으로) 도움을 준다. **이와 마찬가지로** 계몽의 화살은 반대 방향으로 날아갈 수 있다. 근대 초기에 과학이 이루어낸 수많은 진전은 회화 표현(pictorial representation)이라는 새로운 기술에서 촉발된 것이었다.[7] 코페르니쿠스의 천문학은 당사자가 고백했듯이 태양의 중심성에 관한 문학적, 철학적 견해가 자극한 것이었다.[8] 자연선택이라는 다윈의 유명한 아이디어는 '맬서스의 인구론을 읽다가' 터득한 것이었다(그는 저녁 독서를 '즐겼다').[9] 또한 우리는 문학적 취향의 상실에 대한 다윈의 동경과 후회를 상기해야 한다. 이는 조건문으로 표현된다. 만일 그가 인생을 다시 살 수 있다면, 그는 '날마다 조금씩 시를 읽을 것'이라고 맹세할 것이다.[10]

더욱더 분명한 점으로, 인간의 삶, 사회, 행동, 문화를 연구하려고 어떤 방식의 노력을 시도할지라도 인류학자, 역사학자, 문예 비평가, 시인, 소설가의 성찰을 소홀히 할 수는 없다. 따라서 나는 지극히 다양한 연구 분야들 사이의 상호작용적 연합을 보여 주기 위해서 스타이너의 발언을 수정한다. 인간의 자아를 이해하기 위한 최선의 노력은 가능한 자원을 모두 활용하는 일이며, 그리고 그 모든 자원을 충실하게 활용하는 데에 필요한 능력은 아이들의 학교 교육에서 길러져야 한다.

이 장의 과제는 이 주장을 더 엄밀히 밝혀내는 것, 즉 내가 그려낼 연합이 어떻게 작동할지를 더 명확히 설명하는 것이다.

2

밀을 모방하는 것도 한 가지 방식이다. 다양한 학문, 즉 사회과학과 인문학의 여러 분야를 두루 살펴보고 각각의 '최고히트작'을 확인한 후에, 각각의 어떤 부분이 적절한 교육에 필요할 것인지를 (그리고 그것을 어느 단계에 도입해야 할지를) 고찰하는 방식이다. 그런데 나는 이 길을 따르지 않는다. 그 대신 앞서 여러 장에서 따랐던 코스와 비슷하게 나아갈 것이다. 즉, 학교 교육과정에서 인문학과 사회과학의 영역들이 제1부에서 확인된 큰 목적들을 실현할 수 있는 방식들을 이해하려고 할 것이다. 자연과학을 다룰 때와 크게 다른 점은 인문학과 사회과학의 다양한 영역들을 서로 혼합하여 사용할 수 있는 잠재력일 것이다. 나는 자기 이해의 증진이라는 특정 유형의 이익에 집중할 것이므로, 이런 다양한 영역들이 어떻게 공헌할 것인지, 그리고 특히 다양한 영역에서 끌어들인 요소 간의 **상호작용**이 의도된 목표를 어떻게 실현할 것인지를 살펴볼 것이다.

앞서 여러 장에서 제시했던 비전은 학생들에게 세 가지 방향으로 도움을 주는 교육이다. 즉, 자기-유지 능력을 제공해 주는, 시민과 책임 있는 도덕적 주체로 발달시키는, 그리고 만족스러운 삶을 이끌어 갈 능력을 길러주는 교육이다. 나는 세 번째부터 시작하고 자기-유지와 관련된 이익은 이 장의 끝에서 다룰 것이다.

만족스러운 삶이란 개인이 자아감에 도달하고, 이에 따라 자율적으로 인생 계획(들)을 선택하고, 이(들)를 통해 인간 프로젝트에 독특하게 공헌하는 삶이다. 자기 이해의 향상은 학생들의 현명한 선택의 기회와 분명히 연관된다. 더 나아가 인간다운 삶의 다양성, 사람들이 살아가는 다양한 상황, 그리고 사람들에게 열릴 기회의 (흔히 좁은) 범위 등에 관한 이해는 학생 개개인이 어디서 그리고 어떻게 타인들의 삶에 공헌할 것인지에 관한 인식을 높여 준다. 온갖 종류의 관점에서 **정신과학**은 사람들이 각자의 이상을 세우도록 도와주며, 추구할 만한 가치 있는 목표들을 찾도록 그들을 이끌어 준다.

살아갈 방식의 자율적 선택은 성장하는 개인과 주변 사회 간의 민감한 대화에 의존한다. 사회적 압박은 매력적인 통로를 차단함으로써 자율성을 축소할 수 있다. 그런 장벽이 만들어지고 도입되는 방식은 두 가지다. 사회가 노골적으로 금지할 수 있다. 여성은 고등교육, 심지어 교육을 받을 수 없게 된다. 특정 카스트(혹은 인종 집단)의 구성원은 한정된 직업만 구할 수 있다. 현대 세계에서 훨씬 더 흔한 일로, **법적** 가능성과 **사실적** 제약이 서로 연결될 수 있다. '아프리카계 미국인의 아이는 당연히 법률가가 될 수 있다.' 그러나 부모 중 한 사람이 무직이거나, 거주할 곳이 없거나, 마약과 범죄가 많은 학교에 다니거나, 환멸을 느낀 교사들의 이동이 빈번한 학교에 다니거나 한다면, 법률가가 될 현실적 전망은 애초부터 사라지게 된다.[11] 안일한 정치지도자는 '모두를 위한 기회'라는 것에 만족하고, '기회'의 활용 가능성을 가로막는 장애 때문에 학생들의 희망이나 열망이 짓눌리는 숱한 방식들을 도외시해 버린다.

그 민감한 대화는 두 가지 방식에서 실패한다. 발달할 수 있는 통로가 차단됨으로써 자율성이 제약받는다. **그리고** 바람직한 방향으로 성장하는 데에 필요한 지원이 끊김으로써 자율성이 제약받는다. 후자의 실패는 생존의 물질적 조건에서 가장 분명히 나타난다. 무주택자, 극빈자, 갱 폭력이 난무하는 지역에 갇혀 사는 사람들에게는 식량, 깨끗한 물, 맑은 공기, 의학적 치료, 안정된 주거 등이 필요하다. 이런 필수 사항 이외에[12] 그들의 자녀에게 필요한 것은 두려움 없이 다닐 수 있는 학교, 즉 자기 재능이 무엇이고, 어떤 종류의 삶이 만족스러운 것인지를 제대로 파악할 기회를 제공해 주는 학교다. 이런 기회의 제공에서 인문학과 사회과학의 중요한 역할을 한다.

공식적인 교육은 소극적 자유, 즉 무엇**으로부터의** 자유가 아니라 적극적 자유, 즉 무엇을 **할** 자유를 길러내는 일에서 핵심을 차지한다.[13] 아이들은 자신이 누구이며, 현실적으로 어떤 사람이 될 수 있을지를 배워야 한다. 만일 자신의 독특한 재능과 흥미를 확인하거나 어떤 종류의 삶이 자신에게 열릴 것인지를 이해하는 데에 필요한 자원이 없다면, 아이들의 자율성은 쪼그라들고 말 것이다. 성장하는 개인과 주변 사회 간의 대화가 건강하지 못하다면, 이는 권위를 가진 자들의 목소리가 넓은 범위의 선택지들을 가로막도록 명령하기 때문이 아니라 그들이 긍정적인 제언을 하는 일에 나서야 할 때 실제로는 침묵해 버리기 때문이다. 그들은 아이들의 발달하는 상상력을 붙들어줄 개념적 자양분을 아무것도 제공해 주지 못한다.

인문학은 어떻게 해야 결핍된 개념들을 제대로 공급해 줄 수 있을까? 이는 인간다운 삶의 다양한 가능성을 생생하게 드러냄으로써 가능할 것이다. 문학, 희곡, 영화, 시각예술 등은 학생들의 상상력을 자극할 수 있다. 즉, 인간이 살아갈 길, 인간이 꽃피울 수 있는 길, 그리고 인간의 삶이 불행하고 허망하게 빠져드는 길을 보여 줄 수 있다. 역사는 시간의 범위를 뛰어넘어 지나간 현실의 상세한 부분들을 그려내어 밝혀준다. 이에 비해 지리학과 민족지학은 공간의 범위를 뛰어넘는 것들을 보여 준다.

아이들은 학교 교육의 초기부터 기본 기능을 습득할 것으로 기대하는 것이 옳다. 아이들은 읽기와 쓰기,[14] 더하기, 빼기 등을 배워야 한다. 이런 능력은 인간 실존의 풍부한 가능성을 탐색할 때 모두 필요하다. 그런데 처음부터 아이들은 이야기, 과거에 관한 생생한 이야기, 낯설고 특이한 곳의 삶에 관한 설명에 사로잡힐 수 있다. 아이들은 여러 가지 생활 형태의 세부 사항을 살펴보거나, 성공과 실패, 미덕과 도덕적 잘못 등의 미묘한 차이를 이해한다거나 하기보다 훨씬 이전부터 단순한 그림에 감동하고, 훌륭한 영웅에 감동하고, 악한에게 놀라고, 그리고 자기에게 익숙한 삶의 패턴 이외에 다른 것들이 있음을 인지할 수 있다.

일단 읽기 기능이 충분히 길러지면, 여러 가지 삶의 방식에 관해서 더 체계적인 평가도 가능하게 된다. 지리와 역사 수업 속에는 현대의 다양한 지역에서, 자기 사회의 여러 과거 시대에서, 그리고 시공간적으로 거리가 먼 상황에서 나타나는 세세한 삶을 배우는 부분들이 포함될 수 있다. 이처럼 낯선 삶의 양식들을 **느낄** 수 있게 해 줄 내용이 아이들의 공부에 들어가야 한다. 그렇다고 해서 조상이 먹었던 대표 음식을 교실로 가져와서 입에 맞건 안 맞건 간에 함께 앉아서 먹어야 하는 재미없는 실습을 하자는 말은 아니다. 오히려 아이들은 농작물을 기르는 데에 필요한 도구를 어떻게 만드는지를 배워야 하고, 그런 농작물들을 심고, 가꾸고, 요리해 보아야 하고, 그리고 모두가 잘 되면 흥겨운 잔치를 함께 벌이도록 해야 한다. 이런 과정에서 탐구 공동체의 삶의 방식에서 생기는 문제들을 개인적으로 또 집단적으로 해결하도록 아이들에게 요구해야 한다. 이런 유형의 공부에서 수학 기능을 적용하고 실험실 과학자들이 매일 겪는 그런 상황에 대처하는 연습이 가능해진다.[15]

이 모든 과정은 중등교육의 후반기에 가서 몇 가지 (다양한) 생활 형식에 더 깊이 참여할 수 있는 길을 열어준다. 이를 조직하는 전략으로는 다음과 같은 사례가 있다. 각 학생이 특정 장소와 시기를 선택하여 거기서 그때 사람들이 어떻게 살았는지를 연구하는 일에 한 학년의 상당 시간을 (혹은 전부를?) 보내고, 역사적-민속학적 보고서를 자세히 작성하여 급우들에게 발표하는 것으로 끝날 수 있다. 이런 방식의 각 단계에서는 식견 있는 자문가들과 상의하는 기회를 마련할 수 있다. (많은 성인이 교실에 참여하는 것이 중요함을 상기하자). 학생들이 독서를 폭넓게 하고, 그리고 낯선 문화의 어떤 측면은 아주 상세히 다룰 것을 기대할 수 있다.

이 프로그램에서 보여 주는 세 단계는 학생들이 두 가지 사항을 발견하도록 도와주기 위한 것이다. 초기 훈련은 그들이 전혀 다른 생활방식으로 깊이 들어가도록 준비시킨다. 그들이 특정 지역과 시간에 속하는 집단들에 중점을 두면서 이들의 생활문화에서 가장 흥미로운 측면을 찾아내고 또 이들이 경험했던 전혀 다른 요구와 제약을 이해하도록 요구한다. 한 가지 목표는 학생들이 자신의 특성을 인지하도록 이끌어 주고 각자의 진로에서 만족스러운 방향을 찾도록 도와주는 것이다. 또 다른 목표는 인간에게 필요한 것들에 대한 그들의 의식을, 즉 타인의 관점에서 보고 느끼는 그들의 힘을 확장하는 것이다.

학생들은 성장해 가면서 특정 스타일의 역사를 읽는 법을 찾아내야 한다. 그것은 국가의 중대사, 지배자와 정복자, 휩쓸리는 사회개혁 등에 초점을 둔 역사가 아니다. 이는 교육과정에서 다른 자리를 차지하는 것이다. 오히려 학생들에게는 일상적인 삶의 상세한 사항들에 주목하라고 요구한다. 역사적 분석뿐만 아니라 일차적 자료들을 읽음으로써 그들이 타인들의 삶으로 들어가도록 기대한다. 이렇게 하면서 중점을 두는 사회에 따라 경제학이나 사회학의 어떤 부분을 끌어들이고 적용할 필요가 생길 것이다. 그들의 교육이 성공한다면, 그만큼 그들이 좋아하는 프로젝트의 추구는 먼 곳의 이방인에게 영향을 미치는 행동을 하게 이끌어 줄 것이고, 이만큼 그들이 습득한 기능이 자신의 삶에서 귀중하다는 점이 밝혀질 것이다. 그들은 자신들이 원격으로 영향을 미치는 타인들을 얼굴 없는 대중으로 간주하지 않는 태도를 가질 것이고, 그리고 (행운이 따르면) 자신들의 계획을 실행하기 전에 탐구하고 성찰하도록 자극을 받을 것이다.

이제까지 교과–간–연결 프로그램의 주요 영역은 일차적으로는 지리와 역사이고, 그리고 이런 탐구에서 자연적으로 등장하는 인류학이다. 사회과학의 다른 영역들 즉 경제학, 사회학, 정치학, 심리학 등도 나타날 것이다. 이들 영역이 중등교육의 후반기에 개인적 공부와 함께 진행되는 과정에서, 그 프로그램은 인문학의 중심 영역들도 만나야 한다. 공부하는 집단의 문학적, 예술적 전통들에 관심을 쏟지 않는다면 그런 특별 탐구는 불완전한 것에 그치게 될 것이다. 따라서 문학, 음악, 시각예술 수업에서 학생들은 자신이 집중하려고 선택한 집단들의 글(혹은 구전으로 전해지는 시와 이야기), 노래, 그림, 조각, 건축에 몰두할 기회가 있어야 한다. 여기서도 학생들에게 지도가 필요할 것이며, 해석 작업을 도와줄 조력자들과의 상호작용을 통해서 유익을 얻게 될 것이다.

이에 성공하려면 학생들은 읽고, 듣고, 보는 법을 먼저 배워야 한다. 그들이 접촉하는 일차적 자료가 예술작품일 경우, 이 자료에 유익하게 접근하는 능력은 역사가와 비평가, 문학 그림 노래를 이해하고 분석하는 전문가들에 의존하게 될 것이다. 중등교육의 후반기 공부는 (내가 그려본 것처럼) 인문학에서 훈련을 받은 사람들, 즉 예술작품 속에서 그 작품이 제공해 주어야 할 점들을 학생들이 찾아내도록 도와줄 사람들이 있어야만 성공할 수 있다. 미술과 음악의 역사학자는 문예 비평가처럼 중개자, 즉 '다리를 놓아주는 사람'[16]이며, 이들의 지도가 없으면 오해받거나 혹은 이해되지 못하고 버려질 귀중한 통찰을 밝혀준다. 예술사가는 학생들에게 어떤 그림의 두 부분 간의 관계에 주목하도록 고무시킨다. 건축사가는 처마 돌림띠의 곡선 및 이에 이어지는 창틀의 형태를 지적해 준다. 음악학자는 교향곡 작품의 녹화영상을 과장된 제스처와 함께 보여 주기 전에, 짧은 가락(음형)을 피아노로 연주해 줌으로써 듣는 학생들이 그 작품에서 반복적으로 나타나는 그 가락을 인지하게 만든다.[17] 문학비평가는 서정시에 들어 있는 특정 단어들의 함축적 의미와 다의성을 지적해 준다.

3

처음에 위와 같은 일을 어떻게 할 것인지를 혼자서 아는 사람은 아무도 없다. 관련된 기능을 습득하고 이를 타인에게 전달하는 법을 아는 사람들의 가르침이 필요하다. 학교 교직원 중에는 관련된 유형의 작품을 학생들이 생생하게 느끼도록 도와줄 정도로 특정 장르를 깊게 이해하는 교사들도 있어야 한다. 인문학자들, 특히 문학, 미술, 음악, 영화, 연극 분야의 역사가와 비평가는 두 가지 수준으로 필요하다. 연구자들은 19세기 소설, 과학소설, 개념 미술, 르네상스 조각, 누아르 영화, 낭만주의 연가, 그리스 비극, TV 다큐 등에 대한 해석을 제시해 준다. 그들의 실력은 (주로 대학) 강의와 비평에 담아진다. 그들은 각자의 핵심 장르를 해석하는 작업을 구조화함으로써 학생과 독자가 어떻게 접근하는지를 파악할 수 있게 해 준다. 이런 수준에서 몰두하고 습득된 기능들을 갖춘 학생들이나 독자들은 둘째 수준에서 기간 요원이 된다. 이들은 중등학교에서 (혹은 그 이전의 교육 단계에서) 아이들과 직접 접촉한다. 둘째 수준의 인문주의자들은 덜 전문적이며 또 그래야 좋다. 이들은 관심을 더 넓혀서, 예를 들면 여러 시대에 걸쳐 있는 시각 예술로 또는 모국어의 거대한 시의 세계로 뻗어나가야 한다. 이들에게 주어진 과제는 자신이 교육받았을 때 습득한 능력들의 예비 수준까지 학생들에게 길러주는 일이다. 청소년의 초기 단계에서부터(그 이전은 아니어도) 읽기, 보기, 듣기를, 어린이의 초보적 방식이 아니라 뉘앙스와 은밀함에 주목하면서 배울 기회가 학생들에게 제공되어야 한다. 조 마치(Jo March)[1]가 불어넣은 아동기의 열정은 지속되겠지만 이는 엘리자베스 베넷(Elizabeth Bennett)[2]과 헤스터 프린(Hester Prynne)[3] 혹은 도로시어 브룩(Dorothea Brooke)[4] 이사벨 아처(Isabel Archer)[5] 그리고 댈러웨이 부인(Mrs. Dalloway)[6]의 강점과 약점을 이해하는 가운데에도 남아 있을 것이다.

앞 장에서 언급한 고려사항들, 특히 학생들의 다양한 성향을 인지하고 이들의 모든 (혹은 최소한 가능한 한 많은) 성향을 보살펴야 할 필요성 때문에, 학교에서 필요한 사람은 둘째 수준의 인문주의자만이 아니다. **다양한 취향과 관심을 가진 많은 사람이 중등학교 교실로 들어와야 한다.** 이들이 모두 훈련받은 교사일 필요는 없다. 학교에서 문학, 음악, 미술을 담당하는 선임 교사들은 각자가 속한 장르의 광범한 레퍼토리를 제공해 주어야 할 뿐 아니라 더 폭넓은 분야의 예술작품을 소개해 줄 수 있는 전문가들의 방문을 추진하고 조정해야 한다. 선임 교사들은 자신들의 해석적 기능을 발휘함으로써 자신들의 학생들도 독특한 열정을 지닌 전문가 방문자들을 사로잡는 그 특성들을 생생하게 느끼도록 도와줄 방법들을 찾아내야 한다. 비슷한 열정으로 자극을 받는 학생들을 지도하는 교사들은 그런 학생들이 해석하는 주체로서 더 발달하고 있는지를 살펴보면서 적절한 조언자들에게 그들을 안내해 주고, 그리

---

1) 역주: 3월의 누나, '작은 아씨들'의 주인공
2) 역주: 제인 오스틴의 『오만과 편견』의 여주인공
3) 역주: 너새니얼 호손의 1850년 소설 『주홍글씨』의 주인공
4) 역주: 조지 엘리엇의 『미들마치』의 여주인공
5) 역주: 헨리 제임스의 『여성의 초상화』의 여주인공
6) 역주: 버지니아 울프의 장편소설

고 이런 조언자가 해 주는 말을 잘 풀어주어서 그들의 기능이 향상되게 한다. 따라서 인문학 교사는 두 가지 의미에서 연락 장교가 된다. 인문학 교사는 예술작품과 자기 학생들 사이를 직접 연결해 주고, 그리고 자기 학생들과 제공하고 싶은 메시지를 전달하기에 아직 유창함이 부족한 다른 잠재적인 연락 장교들 사이를 간접적으로 연결해 준다.

미국 학생들의 수학 및 과학 실력에 관한 자료는 미국 성인들의 책 읽기에 관한 암울한 통계보다 훨씬 잘 알려져 있다. 최근의 한 조사에서 전년도에 책을 (그 어떤 책의 **일부도**) 전혀 안 읽은 성인 인구는 27%로 나타났다.[18] 미국 성인들의 절반 정도는 전년도에 **기껏해야** 세 권의 책을 최소한 그 일부라도 읽었다. 성인 독서 인구의 '순위표'에서 미국은 독일과 함께 공동 22위였다. 또 다른 수치에 따르면, 날마다 여가에 책 읽는 시간은 2000년대에서 2010년대로 넘어갈수록 줄어들고 있다. 얼마나 많은 양의 독서가 자기 이해에 보탬이 될지는 누구나 궁금해하는 점이다. 나는 (숨 막히게 재미있는 책이 아닌) 성찰을 자극할 수 있는 소설과 단편소설은 그만두고, 픽션을 읽는 시간의 통계를 찾지 못했다. 그렇지만 일부 교육자들에게 격려가 될 만한 추세가 나타났다.[19] 2012년에 미국 성인의 7%가 전년도에 시를 한 편 읽었다고 했는데, 2017년에는 11.7%가 되었다.

전반적으로 다음과 같은 결론이 공정할 것이다. 미국의 학교는 (그리고 대학도!) 문학에 몰두함으로써 생긴다고 내가 말하는 그 이득을 쌓는 일에 골몰하는 열렬한 독자 집단을 길러 내지 못한다.

제7장에서는 과학적 호기심이 없어지는 것을 안타까워했다. 이와 마찬가지로 교육자들은 문학에 대한 흥미가 사라지는 점도 걱정해야 한다. 어째서 (학교건 대학이건) 공식적인 교육이 끝나면 책 읽기를 단념하는 사람들이 그토록 많아질까? 분명한 설명을 찾을 수 있다. 중등학교, 심지어 대학을 졸업한 많은 사람에게 독서는 늘 어려운 일이었을 것이다. 이들은 숙제할 자료를 읽느라 고생했을 것이고, 자신들이 보기에도 불완전하고 부족한 기능을 그 이상 발휘하지 않게 되자 안도하게 되었을 것이다. 그 대안으로 'TV 황금기'는 성찰 기회를 제공하고 자기 이해를 촉진하는 (다큐 및 드라마) 시리즈를 시청하는 방향으로 가도록 자극했을 것이다. 이렇게 희망찬 결론을 지지해 줄 자료는 구할 수 없다. 지난 10년 동안 가장 인기 있는 TV 프로는 스포츠(특히 미국의 풋볼)였다.[20] 그 이전의 수십 년 동안 코미디와 연속극에 대한 선호가 뚜렷했는데, 그중에는 확실히 시청할 만한 것도 있었고 생각할 거리도 제공해 주었다.[21] 'TV 황금기'를 언급하는 비평가들의 발언에 대해서 대중이 과연 동조할지는 확실하지 않다.[22] 한 가지 추측은 가능하다. 「더 와이어(The Wire)」와 「홈랜드(Homeland)」의 전 시즌에 사로잡혔던 사람들은 책도 읽었다.

미국인을 훌륭한 독서가로 (그리고 훌륭한 관찰자 및 훌륭한 청자로) 만드는 일은 중요한 교육 목표다. 이 목표를 달성하려면 모든 학생이 청소년 시기까지 좋은 독서인이 되도록 도와주자는 진지한 캠페인이 확실히 필요하다. 여기서 그치면 안 된다. 문해력은 정도의 문제로 이해해야 한다. 가장 숙련된 독서가들도 마찬가지인데, 우리의 문해력은 불완전할 수밖에 없다. 모국어로 써진 글 중에는 어렵고 심지어 파악하기조차 힘든 종류가 **언제나** 있을 것이다. 공식적인 교육은 중등학교까지 문해력의 주요 결실을 낳게 할 수 있는 일련의 글 텍스트에 정말 **즐겁게** 접근할 수 있는 충분한 읽기 능력을 모든 학생에게 제공해 주어야 한다. 특히 이런 교육은 성찰 그리고 자기 이해의 향상을 일으켜줄 작품들을 호기심, 흥미, 기쁨을 갖고 읽도록 학생들을 준비시켜 주어야 한다. 이런 목표를 (혹은 그에 근접하는 것을) 달성하기 위해 나는 두 수준의 인문주의자들 간의 연계를 강화하자고 제언한다. 중등학교의 문학 교사들은 학생들에게 소개하는 장르에 대해서 열정을 가져야 하며, 이 열정은 강력한 해석 기능과 결부되어야 한다. 문학 교사들은 이런 기능을 다듬고, 또 이를 다른 스타일로 확대할 기회를 정례적인 휴가를 통해서 가짐으로써 인문학 연구자들과 함께 공부할 수 있도록 해야 한다. 문학 교사들이 근무하는 학교에는 정기적으로 상호작용이 가능한 공동체를 이룰 정도로 많은 동료 교사가 있어야 한다. 이런 공동체는 연구자들과 직접 접촉함으로써 늘 참신해지고, 거기서 개별 구성원이 계속해서 발전하고 성장할 수 있다.

  시각예술과 음악에도 비슷한 점들이 적용된다. 정말이지 이 분야의 **현 상황**은 더 참담한 것이 거의 확실하다. 문학 이외의 예술교육은 너무 자주 축소되고 예산 부족으로 줄어들기 때문에 시각적 청각적 문해력은 더 원시적인 수준에 머물러 있다. 이들 영역에서 연락 장교는 더 줄어들고, 그들의 매개 역할에 할당된 시간은 더 적어지고, 그들이 소개해 줄 것으로 기대하는 자료가 너무 많다. 문학을 담당하는 동료 교사들과 마찬가지로 예술 교사들도 감수성 있게 보고 듣는 각자의 역량을 높이고, 이런 능력이 학생들에게 싹트고 또 발달하게 하는 일을 자신의 근본 과업으로 인지하며, 그리고 이렇게 되도록 필요한 것들을 전달하는 핵심적인 방법을 찾아낼 필요가 있다. 미술과 음악 교사들에게도 기회가 필요하다. 자신들과 관련된 분야에 관해서 연구하고, 그리고 예술작품을 이해하는 틀을 가끔 바꾸어 놓는 학자, 평론가, 역사가로부터 배울 기회가 필요하다.

  조지 스타이너(George Steiner)와 같은 날카로운 평론가에게서 배울 정도로 (나는 그랬지만) 운이 좋은 학생들은 극히 적을 것이다. 그러나 모든 학생을 가르치는 교사들은 스타이너의 (과장된) 의견에 감화되고, 자기 이해를 위해서 문학, 음악, 미술이 중요함을 인지하고, 일련의 예술작품에 대한 열정과 함께 성숙한 해석 기능을 갖추고, 그리고 학생에게 예비적인 능력을 길러줄 요령도 갖추어야 한다. 이것들이 많은 요구사항임은 분명하다. 그러나 이는 교육이 실현해야 할 중요한 목표를 가리킨다.

4

문학, 미술, 음악은 개인이 발달할 여러 가능성에 다가서게 해 준다. 개인들이 실현할 수 있는 대안들을 규모에 따라 시도할 수 있게 된다. 이런 일은 조 마치(Jo March)와의 동일시에 관한 나의 간단한 언급에서 지적했듯이, 문학의 경우는 비교적 간단하다. 소설 속의 인물을 모방하려는 충동은 즉 조 마치처럼 자유롭고 강인하고, 짐 호킨스(Jim Hawkins)처럼 용감하고 재치 있고 싶은 충동은 문학의 영향에서 가장 단순한 형태다. 더 복잡한 소설과 연극은 독자들이 자신의 행위에 대해 진단하고 성찰하도록 고무시킨다. 예컨대, 디킨스의 일부 독자들은 그의 작품 속 인물이 자신들의 발언과 마찬가지로 무감각한 말을 지껄이는 것에 오싹한다.[23] '성인용 소설'에서 묘사되는 더 애매한 인물들은 자아 성찰의 확대를 불러일으킬 것이다. 예컨대 도로시 브룩(Dorothea Brooke)의 충동적 온화함, 그리고 그녀보다 더 인습적인 자매의 너그러운 영혼과 신중함은 서로 대조적인데, 주의 깊은 독자들은 자신의 편협한 이타적 감성 혹은 자신에게 부족한 사리 분별을 탐색해 볼 자료를 찾게 될 것이다.[24] 『율리시즈(Ulysses)』나 『피네건 호수(Finnegans Wake)』를 읽는다면, 미덕과 악덕에 대한 우리의 이해가 달라지고 영웅적인 것에 관한 우리의 개념이 바뀌며 우리 인생의 성패를 바라보는 새로운 방식이 촉발될 수 있다.[25]

시각예술도 비슷한 효과를 낳을 수 있을까? 음악도 그럴 수 있을까? 나는 긍정적으로 믿는다. 르네상스 시대의 거장 도메니코 기를란다요(Domenico Ghirlandaio, 1448~1494)의 유명한 그림을 살펴보자. 「노인과 손자」 혹은 「노인과 어린이」로 알려진 이 초상화는 노인과 어린이의 관계, 세대를 뛰어넘을 수 있는 깊은 애정의 유대, 추하고 못났다고 무시해 버릴 것에서 아름다움을 찾아내는 능력 등에 대한 성찰을 불러일으킨다. 다른 생각도 떠오르게 된다. 노인의 코는 매독의 흔적일까? 과거의 거친 열정이 이처럼 사랑스러운 관계의 잔잔한 기쁨 속에서 극복된 것일까? 신체의 질병이 노인을 지혜로, 또 그동안 무질서했던 그 영혼의 치료로 이끌었을까? 우리가 놓치기 쉬운 세부적인 사

항들을 지적해 줄 미술사가와 비평가의 지도를 받고 더 많이 탐구한다면, 그만큼 우리의 상상과 성찰은 더 풍부해질 것이다.

음악이 비슷한 효과를 가장 뚜렷하게 내는 경우는 문자와 결부될 때, 다시 말해서 음악이 청중에게 일으키는 기분과 정서가 어떤 텍스트에 의해 특정 방향을 향하고 있을 때다. 슈베르트의 「겨울 나그네」는 탁월한 대표작으로 꼽히는 낭만파의 뛰어난 연가곡으로 깊고 넓은 생각을 끝없이 일으키는데, 이는 그 시의 풍부함 때문이 아니라, 작곡자의 곡이 만들어 내는 강렬함 때문이다.[26] 그런데 일단 우리의 두 귀가, 어떤 텍스트(주로 詩)와의 직접적인 연결을 통해서 어느 작곡가의 작풍에 집중한다면, 그 연관성은 글자가 없어도 넓어지고 뻗어갈 수 있다. 리하르트 바그너(Richart Wagner)의 성악곡에 몰입하면 애청자들이 오케스트라의 악절을 해석할 수 있게 된다. 「신들의 황혼(Goetterdaemmerung)」의 종결 부분은 세상이 무너지는 파국의 맥락에서도 어느 정도 긍정적으로 들리게 된다.[27] 이와 비슷하게, 구스타프 말러(Mahler)의 「대지의 노래」의 마지막 장('작별')은 작별, 즉 인간의 운명적 작별을 생각하게 만들고,[28] 그리고 그의 (다음 작품, 텍스트 없이 전적으로 교향곡에 속하는) 교향곡 제9번은 곧바로 연장된 작별로 들리게 되며, 그 요동치는 기분들이 섬세하게 이어질 수 있다.

문학, 연극, 영화, 미술, 음악은 사고와 감정의 새로운 방식들을 자극하고, 우리의 삶의 여러 가능성을 열어주고, 우리의 과거 행적을 돌이키도록 자극하고, 새로운 목표들과 열망들을 제공해 줌으로써 우리가 무엇이며, 무엇이었고, 그리고 무엇이 되기를 바라는가를 가르쳐 준다. 그런데 이제까지 나의 시선은 내면을 향한 채 우리가 제대로 배운 읽기, 보기, 듣기에 의해 촉발되는 우리 자신과의 대화가 순전히 개인적 사적 만족의 추구를 어떻게 이끌어 주는지를 살펴보았다. 우리가 외부를 바라보는 방식의 변화는 여기서 주목을 받지 못했다. 읽기, 보기, 듣기의 섬세한 능력들은 타인들의 삶에 대한 우리의 감수성을 확대, 심화시킬 수 있지 않을까? 또 그런 역량들은 우리가 더 인간적인 세상을 위해 우리 나름대로 독특하게 공헌할 수 있음을 깨닫도록 이끌어 줄 때가 있지 않겠는가?

5

정말 그럴 수 있고, 사실 그렇다. 인문교육은 우리가 자기 자신을 더 인식하도록 만들 뿐만 아니라 우리가 영향을 미칠 수 있는 복지와 열망의 주체인 타인들과 더 긴밀해지게 만듦으로써 우리의 만족까지도 증진해 준다. 그런데 이런 이야기는 여전히 내향적 시선에 집중되어 있다. 타인들을 도와줄 가능성에 눈을 뜨게 만들어 주는 인문교육을 통해서 우리는 만족스럽게 될 것이라는 근거에서 인문교육을 강조해서는 결코 안 된다. 우리가 도와주는 사람들을 우리의 만족의 도구로 생각하면 안 된다![29] 인간 실존에 관한 우리의 향상된 이해가 어떤 사적 선을 낳을지는 이차적인 문제다. 오히려 학교 교육을 잘 받음으로써 길러지는 감수성이 우리를 더 나은 시민으로 그리고 더 고상한 도덕적 주체로 만들어 주는 그 힘을 우리는 칭송해야 한다. 따라서 첫 번째의 폭넓은 교육목적(개인적 만족스러움)에서 두 번째의 목적인 시민성과 선한 행위를 위한 준비로 우리는 넘어간다.

내 주장처럼 민주주의는 시민의 능력, 즉 관련된 모든 당사자가 수용할 수 있는 성과를 찾는 일에 헌신하면서 함께 숙의하는 능력에 달려 있다. 이런 형태의 상호 관심은 온갖 다양한 관점들을 대표하는 사람들과의 오랜 만남에서 생겨날 것이다. 이런 사람들과 같이 살고 또 함께 일함으로써 시민들은 그런 관점들을 이해하게 된다. 무지와 이기심 때문에 그동안 낯설게 보았고 배척했던 관점들이 더 부드럽게 보인다. 그런 관점들은 힘든 상황에 대한 반응이었다고 이해하게 된다. 이런 변화에도 불구하고 견해차, 심지어 심각한 견해차가 남을 수 있겠지만, 한때 무시되었던 관점들은 인간의 얼굴을 찾게 된다. 이어지는 대화는 종전과는 다른 지점에서 출발할 것이다. 견해가 서로 다른 사람들이라 할지라도 상대방의 태도의 이면으로 들어가면, 그 바탕에 깔린 역경들에 주목하고, 분쟁을 일으킨 요인들을 확인하고, 해결에 도움을 줄 반응을 찾게 될 것이다. 따라서 앨리 러셀 혹실트(Arlie Russell Hochschild)라는 사회학자는 루이지애나 하구에 있는 공동체의 문화에 몰입함으로써 그 구성원들이 환경 규제에 대해서 어째서 그토록 완강하게 반대했는지를 이해하려고 노력했다.[30] 그녀가 밝혀냈듯이 그들의 적대감은 큰 희생을 낳았다. 그곳의 오염된 수로는 그들의 건강에 악영향을 미쳤다. 고용 및 자녀의 미래와 겹쳐진 불안에 관한 그들의 반응을 추적함으로써, 그녀는 처음에는 (그녀는 아니라도, 최소한 그녀의 여러 버클리 동료들이) 이해할 수 없었던 견해를 가진 그들과의 생산적 대화에 돌입할 수 있었다.

제4장에서 제시한 〈제안 6~11〉은 대안적 관점들과의 사려 깊고 감수성 있는 교섭에 필요한 여러 능력을 길러주려는 첫 번째 시도다. 학생들이 살아가면서 접촉하게 될 관점들은 그 밖에도 아주 다양할 것이다. 그들이 살아갈 사회에서 생길 수 있는 숙의의 전체 범위는 예측 불가능할 것이고 또 너무 방대한 것이어서 타인들의 삶의 이야기를 듣고 이해할 필요가 있는 특수한 경우들을 모두 그들에게 소개해 줄 수는 없다.[31] 교육이 제공할 수 있는 것은 학생들이 경험하는 특수한 사례들이 그들의 성향을 확고하게 만들고, 이런 성향을 나중에 겪게 될 온갖 민주적 맥락에 계속 적용할 수 있기를 희망하면서 함께 듣고 함께 계획하는 기술을 그들에게 연습시킬 뿐이다. 제4장에서 제시한 프로그램은 학생들이 점점 더 복잡해

지는 일련의 상황들을 경험하도록 이끌어 주는데 그 목표는 일반화될 수 있는 대화 습관들을 형성시키는 것이다.

인문교육은 그런 습관을 강화하고 심지어 확대할 수 있다. 공동계획과 의사결정을 위한 일련의 연습과 함께 소설 작품 해석하기를 (또한 시각 예술이나 음악에 반응하기를) 학습한다면 타인들의 관점과 역경을 인지하는 기능들이 생겨날 수 있다. 그럼으로써 시민들은 함께 숙의할 필요가 생길 때, 더 깊은 상호 교섭을 시작할 수 있는 길이 마련된다. 그러나 책 읽기를 간헐적으로 권유한 것이 마법과 같은 일을 할 것으로 우리가 기대하면 안 된다. 앞 장의 핵심 사항을 상기해 보자. 소설을 읽은 사람들이 읽지 않은 동료보다 더 공감적으로 변한다는 점을 지지해 줄 증거가 아직은 없다.[32] 역사적 사례는 **특정 종류의 소설**이 가진 힘, 즉 이제까지 낯설고 이해가 안 되며, 또 혐오스럽게 보였던 관점들을 가진 사람들에 대해서 더 많이 이해하고 동정심을 갖게 해 주는 힘을 암시해 준다.[33] 이를 기반으로 삼아 읽힐 책들을 신중하게 선정하여 교실에서 제대로 이해하게 한다면, 타인들의 삶으로 들어서는 경험을 학생들에게 제공할 수 있다. 처음부터 특정 부류의 사람, 특정 종류의 행동을 비난하는 경향이 있는 아이들에게는 비교적 비슷한 주인공들의 생활 여건을 공감적으로 상세하게 묘사하는 이야기들을 제공해 줄 수 있다. 교사는 그런 아이들에게 그 이야기의 상황 속에서 그들은 어떻게 행동했을까 혹은 그들은 경청하기나 도와주기를 꺼리는 다른 등장인물들을 편들어 줄 수 있을까와 같은 상상의 질문을 던진다. 학급 토론의 목적은 최종 평결을 주입하는 것이 아니라 아이들이 제각기 더 많이 이해하도록 이끌어 주는 것이다. 어떤 판단이건 간에, 아이들은 자신이 울타리 밖으로 쫓아내려고 했었던 사람들의 처지, 생각, 정서를 더 깊이 이해하면서 그런 판단을 내리는 존재로 자신을 이해할 수 있어야 한다. 이런 종류의 연습은 온갖 방향으로 펼쳐질 수 있으며, 그리고 동정하는 습관을 강화하는 데에 가장 적합한 접근과 자료는 어떤 것인지를 결정하려면 실험적 시도가 필요하다. 디킨스와 스토우가 그들의 19세기 대중 독자들을 위해서 베풀어 주었던 것을 학생들에게 제공할 가장 좋은 방법은 테스트를 통해서 밝혀질 것이다.

상급 학년 학생에게는 더욱 섬세한 기능의 발달을 기대할 수 있다. 그들은 복잡한 소설 속에 등장하는 인물들의 다면적 특성에 관한 자신의 이해를 정치적, 도덕적 토론의 자원으로 활용함으로써 그렇게 될 것이다. 문학 (및 다른 예술) 수업도 학생들이 함께 숙의할 때 참조 사항으로 활용된다. 궁지에 빠진 것처럼 보이는 집단의 학생들에게는 그들이 공감의 확대에 성공했던 과거 사례를 떠올려 보라고 말할 수 있다. 교사는 그들이 소설 속 주인공의 입장으로 들어갔었던 경우를 떠올려 보도록 할 수 있다. 이해가 성공적으로 진전되었던 구체적인 사례들, 즉 낯설게 보였던 삶의 방식이 더 의미 있게 파악되었던 순간들로 되돌아가서 학생들은 현재의 사례 중에서 그것과 비슷한 깨달음을 찾아보라고 요청받는다. (소설 속 인물들에 대한 우리의 태도에 도덕적, 정치적 요구사항이 없는 것처럼) 아무 대가가 없이 더 큰 공감이 나타났던 상황에서 얻어진 성취를 기반으로 삼아서, 학생들은 자신의 해석 기능을 더 힘든 영역에 적용하도록 장려된다. 교실의 실제 숙의는 정치적 시민과 도덕적 주체의 충실한 책임을 향해서 중요한 단계를 밟아가게 한다.

내가 이제까지 집중했던 인문학 과목들이 좋은 시민 육성에 적절한 유일한 영역이 아님은 아주 분명하다. 역사는 중요한 원천이다. 지리학과 인류학도 마찬가지다. 이 세 과목은 인간의 여러 가능성에 관한 감각을 넓혀줄 수 있으며, 다양한 시기와 장소에서 사람들이 당면했던 온갖 도전을 보여 주고, 이에 대응하려고 했던 다양한 노력을 제시해 준다. 학생들은 자신을 당혹스럽고 역겹게 만드는 자료들을 풍부하게 찾아볼 수 있으며, 그럼으로써 그처럼 자신을 황당하고 거북스럽게 만드는 삶의 방식들을 다른 사람들은 어떻게 받아들이고 살았을까라는 의문을 품는다.

역사 교육에는 기념일, 국민적 영웅의 영광스러운 행적, 그리고 기존 사회의 과거를 미화하려고 상상해 놓은 화려한 행사 등을 위한 자리가 들어 있지만, 내가 보기에 이런 것들이 교육적으로 중요한 핵심은 아니다. 확실히, 만약 학생들이 연대를 제대로 모른다면 중대한 변화가 어떻게 일어났는지를 제대로 이해하지 못할 것이다. 자기 나라의 (특히 전쟁터와 아무 연관도 없는) 빛나는 업적을 이해하지를 못하는 학생들은 나라의 지속적 발전을 위한 헌신에 미온적일 것이다. 그러나 무엇보다도, 학생들은 자기 사회가 수많은 사회 중에서 독특한 제도를 가진 사회임을 인지하고, 수많은 나라와 마찬가지로 자기 나라도 때로 융성하고 때로 쇠망하는 나라로 바라볼 필요가 있다. 학생들은 인류의 출현에서 현재에 이르기까지, 인간 역사의 거대한 흐름에 대한 감각을 가져야 한다. 글쓰기가 발명되기 이전의 시기를 재구성할 때, 역사는 고고학과 인류학의 도움을 받아 먼 과거의 중대한 변화, 예를 들면 언어의 진화, 후기 구석기 시대에서 인간 사회의 팽창, 식물과 동물의 길들임, 도시의 성장, (아직 남아 있는 가장 오래된 문서에서 이미 확인된) 복잡한 사회적, 도덕적 질서의 구축 등을 추적하여야 한다. 이런 성취들로 재구성된 어떤 틀 속에서 다양한 사회가 추구했던 독특한 정교함을 이해하고, 그리고 거기서 형성된 제도들을 통해서 지역적 상황에서 발생한 특수 문제들에 대해 어떻게 대응했는지를 이해하기 시작할 것이다.

시민 그리고 도덕적 주체의 발달에서 특히 중요한 것은 도덕적 사회적 변화에서 나타난 좋은 혹은 나쁜 주요 사건들에 관한 공부다. 학생들은 고대 세계나 근세에 나타난 억압적인 위계질서의 구축에 관해서도 관심을 가져야 한다. 마찬가지로 그들은 잔혹한 현실이 어떻게 도전받았고 극복되었는지를 알아야 한다. 그리스-로마, 르네상스 시대, 그리고 신세계에 있었던 노예제의 형태에 관한 이해는 확실하고 명백한 사례이며, 특히 미국의 미래 시민들과 연관성 있는 것이다. 왜냐면 노예소유 제도의 메아리가 미국 사회에 계속해서 울릴 것이고, 이 사회의 미래를 위해 공헌할 미국 어린이들은 다음 사항을 이해할 필요가 있다. 왜 노예가 애당초 미국 식민지에 들어오게 되었고, 왜 노예를 소유하는 현실이 그동안 지속되었으며, 어떻게 그것은 옹호되었고, 어떻게 그것은 저항을 받았으며, 노예제 폐지론에 관한 논쟁의 성격은 어떠했고, 과거 노예들과 그 후손의 사회적 조건은 어떻게 진화되었으며, 그리고 노예제의 유산이 오늘날 미국의 차별적인 삶의 전망에 어떻게 영향을 미쳤는가? 이런 사회사를 밝혀내는 것은 미국 남북전쟁의 캠페인과 전투를 묘사하는 것보다 훨씬 더 중요하다.[34] 이와 마찬가지로 제2차 세계대전의 과정을 추적하는 일보다 훨씬 더 중요한 점은 히틀러가 쉽게 권력을 장악하도록 만들었던 상황을 이해하는 일, 평범한 독일 시민이 어떻게 해서 나치와 그 정책을 지지하게 되었는가를 탐구하는 일, 그리고 유대인 학살이 어떻게 기획되고 실행되었는지를 인식하는 일이다.

간단히 말해서 역사 교육과정의 핵심에 두어야 할 것은 사회 변화의 중대한 사건, 특히 놀랍도록 진보적인 혹은 놀랍도록 퇴행적인 사건에 집중하는 일이다. 사례는 널려 있다. 예를 들어, 그리스 민주주의의 흥망성쇠, 황제국가 중국의 복잡한 관료제의 형성, 로마제국에서 기독교의 전파, 로마의 멸망, 식민지 인종 살해의 다양한 사례, 특히 남아시아와 아프리카의 식민지 지배에 대한 저항, 독재에 대한 항거와 민주주의의 발전, 여성 기회의 팽창, 동성애에 대한 태도의 시대와 사회별 변화 등이 있다. 이런 사건들을 공부할 때 중요한 점은 표백된 과거에 대한 수많은 찬가에서 드러나는 기밀이 제거된 단순화된 설명에서 탈피해야 한다는 것이다. 역사적 사건과 역사적 행위자는 모두 남김없이 밝혀지고 토론되어야 한다.

국가의 역사를 확대하여 인간 세계의 모든 부분이 포함되도록 하는 일에서 (지역과 세계 간의 균형을 적절하게 잡음으로써) 성공하려면, 지리에 관한 이해가 깔려있어야 한다. 앞서 말했듯이 연대가 역사의 전부는 아니듯이 지도가 지리의 전부는 아니다. 당연히 학생들의 연대 기억이 대체로 정확해야 하듯이 여러 국가나 여러 사회 간의 공간적 관계에 관한 그들의 감각도 정확해야 한다. 이런 감각은 사람들의 생활방식의 기후적, 환경적 조건을 제대로 파악할 수 있는 기반이다. 또한 특정 장소에 거주함으로써 생기는 특수한 기회와 도전에 대한 이해는 그 지역의 인습과 제도가 발달해온 방식에 관한 고찰의 기반이다. 시민 교육에서 그렇듯 지리학은 먼저 지구환경과학과 인구학의 도움을 받고, 그다음에 경제학과 인류학으로까지 뻗어가야 한다.

지리는 초등교육의 기초로서 아이들에게 지구의 기본 특징으로 기후와 날씨, 천연자원 등을 가르친다. 이를 기반으로 중등교육은 특정 집단의 경제생활에 관한 상세한 이해로 학생들을 이끌어 가고, 가장 뛰어난 민족지학의 공헌을 받아들이게 한다. 학생들은 인간 사회의 제도적 다양성에 관한 폭넓은 이해, 그리고 전혀 다른 몇몇 사회에 관한 심층적 이해를 서로 결합해야 한다. 그럼으로써 그들은 (다른 국가들의 이익이 중요하게 걸려있는) 미래의 정치적 논란과 관련된 난관이나 관점을 다룰 준비를 최소한 갖추게 될 것이고, 그리고 또한 근본적으로 차이가 나는 인습과 행동 양태를 지닌 사람들의 관점을 이해함으로써 자신의 공감을 넓힐 기회도 생길 것이다. 내가 밝혀본 역사와 지리는 문학에서 제공하는 관점의 공유 그리고 타인과의 동일시를 연습할 수 있는 또 다른 (아마 더 세밀한) 기회를 제공해 준다.

6

  이제까지 시민 육성에서 인문학과 사회과학이 발휘할 잠재적 역할을 논했는데, 여기서 아주 분명한 공헌이 빠진 것처럼 보일 것이다. 공식적인 교육의 과제 속에는 학생들이 살아갈 사회제도에 친숙해지도록 만드는 내용이 포함되어야 하지 않을까? 학생들에게는 정부의 작동을 이해할 수 (다른 대안과 비교할 수) 있게 도와주는 정치학의 부분이 필요하고, 경제적 교역이 어떻게 진행되고, 다양한 유형의 개입이 가격, 임금, 고용에 어떻게 영향을 주는가를 알아두어야 하고, 현재의 경제적, 정치적 구조를 조상들이 만들어 낸 이유를 역사적 설명을 통해서 깊게 이해할 수 있어야 한다. 이처럼 사실적 정보의 필요성이 명백한데도, 어째서 공감력의 발달에만 초점을 두는가?

  그 대답은 제4장에 나왔던 민주주의에 대한 듀이의 접근에서 찾을 수 있다. 듀이가 그의 방대한 저술에서 거듭 주장했듯이, 민주적 삶을 위해 학생들을 준비시키려면 '공민(civics)'에 관한 수업보다 더 많은 것이 필요하다.[35] 만일 민주주의가 공동 숙의의 경우들로 가득 찬 삶의 방식이 되도록 하자면, 미래의 시민들은 숙달된 토론자가 되는 법을 배워야 한다. 즉, 경청을 잘하고, 타인의 관점에 들어가서 이해하고, 그리고 상호 교섭에 능숙한 사람들이 되어야 한다.

  듀이를 따르기를 주저하면서 밀의 민주주의를 옹호하는 사람들은 그 문제를 다음과 같이 다르게 바라볼 것이다.[36] 이들에게 학교의 핵심 성과는 삶의 과정에서 발생하는 정책 문제를 평가할 수 있는 한 세대의 시민들이다. 만일 유권자들의 이익과 투표 성향이 연결되려면, 이들은 어떠한 정책적 제안들이 자신의 가장 중요한 목표들에 도움이 되는가를 분별할 인지적 기량을 갖추어야 할 것이다. 특히 권위가 흔들리고 또 상충하는 다양한 정보 원천들이 그저 자기 것만 신뢰할 수 있는 것이라고 떠들어대는 세상에서, 시민들은 자기 힘으로 이 슈와 논쟁을 깨달을 수 있어야 한다. 확실히 시민들에게는 (통상적으로 이해하는) '공민' 이상의 것이 필요하지만, 그 밖의 자료들은 사회과학들, 경제학 정치학 사회학 심리학에서 많이 끌어들이고 (아마) 약간의 역사도 섞어 넣을 것이다. 여기서 대다수 인문학은 제공해 줄 것이 (있을지라도) 별로 없다.

이와 같은 '밀식의' 논변에는 부분적으로 맞는 부분도 있다. 그것은 내가 앞서 밝힌 것처럼 시민 육성에 대한 듀이식 접근의 **불완전성**을 인지한다. 민주적 숙의를 위한 조건들을 떠올려 보자. 그것의 이상은 가능한 한 포용적인, 가능한 한 좋은 정보를 갖춘, 가능한 한 상호 관심을 쏟는 토론을 만들어 가는 방향을 가리킨다. 인지적 차원이건 정의적 차원이건 어느 것도 무시할 수 없다. 확실히 숙의하는 이들이 상대방의 관점 안으로 들어가고 또 상대방에 대한 공감적 이해에 제아무리 관심을 가질지라도, 만약 사실이 틀리거나 추론이 서투르면 대화가 제대로 이루어지지 못할 것이다. 이와 똑같이, 만일 참여하는 이들이 설령 초인과 같은 경제학자들 혹은 천사와 같은 정치학자들의 혀로 말하지만 상호 관심이 없다면, 그들의 목소리는 시끄러운 금관악기나 심벌즈와 똑같을 것이다. 정통적인 권위가 틀에 박힌 듯 거부될 때, 생산적인 공동 탐구가 시작될 수 있는 경우는 오직 모든 참여자가 자신의 독특한 관심사에 대해 타인들이 관심을 쏟을 것으로 신뢰할 때다.[37] 만일 자기 목소리를 남들이 경청하고 자기의 필요가 인정되고 고려될 것이라고 미리 확신하지 않는다면, 신뢰할 만한 정보를 찾거나 혹은 모두가 받아들일 정책을 추구하는 일은 시작하지도 못할 것이다.

따라서 나는 듀이의 민주주의에서 가장 기초적인 선결 조건, 즉 경청하고 공동체를 추구하는 데에 헌신하는 시민들을 육성하는 일에서 출발했었다. 이와 같은 출발은 '밀식의' 핵심을 부정하기보다는 오히려 강화하는 것이다.[38] 앞 절에서 묘사한 교육과정이 그 목표를 달성할 것으로 가정하면서 우리는 복잡한 정책 문제들을 제대로 생각하는 데에 필요한 지식과 기능을 어떻게 습득해야 하는가라고 물어야 한다.

'사회 과목(social studies)'을 살펴본다면, 미국을 비롯한 풍요한 민주주의 국가의 현행 학교는 지식을 너무 강조하고 기능을 너무 경시한다. 이런 실수는 자연과학 교육에 관한 논의에서 확인되었던 점과 비슷하다. 국가의 정치적, 경제적 시스템의 특성에 관한 기초적 정보는 당연히 필요하다. 그 일부는 초등학교에서 쉽게 도입되고 상급 학년에서 보완될 수 있다. 학생들에게 흔히 주어지는 정보는 며칠 사이에 소화할 수 없을 분량으로 그들의 기억을 차지하다가 시험이 끝나는 대로 행복하게 잊어버리고, 사회 시스템이 어떻게 돌아가는지에 대해 한때 느꼈던 호기심은 모조리 무덤덤한 것으로 변해 버린다. 학생들이 자기 나라의 통치와 경제의 기본 구조를 이해하고, 그 대안이 될 과거와 현재의 다른 구조를 파악한다면 그

다음에 가장 중요한 교육적 과제는 그들이 이미 이해하고 파악한 점을 확충해 가는 데 필요한 자원을 제공함으로써 빈 곳을 채우고 세밀하게 다듬을 수 있게 하는 일이다. 왜냐면 그들이 살아가는 과정에서 정책 문제가 발생하고 이를 다루려면 정보가 필요할 것이기 때문이다. 그런데 그런 이슈를 예상하고, 이를 위해 미래의 시민이 소화할 자료를 확인하고, 그리고 이를 한꺼번에 억지로 떠먹이려고 시도한다면 이것이야말로 '과학적 사실들'을 주입하려고 비슷한 일을 벌이는 것처럼 아이들을 죽게 만드는 어리석은 일이다. 미래의 시민에게 가장 필요한 것은 정치적 경제적 제안을 위해서 제시되는 증거를 분석할 수 있는 능력이다.

이를 어떻게 이루어 내야 할까? 자연과학에서 택했던 접근이 인문학 분야에도 적용되어야 한다. 첫째, 교육과정에 사회과학이 도입됨과 동시에 뜻깊은 교훈이 제시되고, 이를 잊지 않게 반복해서 알려야 한다. 사회과학의 연구 현상은 복잡하므로 인간의 삶의 제반 측면에 관한 연구는 뜻밖으로 어렵다. 따라서 경제학자, 정량적 정치학자, 정량적 사회학자가 끌어내는 결론은 전형적으로 잠정적인 것들이다. 더 엄밀히 말한다면, 그런 결론들은 연구자도 구체적으로 지적할 수 없는 일련의 사례에 통하게 될 것이고, 따라서 새로운 맥락에 적용될 때마다 취약할 수밖에 없다. 사회과학의 이런 부분들에 대한 적절한 이해는 다음 두 가지에 달려 있다. 명료한 추상적인 구조를 (물론 이런 구조들이 현실 사례에서 자주, 거의 언제나 어떻게 수정되고 왜곡되는지를 인지하면서) 진술하는 일이 칭찬받는가, 그리고 특수한 사례들에 관해서 엄밀하고 정확한 결론들을 (이들 결론이 일반화될 수 있는 정확한 범위를 여전히 혹은 언제라도 모를지라도) 내리는 일이 환영받는가에 달려 있다.

둘째, 비슷하게 중요한 교훈은 인간의 의사결정이 받게 되는 제약을 가리킨다. 사람들은 자신이 구상하는 개입이 원하는 효과를 낳을지를 예측할 수 없다고 인지하는데 이럴 때의 올바른 전략은 더 많은 증거를 찾는 것이다. 그런데 나중에 찾는 것은 사치로 보이고, 현재 필요한 것은 즉각적 행동이다. 이럴 경우, 비교 평가가 요구된다. (그 행동으로 생길 수 있는 일련의 성과들의 기회가 어떨지와) 관련된 확률을 확인하고, **그리고** 그런 성과들의 비용과 편익을 양적으로 추정할 수 있으면 가장 좋을 것이다. 표준적인 비용-편익 분석이 그 개입의 예상된 효용성을 계산해서 계산된 수치가 아무런 개입이 없을 때 예상되는 효용성보다 더 크게 나온다면, 구상하고 있는 개입을 추천한다.[39] 실생활에서는 확률적 수치화와 비용-편익을 수량화하는 일이 아예 불가능한 경우가 많다. 이럴 경우, 비교하면서 평가하는 일은 질적 판단에서 끌어들여야 하는데 이런 점도 미래의 시민들이 인지해야 할 중요한 사항이다.[40]

내가 앞서 제언했듯이,[41] 표준적인 수학 교육과정은 학생들의 미래 삶과 가장 연관성이 깊은 형식적 기능들을 제공하는 방향으로 개정되어야 한다. 학생들의 의사결정을 위해 훨씬 더 중요한 부분은 확률과 통계에 대한 어느 정도의 이해인데, 현재 그들이 배워야 할 대부분의 대수, 기하, 삼각법은 그렇지 못하다. 확실히, 수학 연산을 확실히 파악한 이후의 수학적 발달은 상징 조작 능력을 상정하며, 따라서 대수의 가장 기초적인 부분을 (즉, 변수 개념, 대수방정식 및 해결 기법을) 수학 교육과정에 포함하게 된다.[42] 이런 능력들이 길러진다면 확률과 통계처럼 매력적인, 곧 적용 가능한 영역들을 탐구할 수 있는 길이 열린다. 확률론적 도구를 갖춘 학생들은 자신의 건강, 재산, 그리고 계획실현 능력과 관련된 사회과학적 주장들을 평가할 방법을 배울 수 있다.

자연과학의 경우에서도 그랬듯이 사회과학적 가설들을 평가하는 형식적 방법들은 특수한 사례들에 관한 공부와 함께 도입되어야 한다. 이들 사례는 관련 학문의 핵심 개념들이 학생들에게 친숙해지게 만들 것으로 골라야 한다. 예컨대, 경제학에서는 시장의 단순한 모형에서 시작해서 그다음에 그 모형이 적용될 수 없다고 알려진 특수한 종류의 거래를 살펴볼 수 있다.[43] 이와 비슷하게 학생들은 미국에서 최근 수십 년 사이에 증가한 교도소의 수용 인구에 관한 경제학자의 (혹은 다른 사회과학자의) 설명을 살펴보면서 데이터 분석 방식으로 입문될 수 있다.[44] 이와 유사하게, 학생들은 여론조사자들이 부딪치는 문제점을 살펴보면서 표집의 어려움을 배울 수 있다.[45] 토마스 셸링(Thomas Shelling)의 저술에는 인간 간 상호작용의 복잡성을 이해할 수 있는 풍부한 자료가 들어 있다.[46]

물론 사회과학의 영역들에 대한 더 큰 관점들을 내놓고, 그동안 제안되었고 끊임없이 논란 중인 거대 이론들의 윤곽을 파악할 자리가 있다. 그러나 이런 것에만 집중하면 과학주의에 기울어질 태도가 쉽게 생겨난다. 자연과학은 진보하는 반면 사회과학은 허튼소리로 버둥거린다. 따라서 사회과학들의 어떤 부분을 교육과정에 넣으려고 할 때, 아마 중등학교 후반기쯤일 것인데, 실질적인 성과들 즉 중요한 핵심 질문에 답하기 위해 확실한 증거를 수집하고 또 그 자료의 활용에 집중하는 지역학을 중시해야 한다. 경제생활은 호모 이코노미쿠스(Homo Economicus)라는 인종의 구성원 간의 상호작용으로 완전히 이해될 수 있다. 혹은 사회 변화는 물질적 생존 조건 속에서 벌어지는 계급 전쟁에 따라 결정된다는 생각은 순간적으로 홍겨울 수 있으나 부작용이 생길 것은 뻔한 일이다. 이보다는 다양한 학문의 방법들이 성공적으로 적용되는 구체적이고 매력적인 이슈들을 공부하게 하는 것이 더 좋다. 예를 들어, 미국 교도소에 흑인 재소자가 과거보다 더 많아진 이유는 무엇인가? 많은 대도시에서 범죄율이 떨어진 이유는 무엇인가? 왜 인종, 성, 계급 간 차별이 지속되는가? 사람들이 어떻게 투표할지를 신뢰성 있게 예측하려면 어떻게 조사해야 하는가? 하키 선수들이 헬멧을 쓰라고 요구할 때만 쓰는 이유는 무엇인가? 중고차 시장을 운영하기가 어려운 이유는 무엇인가? 가장 성공적인 사회과학들의 핵심에 초점을 둔다면, 인간의 행위와 삶에서 홍미로운 측면들이 밝혀질 뿐만 아니라 학생들이 살아가면서 겪게 될 (온갖) 사회정책 문제를 생각할 준비도 될 것이다. 그런 학생들은 운이 좋게도 '통계학자 곁에 앉아라' 그리고 '사회과학을 공부하라'라고 호소했던 오든(Auden)의 유명한 명언 중 하나를 따르지 않아도 될 것이다.[47]

똑같은 접근법이 **정신과학**에도 적용되어야 한다. 자연과학과 사회과학을 가르는 황무지인 심리학을 넘나들어야 한다. 중등교육은 인간의 심리적 삶에 관한 거대 이론을 공부하도록 한두 개 반을 만들어 프로이트, 윌리엄 제임스, B. F. 스키너, 노암 촘스키 등과 같은 영향력 있는 사상가들의 핵심 아이디어를 학생들에게 알려줄 수 있다.[48] 이런 시간에 주로 다룰 내용은 인지적, 정서적 삶의 특수한 측면에 대해 정확한 설명을 제시해 주는 수많은 엄밀한 실험 연구의 일부분이다. 만일 시민들이 목격자 증언의 신뢰-불가능성에 관해서 학습하고, 사회적 전염의 위력을 이해하고, 사람들이 합리성의 요건으로 흔히 여기는 원칙들을 그들이 어떻게 때때로 어기는지를 이해하고, 기억의 한계에 대해서 중요한 사항, 그리고 기억과 기억 사이를 메꾸는 경향성을 알고, 거절할 만한 행동인데도 행하게 만드는 권위의 힘을 인지하고, 그리고 정형화된 위협을 인식한다면, 요컨대 인간의 심리적 삶에서 확인된 측면들을 모두 숙지한다면, 그들은 자신의 약점들에 대해서 주의를 기울이고, 자기 동료들을 무시하는 짓을 덜 고집하게 되고, '동조하라'는 압력들에 더 저항하게 될 것이고, 그 결과로 그들은 더 나은 숙의자, 더 나은 시민이 될 것이다.[49] 만일 이론의 체계를 구축한 인물들을 심리학 수업에서 다룬다면, 그들의 더 일반적 이론들을 밝혀줄 때는 각각의 핵심에 속하는 관찰 및 실험 연구를 통하는 것이 가장 좋을 것이다. 예를 들어, 프로이트에 관한 수업 시간은 꿈의 해석을 일부를 알려줄 수 있고, 이것을 더 최신의 자료에 비추어 살펴볼 수 있다. 또 윌리엄 제임스가 설명하는 정서는 정서 반응에 관한 그 이후의 발견 사실에 의해 보완될 수 있다. 또한 스키너의 행동주의는 조건형성과 간헐적 강화에 관한 그의 연구를 통해서 밝혀낼 수 있으며, 촘스키의 계산주의(computationalism)는 그가 20세기의 최고 과학자에 속함을 보여 준 언어구조에 관한 연구를 통해 자연스럽게 설명할 수 있다.

심리학을 인간의 마음에 관한 큰 그림들이 끝없이 경쟁하는 영역으로만 다룬다면 이는 그 학문을 무시하고 그리고 중요한 교육 기회를 놓치게 만든다. 명확한 성공사례에 주목하면서 심리적 삶의 여러 단면을 밝혀보는 신중한 공부는 시민으로 자라날 학생들에게 자신에 관한 귀중한 정보를 제공해 준다. 스타이너(Steiner)의 조언은 위대한 실험심리학자들이 몰리에르와 스탕달이 제시해 주었던 의미 있는 통찰을 어떻게 보완하였는지에 관한 인식에 따라서 균형이 잡힐 필요가 있다. 이런 실험을 일부분 공부한다면 심리학 연구가 어떻게 확대될 것인가에 관한 귀중한 교훈도 얻게 된다. 행운이 따를 경우 이런 교훈을 얻은 학생 중에는 심리학을 전공하겠다는 자극을 받아 심리학의 지속적 진보를 위해 공헌할 인물이 생길 것이다.

7

인문학이 시민 교육에 어떻게 공헌하는지에 관한 논의를 끝내려면, 두 가지 주제에 더 관심을 쏟아야 한다. 이제까지 나는 외국어 공부, 그리고 제2, 제3 외국어 학습의 역할에 대해서 전혀 언급하지 않았다. 또한 시민성을 위한 준비를 고찰할 때, 도덕 발달이라는 문제도 언급하지 않았다. 이 두 가지 주제를 살펴볼 많은 기반이 정리되었다. 지금부터 이 문제를 비교적 간단하게 다룰 것이다.

외국어, 특히 라틴어와 희랍어 공부의 가치에 관한 전통적 옹호론은 두 언어를 모국어로 사용하는 사람들과 대화함으로써 생기는 이득에 의존하지 않는다. 또 지난 2, 3백 년간 라틴어를 유창하게 읽고 쓰는 능력은 국제세계의 문자나 가톨릭교회의 위계 서열에 들어가는 여권이 아니었다. 고전 옹호론의 최근 버전들은 어문학뿐 아니라 역사, 예술, 사회, 문화에 관한 폭넓은 관심이라는 뜻인데, 인간 실존의 다양한 형태로 들어갈 수 있는 그리고 이를 (풍부하게 남아 있는 문서와 문화 유물을 전수하고 해석하는 오랜 전통 덕분에) 상당히 깊이 이해하는 역량에서 생기는 잠재적 통찰을 가리켰다.[50] 이 옹호론을 고대, 근대 외국어의 옹호자들이 끌어다가 자기 것으로 만들었음은 놀랄 일이 아니다. 이들은 자신이 옹호하는 언어(들)가 속하는 문화(들)의 풍부한 가치를 역설하면서 라틴어와 희랍어에 오랫동안 주어졌던 특별한 지위를 부정했다.[51] 거기에 덧붙여 근대 외국어의 옹호자들은 말하기를 근대 외국어를 깊이 공부한 젊은이들은 그 언어가 속한 사회에서 성장한 동시대인들과 쉽게 소통할 수 있고 해당 문화에 대한 이해도 풍부해진다.

어릴 때 혹은 나중에 (더 어렵게) 외국어를 배운 사람들은 그렇게 홍보하는 가치를 인지할 수 있다. 유창한 외국어는 폭넓은 범위에서 만족스러운 깊이에서 대화하고, 보물과 같은 저서들을 읽고, 그리고 폭넓은 범위의 영화나 드라마를 감상하게 해 준다. 낯선 문화의 큰 특징을 넘어서 섬세하고 미묘한 점들도 식별하고 감상할 수 있게 된다. 그 문화에 깊이 들어갈 정도로 외국어에 능통한 사람들은 자기 사회에서 흔히 당연시했던 특성들을 비교하고 성찰해 볼 수 있게 해 주는 지렛대를 갖게 된다. 공감하고 동일시할 새로운 가능성뿐만 아니라 비판적으로 탐색할 새로운 힘을 갖게 된다. 외국 문화로의 여행은 진실로 마음을 넓혀준다.

세계 **공통어**에 속하는 언어를 사용하는 사회를 포함해서 모든 사회는 다른 나라의 언어를 말하고 읽는 시민들이 언제나 필요할 것이다. 오늘날 국가 간의 갖가지 상호 연대, 그리고 복잡한 정책들에 관한 협상에서 충실한 상호 이해가 중요하다는 점을 생각할 때, 세계 공통어로서 영어를 사용하는 사람들이 자신들이 보편적이라고 가정하는 언어로 모든 것을 구상하는 방향에 대해서 다른 언어 사용자들이 동의해 줄 것이라고 기대할 수 없다. 이상적으로 말해서, 세계 공통어를 사용하는 시민 중 일부는 현대의 다른 인간 집단이 사용하는 언어에 친숙해져야 한다. 따라서 막힘이 없는 의사소통의 통로로 봉사함으로써 국가적, 국제적 삶에 공헌할 수 있는 젊은이들의 집단을 확보하는 것이 사회적으로 현명한 일이다.[52] 이런 인재들이 필요하다면, 모든 학생에게 외국어 교육을 (습득이 가장 쉬운 시기에) 일찍 시키는 것이 사려 깊은 일이다. 정말이지 두 개의 언어를 사용하는 환경에서 자라난 아동들에 관한 연구가 밝혀주듯이, 아주 어릴 때부터 두 가지 언어를 학습하는 데에는 분명한 이득이 있다. 연구의 분명한 교훈은 빠를수록 더 좋다는 것이다.[53]

외국어 수업은 어디까지 나아가야 할까? **모든** 아이를 모어 이외에 최소한 하나의 외국어에 능숙한 성인으로 만드는 것이 목표가 되어야 할까? 이 정책은 영어를 사용하지 않는 국가의 아이들이 영어의 필수화에 대해 어떻게 반응하는가에 관한 자료에 따라야 할 것으로 생각한다. 예컨대, 핀란드 아이들에게 외국어는 필수인데(중등학교에서 2개의 외국어 공부가 표준임), 이는 9세에 시작한다. 9세에 몇 가지 선택지가 있으나 대다수는 영어를 제1외국어로 삼는다. 핀란드 학생들은 영어가 다문화사회의 필수라는 점에 동의하거나 강하게 동의하는 편이다.[54] 10세 이전에 시작하는 외국어 학습의 장점에서 보면, 초등학교 저학년에서 시작하는 것이 현명하다. 따라서 중등교육 이전에 말하기 듣기 읽기 쓰기 등에 상당히 능숙해질 것이다. 어쩌면 이 단계에서 그동안 배운 외국어에서 아주 유창한 수준으로 나아가는 것이 자신에게는 필요 없다고 느끼는 학생들은 다른 외국어를 배우거나, 혹은 외국어 공부를 포기하고 다른 것을 배울 수 있다. 늘 그렇듯 여기서도 개별적 평가와 조언자와의 상담이 중요할 것이다.

영어 사용자들은 영어로 이해하고 소통할 것으로 기대하는 다른 나라 사람들과 영어로 말하는 혜택을 누린다. 이런 특권에는 책임이 따른다. 영어권 사람들이 말할 때 외국인이 이해하지 못하면 같은 말을 점점 더 큰소리로 반복하는 모습을 보여 주는 만화가 있는데, 이에 공감하는 영어권 사람들은 외국인이 영어에 쏟아붓는 햇수가 몇 년이 되는지를 이해해야 한다. 또한 영어에 유창한 외국인의 경우, 영어로 글을 써야 하는 데에 드는 비용이 얼마인지를 인지해야 한다. 나 자신은 독일어 능력을 높이는 데에 상당한 시간을 할애했지만, 나의 동료 철학자인 독일인들이 대부분 사용하는 영어 수준에는 미치지 못한다. 그들의 연구실에 놓여 있는 수많은 전공 서적 옆에 영어 읽기, 쓰기에 관한 책들이 끼어 있음을 보았을 때 놀랐고 부끄럽기도 했다. 그들이 영어로 글을 발표하는 데에 투입되는 추가 시간은 대략 한두 주 내지 한 달 정도 된다고 한다. 빠르게 움직이는 학문 세계에서 이렇게 추가되는 시간은 굉장한 것이다. 나는 무슨 권리로 이런 노력을 면제받았을까?

이와 비슷하게, 동료 시민 중에 자기 모어를 사용하는 사람들과 이야기를 나눌 때 이들의 모어로 대화할 수 있는 능력의 중요성을 과소평가 해 버리기 쉽다. 의사인 내 아들은 스페인어에 능숙하다. 수년 전 그는 (필수) 외국어로 프랑스어나 독일어를 선택하라는 부모의 케케묵은 조언을 당당히 거부했다. 요즈음 일반 의사들은 스페인어를 전혀 모르거나 '스페인어 의학용어' 정도만 아는데 이들과 달리 내 아들은 자기 모어인 스페인어보다 영어를 훨씬 모르는 스페인계 환자들과 그 가족의 근심 걱정에 대해서 반응을 보여 줄 수 있다. 못하는 영어로 자기들의 근심 걱정을 표현하라고 요구할 필요 없이 내 아들은 스페인어로 말하는 그들의 이야기를 모두 들어주고 확신, 위로, 조언도 해 줄 수 있다.

오늘날 미국인에게 요구되는 시민성은 미국 사회 안으로는 다문화적 민주주의에서, 그리고 미국 사회 외부로는 인류 전체의 당면 문제에 대한 대응에서 타인들의 삶의 형식에 다가서는 일이다. 따라서 모든 미국 학생이 어떤 외국어를 배우고, 그리고 그만둘 마땅한 이유가 없다면 이를 유창한 수준까지 더 배우거나 혹은 외국어를 다양하게 하도록 장려해야 한다. 그 장점은 여러 가지다. 특별한 이득이 더 생길 사람들도 따로 있다. 외국어 학습은 공동 작업자들, 혹은 정기적으로 교류하는 이웃들과 더 쉽게 소통하도록 도움을 얻을 수 있고, 자기가 특별한 흥미를 갖는 사회와 문화에 근접할 수 있게 되고, 자기가 소속한 사회에 대한 어떤 관점을 제공해 줌으로써 중요 이슈에 관한 자신의 숙고에서 영향을 받을 수 있고, 외국어를 모르면 불가능한 미적 경험을 가질 수 있게 되며, 자기의 모어에 숙달하는 일에서도 도움을 얻을 수 있고,[55] 자신의 동정심이 넓혀짐으로써 더 나은 시민이 될 수 있다.

장점이 다양하므로 중등 수준의 외국어 공부는 성장하는 각 개인을 위해 설계하는 것이 가장 좋다. 학생들의 흥미와 열망이 분명한 형태로 나타나기 시작할 때, 현명한 조력자는 그들에게 제각기 유익한 방향에서 외국어의 미래 공부 계획을 짜도록 도와줄 수 있다. 이들 중 일부는 역사에 매혹되거나 혹은 언어구조의 이해에 사로잡혀서 과거의 복잡한 언어들을 배우겠다고 선택할 수도 있다. 라틴어와 희랍어는 신사의 최종 징표로서 필수 언어가 되어서는 안 된다. 그러나 찬연하게 빛나는 학문적 전통을 이어가는 삶을 꿈꾸는 학생들은 라틴어나 희랍어뿐만 아니라 산스크리트어와 같은 '죽은' 언어도 배울 수 있어야 한다.

8

민주 시민과 도덕 발달 간의 연관성을 앞서 여러 장에 걸쳐서 언급했기 때문에 도덕적 주체를 길러내는 일에서 인문학의 여러 영역 간의 상호작용적 프로그램의 중요성은 명확해 졌을 것이다. 진보하는 사회는 그 인습과 제도에 박혀있는 도덕적 오류를 (가능한 한 최대한) 찾아내고 이를 바로잡기를 원한다. 전 세계적으로 도덕적 실천의 역사는 우리 선조들의 맹목성을 생생하게 알려준다. 어떻게 그들은 부족의 명예를 지키기 위해 무고한 젊은이들을 희생시키는 행위의 잔혹성을 **못 볼** 수 있었을까? 어떻게 그들은 야만적 형태의 남성 지배를 허용하고, 노예제를 수용하고, 잔혹한 처벌과 온갖 고문을 저지르고, 사회의 °일탈자들을 수치스럽게 만들거나 야만적으로 살해할 수 있었을까? 참혹한 일들이 벌어지고 게다가 그것을 정상적인 일로 인정하거나 칭찬까지 했던 역사의 반복은 **우리의** 도덕적 비전이 날카롭다 거나, '상처받은 이들의 울부짖음'을 듣는 **우리의** 능력이 완전하다거나, 그 상처를 보듬어 주려는 **우리의** 결단이 확고하다거나 하는 확신을 지워내야 한다.

다른 곳에서 나는 인간에게 나타날 수 있는 맹목성과 무관심이 일부나마 줄어들게 하는 방향으로 도덕적 탐구를 시도할 첫 번째 방법론을 제안했다.[56] 내가 그려보는 듀이식 사회는 고통받는 사람들이 도덕적 변화를 주장할 수 있는 제도를 구축한다. 그러나 사려 깊은 비판자들이 지적했듯이, 그런 제도는 현실의 인간들이 운영하고, 이들은 갖가지 불완전성과 편견을 지닐 것이다. **현실의 인간들** 사이에 벌어지는 대화가 내가 언급한 이상적 조건들 (포용성, 좋은 정보, 상호 관여)과 아주 흡사한 상태에서 이루어지거나, 그럼으로써 도덕적 실천의 암울한 역사가 보여 준 것보다 더 체계적이고 안정된 진보에 도달할 진지한 기회가 생길 것으로 과연 상상할 수가 있겠는가?

나는 이렇게 대답한다: 도덕적 탐구의 이상적 방법을 공론화한다면 바로 이 사실이 인간 행위를 바꾸어 놓을 수 있다. 다양한 관점들을 대변하는 사람들이 한자리에 모여서, 그리고 최선의 정보를 끌어들여서 모두가 수용할 만한 성과를 찾아내도록 숙의할 것을 요청할지라도 그들의 모든 편견이 해소되거나, 인습적 믿음을 따르는 모든 경향이 제거되거나, 그들이 동정심을 가진 청취자로 완전히 변하거나 하는 신비가 일어나는 일은 결코 없을 것이다. 그러나 그런 요청은 그들이 그런 방향으로 나아가도록 압력을 행사하게 된다. 만일 그들이 숙의하는 자리에 어떤 중재자가 끼어든다면, 이 사람은 정기적으로 그들에게 그런 이상들을 상기시키거나 혹은 그들이 공헌하는 바에 지지해 줄 증거가 없거나 동정심이 부족한 점을 질타하거나 할 것이다. (만일 그런 토론에 아무 조정자가 없다면, 다른 참여자들이 그들에게 이의를 제기할 것이다.) 크고 억센 목소리를 타고난 사람들도 교회 안에서는 목소리를 낮추는 경향이 있다.

내가 제언한 제도에서 법적 절차들이 재현된다는 점은 분명하다.[57] 로크처럼 파당적 전쟁에 의지하여 논란을 주로 해결하는 사회가 법정, 판사, 배심재판의 시스템을 도입하는 것을 상상하자. 이런 이야기를 확대하자. 그런 시스템이 처음에 제안될 때, 우울한 비관론자는 그렇게 한다고 무슨 차이가 생길까라고 부정적으로 예언한다. 그들은 말한다. '결국 그 법정을 주재하고, 그 앞에서 증언하고, 배심원이 될 사람들은 현실의 인간이므로 모두가 자기 나름의 편견, 잘못된 정보, 부족한 동정심을 갖는다. 어째서 그들이 내리게 되는 판결이 지금 우리에게 통용되는 힘의 심판보다 여하튼 더 나을 것이라고 보아야 하는가?' 이런 불평은 그들의 명시적 인습과 상식적 지식이 '최선의 행동으로' 사람들을 이끌어 가는 힘을 과소평가한다. 법적 절차의 역사가 부패한 사건들로 얼룩져 있고, 심지어 어떤 사건은 구토와 혐오를 일으킨다는 점은 확실하다.[58] 그러나 전반적으로 증언이 진지하게 검증되고, 배심원이 숙의할 때 자기 선입견을 최소한 부분적으로 차단하고, 그리고 판사는 법을 지키려고 노력한다. 법률 시스템이 어떻게 작동해야 하는지에 관한 공통된 이해 때문에, 그것은 의도한 방향에 더 가깝게 움직이게 된다. 판사의 평결은 다시 검토받을 것이고, 증언은 위증죄의 처벌을 받을 것이고, 그리고 분명한 편견으로 타인을 뒤흔들려는 배심원은 당연히 동료의 질책을 받을 것이다. 불완전한 법률 제도는 그 이전의 '자구 행위(frontier justice)'에 비해서 더 정기적으로 또 더 신뢰롭게 공정한 평결을 제공하고, 그 제도의 전반적인 수행은 내가 상상하는 부정론자들의 예측과 달라진다.

도덕적 진보의 전망이 개선되리라고 희망하는 듀이 옹호론자들은 두 가지 수준으로 나아갈 수 있다. 그들은 듀이식 사회에서 실행되어야 할 제도를 제언하고, 그럼으로써 (물론 그 제도 속의 관리자들과 참여자들은 변하지 않을지라도) 현 상태의 도덕적 문제점들을 확인하고 다룰 기회가 많아지게 만들 수 있다. 도덕적 진보의 성취는 개별 인간의 도덕적 성향은 그대로 두고 사회 구조를 고침으로써 이루어진다. 듀이 옹호론자들은 도덕적 주체가 향상되도록 시도할 수 있다. 도덕적 진보를 위한 나의 제안들은 사회적 수준에서 출발한다. 도덕이 발생하는 근본 문제에 관한 나의 이해에 따른다면, 그렇게 하는 것이 전적으로 적합하다. 도덕은 타인들에 대한 우리의 반응을 확충시키기 위한 사회적 기술임을 상기하자. 그렇지만 사회적 수준에서 출발할지라도 그것이 거기에 멈출 필요는 없다. 두 가지 수준에서 나아간다면 좋지 않을까?

법률 제도의 역사는 도덕적 인성이 의미 있게 변하지 않아도 어떻게 어떤 진전이 이루어질 수 있는지를 보여 준다. 그러나 내가 상상하는 비관론자들에게도 핵심은 들어 있다. 만일 (내가 예상했듯이) 듀이식의 도덕적 탐구라는 제도에 참여하는 사람들이 근거 있는 결론과 근거 없는 사변을 더 잘 구별할 수 있고, 그 참여자들이 반대된 견해를 가진 사람들과 공동 탐구를 하려는 경향성이 더 있고, 그리고 특히 그 참여자들이 타인들의 관점과 역경을 인지하고 공감하는 자질이 더 많다면, 도덕적 진보가 **더욱더** 안정되고 확실하게 뿌리를 내리지 않겠는가? 앞서 여러 장에서 그리고 이 장의 앞부분에서 이런 결과를 얻기 위한 개혁적 교육과정을 파악하려고 시도했다. 이런 목표들로 학생들을 이끌어 감으로써 개혁적 교육과 정은 그들이 더 만족스러운 삶을 살 뿐만 아니라 더 나은 시민이 되도록 준비시킬 것이다. 또한 이런 교육과정은 그들의 도덕적 발달을 진전시키고 그럼으로써 도덕적 진보를 더 촉 진할 것이다.[59]

만일 내가 옳다면, 개혁을 위한 나의 제안은 행운의 보너스까지 준다. 그러나 이런 좋은 효과들에다 다른 변화가 추가될 수 있을까? 개별적인 도덕적 능력의 개선을 특별히 지향하 게 만드는 어떤 공부가 있지 않을까?

지금까지 나의 제안에서 내 전공인 철학은 등장하지 않았다. 철학은 비록 (몇몇 특이한 재 능을 가진 학부생들을 자주 끌어들이는) 대학에 가기 전에 학생들이 접근하지 못하는 경우가 많은데, 중등학교에서 그것을 성공적으로 도입한 사례도 있다.[60] 도덕 발달과 관련하여 철 학은 두 가지 면에서 관련된다. 첫째, 가장 분명한 점으로, 플라톤으로부터 현재에 이르기 까지 서양철학의 고전은 도덕적, 윤리적 문제를 분명하게 다룬다. 고전 텍스트는 (어떤 책 은 다른 책보다 읽기가 더 쉬운데) 무엇을 해야 하는지, 그리고 어떻게 살아가야 하는지에 대 한 성찰이다. 이런 책에서 제시하는 원칙들은 서로 비교할 수 있고, 또 전 세계의 종교적 처 방과도 비교할 수 있다. 도덕 프로젝트에 (그리고 이보다 더 포괄적인 윤리 프로젝트에) 대한 나 의 이해에 따르면, 그런 원칙들은 대화를 정지시키는 최종 언어로 사용될 수 없다. 이와 달 리 그런 원칙들은 도덕적 진전이 이루어지는 대화의 (듀이식 사회에서는 숙의의) 유용한 자 원일 뿐이다. 만일 이상적인 도덕적 대화의 현실적인 버전에 참여하는 사람들이 그런 원칙 들에 철저히 친숙해진다면, 그들이 고민하는 상황에 들어 있는 문제들의 성격을 분명히 밝 히는 과정에서 그것들을 자주 끌어들이거나 혹은 해결책을 찾을 수 있는 어떤 길을 그들에 게 알려줄 수 있다. 제5장에서 이미 지적했듯이, 그런 원칙들은 어떤 경우들에 유용한 도구 다.[61] 그런 원칙들을 이처럼 인지하는 것은 그것들을 모든 목적에 통용되고 모든 행위를 규 제하는 데 적합한 장치라고 생각하는 견해를 포기하는 것과 전적으로 일치한다.

그러나 철학 공부는 젊은이들을 도덕 문제에 접근하는 바람직한 방식으로 입문시키는 것 보다 더 많은 점을 제공해 줄 수 있다. 철학은 도덕적 성찰에 도움이 되는 두 가지 기능을 확 장하고 강화할 수 있다. 제5장에서는 결정에 도달하는 사고의 요령, 즉 가능한 선택지들과 그 대안들의 특성이 더 명료하게 드러나게 될 구조적으로 유사한 상황들에서 나타나는 선 택지들을 비교하는 요령을 확인하였다. 거기서 내가 경고했던 점은 지나친 단순화의 가능 성, 즉 시험 삼아 내놓는 이야기의 조건을 비현실적인 것으로 만드는 제약을 도입할 가능성, 우리의 반응 능력이 소득이 없도록 방치할 가능성, 그리고 자신감 있는 판단으로 나아가는 길을 가로막을 가능성이었다.[62] 이것이 곧 트롤리 문제 혹은 이와 유사한 여러 철학 연습문제의 골칫거리라고 나는 주장했다. 현실의 삶은 너무 복잡하다. 철학적 시나리오는 너무 동떨어진 것이고, 소설가와 극작가는 행복한 균형을 맞추는 경우가 많다. 철학과 신중하게 선정된 소설 작품을 결합한다면, 교사는 상상적 구성(imaginative construction)이라는 귀중한 기량을 길러줄 수 있다. 학생들은 이 기량을 다른 사람들과 숙의할 때 혹은 혼자서 일을 처리해야 할 때 끌어쓸 수 있다.

철학적 상상력의 증진은 개인의 도덕적 진전을 도와주는 한 가지 방식이지만, 두 번째 방식은 철학자들이 정당한 자부심으로 가리키는 효과에 들어 있다. 철학적 문제를 다루는 학습은 명료한 사고 습관을 촉진한다. 철학을 배우는 학생들은 명확하게 질문하기, 처음에 모호했던 개념을 다듬어가기, 논증을 검토하기, 감추어진 전제조건을 찾아내기 등을 배운다. 철학과 신입생들은 오래된 질문, 즉 '철학의 고전적 문제들'[63]을 자주 만나고, 그리고 그런 문제들이 재구성되었던 여러 가지 방식 그리고 추론 과정이 밝혀지고 명료해지는 방식까지도 알게 된다. 이와 비슷한 교수법은 중등학교에서 쉽게 받아들일 수 있고 그 이전에서도 가능할 것이다. 이런 교수법을 통해서 전반적인 범위에 걸쳐서, 특히 우리의 도덕적 삶의 어려운 영역을 헤쳐가기 위해서 더 나은 사고력을 길러줄 수 있다.

9

어떻게 해야 젊은이들이 만족스러운 삶의 방식을 추구하도록 도와주고, 더 나은 시민이 되고, 그리고 사회적, 개인적 차원에서 어떻게 도덕적 진보를 증진하게 될 것인가에 관한 이런 긴 논의는 전통적인 교육관을 가진 일부 사람에게는 마치 핵심에서 벗어난 것처럼 보일 것이다. 흔히 주장하는 바에 따르면, 교육은 아이들에게 '좋은 직장'을, 행운이 따른다면 그들의 부모가 원하는 것보다 더 좋은 직장을 얻도록 준비시키는 일이다. 만일 제안된 교육과정이 이런 핵심적인 노력에 보탬이 되지 못하고 심지어 거기서 벗어난다면 이를 비생산적이라고 배척해야 할까? 제안된 교육과정에 어떤 다른 장점이 있을지라도, 이런 것이 정말 자기 유지 능력의 함양보다 더 중요할까?

이런 관심사를 다루기 전에 먼저 몇 가지 질문을 던져보는 것이 중요하다. 첫째, 다가오는 수십 년 동안 어떤 노동자들이 사회에 필요할까? 둘째, 초중등학교의 **현행** 교육과정은 학생들이 자신의 생계를 유지할 만한 위치에 놓이도록 얼마나 준비시켜 줄까? 만일 미래 노동시장에 대한 내 생각, 즉 역사적으로 중요한 생산 작업 중 대부분이 자동화되고 그 결과로 서비스 노동자의 비율이 높아질 것이라는 생각이 옳다면,[64] 앞으로 수십 년 동안 필요할 것으로 보이는 것은 개인적 만족의 촉진, 그리고 타인과 협력하고 사려 깊은 도덕적 결정을 내리는 능력의 개발에 중점을 둔 프로그램이다. 이 장과 앞서 두 개의 장에서 제시한 제안들은 시민 중 절반이 주로 타인에 대한 배려를 통해 공헌하는 사회에 관한 생각과 전혀 어긋나지 않는다. 정말이지 **모든** 성인이 각자의 독특한 관점과 재능을 활용해서 아이들을 가르치는 일에 의미 있는 시간을 투입할 것으로 본다면, 여기서 제시한 방향으로 대학-이전 교육을 개혁하자는 제언에는 힘이 실린다.

물론 어느 사회건 항상 인력이 필요할 것이고, 이는 농작물을 재배하고, 일상품과 기계를 제작하고, 로봇 장치를 유지 및 운영하고, 소프트웨어를 작성하고, 새로운 기술 개발을 이어가는 일을 맡을 노동자이다. 이런 일의 많은 부분은 폭넓은 훈련을 요구하지 않는다. 오늘날 노동자들이 어릴 때 받은 학교 교육을 토대로 이런 일을 수행하는 것처럼, 앞으로도 그럴 것이다. 이런 일은 가장 기초적인 문해력과 수리력을 습득하면 누구나 계속 맡을 수 있다. 다른 일은 기존의 학교가 대비할 수 없는 것으로 아주 특수하다. 배관공, 전기기사, 치과 위생사, 미용사 등은 교실에서 여러 해를 보낼지라도 의미 있는 도움을 별로 얻지 못하기 때문에, 각자에게 필요한 기술을 습득해야 한다. 나의 개혁 교육과정 때문에 방해를 받게 될 가능성이 있는 유일한 노동은 중등학교에서 (또 대학에서) 실질적 기반을 제공해 주는 그리고 그 이후로 특수한 훈련을 쌓아가는 그런 유형이라고 볼 수 있다. 엔지니어, 간호사, 금융분석가, 의사, 수의사 등은 특수 분야의 지식을 쌓은 후 이를 바탕으로 (흔히 장기간의) 실습을 포함하는 수련 과정을 거칠 필요가 있다. 그러나 나의 개혁 교육과정이 그런 중요한 유형의 노동을 담당하는 데에 해롭다고 생각하는 이유는 무엇일까? 내가 제안한 방향에서 **일반** 교육의 개혁은 위와 관련된 특수한 공부에 이끌리는 성향을 지닌 학생들이 그런 일을 최소한 똑같은 깊이로 추구하는 것을 허용할 것이다. 이미 내가 지적했듯이, 수학이나 화학이 자신에게 맞지 않다고 인지하는 학생들이 다른 유형의 과학 교육을 받을 수 있도록 허용된다면, 그런 과목에서 수업이 진행되는 속도는 빨라질 것이다. 대수학에 끌리거나 혹은 화학 반응에 매료되는 학생들은 지지부진하게 뒤따라오는 또래들을 기다릴 필요가 없이, 신속하게 나아갈 것이다. 그리고 반복하는 말이지만 의욕이 없는 학생들도 과학에 관한 호기심은 유지할 것이고, 졸업 후에 다양한 연구 분야에 이끌리거나 심지어 그런 연구에 참여할 가능성도 생길 수 있다.

이 책은 개별 학생의 재능과 성향에 신중한 관심을 쏟는 일을 처음부터 강조했다. 성장하는 개인과 주변 사회 간의 대화가 가능한 한 제대로 이루어지게 만들려면, 만족스럽고 생산적인 삶을 위한 온갖 가능성이 명확해지도록 만들어야 한다. 이런 목적을 채택하는 나의 개혁 방안은 고도로 기술적인 영역에서 철저한 훈련을 받은 특수 노동자가 장래에 부족할 것임을 우려하는 회의론자에게 도발적인 물음을 던진다. 우리는 미래의 아이들이 그런 영역에 끌리지 않으므로 그들을 그런 영역에 들어가도록 강제하거나 혹은 뇌물이 필요하다고 가정해야 할까? 과학적 재능과 흥미의 분포가 앞으로는 (모든 아이의 재능을 발전시키고, 그들의 호기심을 유지하는 데에 특별히 헌신할지라도) 이제까지 관찰된 바와 달라질 것으로 예상해야 하는 까닭은 무엇일까? 학생들이 정말 자기에게는 맞지 않다고 느끼는 진로 속에서 인생을 살도록 강요하거나 유혹하는 것이 과연 적절한 교육정책일까? 이런 도발적 물음을 더 강력하게 던지게 되는 때는 학교가 학생들이 사회에 공헌하는 보람을 느낄 수 있는 다양한 방향을 이해하고, 자신들이 살고 싶은 길(들)을 성찰하면서 선택하도록 신중한 지도를 하는 곳으로 보일 때, 그리고 학생들이 자신의 처음 결정을 되돌아보고 다른 방향을 나중에 선택할 기회를 제공해 주는 곳으로 보일 때다. 특히 사회 전체가 충분한 교육적 관심을 쏟아줄 때, 젊은이들이 경시되거나 도외시되는 경우가 전혀 없을 때 그렇게 된다.

그런데 마지막 사항을 언급하면서, 다음 장의 주제인 교육개혁과 폭넓은 사회변화의 상호 조정이라는 문제로 벌써 넘어갔다.

10

지금까지의 논의에서 나타난 것은 두 가지 제언이다. 자기 이해를 촉진하기 위해 인문학과 사회과학을 상호 조정하려는 일반적 계획이 내가 의도하는 바의 특수한 사례들에 의해 예시되었다. 이 두 가지의 수준은 지위가 다르다. 나의 주된 목적은 틀을 제공하는 것이었고, 이는 특정 학생집단의 필요와 흥미에 맞추어 다듬어질 것이다. 따라서 예시된 사례들은 그 틀이 어떻게 명확하게 **되어야** 하는가에 관한 확실한 제언이 아니고, 그 틀이 어떻게 명확하게 **될 수** 있는가를 알려주는 것으로 보아야 한다. 따라서 아래의 제안들은 그런 틀에 관한 것이지 그 세부적인 개발에 관한 것은 아니다.

29. 초등학교에서 아이들은 역사와 지리의 기본 특성으로 입문되어야 한다. 역사 공부에는 자국의 과거와 세계 역사가 들어가야 한다. 지리는 세계 곳곳에서 나타나는 생활조건의 차이점들이 아이들에게 친숙해지게 해야 한다. 다양한 인간 집단들의 삶을

이해하는 것이 전반적으로 강조되어야 한다.

30. 공동 계획과 협력적 의사결정의 연습은 공감 능력과 좋은 시민성을 길러내기 위한 활동으로서 역사학자와 민족지학자의 연구에서 끌어들인 몇몇 사항과 통합되어야 한다. 교육과정의 이 부분에서는 확대된 역할 놀이가 도움을 줄 것이다.

31. 초등학교의 시작부터 중등학교의 전 학년에 걸쳐 '삶의 실험들'에 관한 역사적, 사회과학적 공부는 문학의 해석과 연결되어야 하며, 그럼으로써 타인들의 삶에 들어가 보는 능력이 현실적 대안을 위해서, 그리고 작가들이 (또는 영화제작자, 극작가, 화가, 음악가 등이) 그려내는 가능성을 위해서 발달하게 된다.

32. 중등학교의 후반기에 문학–역사–지리–인류학 간의 통합은 경제학, 사회학, 정치학, 심리학의 주요 개념들의 제시를 통해서 보완되어야 한다. 이 부분의 교육과정에서는 그런 학문이 사용하는 방법, 그것을 적용할 때 자주 부딪히는 난점, 그리고 그것을 사용하면서 자주 발생하는 논란의 종류 등을 이해하도록 가르쳐야 한다.

33. 모든 아이는 10세가 되기 전에 외국어 공부를 시작해야 한다. 아이들이 배울 수 있을 것으로 제시된 외국어(들)를 선택할 때는 아이의 흥미, 소속 공동체의 인종적 성격, 외국어 사용자들과의 상호작용 가능성에 대한 예측 등을 고려하고 그리고 공부를 도와줄 교사나 조력자의 여부에 따라야 한다.

34. 중등학교의 마지막 일 년 혹은 이 년 동안 철학 고전과 철학적 분석이나 논증 방법을 소개할 시간을 제공할지를 상당히 고민해야 한다. 이럴 때 철학적 성찰을 (그리고 명료한 사고를) 자기 이해와 인간 실존의 가능한 범위를 개선하기 위한 여러 학문의 공부와 통합시키려는 목적을 가져야 한다.

이 마지막 문장은 여섯 가지 제안을 모두 총괄하는 지도적 아이디어를 가리킨다. **정신과학**의 공부는 개별 학문을 그들 간의 상호작용 속에서 보도록 하는 것이며, 그 목표는 만족스러움, 좋은 시민, 도덕 발달의 증진에 적합한 사고와 감정의 습관을 길러내려는 것이다. 여기서 자기–유지에 대비하기 위한 특별 사항들이 빠진 이유는 세 가지의 구체적 목표가 달성되면 자기–유지라는 네 번째 목표도 자연스럽게 이루어진다고 보기 때문이다.

11

제2부는 세 개의 장에 걸쳐서 대학-이전의 공식적인 학교 교육이 제1부에서 밝혀진 가치들을 축으로 삼아서 어떻게 이루어져야 하는지를 설명하였다. 제3부는 두 개의 장에 걸쳐서 두 가지의 분명한 문제를 다룰 것이다. 그런 프로그램이 성공하려면, 학교 내부에서 넓은 주변 환경에서 어떤 사회 변화가 나타날 필요가 있을까? 그것은 꿈같은 계획이고, 실현되거나 접근할 수 없고, 그리고 교육적 진보의 방향을 전혀 제공할 수 없는 몽상일까? 다음에서 살펴보자.

후주 🕐 **제9장**

1 두 학문의 차이를 탐구한 위대한 학자는 빌헬름 딜타이(Wilhelm Dilthey)이다. 딜타이는 이 구분을 중시하고, 그리고 자연과학을 위해 철학자들이 발전시켰던 것과 비슷하게 정신과학(Geisteswissenschaft)의 방법을 탐구할 가능성을 고찰한다. 그의 저술이 널리 무시되어서 그런지 모르나, 이 흥미로운 가능성이 진지하게 간주된 적은 거의 없다. 물론 모든 탐구 영역에서 사용되는 방법에 관한 일반적 설명에 듀이가 관심을 가진 것을, 똑같은 방향의 독자적 진척으로 볼 수 있다. (이 중요한 사항을 딜타이가 아주 명쾌하게 밝히고 있는 텍스트를 나에게 알려준 Raine Daston에게 감사한다.)

2 이런 접근의 고전적 원천은 다음 책에서 나타난다. E. O. Wilson, 『Sociobiology: The New Synthesis』(Cambridge, MA: Harvard University Press, 1975). 그것은 Alexander Rosenberg, 『The Atheist's Guide to Reality』(New York: W. W. Norton, 2013), 그리고 『How History Gets Things Wrong』(Cambridge, MA: MIT Press, 2018)에서 되살아난다. 더 부드러운 것으로는 핑커(Steven Pinker)의 다음 글을 참조. 'Science is Not Your Enemy' (The New Republic, August 6, 2012; https://newrepublic.com/article/114127/science-not-your-enemy-humanities) 그리고 『Enlightenment Now』(New York: Penguin, 2018)를 참조. 『The New Republic』의 후편에서, Leon Wieseltier는 다음 글에서 핑커에 대해 응답했다. Leon Wieseltier, 'Crimes against Humanities';
https://newrepublic.com/article/114548/leon-wieseltier-respond-steven-pinkers-scientism

3 이는 영국 대학의 진화 과정에서 특히 뚜렷하다. 여기서는 19세기 중반까지 오직 수학에만 고전 언어와 고전 문학 공부에 주어진 것과 가까스로 비슷한 지위가 부여되었다.

4 이것이 스타이너의 정확한 말이었는지를 나는 확신하지 못하지만 그가 이런 비교를 했다는 점에는 의심의 여지가 없다.

5 스타이너는 그의 케임브리지 선임자인 스노(C. P. Snow)의 유명한 강의에 부분적으로 반응을 보였을 것이다. 스노가 논란을 일으킨 '두 문화'는 아주 합당하게도 '고전 문학에 전혀 모르는 사람은 무지하다고 비난하면서, 열역학 제2 법칙을 아예 모르는 사람들을 비난하지 않는 것의 불균형성'에 관해서 우려를 표명했다. 스노의 입장은 그 이후에 나타난 과학주의(scientism)보다 온화한 편이지만, 앞의 2개 장에서 밝힌 이유에서, 나는 그의 과학(그리고 예술) 교육관을 심각하게 잘못된 것이라고 본다. 스노의

강의에 관한 더 상세한 평가는 나의 논문, 'Two Form's of Blindness: On the Need for Both Cultures' (Technology in Society, 32, no. 1[2010]:40-48)을 참조.

6 예컨대, 다음에서 그렇다. Kazuo Ishiguro, 『Never Let Me Go』(New York: Knopf, 2005).

7 Pamela Smith, 『The Body of the Artisan: Art and Experience in the Scientific Revolution』(Chicago: Chicago University Press, 2004).

8 이는, Thomas Kuhn, 『The Copernican Revolution』(Cambridge, MA: University of Chicago Press, 2004) 에서 강력하게 언급된 사항이다. 토마스 쿤은 『De Revolutionibus』의 서문에서 효과적인 구절을 인용한다.

9 '1838년 10월, 그러니까 내가 체계적으로 연구를 시작한 지 15개월이 지날 무렵, 나는 우연히 맬서스 의 『인구론』을 재미 삼아 읽게 되었다. 동물과 식물의 습관에 관한 오랜 관찰로부터, 어디서나 진행 중 인 생존 투쟁을 이해할 준비가 잘 되고 있었다. 이런 상황에서 유리한 변이들은 보존되는 경향이 있고, 불리한 변이들은 없어질 경향이 있다는 생각이 갑자기 나에게 떠올랐다. 그 결과로 새로운 종의 형성 될 것이다. 여기서 그때 나는 드디어 연구할 이론을 얻었다.' Charles Darwin, 『Auto-biography』(New York: Norton, 1969). 다윈은 이 책을 1876년에 처음 썼고, 1887년에 처음 출간했다.

10 '[만일] 내 인생을 다시 산다면, 나는 최소한 매주 한 번씩 시를 읽고, 음악을 듣기를 규칙으로 삼을 것 이다; 왜냐면 아마 지금 퇴화한 내 뇌의 일부가 그런 사용을 통해서 되살아날지 모르기 때문이다.' Charles Darwin, 『Autobiography』.

11 미국 변호사협회(ABA)의 법률 전문직 조사에 따르면, 흑인 법률가의 비율 5%는 미국 전체 인구에서 흑인이 차지하는 비율의 절반 이하다. (ABA는 흑인 인구의 비율을 13.6%로 본다. 추정치는 다양한데 보통은 12~13%이다). ABA 보고는 다음을 참조.
https://www.americanbar.org/news/reporter_resources/profile-of-profession/.

12 다음 장에서는 물질적 필수품의 공급 문제를 다룬다.

13 앞서 지적한 대로, 앵글로 섹슨계의 정치적 전통은 이사야 벌린(Isaiah Berlin)의 소극적 자유를 강조하 며, 긍정적 자유를 무시하는 경향이 있다. 그 불균형은 미국에서 특히 현저하다. 즉, 정부가 '내 앞길을 가로막는 다른 사람들이 없도록' 할 것만 요구된다고 보는 전통은 자유방임적 경제에 대한 신앙을 강 화한다. 그 극단적 형태는 신비적 사고로 치닫는다. 자기 자신의 자원을 개발하도록 허용받기만 하면, 모든 아이에게 성공할 기회가 생긴다. 허레이쇼 앨저(Horation Alger) 신화는 죽은 지 오래다.

14 미래 아이들이 글쓰기 연습에 많은 시간을 공들일 필요가 있을지는 내게 까다로운 문제다. 어쩌면 정 서하는 능력은 아이들에게 그리기를 가르친 결과로 생길지 모른다.

15 여기서 나는, 교육과정의 통합을 위해서 실천적 활동을 끌어들이는 듀이를 따른다. 『Democracy and Education』(MW 9)을 참조.

16 나는 이 구절을 듀이에게서 가져왔다. 그는 철학을 '지역 언어로 말하는 목소리들을 서로 이해할 수 있 게 만드는 연락 장교'라고 특성화한다. 『Experience and Nature』(LW 1) 306.

17 내가 선정한 사례들은 프리드(Michael Fried), 해리스트(Robert Harrist), 브렌델(Alfred Brendel), 시스 만(Elaine Sissman) 등의 활기찬 강의에 대한 기억에서 가져온 것이다. 토마스 만(Thomas Mann)은 '중 개하는 학자'가 수행하는 역할을 명확하게 이해했다. 그의 『파우스트 박사(Doctor Faust)』에서 주인공, 레버퀸(Adrian Leverkuehn)은 그의 교사, 크레츠슈마(Wendell Kretzschmar)의 공개 강의로부터 많은 것을 배운다. 그리고 만은 크레츠슈마가 베토벤의 후기 피아노 소나타의 구조를 알려주기 위해서 그 음악을 따라서 보여 주었던 과장된 몸짓과 큰소리의 노래를 생생하게 묘사한다.

18 Pew Survey 2019. 여기에 인쇄물과 전자 미디어가 포함된다.

19 이 조사는, 미국 국립예술위원회에서 실시한 것인데 다음에 들어 있다.
https://psmag.com/education/why-are-more-americans-reading-poetry-right-now.

20 앞 장에서 지적했듯이, 체육행사는 미적 성질을 갖는 것으로 볼 수 있다(288쪽, 주 30 참조). 이 견해의 옹호론에서는 아마도 '협력과 팀웍의 가능성을 밝힘으로써 자기 이해를 증진하는 스포츠'라는 아이디어를 옹호할 것이다.

21 몇 가지 자료는 다음을 참조.
https://en.wikipedia.org/wiki/Top-rated_United_States_television_programs_by_season.

22 그러나 아마 나는 네하마스(Alexander Nehamas)가 그의 탁월한 저서, 『Only a Promise of Happiness』(Princeton, NJ: Princeton University Press, 2007)에서 드러내는, 대중적인 TV 쇼(그가 예시한 Fraser, Oz, 및 St. Elsewhere)를 거부하는 함정에 빠지는 것 같다. TV의 미학적 가치와 철학적 약속에 관한 통찰력 있고 웅변적인 옹호는 58, 100, 112, 147쪽을 참조.

23 『황폐한 집(Bleak House)』의 영향에 관한 간략한 논의는 앞 장(230–32)에서 참조.

24 버지니아 울프는 『미들마치(Middlemarch)』를 '온갖 결점에도 불구하고, 성인을 위한 소수의 영국 소설로서 위대한 작품'이라고 말한 것으로 유명하다. 울프가 추정하는 위대한 작품의 범위는 내 눈에는 인색한 편이다. 물론 포함의 기준이 높을지라도 『미들마치』가 분명히 거기에 들어가고 울프의 몇몇 소설도 포함될 것이다. 나는 『작은 아씨들(Little Women)』, 『보물섬(Treasure Island)』, 『반지의 제왕(Lord of the Rings)』, 그리고 『해리 포터(Harry Potter)』의 후편도 집어넣을 것이다.

25 이런 주제를 나는 다음 글에서 다듬어서 옹호했다. 'Something Rich and Strange: Joyce's Perspectivism,' in Philip Kitcher, ed., Ulysses: Philosophical Perspectives (New York: Oxford University Press, 2020, 207–51). 그리고 『Joyce's Kaleidoscope: An Invitation to 'Finnegans Wake'』 (New York: Oxford University Press, 2007).

26 슈베르트의 「겨울 나그네」가 가장 탁월한 해설가의 내면에서 불러일으킨 성찰과 정서를 놀랍도록 밝혀낸 책으로는 Ian Bostridge, 「Schubert's Winter Journey: Anatomy of and Obsession」(New York: Knopf, 2015)을 참조. 그 영향력을 그 시에 돌리는 것은 잘못일 것이다. 빌헬름 뮐러의 시는 기교적이지만, 그 자체로는 쉽게 잊혀질 수 있다. 그 연가곡의 공연에 대해 애청자들이 자주 갖는 (성악가의 곤경에 대한 명상과 연관되어 리듬, 주제, 하모니에 대해서 지속된 심적 관심과 같은) 반응은 그 음악적 가치에서 나온 것이다. 악보 속에서 표현된 특수한 정서들은 단어들에 의해서 가리켜지며, 이는 청자들이 가끔 경험하는 특정 에피소드 및 순간과 연결된다. 보스트리지의 저서는 이 중 몇 가지를 사례로 보여 주면서 독자의 경험을 풍부하게 만든다(이는 많은 애청자가 보스트리지의 감동을 공유하고, 그것으로 반복해서 되돌아가기 때문이다). 음악 작품의 표현력에 관한 심층적 분석으로는 다음을 참조. Christopher Peacocke, 'The Distinctive Character of Aesthetic Experience,' British Journal of Aesthetics 60(2020): 183–97. 나는 피콕과 나누었던 흥미롭고 유익한 토론에 빚진 점에 대해서 그에게 깊이 감사한다.

27 샤흐트(Richard Schacht)와 내가 「니벨룽의 반지」라는 서사 악극곡에 대해 함께 쓴 책에서 이 반복 연주되는 총주부(orchestral passage)를 논의한다. 『Finding an Ending: Reflections on Wagner's Ring』 (New York: Oxford University Press, 2004). Chapters 19–21.

28 나는 이것을 『Deaths in Venice』(159–71)에서 논한다.

29 칸트의 제2 정언명법은 이 맥락에 맞추어 자연스럽게 다듬어진다.

30 Arlie Russell Hochshild, 『Strangers in Their Own Land: Anger and Mourning on the American Right』

(New York: The New Press, 2018)를 참조.

31 이런 사항은 과학에 관해서 지적했던 점, 그리고 민감한 기술적 문제에 좌우되는 정책 제안에 관한 식견 있는 결정을 위한 준비에 관해서 지적했던 점과 비슷하다. 제4장(148-49)을 참조.

32 제8장의 주 22(283-84)를 참조. 그들의 공감적 반응을 측정하기 직전에 소설의 짧은 구절을 읽은 피험자들과 안 읽은 피험자들 간에는 아무 차이가 없었다. 물론 이런 식으로 구분된 집단들이 정기적인 독자들과 확인된 비-독자들로 나뉜다고 생각할 이유는 없다. 다시금 나는 엘렌 위너(Ellen Winner)의 너그러운 조언에 감사한다.

33 제8장(282-84)에서 디킨스(Dickens), 스토우(Stowe), 오웰(Orwell), 모리슨(Morrison)의 영향에 관한 논의를 참조.

34 노예의 유산과 홀로코스트의 유산을 (제각기) 다루는 미국과 독일 간의 상반됨에 관한 열정적, 심층적 연구로는 수잔 니먼의 다음 책을 참조. Susan Neiman, 『Learning from the Germans』 (New York: Farrar, Strous & Giroux), 2019.

35 이 주제는 듀이의 교육론을 관통한다. 그의 초기 저술에서 특히 두 가지 논의가 분명히 보인다. 'The School as Social Centre' (MW 2, 80-93, 특히 82-83). 그리고 'Democracy and Education' (MW 3, 229-39).

36 제4장(160-62)을 참조. 밀은 다음에 이어지는 '밀식(Millian)'의 논변을 충분하게 여기지는 않을 것이라고 나는 생각한다.

37 제4장(149)의 주 40을 참조. 밀이 이 사항을 이해할 것으로 나는 또다시 간주한다.

38 따라서 밀에게 이미 잠재된 민주적 토론관을 듀이가 다듬어놓은 것이라고 나는 간주한다.

39 그 개입의 예상된 공리성은 Σ p- u- 이다. 여기서 총합은 그 결과에 걸쳐 있다. 여기서 p-은 -번째 결과의 확률/개연성이며, u-는 - 번째 결과에 부여된 정량적 가치다. 비용-편익 분석과 형식적 결정 이론의 개론서로는 우수한 서적이 많다. 예컨대, 다음 책의 앞 장들을 참조. Martin Peterson, 『An Introduction to Decision Theory』 (Cambridge, UK: Cambridge University Press, 2009).

40 (서수적 가치가 부여될 수 있는) 모험적인 의사결정은 (서수적 가치가 부여될 수 없는) 불확실한 의사결정과 대조적이다. 불확실성의 더 어려운 사례를 파고드는 탐구로는 다음을 참조. Isaac Levi, 『Hard Choices』 (Cambridge University Press, 1986).

41 앞의 148, 264쪽을 참조.

42 '유클리드 기하학의 가장 기초적인 부분의 공부는 증명의 개념을 가르쳐줄 수 있다.'라는 기하 옹호론을 만들 수도 있다. 그러나 과학 교육의 아주 많은 경우에서 그렇듯, 특이한 정리의 까다로운 증명을 발견할 정도로 영리하고 또 흥미 있는 사람들을 찾는 일이 너무 강조되고 있다.

43 중고차 시장에 관한 조지 애컬로프(George Akerlof)의 고전적 연구는 유용한 예시를 여기서 보여 준다. 그의 다음 책을 참조. 『The Economic Theorist's Book of Tales』 (Cambridge, UK: Cambridge University Press, 1984).

44 상상력 있는 교사는 다음 여러 문헌에 있는 대안적 설명을 제시할 것이다. Michelle Alexander, 『The New Jim Crow』 (New York: The New Press, 2012), John Pfaff, 『Locked In』 (New York: Basic Books, 2017), Brendan O'Flaherty and Rajiv Sethi, 『Shadows of Doubt』 (Cambridge, MA: Harvard University Press, 2019).

45 Nate Silver, 『The Signal and the Noise』 (New York: Penguin, 2012)는 다수의 매력적 사례를 제시해 준다.

46 특히 『Micromotives and Macrobehavior』 (New York: W. W. Norton, 1978)을 참조. 인종 분리, 그리고 하키 헬멧 사용에 관한 여러 장은 비교적 단순한 형태로 중요한 아이디어를 제시하는 데에 특히 가치 있는 부분이다.

47 W. H. Auden, 'Under Which Lyre.' 이는 원래 1946년 Phi Delta Kappa의 하버드 총회에서 행해진 것이다. https://allpoetry.com/Under-Which-Lyre.

48 Steven Pinker, 『How the Mind Works』 (New York: W.W. Norton, 1997)에서 요약되는, 진화심리학에 대한 최근의 열렬한 관심을 언급하는 것도 어쩌면 그럴 것이다. 진화심리학에 관한 관심에 대해서는 '매수자에게 위험 부담이 넘겨짐'이라는 분명한 경고가 뒤따라야 한다. 이렇게 보는 이유는 내가 쓴 다음 책과 (공저한) 논문에 제시되어 있다. 『Vaulting Ambition』 (Cambridge, MA: MIT Press, 1985). 'Pop Sociobiology Reborn,' coauthored with Leah Vickers. 이 논문은 원래 『Evolution, Gender, and Rape, ed. Cheryl Travis』 (Cambridge, MA: MIT Press, 2003)에 들어 있다.

49 내가 암시한 발견 내용을 제시하면서, 교사들은 다음과 같은 여러 학자의 핵심 연구와 실험을 끌어들일 수 있다. Elizabeth Loftus, Solomon Asch, Amos Tversky, Daniel Kahneman, Richard Nisbet, Gerd Gigerenzer, George Miller, Stanley Schachter, Stanley Milgram, Philip Zimbardo, George Akerlof, 그리고 Claude Steele. 이런 자료에 관한 생생한, 접근하기 쉬운 발표가 많이 있고, 또 연구자들이 직접 제시한 것들도 상당수 있다.

50 누스바움이 고전 언어와 문학의 지속적 중요성을 상세하게 옹호하는 책으로는 『Cultivating Humanity: A Classical Defence of Reform in Liberal Education』 (Cambridge MA: Cambridge University Press, 1997), 『Nor for Profit: Why Democracy Needs the Humanities』 (Princeton: Princeton University Press), 두 권이 있다.

51 누스바움과 일치하는 점이다.

52 이 역할이 아무런 특별한 재능을 요구하지 않으며, 그리고 제2외국어를 충분히 일찍 시작한다면, 거의 모든 아이가 그 역할을 할 수 있다는 것은 전적으로 가능한 일이다.

53 비알리스톡(Ellen Bialystok)의 저술에서는 제2외국어의 조기 학습을 강력하게 옹호한다.

54 Sirpa Leppaennen et al., 『National Survey on the English Language in Finland: Uses, Meanings, and Attitude』 (2011)을 참조. 유용한 온라인 자료로 https://www.helsinki.fi〉varieng〉series〉volumes〉eva rieng-vol5. 여기에(특히 22-24, 81-83) 흥미로운 정보가 가득하다.

55 유명한 이야기로, 윈스턴 처칠(Winston Churchill)은 기본(Gibbon)을 읽었고, 그리고 『로마 제국 쇠망사』의 리듬과 시기에 탐닉하였으며, 이에 따라 그의 수사학적 스타일이 형성되었다. 처칠은 해로학교(Harrow School)에서 평범한 아이로 유명했다. 기본에 대한 처칠의 취향을 나도 공유하기 때문에, 나는 우수한 미국 학부생 집단들에게 교양교육 과정에서 로마 제국에 관한 부분을 위해 보충 독서 과제로 몇 쪽을 골라서 과제로 내준 적이 있었다. 놀랍게도 그들 중 일부는, 학업성취도가 높은 학생들을 포함해서, 내가 읽어보라고 내주었던 그 부분들이 이해가 안 된다고 고백했다. (책을 좋아하지 않았던) 처칠이 전율을 느꼈던 텍스트가 어떻게 그들을 당혹하게 할 수 있었을까? 그 학부생들은 외국어에 유창할 정도가 아니었으며, 그리고 현대 영어에서 제외되었던 문장론적 특성을 이해하도록 강요받은 적이 없었으므로, 기본(Gibbon)의 복잡한 문장을 그들이 소화할 수 없었다는 점을 나는 나중에 알게 되었다. 그러나 라틴어에는 서툴렀던 학생이었을지라도 처칠은, 어형 변화와 동사 변화, 다양한 종속절, 문법과 시제에 친숙해졌다. 이 친숙함이 그에게 영어를 가르쳐 주었다.

56 나의 『Moral Progress』를 참조.

57 이런 비교는 내가 『Moral Progress』(168)에서 도입했다. 여기의 논의는 그 유비를 더 분명하게 하려는 시도이다.

58 그것은 오늘날, 민주주의라고 홍보하는 사회에서도 계속된다. 내가 이 책을 쓰고 있을 때, 터키의 박애주의자인 오스만 카발라(Osman Kavala)는 수천 명의 삶에 편안, 기쁨, 희망을 주었던 사람인데, 이스탄불에 갇혀서 혼자 지낸다. 인권에 헌신하는 해외 법원과 집단이 그의 투옥에 항의했지만, 그리고 터키 법원이 그의 무죄를 선고했지만, 그는 풀려나지 못하고 새로 날조된 혐의로 곧바로 체포되었다. 그의 많은 친구와 후원자는 그가 감옥에서 여생을 보내야 할지 모른다고 걱정한다.

59 날카로운 독자는 내가 중요한 가정을 하고 있음을 눈치챌 것이다. 시스템을 개선할 수 있는 길은 원칙적으로 두 가지다. 물론 두 가지 전략을 동시에 추구하면 더 나쁜 결과가 나오긴 할 것이다. (예컨대, 저녁을 함께 보내기를 원하는 두 사람이 저녁을 보낼 방법에 관한 취향이 서로 다르고, 또 서로 의사소통도 불가능하다고 상상해 보자. 두 사람에게 가장 중요한 점이 함께 있는 것이라면, 한 사람이 이타적이어서 파트너가 원하는 곳은 어디건 가고, 다른 한 사람은 이기적이라면 둘 다 더 좋을 것이다. 만일 둘 다 이타적으로 되려고 작정한다면, 그 결과는 모든 가능성 중 최악이다. 즉, 저녁을 함께 보내려는 선호된 방식을 두 사람이 성취하지도 못하고, 헤어지게 된다.) 나는, 이런 갈등이 발생하지 않고, 상호 적용이 없으며, 얻는 바가 더해진다고 전제한다. 더 나은 제도에 더 나은 사람들이 들어온다면, 더 나은 제도에 예전과 다름없는 사람들이 들어오는 것이나, 종전과 다름없는 제도에 더 나은 사람들이 들어오는 것보다 더 좋다. 이 전제는 그럴듯한 것이지만 검증이 필요하다.

60 중등학교의 철학이라는 과목은 나라에 따라 다양하다. 예컨대, 프랑스에서 철학은 교육과정에서 일부일 뿐 아니라, 철학 시험은 대학입학자격시험의 일부다. 영국과 미국의 일부 학교에서도 철학을 흔히 선택 과목으로 도입했다. 몇 년 전, 컬럼비아 대학원생 중 선도 집단은, (일부는 철학 전공, 일부는 사범대학 교육철학 전공인데) 교외사업으로서 뉴욕의 여러 고등학교에 철학을 도입했다. 이들 학교에는 학업 성취가 낮은 곳이 많았다. 그들이 출범시킨 철학 클럽, 그리고 뒤이은 철학 선택 분반에는 상당히 많은 학생이 들어왔다. 예비 공부는, 철학 이벤트에 정기적으로 참석한 학생들에게, 전 과목에 걸쳐서 상당한 진전을 낳았다.

61 이 책에서 176쪽을 참조.

62 제5장의 188-89쪽을 참조.

63 많은 철학자는 이런 문제들도 내재적으로 중요한 질문으로 받아들일 것이다. 아마 그중 일부는, 내 생각에는 더 많은 문제가 그것에 흔히 부여되는 중요성이 없는 것이다. 그렇지만 그런 문제는, 꿈꾸는 피아니스트에게 다섯 손가락 연습처럼, 더 분명한 사고 기능을 길러내는 데에 특별히 유용한 것이다.

64 제2장의 85-89쪽을 참조.

제3부

제10장
사회변화

1

학교는 외딴섬이 아니다. 교실에서 생기는 일은 어쩔 수 없이 주변 사회의 여건에 따라 형성된다. 분명한 사례가 많다. 만일 학교에 가는 아이들이 배고프고, 제대로 잠을 못 자고, 주어진 숙제를 할 시간이 없다면, 이들은 더 잘사는 또래 아이처럼 주의를 집중해서 듣거나 협력하는 행동을 잘하지 못할 것이다. 만일 학생 대 교사 비율이 매우 나쁘면 개별적으로 주의를 쏟을 기회는 줄어든다. 만일 교사의 월급이 얄팍해서 별도로 일해야 자신과 가족을 먹여 살릴 수 있다면, 그들의 수업 질은 그 일 때문에 개선되기가 어렵다. 만일 건물이 헐어 있고, 운동장 시설이 빈약한 채 유지가 안 되고, 주변 도로가 위험하다면 무단 장기결석이 생길 것이다.

이런 점들은 사회정책의 큰 특징이 공식적인 학교 교육에 영향을 미치는 **가장** 확실한 경우에 불과하다. 만일 국가가 빈곤과 무주택을 방치하고, 교사의 봉급 예산을 줄여서 재정을 (무엇을 위해?) 아끼고, 부유층을 위해 세금을 대폭 줄여주고, 학교 시설보다는 교도소를 짓는다면, 적지 않은 학생들의 교육은 보살핌 없이 돌아가고 아동기는 방치될 것으로 예상할 수 있다. 만일 그런 돈으로 교도소를 지어놓으면, 이곳이 오히려 가득 찰 것이다. 이런 경우에 정치적 결정과 그 결과 간의 연관성은 사회과학이 밝혀주듯이 불 보듯 뻔할 것이다.

더 미묘한 관계들에 대해서도 주목해야 한다. 만일 사회가 특정 유형의 사람들에 대한 편견과 특정 종족 집단에 대한 태도를 지배하는 고정관념을 관용한다면, 이는 더 작은 사회인 학교로 파고들어 학생들 간의 상호작용에도 영향을 미친다. 직업 간의 차별적 가치에 관한 상식은 교과의 중요성에 관한 아이들의 지각에 스며들고, 학생이 서로에 대해 갖는 시각에도 영향을 미친다. 그렇게 되면 경멸하는 판단이 자주 나타난다. 읽기가 느리거나 수학을 어려워하는 아이들은 화음에 맞추어 노래하고, 식물을 기르고, 작은 모형을 만드는 재능이 어떠하건 간에 '어리석은' '멍청한' '바보'라고 조롱받을 것이다.

불평등한 사회는 국가의 부를 증대시키는 '위대한 공헌자'라고 말하는 일부 사람들에게 엄청난 보상을 해 주고 대다수 사람은 낮은 보수로 장시간 노동을 하게 만듦으로써 그 상황을 더욱 악화시킨다. 무자비한 경쟁은 이를 통해 번쩍거리는 상패가 부여됨으로써 저학년 때부터 미약한 형태로 감지되기 시작한다. 그런 경쟁은 야망이 더 확고하게 자리를 잡고, 멍청한 아이들이 더 많이 나가떨어지고, 장애물이 더 높아지고, 경주하는 아이들이 줄어들면서 더욱 강도가 높아진다. 교육과정은 편협해지고, '중요 과목'으로만 집중된다. 만족스러움과 좋은 시민이라는 이상은 희박해지고 생산성이라는 비정한 광채에 의해서 그 빛깔마저 바랜다. 일부 아이들은 따분한 일자리를 찾고, 한 줌도 안 되는 형편없는 물질적 보상을 받고 사는 삶에 체념하게 된다. 경쟁을 계속하는 아이들에게 더 긴장된 목소리가 들린다. "돈이 더 많아야지, 돈이 더 많아야지…."[1]

제1부에서 옹호했던 교육적 이상과 사회적 생활 여건 간의 불일치가 어떤 사회에서는 다른 사회보다 더 가혹해지고 더 퍼지겠지만, 이와 같은 긴장 상황을 해소한 나라는 안 보인다. 앞서 여러 장에서 이미 강조했듯이 가장 공통된 대응 방식은 기존 사회제도 특히 기존 경제 제도가 교육의 적절한 목표를 지시해 버리도록 허용하는 것이다.[2] 앞선 논의에서 나는 이런 전략을 완전히 뒤집어 보려고 시도했다. 우리는 현존하는 사회경제적 조직을 공식적인 교육이 적응해야 할 고정된 제약으로 볼 것이 아니라, 오히려 교육이 성취해야 할 것이 무엇인지를 먼저 정하고 나서 우리의 교육 목표에 더 쉽게 접근하는 데에 도움을 주도록 사회와 경제구조를 어떻게 바꿔야 하는지를 물어야 한다. 이처럼 의존 관계의 통상적인 가정을 뒤집어 본다면, 우리는 참으로 중요한 일, 즉 정말 인간으로서 살 만한 가치가 있는 삶을 위한 준비에 초점을 맞추게 된다. 이처럼 뒤집어 보는 생각이야말로 에머슨이 말하는 '세상의 중대사'[3]를 진지하게 받아들이는 길이다.

'현실론'의 목소리는 가만히 있지 않을 것이다. "무슨 터무니없는 생각이야! 유토피아적 환상에 어설픈 인간들이 사로잡혔네. 양보가 없는 현실에서 그런 것은 안 통해." 이런 반응들은 진지하게 받아들일 만하다. 그러나 교육적 이상에 헌신한다면, 이런 이상이 '현실론'에 의해서 무시될 때 그냥 물러서면 안 된다. 불가능성을 외치는 것과 그것을 입증하는 것은 다르다. 여기서 연구가 필요하다. 교육의 이상 그리고 기존의 사회 여건 간에 서로 갈등하는 지점을 찾아내고, 그리고 교육적 이상이 교육 실천을 이끌어 가려면 사회경제적으로 어떤 변화가 요구되는지를 파악할 필요가 있다. 일단 온갖 충돌을 해소하기 위해 수정될 틀에 관한 그림이 분명히 드러난다면, 그 틀이 이행될 수 있을지를 탐구할 수 있고 여기서 교육적 이상이 충분히 펼쳐질 수 있는 실행 가능한 새로운 사회가 드러날 것이다. 이 장에서 집중해야 할 첫 번째 과제는 나의 교육적 틀과 조화되는 사회가 현재 우리가 알고 있는 사회와 어떻게 다른가를 파악하는 일이다. 이를 기반으로, 마지막 장은 그런 그림에 부응하는 사회는 불가능한 것이라고 여기는 근거가 있는지를 탐구할 것이다.

명료한 논의를 위해, 나는 그런 반대론을 실제로 있는 것보다 더 강력하게 진술한다. 앞선 여러 장의 두 번째 주제는 이상(ideals)에 관한 목적론적 관점을 거부하는 나의 입장이다. 반복해서 지적하듯이,[4] 이상은 우리가 도달하거나 근접하기를 바라는 어떤 상태를 특정하는 것이 아니다. 사람들은 일치되지 않는 이상들의 집합을 잘 활용할 때가 있으며, 그런 이상들이 개별적으로 또는 집합적으로 제공하는 지침에 비추어서 자신의 목표를 달성한다.[5] 이상은 우리가 진단의 도구로 활용하는 것이며 현 상태의 문제점을 지적하거나 이를 고칠 방향을 제시해 준다. 따라서 교육의 이상에 부합되도록 사회가 재구성될 수 있는가라는 문제는 답하기에 좋은 질문이지만 유일한 관심사는 아니다. 우리가 이해하기 위해 노력해야 할 또 다른 관심사는 우리의 이상이 진단해 주는 문제점을 극복하기 위해서 우리가 사회경제적 제도를 수정하는 다양한 방식들이 있는데, 과연 우리를 성취가 가능한 지속가능한 미래로, 즉 (모든 점을 고려할 때) **현 상태**보다 개선된 미래로 이끌어 갈 것인가라는 문제이다. 이 장이 제공하려는 그림을 가지고 우리가 물어볼 질문은 그 그림의 부분들과 다소간 부합되도록 사회경제적 구조를 수정하는 다양한 방식이 과연 우리가 현재 살아가고 있는 방식을 안정되게 진전시킬 수 있는가이다.

'현실론'의 얄팍함은 이제 분명해져야 한다. 현실론은 증거를 제시하지도 못하면서, 그리고 (그것이 이상주의적 꿈의 실현에 필요하다고 주장하는 불가능한 변화의 종류를 밝히지도 못하면서!) 불가능성을 주장할 뿐 아니라 교육적 이상론자가 실용적인 진보를 위해 희망하게 될 수많은 방안에 관한 복잡한 문제를 다루지도 못한다. 이런 복잡한 문제를 어떻게 다룰 것인지에 관한 성찰은 잠시 미루어 놓을 것이다. (이는 다음 장에서 일부 다룬다.) 우리의 과제는 나의 교육적 이상이 우리의 현 사회를 진단하는 도구로 사용될 때 가리키는 방향을 분명하게 인지하는 일이다.

이 장의 첫머리에서 제시한 건강한 학교와 주변 사회 간에 발생하는 갈등의 목록은 유용한 출발점을 제공해 준다. 물론 그것이 불완전하다는 점은 확실하지만 명확한 문제들의 집합을 제시하는 데에는 도움을 줄 수 있다. 갖가지 갈등에 대해서 우리는 그것의 해결에 무엇이 필요한지를 물어볼 수 있다. 이제 나는 차근차근 나아가면서 그 목록의 사례들을 검토할 것이다. 가장 쉬운 것에서 시작하고 더 급진적 변화를 요구하는 것으로 나아가는 것이 좋겠다.

2

확실히 가장 단순한 이슈는 예산 배정과 관련된 것이다. 이런 이슈는 경제 질서의 근본적 특성을 수정하는 문제를 전혀 제기하지 못한다. 이것은 현대 (시장) 경제가 운영되는 방식의 주요 특성을 수용하고, 그저 국가 예산의 어떤 (불특정) 부문의 재정을 재조정함으로써 교육의 목적에 끌어쓸 것을 제안한다. 교사의 박봉 문제를 다룰 간단한 방법은 봉급 인상이다. 이와 마찬가지로 낙후되고 불안전한 구조이고 또 독성물질이 나오는 학교의 문제는 수리와 재건축을 위한 재정을 투입함으로써, 혹은 때로 여기저기 새 학교를 건축함으로써 해결될 수 있다. 새 학교가 필요한 것은, 기존 공간을 단순하게 수리해도 문제가 재발하면 손실이 커질 수 있기 때문이다. 산업 쓰레기로 가득한 주변의 강이 쉽게 범람하거나 혹은 고속도로 근처에 있는 (공기의 질이 학생 건강을 위협하는) 학교의 경우는 고치는 정도를 넘어선다. 새로운 학교 시설을 더 안전한 지역에 마련할 필요가 있다.[6]

여러 나라에서 교사의 박봉과 학교의 낙후(혹은 위험)는 수많은 학생이 받는 교육에 영향을 미치므로 심각한 문제다. 이런 면에서 미국은 좋은 상황이 아니며, 그 피해는 대체로 빈곤 가정 혹은 소수 인종과 종족의 출신 학생에게 돌아가게 되어 있다. 다른 나라의 사정은 더 낫다. (세계 여러 곳의 일부 사례를 보면) 한국, 벨기에, 이스라엘, 호주의 교사는 미국 교사보다 실질적으로 보수가 더 나은 편이다.[7] 흥미롭게도, 핀란드는 교육정책이 성공한 지도적 국가로 흔히 알려졌어도 교사의 **경제적** 지원 측면은 그다지 두드러진 점이 없다. 물론 핀란드 교사는 미국 교사보다 봉급이 더 많지만, 핀란드는 교직이 갖는 중요성과 명예를 통해서 교직에 지원하는 대학생들을 최고 수준으로 끌어올린다.[8] 나중에 분명해질 것인데, 이런 사항은 사회변화의 가능성을 고려할 때 유념해야 할 점이다.

그러나 나의 처음 목록에서 가장 주목되는 이슈는 그저 예산의 재배정에 달린 것만은 아니다. 정부는 과중한, 과밀한, 낙후된 학교를 새롭게 만들기 위해서, 젊은이들을 교직으로 더 끌어들일 프로그램에 투자하고, 봉급의 수준을 더 올리고, 교사 채용 인원을 확대하고, 그리고 학교 건물을 고칠 것이다. 그 결과 새 시설은 깔끔해지고, 장비도 잘 갖추고, 잘 훈련받은 열성적 전문가가 교직원에 충원되고, 관리 가능한 수의 학생들에게 전념할 준비가 될 것이다. 그러나 아이들은 학교 가는 길에 위험에 처할 수 있고, 그리고 심지어 학교 안에서도 위험할 수 있다. 이런 아이들의 가정은 여전히 무주택이고, 너무 작은 공간에서 부대끼며 살고, 먹을 것도 충분하지 않고, 건강식은 꿈도 못 꿀 일이다. 이런 문제는 단순히 재정상의 우선순위를 조정하는 것만으로는 곧바로 해결되지 못한다.

같은 현상인데도 더 미묘한 사례가 있다. 만일 교사가 더 충원되면 학생–교사 비율이 좋아질 것은 분명하나 이런 식의 진보는 내 개혁 방안의 일부일 뿐이다. 비록 신규 교사들이 고도로 훈련받고, 교육 전문직에서 가장 재능있는 구성원에 속할지라도, 앞서 제안했던 충실하게 개별화된 프로그램이 요구하는 바는 특히 저학년에서 다수의 성인이 교실에 들어 있어야 한다는 점이다. 부모는 자기 자녀뿐만 아니라 또래 아이들과 함께 지내면서 아이들을 관찰, 지도, 조력하는 데에 시간을 할애할 것으로 기대받는다. 공동체의 다른 구성원들은 젊은 성인으로부터 70대에 이르기까지 (혹은 그 윗세대까지?) 각자의 독특한 열정, 기능, 관점을 교실로 가지고 올 것으로 기대를 받는다. 그 결과, 아이들은 잠시 머무는 마을을 연달아 거치면서 그리고 일부는 계속 거쳐 가면서 그 안에서 길러진다. 아이들을 지도하는 많은 사람이 거기서 보내는 시간을 직장이 줄여주려면 노동패턴의 변화가 필요하다. 노동하는 일주일에서 근로 노력의 분배를 수정하려면 관련 예산을 한 곳에서 다른 곳으로 옮길 뿐 아니라 또 다른 일도 필요하게 된다. 따라서 예산 문제처럼 보일지라도 실제로는 더 전반적 개혁이 포함된 문제다. 노동의 재구조화 문제는 이 장의 후반에서 다룰 것이다.

그러나 두 가지 문제는 곧바로 밝혀야 한다. 첫째, 교실의 보조자로 성인들을 충원하자고 제안했는데 여기에는 성 고정관념을 다시 끌어들이거나 강화할 위험성이 들어 있다. **교실 보조자의 역할은 남녀가 똑같이 맡아야 한다.** 코로나 감염병의 발생에서 드러났듯이, 현재의 경제적 여건 속에서 자녀 돌봄에 대한 부모의 참여는 많아졌지만, 새로 주어진 짐을 떠맡는 일에서 부부의 불평등은 더 커졌다.[9] 만일 임금과 보수를 (성별로 그리고 일반적으로) 평준화한다면 그런 위험을 줄이는 데에 도움이 될 것이다. 노동 시간을 더 융통성 있게 조절하는 것도 좋을 것이다. 예컨대, '대역 연습' 혹은 대역 팀이 조직된다면, 다른 일을 맡게 될 사람들을 대신해서 그 시간에 투입될 수 있다.[10] 나중에 알겠지만 내가 제시한 교육 프로그램이 실행되려면, 온갖 고정관념을 깨뜨리는 것도 중요할 것이다. 이 캠페인의 결과로 남자도 자기 몫을 할 것이라는 기대가 사회 전반에 퍼져야 한다. 예컨대, 학교 교육에 참여하지 않는 남편을 가리켜서 그런 사소한 일을 하기에는 너무 중요한 임무가 있는 사람이라고 말하면 안 된다. 기생충, 게으름뱅이라는 말을 들을 수 있다.

둘째, 잘 가르치는 일은 복합적 기능이며, 일부 '천부적' 교사도 있으나 교사에게는 진지한 훈련이 필요하다. 교실 속으로 성인들을 더 많이 끌어들이자는 나의 제안은 만일 '보조자들'이 그들에게 요구되는 사항을 배우지 않는다면, 과연 교육적 부가가치를 낳을 수 있을까? 서투른 신참자는 도움이 되는 일보다는 해로운 일을 더 많이 하리라고 쉽게 예상된다. 그러나 이 걱정은 과장이라고 나는 생각한다. 교실 경험이 전혀 없는 사람들도 팀원이 된다. 그들은 아동 발달을 위한 기능을 습득하는 일에서 다년간의 경험을 축적한 다른 성인들로부터, 전문적 훈련을 거친 보조자들로부터, 그리고 아이들에게 제공되는 것을 풍부하게 만들려고 신참자들의 강점을 끌어모을 수 있는 교사로부터 지도받는다. 처음 부모가 된 사람들이 어떻게 실무 훈련을 거치는지를 상기하면 좋을 것이다. 처음 겪었던 문제를 떠올리고 해결책을 제시해 줄 수 있는 친구들이 조언해 준다면 그들에게 도움이 될 것이다. 앞서 여러 장에서 보았듯이, 성인들의 폭넓은 교육 참여는 **부모** 교육을 (그리고 초보적인 교실 협력자들의 교육을) 더욱 체계화시킨다. 우리는 성인 보조자들의 집단을 끊임없이 상호 학습하는 또 하나의 민주적 공간으로 생각해야 한다. 물론, 만일 교실을 보조하는 (결국 모든) 성인들을 위한 훈련 프로그램이 어떤 이득을 낳을지를 미래의 데이터가 보여 준다면, 그땐 그것의 제공이 그다음 단계의 일이 된다.

3

이런 사항은 다른 부류의 도전들과 관련된다.[11] 내가 보기에 교실 특히 초등학교 교실은 민주주의가 싹트고 뿌리내리는 잘 일구어진 토양이다. 이렇게 되려면, 아이들 사이뿐만 아니라 이들의 진보를 관찰하고 보조하는 성인들 사이에서도 고도의 협력이 필요할 것이다. 교실에 참여하는 이들이 서로 협력하는 정도는 우리가 익숙하게 경험하듯이 아무 관계가 없는 낯선 사람의 집단이 공통된 문제에 당면할 때와는 달리 의미 있게 더 높아질 것이다. 그런 협력은 어떻게 정착되고, 또 그것은 어떻게 유지되어야 할까?

아이들을 협력적 분위기로 끌어들이는 것은 아마도 쉬울 것이다. (3~5세의) 아이들에게 협력을 가르치는 게임 설계에 대해서 그동안 상당한 관심을 쏟았다.[12] 더 어려운 문제가 나타나는 경우는 놀이 시간이 끝날 무렵이다. 특히 아이들이 커가면서, 그들의 공부에 더 많은 노력을 요구받고, 그들이 치른 시험에 점수가 매겨지고, 다른 아이들의 수행과 비교되고, 서로를 구별하는 조그만 표시, 상장, '우수 집단' '영재'로 선발되기 위해서 서로 경쟁한다면, 그동안 이전 단계에서 조성된 연대나 우애의 형태가 무너지기 시작한다. 적대감의 초기 증상을 민첩하게 간파하는 유능한 교사들은 비교 자체를 더 어렵게 만드는 조처, 예를 들면 여러 가지 유형의 학교 활동에서 폭넓게 나타나는 온갖 개별적 승리를 축하해 줄 수 있다. 개별 아동의 재능과 흥미를 찾아내는 일에 헌신하자는 나의 제안은 확실히 여기서 도움이 될 것이다. 그러나 더 큰 세계의 구조가 드러나기 시작하면 빛과 그늘을 가리키는 다양한 파편들이 교실에 뿌려지고, '사소한' 혹은 '중요하지 않은' 영역의 성취에 대한 칭찬은 위로가 아닌 공허하고 심지어 선심을 쓰는 소리로 들리기 시작할 것이다. 13세 아이에게 글씨를 잘 쓴다고 칭찬해도 붉은 글씨로 과제물에 표시된 기분을 상하게 만드는 흔적을 대체해 주지는 못한다.

그렇다면 한편으로 모든 학생이 사회에 공헌할 각자의 독특한 방식을 찾아내고 그럼으로써 그들 스스로 만족스러움을 이루도록 도와주는 것이 목표인 프로그램이 있으며, 다른 한편으로 그들은 자신의 다양한 유형의 공헌에 대해 사회가 아주 다른 가치를 부여하고 있음을 점차 깨달을 수밖에 없는데, 이 두 가지가 어떻게 조화될 수 있을까? 사회의 가치들은 다양한 일자리와 전문직에 주어지는 차별적 보상에 반영되고 있으며, 이는 '일자리' '직업' '전문직'이라는 용어에서도 드러난다. 보상의 척도는 명확한 구별로 눈에 보이는 특성처럼 드러나며 이는 차별적 자원 이용 그리고 서로 다른 생활 스타일에서 나타난다. 그러나 핀란드 교사들의 사례가 상기시켜 주듯이, 사회적 태도가 특정 유형의 사회적 공헌을 부추길 수 있는 방식에는 그런 것들만 있는 것이 아니다.

만일 현재의 사회적 태도가 바뀌지 않는다면, 내가 제언했듯이, 교육받은 학생들은 오웰(Orwell)의 각성 순간을 경험하게 될 것이다. 그들은, 『동물농장』의 구성원들처럼, 타인들의 삶을 진전시키고, 그리고 그들 사회에서 집단으로 살아가는 모든 방식의 평등성을 믿도록 길러질 것이다. 그들이 청년기에 이르면 종전에는 몰랐으나, 그와 같은 평등성 속에도 어떤 것은 다른 것보다 더 평등함을 발견하게 될 것이다. 그들의 깨달음은 뻔한 속임수에 자신도 가세했었다는 점에 대해 쓴웃음을 짓도록 만들 것이다.

문제를 이렇게 파악한다면 해결책 찾기는 어렵지 않다. 만일 학생들이 온갖 종류의 노동 가치를 이해하리라고 기대하려면 크게 두 가지 사회변화가 일어나야 한다. 첫째, 사회적으로 가치 없는 직업이 어떤 것인지를 밝혀야 한다. 둘째, 타인들의 삶에 긍정적 차이를 일으키는 사람들의 공헌이 인정받고 이해되어야 한다. 첫 번째 변화의 결과로서 쓸모없는 노동의 부류는 시들고 사라질 것으로 기대해야 하며, 두 번째 변화와 부합되도록 공헌하는 사람들에게 명예를 부여하는 기반으로서 관련 재능의 희귀성 혹은 필요한 기능 습득의 어려움을 내세울 것이 아니라 필요한 과업에 쏟아붓는 헌신을 내세워야 한다. 여러 가지 이유에서 (그 일부는 나중에 밝혀질 것인데) 내가 제안한 방향으로 교육을 재고찰한다면, 많은 사회에서 오늘날 받아들이고 있는 (재정적 보충, 사회적 존중 등의) 보상의 차이는 크게 줄어들 것이다. 듀이식 사회는 인간의 역사에서 등장했던 대다수 사회보다 훨씬 더 평등해져야 한다.[13] 능력주의가 살아남는다면 다른 종류일 것이다. 공동선을 진전시키는 일에서 자기 몫을 다하는 사람들을 모두 명예롭게 여기는 일에서 능력주의의 특이점은 자기 역할에 대한 헌신 때문에 (그 역할이 어떤 것이건 간에) 그 역할의 수행에 놀라운 정성을 쏟고 사는 사람들을 칭송하는 것뿐이다.

'불필요한 노동'이 사라질 것에 관한 이야기는 예상된 반응을 일으킨다. 듀이식 사회는 20세기 평등주의의 잘 알려진 실패, 즉 시시한 획일성과 비참한 생활 수준에서 드러난, 그리고 부패하고 감시하고 자유를 억압하는 '노동자 천국'의 답답한 버전의 재현이 아닌가?[14] 그렇지 않다. 듀이식 사회는 무엇보다도 개성을 중시하고, 개인의 만족을 드높이는 교육을 설계하는 곳, 그리고 그런 만족을 '공동선을 위한 개인의 공헌'으로 이해하는 곳이다. 정말 그런 사회는 가정에 물건을 배달하는 택배 노동자나 지하철을 운행하는 승무원이 의사나 판사보다 훨씬 열등한 존재로 취급받는 일이 없다. 그런 사회는 유익한 일자리를 '육체노동'이라고 천대하는 일이 없다.

택배 노동자, 지하철 승무원의 사례는 이 글을 쓰고 있는 내게 아주 인상적이다. 현재 내가 사는 뉴욕은 코로나19 감염병의 '진원지'다.[15] 그 결과 사람들은 일부 직업의 가치를 재평가하게 되었다. 엄격하게 격리된 도시에서 수많은 거주자가 '고위험'군으로 분류되고, 필요한 물품구입을 위해 외출하는 것도 위험한 일이어서 참아야 할 모험으로 보였다. 물품을 배달해 주는 트럭 기사, 오토바이 운전자는 (흔히 짜증 나게 만들고, 때로 무심히 걷는 보행자를 놀라게 했었지만) 요즈음 단순한 배달이 아니라 구조를 약속하는 사람이 되었다. 도시 외곽에 살면서 공공 운송 수단으로 출퇴근하는 수많은 '핵심 노동자들'은 날마다 감염 가능성에 노출되면서도 지하철, 기차, 버스를 움직이는 사람들의 선의에 의존하면서 살아간다. 이제 명확해졌다. 특정 부문의 노동은 그동안 과소–평가되었음을 깨달을 수 있게 되었다.

그러나 확실히 어떤 형태의 고용은 면밀하게 살펴보면 인간의 삶에 공헌하는 것으로 인정할 수 없다. '자질구레한 장신구와 싸구려 보석들'은 그저 여유 있는 사람들이 자신의 높은 지위를 과시하게 만들려고 생산될 뿐이다.[16] 과시적 소비는 유익한 목적에 전혀 도움이 안 된다. 정말 그런 것들은 불평등 감정을 악화시키고, 시기심을 유발하고, 연대감을 뒤흔든다.[17] 극히 해로운 형태의 과시적 소비는 금전적 우월감을 드러낼 뿐 아무 가치도 없는 물품에 열광한다. 이런 물품의 수요는 그 안에 있는 어떤 내재적 가치 때문에 생기지 않는다. 이런 물품은 구매자가 자신의 높은 지위를 과시하고 싶도록 유도하는 사회적 위계가 없어진다면 함께 사라질 욕망을 자극하려고 디자인되고 판매된다.[18] 그런 물품을 설계하여 생산하고, 그런 물품을 사도록 현혹하는 광고를 제작하는 데에 시간을 바치는 사람들은 인간적 선을 위해서 진정한 공헌을 하지 못한다. 이들의 노동이 그들의 인생 프로젝트에서 중심을 차지하는 한, 그들이 만족스러운 삶을 누린다고 판단할 수 없다. 그런 것들의 생산 작업에 고용된 사람들은 공장에서 보낸 시간을 보람으로 여기지 않고, 자기들의 핵심 목표(가족을 부양하고, 자녀의 더 나은 삶을 추구하는 일)의 도구로만 볼 것이다. 그들의 노동이 타인들의 삶에 차이를 만드는 과정을 밝혀내고 그 효과를 투명하게 보여 준다면, 그들의 소외감은 사라지지 않고 오히려 나빠질 것이다. 이런 노동은, 다행히 그들의 타인-지향적 삶을 제외하고는, 무가치함이 밝혀질 것이다.[19]

이런 사항을 인식한다고 해서 모든 생산은 기초적 필요의 충족을 지향해야 한다는 주장도 **아니고**, (사람들이 자신의 진솔하고 다양한 취미를 표출하는 옷, 건물, 요리 및 다른 영역에서) 획일적 표출의 권장도 아니다. 이런 결론의 도출은 나의 교육적 제안에서 길러내려는 개별성과 완전히 어긋난다. 모든 자원은 특정한 개인, 가족, 지역 공동체, 국가와 무관하게 선정된 프로젝트가 가능한 한 많이 증진되도록 분배해야 한다. 정말이지 분배 정책은 모든 프로젝트의 증진을 목적으로 삼아야 한다. 제8장은 인간의 삶에서 심미적 경험의 중요성을 강조했다.[20] 극단적으로 가난한 시대가 아니라면, 즉 생존을 위해서 온갖 다른 목표를 희생시켜야 할 시대가 아니라면, 개인의 심미적 취향을 충족시킬 온갖 소비를 중단하는 삶은 잘-삶의 졸렬한 형태가 되어버린다. 그러므로 (자신의 부의 상징으로) 신발장에 고가의 명품 신발을 넘치도록 사서 모으는 일은 병리적 현상이지만,[21] 오늘날 부유함의 수준이 현저하게 (그리고 기괴하게) 높은 사람들이 사용하는 금전의 총액을 크게 줄일지라도 '노동자 천국'의 음울한 순응이 나타나는 것은 아니다. 훨씬 더 평등한 사회의 개인들은 옷과 보석, 문신, 정원 설계, 잘 설비된 부엌, 박물관 등록, 도서 수집 등에서 자기 취향을 표현하고 즐길 수 있다. 현대의 민주주의 사회 중에는 불평등을 축소하면서도 장식과 미적 삶에서 굉장한 다양성을 유지하는 곳이 많다. 듀이식 사회에 대해 우울한 예측을 끌어내려고 한다면 다음과 같은 또 다른 전제가 필요하다. 그것은 (예컨대, 네덜란드와 북유럽의) 사회민주주의에서 나타난 평등주의의 형태를 뛰어넘는 또 다른 단계는, 듀이식 사회를 만드는 데에 필요한 것이겠으나, 기초적인 경제를 뒤흔듦으로써 극단적 빈곤이 영속되는 상태를 (혹은 더 나빠지는 상태를) 낳는다는 전제다. 이 전제를 지지하는 논변을 우리는 다음 (마지막) 장에서 다룰 것이다.

듀이식 사회가 밝혀내고 제거하려는 것은 사회경제적 지위를 과시하는 능력에서(만) 그 **존재 이유**를 찾는 형태의 노동이다. 그럼으로써 듀이식 사회는 일부 생산물에 할당되는 자원, 즉 대리석으로 장식된 홀, 심미적 가치도 없이 금박을 입힌 장식물에 할당되는 자원을 절약한다. 이런 것들은 그 속에서 살고 싶은 꿈을 가진 지위-추구자들에게만 매력적이다. 타지마할은 아직도 남아 있으나, 마라고(Mar-a-Lago)[1)]는 그렇지 못할 것이다. 이와 달리 듀이식 사회는 사회적 가치를 지닌 직업들의 가치를 공적으로 인정함으로써, 경제적 보상에서 나타날 불평등을 근본적으로 바로잡는다. 듀이식 사회는 이런 식으로 자원을 재분배함

---

1) 역주: 플로리다 팜비치에 있는 리조트, 스페인어로 바다에서 호수까지를 뜻함

으로써 모든 사회구성원에게 주거, 음식, 깨끗한 물, 의복, 의료, 무상 공교육, 젊든지 늙든지 간에 자신의 교육을 추구하고 지속할 충분한 수단 등을 제공해 준다.[22] 이것은 민주적 공동체가 미래 학교의 교실에서 창조되고 발전되도록 하기 위한 필수기반이다.

4

그러나 그런 민주적 공동체가 성장하려면 더 많은 것들이 학교 안팎에서 필요하다. 내가 이미 지적했듯이 무엇보다도 아이들과 노동자들이 평가받는 방식을 수정하는 일이 중요할 것이다. 전통적으로 시험은 점수와 등급을 통해서 두 가지 역할을 맡았다. 첫째, 요즈음 더 중요해졌는데, 시험은 자신이 아닌 타자, 즉 학교가 그리고 그 이후로는 사회가 후보자들을 선별하도록 만든다. 둘째, 시험은 이를 치르는 대상자들에게 정보를 제공함으로써 자신들의 강점, 약점이 어디인지를 알려준다. 아주 다양한 잠재적 직업이 존중을 받고, 보상의 차이가 훨씬 덜 극단적인 세계에서는 첫 번째 역할이 달라지고, 두 번째의 가치가 올라가게 될 것이다.

젊은이의 삶에 관한 행복한 판타지를 하나 살펴보자. 학교에 입학한 소녀는 '커서 무엇이 될까'에 대해서 희미한 생각뿐이다. 거리를 두고 본다면 여러 가지 선택지가 매력적으로 보이고, 아마 그 우선순위는 학교에 다니는 첫해부터 급속히 달라진다. 시간이 흐르면서 그 아이는 자기 능력의 프로필을 알게 된다. 수학은 잘하고 음악은 뛰어난 편이지만 읽기 속도는 비교적 느리다. 어른들이 '무엇이 되고 싶냐'고 물으면, 자기의 재능과 단점에 관한 인지가 반영된 답을 내놓는다. 언론 분야의 미래는 좋은 길이 아닌 것 같고, 과학 활동이 더 맞는 것 같고, 음악을 하는 쪽이 가장 신이 날 것이다. 어떤 가능성은, 심지어 흥미가 있었던 가능성도 버릴 수 있으며 이 때문에 실망할 정도로 큰 충격을 받거나 위기 상태에 빠지지는 않는다. 그 아이의 사회는 광범한 직업들의 가치를 인정하기 때문에, 그 아이에게 인정받을 재능이 있다면 그런 쪽으로 지도하는 조언자들의 말을 기꺼이 따른다. 마침내 그 아이는 청력 기능사라는 일자리를 갖게 되고, 열심히 일하고, 만족스러운 직장을 기뻐한다. 나이가 들어서도 후회는 없다.

이 아이는 위와 같은 과정을 거치면서 평가에 필요한 온갖 연습을 하게 되고 여기서 도움을 얻는다. 그는 자신에 관해서 중요한 점들을 배운다. 그는 자신이 무엇을 잘하는지를 알게 되지만, 다른 길을 가야 한다는 심각한 압박이나 다른 방향으로 몰아가는 거친 풍파를 겪

는 일이 없다. 분명히 그의 교육은 자기 자신이 될 수 있게 해 준다.[23]

이 아이를 현실 세계의 학생과 비교해 보자. 많은 아이는 학교 교육이 시작된 지 얼마 되지 않아 어떤 직업의 보수가 좋은지(안 좋은지), 어떤 직업의 사회적 평판이 좋은지 ('열등한' '비천한' 것으로 여기는지) 알게 된다.[24] 이런 점을 알고 나면 거의 곧바로 아이는 가능한 미래 직업의 서열을 받아들이는 쪽으로 기울어지게 된다. 놀랍지도 않게 아이와 그 또래들은 '무엇이 되고 싶은가'에 대해 비교적 고정된 생각에 빠진다. 마음에 품고 있는 목표와 연관된 시험 과목에서 좋은 결과가 나오지 못하면 기가 꺾이고 실패라고 스스로 여길 수 있다. 혹은 꿋꿋하게 버티라는 자극을 받고, 무슨 일이 있어도 선택한 길로 계속 나아가야 한다고 다짐할 수 있다. 그러다가 실패가 또다시 거듭되면 낭패감이 깊어진다. 어쩌다 이를 악물고 이루어낸 어렵사리 확보한 효능감은 더 나빠진다. 마침내 선택한 직장으로 출퇴근하는 길을 무거운 발걸음으로 오가면서, 자신은 뛰어나지 못하다는 생각 속에서 갈등하는 인생을 살아간다. 자신의 인성에는 다른 측면들도 있었지만 개발되지 못한 상태로 남아 있다. 어렸을 때 보였던 재능은 '보수가 나쁜' 직업으로 가는 것으로 보고 소홀히 지나쳤다. 그것을 날려버린 셈이다. 이처럼 아이의 사회는 인간 형성을 위한 대화에서 비정한 역할을 맡음으로써 그에게 왜곡된 정체성을 강요한다.

그뿐만 아니라 여러 선택지 사이에 줄 세우기, 서열, 혹은 우선순위는 또래 관계에 악영향을 미친다. 추격의 대열에서 살아남은 아이들은 그다음 단계에서 추락하지 않으려고 몸부림치고, 그런 과정에서 서로 적대자가 된다. 일찍 탈락한 아이들 사이에는 온갖 형태의 동지애가 싹트고 유지되면서 '인습적 성공'의 기준에 통과한 또래 아이들에 대해서는 증오와 분노로 응시하는 태도가 생긴다. 아마 이런 아이들은 반(反)문화를 조성하고, 다른 서열을 만들어 내고, 교육을 조롱하는 힘을 과시하고, '못된 짓'을 명예의 징표로 바라본다. 이처럼 서로 다른 집단들의 구성원을 한곳에 모아놓고 민주적 숙의를 실행하도록 할지라도 이로울 것은 별로 없을 것이다.

앞서 내가 제안했던 방향으로 교육을 재고찰하려면, 서열 위계를 폐지할 필요가 있다. 서열 위계를 복수화하는 길이야말로 인습적 피라미드의 하층에 깔린 아이들을 달래줄 수 있는 자연스러운 전략일지도 모른다. 그러나 이것으로 문제가 해결되지 못한다. 듀이식 사회는 타인의 프로젝트를 위한 모든 공헌을 중시하는 속성이 있다.

우리에게 친숙한 어떤 근거를 끌어다가 명예와 보상에서 현격한 차이로 삼는 것을 허용하면 안 된다. 특정 유형의 유용한 노동은 많은 사람이 할 수 있는 것이고, 다른 유형의 유용한 노동은 장기적 훈련이나 희귀한 능력을 요구하는 것이라 할지라도, 이 사실은 전자에 속하는 사람들에게 경멸적 태도를 보이고 후자에 속하는 사람들에게 과도한 칭찬을 해 주는 것을 정당화하지 못한다. 인간의 삶은 서로 연결되어 있으며 의사나 행정가의 노동은 물건 배달이나 기차 운행을 맡는 사람들의 노력에 의존한다. 학교는 외딴 섬이 아니다. 인간도 마찬가지다.

어느 정도의 차별화가 관용될 수 있을까? 온갖 영역에 적용될 수 있는 허용 가능한 범위를 엄밀하게 한정하려고 한다면 이는 어리석은 일이다. 그런데 심각하게 불평등한 사회라 할지라도 특권이 없는 사람들에게 필요한 것은 엄밀한 평등이 아니고 그들이 (혹은 그들과 동류인 사람들이) 이를 옹호하는 것도 아니다. 자기 아이에게 더 나은 교육을 바라는 사람들은 만일 그 아이가 사용하는 학교 시설이 가장 인기 좋은 학교와 대충 비슷한 정도라면 크게 만족할 것이다. 삶의 여러 영역에서, 심지어 상당히 중요한 문제에 있어서 사람들은 최적을 추구하기보다는 만족을 추구한다. 최선과 성과를 동일시하면 안 된다. 충분히 좋은 것이면 되는 것이다.[25]

택배 노동자들은 외과 의사들이 자신보다 상당히 높은 봉급을 받는다고 분노하지는 않을 것이다. 그들은 의사들이 장기간의 수련을 거치는 과정에서 충분히 지원받을 필요가 있고, 수련 과정을 마친 후에 그 수련 기간의 소득 결손을 메꾸어 주는 것이 합당하다고 이해할 것이다. 아마 그들은 인간의 생명을 좌우하는 결정을 내려야 하는 고도로 숙달된 기능을 가진 의사들에게 더 많은 소득이 주어지는 것에 동의할 것이다. **정확히 똑같은** 봉급과 **정확히 똑같은** 지위는 요구하지도 않는다. 이와 반대로 그들에게 (그리고 비슷한 수준의 노동자들에게) 박한 임금이 제공되고 의사에게는 열 배가 넘는 보수가 제공되는 그런 분배 체계라고 한다면 그들은 당연히 거부할 것이다.[26] 1과 9 사이의 어디쯤에서 격차를 정해야 할까? 정치적, 도덕적 문제를 다루는 나의 접근방식에 따르면, 내 답은 당연히 예측할 수 있는 것이다. 집단교섭은 내가 제시한 세 가지 제약의 지침에 따라서 이루어져야 한다. 모든 형태의 노동이 대표되어야 한다(당연히 서로 다른 직업들이 한데 묶여야 하고, 같은 그룹에 배정된 노동자들은 기본적 배정원칙을 기꺼이 수용해야 한다). 숙의 참여자들에게는, 노동유형의 요건과 성격에 관한 최선의 정보가 제공될 수 있어야 한다. 숙의 참여자들은 모두가 수용할 수 있는 자원 배분의 틀을 추구해야 한다.

그 결과로 다른 형태의 능력주의가 생겨나야 한다. 이것은 먼저 모든 종류의 가치 있는 노동을 (그리고 무가치한 반생산적 노동을 모두 제거하려는 노력을) 존중해야 한다. 어떤 구분을 만들어 낼지라도 모든 사람이 수긍하는 것이 되어야 한다. 범주들 안에서 능력은 노동자가 자신의 직분상의 의무를 이행하려는 관심과 열성에 따라서 인정받고 보상받아야 한다. 그러나 모든 사람은 자신의 개별적 프로젝트를 추구하려고 궁리한다는 점에서 중시되고 지원되어야 한다.

이 능력주의의 분위기가 학교에 스며들어야 한다. 시민으로 발달해가고 있는 학생들이 독특한 방향으로 개별화된 교육과정을 거치게 될지라도, 그 지도적 원칙은 언제나 초등학교의 저학년에서부터 그들의 (첫 단계의)[27] 공식적인 교육이 끝날 때까지는 사회에 필요한 모든 광범위한 직업의 가치를 강조하는 것이어야 한다. 모든 교실에는 나이가 서로 다른 아이들이 있을 것이다. 학교에서는 덜 큰 아이와 더 큰 아이, '영리한' 아이와 '미련한' 아이, '천재'와 '둔재' 등과 같이 분리하는 명칭을 사용하지 않고 모든 아이를 대체로 동등한 가치를 가진, 여러 갈래의 길을 따라 각자의 방식으로 공동체에 봉사하는 능력을 습득하는 존재로 볼 것이다. 학교는 다양성을 환호할 것이고 제각기 다른 성향과 경향을 가진 아이들이 뒤섞이는 것을 환영할 것이다.

그렇다면 평가, 등급, 시험은 그 중요성을 일부분 잃게 된다. 그것은 열등함과 우월함의 수준을 가리키지 않게 된다. 그 기능은 개별 아동과 그 조력자에게 정보를 전달하는 것으로 축소되고, 이제까지 발달한 심리적, 신체적 특성을 확대하고 수정할 수 있는 가치 있는 방향을 알려준다. 그것은 내가 앞서 그렸던 판타지를 옹호하는 사람들에게 개별 아동의 약점을 알려주고 그의 강점을 지향하게 한다. 평가, 등급, 시험은 이제 두려워할 것이 아니라 아이의 약점을 보강하고 강점을 이어가도록 밝혀주는 빛이 된다. 어떤 방향으로 결과가 나오건 간에 가치 있고 또 지지받는 미래가 아이를 기다리고 있음을 알게 된다면, 그는 확신을 지니고 전진할 수 있다. 자신을 타인과 비교하게 만드는 측정은 이제 사라지게 된다.

내 입장은 수정된 능력주의를 옹호하는 쪽인데 이는 분명한 상정에 기반을 두고 있다. 모든 아이에게 어떤 특별한 재능이 있으며, 이를 발전시킴으로써 만족스러운 삶을 찾을 수 있다는 생각이 합당하지 않을까?[28] 어떤 아이는 절망적이다는 점을 입증하기란 불가능한 일이 아닐까?

그런 가능성을 완전히 배제할 수는 없다. 그렇지만 설령 그런 경우가 발생하는 빈도를 측정한 경험적 연구가 없을지라도, 나의 교육적 접근에서 나타나는 아주 다양한 영역들은 그런 가능성과 동떨어진 것이다. 내가 제안하는 교육과정은 공식적인 학교 교육에서 요즈음 가르치는 온갖 교과뿐만 아니라 미술과 공예, 공동 계획과 숙의의 연습, 그리고 외국어 습득을 상당히 강조한다. '희망이 없는 아이들의 사례'란 '읽기, 쓰기, 말하기'도 서툴고, 음악이나 미술을 못 하고, 손재주가 없고, 정원을 못 가꾸고, 신체적으로 둔하고, 새로운 언어를 배울 재주가 없고, 민주적 토론에 중요한 성격 특성이 없는 그런 경우일 것이다. (잘 듣는 사람 그리고 '사람 사귀는 재주'가 있는 학생은 중개인으로서 두각을 보일 것이다.) 이런 아이들은 저학년의 교사나 조력자가 어떤 방향으로 이끌어 가려고 시도할지라도 이윽고 막다른 골목에 도달한다. 이 모든 아이가 요즈음 학교에서 사용하는 '특수 필요' 반으로 분류될 수 있겠지만, 확실히 이들에게는 별도의 관심과 개별화된 지도가 크게 필요할 것이다. 장애 (특히 발달 장애) 아동을 위해 개발된 기술은 이런 아이들이 또래들과 유익하고 보람되게 상호작용하도록 촉진하는 일에도 응용될 수 있다.[29]

5

이제까지 내가 가장 관심을 쏟은 것은 교실에서 **아이들** 간의 협동을 증진하는 일이었다. 그런데 교실은 어른들도 함께 지내는 공간이 될 것이다. 교사, 보조원, 학부모, 지역사회의 방문자 등은 인간을 길러내기 위해서 자신들의 재능, 흥미, 경험을 총동원할 것이다. 좋은 시민을 길러낸다는 관점에서 볼 때, 교실을 단일 종족 혹은 사회경제적 동질 집단으로 구성한다면 이는 바람직하지 못하다. 이와 달리 만일 다인종과 다양한 사회계층이 뒤섞여서 종합적 집단이 된다면, 그 구성원들은 조화롭게 협력할 수 있지 않을까? 개별 아동의 필요가 무엇인지를 추정할 때, 일치될 수 있지 않을까? 제시되는 내용과 그 방식에 대해서 동의가 생길 수 있지 않을까?

따라서 해마다 구성원이 바뀌도록 공동체(들)를 형성하는 일이 중요해질 것이다. 아이들이 같은 공간에서 함께 배우는 동안에 부모들도 서로 모여서 토론하는 시간을 가지면서 타인들의 독특한 관점을 이해하려고 노력해야 한다. 이상적으로 말하면, 그것은 학습을 위한 기회가 되어야 하며, 여기서 주고받는 아이디어들은 부모 집단의 전 구성원이 자녀 양육에 대한 자신의 접근에 숨겨져 있는 약점을 지각하고 개선 방향을 찾도록 자극해야 한다. 자녀 교육의 일차적 책임은 핵가족에 있지만, 아이들이 사회적 유대를 이루고 개별 학부모가 한 무리의 학생들을 조언하고 지도할 수 있게 된다면, 부모 역할의 일부 짐은 약간 가벼워질 수 있다. 만일 알렉스의 엄마가 오후 시간에 알렉스를 벨라의 아버지가 보살펴줄 것이라고 신뢰할 수 있다면, 특히 벨라나 벨라의 아버지와 함께 보내는 시간에 알렉스가 무엇을 얻게 될지를 알렉스의 엄마가 인지한다면 모두에게 이득이 된다. 물론 그 신뢰가 상호적이라면 그렇다는 뜻이다.

이런 식의 집단적 양육은 다양한 방식으로, 가족 간 상호 유대가 높은 부유한 지역의 학부모 집단들 그리고 도심지 거주자 집단들 사이에서 이미 행해지고 있다.[30] 나의 제안은 자녀의 교실로 학부모를 끌어들이고 학급 아이들의 개별적 인성에 대한 더 깊은 이해를 학부모에게 제공함으로써 위와 같은 실천을 제도화하자는 것이다. 그러나 문화적, 경제적 지위가 아주 비슷한 아이들 (그리고 학부모들) 사이에 더 강력한 사회적 네트워크가 형성된다면, 교류의 교육적 가치가 제한될 것이다. 만일 알렉스와 벨라의 가정생활이 아주 비슷하다면, 서로의 가정을 방문하거나 혹은 함께 야외에 나갈지라도 두 아이의 삶의 지평은 크게 확대되지 못할 것이다. 부모건 자녀건 간에 자신과 아주 다른 사람들, 즉 생활양식이 때때로 낯설고, 그리고 위험하지는 않으나 다소 불안정하게 보이는 사람들과 상호작용함으로써 성장하게 될 것이다. 아이들이 교실의 안과 밖에서 전체 사회의 인종적, 문화적, 경제적 다양성을 가능한 한 많이 드러내는 사람들을 알게 되는 것이 중요한 일이다.

왜냐면 그렇게 하지 않으면 위험한 편견과 고정관념이 지속되기 쉽기 때문이다. 이런 병리적 현상은 처음부터 나타나는 것 같지 않다. 인간발달에 관한 연구에 따르면, 3~4세 아이들 사이에서는 같은 인종에 속하는 놀이 친구에 대해서 의미 있는 선호 현상이 나타나지 않는다고 한다.[31] 사실 인종 구분의 표준으로 사용되는 특성들에서 잘 알려진 인종 간 변이는 인종 개념을 습득하는 아이들에게 여러 가지로 난관이 된다.[32] 어떤 인종을 열등하다고 여기도록 만들려면 주의를 기울여 아이들을 가르쳐야 한다. 또한 인종 차별적 어휘를 유창하게 사용하도록 만들려면 아이들에게 상당한 연습이 필요하다.

아마도 해로운 고정관념이 사회에서 사라지게 만드는 가장 좋은 방법은 오히려 혼란을 일으키는 것이다. 아이들은 가능한 한 어릴 때부터 다양한 종류의, 그리고 다양한 나이의 여러 친구와 뒤섞여 어울려야 한다. X에 관한 우리의 표본 속에 우리가 여러 가지 차원에서 경험하고 기억하는 수많은 개인이 다양하게 들어 있다면, 긍정적이건 부정적이건 어떤 판단에 휩쓸리게 될 유혹은 사라지고 만다. 인종적, 종족적, 문화적 편견의 독소를 예방할 최선의 방부제는 학교 교육이 시작할 때부터 다양한 집단의 아이들이 서로 뒤섞이게 하는 것이며, 그리고 그들이 공유하게 될 활동을 공동으로 계획하는 일에 참여시키는 것이다.

물론 용광로가 가장 잘 작동하는 경우는 추가되는 모든 요소가 똑같이 참신할 때다. 일단 듀이식 사회가 요즈음의 현격한 사회경제적 불평등을 조금씩 해소한다면, 아이들이 평등한 존재로 서로 섞이는 일은 한층 더 쉬워질 것이다. 인종적, 종족적, 문화적 고정관념을 물리치는 일은 (주변화된) 인종, 종족집단, 문화가 경제적 불이익과 서로 상관성이 없을 때 더 쉬울 것이다. 앞서 옹호했던 소박한 평등주의는 편견을 극복하는 데에 중요한 단계다. 현 상황에서 벗어나려면, 유익한 상승적 변화를 시도할 필요가 있다. 불평등이 줄어들면 고정관념의 증거로 여겨지는 것도 줄어들고, 그리고 고정관념이 약해지면 더 많은 수용과 더 관대한 보상이 생기도록 자극받게 되고, 불평등이 더 축소되면 … 등등 계속될 것이다.

이런 상승적 변화를 이끌어 가는 일은 내가 그렸던 협력하는 학부모 공동체를 만드는 데에 핵심이다. 이에 관한 나의 앞선 진술은 흥미의 미소를 짓게 하거나 혹은 지나친 환상의 느낌이 들도록 했을 것이다. 그것을 더 현실적인 비전과 대조해 보자. 학년 초에 모인 유치원 반 학부모들을 상상해 보자. 그들은 한번 휘둘러보고 다른 아이들이 어떤 가정 출신일지를 추정한다. 만일 다른 아이들이 자기 아이와 아주 비슷하면 느낌이 좋아진다. 친밀성의 지각이 만족을 준다. 경제적 차이, 현격한 격차(?)의 표식은 특히 다른 현저한 사회적 차이에 덧붙여질 때 불안을 유발한다. 만일 혼혈아의 편모가 과민하게 주저하고, 빈곤함이 확연하고, 실업자로 보이고, 무주택자인 것 같으면 전문직 부부는 그 아이와 자기 아이가 오붓한 친구가 되기를 원하지 않을 것은 뻔하다. 혹은 설령 전문직 부부가 그 아이의 엄마에게 가까이 다가가려고 해도 그 관계는 선심을 쓰는 듯해서 서먹서먹하게 시작될 것이다. 그 편모는 자기 아이의 (더 좋은 옷을 골라 입혔어도) 추레한 모습과 다른 아이들의 번쩍이는 새 옷을 비교하면서 (실제로 무주택자인) 자기의 아이가 어떻게 어울려 지낼지를 걱정할 것이다. 또한 그 편모는 (TV 쇼 덕분에) 그들의 삶을 조금 상상해 볼 수 있기도 하지만 자신이 처한 고민과 생활고를 전혀 모를 그 사람들과 어떻게 어울릴 수 있을까? 그 편모가 과연 동등한 인간으로서 유치원에 오거나, 학부모 모임에서 자기 이야기를 꺼내고 싶겠는가?

듀이식 사회에서 그런 사람은 없어진다. 그녀와 비슷한 사람들은 경제 지원을 받는다. 가족이 생활하고 아이를 키울 집이 생긴다. 학교에 처음 등교하는 날, 그녀의 아이는 또래 아이와 전혀 다르게 보이지 않는다. 그녀는 다른 학부모가 그녀를 위협적 존재로, 다시 말해서 그녀의 아이가 다른 가정 아이들의 친구가 되어 이들을 추하고 위험한 환경으로 데려갈지 모를 존재로 간주하리라고 여기지는 않는다. 그러나 여전히 망설이게 되는 것이 많다. 이처럼 부유한 사람들은 자녀 양육에 관한 그녀의 생각을 무시하지 않을까? 마음을 열고 부드럽게 대하겠다고 결심한 그녀는 다른 학부모들의 자신감이 자신의 그것과 비슷함을 알게 된다. 그러면 상호 학습이 나타나기 시작하고, 그리고 대화가 더 편안해지고, 조언도 쉽게 나오고 조언의 유익한 효과가 더 뚜렷해지면, 자기-확신이 가장 강한 사람들도 그런 이익을 인정하고 동참하게 된다.

온갖 종류의 공헌을 가치 있게 여긴다는 헌신, 그리고 모든 사람의 물질적 필요를 충족시키고 개인적, 사회적 프로젝트를 추구하도록 지원하려는 결의가 있는 듀이식 사회에서는 차별이 극복되고 고정관념이 타파될 수 있다.[33] 듀이식 사회의 교육은 여러 가지 형태의 협력을 촉진함으로써 아이와 학부모에게 똑같이 이익을 줄 수 있다.

6

마지막으로 가장 어려운 이슈에 들어간다. 이는 교육을 평생 과업으로 진지하게 받아들이고 늘어나는 공부 시간을 생산이나 서비스 노동과 통합시키는 다양한 패턴을 허용하기 때문에 발생하는 문제들이다. (이 책의 첫머리에서 언급한) '과부하' 문제에 대한 나의 접근은 풍부한 일반적 교육과정 속에서 다양한 부분들의 특이한 강조를 옹호하였고,[34] 나중에 경험으로 깨닫게 되는 격차로 돌아가서 이를 메꾸도록 허용하였다. 듀이식 사회는 표준 궤도를 제시하지 않는다. 듀이식 사회는 학교 교육이 특정 나이에 반드시 시작해야 되고 계속 나아가다가 공식적인 교육이 영원히 끝나는 시점이 있다고 주장하지는 않는다. 인간의 생애를 네 개의 시기, 즉 짧은 초창기, (학교와 대학이 청년 발달을 지도하는, 주된 역할의) 더 긴 중간시기, 더 긴 노동 시기, 그리고 마침내 여가로 귀환하는 (은퇴가 시작되어 끝마칠 수밖에 없을 때까지의) 시기 등으로 나누지 않는다. 학교를 떠나는 표준 시기를 16세 혹은 18세로 정하지 않으며, 고등교육을 받는 시기도 22세 혹은 대학원 공부가 끝날 때로 정하지 않는다, 아마 공식적인 교육의 처음 시기는 전형적으로 12년 동안 지속될 것이다. 이 시기가 끝난 후에는, 즉 태어나서 최초의 학교 교육을 마친 후에는 소수의 대안이 모든 사람에게 제공됨으로써 노동, 학업, 여가의 병행이 개인의 성향과 열망에 따라서 아주 근본적으로 다양해지도록 허용된다.

사치인 듯 보이는 이런 다양성은 분명한 비판을 불러일으킨다. 이를 '혼란의 위협'이라고 하자. 비판자들은 그런 것이 어떻게 모두 어떻게 관리될 수 있겠냐고 말하면서 의심한다. 사회의 필수 노동은 어떻게 할 것인가? 공공기관, 기업, 중요한 서비스는 어떻게 계획할 것인가? 이듬해에 필요한 교육 시설을 어떻게 확인할 것인가? 수요와 공급을 어떻게 조정할 것인가? 사회 전반에서 예측할 수 없는 중단과 결합이 불규칙적으로 발생할 것이라는 이런 전망은 (내가 말한) '혼란의 위협'을 일으킨다. 그것이 모두 혼란일 것이다.

그러나 내가 그려보았던 그림은 현대사회에서 이미 나타난 패턴을 강조했을 뿐이다. 야심적인 청년 노동자는 경영학부에 다니려고 2년간 휴직하고, 대학이나 일부 중등학교의 교육자들은 1년 휴직으로 연구하거나 새로운 전문자격을 획득할 수 있으며, 젊은 부부는 아이 출산을 하고 육아휴직을 사용한다.[35] 이 모든 현실은 노동자를 정상 업무에서 잠깐 벗어나게 하지만, 고용주는 이런 변화의 관리를 이미 터득하였다. 이런 상황을 헤쳐갈 핵심 도구 중 하나가 사전 예고 제도다. 일부 경우, 미래가 어떻게 될지를 예측하기는 힘들지 않다. 출산 예정인 부부는 일정표에 나타날 6개월 이상의 변화를 거의 알 것이다. 고용주에게 알리지 않으려고 해도 반년이 지나면 비밀이 거의 알려질 것이다. 물론 그럴지라도 얼마나 긴 휴가를 원할지 또 휴가 기간을 부부가 어떻게 분담할지는 아직 결정하지 못할 수 있다.

이런 현실을 확대하는 것이 어려운 일일까? 이미 시행 중인 절차를 확대하는 방법이 확실하게 있다. 대학에서 교수는 일정표에 따라 정기적으로 안식년 신청이 가능하며, 이듬해에 신청할 예정인 교수는 연구년 1년(혹은 다른 기간)을 어떻게 활용할지를 미리 알린다. 이 방식은 일반화하기가 쉽다. 어떤 직장이건 업무가 개시될 때, 신규 노동자들은 직장의 상담자와 자신의 장래 '교육 휴가'와 관련된 사전 계획을 협의한다.[36] 신규 노동자들은 그것을 염두에 두고 자신의 미래 계획을 구상한다. 국가 정책은 양쪽의 요구 사항을 제한하는 규칙을 정한다. 노동자는 취업 후 3년 이내에 휴가를 요청할 수 있으나 고용주가 이를 거부할 권리를 가지며, 그리고 휴가 요청을 수용하기 전 근무 시간을 최소한 3년은 채울 것을 요구할 권리를 가진다. 만일 3년 근무 후 3개월의 휴가를 요청한다면, 혹은 5년 근무 후 1년의 휴가를 요청한다면 고용주는 거부할 수 없다. 또한 국가 정책은 휴가 기간의 보수 조건을 정해 줌으로써 휴가를 얻는 노동자가 고용주로부터 어느 정도의 지원을 받고, 공적 재정으로부터 어느 정도로 지원받는가를 구체화한다.

내가 언급한 수치 그리고 그 정책 틀은 예로 들었을 뿐이다. 어느 철학 강단(혹은 설교단)에서 '올바른 정책'이라면서 공표하는 것은 이 책이 받아들이는 민주주의에 대한 접근방식과 어긋날 것이다. 개인들이 자신의 삶을 가치 있는 노동의 시기와 개인의 발전을 별도로 도모하는 휴식의 시기로 어떻게 나눌 것인지를 선택할 자유를 허용하는 적절한 일반적 틀을 만드는 것, 그리고 경영자에게 예상되는 결손에 대비할 기회를 제공하는 것 등은 민주적 숙의를 거쳐서 결정할 사항에 속한다. 내가 언급한 수치는 그저 **한 가지** 가능성을 보여 줄 뿐이다. 양극단의 사이에는, 즉 고용주의 완전한 권위 그리고 노동자의 총체적 자발성 사이에는, 노동 시장을 혼란에 빠뜨리지 않고 평생교육을 허용할 수 있는 여러 방식이 놓여 있다.

이 예시 속에는 또 다른 핵심이 들어 있다: 개별 노동자들의 자유에 대해 주어지는 제한은 부당한 짐으로 보지 않는다. 그 제한이 완전한 자발성을 제약한다는 점은 분명하다. 그것은 불가피하다는 점을 나는 주장한다. 에머슨과 그가 찬양하는 개인주의를 존중하지만 그렇다고 해서 노동자의 '천부적 재능'이 그를 부를 때 그 고용을 '피하는' 것을 허용하라, 그리고 '문 앞의 판자에 **변덕**이라고 써놓는' 일을 허용하라는 에머슨의 제안까지 내가 따를 수는 없다.[37]

이제까지 혼란의 위협에 대한 나의 반응은 '거시적인' 도전을 받아들였을 뿐이다. 나는 장시간의 교육 휴가를 노동자들에게 허용함으로써 생기게 될 난점을 다루었다. (나는 일 년을 생각했는데, 그러나 더 짧은 기간도 어떤 열망을 충족시킬 수 있고 더 긴 시간이 필요하게 될 다른 열망도 있겠다.) 그러나 자주 지적했듯이 노동자들은 자기 시간, 즉 매주 정해진 노동 시간의 일정 부분을 인간다움의 향상을 위한 노력에 투입하도록 장려받을 것이다. 노동자들은 어떤 경우는 교실에서 그런 일을 할 것이고, 다른 경우는 자신과 똑같은 흥미를 추구하는 젊은이를 도와줄 것이다. 이런 활동은 노동자들이 노동 현장에서 벗어나도록 만들 것이다. 여기서 미시적 도전이 발생한다. 이를 어떻게 다루어야 필요한 일을 하면서도 혼란을 피할 수 있을까?

여기서도 또다시 기존의 행동 패턴을 끌어들일 수 있다. 내가 이 글을 쓰고 있을 때, 미국의 노동력 중에서 의미 있는 비율이 (팬데믹 때문에) '자기 자리에서 대피'하지 않을 수 없었다. 수많은 사람이 일상적 일터로 갈 수가 없었다. 그런데 일부는 집에서 업무를 계속해야 하고, 또 학교와 주간 돌봄 센터가 닫혀 있어서 자기 아이를 돌보고 가르치는 일까지도 직장 업무와 병행해야 했다. 상반된 요구를 지각하는 분별력 있는 고용주는 더 낮은 생산성을 받아들였다.[38]

듀이식 사회에는 바로 이런 곤경에 처할 사람들이 많아질 것이다. 그들은 (자기 자식이나 손자가 아니어도) 어린 세대의 교육에 참여하려면, 현행 기준에 따르면 주당 표준 노동 시간에서 일부를 써야 할 것이다. 그들 중 일부는 별도 시간을 추가해야만 자신들의 전반적 인생 계획에 맞출 것이다. 다른 일부는 별도 시간의 추가를 싫어할 것이다. 이들은 차라리 주당 노동 시간을 줄이고 싶을 것이다. (말하자면) 40시간이 아닌 30시간을 일하고, 10시간을 자신의 교육적 기부에 쓰려고 할 것이다. 이런 종류의 결정은 단 한 번으로 마무리하면 안 된다. 어느 단계는 이 방안을 선택하고, 다른 단계는 저 방안을 택하는 삶을 쉽게 상상할 수 있다.

듀이식 사회는 주당 더 적은 시간을 일하고 싶은 취업 희망자들에 대한 (취업 희망자가 고용되기 전에 자기의 선호를 밝힐 기회를 허용하지 않는) 차별 방지 대책을 도입할 것이다. 그 결과 기업의 생산성은 선택의 양상에 따라 다양해질 것으로 예상된다. 즉, 고용된 사람 중에서 더 많은 이들이 표준 근로 시간을 일하려고 한다면(자신의 교육 활동을 자신의 여가 중에 할 때는) 생산성이 올라간다. 만일 어느 영역에서 재화와 용역의 어떤 수준을 반드시 산출해 내야 한다면, 예컨대 국민의 식량으로 일정 농산물을 경작해야 한다면, 이 영역의 노동력을 조직하는 경우, (농부와 농업생산자는) 더 많은 사람을 고용해야 할 것이다. 모든 노동자가 40시간보다 적은 30시간만 일하기로 선택한다면, 일손을 추가로 끌어쓸 필요가 생기고, 그러면 원래 노동력의 1/3 정도가 더 많아질 수 있다.[39]

추가된 노동력을 어디서 끌어올 수 있을까? 그렇게 할 만큼 충분할까? 이렇게 혼란의 도전을 되묻는 것이 자연스러운 경향이다. 앞서 언급했던 두 가지 사항이 내 반응의 기반이다. 첫째, 앞 장에서 제시했듯이 듀이식 사회가 확인하고 배제하려고 골몰하는 형태의 노동이 있다. 이는 오직 지위의 징표가 될 수 있다는 매력만 들어 있는 생산물과 서비스에 낭비되는 노동이다.[40] 자기-유지를 위한 생산력이 충분한(따라서 사회구성원의 개별 프로젝트를 육성하고 지원할 수 있는) 사회에서 상당한 노동력이 무가치한 목표에 낭비되고 있는 경우, 이런 형태의 노동이 사라진다면 여분의 노동력이 생길 것이다. 이들 노동자는 사회의 유지에 필수적인 부분이 아니므로, 이들을 고용한다면, 더 짧은 주당 노동 시간을 선택하는 사람들을 위해서 시간을 마련해 줄 수 있다. 더 근본적으로 우리는 제2장에서 자동화의 증대라는 명확한 가정 위에서 미래 노동 시장에 관해 설명하려고 했었다.[41] 더 많은 부문의 생산이 자동화된다면 서비스 직종을 위한 노동이 생길 것이고 특히 병약자, 노약자, 어린이에게 제공되는 보살핌이나 양육의 질이 높아질 것이다. 나는 자동화를 위협으로 생각하지 말고 기회로 다시 생각하자고 제안했다. 노동자를 일없는 농땡이(유기체)로 만들기보다는 가치 있는 노동이 사회에 더 균등하게 퍼질 수 있고, 원하는 사람들은 보상받는 노동, 즉 교육에 참여할 수 있게 된다.

내가 (그냥 한 가지 경우로) 들었던 사례처럼, 사회 유지에 필요한 직업의 1/4이 자동화로 대체된다고 가정해 보자. 간단하게, 모든 직업의 생산성이 똑같고, 로봇의 유지와 운영에 들어가는 노동이 미미하다고 가정해 보자.[42] 무가치한 노동을 제거해서 생기는 부분을 고려하지 않을지라도 자동화된 부분은 전체적으로 주당 노동 시간을 40시간에서 30시간으로 충분히 줄여줄 것이다.

최소한 나의 분석은 혼란의 위협에 대처할 수 있도록 몇 가지 큰 조치가 가능하다는 점을 밝혀준다. 듀이식 사회는 애호하는 활동의 흐름을 관리할 수 없다거나, 혹은 그런 사회의 유지와 연결된 모든 과제에 투입될 노동력이 없다거나 해서 무너질 운명이 아니다. 그러나 최종적으로 달라질 한 가지 사항은 덧붙일 가치가 있는 것이다. 듀이식 사회에서는 만일 현재 시점에서 미고용 상태이거나 직업 전환을 바라는 사람들이 충실한 서류를 갖추어 제출할 수 있는 중앙정보센터가 있다면, 그럴 의향이 있는 지원자들을 이미 자격이 되는 일자리나 훈련을 받고 나서 들어갈 일자리로 연결하는 일에서 도움을 받을 것이다. 그 서류 속에는 (지금까지) 교육받은 세부 내용, 예컨대 교사, 지도자와 고용주의 평가, 관심 사항의 진술, 그리고 일자리를 원하는 사람이 제시하고 싶은 사적 사항 등이 들어갈 것이다. 빅데이터 시대에는 그런 것을 다양한 방향에서 개발할 방법을 찾기가 어렵지 않을 것이다. 노동의 흐름을 도표로 만든다면, 기업이 원하는 직원을 찾거나 또 노동자가 자신의 계획이나 프로젝트에 맞는 취업 기회를 찾는 데에 도움을 받을 것이다.

위와 같이 혼란의 위협을 다룬다면, 몇 가지 도전에는 대응하지만 아주 심각한 형태의 회의론이 드러난다. 경제학에 대해서 비교적 제한된 지식이 있는 독자들은 생산성에 관한 나의 논의에서 한 가지 특징을 파악했을 것이다. 노동 관리의 과제는 **특정 집합의 필요들에 충분한 생산성이 어떻게 유지될 수 있는지를 보여 주게끔** 구성되어 있다. 이것만으로는 불충분하다고 회의론자들은 말할 것이다. 건실한 경제는 **성장해야** 한다. 듀이식 사회의 문제는 성장의 인센티브가 약하다는 점이다. 모든 사람이 지원을 받는다면 개별적 인생 계획을 찾는 데에 도움을 얻고, 이것의 성공적 추구에 필요한 자원이 충분히 제공되지만 더 열심히 노력하도록 만드는 압박은 느슨해진다. 듀이식 사회의 생산성은 증가하지 않거나, 혹은 다른 (듀이 이전의) 경쟁 사회처럼 신속하게 증가하지 못한다. 정체된 듀이식 사회는, 다른 사회와의 생산물 교역에서, 심각한 경제적 불이익에 직면하게 되고, 그리고 지속 불가능할 정도의 쇠퇴에 빠지지는 않을까 하는 걱정이 솔직히 생긴다. 듀이식 사회에 일단 도달한 후에 그 사회가 지속될 수 있다고 입증될지라도, 그렇지 않은 (듀이 이전의) 세계 속에서 그런 사회를 추구하려는 온갖 조처는 경쟁상의 불이익에 직면할 수밖에 없고, 그 대가를 치를 것이라는 걱정도 더 은근히 생긴다.

7

이들 회의론적 의문은 심각한 것이며, 마지막 제11장에서 그 문제와 파생 문제에 대한 대응을 시도할 것이다. 그 이전에 듀이식 사회의 약속 사항에 관한 일반적 그림을 제시함으로써 그것이 요구하는 바가 무엇인지, 혹은 회의론적 불안을 잠재울 수 있는 자원이 무엇인지를 밝히는 것이 좋겠다.

이 책의 제1부와 제2부에서 논의했던 교육의 재고찰은 특별한 성격을 가진 사회를 요구한다. 이런 사회, 즉 듀이식 사회는 구체적으로 다음과 같은 조건을 따른다.

D1. 이런 사회는 지위의 과시로만 존재하는 것들을 제외하고 온갖 종류의 생산물과 서비스를 산출하는 모든 종류의 노동을 가치 있게 여기는 것을 신봉한다. 타인들의 잘-삶에 공헌하는 모든 노동은 대체로 같은 척도에서 존중받는다.

D2. 가치 있는 형태의 모든 노동에 대해 일정한 범위 안에서 물질적 보상이 주어진다. 최고 수준과 최저 수준 간에 허용되는 비율은 민주적 숙의를 거쳐 결정된다. 가치 있는 모든 직업의 대표자가 참여하는 민주적 숙의를 통해서 보수나 급료의 전체

규모를 결정한다.

D3. 이런 사회는 취학-전 프로그램, 학교, 대학, 대학원, 계속 및 성인 교육기관, 기타 교육 시설 등에 들어가는 재정을 부담하고, 이들 시설은 모든 사람에게 무료로 개방되며, 각 개인이 흡족할 만한 인생 계획에 도달하도록 설계 및 유지될 것이다. 이를 제공하는 동일 유형의 시설들 사이에서 역량의 수준이 큰 격차로 발생하는 것을 허용하지 않는다. 낮은 수준의 수행이 더 높은 수준으로 올라가도록 자원을 공급한다.

D4. 이런 사회는 인종, 성, 민족성, 문화에 기반을 둔 고정관념을 축출해야 한다는 점을 신봉한다. 이 사회는 이런 목표를 위해서 아이들이 온갖 측면에서 자신과 다른 또래들과 만나서 숙의하는 프로그램을 충실하게 지원한다. 이 사회에서 드러나는 온갖 범위의 차이를 아이들이 알게 하고, 그리고 인구구성에서 드러나는 차이도 될수록 많이 알려지게 하도록 노력한다.

D5. 노동자들은 자신의 교육을 갱신하고, 새로운 교육적 흥미를 추구하기 위해서 정기 휴가를 얻도록 장려된다. 모든 성인은 후속 세대의 교육에 참여할 것으로 기대받는다. 만일 노동자가 주당 표준 노동 시간의 일정 부분을 가르침, 보조, 지도에 쏟기를 선택한다면 그것은 허락된다. 개인의 노동 시간표를 협상할 수 있는 틀은 민주적 숙의를 통해 정한다.

D6. 일하지 않는 성인들은 허용 가능한 범위 안에서 최저 수준으로 지원받는다. 그들은 중앙정보센터에 자신의 개인적인 세부 사항을 작성하여 제출하도록 조언받는다. 이와 같은 도움은 직업 전환을 원하는 사람에게도 제공될 수 있다.

D7. 다양한 직업 간에 지위상의 서열이나 위계를 다시 끌어들이고, 이럼으로써 개인 발달의 촉진이라는 교육적 사명을 방해하는 모든 경향에 대해 계속해서 저항한다.

이들 조건 중 일부(예컨대 D1, D4, D5, D7)는 듀이식 사회의 경제적 특성을 명시적으로 도입하지 않는다. 그러나 그 조건들은 경제적 함의를 갖는다. D1은 D2를 전제한다. D4는 D3을 전제한다. 이들 네 가지 조건은 모든 성인의 지원에 대한 신봉을 전제하며, 이 신봉은 D6에 의해 더 명확해진다. 내가 보기에 이들을 묶어서 말하면 D2, D3, D6 세 가지는 네 가지 '사회적' 조건을 위한 경제적 요구 사항을 충분히 만족시킨다. D2, D3, D6를 만족시키는 사회는 듀이식 사회로서는 미흡하겠으나, 이것이 **경제적** 특성 때문에 생기는 결함은 아닐 것이다.

따라서 어려운 회의론적 의문들의 초점이 더 또렷해질 수 있다. D2, D3, D6 세 가지를 만족시키는 사회는 경제적으로 붕괴할 수밖에 없을까? D2, D3, D6 세 가지가 지시하는 방향으로의 조치는 경제적 문제가 생기는 것이므로 사회 자체의 존속을 위해 그 사회는 물러서야 할까?

교육의 재고찰이라는 나의 제안을 유토피아라고 부정하는 관점 속에는 이와 같은 의문에 대해서 긍정하는 태도가 깔려있다.

후주 ⏱ 제10장

1 그런 사회는 로런스의 단편소설 〈흔들리는 말 우승자〉의 소년 주인공을 닮는다. 이런 단어들이 그의 귀에 계속해서 더 열광적으로 들리면서 그의 말 달리기는 속도가 높아진다. 이렇게 하다가 마침내 그 아이는 죽는다.

2 제2장 72쪽 이하를 참조.

3 혹은 더 정확하게, 그 구절에 대한 나의 해석.

4 제1장(57)과 제3장(111-12)을 참조.

5 내가 사용한 예(57쪽 주 84)를 참조. 자기 정원 모양이 맘에 들지 않은 집주인을 상상해 보자. 그에게는 여러 가지 이상이 있다. 꽃들이 매력적으로 피어 있으면 좋겠다; 화단이 가꾸기 편하면 좋겠다; 몇 달 동안 계속해서 꽃이 피면 좋겠다; 돈이 많이 들어가지 않으면 좋겠다; 어떤 색들은 좋고 어떤 색들은 싫다. 이런 꿈들의 순서를 어떻게 매길지, 어떻게 조합할지를 집주인은 아예 모른다. 그러나 그의 정원 가꾸기에 방향은 있다. 일하다 보면 괜찮은 변화가 보이고, 별로인 변화도 보인다. 늘 애쓰다 보면 마침내 만족할 만한 상태에 다다른다. 이는 미리 예견했던 것은 아니다. 실용적 진보가 나타난 셈이다. 별다른 변화를 원하지도 않았지만, 그는 자신의 노력이 여러 가지 방향으로 나타났고, 이들이 똑같이 만족스러운 것임이 입증되었던 것임을 아주 분명히 인지한다.

6 조너선 코졸(Jonathan Kozol)은 이스트 세인트루이스 학교를 뒤틀릴 정도로 상세히 묘사한다. 그 부지를 통해서 독성 화학물질이 정기적으로 흘러나온다. 그의 『Savage Inequalities』(New York: Broadway, 1991)을 참조.

7 브루킹스 기관에서 전 세계 교사의 보수를 비교한 것을 참조.
https://www.brookings.edu/blog/brown-center-chalkboard/2016/06/20/teacher-pay-around-the-world/.

8 위에서 인용한 브루킹스 보고서, 그리고 핀란드 교직의 성격에 관한 NCEE의 평가를 참조.
https://ncee.org/what-we-do/center-on-international-education-benchmarking/top-performing-countries/finland-overview/finland-teacher-and-principal-quality/.

9 이것은 다음에서 놀라울 정도로 밝혀진다. 클로디아 골딘(Claudia Goldin)의 2020 펠드스타인 (Feldstein) 강의, 〈한 세기의 여성을 여행하기〉.
https://www.nber.org/lacture/2020-martin-feldstein-lecture-journay-across-century-women.
이처럼 중요한 계몽적 발표 자료를 알려준 댄 오플레허티(Dan O'Flaherty)에게 감사한다.

10 이 가능성은 골딘의 펠드스타인 강의에서 논의된다. 그것은 몇몇 의료 전문가들이 이미 시행한 것이라고 그녀는 지적한다.

11 352-54쪽의 논의에서 분명해진 것처럼.

12 인터넷에서 '어린 아이들에게 협력을 가르치기(teaching cooperation in young children)'를 검색하면 수많은 제안이 나타난다.

13 정치에서 평등주의적 접근에 대한 듀이 자신의 태도는 그의 후기 저술에서 명백해진다. 다음을 참조. 「Individualism, Old and New」(LW 5, 90-98, 특히 98)의 제6장. 'The Underlying Philosophy of Education'(LW 8, 77-103, 특히 83-86). 『Liberalism and Social Action』(LW 11, 5-65, 특히 42-44, 53-56, 61-63). 이 책에서 나는 '모두'라고 하지 않고 '대다수'라고 말하는데, 이는 사회적 민주주의에서, 특히 자칭 민주적 사회주의라고 말하는 이들에게서, 사회-내적 불평등을 축소하기 위해 간헐적으로 노력했던 방식을 인정하기 위해서다.

14 비록 나는, 여기서 그리고 이어지는 장에서, 이런 형태의 몇몇 관심사에 대한 반응을 시도했지만, 중앙집중적 강제의 위험성에 관한 더 일반적 논의는 〈부록 2〉로 미룬다. 이처럼 더 많은 이야기가 필요함을 깨우쳐준 마사 누스바움에게 감사한다.

15 이 문장은 2020년 봄에 쓴 것이다. 안타깝게도 미국은 그 교훈을 배우는 데에 실패했으며, 미국의 다른 도시 및 주는 나중에 '감염의 주요 장소라는 구분'을 놓고 경쟁하게 된다.

16 이 구절은 애덤 스미스(WN 446-47)의 것이다. 그는 봉건제도의 붕괴에 관해서 설명한다(Book III of WN). 스미스의 이야기의 중요한 부분에서는 토지를 소유하는 남작들의 권력 약화는 장신구와 노리개에 대한 그들의 약점 때문이라고 지적한다.

17 '과시적 소비'라는 아이디어는 1899년에 소스타인 베블런(Thorstein Veblen)이 그의 책 『The Theory of the Leisure Class』(repr., New York: Dover, 2004)에서 도입한 것이다. 우리의 새로운 겉치레 시대에 이 책은 다시 읽어볼 가치가 있다.

18 이 개념을 밝히고, 이런 형태의 소비에 대한 비판으로 다음을 참조. John Kenneth Galbraith, 『The Affluent Society』(New York: Houghton Mifflin, 1958).

19 소비자의 욕구를 창출하기 위한 동기 연구에 대한 신랄한 비판으로 다음을 참조. Vance Packard, 『The Hidden Persuaders』(New York: McKay, 1957). 베블런, 패커드(Packard), 갈브레이스는 몇 가지 형태의 자본주의에서 '무가치한 노동'의 가능성을 밝혀내는 일에서 동조자라고 볼 수 있다.

20 이 책(278-84)을 참조.

21 이 사례는 필리핀의 영부인이었던 이멜다 마르코스의 유명한 성향에서 나온 사례다.

22 따라서 그것은 최근의 다음 저술가들이 내놓은 종류의 제안을 애호한다. 다음을 참조. Anthony Atkinson, Inequality. Philippe van Parijs and Yannick Vanderborght, 『Basic Income: A Radical Proposal for a Free Society and a Sane Economy』(Cambridge, MA: Harvard University Press, 2017).

23 여기서도 나는 니체와 공감한다. 제3장(121-23)의 논의를 참조.

24 물론 이런 구분이 서로 부딪칠 경우도 있다. 그러나 핀란드 교사들의 사례가 밝혀주듯이 늘 그런 것은 아니다.

25 이것은 평등주의에 대한 해리 프랑크푸르트(Harry Frankfurt)의 비판에 깔린 통찰이다. 다음을 참조. Frankfurt, 『On Inequality』(Princeton, NJ: Princeton University Press). 프랑크푸르트는 사람들이 원하고 열망하는 것에 대해 충분한 해답을 제공하는 것이 어떻게 해서 평등화라는 또 다른 목표를 불필요하게 만드는가를 인식한다. 그러나 불행하게도 프랑크푸르트는 불평등에 관한 연구에서 자주 지적되는 '무엇을 충분하다고 간주하는가는 사회적 분배에 달려 있다.'라는 한 가지 사항에 충분한 주의를 기울이지 못한다. 동료 시민 중 일부가 우리보다 훨씬 더 부유할 때, 그러지 않았으면 적절한 보수라고 받아들였을 것이 불만족스럽게 될 것이다. 내가 만족시키고 싶은 열망 그 자체는 '다른 사람들에게 가

능할 것처럼 보이는 것이 어떠한가?'에 따라서 부분적으로 결정된다. 이 사항을 탁월하게 밝혀낸 책으로 다음을 참조. Amartya Sen, 『Inequality Reexamined』 (Cambridge, MA: Harvard University Press, 1995). Atkinson, 「Inequality」.

26 Salary.com에서는 택배 운전기사의 중간 소득을 연 $42,300로, 외과 의사는 연 $393,000로 추정한다. 다음을 참조.
https://www.salary.com/research/salary/alternate/delivery-driver-salary.
https://www.salary.com/research/salary/benchmark/surgeon-salary.
내가 약간 수정한 결과 불평등의 정도가 조금 높아졌다.

27 성인이 새로운 종류의 공부로 전향해서 이를 시도할 기회를 허용하자는 나의 앞선 제안을 참조.

28 흥미롭게도, 고전(그리고 신고전) 경제학에서는 국가에 관한 가정을 유사하게 내리는 경우가 많다. 각 국가는 어떤 생산 양식에 대해서 상대적 이점을 갖는 것으로 간주한다. 예컨대 WN 16-17(485-88)을 참조.

29 지난 수십 년 동안 특수교육적 필요를 가진 아동을 돕자는 교육적 제안이 분출하였음을 보았다. 인터넷 검색은 많은 제언을 밝혀주는데, 그 대부분은 여기서 말하는 교육개혁안 속에서 실행하기가 더 쉬울 것으로 보인다. 비록 그 효과성의 증거는 아직 결론적이지 않지만, 최근에 추구된 많은 방향을 따라서 계속하는 것이, 그리고 그 실험의 빈도와 다양성을 높이는 것이 가치 있을 것으로 보인다.

30 그 차이점들은 다음에 밝혀진다. Annette Lareau, 『Unequal Childhoods』.

31 다음을 참조. Kristin Shutts, Caroline K. Pemberton, and Elisabeth S. Spelke, 'Children's Use of Social Categories in Thinking about People and Relationships,' *Journal of Cognitive Development* 14 (2013): 35-62. 다음 온라인을 참조. https://www.ncbi.nlm.nih.gov/pmc/articles?PMC3640585/.

32 인종 확인에서 자주 쓰이는 특성에서 표현형(phenotypic) 변이에 관한 연구로는 다음을 참조. H. Relethford, 'Race and Global Patterns of Phenotypic Variation,' *American Journal of Physical Anthropology* 139 (2009): 16-22. https://www/ncbi.nlm.nih.gov/pubmed/19226639. 이 변이가 아이들에게 주는 난점이 나에게 각인된 것은 나의 큰아들이 유치원에 다닐 때였다. 두 명의 소년과 친구가 되었는데 부모 중 한 명이 흑인이었다. 내 아들은 학교에 다니다가 어느 때인가 '그들은 인종이 다르다.'라는 말을 들었다. 이에 당황했는지 나에게 설명을 요청했다. 그 차이는 중요하지 않으며, 어떤 이의 피부는 다른 이들보다 더 검은 편임을 나는 말해 주었다. 이 말은 곧바로 내 아들이 종전에 그를 아주 사랑해 준 보모가 이탈리아인이었음을 떠올리게 했다. 여름이 올 때마다 그 보모는 번쩍일 정도로 짙은 선탠을 좋아했다. 가을에 그 보모의 피부는 아주 검었다. 그는 그 보모를 정확하게, 그의 친구보다 훨씬 검다고 기억했다. 그 보모는 내 아들에게 '미국 흑인'의 첫 번째 패러다임이었다.

33 내가 묘사한 척도 이외에도, 그것은 심리학 연구가 제공하는 진단과 치유를 끌어들일 수 있다. 특히 다음을 참조. Claude Steele, 『Whistling Vivaldi』.

34 제2부에서 제시한 일반 교육을 위한 전체 계획은, 일찍 특성화하지 않는 아이들에게는 학교 시간을 연장해 줌으로써, 혹은 공식적 교육에 투입되는 시간을 확대함으로써 전반적으로 상당히 깊이 있게 추구될 수 있다. 개인별 궤적은 더 많은 관심을 쏟는 특정 과목에서뿐만 아니라, 그런 과목의 속도에서도 다를 것이다. 여기서도 한 사이즈가 모두에게 통용되는 것은 아니다.

35 육아 휴직의 정책은, (직장이 보장되면서) 허용된 시간의 양에 있어서, 그리고 보상의 양과 일정에 있어서, 전 세계적으로 아주 다양하다. 예상하건대 대다수 유럽 국가는 장기 휴직을 허용하고, 그리고 휴직 기간에 학부모에게 지급하는 점에서 훨씬 더 관대하다. 미국은 이런 측면에서 형편없는 상태이며,

일부 아시아와 아프리카 국가보다 지원이 빈약하다. 그러나 미국은 성평등에서 평균 점수를 보여 준다(신혼 남성/여성을 똑같이 대우한다). 2019년도 보고서는 다음을 참조. 'How Parental Leave Differs around the World'
https://www.cloudpay.net/resources/how-parental-leave-differs-around-the-world
그리고 2008년도 이후의 더 자세한 내용은 경제정책연구소(Center for Economic Policy Research) 보고서, 'Parental Leave Policies in 21 Different Countries,' authored by Rebecca Ray, Janet C. Gornick, and John Schmitt(cepr.net에서 접근 가능함).

36 이 틀은 육아 휴직에는 적용되지 않을 것이다. 그것은 교육 휴직과 전혀 독립적이며, 그리고 오늘날 가장 관대한 국가들(예, 스웨덴)에서처럼 다루어질 것이다.

37 다음을 참조. Emerson, 'Self-Reliance,' in 『The Selected Writings of Ralph Waldo Emerson』 (New York: Modern Library, 1992), 132-53; 135에 이 인용문이 있다.

38 앞서 지적한 대로, 이것에도 불구하고 엄마들에게는 별도의 부담이 불균형하게 주어진다. 주 9(343쪽)에서 Claudia Goldin을 참조.

39 모든 신규 고용자가 40시간 노동을 선호한다면 원래 노동력의 1/4이 추가되어야 할 것이다. 만일 모두가 30시간 노동을 선택한다면 원래 노동력의 1/3이 필요할 것이다. 어떤 이들이 한쪽을 다른 이들은 다른 쪽을 선택할 때, 그 비율은 1/3과 1/4 중간일 것이다.

40 이를 어떻게 구분할 것인지에 관한 또 다른 논의는 〈부록 2〉를 참조.

41 앞에서 72쪽 이하를 참조.

42 두 번째 가정은 감독자와 유지 노동자가 전형적으로 대체 노동자 인구의 아주 일부일 뿐이라는 근거에서 정당화될 수 있다. 따라서 자동화로 해방된 노동량의 진정한 생산성은 단순화된 모형에서 주어진 것과 아주 가까울 것이다. 첫 번째 가정은, 자동화가 도입되는 영역의 생산성이 노동 전반의 평균 생산성보다 의미 있게 더 낮아질 가능성에 대처하는 데에 필요하다. 사실상, 직업 전반적으로 평등한 생산성이라는 단순한 가정은 이보다 더 약한 가정, 즉 자동화된 부분의 평균 생산성은 (집합적으로) 모든 노동 형태의 평균 생산성보다 낮지 않다는 가정에 의해 대체될 수 있다.

제11장
유토피아?

1

애덤 스미스의 『국부론』은 그 이후의 경제 이론에서 기초적 문헌으로 흔히 간주하는 책인데 맨 처음에 분업을 논하기 시작한다.[1] 스미스는 분업의 놀라운 성공, 즉 그 높은 생산성의 예찬에 거의 천 페이지를 쏟은 후에야 비로소 '단순한 과제를 끝없이 반복하는 일에 노동자가 얽매이게 되면 그들의 마음은 멍청하게 될 결과가 생길 수 있다는 점을 인정한다.[2] 분업의 놀라운 생산성은 유명한 핀 제조 공장의 사례를 통해 밝혀진다. 열 명이 각기 특수한 일을 나누어 맡는다면 하루에 4만 8천 개의 핀이 만들어진다. 만일 나누지 않고 일하면, 즉 한 사람이 혼자 하면서 모든 일을 맡는다면 '하루에 20개, 어쩌면 한 개도 못 만들 것이다.'[3]

이것이 왜 예찬의 원인일까? 그 핀 전체를 어떤 사람이 원할까? 스미스는 독자들에게 안목의 지평을 넓히라고 말함으로써 그 질문을 무력하게 만든다. 노동자와 그의 가족, 도시, 시골, 심지어 국가로 한정하여 좁게 볼 것이 아니라 지구 전체를 바라보아야 한다. 이제까지는 우리 자신이 원하는 것, 혹은 지역이 요구하는 것을 공급할 수 있었지만, 이제는 더 큰 생산성을 통해 잉여를 산출하는 방향이 유익할 것이다. 잉여가 생기면 타인에게 공급할 수 있고 그 대가로 우리는 그들이 우리보다 더 쉽게 생산할 수 있는 재화를 얻을 수 있다. 정말, 지리와 역사의 우연한 장점 때문에 경쟁력이 높아진 산업 분야에서 우리가 더 많이 생산할 수 있다면 우리는 더 부유해질 것이고, 우리의 잉여는 우리가 타인의 노동을 지시하도록 만들 것이다. 또한 노동자들도 최소한 경제적으로 이득을 볼 것이다. 생산의 동인이 주어지면, 가능한 한 많은 노동력을 가동함으로써 생산라인을 최대한 채워야 한다. 노동자의 수요가 늘어나 노동자의 공급을 초과하면 여러 가지 산업 부문에서 노동자를 구하려는 경쟁이 벌어질 것이다.[4] 그 결과 임금이 오를 것이다. 이것이 '노동의 자유로운 보상'[5]이다.

생산, 생산, 또 생산이라는 이 역동성이 어떤 단계에 이르면 한계에 도달하고 생산을 지속하라는 명령은 끝난다. 그렇지만 스미스는 그 이후의 마르크스와 마찬가지로 생산의 무제한 확장이 자본주의의 내재적 논리라고 보았다. 역설적인 일인데, 젊은 시절의 스미스는 인간 실존에서 또 다른 가치의 측면을 인정했다. 한때 그는 사랑받는다는 의식은 인간 행복의 절정이라고 칭송했으며 '행운이 야망과 함께 찾아든'[6] 사람들의 활력이 전혀 없는, 길거리 걸인들의 정적을 과장하여 말했다. 그런데 후기 저술, 즉 그의 가장 유명한 저서는 어디선가 충분한 것이면 만족한다고 선언할 가능성을 전혀 심각하게 받아들이지 않는다. 이윤은 늘 재투자되어야 한다. 자본은 늘 더 많은 수익을 추구한다. 얼핏 보면, '교역하고 교환하는 생득적 성향'이 의사결정을 지배한다는 것이 늘 증명된다.[7]

왜 그렇게 해야 할까? 만일 시간이 돈이라면, 왜 개인들 더 중요하게는 사회들이 생산력의 진보로 생긴 수익을 부의 증대에 투입하지 않고 여가를 위한 시간에 투입하는 결정을 내릴 수 없을까? 기술 진보의 덕분에 어제 내가 (혹은 우리가) 8시간 걸린 일을 오늘 나는 4시간에 할 수 있다. 나로 (우리로) 하여금 그 시간에 다른 목표를 추구하면서 즐기지 않고 생산을 두 배로 늘리는 일에 8시간을 투입하도록 강제하는 것은 무엇일까? 최대한의 경제적 보상을 추구하기보다는 더 적게 추구하고, 그리고 (6시간만 일하고 2시간을 남겨서) 약간 더 많은 시간을 여가로 즐긴다면 이것이 재앙일까? 아무래도 어떤 기본적 가정이 이미 거기에 들어 있는 것 같다. 일단 더 큰 생산의 길로 들어가면 우리는 멈출 수 없다. 자본주의의 논리는 분명히 정향 진화적이다.

'정향 진화(orthogenesis)'는 19세기 후반에 진화에 관한 다윈의 자연선택 이론을 둘러싼 토론에서 생긴 용어다. (그것은 스미스로부터 내려온 자유방임 경제와 자주 비교되는 설명이다.) 비판자들은 동물의 왕국에서 보이는 (예컨대, 아일랜드 엘크의 커다란 뿔, 그리고 공작새의 정교한 꼬리와 같은) 어떤 복잡한 구조의 혼란스러운 특성을 지적하였다. 다윈식 설명에 따르면 그런 구조들은 더 큰 버전들이 더 작은 버전들을 계속해서 교체하는 점진적인 과정에서 생겼을 것이다. 자연선택은 그 과정을 부추길 수 있었을까? 초기 단계는 거의 그랬을 것이다. 그렇지만 분명히 그 구조들은 마침내 신체적 장애가 되었고, 따라서 현재의 크기에 이르기 전에 자연선택은 그 이상 커지는 것에 **반대되는** 쪽으로 가리켜야 했을 것이다. 이 문제를 해결할 길을 몰랐던 다윈의 옹호자 중 어떤 사람들은 진화를 추동하는 별도의 요인, 즉 그때까지 인지되지 않았던 인과적 힘을 생각해 냈다. 일단 자연선택이 특정 방향을 향하여 출발한다면, 이 추세는 그 이후의 출현이 자연선택과 상반되는 방향으로 나타날지라도 멈출 수 없다. 자연선택은 방향이 미리 정해진 변화의 길을 출발하고, 그리고 일단 그 추세가 진행되면, 자연선택은 그것을 그만둘 수 없다. 이것이 정향 진화다.

현대적 다윈주의의 정통 버전들은 여기서 암시하는 힘과 아무 관계가 없다. 이들 버전은 수수께끼와 같은 현상을 다양하게 설명한다. 때때로 그 결함을 메꾸기 위해 경쟁적 이점들을 끌어들인다. 때때로 그 특성은 짝을 유혹하는 가치를 가진 신호로 보인다.[8] 진화론적 변화의 인정된 동인들은 신비로운 보완이 필요하지 않다.

전 세계적으로 사람들은 자국의 성장에 관한 정보를 얻으려고 신문을 펼치고, 텔레비전 뉴스를 듣고, 인터넷 사이트를 열어본다. 사람들은 좋은 뉴스일 때, 즉 GDP가 올라갈 때 행복해지고 성장이 느리거나 되지 않는 경우엔 실망하는 것을 배웠다. 왜 우리는 그런 수치를 맹신할까? 우리는 자본주의의 명령이라고 가정하는 것, 곧 성장 아니면 죽음을 아직도 믿는가? 경제학은 정향 진화에 관한 자체의 버전을 신봉하는가?

경제학자에게 성장이 중요한 이유는, 이것이 경기 순환의 상태를 반영하기 때문이다. 성장률이 늦어지거나 더 나빠져서 가파르게 떨어진다면, 이는 경기가 곧 후퇴한다는 신호다. 다가올 실업에 대비할 조치가 마련되어야 할 것이다. **현행의 경제적, 사회적 제도에서** 정기적으로 경제성장을 측정하고 그 내용을 반영하여 정책을 조정하는 데에는 타당한 이유가 있다. 이와 다른 상황에서도 성장에 사로잡혀야 하는지는 전혀 다른 문제다. 다른 상황이란 듀이식 사회가 모든 시민에게 자원을 배분하는 일에 충실히 헌신하고, 각자에게 가장 중요한 일을 추구하도록 사람들을 해방하는 쪽으로 자동화를 활용하고, 그리고 돌봄, 보육, 교육을 통해서 고용을 강조하는 (가치 있게 여기는) 상황을 가리킨다. 왜 듀이식 사회는 성장률의 하락, 혹은 심지어 생산성의 정체 상태를 정말 두려워하게 될까? 만일 경제적 정향 진화가 이 물음의 답을 내놓지 못하면 정말 무엇이 답을 주는가?

듀이식 사회의 가능성에 대해 경제적 회의론을 가진 사람들은 다음과 같이 말한다. '신-다윈주의자들이 진화의 추세를 지속시키는 충동을 한사코 끌어들임으로써 복잡한 현상을 오늘날 설명할 수 있듯이, 현대 경제학자들도 **모든** 사회의 건강에서 왜 지속적 성장이 핵심인지를 그런 식으로 이해한다. 스미스와 마르크스와 같은 초기 정치경제학자들의 불충분한 설명은 진지한 설명으로 바뀌었다.' 만일 그렇다면 그것은 다음 질문을 밝혀줄 수 있어야 한다: 사회들이 생산성의 정체를 (혹은 심지어 축소를) 허용할 때, 왜 개인과 집단의 행동을 지배하는 원리들은 반대로 나타나거나 때때로 재앙스러운 결과를 낳게 되는가? 이것이 밝혀질 수 있을까? 그 논증은 얼마나 치밀하게 전개될까?

2

이 문제에 집중해 보자. 어떤 규모의 사회이든, 아무튼 현재의 필요를 충족시킬 만한 능력이 있는 사회를 상상해 보자.[9] 이런 사회는 그 구성원들이 만족스러운 삶이라고 제각기 인정할 만한 삶을 유지하는 데에 충분한 것들을 모든 사람에게 공급해 줄 정도의 생산 능력이 있다고 상상해 보자. 어느 특정한 역사적 단계에서 이런 사회는 비상 상황에 대처할 수 있는 '추가 보험'을 포함해서 필요한 것을 모두 공급해 줄 수 있는 수준에서 미래의 노력을 제한할 것이라고 만장일치로 통과시킨다. 기술변화가 생산성의 성장을 더 촉진하는 일은 환영하지만,[10] GDP 증가는 의무사항이 아니다. 이것이 불가능한 일이라고 생각해야 할 이유는 무엇일까? 왜 그 사회는 루이스 캐롤(Lewis Carroll)의 붉은 여왕을 닮아야 하고, 자리를 지키기 위해 쉬지 않고 뛰어야 할까?

이런 정책이 잘못될 수 있는 몇 가지 방향은 쉽게 생각해 볼 수 있다. 첫째, 그런 사회의 인구가 증가한다면, (생산에 힘쓸 준비가 아직 덜 된) 젊은이들이 많아지고, 작업량은 합의되었기 때문에 산출될 재화보다 더 많은 것이 필요하게 될 것이다. 여기서 개인당 필요한 것이 바뀌지는 않으나 인구 팽창이 공급을 초월한다. 만일 노동자가 약정한 시간보다 더 오래 고생하지 않는다면 가용 노동자의 수는 의도하는 모든 수혜자에게 충분한 분량의 자원을 공급하기에는 부족하다. 둘째, 만족스러운 삶에 필요한 자원들의 총합이 더 커질 것인데, 이는 정해진 노동 시간의 한계를 넘어서지 않는다면, 그 인구가 산출할 수 있는 양을 초과할 것이다. 이 경우 인구 규모는 그대로이지만 그 사회의 후속 세대들이 더 많은 것을 요구하게 된다. 셋째, 첫째와 둘째 시나리오가 동시에 발생한다면 더욱더 많은 것이 필요하게 될 개인들의 인구수가 늘어난다. 넷째, 그런 사회는 다른 사회들의 상황으로부터 차단될 수 없을 것이다. 비록 **현행 조건 아래에서는** 자족적일지라도, 그런 사회에 필요한 것들을 만들어 낼 역량은 특정 종류의 물품을 (예컨대, 생산-라인을 돌리는 데에 필요한 원자재를) 수입하는 능력에 좌우된다. 현행 상태에서는 그런 사회가 다른 사회들과 교역하기에 충분한 것들을 생산함으로써 핵심 품목을 수입할 수 있다. 그러나 만일 교역하는 상대편 사회들의 경제가 계속해서 성장한다면, 그런 사회가 수출 품목에 정할 수 있는 가격은 너무 하락하고 필요한 수입 품목들의 전부를 구매할 수 없게 된다. 지구 경제의 세계에서 이웃들을 따라잡아야 한다.

나중에 알겠지만 네 번째 시나리오에서 생기는 (앞 장의 끝부분에서 이미 살펴보았던) 도전이 가장 핵심이다. 그러나 처음 세 가지 시나리오에서 시작해도 그런 가상적인 사회가 충족시켜야 할 조건들을 밝히는 데에 유용하다. 게다가 이 도전을 고찰하려면 우리는 경제를 설명하는 방식들을 구분할 수밖에 없다. 오직 경제적 동기에만 의거하는 설명과 더 광범한 열망과 목표를 인지하는 설명으로 구분해야 한다. 이런 사전 설명은 네 번째 도전을 이제까지 제시한 것보다 더 엄밀히 밝히는 데에 도움이 된다.

그러기 전에 나는 모든 시나리오를 포기하려는 안이한 방식을 일단 치워버리고 싶다. 그 시나리오는 제각기 그런 가상적인 사회에서 문제가 발생할 수 있는 방식을 가리킨다. 그런데 그런 가능성은 값싼 것이라고 말할지 모른다. 우리는 삶의 과정에서 모험하지 않을 수 없다. 우리의 '최선을 다한 계획'이 '비틀어지지 않게 해 줄' 완벽한 보장이란 있을 수 없다.[11] 내가 상상한 사회도 이 가능성을 인정해야 함은 확실하다. 그러나 그런 사회가 안목을 열어 놓고, 최선을 바라면서, 나아갈 수 없는 이유가 무엇일까?

왜냐면 책임 있는 주체 혹은 책임 있는 집단 기구라면 그런 모험의 중대성을 추정하려는 노력 없이 그런 단계로 나아가면 안 되기 때문이다. 만일 듀이식 사회의 방향으로 가려고 노력하는 사회들의 지속가능성에 대한 위험들이 정말 존재한다면, 그런 사회가 성취해 놓은 전부를 망쳐버릴 가능성이 충분히 있거나 혹은 충분히 심각할 것이다.[12] 비록 현행 상태가, 충족된 삶의 기회가 부족해서 극히 불만스럽고, 또 민주주의의 창백한 대리자일 뿐이어도, 치유의 시도가 오히려 생존의 물질적 조건이 허약해지게 만듦으로써, 사람들의 열망이 생존 투쟁으로 좁혀지고, 그리고 민주적 제도가 완전히 무너질 수 있다. 이와 달리 경제 불황이 심각해질 개연성은, 그에 따른 (교육을 비롯한) 공적 서비스가 축소될 가능성과 함께, 너무 높아서 그런 모험은 정당화될 수 없다. 따라서 이런 시나리오들은 더 신중하게 살펴보아야 한다.

3

오늘은 충분한 것이 내일이면 부족해질 수 있다. 처음 세 가지의 도전은 부족 상태가 발생하게 될 방향을 자세히 보여 준다. 이중 가장 명백한 것은 인구 성장이다. 해묵은 비교인데, 어떤 파이가 한 집단이 먹을 만큼 충분한지는 그 파이와 집단의 크기에 달려 있다. 제로 성장에 만족하는 사회는 그 파이가 더 커지지 않는 미래를 견디어낸다. 만일 그 사회에 인구가 팽창하고 인구 규모가 제한되지 못한다면, 아무래도 적당한 크기의 파이를 먹을 사람이 앞으로는 너무 많이 생길 수 있다.

그 문제의 진술은 분명한 해결책을 보여 준다. 듀이식 사회로 진행하는 단계마다 인구 성장을 제한하는 정책이 더해져야 한다. 가장 단순한 제안은 사회구성원들이 기존 인구를 유지하는 수준으로 출산하는 것을 요구할 것이다.[13] 더 민감한 정책은 성장과 인구 이동의 패턴에 맞추어 시민들에게 조언을[14] 제시하는 것이다. 경제 성장의 시기에, 그리고 (국내 이주율에서 국외 이주율을 뺀) 국내로 이주하는 사람들의 순수 증가가 마이너스 혹은 약간 플러스일 때, 한 가정 두 자녀라는 규준은 느슨해질 수 있다. 만일 경제가 위축되면, 두 자녀로 제한한다는 조언은 더 확실하게 천명될 것이다. 듀이식 교육의 어느 일부는 책임 있는 부모가 되기에, 그리고 아이들의 타고난 권리로서 만족스러운 삶의 기회를 누릴 전망이 흐려지지 않게 하는 일의 중요성에 집중되어야 한다.

'생득권'이라는 말이 분명한 반응을 일으킨다. 원하는 만큼 많은 아이를 낳을 부부의 권리는 어떤가? 그런 권리는 없다는 것이 내 답이다. 인간에게 필요한 자원이 한정된 세계에서, 상당히 더 많은 인구를 (만족시키기는커녕) 먹여 살리는 데에도 **불충분한 것이라면**, 어느 부부건 그것을 자녀에게 어떻게 제공할 것인지를 고민할 책임이 있다. 아주 불평등하게 부가 분배되어 있을 때, 흔히 아주 부당하게 불평등할 때 부자들이 **우리는** 많은 자녀를 길러낼 여유가 있어서 **정당하게** 잘살 것이라고 공언할 수 없다. 가난한 사람들의 삶에 또 다른 박탈을 덧붙이는 것, 아이를 가질 권리를 그들에게 부정하는 것은 비정한 가혹한 일일 것이다. (정말, 가난한 이들에게 '과잉 출산'이라고 비판하는 경향은 그들의 곤경에 대한 동정심이 묘하게 결여되었음을 보여 준다. 확실히 그들은 자기 자녀의 기회 결손을 깊이 성찰하지 못할 수는 있다. 그러나 사회가 더 가난한 시민들을 주변적 존재, 즉 없어져도 될 존재로 취급해 버릴 때, 가난한 사람들이 일부 공간에서나마 작은 사랑이나 위안을 움켜쥐려는 시도를 경건하게 비난하면 안 된다.) 책임질 출산의 한계를 구체적으로 정하는 것은 개인 문제가 아니라 집단이 결정할 문제다. 어떤 사회가 갖는 자원의 총량 즉 생산성의 수준이 인구의 최대치를 정해 준다. 이것이 정해지면 개인들의 출산 한도가 드러난다. 각 개인은 평등하게 취급된다. 이것도 파이를 분배하는 또 다른 경우에 속한다.

앞 절에서 거론한 권리와 책임은 제5장과 연관해서 이해할 필요가 있다.[15] 한 개인에게는 무엇이 권리이고 무엇이 권리가 아닌지를 공표할 권위가 없다. 그러므로 나의 논의는 다음과 같은 추측에 의존한다: 만일 어느 사회가 출산과 산아제한 가능성이라는 문제를 숙의하면서 이상적 대화의 조건을 (즉, 포괄성, 정보성, 상호 관여) 가능한 한 구현하려고 시도한다면, 이것은 나의 주장을 지지하는 판단에 도달할 것이다. 아이들에게는 만족스러운 삶을 살아갈 기회가 주어져야 한다. 출산의 자격을 다른 부모보다 더 많이 주장할 권리가 있는 부모는 없다. 한 집단의 총 출산은 만족스러운 삶의 기회를 전 자원이 제공해 줄 수 있는 인원수에 따라 적절하게 제한된다. 내가 알고 있는 한, 이런 실험은 시도되지 않았다. 이상적 대화의 조건에 근접하는 대의 기구가 그런 주제에 몰두한 적이 없다. 나는 내 추측을 지지하는 시도가 나올 것으로 기대(하고 또 희망)한다.[16] 만일 이런 실험이 시도되지 않고, 그리고 대안적 반응을 찾지 못한다면, 첫 번째의 시나리오는 듀이식 프로그램에 심각한 도전이 될 것이다.

인구 성장의 제한에 관한 분명한 그리고 자주 표명된 관심 이외에 더 이론적인 우려가 생긴다. 인구 제한을 어떻게 정하건 간에 삶의 질을 약간 떨어뜨리기만 하면서 출생자의 수를 늘리는 것이 가능해 보인다. 통상적 예시는 다음과 같다. 모두가 매우 만족스러운 삶을 살아가는 세계에서 출발해 보자. 이 세계와 비교되는 다른 세계는 더 많은 사람이 살고 있고 이들의 삶은 거의 똑같은데 유일한 차이는 개인마다 하루 내 두통을 겪는 세계다; 두 번째 세계는 (최소한 많은 철학자에게) 첫 번째 세계보다 개선된 것으로 여겨졌다; 똑같은 방향으로 계속해서 나아가보자. 그러면 '거북스러운 결론'에 이른다; 모든 세계 중에서 최선의 것은 엄청난 사람들이 살 만한 가치가 별로 없는 삶을 살아가는 세계다.[17]

(비용–편익 분석에서 그리고 결과주의의 다른 시도에서 표준이라고 하는) 성과의 수치적 서열화에 익숙해 있는 많은 사람은 인간 삶의 질이 한 가지 차원의 수치로 측정될 수 있다고 본다. 일차원적 서열화를 신봉하고, 아르키메데스의 공리를 만족시키는 모든 입장은 이런 논변의 희생물이 될 것이다.[18] 이런 난점은 **삶의 질** 개념의 중요한 특성을 인지하지 못한 데에서 생겨난다. 만족스러운 삶은 작은 짐들이 계속해서 추가된다고 할지라도 그 작은 짐들이 만족을 주는 그 프로젝트를 삶의 주체가 추구할 수 없도록 만들지 않는다면 그리고 그럴 때까지는 여전히 만족스러운 삶이다. 어떤 의미에서 두 사람의 삶이 아주 똑같을지라도 한쪽이 한 번 더 두통을 겪는 삶이라면 질적으로 다른 삶이다. 두통을 겪는 사람의 삶의 질은 두통이 약한 사람에 비해 약간 떨어진다. 이 차이는 만족스러운 삶과 만족스럽지 못한 삶의 격차와 비교할 때 아주 사소한 것이다. 여기서 형식적 관점에서 보면 삶의 질은 우선 만족스러운 삶과 만족스럽지 못한 삶으로 (혹은 더 많은 수의 분리된 범주들로) 구분되는 2차원적인 것이다. 일단 일차적 차원에서 삶의 질이 측정되었다면 그다음에 삶은 연속적 차원에서 비교될 수 있고, 예를 들면 두통의 발생으로 측정될 수 있다. 형식적 수수께끼는 핵심 사항을 이해함으로써 풀린다. 분리는 가치의 더 나은 부분인 것이 그 핵심 사항이다.

이제 두 번째 시나리오로 들어가자. 여기서는 파이의 부족은 소비자들의 요구가 커져서 생겨난 결과라고 가정한다. 더 큰 식욕을 만족시키려면 더 큰 조각이 필요하다. 환경의 변화 속에서 사람들은 종전에 받아온 것보다 더 많은 지원을 요구하는 프로젝트를 추구하게 된다. 이 도전에 정확히 초점을 맞추려면 중요한 두 가지 문제에 답해야 한다. 첫째, 어떤 종류의 변화가 새로운 요구를 불러일으킬까? 둘째, 새로운 요구는 종전에 충족시켰던 종류의 프로젝트를 어떻게 대체하거나 혹은 이를 불만족스럽게 만드는가?

첫째 질문에 대한 가장 분명한 답은 재화 생산의 진전을 가리킨다. 듀이식 사회는 낮은 (혹은 제로) 성장에 만족하면서 시민들에게 낙후된 물품 공급하기를 계속한다. 동시대의 다른 사회는 생산성을 높이고 새로운 기술을 개발하여 오래된 재화의 향상된 버전 혹은 새롭고 더 흡족한 대체물을 생산한다. 듀이식 사회의 구성원들은 그럴 가능성을 인지하게 되면서, 자신들에게 제공된 선택지에 대해 점점 더 불만을 느끼게 된다. 그들은 새로운 것들을 공유하기를 원한다.[19]

때때로 이런 반응은 소비주의에 불과하다고 배척할 수 있고, 그렇게 되면 더 큰 욕망은 보증받지 못한다. 최신의 가장 멋진 물건은 사람들의 핵심 목표를 추구하는 데에 필요한 것이 아니다. 둘째 질문이 제기되어야 하고 이 사례를 오래된 접근 방식들이 여전히 가능하고, 정당한 열망을 계속 만족시키는 것으로 인지함으로써 응답해야 한다. 특정 목표에 도달하는 것은 사람의 인생 계획에서 중요하다. 그는 전통적 수단을 통해서 그것을 여전히 달성할 수 있다. 그것을 특수한, 값비싼 방식으로 달성하라는 조건을 추가하는 일은 중요한 것과 부차적인 것을 혼동하는 일이다.

그 시나리오의 모든 사례가 그처럼 쉽게 정리되지 못한다. 왜냐면 핵심 목표의 추구를 가로막았던 오래된 장애물은 새로운 기술에 의해서 극복될 수 있기 때문이다. 여러 세대에 걸쳐서 사람들은 서로 정기적으로 연결되기를 원했지만 불확실한 상황 속에서 오래 기다리면서 이따금 연결되는 것에 만족해야 했을 것이다. 통신공학의 발달로 이 모든 난점이 해소될 수 있다. 더 풍요한 다른 사회의 구성원들이 오랫동안 늘 원하는 바를 누리고 살아온 세상에서 불만족스러운 옛날 방법을 계속해서 써야 하는 사람들의 불만을 우리는 전적으로 정당하다고 가정하지 않겠는가?

고통스러운 장기간 이별의 역사적 사례를 하나 살펴보자. 찰스 다윈처럼, 토머스 헨리 헉슬리(Thomas Henry Huxley)는 영국 해군 함정(HMS 방울뱀 호)을 타고 세계를 일주했다. 호주에서 그는 헨리에테 앤느 히손(Henrietta Anne Heathorn)이라는 젊은 여성을 만났다. 그들은 사랑에 빠지고 약혼까지 했다. 1850년 5월 〈방울뱀 호〉는 시드니 항구를 떠났고, 그리고 '헉슬리는 5년도 넘게 그의 아내가 될 여인을 못 보게 되었다. 이때 그는 그녀가 자기에게 와서 함께 살기를 원하는 처지에 오랫동안 놓여 있었다.'[20] 이 젊은 연인들은 각자의 생각, 감정, 주변사 등을 서로에게 전할 계획을 꼼꼼하게 짰었지만, 그들 간의 통신은 늘 느렸었고, 해상의 변덕스러운 상황에 취약했었다.

그런데 이런 곤경에서 (혹은 이와 아주 비슷한 상황에서) 다른 사회에서 개발된 (아주 멀리 떨어져 있어도 서로 보면서 대화할 수 있는) 신기술을 배운다고 상상해 보자. 아이폰이 등장했다.

안타깝게도 새로운 기계는 값이 너무 비싸서 (종전에는 아주 적절한 것처럼 보였던) 지원금을 받아도 사회인들이 감당할 수 없을 정도다. 게다가 그 연인들이 아이폰을 마련하기 위해 희생하고 절약할지라도, 둘이 거주하는 각각의 지역 인프라는 동 시간대의 소통을 지원해 줄 수 없다. 무선 송신탑이나 위성이 없어서다. 경제 성장이 아직 미흡한 사회에서 이런 상황은 어쩔 수 없다. 이런 낯선 환경에서는 그동안 필요를 충족시키는 데에 충분했던 것도 소용없어진다.

이런 시나리오는 두 번째 도전을 정교화하는 여러 가지 방식의 소비주의에서 벗어난다. 생산성의 증가가 사람들의 인생 프로젝트를 촉진해 주지 못하는 재화만을, 다시 말해서 사람들이 갖고는 싶지만 갖지 못할지라도 자신에게 핵심적으로 중요한 것을 희생시키지 못하는 그런 재화만을 산출할 때, 그 도전에서 벗어날 수 있다. **오로지** 경제적 성장에 관심을 쏟는 사회가 아니라면, 사회구성원들의 만족스러운 삶을 계속해서 지원해 줄 수 있다. 앞선 소통의 사례는 공통으로 느끼는 핵심 열망과 아주 직접 연결되어 있어서 인상적이었다. 연인들의 관계는 흔히 인간적 관심사의 핵심이므로, 남들은 쉽게 소통하는 세상 속에서 소통 능력의 한계는 심각한 단점 혹은 상실로 느껴진다. 더 행복하게 소통하는 사람들처럼 연락하고 싶은 간절한 마음은 그동안 중요한 관계들을 지속시켰으나 이제는 짜증 나게 하는 장치에 대해서 불만, 즉 합당한 불만이 생기게 한다.

이것은 경제 성장을 소홀히 한 결함을 드러내는 것일까? 이는 앞서 가정했던 불가능성의 증명을 제공하는 것일까? 나는 그렇게 믿지 않는다. 아래와 같은 다섯 가지 고려사항은 그 이야기의 행복한 결말을 말해 줄 것이다.

1. **성장 열병의 비용**. 이제까지의 이야기는 듀이식 사회의 구성원들을 위한 삶에서 한 가지 단면만 살펴보았다. 그 이야기는 구성원들의 삶 전체를 검토하지 않고, 또 그들의 삶을 다른 사회의 행복할 것 같은 구성원들의 삶과 비교하지 않는다. 듀이식 사회의 시민들은 더 성찰하면 성장의 강조에 뒤따르는 비용이 어떠한지를 알게 된다. 확실히, 다른 사회의 시민들은 멀리 떨어진 친구들과 훨씬 더 쉽게 교류할 수 있(고 심지어 그런 '친구들'의 수를 늘릴 수 있)다. 그러나 다른 사회는 인간관계의 범위와 깊이를 제한한다. 아이들의 성장을 살펴보고 도와줄 기회도 제한된다. 이들의 다수는 정말 중요한 일인지도 파악하기가 어려운 일자리에서 평범한 보상을 얻느라 장시간 노동을 한다. 교육적 혁신은 거의 없다. 듀이의 관점에서 보면, 더 쉬운 소통의 기회가 인간관계를 심화시키고 지속시킬 수 있겠지만, 다른 낯선 사회의 많은 특성은 그런 인간관계를 제약하거나 값싸게 함으로써, 상대방에 의해 이루어지는 교섭은 나쁜 것

으로 보이게 된다. 이런 결론에 도달하는 듀이 옹호자들은 멀리 떨어진 연인과의 불편한 소통방식을 어쩔 수 없이 받아들인다. 그들은 이것을 자기 사회의 수많은 중요한 이득을 누리는 데에 뒤따르는 손실로 간주한다.[21]

2. **보상품?** 그 이야기에는 혁신이 이루어질 수 있게 만드는 조건들에 관한 가정이 들어 있다. 기술혁신의 발달 가능성이 성장-지향적 사회에서 더 커지게 될 이유는 무엇일까? 확실히, 경제적 이득이 연구 증진에 재투자될 것이다. 이것이 최근 역사에서 때때로 이루어졌는데, 가장 분명한 것은 제2차 세계대전 직후 듀이식 사회와 비슷한 미국에서였다. 마찬가지로 교육을 핵심적인 우선 사업으로 선정하는 사회가 특히 자연 현상의 탐구에 대한 호기심과 열정을 보존하고 육성하려고 애쓴다면 상상력 있는 일군의 혁신가들을 길러낼 것이다. 실험실 및 다른 연구시설에 투입되는 모든 자금은 제공하는 장비를 잘 활용할 기술력을 가진 인재 발굴 사업과 병행되어야 한다. 절망적으로, 국내에서 길러진 영재가 부족하다고 느끼는 사회는 '국가 우선 사업'으로 보이는 진로 방향으로 청년들을 끌어들이거나 혹은 기술인력을 수입하려고 시도할 수 있겠지만, 왜 이런 접근 방식이 듀이식의 방향에서 교육을 재고찰하는 방식보다 더 우월할 것인지 전혀 확실하지 않다. 실제로 현대의 일부 사회에서는 평등주의와 기술 성공을 결합하였다.[22] 물론, 만일 듀이식 사회가 혁신을 일으키는 일에서 자기 입장을 지켜간다면 자체적으로 개척하여 만들어 낸 재화를 다른 데에서 만든 것들과 교환하려고 시도할 수 있다. 이것은 교환과 거래의 일상적 실제에 따라 점진적으로 일어날 것이다. 혹은 더 합리적이고 더 협동적인 세계에서는 인간 프로젝트의 실현을 촉진할 수 있는 유익한 기술적 진보를 인류의 공동 자산으로 만드는 일, 즉 공유에의 헌신이 나타날 수 있다.

3. **기술 모방.** 내 이야기는 다른 현실적 가능성도 도외시한다. 일단 새로운 기술이 전파되고 그 매력이 밝혀지면 그것을 처음 개발한 사회 안에 가두어 놓기가 거의 불가능하다. 산업스파이 부대가 없을지라도 다른 나라의 과학자와 공학자는 그 물건을 입수하여 분석함으로써 나름대로 다시 만들어 낼 수 있다. (물론, 당연히 그들의 노력은 은밀한 곳에 심어놓은 비밀 제보자의 도움을 받기도 한다.) 듀이식 사회에서 아이폰은 영원히 없을 것이라는 가정은 그 이야기에서 받아들이기 어려운 (아이폰을 단순한 예시로 취급함으로써 내가 감춘) 특성이었다. 미국의 대안(안드로이드)뿐만 아니라 핀란드(노키아), 일본(소니), 한국(삼성)도 모두 경쟁력 있는 버전을 생산했다. 아마 듀이식 사회는 지구적 경쟁에서 성공을 거둘 대등한 상품을 생산할 수는 없을 것이다. 그러나 이것이 핵심은 아니다. 듀이식 사회의 시민들이 스마트폰 없는 삶을 살아갈 운명이 되려

면, 지금은 구식이 되어버린 장치를 만드는 것으로부터 아이폰의 주된 통신 기능을 제공할 생산물을 설계하고 제조하는 것으로 자원들이 이동할 가능성을 부정해야 한다. 듀이식 사회에서 이렇게 될 개연성은 매우 낮아 보인다.

4. **시장 확대**. 애덤 스미스로부터 현재까지 고전/신고전 경제학의 한 가지 핵심 주제에 따르면 기업은 상품 시장의 확대를 끊임없이 시도한다. 따라서, 일단 신속한 효율적 통신 장치가 비-듀이식 세계로 밀려들어 온다면 제조업자들은 (멋진 신기능을 갖춘) 새로운 변종을 설계하도록 자극받을 것이다. 그들은 오랜 구형 모델을 소유하는 사람들에게 소액 할인을 제공할 방안을 찾아낼 개연성이 아주 높다. 그들은 구형 모델을 수선함으로써 가격이 오른 신형을 감당할 수 없는 소비자들에게 더 싼 가격으로 팔 수 있다. 그들은 더 빈곤한 사회가 필요한 인프라를 도입하도록 도와주고, 이로써 그들의 생산품 판매 시장을 확대하는 것이 이윤을 낳을 것으로 내다본다. 개발도상국에 실제로 기술이 퍼지듯이 듀이식 사회에도 퍼질 것이다.[23]

5. **파멸에 직면**. 듀이식 사회는 실용주의자가 될 뿐만 아니라 실용적이어야 한다. 역사는 그 사회에 친숙한 교훈을 가르쳐 준다. 때때로 한 사회는 의외의 위협에 당면하게 되며, 따라서 파멸을 피할 비상조치를 취해야 할 것이다. 그런 위험이 생길 때 일상적 실천은 정지된다. 시민들은 그 상황에서 벗어나려고 단결하고 그 시기의 요구 사항에 맞추어 행동할 것이다. 따라서 비록 듀이식 사회가 주당 노동시간을 더 짧게 허용함으로써 각자가 교육 측면에서 공헌할 수 있게 (그리고 자신의 교육 휴가를 찾게) 하고 생산 노동에 40시간을 투입하라고 요구하지 않을지라도, 그 구성원에게 더 많은 것을 요구할 때도 생긴다. 어린이의 양육은 규범으로 유지된다. 이제 이 일을 명예롭게 여겨야 하지만 도전에 대응할 집단적 노력을 위해서는 일상적인 경우와 달리 더 많은 시간을 투입해야 한다. 이렇게 한다고 해도 만족이 희생되지는 않는다. 중대한 위협을 극복하는 일에 참여하느라 일상생활에서 방해를 받는 여러 집단의 사람들은 나중에 그때를 가리켜서 자기 인생에서 가장 보람되고 의미 있는 시기라고 말할 것이다. 런던 대공습을 겪은 런던 시민의 증언은 유명한 사례다. 이와 마찬가지로, 다른 지역에서 통용되는 신기술을 도입할 수 없는 것이 중대한 사회문제로 떠오를 때, 듀이식 사회는 시민들에게 특별한 노력을 요청할 수 있다. 듀이식 사회는 그 근본적 헌신을 희생시키지 않으면서도 인지된 결함을 극복하기 위해서, 통상적 실천의 일부를 일시적으로 정지한다.

나의 다섯 가지 반응은 무엇을 보여 주는가? 어떻게 다섯 가지의 더 행복한 결말이 나타나는지를 밝혀주는 데에 그치지 않는다. 사람들은 완벽한 논변을 찾기가 어려운 때에는 모호하지만 설득력 있는 주장을 세운다는 희망에서 몇 가지 덜 결정적인 추론 방향으로 손짓하기도 한다. 이들 다섯 가지 제언은 우리에게 더 많은 것을 준다. **각각의** 제언은 다른 것들이 없어도 그 문제를 바로잡을 개연성이 높다. 따라서 다섯 가지 제안 중에서 **아무것도** 발생하지 않을 개연성은 극히 낮다(이 개연성은 다섯이라는 아주 작은 수의 산물이다). 나의 주요 사례가 두 번째 도전을 대표하는 한, 듀이식 사회가 부딪칠 위험성은 정말 미미하다.

그러나 결국 악마는 디테일에 있다. 그 도전은 듀이식 사회들이 봉착하는 핵심 난점의 **일반적** 제시로 나타난다. 다섯 가지의 반응은 이 주장을 반박한다. 우리가 예상할 수 있었듯이 (제9장에서 끌어냈던 사회과학에 관한 결론을 상기하면) 거시경제 이론의 이 부분이 세 가지의 바람직한 속성, 즉 간결성, 정확성, 일반성을 갖춘 모델을 제시하지 못할 것 같다.[24] 불가능성이라는 너무 일반적 주장은 반박되었다. 그렇다고 해서 더 협소한 (관련된) 어떤 도전을 드러내는 더 신중한 거시경제적 논변의 가능성이 배제되지 않는다. 그러나 이제까지는 더 협소한 도전이 성공함을 밝혀내기 위해서 아무것도 하지 않았다.

세 번째 도전은 후보를 제공하는가? 아니다. 여기서, 처음 두 가지 도전들이 결합한다. 듀이식 사회는 너무 크게 성장하고 더 많은 것들을 요구하는 시민들로 채워지는 것처럼 그려진다. 파이의 크기는 똑같은데 나누어 먹어야 할 사람들은 훨씬 많고 욕심도 제각기 늘었다. 그 팀의 구성원 두 명 간에 상호작용이 증대된다면 사고가 생길 것이다. 그러나 그렇지는 않다. 그 도전들은 개별적으로 움직이며, 그 효과는 단순히 합쳐진다. 첫 번째 난점을 해결하고 또 두 번째 난점을 해결하면 세 번째 난점이 충분히 해결된다. 인구 성장을 제한하는 정책이 시행되는 한 그리고 새로 생긴 필요들의 문제가 방금 언급한 방식으로 다룰 수 있다면, 세 번째 도전은 해소될 것이다.

4

이제 우리는 네 번째의 가장 어려운 도전에 이른다. 여기서, 사회들 간의 상호작용이 강조된다.[25] 세계 속의 다른 사회들과 다르게 오직 듀이식 사회만 그 교육적, 사회적 정책에 필요한 경제적 토대를 지탱할 능력을 상실할 수밖에 없다고 주장한다. 만일 세계 전체가 듀이식 사회라고 한다면 아마도 무한정 지속될 것이다. 이 책의 프로젝트는 한 가지 의미에서 유토피아적이지 않다. 즉, 만일 앞서 여러 장이 제시한 제안들에 따라 모든 사회를 변혁할 수 있는 마법의 지팡이가 있다면, 그 결과는 불가피한 붕괴가 아니라 행복한 미래로 나아갈 것이다. 그것은 유토피아주의로 빠지는 다른 고통을 겪는다. 듀이식 방향으로 사회를 재건하려는 노력은 꺾여질 것이다. 여기서 거기로 바로 갈 수 없다.[26]

만일 듀이식 사회가 전적으로 자족적이면, 다시 말해서 다른 나라의 재화를 수입할 필요가 전혀 없으면 아무 문제가 없을 것이다.[27] 게다가, 만일 듀이식 사회가 한 무리 생겨난다면, 서로 교역하고 그럼으로써 각각의 필요를 충족할 수 있어서 어쩌면 모두가 잘될 것이다. 따라서, 엄밀히 말하면 완전한 듀이식 세계로까지 비약할 필요는 없다. 만일 수정된 사회경제 시스템이 충분히 퍼지게 된다면, 그것은 지속될 수 있다. 그러나 당분간 듀이주의 (Deweyanism)가 소규모로 시작한다고 가정해 보자. 어느 사회는 다른 사회와의 교역에 의존하면서 부분적으로 듀이식 전환을 시도한다. 구체적으로 그 사회는 노동조건을 조절함으로써 더 짧은 주당 노동시간을 시민들이 선택할 수 있게 하고 남은 시간은 차세대의 양육에 그리고 (이차적으로는) 지속적 자아 발달에 투입할 것이다. 생산성은 개인별 프로젝트와 이를 뒷받침할 사회제도의 유지에 필요한 자원을 충분히 생산하는 수준으로 유지된다. 이를 가능하게 하는 것이 자동화의 증대다. 그러나 그 사회는 임금을 (앞 장에서 제시한 방향으로) 평준화하고 경쟁을 완화한다. 그렇게 하면서도 그 사회는 경제 성장을 허용하고, 경제가 성장할 때 이를 환영하지만 그 사회적 목표들은 최대한의 생산성 확대라는 요구에 종속되지 않는다. 쇠퇴(경기 후퇴)의 시기에 그 사회는 생산 전체를 원하는 수준으로 회복시킬 조치를 하게 된다. 그 사회는 기꺼이 제로 성장을 받아들이고, 그리고 생산이 증가할 때 사회적, 교육적 헌신을 희생시키면서 더 크게 팽창할 가능성을 두고 고민하지 않는다.

그러나 그 사회의 주변에 있는 여러 사회들 중 일부는 교역 파트너이며 경제 성장을 더 우선시한다. 이들 사회가 완전히 무자비할 필요는 없다. 그러나 이들 사회는 듀이식 사회와 다르게 불평등을 더 폭넓게 그리고 경쟁을 더 치열하게 허용한다. 이들 사회의 생산성은 더 빠른 속도로 증가할 수밖에 없을까? 혹은 더 엄밀하게 두 가지 대안적 질문을 우리는 구분할 수 있다. (1) 특정 시기에 듀이식 사회에서 생산성의 증대가 X이고 다른 사회들에서 추가 생산의 최소 가치가 Y이면, X는 언제나 Y보다 적을까? (2) 특정 시기에 듀이식 사회에서 생산성의 증대가 X이고 다른 사회들에서 증대된 생산의 평균이 Z이면, X는 언제나 Z보다 더 적을까?

분명히 (1)에 비해 (2)에 대한 긍정적 대답이 더 높을 것이다. 그러나 그 도전은 두 가지 질문에 대한 '긍정적' 대답을 가정하지 않고서도 구성될 수 있다. 불가피성이 문제가 아니다. 높은 개연성도 충분히 나쁜 것이다. 그 도전의 논변을 시도하는 데에 필요한 것은 비교적 약한 가정뿐이다.

(P) 만약 특정 시기에 듀이 사회에서 생산성의 증대가 X이고 그리고 다른 사회들에서 증대된 생산성의 평균이 Z이면, X가 Z보다 더 적어질 개연성이 높다.

여기서 '높은 개연성'은 0.5보다 의미 있게 높은 개연성을 가리키는 것으로 이해할 것이다. 만일 그 개연성과 0.5 간의 차이가 작다면, 듀이식 사회에 반대하는 압력은 약할 것이며, 그 쇠퇴의 과정은 그에 따라 느려질 것이다. 이것은 다른 요인들이 쇠퇴에 개입해서 막아내는 것을 허용할 것이다. 듀이식 사회의 사회적 이점들을 지각하는 다른 사회들은 그것이 이끄는 대로 따를 것이다!

듀이식 사회는 처음 상태에서 스스로 필요한 재화와 서비스를 일부 생산함으로써 유지해 가고, 교역 파트너로부터 일부 재화와 서비스를 구입하고, 그리고 교역 파트너에게 다른 재화와 서비스를 제공해 준다(양쪽 파트너의 구성원이 반드시 똑같아야 하는 것은 아니다). 단순하게 듀이식 사회는 빌리지 않고, 즉 결손이 없이 가능한 정도로 지출한다고 가정해 보자.[28] 그러나 변동에 대비하고 예측 불가능한 긴급 사태에 대처할 기금은 갖고 있다.[29] 더 이상적으로, 교역이 계속해서 이루어지지는 않고 단속적으로 발생한다고 상상해 보자. 매년 초에 여러 사회는 제각기 제공하거나 필요하게 될 재화와 서비스를 교환한다. 처음에 듀이식 사회의 생산성은 교역 파트너 중에서 평균을 차지한다. 따라서 첫해에 가장 가능한 성과는 수입과 지출의 균형일 것이다. 그 생산성 수준은 그 사회가 제공하는 재화와 서비스를 찾는 상대방 사회들에게 경쟁력 있는 가격으로 제공하도록 만들 것이고 비상 기금을 끌어들이지 않아도 필요한 것들을 구매하도록 만들 것이다. 원래 상황에서 모든 것이 잘 돌아간다.

새해 첫날 여러 사회는 전년도의 성장에 비추어서 수정된 재화와 서비스의 가격을 들고 시장에 나타날 것이다. 듀이 사회의 관점에서 여러 해는 특성화될 것이다. **살찐** 해는 듀이식 사회의 생산성이 교역 파트너의 생산성에 비해서 증가한 해다. ((P)의 상징을 사용하면) 살찐 해에 X는 Z보다 더 크다. **여윈** 해는 듀이식 사회에서 생산성의 증대가 비교적 낮은 해다. 여윈 해에 X는 Z보다 더 작다. 원칙 (P)는 여윈 해가 살찐 해 보다 의미 있게 더 많을 것으로 본다.

여윈 해에 무슨 일이 일어날까? 그것은 다수의 세부 사항에 달려 있다. 다시금, 단순화된 가정들을 도입함으로써 그 도전에 집중할 수 있다. 다음과 같이 가정해 보자. 어느 경제 부문, 즉 어느 특정 라인의 재화와 서비스의 경우에서 정확하게 두 명의 공급자와 정확하게 두 명의 잠재적 구매자가 있다고 가정해 보자. 듀이식 사회가 그 재화와 서비스를 제공할 때 책정할 수 있는 가격은 그 경쟁 사회가 요구하는 것에 더 비슷해질 것이다. 그 경쟁 사회의 생산성이 듀이식의 사회에 비해 더 높게 되면 그 결과로 그 경쟁 사회는 더 낮은 가격에서 각각의 상품을 제시할 수 있다. 이와 달리, 듀이식 사회가 찾는 재화와 서비스를 위해 지출하여야 할 가격은 네 가지 경우 중 하나인 경우, 즉 양쪽 공급자의 생산성이 평균 이상일 때만 중간 이하로 떨어질 것이다. 이런 상황에서 교역의 균형은 불리할 것이고, 그리고 만일 그 사회가 '가능한 대로 지불'하려면, 필요한 것들을 구하기 위해 비상 기금을 끌어다 써야 할 것이다.

거꾸로, 살찐 해에 듀이식 사회는 비상 기금을 보충할 수 있을 것이다. 다시금 단순화시킨다면, 그리고 이득과 손실의 크기가 같다고 가정한다면, 비상 기금의 상황은 기울고 마를 것이다. 그러나 원칙 (P)는 살찐 해보다 여윈 해를 더 많이 기대하라고 우리에게 말한다. 따라서 하향 변동이 지배할 것이다. 비상 기금은 마치 우물에서 벗어나려고 낮에는 2피트 올라가고 밤에는 3피트 내려가다가 마침내 바닥에 떨어지는 개구리처럼 시간이 흐르면 줄어들 것이다. 일단 비상 기금이 소진되면 듀이식 사회는 빚 없이 끌어갈 수 없고, 따라서 스스로 지탱할 수 없을 것이다.

이런 식의 추론은 여러 가지 방식으로 단순화시킨 것이며, 그중 일부는 내가 이미 분명히 지적한 것이었다. 방금 보았듯이 그런 식의 추론은 다양한 성과들이 분산될 방식들에 관한 고려사항들을 기꺼이 무시하고 평균을 잡음으로써 그것들은 붕괴한다. 그런 손쉬운 방식들이 더 신중한 형식적 취급에 따라서 지켜질 것이라고 가정해 보자. 겉으로 보기에 듀이식 사회가 자족적이지 못하거나 혹은 비슷한 사회들의 자족적 무리의 일부가 되지 못한다면, 그것은 단명할 개연성이 높고 추구하는 사회적 목표들을 위한 경제적 예비조건도 유지하지 못할 것이다.

5

그 도전은 통계적 단순화 이외에도 경제학 모델에서 야심적인 여러 사업을 공통된 방향으로 이상화한다. 이들 추상화의 일부분에 주의를 기울인다면 우리는 그 도전이 어떻게 무뎌질 것인지를 파악할 수 있게 된다.

먼저 원칙 (P)에 집중해 보자. 이 원칙은 과도한 진술에서 벗어나서 어떻게 듀이식 사회들이 이웃 사회들보다 생산력이 능가할 수 있는지를 인지한다. 이 원칙이 호소하는 주장은 결국 듀이식 사회들의 전체가 경쟁 사회들의 생산성 수준에 다다를 기회가 낮다는 점이다. 이런 식으로 그 이슈를 구성하는 것은 듀이식 프로그램의 세부 사항을 설계하고 이끌어 가는 사람들에게 주체성의 이상한 결핍이 나타난다고 보는 것이다. 이는 마치 제안된 방향으로 교육과 사회를 재고찰하려는 결정이 마치 제비뽑기에서 하나를 뽑는 것과 다름없다. 듀이식 사회들은 한 통에서, 비-듀이 사회들은 다른 통에서 뽑는다. 나중에 뽑는 표들의 생산성 가치는 평균적으로 이전에 뽑은 표들의 그것보다 더 크므로 듀이 옹호론자들은 비교 게임에서 잃고 말 것이다.

그 문제를 다르게 구성하는 방식을 살펴보자. 듀이식 사회들은 그 사회적, 교육적 프로그램을 가능한 한 최선으로 실행하려고 시도한다. 듀이식 사회들이 구상한 정책들은 각각의 상황에 대한 사려 깊은 반응이라고 가정해 보자. 경쟁하는 다른 사회의 정책을 구상하는 사람들도 똑같이 사려 깊다고 가정해 보자. 듀이식 사회들의 생산성은 언제나 다른 경쟁 사회들의 중간 생산성보다 낮을까? 이 불리한 상황이 나타날 개연성이 더 높을까?

긍정적 대답이 나올 만한 이유가 명백하다. 듀이식 사회에서 주당 평균 노동시간은 경쟁 사회들의 그것보다 더 짧기 때문이다. (앞 장의 예시적 사례에서, 비-듀이식 사회의 구성원들은 주당 40시간 일한다. 듀이식 사회의 구성원들은 30~40시간 사이에서 선택한다.) 만일 규모가 비슷한 사회라고 본다면, 주당 노동시간은 비-듀이식 사회가 듀이식 사회를 넘어설 것이다. 이 결손을 메꾸어 줄 어떤 특성이 듀이식 사회에 있을까? 없다고 생각할지 모른다: '듀이식 사회가 할 수 있는 모든 것은 비-듀이식 사회가 모방할 수 있다.' 그렇지 않다. 듀이식 사회는 두 가지의 관련된 측면에서 다르다. 교육 프로그램과 상대적 평등주의에서 다르다.

이 두 가지 특징은 듀이 사회의 생산성을 위해서 뚜렷하게 세 가지 방식으로 공헌할 것으로 예상된다. 첫째, 개인 발달의 강조는 사람들이 자기에게 적합하다고 느끼는 (그리고 그들의 만족스러움을 촉진하는) 직업으로 그들을 이끌어 준다. 그들은 소속 사회를 위한 자신의 공헌이 인정도 받고 명예롭게 여겨짐을 알고 있어서 비-듀이식 사회에 사는 사람들보다 더 양심적으로 일할 것이다. 둘째, 그와 같은 개별적 관심은 이를 정교하게 다듬어 줄 유연한 교육과정과 함께 각자의 독창성과 창의성을 자신이 선택한 일에서 발휘할 사람들을 길러내는 경향이 있다. 결과적으로 듀이식 사회에서 혁신의 수준이 아마 더 높을 것이다. 셋째, 듀이식 사회의 모든 구성원은 적절한 지원을 받기 때문에 '버려진 아이들'이 없다. 아이들에게는 적절한 음식과 주거지가 주어지고, 굶주리거나 지친 상태에서 학교에 오는 일이 없다. 아이들은 어릴 때부터 학습하는 데에 도움을 받는다. 문해력 수준, 셈하는 능력 및 다른 기능은 평균적으로 더 높을 것이다. 더 숙련된 노동력은 비-듀이식 사회에 사는 사람들보다 더 높은 생산력을 보여 줄 것이다.

이런 효과는 주당 평균 노동시간의 축소로 발생하는 결손을 메꿀 정도로 충분히 큰 것일까? 이는 실험해 보기 전에는 답할 수 없다. 그렇지만 전 세계의 생산성에 대한 최근 통계는 흥미로운 추세를 보여 준다. 생산성은 주당 평균 노동시간의 길이와 별로 상관관계가 없다. 주당 평균 노동시간이 짧은 일부 국가는 더 긴 국가보다 생산성이 오히려 더 높다. 룩셈부르크와 노르웨이의 노동자들은 제각기 연간 1,512시간과 1,424시간을 일하는데 이는 미국 노동자들의 1,781시간보다 상당히 짧다.[30] 그렇지만 룩셈부르크의 평균 노동자가 주당 GDP에 공헌하는 바($2,709)는 미국의 경우($2,295)보다 더 크다. 노르웨이의 노동자($2,219)는 미국의 노동자에 비해 공헌도가 다소 낮지만, 그들의 주당 노동시간인 29시간에 1시간을 추가한다면, 그들이 공헌하는 바는 $2,301이므로 약간 앞서게 된다.[31]

방금 인용한 자료들은 그 문제를 확정하지 못한다. (거대한 다인종 국가와 다른 작고 거의 동질적인 국가처럼) 전혀 다른 두 나라를 비교하는 것, 그리고 특정 사회에서 실행된 특정 사회경제적 개혁이 과연 그 사회의 생산성을 높일/낮출 것인가를 묻는 것은 전혀 별개의 일이다. 그렇지만 그 수치는 원칙 (P)와 그 관련 사항들의 잠재적 결함을 밝혀준다. 더 큰 평등주의와 더 짧은 주당 노동시간의 결합이 더 낮은 생산성을 꼭 수반하는 것은 아니다.

두 번째 형태의 이상화는 생산성의 증대에서 시장에서의 유리함으로 넘어가는 단순한 추론에 깔려 있다. 확실히, 우리가 만들어 내는 재화와 비슷한 것을 그들이 만들 수 있다면, 그리고 그들이 그것을 더 낮은 가격으로 만든다면 그것을 더 싸게 팔 수 있고 더 많은 고객을 끌어들일 것이다. 이와 달리 우리가 우리 상품을 차별화하기 위해서 소비자가 가치 있게 여기는 특성을 우리 상품에 집어넣게 되면, 사태는 그리 간단하지 않을 것이다. 소비자들은 우리 상품이 더 비싸도 그들의 것보다 더 선호할지 모른다.

이런 사실은 전혀 낯선 것이 아니다. 그것은 스위스의 시계, 독일의 자동차와 정밀 기구, 벨기에의 맥주와 초콜릿, 한국이나 일본의 전자제품, 페르시아의 카펫 등의 성공에서 나타난다. 그것은 평범한 사실이지만, 우리의 현재 논의를 위해 교훈을 준다. 무역에서의 행운은 전반적 생산성에 의존하는 것이 아니라 상대방이 모방하기 힘든 특성을 가진 상품을 공급함으로써 특정 부문의 생산에서 장점을 유지하는 능력에 의존하는 것이다. 그렇게 되면 그 부문은 그 사회의 교역 영역이 될 것이고 그 수익은 그 사회에 필요한 재화의 수입에 쓰일 것이다. 여기서도 또다시 듀이식 사회의 평등주의와 교육정책은 도움을 줄 수 있다. 듀이식 사회는 모든 아이의 개별적 발달을 촉진하고 또 재능의 다양한 표현을 장려함으로써 사람들의 필요와 욕구에 맞는 믿을 만하고 매력적인 재화를 공급할 부문들의 범위가 확대된다. 듀이식 사회는 가격을 낮추지 않고 그 대신 상대방의 상품을 이류 상품으로 떨어뜨림으로써 그 경쟁에서 이기려고 노력할 수 있다.

방금 언급한 두 가지 고려사항으로 네 번째 도전이 **무디어진다**. 듀이식의 사회적, 교육적 프로그램을 실행하거나 혹은 그 방향에서 너무 앞서가는 사회는 생산성의 하락, 교역상의 불리, 쇠퇴나 몰락의 결과가 나타날 수밖에 없다고 가정한다. 이런 가정은 결정적으로 논박되지 못했었다. 오히려 이런 판단은 '입증되지 못하는' 것이다. 어떤 고려사항은 비관적 명제를 지지하고, 다른 고려사항은 희망의 근거를 제공한다. 양자의 충돌이 어찌 될지에 관한 단언, 어느 쪽이 우세할지에 관한 예언은 과도한 야심이요 보증받을 수 없다. 이런 사태에 아무도 놀라지 않는다. 그것은 대규모의 거시경제학에서 이미 익숙한 특성이다. 실제 상황의 복잡성은 정밀한 모형 구축을 어렵게 만든다. 듀이식 사회가 네 번째의 도전에 굴복할지, 혹은 더 엄밀히 말해서 듀이식 사회가 안정된 사회를 유지하면서 어디까지 자체적 방향으로 나아갈지를 파악하려면, 먼저 그것을 시도한 후에 살펴보아야 한다.

나중에 나는 이 주제, 즉 신중한 실용주의적 실험의 중요성으로 되돌아갈 것이다. 그러기 전에 주목해야 할 사항으로 세 가지 과제가 있다. 첫째, 나는 네 번째 도전을 완전히 무너뜨릴 전략을 탐색할 것이다. 둘째, 듀이식 사회들의 실행 가능성에 대한 또 다른 두 가지 의문점을 다루어야 한다. 셋째, 앞선 여러 장의 접근이 현실적 선택지인지 혹은 유토피아적 환상인지를 평가해 볼 방안이 마련될 것이다.

6

교역을 특히 더 생산적인 사회들과의 교역을 듀이식 프로그램의 지속가능성을 위협하는 것으로 본다는 것은 다른 사회들과 재화를 교환할 필요성을 전제한다는 것이다. 만일 듀이 사회가 자족적이라면 그런 난점은 생기지 않을 것이다. 여기서 제안하는 사회적, 교육적 개혁에 모든 인간이 헌신하게 된다면 전체 사회구성원의 필요를 충족시키는 데에 관심을 쏟는 단일한 사회가 생겨날 것이다. 참으로, 만일 듀이주의가 충분할 만큼 넓게 퍼진다면, 즉 다양한 생산 능력을 지닌 여러 사회로 퍼지게 된다면, 외부와의 교역은 필요 없게 될 것이다. 네 번째의 도전은 해소될 것이다.

두 가지 반론이 자연스럽게 생긴다. 첫째, (전 인류는 그만두고라도) 전체 인구 중에서 의미있는 일부가 사회적, 교육적 프로그램이 요구하는 모든 것을 산출할 수 있다고 가정하는 유토피아적 사고가 다시 나타난다. 풍요한 어느 국가의 GDP가 그런 프로그램을 지원하는 데에 일시적으로, 즉 경쟁과 교역이 그것을 무너뜨리기 전까지는 충분할지라도, 전 세계는 말할 것 없고 발전된 모든 국가에서 그렇게 된다고 상상하는 것은 환상이다. 둘째, 최근의 역사는 더 큰 연합에서 탈피하는 경향을 보여 준다. 국지적 불만은 (브렉시트의 경우처럼) 오래된 경제적 연합에서 빠져나가는 움직임을 일으키고, 민족주의자들의 목소리가 지구주의와 세계주의를 비난한다. 거대 규모의 국제적 협력을 다시 감행하자는 제안은 적어도 유행에 뒤처진다. 이런 사항들을 다룰 필요가 있다. 나는 둘째부터 시작하겠다.

협력적 연합에 대한 의심의 저변에는 전적으로 합당한 두 가지 우려가 깔려 있다. 만일 그런 협력이 반쪽짜리 진심이라면, 즉 경쟁이 지배하는 경제적 시스템에 추가된 것이라면 자신들의 생활 수준이 뒤떨어진다고 느끼는 사람들은 멀리 떨어져 있는 중앙 기구가 부과한 규칙을 (때때로 올바르게) 비난하게 된다.[32] 이들의 손발은 묶여지고 결과적으로 경쟁상의 불이익을 겪는다. 그렇다면, 연합에서 탈퇴하고 족쇄에서 풀려나서 자신들의 경제생활을 자기 손에 되돌려 놓는 쪽이 더 낫다. 여기서 나는, 사회경제적 통합이 아직 충분할 정도로 이루어지지는 못했다고 생각한다.

두 번째는 경제적이라기보다는 문화적인 우려이다. 더 큰 연합에의 참여는 지역적 가치와 지역적 전통에 위협적이라고 간주한다. 소규모 공동체들은 거대한 용광로 속에 잠기고 만다. 그들은 혼란스럽고, 낯설고, 때때로 공격적으로 보이는 인습과 관점을 견디도록 강제된다. 그들이 자체적으로 애호하는 이상과 표준은 실추되고 조롱받는 느낌이 든다. 때때로 그들의 반응은 예쁘게 포장된 과거에 대한 향수, 즉 회귀(불가능한 회귀)에 대한 장밋빛 비전에 사로잡힌 향수인 경우가 있다.[33] 여기서도, 그 문제는 가치 있는 목표의 어설픈 추구에서 생겨난다. 국경을 넘어 확대되는 민주주의는 만족스러운 것으로 증명되기에는 너무 얄팍하다.

듀이식 프로그램에 대한 헌신으로 형성된 연합은 이 두 가지 결함에서 벗어날 것이다. 듀이식 사회들은 전체 시민에 대한 지원을 토대로 삼기 때문에, 다시 말해서 모든 공동체의 모든 개인의 개별적 발달을 위해 제공하기 때문에 일부 집단들이 뒤진다고 느끼게 만드는 사례에 관심을 쏟도록 설계된다. 듀이식 사회들에서 도덕성이 정치적 삶에 반영되는 핵심은 불평불만을 찾아내어 대처하는 일단의 제도다. 그런 사회들은 아픔을 느끼는 사람들의 비명을 듣고, 사고가 발생하는 원천을 조사하고, 상처가 곪아가기 전에 치료한다. 마찬가지로 그런 사회들은 심층 민주주의에 참여할 수 있는 시민들을 육성하려고 노력한다. 아이들은 어릴 때부터 전혀 다른 태도와 관점을 지닌 타인들과 함께 일하고, 그리고 참여하고 공감하고 이해하는 법을 배우게 된다. 도덕적 틀의 제약 속에서, 다시 말해서 포용적인, 식견 있는, 상호 반응하는 숙의를 통해서 끊임없이 검토되고 다듬어지는 가운데 그런 사회들은 차이를 존중하고 다른 사람들이 귀중히 여기는 것을 근절하려는 시도를 없애고 풍부한 문화적 생태-시스템을 누린다. 지도적 **아이디어들**에 관한 한, 제안되는 사회경제적 개혁은 국제적 민주주의와 범-인류적 협력에 반대하는 사람들의 동기에 대해서 직접적으로 그리고 정확하게 반응한다.

'그러나 이제 환상이 자리를 옮겼군! 이런 제도들도 인간이 만들고, 유지하고, 수정하고, 운영하고, 관리할 것이며, 그리고 이론상으로 해결된다고 가정하지만, 실제로는 해결되지 못할 문제다.' 이런 식의 반응은 예측 가능하며 핵심이 없는 것도 아니다. 플라톤 이후로 사회이론과 정치이론의 문제를 다룬 사람들은 어떤 설계이건 간에 이것이 어떻게 실행될지를 고심해야 한다. 인간성의 결함이 모든 것을 망칠까? 냉소주의자들은 실패가 뻔하다고 말한다. 만일 이들이 철저히 생각한다면 사회적 경제적 정치적 교육적 질서에 대한 성찰의 시도까지 포기할 수 있다. 암울한 결과가 불가피하다면 개혁이나 재설계에 대한 우려조차도 무의미하다. 나는 그런 반응을 다르게 이해한다. 알면서도 벌이는 무저항주의가 아니라 도전을 권장하는 것이라고 본다. 사회변화의 계획에서 제안되는 제도들을 부패의 위험에 빠지지 않도록 지켜낼 최선의 방안은 무엇일까? 사회를 그 지도자들의 결함으로부터 지켜낼 최선의 방안은 어떤 것일까? 모든 사회가 그렇듯, 듀이식 사회에서도 경계는 멈추지 말아야 하고 그런 문제들이 사회현실에서 어떻게 적용되는지 그리고 예상되는 위협을 막기 위해 어떤 일을 해야 할지를 성찰해야 한다. 이것은 실천의 문제이고 이를 어떻게 다룰지는 사회적 상황의 세부 사항에 따라 달라질 것이다.

듀이 시대 이전의 개혁가도 실천적 문제에 당면하기 마련이다. 국제적 협력에 대해서 동시대인들이 의문을 품을 때 이들이 국경을 뛰어넘는 사회적 교육적 개혁의 전망을 진지하게 고려하도록 어떻게 동기를 부여할 수 있을까? 흔한 대답은 당근과 채찍이다. 앞서 여러 장에 걸쳐서 화려한 당근을 만들고, 듀이식 사회에서의 삶에 관한 매력 있는 그림을 제시하려고 시도했다. 그러나 거대 규모의 협력이라는 구체적인 문제는 채찍이 필요하다. 묵직한 채찍이 곁에 있다면 곧바로 휘두를 수 있다.

현대 세계에서 인간 사회는 인과적으로 긴밀하게 연결되어 있다. 결과적으로 경제적 고립주의는 불가능하게 되었다. 개발도상국들은 다른 나라와 단절된 채 생산할 수 없다. 공급-라인이 뻗어가고, 거대한 망 속에서 국가가 연결된다. 세계 어느 지역의 경기 후퇴는 다른 먼 지역의 여러 국가의 경제생활에 반영된다. 이처럼 서로 연결된 가운데 한 지역의 재정 건전성은 다른 지역의 건전성 유지에 달려 있으며, 이는 정치적 관계가 가끔 긴장된 상태에 빠지는 다른 사회들도 마찬가지다.

금융 분야에 통용되는 사항은 그대로 신체 건강에도 통용된다. 이 글을 쓰는 중에 코로나 유행병이 전 세계를 휩쓸었다. 수백만 명이 병들어 눕고 수만 명이 죽어갔다. 이 무서운 질병은 반드시 여러 나라에 많은 교훈을 가르쳐야 한다. 특히 명확한 교훈은 감염병 발생에 관한 국제협력의 절대적 중요성이다. 이 말은 개인, 회사, 국가의 이익을 고려하지 않는 (특히 검사법, 치료법, 백신의 개발과 관련된) 생의학적 정보의 자유로운 유통이라는 아주 명백한 사안만을 가리키지 않는다. 또 자체적으로 개발하지 못하거나 혹은 고비용을 감당하지 못하는 많은 사회를 위해서 필요한 물품(특히 치료 약품과 백신)을 제공하는 선에서 그쳐서도 안 된다. 비록 이런 전략이 질병 확산을 차단함으로써 모든 사람에게 이롭겠지만, 협력이 병원균 매개체가 장차 팬데믹(혹은 유행병) 확산으로 발전하지 않도록 예방하는 완화책을 뛰어넘는 시도여야 한다. 신종 바이러스(혹은 박테리아)의 초기 발생을 감추면서 자국의 경제적 지위를 보호하도록 국가들이 장려받는 시스템 속에서 보고를 늦추는 일은 감염병 확산을 조장하는 핵심 요인이 될 수 있다. 만일 사회들이 협력적 연대에 묶여 있다면, 다시 말해서 (그런 일이 발생하는 경우를 경제적 술책의 기회로 삼지 않고) 다른 나라를 의학적으로 돕는 일을 곧바로 하게 된다면 새로운 팬데믹 발생을 막기 위해 국제적으로 합의된 조치를 택할 수 있다.

그런 팬데믹이 앞으로 더 자주 발생할 것으로 믿을 만한 갖가지 이유가 있다.[34] 온난화를 겪고 있는 지구에서 유기체 간의 생태학적 관계가 변하는 중이고, 어느 한 종에 적응했던 병원균 매개체가 다른 종으로 침투할 기회가 생기는 중이다. 기후변화는 이런 기회가 급증하도록 조장할 것이며 또 새로운 위험한 미생물의 진화를 허용할 것이다.[35] 인간의 건강이 미래의 도전에 대비하려면 모든 국가 간 협력의 증진이 필요하고, 심지어 이를 강제하기도 해야 할 것이다.

더 온난화된 세계를 이겨낼 일반적 문제도 똑같을 것이다. 만일 국가들이 과거와 달리 더 협력적으로 함께 나서지 않는다면 후속 세대가 가혹한 환경을 물려받을 것이고, 재앙 수준의 사태들이 폭포처럼 떨어질 것이다. 후속 세대가 당면하게 될 문제들은 교육정책, 만족스러운 삶, 심지어 노동-여가의 균형 등에 관한 온갖 논의를 마치 학문적 연습문제처럼 보이게 만들고 말 것이다. 탄소 배출을 제한하고 후속 세대의 자원을 망칠 환경의 위험성을 예방하는 데에 필요한 최소한의 전략은 각국이 협정을 맺어서 직접적인 (근시안적인) 경제적 이익을 도모하는 활동을 스스로 제한하도록 만드는 것이다. 노벨 경제학상 수상자 윌리엄 노드하우스(William Nordhous)는 〈기후 클럽〉 구성을 제안했다.[36] 이는 생산과 교역의 제한에 동참하는 국가들의 집합체로서 온실가스 배출의 감축 목표에 도달하고 이를 유지하려는 것이다. 국제적 협력에 관한 그의 제안은 기후변화에 대한 다른 학자들의 제안처럼 야심적이지는 않지만, 그 기후 클럽은 듀이식 사회들을 조화로운 집합으로 묶어내는 협력체로서 내가 상상했던 형태와 똑같은 것이다.

만일 모든 일이 잘 진행되어 우리 인간이 마땅히 기후 문제를 심각하게 받아들인다면, 우리가 취하게 될 단계들은 국제연합에서 철수하는 추세와는 정반대가 될 것이다. 우리의 후속 세대의 만족스러운 삶을 증진하는 방향으로 모든 사람을 지원하는 세계라는 전망에 이끌리는 어떤 사람들은 거대한 규모의 협력적 연합을 거부했던 마음을 바꿀 것이다. 이를 저항할 수 없는 당근이라고 여기지 않는 사람들이 있다면 그들에게 나는 기후변화로 닥칠 지모를 감염병과 재앙의 (연관된) 위협을 제시한다. 그동안 이 사항은 무시되었지만 이제는 아주 큰 채찍이 되어야 한다.

7

완전한 (혹은 거의 완전한) 듀이식 세계라는 아이디어에 반대하는 또 다른 반론을 여기서 살펴보자. 앞서 제시된 제안에 부합되는 사회적, 경제적, 교육적 제도를 가진 범-인류 사회를 지원하는 데에 필요한 온갖 자원은 인간의 총생산이 제공할 수 있는 것일까?

더 단순한 문제에서 시작해 보자. 예컨대, 풍요 사회라고 말하는 미국을 생각해 보자. 미국의 생산 활동과 예산 순위를 재조정함으로써 모든 사람에게 적절한 경제적 지원을 제공하고 그리고 제시된 교육적, 사회적 개혁을 도입하고 유지할 수 있을까? 답은 비교적 쉽다. 미국의 엄청난 규모의 생산 활동은 인간의 삶의 가치에 공헌하는 바가 미미할 뿐이고 그것을 때때로 훼손시키는 재화와 서비스를 위해서 낭비되므로 이를 재조정할 여지는 충분히 있다.

반복하는 말인데, 듀이식 노선을 따르는 개혁은 그저 지위 과시의 조장이 그 **존재 이유**인 생산물에 투입되는 노동력을 축소하거나 가능하다면 제거하려고 시도한다. (내가 강조했듯이 이는 진정한 미적 만족을 제공하는 대상을 놓고 벌이는 전쟁이 아니다.) 공공건물을 잘 설계함으로써 그 기능에 기여하고 **그리고** 거기에 들어가는 사람들이나 멀리서 바라보는 사람들에게 기쁨의 원천이 되어야 한다. 사적 거처는 의미 있는 규모면 충분하고 너무 크거나 기괴하게 돋보이거나('맥맨션'처럼) 부자임을 과시해서는 안 된다.[37] 브랜드가 있는 옷이나 사적 장식물은 그보다 훨씬 값싼 장식물에도 들어 있는 미적 가치 이외에는 아무것도 덧붙여주지 못하고 그것을 걸치는 사람들의 풍요로움을 광고해 줄 뿐이다.

그러나 낭비의 주요 원천은 단연코 미국의 국방 예산이다. 새로운 학교 시설을 짓고, 교사의 봉급을 올리고, 많은 교육자와 조력자들을 고용하는 데에 드는, 다시 말해서 듀이식 교육 프로그램의 핵심 특성을 지원하는 데에 들어갈 비용 문제의 해결은 수천 개의 사려 깊은 플래카드와 차량 스티커에서 강조하는 몇 마디에 따르는 생각만을 요구할 뿐이다. 우리는 교육이 제대로 지원받고, 그리고 군대는 그 값비싼 장난감 창고를 가득 채우려고 세일을 벌여야 하는 날을 모두가 예상할 수 있다.

확실히, 어느 나라이건 외부 침략에 대처할 수단이 필요하고, 그리고 '자유세계의 방어자'로 봉사하는 오랜 역사가 있는 국가는 다른 국가보다 더 많이 투자해야 한다. 그러나 비용은 위협의 성격에 따라 바뀌어야 한다. 전쟁을 억제한다는 목표에 필요한 핵 무장은 어느 정도의 비용이 들까? ('원자폭탄 한 개가 당신의 하루를 완전히 무너뜨릴 수 있다.'라는 유명한 차량 스티커가 한때 사람들의 주목을 받았듯이) '자유세계'에 대한 현실적 도전에 대처하려면 값비싼 함정, 항공모함, 전투기, 그리고 다른 '전통 무기'가 얼마나 많이 필요할까? 군대, 베이스캠프, 훈련소 등은 얼마나 많이 필요할까? 오늘날의 방어 예산은 탐지를 지향하고 그리고 (사이버테러를 포함한) 테러리즘을 격퇴할 장비를 지향해야 할까?

국방 예산을 부풀리려는 압력은 협력을 촉진하고 무기 생산 및 확산의 제한을 강제하는 협정을 발효시킴으로써 완화될 수 있다. 이미 자주 지적했듯이, 전쟁 상태의 빈도를 줄여주는 경향은 두 가지가 있다. 하나는 민주화의 증대이고, 다른 하나는 국가 간 경제 관계의 심화 및 결속이다.[38] 여러 사회가 결속해서 팬데믹과 지구온난화와 같은 전 인류에 대한 위협에 대처해야 하는 만큼 두터운 연결망은 격변 속에서도 국제적 민주주의가 결국 성공하도록 할 것이다. 폭력의 발생은 **질서 유지**의 문제로, 그리고 초국가적 기구에서 떠맡아야 할 일로 보일 것이다.

그러나 이런 상태에 도달하기 전에, (특히 미국처럼) 풍요한 국가의 국방 예산을 축소함으로써 듀이식 프로그램의 교육 관련 부분을 지원하는 데에 필요한 예산을 쉽게 마련할 수 있다고 생각할 만한 이유는 충분하다. 앞서 여러 장에서 주장했듯이, 그런 프로그램의 목표를 달성하려면 광범위한 사회변화가 필요하다. 소득과 재산의 엄청난 불평등을 의미 있게 축소하고, 그리고 모든 시민을 위한 지원을 제공해야 한다. 여기서도 그 문제는 직접적으로 해결될 수 있다. 저명한 사상가들은 (진보적 정치가들도) 부유층에게서 세금을 더 징수함으로써 빈곤층의 생활 수준을 끌어올릴 세입의 확보 가능성을 인식했다.[39] 실로 그들이 지적했었듯이 재분배의 제안은 번영과 생산성의 위대한 시기에 그들이 선택했던 방식에서 조세 코드만 바꾸어 놓은 것에 불과하다.[40]

따라서 미국에 관한, 그리고 거의 확실히 다른 풍요한 국가들에 관한 특수한 질문에 대해서 내놓은 답은 분명히 '그렇다'이다. 예산 그리고 부의 재분배가 필요한 다른 프로젝트들에 참여할 능력, 다시 말해서 잠재적 팬데믹을 막거나 혹은 기후변화의 위협을 줄일 프로젝트를 조직하는 능력을 떨어뜨릴 것이라고 가정할 만한 타당한 이유는 없다. 그러나 관심의 지평이 확장될 때, 다시 말해서 전 세계의 현재의 총 생산성이 지구 전체의 듀이식 사회를 지원하는 데에 충분할 것인가를 우리가 물을 때, 이에 대한 평가는 훨씬 덜 확신적일 수밖에 없다. 복잡한 세 가지 요인이 최소한 작동한다.

1. 세계의 많은 국가가 발전할 필요성, 그리고 지구온난화를 악화시킬 배출을 높이지 않으면서 그렇게 할 필요성.
2. 인구 전체의 중요한 부분(개발도상국의 거의 모든 인구)을 재조정할 필요성. 수십 년 후에 현재의 거주지역에서는 1천만 명 이상의 인간이 살 수 없게 됨.[41]
3. 인구의 급증을 막을 필요성.

이런 필요에 부응할 비용은 이 세계의 풍요한 사회들이 감당할 수밖에 없다. 〈필요 3〉에 대한 해결책은 분명하다: 그것은 인구를 대체하는 출생률 이상으로 인구가 증가하는 지역에서 교육, 특히 여성 교육에 투자하는 일이다.[42] 원칙적으로 〈필요 1〉에 필요한 것도 분명하다: 재생에너지 자원(특히 태양열과 풍력)에 기반을 둔 생산 기술의 제공이다. 〈필요 2〉의 경우, 최근의 이민 위기와 이민에 대한 강력한 반발로 너무 명확하게 드러났듯이 그 단서조차 찾기가 어렵다.

세 가지 필요에 투입될 비용에 관해서 책임 있는 **추정치**에 도달하려면 또 다른 저서가 (그리고 내가 그동안 수행했던 것보다 더 많은 연구가) 필요하다. 따라서 '현 상황에서 듀이주의를 세계적 규모에서 도입, 유지하는 것이 가능할까?'라는 지구 차원의 문제에 대한 확실한 답은 '우리는 모른다'뿐이다. 여기서, 삶의 다른 경우처럼, 인류는 중대한 결정에 직면했으나 그 선택지들의 순위를 매길 수 있는 믿을 만한 정보가 없다.

그렇다면, 앞으로 나아가려면 무엇을 해야 할까? 풍요한 국가들의 잉여생산성은 앞서 여러 장에 걸쳐 제안된 듀이식 프로그램을 도입하고, 그리고 앞서 지적한 세 가지 필요에 대응할 진지한 노력을 허용하는 범세계적 사회를 만들고 유지하는 데에 필요한 모든 것을 감당할 정도로까지 확대되지는 못할 것이다. 이런 상황에서 잉여생산성은 여러 예산으로 구분되어야 하고, 풍요한 세계에서 듀이식 사회로 이행하는 데에 그리고 세 가지 문제를 다루는 일에 할당되어야 한다. 그것을 어떻게 할당해야 할 것인가는 지구 차원에서 민주적으로 논의할 문제다. 그러나 나는 듀이식 사회라는 프로젝트를 출범시키면서 고려해야 할 몇 가지 사항을 최소한으로 제언한다. 나의 제언은 세 가지 사항에 근거한다. 첫째, 풍요로운 국가들에서 소득과 부의 재분배는 세 가지 필요에 대응하는 일에 사용될 자원을 풍요한 세계에서 재조정이 이루어지지 못했어도 그런 필요로 되돌릴 수 있었던 것 이하로 줄어들지 않을 것이다. 둘째, 듀이식 프로그램을 실행할 여러 가능성을 탐색하는 것이 유익하다. 우리는 사전 실험에서 학습할 것으로 예상된다. 셋째, 아마도 가장 중요한 것인데 엄청난 도전의 시기일지라도 인간의 삶은 감동을 불러일으키는 이상을 따른다고 볼 수 있다는 것은 귀중한 점이다. 어느 세대건 만일 자신의 활동이 매달려야 할 기분 나쁜 일이라고 인지한다면,

어려운 과업에 철저하게 헌신할 가능성은 시들고 말 것이다. 인간의 동기는 채찍의 지배로만 생기지 않는다. 당근도 어느 정도는 있어야 한다.

8

앞서 간단하게 지적한 사항들, 그리고 이를 다듬어 낼 몇 가지 실용적 아이디어들을 살펴볼 것이다. 그러기 전에, 유토피아주의라는 비난의 최종 버전을 살펴보고 평가해야 한다. 1970년대 후반 이후 주로 미국과 영국에서, 그러나 다른 풍요로운 민주국가에서도 미미한 정도로 '계획 경제'와 '정부 규제'에 대한 의심이 싹트기 시작했다. '국가의 간섭'에는 좋지 않은 악평이 붙고 '자유 시장'에는 경이로운 찬가가 뒤따랐다.[43] 앞서 여러 장에서 제시된 사회적, 교육적 프로그램은 자원의 의도적 재분배 및 다양한 경제 관리 기구를 요구하기 때문에 이를 의심스럽게 볼 것은 분명하다. '당신의 제안들은 비효율성, 그릇된 관리, 낭비적 처방이다.'는 얘기를 듣게 될 것이다. 혹은 더 나쁜 이야기가 들릴 것이다.

중앙 계획과 국가 개입에 대한 총체적 불신이란 있을 수 없는 것이다. '자유 시장'의 예찬은 신화에 의존한다. 그렇다면 우리는 외뿔 들소에게 찬송가를 불러주거나 혹은 이(齒)의 요정에게 희생물을 바치게 될 것이다. 이런 점이 보편적으로 이해되지 못하는 것은 불미스러운 일이다. 20세기에 '자유 시장' 숭배가 유행하기도 수십 년 전에 칼 폴라니(Karl Polanyi)는 강력한 설명을 제시했다.[44] 그런데 이 논변의 핵심에 들어 있는 일부는 훨씬 오래된 이야기이며 흔히 성서처럼 인용되는 책 속에 이미 들어 있다. 『국부론』에서 애덤 스미스는 완전히 자유로운 시장이라는 아이디어를 부정했다.

어쩌면 숭배자들이 용서받아야 한다. 『국부론』은 (성서처럼) 두껍고, 그리고 두 책은 통독하기에 너무 많은 시간이 든다. 게다가 시장 경제의 예비조건에 관한 스미스의 탐색은 그 책의 마지막 5권에 가서야 등장한다. 이 부분은 그 책 전체의 거의 1/3을 차지한다. 스미스의 주장에 따르면, 시장의 작동을 위해서는 공적 기구가 있어야 하며, 이 기구는 정의 시스템을 제공하고, 생산자와 소비자의 안전을 보장하고, 공급자와 구매자가 서로 접촉할 수 있는 방식을 고안해서 유지하고, 그리고 심지어 앞서 보았듯이, 재화를 생산하는 노동자들을 어떻게 교육할 것인가를 성찰한다.[45] 마지막으로 스미스가 다룬 문제는 이런 중앙기구, 즉 정부가 맡아야 할 과제의 수행에 필요한 자원을 어떻게 마련할 것인가이다. 여기서 스미스는 아마도 그의 명령에 복종한다고 자부하는 사람들이 까무러칠 정도로 세금 부과의 사악함을 비난하는 일에는 별로 관심이 없다. 스미스는 과세를 도적이라고 보지 않고, 어떻게 하면 세율을 공정하게 부과하고, 그리고 세금을 효율적으로 또 공정하게 징수할 수 있는지를 이해하려고 한다.

기본 사항은 너무도 명백하다. 만일 (약탈자, 해적, 도적 떼 등) 외부인의 침입으로 재화가 도둑맞을 가능성이 심각하다면, 여러 시간, 날, 주, 해를 생산에 쏟을 사람은 아무도 없다. 만일 팔려고 하는 물건이 약탈당하지 않을 것이라고 확신하지 못하면 교역 장소에 찾아올 사람은 아무도 없다. 교역 장소가 생길지라도 거기에 생산자와 소비자가 도달할 수단이 없다면 텅텅 빌 것이다. 여기서 스미스는 도로나 하천을 생각하고, 우리는 철도, 고속도로, 배달 차량, 광고와 인터넷 연결을 추가할 것이다. 끝으로 18세기 세계의 많은 교환은, 그리고 심지어 오늘날은 더욱더 소비자들의 읽기, 셈하기 능력에 의존할 것이다. 때때로 사람들은 광고와 계약서의 세목에 유의할 필요가 있다. 때때로 사람들은 자신의 재화 바구니에 무엇을 담을지를 산정하기 위해 계산을 해야 한다.

자유시장론자는 다음과 같이 답할 것이다. '아주 좋다, 그러나 이런 예비조건의 어느 부분은 자유 시장에 의해 정해질 것이다. 우리는 민영화함으로써 사설 안전 기구, 사설 감옥, 사설 철도, 사립학교가 자유 시장에서 엄격한 경쟁을 뚫고 일어서도록, 그리고 무력한(혹은 불성실한) 정부가 제공하는 것보다 더 우월한 것이 되도록 할 수 있다.' 이는 맞는 이야기다. 그렇지만 이런 재화와 서비스를 제공한다고 말하는 시장들도 자체의 보호, 연결, 훈련 문제를 해결할 필요가 있을 것이다. 어떤 후방 시스템은 서로 거래하고 교류하는 사람들의 안전을 보장하고, 생산자가 예상 소비자와 접촉하고, 관련자들이 교역하면서 식견 있는 결정을 내릴 준비를 하도록 보장해 주는 데에 필요할 것이다. 시장주의자들은 경기 후퇴에 개입한다. 자유 시장이 계속 침체하는 것을 (혹은 '계속 상승해도'?) 그대로 둘 수 없다. 출현할 수 있는 (그리고 출현하는) 것은 다층적 시스템인데 시장은 때때로 공적 기구가 공급하는 재화와 서비스의 대체물을 제공하고 여기서 모든 시장은 정부의 지원과 규제의 어떤 형태에 의존하게 된다. 결과적으로 국가가 개입하는 장소는 실제로 늘어난다. 따라서 공적, 사적 교육기관(학교와 대학), 그리고 다양한 수준으로 공적, 사적 기관을 규제하는 기관이 생겨난다.

흔히 정치적 표어에 담겨 있는 근본주의자들의 시장 신학(market theology)은 앞뒤가 안 맞는 것이다. 그렇지만 자유 시장을 칭송하는 이들을 모두 근본주의자인 것처럼 취급하는 것은 불공정하다. (나도 그동안 불공정했다.) 그에 가까운 심각한 입장은 시장이 마법을 발동하는 데에 필요한 것 외에는 아무 조건도 부과하지 않는 길을 신봉하는 데에 있다. 자유 시장의 치밀한 옹호자들은 규제의 양이 **최소화되기**를 희망한다. 그러나 여기서 엄밀하게 말하면 무엇이 '최소'일까? 규칙들을 셀 수 있는 분명한 방법은 없다. 어떤 규칙 시스템이건 그것이 처음 만들어질 때는 다수이지만 원래의 지시 사항들이 모두 거기에 통합되면서 단일 규칙으로 바뀔 수 있다. 더 중요한 것으로 최소화는 앞 절에서 언급한 시장의 위계에서 하락(혹은 상승)하는 것을 포함하고, 규제를 가능한 가장 근본적 (추상적?) 수준에서 도입할 것인가? 여기서 시장논쟁은 분파로 갈라지고, 그리고 무엇이 정설이 될지도 아주 불투명하다.

그러나 왜 최소 조건에만 따르는 시장이 매력적인 아이디어로 보여야 하는가? 대중적인 이유가 많지만 어느 것도 설득력이 없다고 나는 생각한다. 첫째, 가장 영향력이 큰 이유로 소련 및 위성국가와 같은 일련의 정권들이 붕괴했다. 이들은 모두 흔히들 말하는 단호한 평등주의와 경제적 중앙관리와 연관된 정권이었다. 이들 정권에 엄청난 경제적, 정치적 결함이 있었음은 아무도 의심하지 않지만, 만일 이들 정권이 이론적 마르크스주의를 대표하거나 혹은 최소 자유 시장 경제의 유일한 대안이라고 본다면 이는 어리석은 일이다. 이 중에서 (나의 비-마르크스주의적 목적과 더 연관된) 후자를 이해하려면 다른 국가들을 살펴볼 필요가 있다. 이들 국가는 전형적으로, 부를 평등화시키고 그리고 모든 시민에게 일정한 범위에서 서비스를 제공하려는 의도를 가지고 시장에 또 다른 조건을 부과했다. 이들 국가는 사회민주주의 혹은 시장 사회주의라는 깃발 아래 포함될 수 있는 것들을 신봉했던 나라들이다. 나중에 우리가 살펴볼 것인데, 이런 식의 경제적 접근에 대해 제기할 수 있는 중대한 문제는 그것들이 가장 효율적이거나 경쟁적일 것인가보다는 그것들이 시민들에게 제공하는 삶의 질이 무엇일까이다.

최소 개입에 관한 훨씬 더 정교한 옹호론은 자유 시장의 (그리고 자유 사회의) 빛나는 옹호자인 프리드리히 하이에크(Friedrich Hayek)의 논변에 들어 있다. 하이에크는 「사회에서 지식의 사용」이라는 글에서 '합리적 경제 질서'의 구축 및 유지 문제를 다루었다.[46] 하이에크의 추론에 따르면 중앙 계획자들은 필요한 정보가 여기저기 퍼져 있기 때문에 자원들의 통제가 늘 어려움에 빠질 것이다. 그들은 여러 지역에 자원을 투자할지를 결정할 때, 어디서 무엇이 필요할지에 관한 지식이 부족해서 늘 어려움을 겪을 것이다. 이 현상은 소비에트의 계획을 시행할 때 (흔히 그 나라의 여러 지역에서 발생하는 잉여 생산 때문에) 악명높은 단점으로 이미 알려졌다. 이와 달리, 시장은 정보를 수집한다. 기업가들은 현재 부족함을 느끼는 지역에서 필요한 것들을 생산하려는 동기부여가 이루어질 것이다. 그런 지역에서는 기업가들이 공급이 잘 이루어지는 지역에서 정해진 가격보다 더 높은 가격을 요구할 수 있다. 중앙 계획자들은 추측에 따라 움직여야 하므로 자주 실수한다. 시장이 재화를 공급한다.

물론 하이에크의 주장은 정보의 흐름에 관한 어떤 가정에 의존한다. 온갖 잠정적인 장소에서 중앙 계획 기관으로 모든 채널이 뚫리지 못한다. 현재 필요한 것들이 부족한 장소를 특정 기업가들과 연결해 주는 채널이 있다면 그들은 다가온 기회를 붙잡을 수 있다. 그런 채널이 너무 많아서도 안 된다. 너무 많은 기업가가 움직이게 되면 예상 이윤이 줄어드는 경쟁에 들어갈 수 있다. 또한 하이에크의 주장이 가장 잘 통용될 경우는 기회 포착과 생산물 산출 간의 시간 간격이 너무 크지 않을 때다. 어떤 경우에는 그 재화가 공급되자마자 그 수요가 사라질 수 있다. 아마 그 사람들이 다른 곳으로 이주해야 했거나, 그들의 취향이 바뀌었거나, (안타깝게도) 망했을 때다. 그러나 1945년도의 관점에서 하이에크는 그의 핵심 명제가 지지받기에 충분할 만한 빈도로 좋은 조건들이 발생할 것이라고 아주 합당하게 믿었다. 시장은 정보를 효율적으로 활용할 수 있으나 중앙 계획자들은 그렇게 할 수 없다.

그러나 오늘날에는 문제가 전혀 다르게 보인다. 공적 기관들은 온갖 종류의 정보를 취득할 온갖 방식을 갖고 있다. 많은 사람이 좋은 결정을 내리는 데에 필요한 통찰력을 갖고 있지 못한 허술한 관료들을 불쌍히 여기기보다는 자신들에 관해서 알려진 정보의 범위를 오히려 걱정하는 경향이 있다. 기술 변화는 자료의 수집, 수합, 분석을 간편하게 만들었다. 실로 자유시장론자들이 지지하는 정치 지도자들은 그들이 싫어하는 사람들을 포함해서까지 다양한 유형의 유권자들이 원하는 바를 파악하고 선거운동을 펼친다. 성공적인 중앙 계획이 넘치고 있다.

그런데 역설적으로 정보 흐름의 변동은 때때로 시장을 혼란에 빠뜨린다. 수리경제학의 승리 중 하나는 노벨 경제학상 수상자인 케니스 애로우(Kenneth Arrow)와 제라드 드브로이(Gerard Debreu)가 입증한 결과이며, 그리고 아마도 애로우-드브로이 공리의 이해는 시장에 관한 열정의 가장 정교한 이유를 알려준다. 애로우-드브로이가 밝혀낸 점인데, 분명히 최소 조건 속에서 시장 경제는 총 공급과 총 수요가 일치하는 평형 상태에 도달할 것이다.[47] 재확인된 이 결과에도 불구하고 시장이 실패하는 유명한 사례가 있다. 실패 유형의 중요한 한 가지는 정보 접근의 불균형에서 생긴다. 이 현상의 고전적 사례는 중고차 시장에 대한 조지 애컬로프(George Akerlof)의 분석이다.[48] 일부 저명한 경제학자에 따르면 시장의 실패는 어디에나 있다.[49]

애컬로프의 경우와 아주 유사한 (나 자신의 경험과도 중복되는) 사례를 생각해 보자. 우리 가족은 Y가 사는 도시로 이사할 계획이며 Y는 자기 집을 팔려고 내놓았다. 그 집은 우리가 좋아하는 이웃들 사이에 있어서 이끌렸고, 또 광고에 나온 가격도 괜찮은 편이었다. 우리가 그 집을 사야 할까? 이는 때와 장소에 따라 다르다. 어디에 시신들이 (글자 그대로가 아니라 은유적으로) 묻혀 있는지를 Y는 알고 있고 우리는 그것을 모른다고 알고 있다. 지붕은 넓은 편이고, 복층이고, 기후는 대륙성이어서 아주 극단적이다. 우리가 아는 모든 점으로 볼 때, 그 집은 심하게 새는 편이고 틈새와 구멍 때문에 밤 중에 쥐가 돌아다니면 아이들도 놀랄 것 같다. 만일 Y가 심각한 결함을 감추고 있지 않다는 어떤 확신이 든다면 우리는 곧바로 달려

가서 계약할 것이다. 그러나 우리는 그렇게 안 한다.[50] 거래가 안 된다. 다른 구매자와 판매자도 마찬가지다. 주택과 아파트는 주인이 바뀌지 않는다.

　이런 상황에서 규제는 시장 실패를 방지한다. 판매자는 자신이 인지하는 모든 결함을 밝혔음을 확인해 주어야 하고, 만일 그렇게 하지 않았음이 나중에 밝혀진다면, 구매자는 법적 구제와 보상을 받을 수 있다. 만일 이런 사항을 미리 알고 있다면 매입자는 시장 실패를 방지하는 데에 필요한 확신이 서게 된다. 최소 규제를 받는 시장은 '국가가 개입하는' 시장보다 의미 있게 열등하다.

　그렇다면 어째서 자유시장(더 정확히는 최소 규제 시장)에 대한 찬사가 그토록 시끄럽게 또 빈번하게 나타날까? 최소 규제가 '효율적'이기 때문이다. 여기서 '효율적'은 전문 용어이며 모든 장점을 가리키는 모호한 단어가 아니다. 시장의 실패가 드물다고 생각하는 경제학자들은 최소 규제를 이상적인 출발점으로 간주한다. 왜냐면 외부의 간섭 수준에서 차이를 보이는 두 개의 시장이 있는 경우, 덜 규제받는 시장은 더 낮은 가격을 책정할 것이다. 규제가 많아지면 비용이 추가된다. 추가 비용은 불필요하고, 낭비이고, 비효율적이다.

　'시장의 실패는 드물다.'는 논쟁의 여지가 있는 가정을 당연한 것으로 가정해 보자. 무엇이 뒤따를까? 최소 규제는 소비자가 그렇지 않은 경우보다 더 싸게 구매할 수 있게 해 준다. 확실히 다른 사항들이 똑같다면 그것은 좋은 일이다. 그러나 다른 사항들이 똑같을까? 더 명백해지는 것처럼 규제의 최소화를 줄기차게 고수하는 경제적 시스템은 바람직하지 못한 수많은 결과, 즉 환경 파괴, 노동자와 소비자 보호의 실패, 부의 기괴한 불평등, 빈곤과 박탈의 영속화 등을 낳는다.[51] 이런 점을 이해한다면, '효율성'의 예찬은 한 가지의 바람직한 효과가 다른 모든 효과를 지배하도록 처리하는 결정을 가리킨다. '사람들이 싸게 그리고 가능한 한 싸게 사도록 만들자!' 자유 시장의 예찬이란 무엇인지가 여기서 드러난다. 한 마디로 소비주의 일색이다.

　이 책을 통해서 나는 이것이 인간의 열망과 인간의 삶을 왜곡시킨다고 하면서 반대한다.[52] 공동체들이 고통에 빠질 때, 그리고 개인들이 만족스러운 삶에서 멀어질 때, 만일 쓸모없고 하찮은 점들에 속아서 사게 된다면 이는 경제학의 중립적 언어로 말해서 나쁜 거래에 속한다. 경제학자들은 실제로 이런 점을 지적했다. 엘빈 로스(Alvin Roth)는 노벨 경제학상 수상식장에서 「시장 설계의 이론과 실제」[53]라는 강의를 통해서 체셔 캣(Cheshire Cat)이 엘리스(Alice)에게 건넸던 조언을 반복했다: 네가 가야 할 방향은 네가 도달하기를 바라는 장소로 이끌어 주는 것이다.[54] 우리가 시장을 설계해야, 즉 제약과 규제를 부과해야 그것들이 우리가 희망하는 결과를 낳을 것이다. 물론 설계를 생각할 때는 효과의 전 범위를 고려하는 것이, 다시 말해서 우리가 증진하기를 바라는 모든 가치 있는 목표와 우리가 피하기를 바라는 모든 곤경을 고려하는 것이 가치 있는 길이다. 당연한 이야기인데, 경제학자들이 '효율성'이라고 예찬하는 것은 우리가 고려하는 것들의 일부에 지나지 않으며, 이를 가리켜 **최고선 혹은 전부**라고 생각하는 것은 미친 짓이다.

비록 엘빈 로스가 시장의 설계라는 아이디어를 분명하고 명쾌하게 제시했지만, 그것의 중요성을 최초로 인지했던 경제학자는 아니다. 고전적 정치경제학의 전성기에 이미 우리가 앞서 살펴보았던 사상가 존 스튜어트 밀은 그 점을 똑같이 분명하고 명쾌하게 지적하였다.

9

나의 이 책은 (세인트 앤드루 대학의 총장이라는 직책을 가진) 밀에 관한 이야기에서 시작했다. 이 책을 마무리하는 자리에서 밀을 다시 (승리자처럼) 등장시키는 것이 적절하게 보인다. 밀이 살아 있을 때 그의 『정치경제학 원리』는 7쇄를 거듭했고 광범한 영향을 미쳤다. 그러나 그 책은 정통 사상에 대한 핵심 도전을 두 가지로 담고 있었다. 첫째, 밀은 부의 분배 문제에 (그 '책') 전체를 바쳤다. 여기서 밀은 분배를 시장에만 맡겨야 한다고 가정했던 대다수 선배와 달랐다. 이를 수용할 수 없었던 밀이 옹호한 것은 모든 젊은이들에게 적절한 경제적 지원을 보장해 주고, 그리고 이를 위해 한 개인이 상속받는 액수를 제한할 것을 시도하자는 점이었다.[55] 둘째, 밀은 경제가 성장을 멈추는 상태를 두려워하지 않고 오히려 환영했다.[56]

맬서스의 『인구론』은 19세기 초반 경제학자들이 (밀이 지적했듯이, 스미스의 『국부론』에 이미 암시된) 명확한 문제에 민감할 것을 촉구했다. 경제가 무한정 성장할 수 있을까? 맬서스는 비관적 결론을 옹호한 것으로 성장은 그것이 멈추는 상태, 즉 두려운 '정지상태'로 끝날 수밖에 없다고 주장한 것으로 흔히 읽혔다. 전통적으로 성장에 대해 장점들이 부여되었는데, 맬서스가 말하는 위험은 당대의 최고 경제학자들이 두 가지 방향으로 탐구하도록 자극을 주었다. 정지상태는 피할 수 있을까? 어쩔 수 없다면, 어떻게 해야 그것을 가능한 한 오래 미룰 수 있을까?

밀은 비관적 결론이라는 가정은 맞는 것이지만 당시에 이와 비슷한 판단에 도달한 많은 학자와는 전혀 다르게 그 정지상태는 행복하고 만족스러운 삶의 형태가 발달하는 것을 허용할 것이라고 주장했다. 밀은 산업 자본주의의 초기 단계에서 이미 나타난 격렬한 경쟁에 대한 자신의 혐오를, 다시 말해서 이윤 추구를 위해 소중한 가치를 소홀히 한 채 '앞서가려고 안달하는 것'에 대한 자신의 혐오를 토로했다. 밀은 한 국가가 일단 경제적으로 충분할 만큼 진보한다면 서로 무참히 짓밟는 일을 멈출 수 있으며, 정지상태는 '전반적으로 우리의 현 상태가 아주 상당히 개선된 것'이라고 주장했다.[57]

밀은 자신의 도발적인 평가를 뒷받침하기 위해서 사회의 상태를 치유하자고 제안했다. 이를 위해서 그는 '경제적으로 필요한 것은 더 나은 분배임'을 밝혔다.[58] 기업가들의 부를 약간씩 떼어낸다면, 이로써 모든 사람이 적절한 지원을 받을 수 있게 된다. 생산성의 극대화를 고집하지 않게 되면 이로써 사람들이 항상 행해야 했던 일을 진보된 기술이 대신할 수 있게 된다: 노동시간을 줄이고, 인간 발달의 시간을 늘리자. 밀은 로스의 핵심을 예견한다. 시장은 사회적으로 또 개인적으로 가치 있는 상황을 만들어 내도록 설계(혹은 재설계)되어야 한다. 게다가 무엇이 가치가 있는지를 평가할 때 철학적 경제학자는 진실로 중요한 것에 초점을 맞추어야 한다.

밀은 그의 독자들에게 정지상태로 필요 이상으로 더 신속히 나아감을 지지하라고 촉구하지만 상세한 청사진을 전혀 제공해 주지 못한다. 그의 여러 가지 제언 중 하나가 상속을 제한하자는 제안이다. 그가 살던 시대보다 더 진보적이라고 그가 여기는 사회로 이행해가는 충실하고 정교한 계획안을 내놓지 못한다면, 밀은 유토피아주의자로 비난받을 것이다. 비평가들은 명령한다. '구체적인 방안을 제시하라! 그 놀라운 세상이 어떻게 실현될 수 있는지를 보여 주라!' 밀은 이 명령을 충족시킬 수 없다.

나도 마찬가지다. 나의 이 책은 비슷한 이상들을 그려보았고, 개인적으로 또 사회적으로 인간 발달을 증대시키는 관점에서 그런 이상들을 다루었다. 이 장에서 듀이식 사회의 불가능성을 보여 주려는 시도가, 혹은 그런 종류의 사회가 유지될 개연성이 없음을 밝히려는 노력이 반박되었기를 나는 희망한다. 이 책은 그 목적지에 도달한 후에 이를 지켜낼 수 있는 이정표라든가 상세한 지침을 제시하지 못했다.

왜냐면 그것은 불가능하기 때문이다. 여러 인문과학은 그 정도의 규모와 복잡성을 가진 문제들을 다룰 준비가 아직 덜 되어 있고 어쩌면 불가능할 것이다. 그렇다면 나의 제안 혹은 밀의 제안 속에 과연 어떤 실천적 시사점이 들어 있을까?

이 질문에 답하려면, 밀의 계승자로서 그를 진정으로 칭송했던 사상가로 되돌아가는 것이 좋겠다. 밀이 세상을 떠나고 25년이 지난 후, 윌리엄 제임스(William James)는『프래그머티즘』을 출판했다. 이는 새로운 철학 운동을 제시한 연속강의였다. 제임스는 이 책을 '내가 마음의 실용주의적 개방성을 처음으로 배웠고, 그리고 오늘날 살아 있다면 우리의 지도자로 그려내고 싶은 존 스튜어트 밀에게' 헌정했다.[59] 프래그머티즘의 주제는 이미 제임스의 초기 저술에 등장한다. 특히, 앞으로 나아갈 길을 구체적으로 그려볼 수 없을 때, 목표에 접근하는 실용적 전략이라는 그의 아이디어는 아주 유명한 그의 논문인 「믿음의 의지」의 결론 부분에 나온다.[60] 여기서 제임스는 영국 법학자인 피츠제임스 스티븐(Fitzjames Stephen)의 이미지를 끌어들인다. 스티븐은 그와 같은 인간의 곤경을 앞이 안 보이도록 눈 폭풍이 몰아치는 산길에 갇힌 사람들의 처지와 비교한다. 물론 그들은 안전한 곳으로 빠져나갈 길을 순간순간 지각할 수밖에 없지만 멈추면 저체온증으로 죽을 수밖에 없기에 가장 희망적인 길을 찾아가야 한다.

그 이미지를 더 친숙한 상황으로 바꿔보자. 숲에서 하이킹을 즐기는 사람들도 때때로 길을 놓칠 수 있고 안개가 휘몰아치기 전에 빠져나갈 길을 찾아야 한다. 더 심각하게 그 지역에 위험한 야행성 동물이 배회한다고 가정해 보자. 정말 어떻게 해야 할까?

답은 분명하다. 나무 사이에서 희미한 빛이라도 찾아야 한다. 그쪽으로 나아갈 길이 있는지도 따라가 보아야 한다. 가망성이 보일 길이 생길지 모른다. 이런 경우에 적응할 필요가 있다. 그 곤경을 만일 친구들과 함께 겪는다면 덜 심각해질 것이고, 특히 모두가 합심하여 가장 가능한 길을 더듬어본다면 여러 가지 가능성을 찾아낼 수 있을 것이다.

듀이식 사회로 우리를 이끌어 줄 상세한 지도가 없다면, 우리는 감각이 날카로운 등산가가 선택하는 길을 따라가야 한다. 희미한 불빛이라도 찾아보자. 우리를 듀이의 방향으로 이끌어 줄 변화를 찾아보자. 이런 변화를 이행하는 일을 시도해 보고, 그것이 어떻게 통하는지도 살펴보자. 가망성이 가장 높은 접근을 더 발전시켜 가보자. 계속해서 적응해 나가고 또 계속해서 전진해 나가자.

성공이나 끊임없는 진보는 보장되지 못한다. 그러나 실험과 협력을 통해서 우리는 전진하기를 바랄 수 있다. 우리가 현재 살아가고 있는 방식에 대한 밀, 듀이, 그리고 나 자신의 불만을 공유하는 사람들이 있다면, 다시 말해서 개인적 만족스러움을 희생시키는 불평등한 물질적 번영이 우리의 최선이라는 생각에 대해서 저항하는 사람들이 있다면, 이들을 위해서 스티븐과 제임스는 타당한 조언을 전해 준다. 시도하라, 그리고 어디까지 나아갈 수 있는지를 보라.

10

마지막 연상, 그리고 마지막 이미지. 오늘날 밀이 일차적으로 유명해진 것은 내가 인용한 저술, 즉 「세인트 앤드루 대학 취임 강연」 그리고 『정치경제학 원리』 때문이 아니다. 그의 명성은 공리주의에 대한 그의 (수정된) 옹호론 그리고 특히 그의『자유론』때문이다.[61] 언론의 자유를 옹호한 점에 있어서 밀의 위대한 선구자였던 존 밀턴(John Milton)도 그의『아레오파지티카(Areopagitica)』로 가장 유명한 것은 아니다. 밀턴은 일차적으로 위대한 영어 서사시, 혹은 기독교 시라고 말하는『실낙원』의 저자로서 유명하다.

18세기 이후로 비평가들은 밀턴의 정통성을 의심했다. 블레이크(Blake)와 셸리(Shelly)는 밀턴을 '악마의 편'으로 보았고, 그리고 이런 전통은 20세기와 21세기에도 남아 있다.[62] 몇 가지 이유는 있다.『실낙원』은 '신의 길을 인간에게 정당화하려는' 시인의 목적을 규정하는 긴 문장으로 시작한다. 그 정당화는 누구에게 필요했을까? 밀턴 자신임이 확실하다. 그는 연방 공동체의 헌신적 공복이었고, 전능한 존재를 향한 순수한 숭배에 헌신했고, 그 정권이 부패한 군주로 바뀌었을 때, 그는 투옥되었고 그의 시력 상실에 대한 동정심 덕분에 풀려났다. 밀턴이 신성을 무대 위로 올릴 때, 신은 자신의 전지함과 옳음을 뽐낸다. 온갖 결과가 뒤따르는 인류의 추락을 예언하면서 그는 (그 이후의 수많은 정치 지도자들의 스타일로) 묻는다.

> … 누구의 잘못?
> 그 자신이 아니면 누구일까? 나의 은혜를 잊은 그
> 그가 가질 수 있었던 모든 것; 나는 그를 정의롭고 옳게 만들었다
> 맞서는 데에 충분하게, 자유로이 타락할 수 있게[63]

전능한 존재가 그렇게 말할 때 그에게는 정당화가 필요할 것이다.

그러나 주인공인 사탄에 안주하는 사람들은 밀턴의 휴머니즘을 간과한다. 그의 드라마에서 위대한 인물은 무책임한 이브를 위해 에덴을 포기할 준비가 된 사람, 즉 아담이다.[64] 인간 모험의 장엄함이 그 시의 종결 부분에서 뚜렷해진다.

> 그들이 흘린 자연스러운 눈물방울들, 그러나 이윽고 닦았지
> 세상이 온통 그들 앞에 있었는데, 어디를 택하지
> 그들이 쉴 곳, 그리고 그들을 인도하는 신의 뜻
> 그들은, 손에 손잡고, 방황하는 발걸음으로 그리고 천천히
> 에덴을 지나 그들의 고독한 길로 갔다.[65]

밀턴이 그의 독자들에게 남겨준 비전은 인간 프로젝트다. 이는 새롭고 가혹한 도전적 세

계에서 시작되고, 불확실한 단계를 거쳐서, 만족스러움을 열망하는 삶을 이루어 내는 방향으로 나아간다. 이것은 우리의 실존적 상황을 변혁시키기 위해서 새로운 종류의 사회를 그리고 새로운 더 보상받는 형태의 인간 실존을 만들어 내기 위해서 함께 추구하는 프로젝트다. 우리가 그 신학적 틀을 벗겨낸다면 그 장엄함의 느낌이 여전히 남을 것이다.

에머슨이 말했다: 그 빛으로나, 그 범위로나 정말로 세상의 중대사는 인간을 길러내는 일이다.[66]

후주 🕐 제11장

1 역사가들은 스미스가 공감하는 아이디어 중 일부를 고대 세계로까지 추적했다. 스미스의 책은 출간된 1776년도 이전의 세기에 나타났던 잉글랜드, 프랑스, 스코틀랜드의 지적 조류에 크게 의존한다. 특히 스미스가 끌어들인 것은, 윌리엄 페티 경(Sir William Petty)이 개척한 'political arithmetic', 프랑스의 사상가인 프랑수아 케네(Francois Quesnay)와 안 로베르 자크 튀르고(Anne Robert Jacque Turgot)의 저술, 그리고 스코틀랜드의 앞선 사상가인 프랜시스 허친스(Francis Hutcheson)와 데이비드 흄(David Hume)의 저술이다. WN의 주요 업적은 종전에는 연결되지 못하고 따라서 제한적이었던 엄청난 연구 성과들을 체계화시켜 놓은 특별한 힘에 담겨 있다.

2 제2장 74-76쪽 참조.

3 WN 5.

4 WN 78-79. 여기서도 분업은 일정한 역할을 한다. 생산 과정은 거대한 인구의 노동자가 신속하게 훈련될 수 있는 과제들로 분할되기 때문에, 노동자는 교체될 수 있고 쉽게 이 일에서 저 일로 옮기거나 심지어 다른 산업 분야로도 이동할 수 있다.

5 WN 84.

6 Adam Smith, 『The Theory of Moral Sentiments』 (Cambridge, UK: Cambridge University Press, 2002), 50, 132, 211-16.

7 WN 302, 309. 마르크스는 이윤의 재투자를 요구하는 자본의 탐욕을 통해서 그것을 공식화한다. 『Capital』, Vol. I, 254.

8 다양한 스타일의 설명은 다음을 참조. Stephen Jay Gould, 『Ontogeny and Phylogeny』 (Cambridge, MA: Cambridge University Press, 1977). Richard Dawkins, 『The Selfish Gene』 (Oxford: Oxford University Press, 1976), Richard Prum, 『The Evolution of Beauty』 (New York: Penguin Random House, 2018).

9 나중의 논의에서는 '아무 사회도 이런 상태에 도달할 수 없다.'라는 관심사에 대해 반응할 것이다.

10 듀이식 사회의 옹호자는 성장에 반대하지 않는다. 이들은 듀이식 사회가 번영하는 데에 필요한 사회적 조건을 해치지 않는다면 성장하는 것을 좋은 일로 생각한다. 문제가 되는 것은 물신숭배(fetishism)다. 이는 더 중요한 것을 희생하면서까지 경제적 성장을 고집하는 것이다.

11 Robert Burns, 'To a Mouse.'

12 과도하지 않은 심각성의 위협 가능성은 미래의 듀이 옹호론자들을 망설이게 만들어야 한다. 재앙스러운 결과가 나타날 가능성이 아주 낮을 경우도 그래야 하는 것처럼 말이다. 책임 있는 분석은 예상된 행

위의 기대된 공리성을 평가하도록 노력해야 한다. 물론 개연성은 추정적일 수 있고, 그리고 공리성 척도는 구성될 수 있다고 가정하면서 말이다.

13 이를 자세하게 밝히는 것은 예상되는 인간 수명에 달려 있다. 만일 사람들이 더 오래 산다면, 일정 시간에 생존하는 사람들의 수는 많아질 것이다. 따라서 재생산율은 연령 분포와 따라 조정되어야 한다.

14 나는 그 정책이 법칙이 아니라 규범이 되어야 한다고 가정한다. 젊은이는 가족 계획에서 자신에게 사회가 기대하는 바를 배우지만, 기대에 어긋날지라도 국가가 처벌하지 못한다.

15 혹은 『The Ethical Project』, 『Moral Progress』의 접근과 일치되게.

16 재생산의 제한에 대한 주요 반대론, 혹은 최소한 공적 토론에서 표명된 반대론은 종교적 텍스트의 권위에 호소한다. 따라서 그것은 제6장의 논변에 저촉된다. 이 책의 214-18쪽을 참조.

17 그 문제는 다음 책의 마지막 부분에서 다루어진다. Derek Parfit, 『Reasons and Persons』 (Oxford: Clarendon Press, 1984). 내 생각에, 이 책의 이 부분은 파핏의 탁월한 철학적 업적에 속한다.

18 아르키메데스 공리에 따르면, 두 개의 양수 x, y에서, 양의 정수 N이 있으면 Nx〉y다. 'Parfit's Puzzle', Nous 34(2000, 550-77)에서 나는 '어떻게 아르키메데스 공리를 충족시키는 일차원적 서열화가 그 수수께끼를 해결 불가능한 것으로 만드는가?'를 밝힌다.

19 이것은 앞 장(350쪽, 주25)에서 지적한 사항과 일치한다. 무엇이 충분한지는 재화와 기회의 분배에 달려있다. 여기서 나는 이를 초국가적 맥락에 적용한다.

20 Leonard Huxley, ed., 『The Life and Letters of T.H. Huxley』 (1903; repr., Cambridge, UK: Cambridge University Press, 2012) 49.

21 이런 반응과 산업생산에 대한 일부 후기 빅토리아인들의 반응 사이에는 유사점이 분명하게 있다. 윌리엄 모리스(William Morris)와 존 러스킨(John Ruskin)의 저술은 '예술성이 효율성보다 중시될 때 느껴지는 상실감'을 장엄하게 밝혀준다. 그들의 아이디어와 논변에서 나는, 그것의 매력 없는 특성(온실 낭만주의와 엘리트주의의 암시, 모리스의 엘리트주의는 사회주의에 대한 명시적 신봉에도 불구하고 나타남)을 벗겨낼 수 있다고 믿는다. 그러나 이를 밝혀내는 일은 여기서 나의 주요 목적에서 멀어질 것이다.

22 스웨덴과 핀란드가 주요 사례이다.

23 휴대폰의 세계적 보급에 관한 흥미로운 통계는 다음을 참조. Pew Research Center's report, 'Smartphone Usage Is Growing Rapidly around the World but Not always Equally.' https://www.pewresearch.org/global/2019/02/05/digital-connectivity-growing-rapidly-in-emerging-economies/.

24 이 책의 318-19쪽을 참조.

25 이를 가장 심각한 도전으로 이해하는 것은, 내 생각에는, 경제성장에 관한 가장 섬세한 이해와도 일치한다. 로버트 솔로우(Robert Solow)가 『Growth Theory: An Expositon』 (New York: Oxford University Press, 1970)에서 그리고 그의 핵심 연구로부터 영향받은 수많은 경제 이론가들이 제시한 성장 모델은, 사회적 차이가 어떻게 성장 패턴, 그리고 정상 상태로의 수렴에 영향을 주는가를 인지한다. 물론 성장 이론은 내가 여기서 언급한 것들과는 다른 질문들에 관심을 둔다. 그것은 경쟁적 경제 틀을 고정하는 가운데(fix), 그리고 여러 가지 경제적 요인을 고려할 때, 그리고 매개변수의 분포가 변할 때 어떤 일이 발생하는가를 묻는다. 내가 묻는 것은 '특정 사회적 목표를 촉진하려고 설계된 경제적 제도의 변화가 표준 유형의 지구 경제 속에서 어떻게 나타날 것인가?'라는 점이다. 비록 나는 이 책의 비공식적 논의가 목표들을 제시하는 데에 분명하고 적절할 것이라고 보지만, 그것이 성장이론의 틀 안에서 더 공식적으로 발전될 수 있는지를 탐색하는 것도 흥미로울 것이다.

26 이는 진화 시스템의 동학에서 친숙한 문제이다. 만일 특정 대립 유전자(allele)가 지배하면 인구가 안정된 상태에 도달한다는 잘 알려진 사례가 있다. 그러나 그 대립 유전자가 드물 때 선택은 그것에 반한다. 어떤 인구 집단에는 두 가지의 바람직한 특성을 가진 대립 유전자(C 대립 유전자)가 들어 있다: C 대립 유전자를 지닌 개인들은 말라리아에 저항한다; 두 개의 복제(CC 동형 집합)를 가진 사람들은 겸상 적혈구성 빈혈에 걸리지 않는다. 만일 우리가 모두 CC이면, 우리는 모두 이 환영받을 특성을 가져야 하며, 그리고 더 공통된 두 가지의 대립 유전자(-이중 용량으로- 겸상 적혈구성 빈혈의 원인인 정상적인 A-대립 유전자 그리고 S-대립 유전자)는 모두 침범하지 못할 것이다. 불행하게도, C 대립 유전자가 드물 때, 그것은 주로 이형 집합체에서 AC 혹은 CS에 속하는 사람들에게 일어난다. 이런 개인들은 선택적 불이익에 놓인다. 따라서 자연선택은 C 대립 유전자를 전체 인구에서 몰아낸다. (이 사례에 관한 더 상세한 이야기는 나의 책, 『Living with Darwin』(106-8)에 들어 있다.)

27 나의 신중한 공식화는, '할'보다 '할 수도'를 사용하는 것에서 드러나듯, 사회 간 교역에서 발생하지 않는 문제의 또 다른 버전의 가능성을 인정한다. 국제교역은 가장 분명한 난점의 원천이며, 따라서 나는 그것을 선택하여 집중하려고 하였다. 만일 상호작용 문제의 또 다른 버전이 있다면, 나는 내가 제안한 대책의 아날로그가 그것을 다룰 것으로 추측한다.

28 현실 사회에서 이것은 비현실적 가정일 것이다. 이와 달리 상상된 조건 속에서 어떤 상황을, 즉 예상된 시기의 초반 상황이나 혹은 듀이식 경제의 쇠약한 성장이 명확해지는 상황을 생각하기는 쉽다. 여기서 다른 사회는 신용거래를 확대하지 않을 것이다.

29 이 책의 368쪽 참조.

30 위키피디아(Wikipedia)의 '노동 시간' 항목의 자료(OECD 통계에서 끌어온 것). https://en.wikipedia.org/wiki/Working-time#European-countries.

31 『타임(Time)』의 보고('세계에서 가장 생산적인 나라들') 자료(OECD 통계의 인용). https://time.com/4621185/worker-productivity-countries/. 나는 GDP/시간(US$로 주어진)을 주당 노동 시간의 수로 곱했다. OECD 차트에서 노르웨이 주당 노동 시간의 수는 27.3이며; 이것과 노르웨이의 주당 노동 시간 29시간(에 대한 많은 표준 참조) 간의 불일치는 노르웨이 사람들이 연당 49주를 (3주일은 유급 휴가) 일한다는 사실에서 생긴 것이다.

32 이것이 유럽연합에 대한 여러 가지 불만의 원천이라고 나는 믿는다. 최근의 몇몇 연구는 불만의 근원이 '정치적 통합과 경제적 통합의 부조화'에 있다고 진단하였다. 다음을 참조. Vivien A, Schmidt, 'The Eurozone's Crisis of Democratic Legitimacy: Can the EU Rebuild Public Trust and Support for Economic Integration?,' 다음을 참조. https://ec.europa.eu-finance/publications/eedp/dp015-en.htm.

33 두 가지 고려사항, 즉 경제적 불이익 집단이 지역 통제를 다시 주장하고 싶은 욕구, 그리고 '자기 나라가 위대했던 시기'에 대한 향수는 Brexit를 지지했던 사람들의 생각에 뚜렷하다. 또한 이런 사항은, 내가 믿기로는, '미국을 다시 위대하게'라는 운동, 그리고 다른 민족주의/분리주의 캠페인에도 적용된다.

34 이 주장의 논거는 다음과 같은 예언적 저술에서 명쾌하게 제시되었다. Laurie Garrett, 『The Coming Plague』(New York: Farrar, Straus & Giroux, 1994).

35 켈러(Evelyn Fox Keller)와 나는 「The Seasons Alter」에서 기후변화를 논할 때, 인습적 논의보다 더 강하게 이 가능성을 강조했다. (아마 그것은, 우리가 진화생물학의 이슈에 관한 사고에 상당한 시간을 투입한 결과일 것이다.) 어떤 독자는 우리에게 '생태학적 관계의 변화가 새 질병을 일으킨다는 에피소드

를 우리가 개시한 종말론적 시나리오에다 집어넣는 것은 상당한 과대 포장이다.'라고 제안하기도 했다. 코로나 19의 발생으로 최소한 그들 중 한 명은 심경의 변화를 겪었을 것이다.

36 노드하우스(Nordhouse)의 핵심 논문으로 다음을 참조. 'Climate Clubs: Overcoming Free-riding in International Climate Policy,' *American Economic Review* 105, no. 4(2015): 1339-70. 기후변화를 둘러싼 경제적 문제에 관한 노드하우스의 앞선 (정말 접근하기 쉬운) 설명은 다음 책에 들어 있다. 『The Climate Casino』(New Haven: Yale University Press, 2013). 『The Seasons Alter』에서 켈러와 나는 노드하우스의 몇몇 아이디어를 확대하고, 그리고 또 다른 유형의 국제적 협력이 필요하다고 주장한다.

37 McMansion Hell은 몇몇 웃기는 사례를 보여 주는 곳이다. https://mcmansionhell.com/.

38 민주적 정부는 전쟁의 발발 가능성이 더 적다는 아이디어는 이마누엘 칸트의 『영구평화론(Perpetual Peace)』에서 나온다. 최근의 경험론적 옹호론으로 다음을 참조. Havard Hegre, 'Democracy and Armed Conflict,' Journal of Peace Research 51 (2014): 159-72. Hegre의 논평은 경제적 관계의 중요성도 강조한다.

39 다음 두 가지를 참조. Anthony Atkinson, 『Inequality』, 그리고 Philippe van Parijs and Yannick Vanderborght, 『Basic Income』. 이와 같은 노선의 제안은 엘리자베스 워런(Elizabeth Warren)이 2020 민주당 대통령 후보 지명 캠페인 기간에 제시한 세제 개혁 발표 방안의 핵심이었다. 워런의 캠페인은 실패했지만, 여론조사에 따르면, 그녀의 '억만장자 세'는 미국 시민에게 지극히 인기 있는 것이었다.

40 (로널드 레이건 정권에서 시작했고, 그 이후 공화당 경제정책의 핵심이었던) 최상위 세율 축소가 어떻게 경제성장의 실패를 일으켰는지를 보여 주는 저서는 다음을 참조. Binyamin Appelbaum, 『The Economist's Hour: False Prophets, Free Markets, and the Fracture of Society』 (New York: Little Brown, 2019). 특히 제4장을 주목.

41 다음을 참조. *The Guardian*, May 5, 2020; https://www.theguardian.com/environment/2020/may/05/one-billion-people-will-live-in-insufferable-heat-within-50-years-study.

42 핵심 논문은 다음이다. Amartya Sen, 'Gender Equity and the Population Problem,' *International Journal of Health Services* 31 (2001): 469-74. 더욱 최근의 경험적 자료 분석은 센의 원래 결론을 확인시켜 준다. 예컨대, 다음을 참조. Homi Kharas, 'Climate Change, Fertility, and Girl's Education,' 이는 다음에 들어 있다. https://www.brokings.edu/blog/future-development/2016/02/16/climate-change-fetility-and-girls-education/. 소녀들이 더 많은 교육을 받을 때 가족 크기가 줄어드는 경향에 관한 납득할 만한 증거가 그래프로 제시된다.

43 『The Economist's Hour』에서 빈야민 애플바움(Binyamin Appelbaum)은 이런 추세가 어떤 것인가, 이것이 이전 정책 결정과 얼마나 현저하게 다른가, 그리고 공동의 박수갈채가 어떻게 자주 증거와 어긋나는가에 관한 풍부한 설명을 제시한다.

44 Karl Polanyi, 『The Great Transformation』 (1944; paperback ed., Boston: Beacon, 1957). 시장 신학 (market theology)의 출현 후에도 더 신중한 이론가들은 폴라니의 통찰을 받아들였다. 예컨대, 다음을 참조. Charles Lindblum, 『The Market System』 (New Haven: Yale University Press, 2001).

45 제2장의 74-76쪽 참조.

46 American Economic Review 35 (1945):519-30.

47 애로우-데브로이 정리(Arrow-Debreu theorem)의 증명은 상당한 고급 수학을 포함한다. 접근하기에 가장 쉬운 설명은 다음 책이라고 나는 알고 있다. Hal Varian, 『Microeconomic Analysis』 (New York: W.W. Norton, 1978).

48 다음에 들어 있다. 『An Economic Theorist's Book of Tales』 (Cambridge, UK: Cambridge University Press, 1984) 제1장. 2001년에 애컬로프(Akerlof)는 마이클 스펜스(Michael Spence), 조셉 스티글리츠 (Joseph Stiglitz)와 함께 노벨 경제학상을 받았다(공식적으로 그 상은 '알프레드 노벨을 기념하는' 것이 다. 노벨 자신이 경제학상을 만들지 않았기 때문이다). 만일 수상자에 또 한 명을 추가할 수 있었다면, 그 후보는 마이클 로스차일드(Michael Rothschild)였을 것이다. 로스차일드와 스티글리츠가 공저한 논 문(Michael Rothschild and Joseph Stigglitz, 'Equilibrium in Competitive Insurance Markets: An Essay on the Economics of Imperfect Information,' Quarterly Journal of Economics 90[1976]: 629–49)은 비 대칭 정보와 시장 실패에 관한 고전적 연구 중 하나에 속한다. 경제 문제에 관한 수많은 유익한 토론, 그리고 30년이 넘은 따뜻한 우정에 대해서 나는 마이클에게 감사한다.

49 2015년도 런던에서 열린 '진보 학회(Society for Progress)'의 창립총회에서 놀랍도록 정정한 케니스 애 로우(Kenneth Arrow)는 '어디나 에컬로프군'하고 말함으로써 모든 청중이 놀라게 되었다.

50 1986년 봄, 우리는 미니애폴리스로 이사하여, 집을 한 채 구했다. 설명서에 들어 있는 특성을 가진 집 이었으나, 지붕과 천장 사이의 공간에 박쥐가 숨어 있으면 아이들이 놀랄지도 몰라서 그것을 막느라고 신경을 많이 썼다. 다행하게도 그 지역의 조례에 따르면 주택 판매자는 '결함이 있음을 알면서 감추는 일은 없음'을 밝혀야 했으며, 따라서 그 문제가 분명해진 후에 우리는 (상당히 많은) 수비 비용을 전 소 유자에게 청구할 수 있었다.

51 앵거스 디턴(Angus Deaton)이 그의 중요한 저서, 『The Great Escape: Health, Wealth and the Origins of Inequality』 (Princeton: Princeton University Press, 2013)에서 강조하는 것처럼, 경제학자들이 시장 경제가 전반적 생활 수준을 올려놓은 방식을 칭송하는 것은, 만일 낙오된 사람들에게 주어지는 부정 적인 심각한 결과를 인정만 한다면, 전적으로 옳은 일이다. 이런 주장을 디턴은 케이스(Anne Case)와 함께 『Deaths of Despair and the Future of Capitalism』 (Princeton: Princeton University Press, 2020) 에서 더 발전시켰다. 케이스와 디턴의 목소리에 동조하는 학자로 두 명이 또 있다. Thomas Piketty, 『Capital』 (Cambridge, MA: Harvard University Press, 2013). 그리고 Emmanuel Saez and Gabriel Zucman, 『The Triumph of Injustice』 (New York: W.W. Norton, 2019). 여기서도 또다시 포함되어야 할 것은 Anthony Atkinson, 『Inequality』이다.

52 디턴은 『Great Escape』에서 경제적 이득과 '잘-삶의 다른 차원'을 놀라울 정도로 명확하게 구별한다.

53 다음 강의는 자유롭게 접속할 수 있다.
https://www.nobelprize.org/prizes/economic-sciences/2012/roth/lecture/.

54 Lewis Carroll, 『Alice in Wonderland』, 제6장.

55 PPE 218–26(Book II, chapter ii, §§ 3–4). 밀이 분배에 초점을 둔 점은, 밀을 전형적인 총합적 공리주 의자로 여기는 많은 사람에게 충격이 될 것이 분명하다. 밀의 사상은, 밀의 수많은 다른 저술을 고려하 지 않은 채 『공리주의』만 읽는 해석가들에 의해 너무 단순해질 수밖에 없었다. 나는 다음 글에서, 밀의 윤리적 입장에 관한 공통된 오류를 시정하려고 시도했다. 'Mill's Consequentialism,' in 『The Routledge Companion to Nineteenth Century Thought』, ed. Dean Moyar, 633–57 (London: Routledge, 2010).

56 PPE Book IV, chapter vi, 특히 §2, 753–57.

57 PPE 754.

58 PPE 755.

59 James, 『Pragmatism』 (Cambridge, MA: Harvard University Press, 1975), 3.

60 『The Will to Believe』 (Cambridge, MA: Harvard University Press, 1979), 13–33. 'The Will to Believe'

는 이제까지 미국 철학자가 썼던 글 중에서 가장 영향력이 클 것이다. 스테판의 이미지는 33쪽에 나온다.

61 밀은, 몇 군데에서 (그가 역사와 문화를 알지 못하는) 일부 사회의 민주적 자치정부를 위한 준비 부족에 관한 둔감한 발언으로 유명하기도 하다. 이런 생각은 『자유론』에서도 가끔 드러나고, 『대의 정부론』에서는 더 심하다.

62 예컨대, 다음을 참조. William Empson, 『Milton's God』 (London: Chatto & Windus, 1961).

63 『Paradise Lost』, Book III, 96-100.

64 성별에 대한 밀턴의 균형 잃은 취급에 대해서, 그리고 그의 여성 혐오증에 대해서 얼버무릴 수가 없다. 그의 어조는 일찍 정해졌고, 변함없었다. '그는 오직 신을 위해서, 그녀는 그 안의 신을 위해서'(Book IV, 299).

65 Book XII, 645-49.

66 나는 에머슨의 표현을 성적 불균형의 함의를 피하려고 다시 수정한다. 에머슨은 밀턴의 여성 혐오증을 공유하지 않는다. 그러나 그는 성적 대명사에 관한 현대인의 민감함을 미처 예상하지 못한다.

부록 1

제3장에서 만족스러운 삶은 세 가지 조건을 충족시키는 것이라고 이해했었다. 만족스러운 삶이란 자유롭게 선택한 프로젝트(들)를 추구하고, 그 프로젝트가 성공하며 즉 그 중심 목표들이 충분히 성취되며, 그리고 타인들의 삶에 공헌하는 것이다. 내가 인정했듯이 우리의 노력의 잠정 목표에는 우리 인류의 구성원뿐만 아니라 모든 정감적 존재가 포함된다. 그러나 나의 대부분의 논의에서 강조했던 점은 인간의 삶에 미치는 긍정적 효과다. 이런 접근은 너무 협소한 것일까? 삶이 인간의 삶이 아닌 다른 어떤 것을 위한 공헌을 통해서 만족스러움으로 입증될 수 있을까?

나는 이 두 질문에 대해 긍정적으로 답하겠으나, 그런 만족은 나의 실천을 합당한 이상화로 만들기에는 상당히 드물다고 나는 주장한다. 이 짧은 부록은 이런 주장을 설명하고 옹호하기 위한 것이다.

인간이 아닌 동물에 대한 잔혹과 학대가 만연한 세계에서, 우연하고 무감각하게 행해지는 것에 저항하는 사람들은 자신이 일으키는 변화에서 만족스러움을 찾을 것이다. 만일 동물원이 더 인간화된다면, 혹은 실험용 프로토콜이 동물의 생명을 왜곡시키는 일을 피하는 쪽으로 맞추어진다면 혹은 식용 동물의 사육이 포기된다면 (혹은 최소한 인간성의 어떤 흔적에 의해 절제된다면), 개혁가들의 삶의 의미는 **부분적으로** 동물 고통의 구제에서 생긴다고 이해될 것이다. '부분적'이라고 말하는 이유는 그런 개혁이 일부 현대인에게 나타나는 계몽으로 이루어지기 때문이다. 여기서 일부 현대인이란 동물원을 운영하고, 동물 실험을 주도하는 사람들, 그리고 공장식 축산업의 생산물을 소비하는 그 모든 사람이다. 또 다른 이유는 저항하는 사람들은 인간적인 사회적 세계 속에서 살고 있고, 그리고 그들의 삶이 얼마나 완전하게 만족되는가는 그들이 직접적으로 상호작용하는 사람들에게 미친 영향에 달려 있기 때문이다.

그러나 어떤 경우에 인간적 세계에 대한 이런 직접적 개입은 축소된다. 가장 분명한 선택지는 특정 동물을 보살피는 일에 평생을 바친 사람들을 살펴보는 것이다. 예컨대, 제인 구달(Jane Goodall)은 대다수 시간을 곰베(Gombe) 지역의 침팬지와 함께 보냈어도 놀랍도록 만족스러운 삶을 살았던 것이 확실하다. 그녀의 활동을 연구한 사람들은 누구든지 그녀가 그토록 생생하게 (또 그토록 애정을 가지고) 기록하면서 개별 침팬지들에게 쏟았던 그녀의 헌신에 감동할 수밖에 없다.[1] 구달은 분명히 물질적인 방식뿐만 아니라 동물과 맺은 관계를 통해서도 침팬지들의 삶을 풍요롭게 만들어 주었다.

그러나 구달의 성취에는 여러 가지 측면이 들어 있다. 그녀는 여러 차례 넘게 스스로 만족스럽다고 말할 수 있다. 침팬지의 행동과 사회생활에 관한 그녀의 통찰 덕분에 영장류 동물학자 혹은 다른 분야의 수많은 학자의 삶이 완전히 바뀌었다. 구달은 온 세상에 엄청나게 많은 것들을 알려주었다. 그녀는 곰베 지역을 침팬지 보호지구로 만들었고, 그녀가 개척해 놓은 상호작용을 미래 세대들이 이어가게 하려고 무던히 노력했다. 그녀는 수많은 젊은 연구자에게 훌륭한 조언자였다. 침팬지의 사회생활에 관한 이해를 우리에게 제공하려고 그녀가 도와준 점들은 자연 다큐멘터리의 독자들과 시청자들에게 정보와 기쁨을 주었을 뿐만 아니라 감수성도 길러줌으로써 전 세계의 동물원과 동물공원에서 동물을 취급하는 방식이 바뀌도록 만들었다.

결과적으로 그녀가 동물들의 삶에 질적 차이를 일으킨 점을 고려하건 안 하건 간에 **인간**에게 미친 공헌은 이미 만족의 방향으로 크게 나아갔다. 그런데 이것은 일반적으로 그렇다. 동물을 돌보는 일에 매주 여러 시간을 보내는 사람들, 즉 목동, 축산업자, 수의사, 애완동물 보호자 등은 전형적으로 타인들과의 일상적 관계에서 그리고 돌보는 동물에 대한 배려를 통해서 타인들의 삶에 영향을 준다. 양심적인 개 사육자들은 강아지의 주인이 될 사람, 즉 키워주고 돌봐주리라는 믿음이 가는 사람들을 찾고, 그럼으로써 동물 복지에 공헌하고 또 어느 가족의 삶도 풍요롭게 만든다. 동물에게 미치는 영향과 인간의 삶에 미치는 공헌을 떼어놓기는 어렵다. 또한 인간의 삶이 동물의 그것보다 크게 중요하리라는 점도 의심하기 어렵다.

만족스러움이 동물에게 미치는 영향에만 한정되는 분명한 사례를 찾아보면, 그 사람과 타인들 간의 일상적 관계가 차단될 필요가 있다. 이렇게 하는 한 가지 방식은 템플 그랜딘(Temple Grandin)의 극단적 버전을 상상하는 것이다. 이 가상의 버전은 동물 복지에 깊은 관심을 쏟은 후에 모든 인간관계를 피하는 사람이다. 그는 가축 동물이 더 인간적으로 대우받게 만들려고 생명 프로젝트를 명확하게 설정하는데, 인간들의 삶에 미치는 또 다른 영향에는 아무런 관심이 없다. 그가 옹호하는 개혁이 사람들에게 해로운 효과를 주지 않는 영역에서 그의 활동은 성공적이며 그의 목표 달성이 성공에 이르는 경우는 충분할 정도로 많다.

그러나 여기에도 혼란스러운 요인들이 있다. 현실의 그랜딘과 달리 가상의 버전은 인간의 잘-삶에 완전히 무관심하다. 그랜딘의 제안은 인간에게 미치는 영향을 전혀 고려하지 않는다. 그는 인간의 삶을 개선하기도 하는 개혁 그리고 일부 사람들에게 해롭게도 하는 개혁에 똑같이 헌신한다. 그가 생각하는 사회의 도덕적, 법적 틀은 필요한 제약을 제공함으로써 그의 개혁은 그가 전혀 모르는 조건을 충족시킬 때에만 추진되는 것을 허용해 준다. 이런 도덕적 감수성이 결핍된다는 점에서 그의 프로젝트는 결함이 있고, 그리고 그의 삶은 만족스러운 것으로 간주할 수 없다고 나는 생각한다.

만일 이 말이 맞으면, 우리에게 필요한 주체는, 다른 사람들의 잘-삶에 민감하고 기회가 주어질 때 타인의 삶에 공헌하는 주체이다. 간단히 말해서, 가상의 주체는 오직 동물하고만 상호작용하는 능력을 갖추고, 인간 사회로부터 어떻든 단절되어야 한다. 우리에게는 로빈슨 크루소가 (프라이데이(Friday)가 그의 삶에 들어가기 전의) 필요하다.

수정된 로물루스(Romulus) 혹은 지크프리트(Siegfried)는 그렇지 못할 것이다. 어느 황야에서 출산하다가 죽은 어미에게 태어난 소년이 늑대나 곰의 젖을 먹고 자라서 그 동물과 계속해서 붙어살고 그들을 온갖 방식으로 도와준다고 상상할 수 있다. 이런 종류의 삶은 지적 정서적 발달 장애가 심각한 아이들처럼 제한적으로 만족을 누릴 것이다.[2] 그러나 언어도 습득하지 못하고, 그리고 언어가 없으니 자아의식도 발달하지 못하는 로물루스 혹은 지크프리트를 위한 프로젝트를 이해하기는 어렵다. 그의 삶은 예를 들어 주변의 동물들과 충돌하면서 산다면, 다른 대안적인 조건 아래에서보다 더 나을 것이라고 보는 것이 합당할 것이다. 그러나 그것은 만족스러운 인간의 삶이 되기 어렵다.

아무튼 환경 전반은 그런 주체가 아동기와 청소년기를 정상적으로 거치면서 발달함으로써 말하고, 반성하고, 자의식을 갖도록 허용해 주어야 한다. 삶의 초기 단계에서 필요한 것이 사회다. 그렇다면 젊을 때, 타인들의 삶에 공헌하기 위해서 많은 일을 하기 전에 인간의 사회적 연결이 끊어져야 한다. 그의 새로운 고립 속에서 그에게 가능한 유일한 프로젝트는 동물을 이롭게 하는 일이다. 무인도에 좌초되어서 혹은 어떤 환경 재앙 때문에 인간으로부터 떨어져나온 그 주체는 주변의 동물을 돕거나 보호하기 위해 할 수 있는 한 온갖 일을 하려고 작정한다. 너무 어려서 웅덩이에 접근하지 못하는 동물들에게 물을 가져다주고, 턱에서 가시를 뽑아주고, 새의 부러진 날개를 고쳐주는 등의 일을 한다. 오십 년 동안 그는 동물을 돌본다. 마침내 허약해졌을 무렵, 그를 탐험대가 발견한다. 그의 힘은 쇠락하여 그가 어떻게 살아왔는지를 그들에게 전달할 수 없지만 그들의 도움으로 고통 없이 평화롭게 죽음을 맞이한다.

만족스러운 삶일까? 그렇게 생각될 것 같다. 혼자서 살아온 세월 동안 우리의 로빈슨은 그가 시간을 보내는 방식의 가치에 관해서 때때로 의문을 품을 것이다. 아마도 그를 인간 세계에서 동떨어지게 만든 결정적인 사건에 대하여, 결실을 보지 못한 젊은 날의 계획에 대해서 그는 후회할 것이다. 그렇지만 그는 내던져진 한계 상황에서 최선을 다했다는 생각으로 자신을 위로할 수 있다. 그는 동물 세계 속에서 공동체를 이루었고 거기서 대들보의 역할을 했다. 그는 좋은 일을 많이 했다. 어떻게 그보다 더 잘할 수 있었겠는가?

이 사례가 확장될 수 있을까? 로빈슨이 동물과 상호작용을 하는 것이 필요할까? 그가 환경을 보존하는 것만으로 충분할까? 혹은 식물을 기르는 것은? 그가 정원을 가꾸는 것은?

다시금 타인들의 삶에 미칠 수 있는 영향을 배제하는 것이 중요하다. 자연 세계의 일부를 탐험하면서 그곳의 지도를 만들거나 그곳을 보존하는 데에 여러 해를 보낸 사람들을 우리가 명예롭게 여기는 것은 옳은 일이다. 존 무어(John Muir) 가족이 만족스러운 삶을 살게 되는 것은 그들을 뒤따라서 찾아오는 사람들, 예컨대 도보 여행자, 등산가, 야영객처럼 산에서 보내는 시간에 매료된 사람들의 삶을 풍요롭게 만들기 때문이고, 그리고 개척자들이 탐험하는 그 지역에 서식하는 동물들의 삶을 때때로 개선해 주기 때문이다. 감각을 가진 동물과 달리, 산 호수 나무 등에는 관점이라는 것이 없다.[3] 우리의 행위는 **이들에게** 아무런 이익이나 손해를 끼치지 못한다. 우리가 무심코 쓰레기를 던지거나 바위에 낙서한다고 해서 자연이 고통을 느끼지는 않는다. 우리의 행동들이 손상을 끼치는 것으로 여겨지는 것은 다른 인간들이 즐길 수 있었던 즐거움을 빼앗거나 토착 동물의 환경을 망치거나 하기 때문이다. 우리는 우리의 지구가 아니라 우리의 동료(우리의 동료 피조물)에게 빚지는 것이다.[4]

설령 감각을 가진 동물들이 없고, 그리고 로빈슨의 지역에 다른 사람들이 들어갈 가능성이 없을지라도 그는 식물을 돌보고 그곳의 환경을 보살필 것이다. 그러면서 시간을 보내고, 어떤 미적 만족이 그에게 주어질 것이다. 그의 행위는 풀잎 세는 일에 사로잡힌 사람의 행위보다는 덜 병리적이겠지만, 다른 사람들과의 연결이 없을 것이다. 그렇다면 로빈슨의 삶은 만족스럽지 못할 것이다.

나의 결론은 이렇다: 인간은 인간 이외의 감각을 가진 동물들의 삶에 공헌하는 프로젝트를 통해서 만족스러운 삶을 살 수 있다. 그러나 그런 일이 생길 상황은 아주 드물어서 제3장에서 제시된 설명을 유익한 이상화로 만들 수 없다.

후주 🕐 **부록 1**

1 다음을 참조. 『The Chimpanzees of Gombe』 (Cambridge, MA: Harvard University, 1986).

2 이 책의 110-11쪽 참조.

3 '다양한 종류의 실체가 내재적, 도덕적 의의를 갖는가를 고찰할 때, 어떤 관점에 서는 것은 중요하다.' 라는 점에 대해 몇몇 저술가가 감동적으로 썼다. 이 사항은 원래 다음에 들어 있다. Tom Regan, 『The Case for Anima Rights』 (Berkeley: University of California Press, 1983). 그리고 그것이 강력하게 새로워지고 발전된 것은 다음 책이다. Christine Korsgaard, 『Fellow Creatures』 (New York: Oxford University Press, 2018).

4 이 주제에 대해 나의 다음 글을 더 참조. 'What Do We Owe Our Planet?' *Los Angeles Review of Books*. https://lareviewofbooks.org/article/what-do-we-owe-our-planet/.

부록 2

제3부에서 듀이식 사회라는 비전은 (그리고 그런 사회의 유지에 필요한 조치에 관한 비전은) 시장의 작동에 의존하는 것이지만, 시장을 적절하게 설계된 규제를 통해서 바람직한 사회적 목표를 달성하는 방향으로 이끌어 갈 것을 제안한다. 이렇게 하면, 그 개입이 강제적이지 않을까 하는 두려움을 불러일으킬 것이 확실하다. 나는 그런 우려를 불식시키고 싶다.

두 가지 경우를 살펴보자. 첫째, 내가 지적했듯이 미래의 조건은 인구 성장의 제한을 요구할 것이다. 실로 인구를 현재대로 혹은 줄어들게 해야 할 시기는 거의 피할 수 없이 다가오는 것 같다. 따라서 내가 상상한 것은 가장 분명하게는 한 가정-두 자녀로 제한하여 인구를 대체하는 수준으로 재생산을 지향하는 정책이다. 둘째, 노동의 형태를 재평가하자는 나의 제안은 사회적으로 가치 있는 노동과 지위 과시용으로만 가치 있는 재화와 서비스를 생산하는 노동을 구분한다. 여기서 어떤 중앙기구가 그 구분 선을 확인함으로써 어떤 형태가 타당한 것인지, 어떤 형태가 사회적 낭비인지를 밝혀주어야 할 것이다.

두 가지 경우에서 이런 조처는 사적 결정의 영역을 침범한다는 반응이 자연스럽게 나타날 것이다. 가족의 규모에 부여되는 제한을 사람들에게 말할 권위를 가진 공적 기구란 어떤 것일까? 생산품이나 서비스 중에서, 이를 추구하는 사람들의 미적 취향에 호소하는 진정으로 가치 있는 것 그리고 지위의 상징으로서만 공헌하는 것을 분류할 결정을 내릴 권리는 누구에게 있을까? 나의 온갖 항의에도 불구하고 듀이식 사회가 공산당 정치국이나 소련 스타일의 문화적 획일성을 지향하는 쪽이 아닐까? (한 부모-한 자녀로 제한했던 중국의 정책에 대한 저간의 저항을 떠올려 볼 수 있다).

나는 밀에게서 끌어들인 한 가지 핵심에서 출발한다. 밀의 경제학 저술, 그리고 『자유론』은 자유의 **분배**를 주장한다. 한 개인이 적절하게 누릴 자유는 그 개인이 타인의 비슷한 자유에 대해 가하는 제약에 따라서 제한받게 된다. 더 많은 자녀를 두겠다는 부부의 결정은 가용 자원 중에서 더 큰 몫을 요구하게 되고, 그럼으로써 타인들이 (더 적은) 자녀를 갖도록 제약을 가한다면, 욕심을 가진 사람들이 주장하는 분배는 막아야 한다. 아마도 자발적 동의를 위한 여지는 남겨둘 수 있다. 듀이식 사회는 적절한 보상으로 수용할 수 있는 것을 제공할 사람들에게 자신의 '출산 허용치'의 전부 혹은 일부를 '거래하는' 시장을 허용할 것이다. 그러나 듀이식 사회는 그런 교환이 강제적이지 않아야 한다고 요구할 것이다. 이를 위해 제10장에서 주장한 평등은 확보되어야 한다.

지위 추구자들도 비슷한 이유에서 차단될 수 있다. 그런 사람들은 듀이식 사회의 기본 원칙을 두 가지 방식에서 위반한다. 첫째, 공공선에 공헌하는 일에 투입될 수 있는 노동을 흡수해 버린다. 이로써 그들은 사회의 목적을 증진하는 기관들을 지원하는 데에 사용될 것들이 줄어들게 만들고 그럼으로써 모두에게 기회를 제공하는 시스템이 약화되게 만든다. 노동의 유형을 구분하는 일이 어떻게 생겨났는가를 상기해 보자. 공공선을 위한 재정지원은 자원의 재배치에 의존하며, 그리고 특정 유형의 낭비를 제거하는 것은 그 일을 위한 수단이다. 낭비를 허용하는 경우는 중요 기관에 대한 지원을 줄이고 결과적으로 가치 있는 목표를 놓치게 만든다. 둘째, 여기서 더 분명한 것인데, 지위 추구는 듀이식 사회에서 없애려고 하는 위계의 형식들을 고착시키거나 재도입한다.

어쩔 수 없다. 밀의 이런 사항들은 기회의 공정한 분배를 보장해 줄 결정이 필요함을 보여준다. 그러나 정부의 강제를 우려하는 사람들은 불만 상태에 있을 것이다. '중앙 계획'과 그 해악들에 관한 자신의 비전에 사로잡힌 그들은 모든 공적 기구가 엉뚱한 위치에서 구분하는 선을 그어대고 개인의 자유에 대해 부당한 제약을 가할 수 있다고 비난할 것이다. 그들은 일부의 자유가 타인의 자유를 침해하는 것을 예방하는 일이 중요하다고 동의하면서도, 이와 동시에 사회적으로 위험할 경우와 안전할 경우를 구분할 수 있는 공적 기관의 능력을 부정해 버린다. 이들은 상부에서 내려오는 온갖 틀보다 시민들 사이에서 아무렇게나 벌어지는 상호작용을 오히려 더 좋아할 것이다.

그러나 그것은 거짓된 선택을 제시한다고 나는 믿는다. 제4장과 제5장에서 민주주의(와 도덕)에 대한 나의 접근 방식의 핵심은 시민들 간의 숙의의 특수한 유형이었다. 정책은 모든 관련 대상자의 대표들이 최선의 정보를 갖고 모든 타인의 삶과 관점에 관심을 쏟으려고 시도하는 절차에서 생겨난다. 가족 규모에 대한 제한을 의문시하는 사람들은 자신들(과 자녀)의 삶에 그것이 미치는 결과를 우려하는 사람들과 만나서 그들의 인구가 성장하고, 그리고 만족스러운 삶의 전망을 좌우하는 기관들을 제약하는지를 토론한다. 우월한 지위를 과시하는 것으로만 여겨지는 재화 속에서 미적 가치를 찾으려는 사람들은 욕망의 수단이 되는 생산품과 훨씬 더 낮은 가격으로 사용할 물건 사이에서 아무런 차이를 감지하지 못하는 사람들을 만나서 숙의해봐야 한다.

  이런 대화가 쉬울 것으로 간주하거나 혹은 이런 노력 끝에 좋은 해답이 늘 뒤따를 것으로 주장한다면 이는 어리석은 일이다. 나는 이 책 전체에서 더욱 신중한 자세를 보였다. 어느 규모이건 사회정책이나 도덕 문제에 대한 신중한 자세는 우리에게 최선이다. '정부의 강제'를 두려워하는 반대자들은 심지어 그것을 독재로 보려는 사람들은 **자유방임**으로 뒤죽박죽이 되어버린 상황에서 발생하는 일상적 형태의 제약과 구속을 간과하고 만다. 사람들을 내버려 두면 자유가 적절히 분배될 것이라는 그들의 생각은 큰 잘못이다. 역사는 그런 정책의 결과를 반복해서 보여 준다. 부와 권력의 불평등은 일부가 칭송하는 어떤 '자유들'이 다른 사람의 그것들을 완전히 부정해 버리는 상황을 만들어 낸다. 형식적으로 주어진 자유는 없는 것이나 다름없음을 대중들은 명확히 인식한다.

  강제가 없어지도록 보장해 줄 확실한 방법은 존재하지 않는다. 중요한 점은 강제의 다양한 면모를 인지하는 것이다. 때로는 그것이 정부 권위의 엄정한 찡그린 얼굴로 나타난다. 다른 때는 그것이 부와 권력을 장악한 사람들의 부주의한 무관심의 표현으로 나타나고, 그들의 방종은 불운한 사람들의 삶마저 앗아간다.

  민주적 숙의는 만일 내가 주장한 조건들에 가장 근접한 것을 우리가 찾을 수 있다면 강제적 대안들 사이에서 비-강제적인 길을 찾기 위해 앞으로 나아갈 가장 희망적인 길처럼 보인다. 그런 시도는 실패할 수 있다. 내가 보기에 성공의 기회는 그동안 내가 그려본 방향으로 시민들이 교육을 받는 듀이식 사회에서라면 더 많아진다. 그뿐만 아니라 실패가 인지될지라도 내가 제언한 방법을 사용하는 사회는 더 좋은 곳으로 향할 길을 찾게 될 것이다. 우리가 아직 그려볼 수 없었던 어떤 사회 그리고 어떤 인간적 삶으로 나아갈 길 말이다.

  이 책은 결국 실용주의적 논설이다 ….

참고문헌

Acemoglu, Daron, and Pascual Restrepo. "Artificial Intelligence, Automation, and Work." NBER Working Paper 24196.

Akerlof, George. *An Economic Theorist's Book of Tales*. Cambridge, UK: Cambridge University Press, 1984.

Alexander, Michelle. *The New Jim Crow*. New York: The New Press, 2012.

Appelbaum, Binyamin. *The Economists' Hour: False Prophets, Free Markets, and the Fracture of Society*. New York: Little Brown, 2019.

Appiah, Kwame Anthony. *The Honor Code*. New York: Norton, 2010.

Appiah, Kwame Anthony. *The Lies That Bind*. New York: W. W. Norton, 2018.

Armstrong, Karen. *The Case for God*. New York: Knopf, 2009.

Atkinson, Anthony. *Inequality*. Cambridge, MA: Harvard University Press, 2015.

Autor, David, and Philip Kitcher. "As You Like It: Work, Life, and Satisfaction." Chapter 8 in *Capitalism beyond Mutuality*, edited by Subramanian Rangan, 139-60. New York: Oxford University Press, 2018.

Bächtiger, Andre, John S. Dryzek, Jane Mansbridge, and Mark Warren, eds. *The Oxford Handbook of Deliberative Democracy*. New York: Oxford University Press, 2018.

Barry, John M. *The Great Influenza*. New York: Penguin, 2004.

Bentham, Jeremy. *Introduction to the Principles of Morals and Legislation*. London: Methuen, 1980. First published 1780.

Boehm, Christoph. *Hierarchy in the Forest*. Cambridge, MA: Harvard University Press, 1999.

Bostridge, Ian. *Schubert's Winter Journey: Anatomy of an Obsession*. New York: Knopf, 2015.

Briggs, Jean. *Never in Anger*. Cambridge, MA: Harvard University Press, 1971.

Brighouse, Harry. *On Education*. Abingdon: Routledge, 2006.

Brighouse, Harry, Helen F. Ladd, Susanna Loeb, and Adam Swift. *Educational Goods*. Chicago: University of Chicago Press, 2018.

Budge, E. A. W., ed. *The Egyptian Book of the Dead*. New York: Dover, 1967.

Callan, Eamonn. *Creating Citizens*. Oxford: Oxford University Press, 1997.

Cartwright, Nancy. *The Dappled World*. Cambridge, UK: Cambridge University Press, 1999.

Case, Anne, and Angus Deaton. *Deaths of Despair and the Future of Capitalism*. Princeton, NJ: Princeton University Press, 2020.

Clifford, William. *The Ethics of Belief*. Amherst NY: Prometheus Books, 1999. First published 1877.

Cocking, Dean, and Jeroen van der Hoeven. *Evil Online*. Oxford: Blackwell, 2018.

Coetzee, J. M. "What Is a Classic?" In *Stranger Shores*, 1-16. New York: Penguin, 2001.

Craig, Edward. *Knowledge and the State of Nature*. Oxford: Clarendon Press, 1990.

Crane, Tim. *The Meaning of Belief*. Cambridge, MA: Harvard University Press, 2017.

Culp, Sylvia, and Philip Kitcher, "Theory Structure and Theory Change in Contemporary Molecular Biology." *British Journal for the Philosophy of Science* 40 (1989): 459-83.

Curren, Randall. "Peters Redux: The Motivational Power of Inherently Valuable Learning." *Journal of Philosophy of Education* 54 (2020): 731-43.

Curren, Randall. "Children of the Broken Heartlands." *Social Theory and Practice*, forthcoming.

Dahl, Robert. *On Democracy*. New Haven: Yale University Press, 1998.

Dancy, Jonathan. *Ethics without Principles*. Oxford: Clarendon Press, 2004.

Darwin, Charles. *Autobiography*. New York: Norton, 1969. Written 1876, first published 1887.

Darwin, Charles. *Origin of Species*. Cambridge, MA: Harvard University Press, 1964. First published 1859.

Daston, Lorraine, and Peter Galison. *Objectivity*. New York: Zone Books, 2007.

Dawkins, Richard. *The God Delusion*. New York: Houghton Mifflin, 2006.

Dawkins, Richard. *River out of Eden*. New York: Basic Books, 1995.

Deaton, Angus. *The Great Escape*. Princeton, NJ: Princeton University Press, 2013.

Delbanco, Andrew. *College: What It Is, Was, and Should Be*. Princeton, NJ: Princeton University Press, 2012.

Dewey, John. *Art as Experience*. LW 10.

Dewey, John. *A Common Faith*. LW 9.

Dewey, John. *Democracy and Education*. MW 9.

Dewey, John. "Democracy in Education." MW 3, 229–39.

Dewey, John. *Experience and Nature*. LW 1.

Dewey, John. *How to Think*. MW 6; rev. ed. LW 8.

Dewey, John. *Human Nature and Conduct*. MW 14.

Dewey, John. *Individualism, Old and New*. LW 5, 90–98.

Dewey, John. *Liberalism and Social Action*. LW 11, 5–65.

Dewey, John. "The School as Social Centre." MW 2, 80–93.

Dewey, John. "The Underlying Philosophy of Education." LW 8, 77–103.

Du Bois, W. E. B. "Education and Work." In *The Education of Black People*. New York: Monthly Review Press, 2001.

Du Bois, W. E. B. *The Souls of Black Folk*. Norton Critical Edition. New York: W. W. Norton, 1999.

Dupré, John. *The Disorder of Things*. Cambridge, MA: Harvard University Press, 1993.

Durkheim, Emile. *Elementary Forms of the Religious Life*. Oxford World's Classics. New York: Oxford University Press, 2001. First published 1912.

Eby, Frederick, and Charles Flinn Arrowood. *The History and Philosophy of Education, Ancient and Medieval*. New York: Prentice-Hall, 1940.

Edwards, Betty. *Drawing on the Right Side of the Brain*. New York: Penguin, 2012.

Eliot, T. S. "Tradition and the Individual Talent." In *Selected Prose of T. S. Eliot*, edited by Frank Kermode, 38–39. New York: Farrar, Straus & Giroux, 1975.

Elster, Jon. *Sour Grapes*. Cambridge, UK: Cambridge University Press, 1983.

Emerson, Ralph Waldo. "Self-Reliance." In *The Selected Writings of Ralph Waldo Emerson*, 132–53. New York: Modern Library, 1992.

Emerson, Ralph Waldo. *The Complete Writings of Ralph Waldo Emerson*. New York: W. M. Wise, 1913.

Empson, William. *Milton's God*. London: Chatto & Windus, 1961.

Engels, Friedrich. *The Condition of the Working Class in England*. Oxford World's Classics. Oxford: Oxford University Press, 2009.

Ennis, Robert, and David Hitchcock. "Critical Thinking." In *Stanford Encyclopedia of Philosophy*. Available online at https://plato.stanford.edu/entries/critical-thinking/.

Feinberg, Joel. "The Child's Right to an Open Future." In *Philosophy of Education*, edited by Randall Curren, 112–23. Oxford: Blackwell, 2007.

Feller, Avi, et al. "Compared to What?: Variation in the Impact of Early Child Education by Alternative Care Type." *Annals of Applied Statistics* 10 (2016): 1245–85.

Firth, Raymond. *We the Tikopia*. Boston: Beacon, 1961.

Flory, James, and Philip Kitcher. "Global Health and the Scientific Research Agenda." *Philosophy and Public Affairs* 32 (2004): 36–65.

Fodor, Jerry. "Special Sciences." *Synthese* 28 (1974): 97–115.

Frankfurt, Harry. *On Inequality*. Princeton, NJ: Princeton University Press, 2015.

Frey, C. B., and M. A. Osborne. "The Future of Employment: How susceptible Are Jobs to Computerisation?" Available online at https://scholar.google.com/scholar?hl=en&as_sdt=0%2C33&q=frey+osborne+2013&btnG=.

Fry, Stephen. *The Ode Less Travelled*. London: Penguin, 2006.

Galbraith, John Kenneth. *The Affluent Society*. New York: Houghton Mifflin, 1958.

Garfinkel, Alan. *Forms of Explanation*. New Haven: Yale University Press, 1981.

Garrett, Laurie. *The Coming Plague*. New York: Farrar, Straus & Giroux, 1994.

Gaus, Gerald. *The Tyranny of the Ideal*. Princeton, NJ: Princeton University Press, 2016.

Goldin, Claudia. "Journey Across a Century of Women." 2020 Feldstein Lecture, avail₩-able online at https://www.nber.org/lecture/2020-martin-feldstein-lecture-journey-across-century-women.

Goldman, Alvin. *Knowledge in a Social World*. New York: Oxford University Press, 1999.

Goodall, Jane. *The Chimpanzees of Gombe*. Cambridge, MA: Harvard University Press, 1986.

Gopnik, Alison. *The Gardener and the Carpenter*. New York: Farrar, Straus & Giroux. 2016.

Gopnik, Alison, Andrew Meltzhoff, and Patricia Kuhl. *The Scientist in the Crib*. New York: William Morrow, 1999.

Gould, Stephen Jay. *The Mismeasure of Man*. New York: W. W. Norton, 1981.

Gould, Stephen Jay. *Ontogeny and Phylogeny*. Cambridge, MA: Harvard University Press, 1977.

Graham, Patricia Albjerg. *Schooling America: How the Public Schools Meet the Nation's Changing Needs*. New York: Oxford University Press, 2005.

Gray, John. *Seven Types of Atheism*. New York: Farrar, Straus & Giroux, 2018.

Gruen, Lori. *Ethics and Animals*. New York: Cambridge University Press, 2011.

Gumbrecht, Hans Ulrich. *In Praise of Athletic Beauty*. Cambridge, MA: Harvard University Press, 2006.

Gutmann, Amy, and Dennis Thompson. *Democracy and Disagreement*. Cambridge, MA: Harvard University Press, 1998.

Gutting, Gary. *Michel Foucault's Archeology of Scientific Reason*. Cambridge, UK: Cambridge University Press, 1989.

Habermas, Jürgen. *Between Facts and Norms*. Cambridge, MA: MIT Press, 1996.

Habermas, Jürgen. "Reconciliation through the Public Use of Reason: Remarks on John Rawls's Political Liberalism." *Journal of Philosophy* 92 (1995): 109–31.

Harris, Paul. *Trusting What You're Told: How Children Learn from Others*. Cambridge, MA: Harvard University Press, 2012.

Harris, Paul. *The Work of the Imagination*. Oxford: Blackwell, 2000.

Hayek, Friedrich. "The Use of Knowledge in Society." *American Economic Review* 35 (1945): 519–30.

Heckman, James J., and Ganesh Karapakula. "Intergenerational and Intragenerational Externalities of the Perry Preschool Project." NBER Working Paper No. 25889. Available online at https://www.nber.org/papers/w25889.

Hegre, Håvard. "Democracy and Armed Conflict." *Journal of Peace Research* 51 (2014): 159–72.

Hempel, Sandra. *The Medical Detective*. London: Granta 2006.

Hobbes, Thomas. *Leviathan*. London: Penguin, 2017.

Hochschild, Arlie Russell. *Strangers in Their Own Land: Anger and Mourning on the American Right*. New York: The New Press, 2018.

Hodder, Ian. "Çatal Hüyük: The Leopard Changes Its Spots. A Summary of Recent Work." *Anatolian Studies* 64 (2014): 1–22.

Hull, David. *Philosophy of Biological Science*. Englewood Cliffs, NJ: Prentice-Hall, 1974.

Hume, David. *A Treatise of Human Nature*. Edited by L. A. Selby-Bigge. Oxford: Clarendon Press, 1888.

Huxley, Leonard, ed. *The Life and Letters of T. H. Huxley*. Cambridge, UK: Cambridge University Press, 2012. First published 1903.

Jacoby, Susan. *The Age of American Unreason in a Culture of Lies*. 2nd ed. New York: Vintage, 2018.

Jaeggi, Rahel. *Alienation*. New York: Columbia University Press, 2014.

James, William. "The Moral Philosopher and the Moral Life." In *The Will to Believe*, 141–62. Cambridge, MA: Harvard University Press, 1979.

Joyce, James. *A Portrait of the Artist as a Young Man*. New York: W. W. Norton, 2007.

Joyce, James. *Ulysses*. Edited by Hans Walter Gabler. New York: Vintage, 1986.

Kahan, Dan M. "Climate-Science Communication and the Measurement Problem." *Political Psychology* 36 (2015): S1, 1–43.

Kant, Immanuel. *Groundwork of the Metaphysics of Morals*. Edited and translated by Mary Gregor and Jens Timmerman. Cambridge, UK: Cambridge University Press, 2011.

Kant, Immanuel. *Toward Perpetual Peace*. Cambridge, UK: Cambridge University Press, 1996.

Kevles, Daniel. *In the Name of Eugenics*. New York: Knopf, 1985.

Kharas, Homi. "Climate Change, Fertility, and Girls' Education." Available online at https://

www.brookings.edu/blog/future-development/2016/02/16/climate-change-fertility-and-girls-education/.

Kierkegaard, Søren. *Fear and Trembling.* Vol. 6 of *Kierkegaard's Works*, translated by Howard Hong and Edna Hong. Princeton, NJ: Princeton University Press, 1983.

Kitcher, Philip. "1953 and All That: A Tale of Two Sciences." *Philosophical Review* 93 (1984): 335–73.

Kitcher, Philip. *Abusing Science: The Case against Creationism.* Cambridge, MA: MIT Press, 1982.

Kitcher, Philip. "Battling the Undead: How (and How Not) to Resist Genetic Determinism." In *Thinking about Evolution: Historical, Philosophical and Political Perspectives*, edited by Rama Singh, Costas Krimbas, Diane Paul, and John Beatty, 396–414. New York: Cambridge University Press, 2001.

Kitcher, Philip. *Deaths in Venice: The Cases of Gustav von Aschenbach.* New York: Columbia University Press, 2013.

Kitcher, Philip. "Education, Democracy, and Capitalism." Chapter 17 in *The Oxford Handbook of Philosophy of Education*, edited by Harvey Siegel, 300–18. New York: Oxford University Press, 2009.

Kitcher, Philip *The Ethical Project.* Cambridge, MA: Harvard University Press, 2011.

Kitcher, Philip. "Experimental Animals." *Philosophy and Public Affairs* 43 (2015): 287–311.

Kitcher, Philip. "Governing Darwin's World." In *Animals: Historical Perspectives*, edited by Peter Adamson and G. Faye Edwards, 269–92. New York: Oxford University Press, 2018.

Kitcher, Philip. *Homo Quaerens: Progress, Truth, and Values.* In preparation.

Kitcher, Philip. *Joyce's Kaleidoscope: An Invitation to "Finnegans Wake."* New York: Oxford University Press, 2007.

Kitcher, Philip. *Life after Faith: The Case for Secular Humanism.* New Haven: Yale University Press, 2016.

Kitcher, Philip. *Living with Darwin.* New York: Oxford University Press, 2007.

Kitcher, Philip. "Mill, Education, and the Good Life." In *John Stuart Mill and the Art of Living*, edited by Ben Eggleston, Dale Miller, and David Weinstein, 192–211. New York: Oxford

University Press, 2011.

Kitcher, Philip. "Mill's Consequentialism." In *The Routledge Companion to Nineteenth-Century Thought*, edited by Dean Moyar, 633–57. London: Routledge, 2010.

Kitcher, Philip. *Moral Progress*. New York: Oxford University Press, 2021.

Kitcher, Philip. "On Progress." In *Performance and Progress*, edited by Subramanian Rangan, 115–33. Oxford: Oxford University Press, 2015.

Kitcher, Philip. "Parfit's Puzzle." *Noûs* 34 (2000): 550–77.

Kitcher, Philip. *Science in a Democratic Society*. Amherst, NY: Prometheus Books, 2011.

Kitcher, Philip. *Science, Truth, and Democracy*. New York: Oxford University Press, 2001.

Kitcher, Philip. "Social Progress." *Social Philosophy and Policy* 34, no. 2 (2017): 46–65.

Kitcher, Philip. "Something Rich and Strange: Joyce's Perspectivism." In *Ulysses: Philosophical Perspectives*, edited by Philip Kitcher, 207–51. New York: Oxford University Press, 2020.

Kitcher, Philip. "Two Forms of Blindness: On the Need for Both Cultures." *Technology in Society* 32, no. 1 (2010): 40–48.

Kitcher, Philip. *Vaulting Ambition: Sociobiology and the Quest for Human Nature*. Cambridge, MA: MIT Press, 1985.

Kitcher, Philip. "What Do We Owe Our Planet?" *Los Angeles Review of Books*, 2018. Available online at https://lareviewofbooks.org/article/what-do-we-owe-our-planet/.

Kitcher, Philip, and Evelyn Fox Keller. *The Seasons Alter: How to Save Our Planet in Six Acts*. New York: Norton/Liveright, 2017.

Kitcher, Philip, and Richard Schacht. *Finding an Ending: Reflections on Wagner's Ring*. New York: Oxford University Press, 2004.

Korsgaard, Christine. *Fellow Creatures*. New York: Oxford University Press, 2018.

Kozol, Jonathan. *Savage Inequalities*. New York: Crown, 1991.

Kozol, Jonathan. *The Shame of the Nation*. New York: Crown, 2005.

Kuhn, T. S. *The Copernican Revolution*. Cambridge, MA: Harvard University Press, 1957.

Lareau, Annette. *Unequal Childhoods*. Berkeley: University of California Press, 2011.

Lee, Richard. *The !Kung San*. Cambridge, UK: Cambridge University Press, 1979.

Leppännen, Sirpa, et al. *National Survey on the English Language in Finland: Uses, Meanings, and Attitudes*, 2011. Available online at www.helsinki.fi〉varieng〉series〉v olumes〉evarieng-vol5.

Levi, Isaac. *Hard Choices*. Cambridge, UK: Cambridge University Press, 1986.

Levins, Richard. *Evolution in Changing Environments*. Princeton, NJ: Princeton University Press, 1968.

Levinson, Meira. *No Citizen Left Behind*. Cambridge, MA: Harvard University Press, 2014.

Levitsky, Steven, and Daniel Ziblatt. *How Democracies Die*. New York: Penguin, 2018.

Lewis, David. "Divine Evil." In *Philosophers without Gods*, edited by Louise Antony, 231–42. New York: Oxford University Press, 2007.

Lewis, David. "Mill and Milquetoast." *Australasian Journal of Philosophy* 67 (1989): 152–71.

Lindblom, Charles E. *The Market System*. New Haven: Yale University Press, 2001.

Lippmann, Walter. *The Phantom Public*. London: Routledge, 2017. First published 1927.

Locke, John. *A Letter Concerning Toleration*. Indianapolis: Hackett, 1983.

Locke, John. *Second Treatise of Government*. Indianapolis: Hackett, 1980.

Lowance, Mason, ed. *Against Slavery: An Abolitionist Reader*. Harmondsworth: Penguin, 2000.

Marx, Karl. *Capital*. Vol. 1. New York: Vintage, 1977.

Marx, Karl. *The Economic and Philosophic Manuscripts of 1844*. Edited by Dirk Struik. New York: International Publishers, 1964.

Matthews, Michael R. *Science Teaching: The Role of History and Philosophy of Science*. New York: Routledge, 1994.

Matthews, Michael R. *Time for Science Education*. New York: Kluwer, 2000.

Mayhew, Katherine Camp, and Anna Camp Edwards. *The Dewey School: The Laboratory School of the University of Chicago, 1896–1903*. New York: Appleton, 1936.

McBrearty, Sally, and Andrea Brooks. "The Revolution That Wasn't: A New Interpretation of the Evolution of Modern Human Behavior." *Journal of Human Evolution* 39 (2000): 453–563.

McKinsey & Co. https://www.mckinsey.com/featured-insights/future-of-work/jobs-lost-jobs-gained-what-the-future-of-work-will-mean-for-jobs-skills-and-wages.

Mill, John Stuart. *Autobiography*. In *Collected Works of John Stuart Mill*, 1:1–290. Indianapolis:

Liberty Fund: 2006. Selected from the University of Toronto's edition of the full set of *Mill's Works*.

Mill, John Stuart. "Bentham." In *Collected Works of John Stuart Mill*, 10:75–115. Indianapolis: Liberty Fund, 2006. Selected from the University of Toronto's edition of the full set of *Mill's Works*.

Mill, John Stuart. "Civilization—Signs of the Times." In *John Stuart Mill: Literary Essays*, edited by Edward Alexander, 109–30. Indianapolis: Bobbs-Merrill, 1967.

Mill, John Stuart. "Coleridge." In *Collected Works of John Stuart Mill*, 10:119–63. Indianapolis: Liberty Fund, 2006. Selected from the University of Toronto's edition of the full set of *Mill's Works*.

Mill, John Stuart. *Considerations on Representative Government*. In OL.

Mill, John Stuart. "On Genius." In *John Stuart Mill: Literary Essays*, edited by Edward Alexander, 31–46. Indianapolis: Bobbs-Merrill, 1967.

Mill, John Stuart. *A System of Logic*. Vol. 8 of *Collected Works of John Stuart Mill*. Indianapolis: Liberty Fund, 2006. Selected from the University of Toronto's edition of the full set of *Mill's Works*.

Mill, John Stuart, and Harriet Taylor. *On the Subjection of Women*. In OL.

Milton, John. *Areopagitica*. In *Milton's Prose: A Selection*. Oxford World's Classics. Oxford: Oxford University Press, 1963.

Mössner, Nicola, and Philip Kitcher. "Knowledge, Democracy, and the Internet." *Minerva* 55 (2017): 1–24.

Müller, Jan-Werner. *What Is Populism?* Philadelphia: University of Pennsylvania Press, 2016.

Nagel, Thomas. *The View from Nowhere*. New York: Oxford University Press, 1986.

Nehamas, Alexander. *Only a Promise of Happiness*. Princeton, NJ: Princeton University Press, 2007.

Neill, A. S. *Summerhill School: A New View of Childhood*. Rev. ed. New York: St. Martin's, 1992.

Neiman, Susan. *Learning from the Germans*. New York: Farrar, Straus & Giroux, 2019.

Newman, J. H. *The Idea of a University*. New Haven: Yale University Press, 1996.

Newton, Isaac. *Mathematical Principles of Natural Philosophy*. Translated by Andrew Motte and Florian Cajori. 2 vols. Berkeley: University of California Press, 1962.

Nietzsche, Friedrich. *Beyond Good and Evil*. Cambridge, UK: Cambridge University Press, 2001.

Nietzsche, Friedrich. *The Gay Science*. Cambridge, UK: Cambridge University Press, 2001.

Nietzsche, Friedrich. *On the Genealogy of Morality*. Cambridge, UK: Cambridge University Press, 2017.

Nietzsche, Friedrich. *Untimely Meditations*. Cambridge, UK: Cambridge University Press, 1997.

Nordhaus, William. *The Climate Casino*. New Haven: Yale University Press, 2013.

Nordhaus, William. "Climate Clubs: Overcoming Free-Riding in International Climate Policy." *American Economic Review* 105, no. 4 (2015): 1339-70.

Nozick, Robert. *Anarchy, State, and Utopia*. New York: Basic Books, 1974.

Nussbaum, Martha C. *Creating Capabilities*. Cambridge, MA: Harvard University Press, 2011.

Nussbaum, Martha C. *Cultivating Humanity*. Cambridge, MA: Harvard University Press, 1997.

Nussbaum, Martha C. *Not for Profit*. Princeton, NJ: Princeton University Press, 2011.

Nussbaum, Martha C. *Political Emotions*. Cambridge, MA: Harvard University Press, 2013.

Nussbaum, Martha C. "Tagore, Dewey, and the Imminent Demise of Liberal Education." In *The Oxford Handbook of Philosophy of Education*, edited by Harvey Siegel, 52-64. New York: Oxford University Press, 2009.

Nussbaum, Martha C. *Women and Human Development*. Cambridge, UK: Cambridge University Press, 2000.

Nussbaum, Martha C., and Amartya Sen, eds. *The Quality of Life*. Oxford: Oxford University Press, 1993.

O'Flaherty, Brendan, and Rajiv Sethi. *Shadows of Doubt*. Cambridge, MA: Harvard University Press, 2019.

Oakeshott, Michael. *Michael Oakeshott on Education*. Edited by Timothy Fuller. New Haven: Yale University Press, 1989.

Oreskes, Naomi, and Erik Conway. *Merchants of Doubt*. New York: Bloomsbury, 2010.

Orwell, George. *The Road to Wigan Pier*. New York: Houghton Mifflin, 1958.

Packard, Vance. *The Hidden Persuaders*, New York: McKay, 1957.

Pagels, Elaine. *Beyond Belief*, New York: Vintage, 2003.

Pagels, Elaine. *Why Religion?* New York: HarperCollins, 2018.

Parfit, Derek. *On What Matters*. 2 vols. Oxford: Clarendon Press, 2011.

Parfit, Derek. *Reasons and Persons*. Oxford: Clarendon Press, 1984.

Peacocke, Christopher. "The Distinctive Character of Aesthetic Experience." *British Journal of Aesthetics* 60 (2020): 183–97.

Peters, R. S. "Education as Initiation." In *Philosophical Analysis of Education*, edited by Reginald D. Achambault, 87–111. New York: Humanities Press, 1965.

Petersen, Sandra, et al. "The Use of Robotic Pets in Dementia Care." Available online at https://www.ncbi.nlm.nih.gov/pmc/articles/PMC5181659/.

Peterson, Martin. *An Introduction to Decision Theory*. Cambridge, UK: Cambridge University Press, 2009.

Pfaff, John. *Locked In*. New York: Basic Books, 2017.

Piketty, Thomas. *Capital*. Cambridge, MA: Harvard University Press, 2013.

Pinker, Steven. *The Better Angels of Our Nature*. New York: Viking, 2011.

Pinker, Steven. *Enlightenment Now*. New York: Viking, 2018.

Pinker, Steven. *How the Mind Works*. New York: W. W. Norton, 1997.

Pinker, Steven. "Science Is Not Your Enemy." *The New Republic*, August 6, 2012. Available online at https://newrepublic.com/article/114127/science-not-enemy-humanities.

Plato. *Euthyphro*. In *Complete Works*, edited by John Cooper, 1–16. Indianapolis: Hackett, 1997.

Polanyi, Karl. *The Great Transformation*. Boston: Beacon, 2001.

Pritchard, James B. *Ancient Near-Eastern Texts*. Princeton, NJ: Princeton University Press, 1969.

Proctor, Robert, and Linda Schiebinger, eds. *Agnotology: The Making and Unmaking of Ignorance*. Stanford, CA: Stanford University Press, 2008.

Proctor, Robert N. *Cancer Wars: How Politics Shapes What We Know and Don't Know about Cancer*. New York: Basic Books, 1995.

Prum, Richard. *The Evolution of Beauty*. New York: Penguin Random House, 2018.

Putnam, Robert. *Bowling Alone*. New York: Simon & Schuster, 2000.

Putnam, Robert. *Our Kids*. New York: Simon & Schuster, 2015.

Quine, W. V. O. *Word and Object*. Cambridge, MA: MIT Press, 1960.

Ravitch, Diana. *The Death and Life of the Great American School System*. Rev. and ex₩-panded ed. New York: Basic Books, 2016.

Rawls, John. "Kantian Constructivism in Moral Theory." *Journal of Philosophy* 77 (1980): 515–72.

Rawls, John. *Political Liberalism*. New York: Columbia University Press, 1993.

Rawls, John. *A Theory of Justice*. Rev. ed. Cambridge, MA: Harvard University Press 1999.

Ray, Rebecca, Janet C. Gornick, and John Schmitt. "Parental Leave Policies in 21 Different Countries." Center for Economic Policy Research report. Available online at cepr.net.

Regan, Tom. *The Case for Animal Rights*. 2nd ed., rev. Berkeley: University of California Press, 2004.

Relethford, J. H. "Race and Global Patterns of Phenotypic Variation." *American Journal of Physical Anthropology* 139 (2009: 16–22. Available online at https://www.ncbi.nlm.nih.gov/pubmed/19226639.

Renfrew, Colin, and Stephen Shennan. *Ranking, Resource, and Exchange*. Cambridge UK: Cambridge University Press, 1982.

Rosenberg, Alexander. *The Atheist's Guide to Reality*. New York: W. W. Norton, 2013.

Rosenberg, Alexander. *How History Gets Things Wrong*. Cambridge, MA: MIT Press, 2018.

Rothschild, Michael, and Joseph Stiglitz. "Equilibrium in Competitive Insurance Markets: An Essay on the Economics of Imperfect Information." *Quarterly Journal of Economics* 90 (1976): 629–49.

Rudwick, Martin. *The Great Devonian Controversy*. Chicago: University of Chicago Press, 1985.

Runciman, David. *How Democracy Ends*. London: Profile Books, 2018.

Sachs, Jeffrey. *The Age of Sustainable Development*. New York: Columbia University Press, 2015.

Saez, Emmanuel, and Gabriel Zucman. *The Triumph of Injustice*. New York: W. W. Norton, 2019.

Scanlon, T. M. *What We Owe to Each Other*. Cambridge, MA: Harvard University Press, 1998.

Scheffler, Israel. *In Praise of the Cognitive Emotions*. New York: Routledge, 2010.

Schelling, Thomas. *Micromotives and Macrobehavior*. New York: W. W. Norton, 1978.

Schmidt, Vivien A. "The Eurozone's Crisis of Democratic Legitimacy: Can the EU Rebuild Public Trust and Support for Economic Integration?" Available online at http://ec.europa.eu/economy_finance/publications/eedp/dp015_en.htm.

Schopenhauer, Arthur. *The World as Will and Representation*. Cambridge, UK: Cambridge University Press, 2014.

Sen, Amartya. "Gender Equity and the Population Problem." *International Journal of Health Services* 31 (2001): 469–74.

Sen, Amartya. "Gender Inequality and Theories of Justice." In *Women, Culture and Development*, edited by Martha C. Nussbaum and Jonathan Glover, 259–73. Oxford: Oxford University Press, 1995.

Sen, Amartya. *Inequality Reexamined*. Cambridge, MA: Harvard University Press, 1995.

Shostak, Marjorie. *Nisa*. Cambridge, MA: Harvard University Press, 1981.

Shutts, Kristin, Caroline K. Pemberton, and Elisabeth S. Spelke. "Children's Use of Social Categories in Thinking about People and Relationships." *Journal of Cognitive Development* 14 (2013): 35–62. Available online at https://www.ncbi.nlm.nih.gov/pmc/articles/PMC3640585/.

Siegel, Harvey. *Educating Reason*. London: Routledge, 1988.

Siegel, Harvey. "'Radical' Pedagogy Requires 'Conservative' Epistemology." *Journal of Philosophy of Education* 29 (1995): 33–46.

Silver, Nate. *The Signal and the Noise*. New York: Penguin, 2012.

Singer, Peter. *Animal Liberation*. New York: Random House, 1975.

Smart, J. J. C., and Williams, Bernard. *Utilitarianism: For and Against*. Cambridge UK: Cambridge University Press, 1973.

Smith, Adam. *The Theory of Moral Sentiments*. Indianapolis: Liberty Fund, 1984.

Smith, Pamela. *The Body of the Artisan: Art and Experience in the Scientific Revolution*. Chicago: University of Chicago Press, 2004.

Snow, C. P. *The Two Cultures*. Cambridge, UK: Cambridge University Press, 2001. First published

1959.

Soler, Meritxell Valenti, et al. "Social Robots in Aging Dementia." *Frontiers in Aging Neuroscience* 7 (2015). Available online at https://www.ncbi.nlm.nih.gov/pmc/arti₩-cles/PMC4558428/.

Solow, Robert. *Growth Theory: An Exposition*. New York: Oxford University Press, 1970.

Steele, Claude. *Whistling Vivaldi*. New York: W. W. Norton, 2010.

Tagore, Rabindranath. *The Religion of Man*. Mansfield Center, CT: Martino Publishing, 2013. First published 1931.

Tagore, Rahindranath. *A Tagore Reader*. Edited by Amiya Chakravarty. New York: Macmillan, 1961.

Taylor, Charles. *A Secular Age*. Cambridge, MA: Harvard University Press, 2007.

Thomson, Judith Jarvis. "A Defense of Abortion." *Philosophy and Public Affairs* 1 (1971): 47–66.

Thrane, J. R. "Joyce's Sermon on Hell: Its Source and Backgrounds." *Modern Philology* 57 (1960): 172–98.

Thurber, James. "University Days." In *My Life and Hard Times*. New York: HarperCollins, 1999.

Tocqueville, Alexis de. *Democracy in America*. New York: Library of America, 2004.

Tolstoy, Leo. *The Death of Ivan Ilyich* New York: Vintage, 2012.

Turco, Lewis. *Poetry: An Introduction through Writing*. Reston, VA: Reston Publishing Company, 1973.

Twenge, Jean. "The Evidence for Generation Me and against Generation We." *Emerging Adulthood* 1 (2013): 11–16.

Twenge, Jean. *Generation Me*. Rev. ed. New York: Simon & Schuster, 2014.

van Fraassen, Bas *The Scientific Image*. Oxford: Clarendon Press, 1980.

van Parijs, Philippe, and Yannick Vanderborght. *Basic Income: A Radical Proposal for a Free Society and a Sane Economy*. Cambridge, MA: Harvard University Press, 2017.

Varian, Hal. *Microeconomic Analysis*. New York: W. W. Norton, 1978.

Veblen, Thorstein. *The Theory of the Leisure Class*. New York: Dover, 2004. First published 1899.

Vickers, A. Leah, and Philip Kitcher. "Pop Sociobiology Reborn." In *Evolution, Gender, and Rape*, edited by Cheryl Travis, 139–68. Cambridge, MA: MIT Press, 2003.

Vollaro, Daniel. "Lincoln, Stowe, and the 'Little Woman/Great War' Story: The Making, and Breaking, of a Great American Anecdote." *Journal of the Abraham Lincoln Association* 30 (2009): 18–34.

Watson Garcia, Claire. *Drawing for the Absolute and Utter Beginner*. New York: Watson-Guptill, 2003.

Weinberg, Steven. *Dreams of a Final Theory*. New York: Vintage, 1992.

White, John. *The Aims of Education Restated*. London: Routledge and Kegan Paul, 1982.

Whitehead, A. N. *The Aims of Education*. New York: Free Press, 1929.

Williams, Bernard. *Ethics and the Limits of Philosophy*. London: Fontana, 1985.

Williams, Bernard. "Persons, Character, and Morality." In *Moral Luck*, 1–19. Cambridge UK: Cambridge University Press, 1981.

Wilson, E. O. *Sociobiology: The New Synthesis*. Cambridge, MA: Harvard University Press, 1975.

Winner, Ellen. *How Art Works*. New York: Oxford University Press, 2019.

Wittgenstein, Ludwig. *Philosophical Investigations*. 4th ed., rev. Oxford: Wiley-Blackwell, 2009.

Wolf, Susan. *Meaning in Life and Why It Matters*. Princeton, NJ: Princeton University Press, 2010.

Yi, Chin-Yun, ed. *The Psychological Well-Being of East Asian Youth*. Vol. 2. Dordrecht: Springer, 2013.

찾아보기

내용

저자 소개

필립 키처(Philip Kitcher)

미국 컬럼비아 대학교의 존 듀이 철학 명예교수이며, 버몬트 대학교, 미네소타 대학교, 캘리포니아 대학교 등에서 철학 교수직을 역임하였다.

그는 1969년 케임브리지의 그리스도 대학에서 수학/역사 및 과학 철학 학사를 취득하였고, 1974년 프린스턴 대학에서 역사 및 과학 철학 박사학위를 취득하였다.

또한 미국철학회의 회장을 역임하였고, 미국예술과학아카데미 회원으로 임명되었으며, 과학 철학 분야의 업적을 평가받아 2006년 미국철학회로부터 첫 번째 프로메테우스 상을 수상하기도 하였다. 1994년부터 1999년까지 『과학 철학 저널』의 편집장을 역임하였고, 1995년부터 1997년까지 인간 게놈 프로젝트의 윤리적, 법적, 사회적 함의에 관한 NIH/DOE 워킹그룹의 회원을 역임하였다.

그는 주요 연구 분야인 과학 철학, 생물학 철학, 수학 철학, 문학 철학, 그리고 프래그머티즘 분야에서 탁월한 연구들을 수행하였으며, 최근에는 듀이 사상에 기반한 교육에 관한 연구를 진행하고 있다.

역자 소개

김희봉(金熙奉, Heebong Kim)

전남대학교 교육학 박사
전 한국교육철학학회 편집위원장(2017~2018)
현 국립목포대학교 교육학과 교수

〈주요 저 · 역서 및 논문〉

『서양교육철학사: 근대 1850-1914』(공역, 학지사, 2023)
『교육철학 및 교육사』(공저, 학지사, 2019)
『중등교육과정, 그 역사와 철학』(공역, 학지사, 2016)
『잘삶의 탐색』(공역, 교육과학사, 2014)
『잘삶을 위한 교육』(저, 학지사, 2009)
『잘삶기반 교양교육의 가능성 탐색』(2023)
『역량교육의 목적론적 · 인식론적 한계』(2022)
『목적기반 교육과정의 가능성 탐색』(2020)
『A collective essay on the Korean philosophy of education: Korean voices from its
    traditional thoughts on education, Education for well-being as an alternative
    to a subject-based curriculum』(2022) 외 다수

이지헌(李智憲, Jeehun Lee)

전 전남대학교 사범대학 교육학과 교수(1979~2018)
현 전남대학교 명예교수

〈주요 저 · 역서〉

『서양교육철학사: 근대 1850-1914』(공역, 학지사, 2023)
『지능, 운명, 교육』(역, 공감플러스, 2023)
『마음과 교육: 존 화이트의 교육관』(저, 학지사, 2022)
『고등교육의 목적: 도덕과 정의의 문제』(역, 학지사, 2020)
『과로사회를 위한 존 화이트의 교육철학: 일, 학습 그리고 잘삶』(공저, 학지사, 2016)
『잘삶의 탐색』(공역, 교육과학사, 2014)
『교육철학 및 교육사』(공저, 학이당, 2014)
『철학이 있는 교육, 교육을 찾는 철학』(역, 학이당, 2011) 외 다수

듀이철학 기반
교육중심사회와 교육
The Main Enterprise of the World

2024년 8월 15일 1판 1쇄 인쇄
2024년 8월 20일 1판 1쇄 발행

지은이 • Philip Kitcher
옮긴이 • 김희봉 · 이지헌
펴낸이 • 김진환
펴낸곳 • (주)학지사
　　　　04031 서울특별시 마포구 양화로 15길 20 마인드월드빌딩 4층
대 표 전 화 • 02)330-5114　　팩스 • 02)324-2345
등 록 번 호 • 제313-2006-000265호

홈 페 이 지 • http://www.hakjisa.co.kr
인스타그램 • https://www.instagram.com/hakjisabook

ISBN 978-89-997-3183-9 93370

정가 24,000원

출판미디어기업 학지사

간호보건의학출판 **학지사메디컬** www.hakjisamd.co.kr
심리검사연구소 **인싸이트** www.inpsyt.co.kr
학술논문서비스 **뉴논문** www.newnonmun.com
교육연수원 **카운피아** www.counpia.com
대학교재전자책플랫폼 **캠퍼스북** www.campusbook.co.kr